Paramahansa Jogananda
(05. 01. 1893 – 07. 03. 1952)
Premawatar, „Inkarnacja Miłości" (*zob.* rozdz. 35, s. 346, przypis)

Paramahansa Jogananda

Autobiografia jogina

Przedmowa:
W. Y. Evans-Wentz

---

*Jeżeli znaków i cudów nie zobaczycie,
nie uwierzycie.* – Jan 4, 48

Tytuł oryginału w języku angielskim wydanego przez
Self-Realization Fellowship, Los Angeles (Kalifornia):
Autobiography of a Yogi
ISBN-13: 978-0-87612-083-5
ISBN-10: 0-87612-083-4
Przekład na polski: Self-Realization Fellowship
Copyright © 2005, 2013 Self-Realization Fellowship

Wszystkie prawa zastrzeżone. Z wyjątkiem krótkich cytatów wykorzystanych w recenzjach żadna część „Autobiografii jogina" *(Autobiography of a Yogi)* nie może być powielana, przechowywana, przesyłana lub rozpowszechniana w jakiejkolwiek formie ani za pomocą jakichkolwiek środków (elektronicznych, mechanicznych lub innych) dostępnych obecnie lub w przyszłości – włącznie z systemem kopiowania, nagrywania lub jakimkolwiek innym, który umożliwia przechowywanie i odtwarzanie informacji – bez uprzedniej pisemnej zgody Self-Realization Fellowship, 3880 San Rafael Avenue, Los Angeles, California 90065-3219, U.S.A.

Autobiografia jogina została wydana w językach: angielskim, arabskim, bengalskim, chińskim, chorwackim, duńskim, fińskim, francuskim, greckim, gudźarati, hindi, hiszpańskim, holenderskim, islandzkim, japońskim, kannada, malajalamskim, marathi, nepalskim, niemieckim, norweskim, orija, polskim, portugalskim, rosyjskim, rumuńskim, szwedzkim, tajskim, tamilskim, telugu i włoskim.

 Wydanie autoryzowane przez International Publications Council of *Self-Realization Fellowship*

Nazwa i emblemat *Self-Realization Fellowship* (widoczny powyżej) widnieją na wszystkich książkach, nagraniach oraz innych publikacjach wydanych przez SFR i upewniają czytelnika, że są to oryginalne publikacje organizacji założonej przez Paramahansę Joganandę, które wiernie przekazują jego nauki.

Pierwsze wydanie w języku polskim przez *Self-Realization Fellowship*, 2013
First edition, first printing in Polish from *Self-Realization Fellowship*, 2013

ISBN-13: 978-0-87612-263-1
ISBN-10: 0-87612-263-2

1045-J2645

DUCHOWE DZIEDZICTWO PARAMAHANSY JOGANANDY

Kompletny zbiór jego pism, wykładów i nieformalnych pogadanek

Paramahansa Jogananda założył Self-Realization Fellowship* w roku 1920, aby rozpowszechniać swoje nauki oraz zachować ich wierność i spójność dla przyszłych pokoleń. Od początku swego pobytu w Ameryce ten płodny pisarz i wykładowca stworzył obszerny i cieszący się uznaniem zbiór dzieł o jogicznej nauce medytacji, sztuce zrównoważonego życia i jedności leżącej u postaw wszystkich wielkich religii. Dzisiaj to unikalne i dalekosiężne duchowe dziedzictwo pozostaje nadal żywe, inspirując poszukiwaczy prawdy na całym świecie.

Zgodnie z życzeniami wyrażonymi przez wielkiego mistrza, Self--Realization Fellowship kontynuuje prace związane z wydawaniem oraz utrzymaniem na stałe w druku kompletnego zbioru dzieł Paramahansy Joganandy. Obejmuje on nie tylko ostatecznie wydania książek opublikowanych za jego życia, lecz także wiele nowych pozycji, które nie zostały wydane przed jego śmiercią w roku 1952. Znajdują się w nim również fragmenty pism zamieszczanych na przestrzeni lat w czasopiśmie wydawanym przez Self-Realization Fellowship oraz setki głęboko inspirujących wykładów i nieformalnych pogadanek nagranych, lecz jeszcze nie wydrukowanych przed jego śmiercią.

Paramahansa Jogananda osobiście wybrał i przeszkolił bliskich uczniów, którzy kierują Self-Realization Publications Council [Radą Wydawniczą SRF], i dał im określone wskazówki, jak przygotowywać

---

* Dosłownie tłumacząc, „Stowarzyszenie Samorealizacji". Paramahansa Jogananda wyjaśnił, że nazwa Self-Realization Fellowship oznacza „wspólnotę z Bogiem poprzez samourzeczywistnienie i przyjaźń ze wszystkimi poszukującymi prawdy duszami". Zobacz także „ Cele i ideały Self-Realization Fellowship".

do druku i wydawać jego nauki. Członkowie Publications Council SRF (mniszki i mnisi, którzy złożyli śluby wyrzeczenia i bezinteresownej służby do końca życia) przestrzegają tych wskazówek jako świętego powiernictwa, dbając o to, by powszechne przesłanie umiłowanego nauczyciela świata zachowało pierwotną moc i autentyzm.

Godło Self-Realization Fellowship (widniejące powyżej) zostało zaprojektowane przez Paramahansę Joganandę, aby można było rozpoznać jego organizację non-profit, którą założył jako autoryzowane źródło swoich nauk. Nazwa i godło SRF widnieją na wszystkich publikacjach i nagraniach Self-Realization i dają Czytelnikowi pewność, że są to publikacje organizacji założonej przez Paramahansę Joganandę i że wiernie przekazują jego nauki, tak jak sobie tego życzył.

Self-Realization Fellowship

Książka ta dedykowana jest pamięci

LUTHERA BURBANKA

„amerykańskiego świętego"

PODZIĘKOWANIA

Jestem głęboko wdzięczny Pani L. V. Pratt [Tara Macie] za długotrwałą pracę redakcyjną nad maszynopisem tej książki. Winien jestem także podziękowania Panu C. Richardowi Wrightowi, który zgodził się, bym zamieścił w książce fragmenty jego dziennika z podróży po Indiach. Dla Pana W. Y. Evans-Wentza żywię wdzięczność nie tylko za napisanie Przedmowy, lecz także za sugestie i zachętę.

PARAMAHANSA JOGANANDA

28 października 1945

SPIS TREŚCI

Spis ilustracji xi
Przedmowa xv
Wstęp xvii

1. Moi rodzice i wczesne dzieciństwo 1
2. Śmierć matki i mistyczny amulet 14
3. Święty o dwóch ciałach 22
4. Nieudana ucieczka w Himalaje 29
5. „Pachnący Święty" demonstruje swoje cuda 43
6. Tygrysi Swami 52
7. Lewitujący święty 61
8. Dźagadiś Ćandra Bose, wielki uczony indyjski 68
9. Upojony szczęśliwością wielbiciel i jego kosmiczny romans 78
10. Spotykam swojego Mistrza Śri Jukteśwara 87
11. Dwaj chłopcy w Bryndabanie bez grosza przy duszy 101
12. Lata w pustelni mojego Mistrza 111
13. Święty, który żyje bez snu 141
14. Doznanie kosmicznej świadomości 149
15. Kradzież kalafiora 158
16. Przechytrzyć gwiazdy 169
17. Śaśi i trzy szafiry 180
18. Muzułmański cudotwórca 187
19. Będąc w Kalkucie, Mistrz ukazuje się w Serampore 193
20. Nie jedziemy do Kaszmiru 197
21. Jedziemy do Kaszmiru 203
22. Serce kamiennego posągu 215
23. Otrzymuję tytuł naukowy 221

24.	Wstępuję do Zakonu Swamich	230
25.	Brat Ananta i siostra Nalini	240
26.	Nauka krija-jogi	247
27.	Założenie szkoły jogi w Rańci	258
28.	Kaśi, narodzony ponownie i odnaleziony	267
29.	Rabindranath Tagore i ja porównujemy szkoły	273
30.	Prawo cudów	278
31.	Rozmowa ze świętą matką	290
32.	Wskrzeszenie Ramy	301
33.	Babadźi, indyjski jogin-Chrystus naszych czasów	310
34.	Materializacja pałacu w Himalajach	320
35.	Chrystusowe życie Lahiriego Mahaśaji	334
36.	Zainteresowanie Babadźiego Zachodem	348
37.	Jadę do Ameryki	358
38.	Luther Burbank – święty pośród róż	373
39.	Katolicka stygmatyczka Teresa Neumann	380
40.	Wracam do Indii	389
41.	Idylla na południu Indii	403
42.	Ostatnie dni z guru	418
43.	Zmartwychwstanie Śri Jukteświara	436
44.	Z Mahatmą Gandhim w Wardha	455
45.	Ucieleśniona szczęśliwość – Ananda Moji Ma z Bengalu	474
46.	Jogini, która nie je	481
47.	Wracam na Zachód	493
48.	W Encinitas w Kalifornii	498
49.	Lata 1940–1951	504

Paramahansa Jogananda: jogin w życiu i śmierci 525
Znaczek upamiętniający Paramahansę Joganandę 526
Lekcje Self-Realization Fellowship 528
Inne dzieła Paramahansy Joganandy 529
Linia guru Self-Realization Fellowship 533
Cele i ideały Self-Realization Fellowship 534

SPIS ILUSTRACJI

Autor *(obok strony tytułowej)*

Matka Śri Joganandy, Gurru (Gjana Prabha) Ghosz 4
Ojciec Śri Joganandy, Bhagabati Ćaran Ghosz 5
Joganandadźi w wieku lat sześciu 9
Siostry Joganandy: Uma, Roma i Nalini 20
Joganandadźi ze starszym bratem Anantą 20
Swami Pranabananda, benareski „Święty o dwóch ciałach" 27
Swami Kebalananda, nauczyciel sanskrytu Joganandy 42
Dom rodzinny Śri Joganandy w Kalkucie 42
Nagendra Nath Bhaduri, „Lewitujący Święty" 63
Dźagadiś Ćandra Bose, wielki uczony indyjski 72
Mistrz Mahaśaja 82
Boska Matka 84
Śri Jogananda i swami Gjanananda 91
Śri Jukteświar, guru Joganandy 94
Świątynia Medytacji ku czci Śri Jukteświara w Serampore 95
Śri Jogananda w 1915 roku 95
Pan Kryszna, największy prorok Indii 107
Dźitendra Mazumdar, kolega Joganandy 108
Ram Gopal Muzumdar, święty, który żyje bez snu 142
Nadmorski aśram Śri Jukteświara w Puri w Orisie 155
Śri Jukteświar w pozycji lotosu 156
Joganandadźi w wieku lat szesnastu 185
Pan Śiwa 201
Międzynarodowa siedziba główna Self-Realization Fellowship/
    Yogoda Satsanga Society of India 205

xi

Śri Radźaryszi Dźanakananda, przewodniczący Self-Realization
Fellowship/ Yogoda Satsanga Society of India
w latach 1952-1955 207
Śri Daja Mata, była przewodnicząca Self-Realization Fellowship/Yogoda
Satsanga Society of India w latach 1955–2010 207
Śri Mrinalini Mata, przewodnicząca Self-Realization Fellowship/Yogoda
Satsanga Society of India 207
Prabhas Ćandra Ghosz i Paramahansa Jogananda 224
Śri Dźagadguru Śankaraćarja w siedzibie głównej SRF/YSS 234
Śri Daja Mata w komunii z Bogiem 246
Człowiek Zachodu w *samadhi* – Śri Radźaryszi Dźanakananda
(J. J. Lynn) 257
Math (klasztor) i aśram Yogoda Satsanga w Ranći 264
Kaśi, uczeń szkoły w Ranći 270
Rabindranath Tagore 276
Czcigodna Śankari Mai, uczennica swamiego Trajlangi 298
Lahiri Mahaśaja 308
Mahawatar Babadźi, guru Lahiriego Mahaśaji 318
Jaskinia czasami zajmowana przez Babadźiego 324
Lahiri Mahaśaja, guru Śri Jukteśwara 338
Pańćanon Bhattaćarja, uczeń Lahiriego Mahaśaji 345
Zdjęcie paszportowe Śri Joganandy z 1920 r. 362
Delegaci na Międzynarodowy Kongres Liberałów Religijnych w Bostonie w 1920 r. 363
Joganandadźi w kabinie parowca w drodze na Alaskę, 1924 r. 364
Joganandadźi prowadzi zajęcia w Denver, Kolorado, 1924 r. 365
Paramahansa Jogananda w Sali Filharmonii w Los Angeles 366
Mt. Washington Estates, które Śri Jogananda nabył w 1925 r. 367
Paramahansa Jogananda przy krypcie Jerzego Waszyngtona 368
Paramahansa Jogananda w Białym Domu 369
Paramahansadźi na Jeziorze Xochimilco w 1929 r. 371
Śri Jogananda i Emilio Portes Gil, Prezydent Meksyku w 1929 r. 371
Luther Burbank i Joganandadźi w Santa Rosa w 1924 r. 377
Teresa Neumann, C. R. Wright i Joganandadźi w 1935 r. 385

Śri Jogananda i Śri Jukteswar w Kalkucie w 1935 r. 390
Grupa na balkonie aśramu w Serampore, służącym za jadalnię,
w 1935 r. 393
Śri Jogananda w Damodarze w Indiach w 1935 r. 394
Procesja uczniów i szkoła Yogoda Satsanga dla chłopców, Ranći 395
Uczniowie Szkoły Yogoda Satsanga dla chłopców, Ranći 395
Śri Jogananda w Szkole dla Tubylczych Dziewcząt
(School for Aborigine Girls), 1936 r. 396
Śri Jogananda z nauczycielami i uczniami szkoły Yogoda Satsanga Society, Ranći, 1936 r. 396
Yogoda Math w Dakszineświarze w Indiach 399
Śri Jogananda i osoby mu towarzyszące na rzece Jamuna,
Mathura, 1935 r. 400
Ramana Maharyszi i Paramahansa Jogananda 414
Śri Jukteświar i Joganandadźi w procesji religijnej, 1935 r. 416
Święto Przesilenia Zimowego, ostatnie, jakie obchodził Śri Jukteświar,
grudzień 1935 r. 419
Śri Jogananda z uczniami krija-jogi w Kalkucie, 1935 r. 420
Krysznananda z oswojoną tygrysicą na *Kumbhameli* 425
Śri Jogananda i jego sekretarz C. Richard Wright ze swamim Keśabanandą w Bryndabanie w 1936 r. 430
Kaplica nagrobna Śri Jukteświara w Puri 432
Mahatma Gandhi i Śri Jogananda w aśramie w Wardha, 1935 r. 457
Ananda Moji Ma, jej mąż i Paramahansa Jogananda 476
Śri Jogananda przed Tadź Mahal w Agrze w 1936 r. 479
Giri Bala, bengalska święta, która nic nie je 489
Paramahansa Jogananda i Śri Radźaryszi Dźanakananda, 1933 r. 499
Paramahansa Jogananda i Śri Daja Mata, 1939 r. 499
Pustelnia Self-Realization Fellowship w Encinitas w Kalifornii 501
Śri Jogananda na terenie pustelni SRF w Encinitas, 1940 r. 502
Paramahansa Jogananda na uroczystości otwarcia ośrodka SRF Lake
Shrine w 1950 r. 505
Lake Shrine, ośrodek Self-Realization Fellowship i Pomnik Pokoju
Światowego ku czci Gandhiego 506

Goodwin J. Knight, wicegubernator Kalifornii ze Śri Joganandą
 na otwarciu Ośrodka Indyjskiego (India Center) w 1951 r. 508
Świątynia Self-Realization Fellowship w Hollywood w Kalifornii 508
Paramahansa Jogananda w pustelni SRF w Encinitas, 1950 r. 514
Ambasador Indii, B. R. Sen w międzynarodowej siedzibie SRF.......... 517
Śri Jogananda na godzinę przed *mahasamadhi,* 7 marca 1952 r. 520

PRZEDMOWA

W. Y. Evans-Wentz, magister nauk humanistycznych,
doktor literatury, doktor nauk przyrodniczych
Jesus College, Oxford

Autor i tłumacz wielu klasycznych dzieł o jodze i tradycjach mądrości Wschodu, w tym *Tibetan Yoga and Secret Doctrines* (Joga tybetańska i doktryny tajemne), *Tibet's Great Yogi, Milarepa* (Wielki jogin Tybetu, Milarepa) i *Tibetan Book of the Dead* (Tybetańska księga zmarłych)

Wyjątkową wartością *Autobiografii* Jogananady jest to, że należy ona do nielicznych książek w języku angielskim, napisanych o mędrcach indyjskich nie przez dziennikarza lub cudzoziemca, lecz przez ich rodaka i ucznia – krótko mówiąc, że jest to książka o joginach napisana przez jogina. Jako opowieść naocznego świadka o niezwykłych żywotach i mocach współczesnych hinduskich świętych, książka ta ma znaczenie zarówno aktualne, jak i ponadczasowe. Wierzę, że znakomity Autor, którego miałem przyjemność spotykać tak w Indiach, jak i w Ameryce, wzbudzi powszechne uznanie i wdzięczność. Wśród książek wydanych na Zachodzie ten niezwykły dokument jego życia niewątpliwie najlepiej odsłania głębię indyjskiego umysłu i serca oraz duchowe bogactwo tego narodu.

Miałem zaszczyt poznać jednego z mędrców, o których życiu opowiada ta książka – Śri Jukteśwara Giri. Podobizna tego czcigodnego świętego znajduje się na karcie tytułowej mojej książki *Tibetan Yoga and Secret Doctrines**. Spotkałem się ze Śri Jukteśwarem w Puri, w Orisie, nad Zatoką Bengalską. Kierował wówczas cichym aśramem położonym w pobliżu morza i zajmował się głównie nauczaniem duchowym swych

---

* Oxford University Press, 1958.

młodych uczniów. Wyrażał żywe zainteresowanie i troskę o pomyślność mieszkańców Stanów Zjednoczonych i obu Ameryk, jak również Anglii. Wypytywał mnie o odległe sprawy, zwłaszcza dotyczące Kalifornii i swego najwybitniejszego ucznia, Paramahansy Joganandy, którego bardzo kochał i który w 1920 roku pojechał na Zachód jako jego wysłannik.

Śri Jukteśwar był szlachetnej postawy, miał łagodny głos i miłą powierzchowność. Godny był czci, jaką spontanicznie otaczali go jego zwolennicy. Wszyscy, którzy go znali, czy to w jego własnym środowisku, czy poza nim, darzyli go najwyższym szacunkiem. Żywo pamiętam jego wysoką, prostą sylwetkę ascety, gdy witał mnie przy wejściu do pustelni. Odziany był w szatę szafranowej barwy, ubiór człowieka, który wyrzekł się pogoni za dobrami świata. Miał długie, trochę kręcone włosy i brodę, muskularne, mocne, lecz zarazem szczupłe i zgrabne ciało oraz energiczny chód. Za miejsce swego ziemskiego pobytu obrał święte miasto Puri. Do miasta tego ze wszystkich prowincji Indii codziennie przybywają z pielgrzymką tłumy pobożnych Hindusów, by odwiedzić słynną świątynię Dźagannatha, „Pana Świata". Właśnie w Puri, w 1936 roku, Śri Jukteśwar zamknął po raz ostatni oczy na przemijalne sceny tego świata i odszedł, wiedząc, że jego inkarnacja triumfalnie dobiegła kresu.

Cieszę się, że mogę zaświadczyć o szlachetnym charakterze Śri Jukteśwara i jego świętości. Trzymając się z dala od tłumu, oddał się on całkowicie i w spokoju temu ideałowi życia, który teraz jego uczeń, Paramahansa Jogananda, opisał dla potomnych.

WSTĘP

Spotkanie z Paramahansą Joganandą zapisało mi się w pamięci jako jedno z niezapomnianych wydarzeń mego życia. [...] Gdy spojrzałem na jego twarz, niemalże oślepił mnie blask – duchowe światło, którym dosłownie jaśniał. Jak ciepło słońca przeniknęły mnie jego niezmierzona łagodność i łaskawa dobroć. [...] Wiedziałem, że choć jest człowiekiem Ducha, rozumie i ma głęboki wgląd w sprawy jak najbardziej ziemskie. Ujrzałem w nim prawdziwego ambasadora Indii, niosącego i głoszącego światu istotę starożytnej mądrości Indii.

— Dr Binaj R. Sen, były Ambasador Indii
w Stanach Zjednoczonych

Dla tych, którzy osobiście poznali Paramahansę Joganandę, jego życie i osoba stanowiły przekonywujące świadectwo siły i autentyzmu starożytnej mądrości, którą przedstawiał światu. W ciągu ostatniego półwiecza niezliczona liczba czytelników *Autobiografii* potwierdzała, że jej stronice przepaja to samo światło, ta sama duchowa moc, jakie promieniowały z jego postaci. Książka, obwołana arcydziełem, gdy wydano ją po raz pierwszy pięćdziesiąt lat temu, ukazuje nie tylko historię życia człowieka wielkiego formatu, ale jest także fascynującym wprowadzeniem w duchową myśl Wschodu, zwłaszcza w jej naukę o bezpośrednim, osobistym obcowaniu z Bogiem, nie mającą odpowiedników. Odsłania ona ludziom Zachodu wiedzę, do której do tej pory mieli dostęp tylko nieliczni.

Obecnie na całym świecie *Autobiografię jogina* uznaje się za klasyczną pozycję literatury duchowej. We *Wstępie* chcielibyśmy opowiedzieć Czytelnikowi o niezwykłej historii tej książki.

Napisanie niniejszego dzieła przepowiedziano dawno temu. Jedna z kluczowych postaci współczesnego renesansu jogi, głęboko czczony mistrz Lahiri Mahaśaja zapowiedział: „Około pięćdziesiąt lat po moim odejściu zostanie napisana historia mego życia, gdyż na Zachodzie pojawi się głębokie zainteresowanie jogą. Przesłanie jogi obiegnie cały glob ziemski. Pomoże ustanowić braterstwo ludzi: jedność zrodzoną z bezpośredniego postrzegania Jedynego Ojca".

Wiele lat później wielki uczeń Lahiriego Mahaśaji, swami Śri Jukteswar, powtórzył to proroctwo Śri Joganandzie. „Musisz spełnić swą rolę w szerzeniu tego przesłania – oświadczył – i opisać święte życie mojego guru".

W 1945 roku, dokładnie pięćdziesiąt lat po odejściu Lahiriego Mahaśaji, Paramahansa Jogananda ukończył *Autobiografię jogina*. Tym samym spełnił dwa zalecenia swego guru: dokładnie opisał w języku angielskim wyjątkowe życie Lahiriego Mahaśaji oraz przedstawił szerokiemu ogółowi staroindyjską naukę o duszy.

Praca nad *Autobiografią jogina* zajęła Paramahansie Joganandzie wiele lat. Śri Daja Mata, należąca do grona jego pierwszych i najbliższych uczniów*, wspomina:

„Gdy przybyłam na Mount Washington w 1931 roku, Paramahansadźi już rozpoczął pisanie *Autobiografii*. Kiedyś byłam w jego gabinecie, gdzie wykonywałam pewne prace sekretarskie. Miałam wtedy zaszczyt zobaczyć jeden z pierwszych napisanych przez niego rozdziałów – był to *Tygrysi Swami*. Joganandadźi poprosił, abym go schowała, wyjaśniając, że rozdział wejdzie w skład książki, którą pisze. Większość książki powstała później, w latach 1937- 1945".

Od lipca 1935 roku do końca października 1936 roku, Śri Jogananda podróżował po Indiach (skąd wracał przez Palestynę i Europę), po raz ostatni odwiedzając swego guru, swamiego Śri Jukteśwara. Tam zebrał obszerny materiał faktyczny do *Autobiografii*, przywiózł też stamtąd opowieści o świętych i mędrcach, których znał lub poznał i których życie tak wspaniale upamiętnił potem w książce. „Stale miałem w pamięci prośbę Śri Jukteśwara, by opisać życie Lahiriego Mahaśaji – napisał później. - Podczas pobytu w Indiach korzystałem z każdej sposobności, by dotrzeć do bezpośrednich uczniów oraz

---

* Śri Daja Mata wstąpiła do zakonu, który założył Paramahansa Jogananda, w 1931 r. Siedziba zakonu mieści się na szczycie Mount Washington, góry wznoszącej się nad Los Angeles. Śri Daja Mata była przewodniczącą Self-Realization Fellowship od 1955 roku aż do jej śmierci w 2010 roku.

krewnych Jogawatara. Z rozmów z nimi sporządzałem tomy notatek, sprawdzałem fakty i daty, zbierałem fotografie, stare listy i dokumenty".

Po powrocie do Stanów pod koniec 1936 roku Joganandadźi spędzał wiele czasu w pustelni w Encinitas na południowym wybrzeżu Kalifornii, którą wybudowano dla niego podczas jego nieobecności. Było to idealne miejsce, gdzie mógł się skoncentrować nad doprowadzeniem do końca pracy nad książką, którą rozpoczął przed laty.

„Nadal żywo pamiętam dni spędzone w tej spokojnej, nadmorskiej pustelni – opowiada Śri Daja Mata – Miał tak wiele innych obowiązków i zadań, że nie mógł pracować nad *Autobiografią* codziennie. Na ogół poświęcał jej wieczory i każdą wolną chwilę, jaką udało mu się wygospodarować. Dopiero w roku 1939 czy też 1940 mógł pisać cały czas. Był to dosłownie cały czas – od wczesnego ranka do wczesnego ranka! Pomagałyśmy mu we czwórkę: Tara Mata, moja siostra Ananda Mata, Śraddha Mata i ja. Po napisaniu jakiejś części tekstu na maszynie Joganandadźi oddawał go Tara Macie, która zajmowała się redakcją.

Jakież cenne wspomnienia! Pisząc, przeżywał na nowo wszystkie swe święte doświadczenia. Pragnął się podzielić radością i objawieniami, jakich doznawał w towarzystwie świętych i wielkich mistrzów, a także wtedy, gdy sam rozpoznawał w sobie boskość. Często przerywał na chwilę i nieruchomiał ze wzrokiem utkwionym w górze, pogrążając się w ekstazie *samadhi*, stanic głębokiej łączności z Bogiem. Cały pokój napełniał się wtedy atmosferą ogromnej boskiej miłości. W tych chwilach nam, uczniom, wystarczyło po prostu być przy nim, by się unieść w wyższe stany świadomości.

Wreszcie, w 1945 roku, nadszedł dzień triumfu: książka została ukończona. Paramahansadźi napisał ostatnie słowa: «Panie, dałeś swemu mnichowi wielką rodzinę», odłożył pióro i wykrzyknął z radością: «Gotowe. Skończyłem! Książka ta odmieni życie milionów ludzi. Będzie moim posłańcem, gdy sam już odejdę»".

Obowiązek znalezienia wydawcy przypadł Tara Macie. Paramahansa Jogananda poznał Tara Matę w 1924 roku w San Francisco, gdy prowadził tam serię wykładów i zajęć. Obdarzona wyjątkową intuicją duchową, znalazła się wkrótce w niewielkim kręgu jego najbardziej zaawansowanych uczniów. Miał bardzo pochlebne zdanie o jej umiejętnościach redaktorskich i powtarzał, że należy ona do najgenialniejszych osób, z jakimi się zetknął. Cenił jej ogromną wiedzę i zrozumienie hinduskich pism świętych. Kiedyś zauważył: „Nie spotkałem nikogo, pomijając mojego wielkiego guru, czcigodnego Śri Jukteśwara, z kim rozmowa o filozofii hinduskiej sprawiałaby mi większą przyjemność".

Tara Mata zawiozła maszynopis do Nowego Jorku. Znalezienie wydawcy nie było jednak sprawą łatwą. Jak to się często daje zauważyć, bywa, że ludzie o bardziej konwencjonalnym sposobie myślenia z początku nie dostrzegają prawdziwej wielkości dzieła. Pomimo tego, iż zapoczątkowana właśnie era atomu poszerzyła zbiorową świadomość ludzkości, która coraz lepiej rozumie subtelną jedność materii, energii i myśli, współcześni wydawcy nie byli raczej przygotowani na publikację takich rozdziałów, jak „Zmaterializowanie pałacu w Himalajach" i „Święty o dwóch ciałach".

Przez rok Tara Mata odwiedzała wielu wydawców, mieszkając w tym czasie w skąpo umeblowanym, nieogrzewanym mieszkaniu bez ciepłej wody. W końcu przyszedł telegram z wiadomością, że odniosła sukces! Szanowane wydawnictwo nowojorskie, „The Philosophical Library" (Biblioteka Filozoficzna), przyjęło *Autobiografię* do publikacji. „Nie zdołam wyrazić, jak wiele Tara Mata uczyniła dla tej książki – powiedział Śri Jogananda. – Gdyby nie ona, książki w ogóle by nie wydano".

Wkrótce przed świętami Bożego Narodzenia w 1946 roku nowiutkie egzemplarze książki, na którą tak długo czekaliśmy, dotarły na Mount Washington.

Książka spotkała się z bardzo dobrym przyjęciem. Czytelnicy i światowa prasa obsypywali ją gradem pochwał. „Nigdy dotąd nie ukazała się w języku angielskim ani w żadnym języku europejskim książka tak wspaniale prezentująca jogę"- napisała Columbia University Press w „Review of Religions". „New York Times" stwierdził, że to „wyjątkowa opowieść". „Newsweek" podał: „Książka Joganandy jest bardziej autobiografią duszy niż ciała [...]. Jest to studium religijnego sposobu życia, fascynujące i opatrzone jasnymi przypisami, napisane szczerze w kwiecistym stylu Orientu".

Poniżej podajemy fragmenty kilku innych opublikowanych recenzji:

„San Francisco Chronicle": „Książkę świetnie się czyta [...]. Jogananda rzeczywiście przekonuje do jogi. Ci, którzy «przyszli, by szydzić», pozostaną, by się pomodlić".

"United Press": "Jogananda przedstawia tak zwane ezoteryczne doktryny Wschodu nadzwyczaj otwarcie i dowcipnie. Delektujemy się opisem życia pełnego duchowych przygód".

"The Times of India": "Autobiografia tego mędrca to lektura zniewalająca".

"Saturday Review": "...robi wielkie wrażenie na zachodnich czytelnikach. Wprost nie może nie zainteresować".

"Grandy's Syndicated Book Reviews": "Pochłaniająca, inspirująca, nadzwyczajna!"

"West Coast Review of Books": "Każdy czytelnik, bez względu na to, jakie ma przekonania religijne, znajdzie w *Autobiografii jogina* radosną afirmację potęgi ludzkiej duszy".

"News Sentinel" z Fort Wayne w Indianie: "Czysta rewelacja [...] głęboko ludzka opowieść [...]. Powinna pomóc ludzkości lepiej zrozumieć samą siebie [...] najlepsza forma autobiografii [...] zapierająca dech w piersiach [...] opowiedziana z dowcipem i zniewalającą szczerością [...] fascynująca jak powieść".

"Sheffield Telegraph", Anglia: "...monumentalne dzieło".

Po przetłumaczeniu książki na inne języki, w gazetach i czasopismach całego świata ukazywały się dalsze recenzje.

"Il Tempo del Lunedi", Rzym: "Stronice, które oczarują czytelnika, ponieważ przemawiają do aspiracji i tęsknot drzemiących w sercu każdego człowieka".

"China Weekly Review", Szanghaj: "Treść książki jest niezwykła [...] zwłaszcza dla współczesnego chrześcijanina, który uważa, że cuda mogły się zdarzać tylko w wiekach dawno minionych [...]. Nadzwyczaj ciekawe są fragmenty filozoficzne. Jogananda przebywa w sferze ducha, która wykracza ponad wszelkie podziały religijne [...]. Książkę koniecznie trzeba przeczytać".

"Haagasche Post", Holandia: "...perły mądrości tak głębokiej, że wprost oczarowuje i na zawsze porusza".

"Welt und Wort", niemiecki miesięcznik literacki: "Wywiera ogromne wrażenie [...]. Szczególna wartość *Autobiografii jogina* polega na tym, że w książce tej po raz pierwszy jogin przełamuje milczenie i opowiada o swoich przeżyciach duchowych. Dawniej na taką opowieść patrzono by sceptycznie, ale w sytuacji, w jakiej obecnie znajduje się świat, człowiek zmuszony jest uznać wartość takiej książki [...]. Wyraźnym zamierzeniem autora jest przedstawić jogę hinduską nie w opozycji do nauki chrześcijańskiej, lecz jako jej sprzymierzeńca – ukazanie ich obu jako towarzyszy podróży zmierzających ku temu samemu wielkiemu celowi".

"Eleftheria", Grecja: "Jest to książka, dzięki której [...] horyzonty myślowe czytelnika poszerzą się w nieskończoność i poczuje on, że serce bije mu dla wszystkich ludzi, bez względu na kolor skóry i rasę. Jest to książka, którą można nazwać natchnioną".

"Neue Telta Zeitung", Austria: "Jedno z najgłębszych i najważniejszych przesłań tego stulecia".

"La Paz", Boliwia: "W dzisiejszych czasach czytelnik rzadko spotyka się z książką tak piękną, głęboką i prawdziwą, jak *Autobiografia jogina* [...]. Pełna mądrości i ukazująca bogactwo wewnętrznych przeżyć [...] Jeden z najbardziej porywających rozdziałów to ten, który opisuje tajemnice życia po śmierci".

"Schleswig-Holsteinische Tagespost", Niemcy: "Z niebywałą mocą i jasnością stronice te odsłaniają przed nami żywot tak fascynujący, osobowość tak niesłychanie wielką, że od początku do końca czyta się książkę z zapartym tchem [...]. Wierzymy, że ta ważna biografia spowoduje duchową rewolucję".

Szybko przygotowaliśmy drugie wydanie książki, a w 1951 roku – trzecie. Paramahansa Jogananda poprawił i uaktualnił niektóre partie tekstu, usunął fragmenty opisujące jego działalność organizacyjną i plany, które przestały być ważne, a ponadto dodał końcowy rozdział – jeden z najdłuższych w książce – opisujący lata 1940-1951. W przypisie do tego rozdziału napisał: "W trzecim wydaniu tej książki (1951) zamieściłem w Rozdziale 49 dużo nowego materiału. W związku z licznymi prośbami czytelników pierwszych dwóch wydań, odpowiedziałem w tym rozdziale na różne pytania dotyczące Indii, jogi i filozofii wedyjskiej" *.

---

* Paramahansa Jogananda wprowadził jeszcze inne poprawki, które zamieszczone zostały w siódmym wydaniu (1956). Wydawca amerykański wspomina o nich w nocie do tamtego wydania:

"Amerykańskie wydanie z 1956 r. zawiera poprawki, które Paramahansa Jogananda wniósł w 1949 r. do wydania londyńskiego, oraz kolejne poprawki poczynione przez Autora w 1951 r. W *Nocie do wydania londyńskiego*, z datą 25.10.1949, Paramahansa Jogananda napisał: «W związku z planowanym wydaniem tej książki w Londynie miałem okazję poprawić i trochę rozbudować tekst. Poza nowym materiałem w ostatnim rozdziale dodałem przypisy, w których odpowiedziałem na pytania nadesłane przez czytelników wydania amerykańskiego».

Późniejsze poprawki, wprowadzone przez Autora w 1951 r., miały być uwzględnione w czwartym, amerykańskim wydaniu książki z 1952 r. W tym czasie prawa wydawnicze do *Autobiografii jogina* posiadało wydawnictwo nowojorskie. Okazało się, że dodanie do tekstu choćby przecinka wymagało rozcięcia metalowej płyty elektrotypowej ze stronicą tekstu, wstawienia całego wersu i spojenia płyty na nowo. Z powodu związanych z tym kosztów wydawca nowojorski nie zdecydował się na wniesienie poprawek.

Pod koniec 1953 r. Self-Realization Fellowship (SRF) odkupiło od wydawcy nowojorskiego wszystkie prawa do *Autobiografii jogina*. W 1954 i 1955 r. SRF wydało dodruki książki (piąte

Wstęp

„Byłem głęboko poruszony – napisał Śri Jogananda w *Nocie Autora* do wydania z 1951 roku – listami od tysięcy czytelników. Ich uwagi i to, że książka została przetłumaczona na wiele języków, pozwalają mi wierzyć, że czytając ją, ludzie Zachodu uświadomili sobie, jak ważne miejsce zajmuje starożytna nauka jogi w życiu współczesnego człowieka".

Z biegiem lat „tysiące czytelników" przerodziły się w miliony i stawało się coraz bardziej widoczne, że *Autobiografia jogina* ma trwałe, powszechne oddziaływanie. Pięćdziesiąt lat po ukazaniu się, książka nadal znajduje się na listach bestsellerów literatury metafizycznej i inspiracyjnej. Prawdziwy fenomen! Dostępna w wielu językach, wykorzystywana jest teraz w college'ach i uniwersytetach całego świata, na zajęciach z zakresu filozofii i religii Wschodu, literatury angielskiej, psychologii, socjologii, antropologii, historii, a nawet zarządzania przedsiębiorstwem. Tak jak ponad sto lat temu przepowiedział Lahiri Mahaśaja, przesłanie jogi i jej starożytna tradycja medytacji rzeczywiście objęły cały glob.

„Paramahansa Jogananda, najlepiej chyba znany ze swej *Autobiografii jogina*, która jest natchnieniem dla milionów ludzi na całym świecie – pisze zajmujący się metafizyką miesięcznik *New Frontier* (październik 1986) – podobnie jak Gandhi, wniósł duchowość w życie społeczeństwa. Słusznie można powiedzieć, że Jogananda bardziej niż ktokolwiek inny przyczynił się do wprowadzenia do naszego słownika słowa «joga»".

Szanowany uczony dr David Frawley, dyrektor American Institute of Vedic Studies (Amerykańskiego Instytutu Studiów Wedyjskich), pisze w dwumiesięczniku „Yoga International" (październik–listopad 1996): „Joganandę można nazwać ojcem jogi na Zachodzie. Nie chodzi tu o popularne obecnie fizyczne ćwiczenia jogi, lecz o jogę duchową, naukę o urzeczywistnieniu Jaźni, która jest prawdziwym sensem jogi".

---

i szóste wydanie). W ciągu tych dwóch lat dział wydawniczy SRF nie zdołał wprowadzić poprawek Autora na płyty elektrotypowe z powodu innych zajęć. Wykonano jednak tę ogromną pracę przed kolejnym dodrukiem – wydaniem siódmym".

Po roku 1956 naniesiono dalsze poprawki wydawnicze, zgodnie ze wskazówkami, jakie otrzymała Tara Mata od Paramahansy Joganandy przed jego odejściem.

W pierwszych wydaniach *Autobiografii jogina* tytuł Autora brzmiał Paramhansa, gdyż taką pisownię, z pominięciem cichego *a*, stosuje się powszechnie w języku bengalskim. By jednak zagwarantować poprawność świętego znaczenia tego tytułu, który wywodzi się z Wed, w późniejszych wydaniach zastosowano standardową transliterację sanskrycką Paramahansa. Parama to „najwyższy", a hansa – „łabędź". Całość oznacza człowieka, który osiągnął najwyższe urzeczywistnienie swej prawdziwej, boskiej Jaźni, jedność Jaźni z Duchem.

Profesor Aszutosz Das Uniwersytetu w Kalkucie, doktor filozofii i doktor literatury, stwierdza: „*Autobiografię jogina* uważa się za Upaniszadę nowej epoki [...]. Zaspokaja ona głód duchowy poszukiwaczy prawdy na całym świecie. Nas tu w Indiach zdumiewała i zachwycała niebywała i wciąż rosnąca popularność tej książki o joginach, świętych i filozofii indyjskiej. Napawa nas to wielką dumą. Bardzo się cieszymy, że nektar nieśmiertelnej *sanatana dharmy* Indii, wieczystych praw prawdy, zebrany został w złotym kielichu *Autobiografii jogina*".

Nawet w byłym Związku Radzieckim książka wywarła głębokie wrażenie na tych względnie nielicznych, którzy mieli do niej dostęp pod komunistyczną władzą. W. R. Kryszna Ajer, były sędzia Sądu Najwyższego Indii, opowiada, jak będąc w mieście położonym niedaleko Sankt-Petersburga (wówczas Leningradu), zapytał grupę tamtejszych profesorów, „czy myśleli o tym, co dzieje się po śmierci [...]. Jeden z profesorów cicho wyszedł do drugiego pokoju i wrócił z książką – *Autobiografią jogina*. Byłem zdumiony. Oto w kraju, gdzie rządzi materialistyczna filozofia Marksa i Lenina, osoba na państwowym stanowisku pokazuje mi książkę Paramahansy Joganandy! «Proszę wierzyć, że duch Indii nie jest nam obcy – powiedział profesor. – Uważamy, że wszystko, co napisane jest w tej książce, to prawda»".

Artykuł w *India Journal* (z 21.04.1995 r.) kończy się słowami: „Wśród tysięcy tomów wydawanych co roku, jedne książki bawią, inne nauczają, a jeszcze inne uwznioślają. Czytelnik może uważać, że ma szczęście, jeśli natrafi na taką, która spełnia wszystkie te trzy role. *Autobiografia jogina* jest nawet jeszcze bardziej wyjątkowa – to książka, która otwiera okna umysłu i ducha".

W ostatnich latach książka została okrzyknięta przez księgarzy, recenzentów, jak i czytelników jedną z najbardziej wpływowych książek duchowych współczesnych czasów. W roku 1999 uczestnicy panelu autorów i uczonych wydawnictwa HarperCollins zaliczyli *Autobiografię jogina* do „stu najlepszych książek duchowych stulecia", a Tom Butler-Bowdon w swojej książce *50 Spiritual Classics,* wydanej w 2005 r., napisał, że dzieło to „słusznie uważa się za jedną z najbardziej zabawnych i pouczających książek duchowych, jakie kiedykolwiek napisano".

W końcowym rozdziale książki Paramahansa Jogananda pisze, z jak głęboką pewnością święci i mędrcy wszystkich religii świata od wieków głoszą:

„Bóg jest miłością. Jego plan wobec stworzenia może wynikać tylko z miłości. Czyż ta prosta myśl nie przynosi ludzkiemu sercu większej pociechy niż uczone rozważania? Każdy święty, który dotarł do jądra Rzeczywistości, zaświadcza, że boski, kosmiczny plan istnieje i że jest on piękny i radosny".

Teraz gdy *Autobiografia jogina* rozpoczyna drugie półwiecze swego istnienia, żywimy nadzieję, że wszyscy czytelnicy tego inspirującego dzieła – ci, którzy spotkają się z nim po raz pierwszy, i ci, dla których od dawna jest ono umiłowanym towarzyszem na drodze życia – poczują, że dusza im się otwiera na głębszą wiarę w transcendentną prawdę, która leży u podłoża pozornych tajemnic życia.

SELF-REALIZATION FELLOWSHIP

Los Angeles, Kalifornia
Lipiec 2007

WIECZYSTE PRAWO SPRAWIEDLIWOŚCI

Flaga Indii, które niedawno (w roku 1947) odzyskały niepodległość, ma pasy w kolorach ciemnego szafranu, białym i ciemnozielonym. Granatowa *Dharma Ćakra* („Koło Prawa") jest kopią wzoru, który znajduje się na kamiennej kolumnie w Sarnath. Kolumnę tę wzniósł w trzecim wieku p.n.e. cesarz Aśoka.

Koło Prawa umieszczono na fladze jako symbol wieczystego prawa sprawiedliwości, a przy okazji ku uczczeniu pamięci jednego z najświetniejszych monarchów świata. „Jego czterdziestoletnie panowanie nie ma sobie równego w historii – pisze angielski historyk H. G. Rawlinson. – Porównywano go na przestrzeni dziejów do Marka Aureliusza, św. Pawła i Konstantyna [...]. Dwieście pięćdziesiąt lat p.n.e. Aśoka miał odwagę się przyznać do przerażenia i wyrzutów sumienia, jakie go ogarnęły na widok skutków własnej, udanej kampanii wojennej, i zdecydowanie odrzucić wojnę jako środek osiągania celów politycznych".

Odziedziczone przez Aśokę cesarstwo obejmowało Indie, Nepal, Afganistan i Beludżystan. Ów pierwszy „internacjonalista" wysyłał posłów z misją wymiany kulturalnej i propagowania religii do Birmy, Cejlonu, Egiptu, Syrii i Macedonii. Zawozili tam liczne dary i jego błogosławieństwa.

„Aśoka, trzeci władca z dynastii Maurjów, był jednym [...] z największych królów filozofów w historii – pisze uczony P. Masson-Oursel. – Łączył w sobie jak nikt inny energię i łaskawość, sprawiedliwość i miłosierdzie. Był żywym ucieleśnieniem swych czasów, a jednak postrzegamy go jako postać całkiem nowoczesną. W ciągu długiego panowania zrealizował to, co nam wydaje się mrzonką wizjonerów: korzystając z największej władzy, ustanawiał pokój. Nie tylko we własnym ogromnym państwie, lecz i daleko poza nim urzeczywistnił marzenie wielu religii – powszechny porządek, porządek obejmujący ludzkość".

„Celem *dharmy* (kosmicznego prawa) jest szczęście wszystkich istot". W edyktach wyrytych na kamieniach lub kolumnach, które przetrwały do czasów obecnych, Aśoka z miłością poucza poddanych swego rozległego królestwa, że podstawą szczęścia jest przestrzeganie zasad moralnych i pobożność.

Współczesne Indie, dążąc do odrodzenia swej świetności i dobrobytu, którymi kraj cieszył się przez tysiąclecia, znakiem Koła Prawa na fladze składają hołd pamięci Aśoki, władcy „drogiego bogom".

(Przed rokiem 1947. Na terenach północno-zachodnich leży obecnie Pakistan, a na północno-wschodnich – Bangladesz)

AUTOBIOGRAFIA JOGINA

Rozdział 1

Moi rodzice i wczesne dzieciństwo

Z dawien dawna cechą charakterystyczną kultury Indii jest poszukiwanie prawd ostatecznych i nieodłącznie z tym związana więź między uczniem a jego guru*.

Moja własna ścieżka zawiodła mnie do podobnego Chrystusowi mędrca, którego piękne życie zapisało się na wieki. Był on jednym z tych wielkich mistrzów, którzy stanowią najprawdziwsze bogactwo Indii. Pojawiając się w każdym pokoleniu, uchronili oni swój kraj przed losem Babilonii i Egiptu.

Moje najdawniejsze wspomnienia dotyczą przeżyć z moich poprzednich inkarnacji. Pojawiają mi się wyraźne obrazy z dawnego życia, które jako jogin** spędziłem pośród himalajskich śniegów. Te migawki z przeszłości, przenoszone jakimś ponadczasowym łączem, pozwoliły mi również wejrzeć w przyszłość.

Wciąż pamiętam upokorzenia, które przeżywałem jako bezradne niemowlę. Byłem boleśnie świadomy, że nie mogę chodzić ani swobodnie się wyrażać. Gdy tylko uprzytamniałem sobie swoją fizyczną niemoc, wzbierały we mnie porywy gorącej modlitwy. Te silne emocje znajdowały wewnętrzny wyraz w słowach z wielu różnych języków. Pośród tego

---

* Nauczyciel duchowy. *Gurugita* (werset 17) trafnie opisuje guru jako „tego, kto rozprasza ciemność" (od *gu*: ciemność i *ru*: to, co rozprasza).

** Praktykujący jogę, „połączenie", odwieczną naukę medytacji o Bogu. (*Zob.* rozdz. 26: „Krijajoga jako nauka").

chaosu moje ucho stopniowo przyzwyczajało się do otaczających mnie dźwięków rodzimej mowy bengalskiej. Jakże mało znane są możliwości umysłu niemowlęcia! Niemowlęcia, które zdaniem dorosłych interesuje się jedynie zabawami, grzechotką i palcami własnych stóp!

Kipiące emocje i nie poddające się woli ciało doprowadzały mnie do licznych i uporczywych napadów krzyku. Przypominam sobie, że moja rozpacz wywoływała wśród mojej rodziny ogólną konsternację. Ale napływają do mnie do mnie także szczęśliwsze wspomnienia: pieszczoty matki i moje pierwsze próby wyseplenienia paru słów, stawianie pierwszych, niepewnych kroków. Te najwcześniejsze triumfy, choć zwykle szybko o nich zapominamy, stają się naturalną podstawą wiary we własne siły.

Moje tak daleko sięgające wspomnienia nie są czymś wyjątkowym. Wiadomo, że wielu joginów zachowało nieprzerwaną świadomość podczas dramatu przechodzenia z „życia" do „śmierci" i ze „śmierci" do „życia". Gdyby człowiek był tylko ciałem, to utrata ciała rzeczywiście stanowiłaby kres jego tożsamości. Jeśli jednak prorocy w ciągu tysiącleci mówili prawdę, człowiek jest w istocie duszą, bezcielesną i wszechobecną.

Choć może się to wydawać dziwne, wyraźne wspomnienia z okresu niemowlęctwa nie są czymś wyjątkowo rzadkim. Podczas podróży po wielu krajach wysłuchałem licznych podobnych wspomnień z ust ludzi, których prawdomówność nie ulega wątpliwości.

Urodziłem się w czwartek, 5 stycznia 1893 roku w mieście Gorakhpur w północno-wschodnich Indiach, w pobliżu Himalajów. Tam upłynęło pierwszych osiem lat mojego życia. Było nas ośmioro rodzeństwa: czterech chłopców i cztery dziewczynki. Ja, Mukunda Lal Ghosz*, byłem drugim synem, a czwartym dzieckiem.

Ojciec i matka byli Bengalczykami z kasty *kszatrijów***. Oboje obdarzeni byli świątobliwą naturą. Ich wzajemna miłość, spokojna i pełna godności, nigdy nie wyrażała się w sposób frywolny. Doskonała harmonia między rodzicami była spokojną ostoją dla ośmiorga żywych, hałaśliwych i rozbieganych dzieci.

Ojciec, Bhagabati Ćaran Ghosz, był człowiekiem dobrym, poważnym, czasami surowym. My, dzieci, kochaliśmy go bardzo, zachowywaliśmy jednak pełen szacunku dystans. Będąc wybitnym matematykiem i

---

* Moje imię zostało zmienione na Jogananda w 1915 r., gdy wstąpiłem do starożytnego Zakonu Swamich. Mój guru nadał mi zakonny tytuł *Paramahansa* w 1935 r. (*por.* s. 232 i s. 422).

** Druga kasta, początkowo obejmująca władców i wojowników.

logikiem, ojciec kierował się głównie rozumem. Matka natomiast, była królową serc i uczyła nas tylko miłością. Po jej śmierci ojciec okazywał nam więcej ciepła i czułości. Zauważyłem wtedy, że jego spojrzenie często jak gdyby przemieniało się w spojrzenie matki.

Dzięki matce, my dzieci, wcześnie zetknęliśmy się ze świętymi pismami. Miało to jednak słodko-gorzki posmak. Przemyślnie wyszukiwała ona w *Mahabharacie* i *Ramajanie** odpowiednie opowieści, mające wpajać nam dyscyplinę. Nagany i pouczenia szły ze sobą w parze.

Każdego popołudnia matka ubierała nas starannie na powitanie ojca wracającego z biura. Był to jej sposób okazywania mu szacunku. Ojciec zajmował stanowisko w przybliżeniu odpowiadające pozycji wicedyrektora w Kolei Bengalsko-Nagpurskiej, jednej z wielkich kompanii Indii. Stanowisko to wymagało zmian miejsca pracy, tak więc w okresie mojego dzieciństwa nasza rodzina przenosiła się kolejno do kilku miast.

Matka okazywała hojność potrzebującym. Ojciec także był dla nich życzliwy, ale jego szacunek dla prawa i porządku obejmował także domowy budżet. Kiedyś w ciągu dwóch tygodni matka wydała na karmienie biednych więcej, niż wynosił miesięczny zarobek ojca.

– Proszę cię tylko o jedno, utrzymaj swoją dobroczynność w granicach rozsądku.

Nawet tak delikatna nagana z ust męża była dla matki nazbyt bolesna. Po kryjomu wezwała dwukółkę, nie dając poznać dzieciom, że między nią a ojcem zaszło jakiekolwiek nieporozumienie.

– Żegnaj. Wyjeżdżam do matki – postawiła odwieczne ultimatum.

Zaskoczeni, wybuchnęliśmy płaczem. Na szczęście pojawił się nasz wuj. Szepnął ojcu do ucha jakąś mądrą radę, niewątpliwie znaną z tradycji. Ojciec rzucił parę pojednawczych słów i matka, wielce szczęśliwa, odprawiła dwukółkę. Tak zakończyło się jedyne nieporozumienie między rodzicami, jakiego kiedykolwiek byłem świadkiem. Pamiętam jednak pewną charakterystyczną rozmowę.

– Proszę cię, daj mi dziesięć rupii dla nieszczęsnej kobiety, która właśnie stoi pod domem – powiedziała matka z uśmiechem wymowniejszym niż słowa.

– Dlaczego dziesięć? Wystarczy jedna. – I na usprawiedliwienie ojciec dodał: – Gdy zmarli nagle mój ojciec i dziadkowie, po raz pierwszy

---

* Te starożytne eposy są skarbnicą historii, mitologii i filozofii Indii.

GURRU (Gjana Prabha) GHOSZ
(1868-1904)
Matka Joganandy, uczennica Lahiriego Mahaśaji

zasmakowałem biedy. Całym moim śniadaniem przed wyruszeniem w dziesięciomilową drogę do szkoły był mały banan. Później, na uniwersytecie, znalazłem się w takiej potrzebie, że poprosiłem pewnego bogatego sędziego o pomoc w wysokości jednej rupii miesięcznie. Odmówił, twierdząc, że i jedna rupia ma wartość.

– Z jakąż goryczą wspominasz odmowę tej rupii! – Serce matki natychmiast znalazło logiczny argument. – Czy chcesz, aby ta kobieta równie boleśnie pamiętała odmowę dziesięciu rupii, których tak bardzo potrzebuje?

– Wygrałaś! – z typowym gestem pokonanego męża otworzył portfel. – Oto banknot dziesięciorupiowy. Daj go jej z wyrazami życzliwości ode mnie.

Na każdą nową propozycję ojciec najpierw odruchowo odpowiadał „nie". Jego postawa wobec obcej kobiety, która tak łatwo zdobyła współczucie matki, to przykład właściwej mu ostrożności. Niechęć do natychmiastowej akceptacji jest w istocie tylko przestrzeganiem zasady „należytej refleksji". Niezmiennie stwierdzałem, że ojciec jest rozumny, a jego sądy wyważone. Jeśli swoje liczne prośby potrafiłem poprzeć

BHAGABATI ĆARAN GHOSZ
(1853-1943)
Ojciec Joganandy, uczeń Lahiriego Mahaśaji

kilkoma dobrymi argumentami, zawsze umożliwiał mi osiągnięcie upragnionej rzeczy – czy to wycieczki wakacyjnej, czy motocykla.

Ojciec przestrzegał ścisłej dyscypliny wobec dzieci, póki były małe, ale i sam zachowywał postawę prawdziwie spartańską. Nigdy na przykład nie chodził do teatru, a wytchnienia szukał w różnych praktykach duchowych i w lekturze *Bhagawadgity**. Unikając wszelkich luksusów, nosił tę samą parę butów aż do całkowitego zdarcia. Jego synowie kupili sobie samochody, kiedy weszły w powszechne użycie, ojca zaś zadowalała codzienna jazda do pracy trolejbusem.

Gromadzenie pieniędzy jako środka władzy było obce jego naturze. Niegdyś pracował przy tworzeniu Miejskiego Banku Kalkuty, ale nie skorzystał z przywileju zatrzymania dla siebie ani jednego z jego udziałów. Zajęcie to potraktował jako prostą obywatelską powinność, spełnianą w wolnym czasie.

---

* Ten wspaniały sanskrycki poemat, będący fragmentem eposu *Mahabharaty*, jest hinduską Biblią. Mahatma Gandhi napisał: „Ci, którzy medytują nad *Gitą*, codziennie czerpią z niej nową radość i odkrywają nowe znaczenia. Nie ma takiej duchowej zawiłości, której *Gita* nie potrafiłaby rozwikłać".

Kilka lat po przejściu ojca na emeryturę, angielski księgowy przeprowadzał kontrolę ksiąg Kolei Bengalsko-Nagpurskiej. Ze zdumieniem odkrył, że ojciec nigdy nie występował o należne mu premie.

– Wykonywał pracę trzech ludzi! – oświadczył księgowy kompanii. – Tytułem rekompensaty należy mu się sto dwadzieścia pięć tysięcy rupii (mniej więcej czterdzieści jeden tysięcy dwieście pięćdziesiąt dolarów).

Urzędnicy wręczyli ojcu czek opiewający na tę kwotę, ale on myślał o tym tak mało, że nawet zapomniał wspomnieć o tym rodzinie. Długo później wypytywał go o to mój najmłodszy brat Biszu, który zauważył duży depozyt w wykazie bankowym.

– Po co unosić się radością z powodu korzyści materialnej? – odpowiedział ojciec. – Ten, którego celem jest osiągnięcie równowagi umysłu, nie cieszy się z powodu korzyści ani nie czuje przygnębienia z powodu straty. Wie, że człowiek pojawia się na tym świecie bez grosza i bez grosza odchodzi.

W początkowym okresie swojego małżeństwa rodzice zostali uczniami wielkiego mistrza, Lahiriego Mahaśaji z Benaresu. Związek ten wzmocnił z natury ascetyczny charakter ojca. Matka poczyniła kiedyś mojej najstarszej siostrze Romie znaczące wyznanie:

– Twój ojciec i ja żyjemy z sobą jak mąż i żona tylko raz w roku, aby mieć dzieci.

Ojciec po raz pierwszy spotkał Lahiriego Mahaśaję dzięki Abinaszowi Babu*, wieloletniemu pracownikowi biura Kolei Bengalsko-Nagpurskiej. W Gorakhpurze Abinasz zaznajamiał moje młode uszy z fascynującymi opowieściami o wielu hinduskich świętych. Niezmiennie kończył każdą opowieść wyrazami hołdu dla najwyższych zalet swego własnego guru.

– Czy słyszałeś o niezwykłych okolicznościach, w jakich twój ojciec został uczniem Lahiriego Mahaśaji?

Abinasz zadał mi to intrygujące pytanie, kiedy w leniwe letnie popołudnie siedzieliśmy na podwórku mojego domu. Potrząsnąłem przecząco głową i uśmiechnąłem się wyczekująco.

– Dawno temu, zanim się jeszcze urodziłeś, poprosiłem swojego przełożonego – a był to właśnie twój ojciec – by zwolnił mnie na tydzień z obowiązków biurowych, po to, bym mógł odwiedzić mojego

---

* *Babu* (pan) występuje w języku bengalskim po nazwisku.

guru w Benaresie. Twój ojciec naśmiewał się z mojego zamiaru.
– Czy chcesz zostać fanatykiem religijnym? – zapytał. – Skup się na pracy w biurze, jeśli chcesz coś osiągnąć.

Później tego dnia, kiedy ze smutkiem wracałem do domu leśną ścieżką, ponownie spotkałem twojego ojca. Służący nieśli go w palankinie. Odesłał ich i przyłączył się do mnie. Poszliśmy dalej razem pieszo. Pragnąc mnie pocieszyć, wskazywał na korzyści płynące z dążenia do osiągnięcia sukcesu w świecie. Lecz ja słuchałem go obojętnie. Moje serce powtarzało: Lahiri Mahaśajo! Nie mogę żyć, nie widząc ciebie!

Ścieżka doprowadziła nas na skraj pola. Panował niezwykły spokój. Promienie późnopopołudniowego słońca rzucały jeszcze swój blask na faliste niwy wysokiej, dzikiej trawy. Zatrzymaliśmy się w podziwie. I oto na polu, zaledwie o kilka metrów od nas pojawiła się nagle postać mojego wielkiego guru!*

– Bhagabati, zbyt surowo traktujesz swojego pracownika! – zabrzmiał jego dźwięczny głos w naszych zdumionych uszach. Po czym guru zniknął tak tajemniczo, jak się pojawił. Padłszy na kolana, krzyczałem: „Lahiri Mahaśajo! Lahiri Mahaśajo!" Twój ojciec stał bez ruchu, oniemiały z wrażenia.

– Abinaszu, nie tylko daję urlop tobie, lecz i sobie! Wyruszymy jutro do Benaresu! Muszę poznać tego wielkiego Lahiriego Mahaśaję, który potrafi się dowolnie zmaterializować, aby się za tobą wstawić! Zabiorę swoją żonę i poproszę tego mistrza, aby nas wtajemniczył w swoją ścieżkę duchową. Czy zaprowadzisz nas do niego?

– Oczywiście. – Wypełniała mnie radość z powodu tak cudownej odpowiedzi na moją modlitwę i szybkiego, pomyślnego obrotu wydarzeń.

Najbliższego wieczoru twoi rodzice i ja wyruszyliśmy pociągiem do Benaresu. Przybywszy tam rano, wynajęliśmy wóz konny, a potem musieliśmy iść wąskimi uliczkami do ustronnego domu mojego guru. Weszliśmy do maleńkiego saloniku i skłoniliśmy się przed mistrzem, który siedział w swej zwykłej pozycji lotosu. Mrugnął oczami, po czym skierował przenikliwe spojrzenie na twojego ojca.

– Bhagabati, zbyt surowo traktujesz swojego pracownika – przemówił dokładnie tymi samymi słowami, jakich użył dwa dni temu na porośniętym trawą polu. – Cieszę się, że pozwoliłeś Abinaszowi na

---

* Niezwykłe moce wielkich mistrzów opisane są w rozdz. 30: „Prawo cudów".

wizytę u mnie, i że ty i twoja żona towarzyszycie mu.

– Ku radości twych rodziców mistrz wtajemniczył ich w duchową praktykę *krija-jogi**. Od tego pamiętnego dnia wizji twój ojciec i ja, jako uczniowie o braterskich relacjach, staliśmy się bliskimi przyjaciółmi. Lahiri Mahaśaja bardzo zainteresował się faktem twoich narodzin. Twoje życie z pewnością związane będzie z jego życiem. Błogosławieństwo mistrza nigdy nie zawodzi.

Lahiri Mahaśaja opuścił ten świat wkrótce po moim urodzeniu się. Jego fotografia w ozdobnej ramie zawsze uświęcała nasz rodzinny ołtarz w każdym mieście, do jakiego przenosiliśmy się z powodu pracy ojca. Niejednego ranka i wieczoru moja matka i ja pogrążaliśmy się w medytacji przed zaimprowizowaną kapliczką, składając w ofierze kwiaty, zanurzone przedtem w wonnej paście sandałowej. Kadzidłem i mirrą oraz naszą wielką miłością oddawaliśmy cześć boskości, która znalazła pełny wyraz w Lahirim Mahaśaji.

Jego fotografia wywarła ogromny wpływ na moje życie. W miarę dorastania czułem coraz bliższy związek z mistrzem. W medytacji często widywałem, jak jego postać nabiera życia, wychodzi z ramki niewielkiego zdjęcia i siada koło mnie. Kiedy próbowałem dotknąć stóp jego świetlistego ciała, znowu zamieniało się w fotografię. Gdy z lat dziecięcych przeszedłem w wiek chłopięcy, stwierdziłem, że Lahiri Mahaśaja z niewielkiego zdjęcia zamkniętego w ramce przeistoczył się w moim umyśle w żywą, jaśniejącą postać. W trudnych chwilach prób życiowych albo wewnętrznej niepewności często modliłem się do niego i znajdowałem w sobie jego przynoszące pociechę wskazówki.

Początkowo smuciłem się, że już fizycznie nie żyje. Gdy jednak zacząłem odkrywać jego niewidzialną wszechobecność, przestałem rozpaczać. Często pisał on do tych spośród swoich uczniów, którzy bardzo pragnęli go zobaczyć: „Po cóż chcesz oglądać moje ciało i kości, skoro zawsze jestem w zasięgu twojej *kutasthy* (duchowego wzroku)?"

W wieku ośmiu lat dzięki zdjęciu Lahiriego Mahaśaji dostąpiłem błogosławieństwa cudownego uleczenia. Przeżycie to sprawiło, że moja miłość jeszcze bardziej wzrosła. Kiedy przebywaliśmy w naszym rodzinnym domu w Ićapurze w Bengalu, zachorowałem na azjatycką cholerę. Rodzina rozpaczała, bojąc się, że umrę. Lekarze nie mogli nic

---

* Technika jogiczna, dzięki której uspokaja się zgiełk zmysłów, pozwalając człowiekowi osiągnąć stale rozszerzającą się tożsamość ze świadomością kosmiczną (*por.* rozdz. 26).

Moi rodzice i wczesne dzieciństwo

Śri Jogananda w wieku lat sześciu.

uczynić. Siedząca przy moim łóżku matka, szalejąc z bólu, nakazała mi spojrzeć na portret Lahiriego Mahaśaji, który wisiał na ścianie nad moją głową.

– Pokłoń mu się z czcią w wyobraźni! – Wiedziała, że byłem zbyt słaby, by unieść ręce i złożyć je w geście czci. – Jeśli naprawdę okażesz swoje oddanie i jeśli w duszy przed nim uklękniesz, twoje życie zostanie ocalone!

Spojrzałem na fotografię i zobaczyłem oślepiające światło, które otoczyło moje ciało i wypełniło cały pokój. Mdłości i inne niekontrolowane objawy choroby zniknęły. Byłem zdrów. Od razu poczułem się na tyle silny, by pochylić się i dotknąć stóp matki w wyrazie uznania dla jej bezgranicznej wiary w swego guru. Matka raz za razem przyciskała czoło do małej fotografii.

– O wszechobecny Mistrzu! Dzięki ci za twoje światło, które uzdrowiło mojego syna!

Zdałem sobie sprawę, że ona także widziała jasny blask, dzięki któremu natychmiast wyzdrowiałem z tej zwykle śmiertelnej choroby.

Ta właśnie fotografia mistrza jest jednym z najcenniejszych przedmiotów, jakie posiadam. Dał ją memu ojcu sam Lahiri Mahaśaja. Przekazuje ona jego święte wibracje. Pochodzenie tego obrazka jest cudowne. Poznałem jego historię z ust Kali Kumara Roja, który tak jak mój ojciec był uczniem Lahiriego Mahaśaji.

Wydaje się, że mistrz bardzo nie lubił się fotografować. Raz jednak, nie zważając na jego protesty, zrobiono mu jedno zdjęcie w gronie wielbicieli, wśród których był także Kali Kumar. Jednak fotograf ze zdumieniem stwierdził, że na płytce negatywowej, na której wyraźnie widać było wszystkich uczniów, w miejscu gdzie powinien znajdować się Lahiri Mahaśaja, była tylko biała plama! O tym dziwnym zjawisku szeroko dyskutowano.

Jeden z uczniów, który był doskonałym fotografem, Ganga Dhar Babu, chwalił się, że jemu postać mistrza się nie wymknie. Następnego ranka, gdy guru siedział w pozycji lotosu na drewnianej ławce przed parawanem, zjawił się z aparatem. Aby zapewnić powodzenie swemu przedsięwzięciu, naświetlił dwanaście płytek. Wkrótce przekonał się, że na każdej z nich widoczna była drewniana ławka i parawan, ale postaci mistrza nie było.

Ze łzami w oczach i upokorzony, Ganga Dhar przybył do guru. Dopiero jednak po paru godzinach Lahiri Mahaśaja przerwał ciszę znamienną uwagą:

– Jestem Duchem. Czyż twój aparat może sfotografować wszechobecne Niewidzialne?

– Przekonałem się, że nie. Ale, święty Panie, tak bardzo pragnę mieć zdjęcie twojej cielesnej świątyni! Moje widzenie było ograniczone. Aż do dzisiaj nie rozumiałem, że Duch przebywa w tobie w pełni.

– Przyjdź więc jutro rano. Będę ci pozować.

Jeszcze raz fotograf ustawił aparat. Tym razem święta postać, nie zakryta tajemniczą zasłoną niewidzialności, wyraźnie widoczna była na płytce. Mistrz nigdy już nie pozował do żadnego innego zdjęcia. Ja przynajmniej, żadnego innego nie widziałem.

Fotografia ta zamieszczona jest w tej książce*. Piękne rysy twarzy

---

* Rozdz. 32, s. 308. Kopie tej fotografii można nabyć od Self-Realization Fellowship. *Zob. też* obraz przedstawiający Lahiriego Mahaśaję w rozdz. 35, s. 338. W czasie swego pobytu

Lahiriego Mahaśaji, lecz zarazem jej dość powszechny wygląd nie pozwalają określić, do jakiej należał rasy. Jego ogromna radość wynikająca ze złączenia z Bogiem, tylko lekko zaznacza się w zagadkowym uśmiechu. Oczy są wpółotwarte, tylko formalnie skierowane ku zewnętrznemu, przemijającemu światu. Zatopiony jest w wewnętrznej szczęśliwości. Choć niepomny marnych uroków ziemi, mistrz był jednak w każdej chwili świadomy duchowych problemów ludzi poszukujących Boga, którzy przybywali, by korzystać z jego szczodrej pomocy.

Wkrótce po moim uzdrowieniu mocą fotografii guru miałem znaczącą duchową wizję. Pewnego ranka, siedząc na łóżku, pogrążyłem się w głębokiej zadumie. „Co znajduje się poza ciemnością zamkniętych oczu?" - ta intrygująca myśl silnie mną owładnęła. Nagle przed moim wewnętrznym wzrokiem pojawił się ogromny błysk światła. Na wielkim świetlistym ekranie wewnątrz mego czoła, niczym na małych klatkach filmowych, pojawiły się boskie postacie świętych, siedzących w pozycji medytacyjnej w górskich jaskiniach.

– Kim jesteście? – zapytałem głośno.

– Jesteśmy himalajskimi joginami. – Nie sposób opisać tej niebiańskiej odpowiedzi. Moje serce mocno biło z zachwytu.

– Ach, jakże pragnę pojechać w Himalaje i stać się taki jak wy! – Wizja joginów zniknęła, ale srebrzyste promienie rozprzestrzeniały się coraz szerszymi kręgami w nieskończoność.

– Cóż to za cudowne światło?

– Jestem Iśwarą˚. Jestem Światłem. – Głos dochodził jakby z obłoków.

– Pragnę stać się jednym z Tobą!

Stan boskiej ekstazy powoli minął, ale stał się dla mnie stałym natchnieniem do szukania Boga. Jest On wieczną, ciągle nową radością! Pamięć o tym pozostała mi na długo od dnia zachwycenia.

Mam jeszcze jedno bardzo wyraźne wspomnienie z tamtych lat,

---

w Indiach w latach 1935-36 Śri Paramahansa Jogananda zlecił bengalskiemu malarzowi namalowanie na podstawie oryginalnej fotografii obrazu. Później polecił, by obraz ten, jako oficjalny portret Lahiriego Mahaśaji, wykorzystywano do publikacji SRF (Portret wisi w salonie aśramu Paramahansy Joganandy na Mount Washington – *przyp. wydawcy amerykańskiego*).

˚ Sanskryckie imię Pana w Jego aspekcie Władcy Wszechświata, od sanskryckiego rdzenia *iś* – rządzić. Święte pisma hinduskie wymieniają tysiąc imion Boga, z których każde ma nieco inne znaczenie filozoficzne. Pan jako Iśwara swoją wolą stwarza i niweczy wszystkie wszechświaty. Dzieje się to w określonych cyklach.

tym bardziej, że bliznę po nim noszę do dzisiaj. Pewnego wczesnego poranka siedzieliśmy z moją starszą siostrą Umą pod drzewem *nim* na naszym podwórku w Gorakhpurze. Siostra pomagała mi w nauce z bengalskiego elementarza, w chwilach, gdy potrafiłem oderwać wzrok od papug, jedzących w pobliżu dojrzałe owoce *margosy*. Uma skarżyła się na czyrak na nodze i przyniosła słoiczek z maścią. Rozsmarowałem trochę maści na swoim przedramieniu.

– Po co smarujesz zdrową rękę?

– Bo, siostrzyczko, czuję, że jutro będę miał tu czyrak. Wypróbowuję więc maść.

– Ty mały kłamczuchu!

– Siostro, nie nazywaj mnie kłamczuchem, dopóki nie zobaczysz, co będzie jutro – oburzyłem się głęboko.

Na Umie nie zrobiło to wrażenia i jeszcze trzykrotnie wyzwała mnie od kłamczuchów. Powoli i bardzo zdecydowanie powiedziałem jej:

– Mówię ci, że potęgą mojej woli będę miał całkiem duży czyrak w tym właśnie miejscu, a twój czyrak dwukrotnie się powiększy!

Rano na mojej ręce pojawił się wielki czyrak, a czyrak Umy podwoił swoje rozmiary. Siostra z krzykiem pobiegła do matki: „Mukunda jest czarnoksiężnikiem!" Matka poważnie pouczyła mnie, abym nigdy nie używał potęgi słów w celu wyrządzenia komuś krzywdy. Na zawsze zapamiętałem jej radę i przestrzegam jej.

Mój czyrak przecinano chirurgicznie. Do dzisiaj mam sporą bliznę po nacięciu. Na prawej ręce noszę stałą pamiątkę potęgi ludzkiego słowa.

Proste i pozornie nieszkodliwe słowa, które wypowiedziałem w głębokim skupieniu, miały dość ukrytej siły, by wybuchnąć jak bomba i spowodować wyraźne i przy tym szkodliwe skutki. Później zrozumiałem, że ową wybuchową, wibracyjną potęgą mowy można mądrze pokierować, wykorzystując ją do usuwania trudności życiowych, do wychodzenia z nich obronną ręką*.

Nasza rodzina przeprowadziła się do Lahore w Pendżabie. Tam

---

* Nieskończona potęga dźwięku ma swe źródło w Stwórczym Słowie *Aum*, kosmicznej wibracyjnej mocy, która skryta jest pod wszystkimi energiami atomowymi. Każde słowo wymówione z jasnym zrozumieniem i w pełnym skupieniu może się zmaterializować. Ciche lub głośne powtarzanie słów okazało się skuteczne w psychoterapii E. Couégo i innych podobnych metodach psychoterapeutycznych. Tajemnica kryje się w podnoszeniu tempa wibracji umysłu.

nabyłem obrazek Boskiej Matki w postaci Bogini Kali*. Uświęcał on małą prywatną kapliczkę na balkonie naszego domu. Zrodziło się we mnie niezachwiane przekonanie, że każda modlitwa, którą odmówię w tym świętym miejscu, zostanie wysłuchana. Pewnego dnia, stojąc na balkonie z Umą, przyglądałem się dwóm chłopcom puszczającym latawce. Unosiły się one nad domami znajdującymi się po przeciwnej stronie bardzo wąskiej uliczki.

— Nad czym tak rozmyślasz? — Uma pchnęła mnie zaczepnie.

— Myślę właśnie, jakie to cudowne, że Boska Matka daje mi wszystko, o co poproszę.

— To może dałaby ci te dwa latawce — drwiąco roześmiała się siostra.

— Jasne, że mi da. — Zacząłem się o to w duchu modlić.

W Indiach dzieci rozgrywają mecze o pozbawienie przeciwnika latawców, których sznurki pokryte są klejem i drobno potłuczonym szkłem. Każdy zawodnik stara się przeciąć sznurek trzymany przez przeciwnika. Uwolniony latawiec wznosi się nad dachami i jest mnóstwo uciechy z łapaniem go. Nasz balkon znajdował się we wnęce, toteż wydawało się niemożliwe, by taki latawiec dostatecznie się do nas zbliżył: sznurek bowiem zawsze zwisał między dachami.

Gracze po przeciwnej stronie uliczki rozpoczęli grę. Jeden sznurek został odcięty. Latawiec natychmiast poleciał w moim kierunku. Zatrzymał się na chwilę, bo ucichł podmuch wiatru. To wystarczyło, by sznurek zahaczył się o kaktus stojący na dachu przeciwległego domu. Utworzyła się długa pętla, która pozwoliła mi go łatwo schwytać. Wręczyłem łup Umie.

— To tylko niezwykły przypadek, a nie odpowiedź na twoją modlitwę. Uwierzę, jeśli przyleci do ciebie drugi latawiec! — Czarne oczy siostry wyrażały jednak większe zdumienie niż jej słowa.

Modliłem się coraz żarliwiej. Jeden z graczy szarpnął swój sznurek zbyt gwałtownie i utracił latawiec. Skierował się on w moją stronę, tańcząc na wietrze. Mój pomocnik kaktus znowu zatrzymał sznurek, który ponownie zwinął się w pętlę, pozwalającą mi go pochwycić. Wręczyłem moje drugie trofeum Umie.

— Boska Matka naprawdę cię wysłuchuje. To wszystko jest dla mnie zbyt niesamowite! — Siostra uciekła niczym spłoszona łania.

---

* Kali jest symbolem Boga w aspekcie wiecznej Matki-Natury.

Rozdział 2

Śmierć matki i mistyczny amulet

Największym pragnieniem matki było małżeństwo mojego najstarszego brata Ananty.

– Ach, kiedy ujrzę twarz żony Ananty, ziemia stanie się dla mnie niebem! – Często słyszałem, jak matka wyrażała w tych słowach swój silny, właściwy Hindusom sentyment dla ciągłości rodziny.

Miałem około jedenastu lat, gdy Ananta się zaręczył. Matka przebywała w Kalkucie, z radością nadzorując przygotowania do ślubu. W naszym domu w Bareilly w północnych Indiach, dokąd ojca przeniesiono po dwóch latach służby w Lahore, pozostaliśmy tylko on i ja.

Już przedtem byłem świadkiem wspaniałych obrzędów ślubnych, gdy wychodziły za mąż moje dwie starsze siostry, Roma i Uma. Jednakże w przypadku Ananty, jako najstarszego syna, uroczystość miała być doprawdy wielka. Matka witała licznych krewnych, którzy codziennie przybywali do Kalkuty z odległych miejscowości. Lokowała ich wygodnie w dużym, nowo nabytym domu przy ulicy Amherst 50. Wszystko było już przygotowane – smakowite dania na ucztę weselną, wesoło przystrojony tron, na którym miano zanieść brata do domu narzeczonej, rzędy kolorowych lampek, olbrzymie tekturowe słonie i wielbłądy, orkiestry – angielska, szkocka i hinduska, profesjonalni wodzireje oraz kapłani, którzy mieli przeprowadzić starożytne rytuały.

Ojciec i ja, w uroczystym nastroju, planowaliśmy dołączyć do rodziny w odpowiednim czasie przed ceremonią. Jednak niedługo przed tym wielkim dniem miałem złowieszczą wizję. Było to w Bareilly o północy. Spałem obok ojca na dziedzińcu naszego bungalowu, gdy

Śmierć matki i mistyczny amulet

obudziło mnie dziwne trzepotanie moskitiery. Delikatna zasłona odchyliła się i ujrzałem umiłowaną postać matki.

– Obudź ojca! – szepnęła matka. – Wsiądźcie do pierwszego pociągu o czwartej rano i śpieszcie do Kalkuty, jeśli chcecie mnie jeszcze zobaczyć! – Widmowa postać zniknęła.

– Ojcze, ojcze! Matka umiera! – Przerażenie w moim głosie natychmiast go obudziło. Ze szlochem opowiedziałem mu o swojej wizji.

– Nie zwracaj uwagi na te swoje halucynacje – w charakterystyczny dla siebie sposób ojciec zaprzeczył nowej sytuacji. – Twoja matka jest zupełnie zdrowa. Jeśli dostaniemy jakąś złą wiadomość, wyjedziemy jutro.

– Nigdy sobie nie wybaczysz, jeśli nie wyruszymy natychmiast! – Rozpacz sprawiła, że dodałem z goryczą: – A ja nigdy nie przebaczę tobie!

Rano przyszedł nie budzący wątpliwości, smutny telegram: „Matka poważnie chora. Ślub odłożony. Przyjeżdżajcie natychmiast".

Wyjechaliśmy z ojcem półprzytomni z rozpaczy. Jeden z moich wujów miał spotkać nas na stacji przesiadkowej. Pociąg nadjeżdżał dudniąc, rosnąc w oczach. W stanie wewnętrznego chaosu zrodziło się we mnie nagłe postanowienie, by rzucić się na tory. Czułem, że matka już mnie opuściła i nie mogłem znieść nagle pustego świata. Kochałem matkę jak najdroższego przyjaciela na świecie. Jej czarne oczy, które zawsze przynosiły mi pociechę, były dla mnie schronieniem w drobnych dziecięcych tragediach.

– Czy jeszcze żyje? – Wstrzymałem się, by zadać to ostatnie pytanie wujowi.

– Oczywiście, że żyje! – Od razu dostrzegł desperację w moich oczach. Raczej mu nie uwierzyłem.

Gdy dotarliśmy do naszego domu w Kalkucie, mogliśmy się już tylko zetknąć z porażającą tajemnicą śmierci. Popadłem w stan prawie zupełnej martwoty. Minęły lata, zanim w swym sercu zdołałem choć trochę się pogodzić ze śmiercią matki. Szturmowałem do bram niebios i mój płacz przywołał wreszcie Boską Matkę. Jej słowa ostatecznie uzdrowiły moją jątrzącą się ranę:

– To ja, życie po życiu, czuwałam nad tobą z tkliwością wielu matek! Dojrzyj w moim spojrzeniu dwoje czarnych oczu, pięknych, utraconych oczu, których szukasz!

Wkrótce po ceremonii kremacyjnej wróciliśmy z ojcem do Bareilly. Codziennie wczesnym rankiem odbywałem ku pamięci matki bolesną pielgrzymkę do wielkiego drzewa *szeoli*, które rzucało cień na gładki, zielonozłoty trawnik przed naszym bungalowem. W chwilach poetyckiego nastroju wydawało mi się, że białe kwiaty *szeoli* rozścielają się na trawie jak na ołtarzu, z oddaniem składając się w ofierze. Często przez łzy i rosę obserwowałem dziwne, nieziemskie światło, które pojawiało się wraz ze świtem. Opanowywała mnie udręka tęsknoty za Bogiem. Czułem też, jak z potężną mocą przyciągają mnie Himalaje.

Odwiedził nas w Bareilly jeden z moich kuzynów, który właśnie wrócił z podróży po świętych górach. Skwapliwie słuchałem jego opowieści o wysokogórskich siedzibach joginów i swamich*.

– Ucieknijmy w Himalaje – zaproponowałem pewnego dnia Dwarce Prasadowi, synowi miejscowego właściciela ziemskiego. Słowa te wpadły jednak w nieżyczliwe ucho. Zdradził on ów plan mojemu najstarszemu bratu, który właśnie przyjechał odwiedzić ojca. Zamiast potraktować lekko ten niepraktyczny pomysł małego chłopca, Ananta zdecydowanie mnie wyśmiał.

– A czy masz pomarańczową szatę? Bez niej nie możesz być swamim!

Nie wiadomo dlaczego, słowa te przeszyły mnie dreszczem. W wyobraźni jasno ujrzałem siebie jako mnicha wędrującego po Indiach. Być może, obudziły one wspomnienia z jakiegoś przeszłego życia. Tak czy inaczej, zacząłem rozumieć, z jak naturalną łatwością przyszło by mi nosić szatę starożytnego zakonu mnichów.

Rozmawiając pewnego dnia z Dwarką, poczułem nagle, jak z siłą lawiny ogarnia mnie miłość do Boga. Mój towarzysz ledwo słuchał potoku moich słów; to ja całym sercem słuchałem sam siebie.

Tego popołudnia uciekłem do doliny Najnital u podnóża Himalajów. Ananta zajadle mnie ścigał. Zostałem zmuszony powrócić w markotnym nastroju do Bareilly. Pozostawała mi tylko uświęcona zwyczajem pielgrzymka o świcie pod drzewo *szeoli*. Moje serce pogrążone było w płaczu za utraconymi matkami, ludzką i boską.

Pustka, jaką pozostawiła w rodzinie śmierć matki, była nie do wypełnienia. W ciągu pozostałych czterdziestu lat swojego życia ojciec nie ożenił się powtórnie. Sprawując niełatwą rolę ojca-matki dla gromadki małych dzieci, stał się wyraźnie czulszy i bardziej przystępny. Rozmaite

---

* Sanskrycki źródłosłów słowa *swami* oznacza: „ten, który jest jednym ze swą Jaźnią (*Swa*)". (*Zob.* rozdz. 24).

Śmierć matki i mistyczny amulet

rodzinne problemy rozstrzygał spokojnie i wnikliwie. Po powrocie z biura jak pustelnik chronił się w swoim pokoju, gdzie ze słodką pogodą ducha ćwiczył *krija-jogę*. Wiele lat po śmierci matki próbowałem zatrudnić angielską pielęgniarkę, która pomogłaby ojcu w drobnych sprawach i uczyniła jego życie wygodniejszym. Ojciec jednak nie zgodził się.

– Śmierć twojej matki położyła kres służbie dla mnie. – Jego oczy spoglądały gdzieś w dal z wyrazem oddania, które żywił do niej przez całe życie. – Nie przyjmę pomocy od żadnej innej kobiety.

Czternaście miesięcy po odejściu matki dowiedziałem się, że pozostawiła dla mnie wiadomość wielkiej wagi. Czuwając przy łożu śmierci, Ananta zanotował jej słowa. Matka prosiła, by przekazał mi je po roku, ale brat zwlekał. Miał wkrótce wyjechać z Bareilly do Kalkuty, by poślubić dziewczynę, którą matka dla niego wybrała*. Pewnego wieczoru wezwał mnie do siebie.

– Mukundo, wahałem się dotąd, czy ci przekazać dziwną wiadomość. – W tonie Ananty pobrzmiewała nuta rezygnacji. – Obawiałem się, że jeszcze bardziej podsyci ona twoje pragnienie opuszczenia domu. Ale ty i tak cały płoniesz boskim zapałem. Gdy złapałem cię ostatnio w drodze do Himalajów, powziąłem ostateczne postanowienie. Nie wolno mi dłużej odkładać spełnienia obietnicy, którą uroczyście złożyłem.

Brat wręczył mi małe pudełeczko i przekazał słowa matki.

„Niechże te słowa będą moim ostatnim błogosławieństwem, mój ukochany synu, Mukundo! – powiedziała wtedy matka. – Nadeszła godzina, w której muszę opowiedzieć ci o kilku niezwykłych zdarzeniach, jakie miały miejsce po twoich narodzinach. Dowiedziałam się o przeznaczonej ci ścieżce, gdy byłeś jeszcze niemowlęciem w moich ramionach. Zaniosłam cię wtedy do domu mojego guru w Benaresie. Zasłaniał go tłum uczniów i ledwo widziałam Lahiriego Mahaśaję, który siedział pogrążony w głębokiej medytacji.

Poklepywałam cię delikatnie i modliłam się, by wielki guru cię zauważył i pobłogosławił. W cichości serca błagałam o to coraz żarliwiej. Mistrz otworzył oczy i skinął na mnie, żebym podeszła. Obecni zrobili mi przejście. Pochyliłam się do świętych stóp. Lahiri Mahaśaja wziął cię na kolana i kładąc ci dłoń na czole, udzielił duchowego chrztu.

– Mateczko, twój syn będzie joginem. Wiele dusz pociągnie za sobą

---

* Hinduski obyczaj, według którego rodzice wybierają partnera życiowego dla swego dziecka, oparł się czasowi. Procent szczęśliwych małżeństw hinduskich jest wysoki.

do Królestwa Bożego, niczym potężna lokomotywa Ducha.

Serce podskoczyło mi z radości, kiedy wszystkowiedzący guru odpowiedział w ten sposób na moją tajemną modlitwę. Jeszcze na krótko przed twoim urodzeniem powiedział mi, że podążysz jego ścieżką. Później, mój synu, ja i twoja siostra Roma poznałyśmy twoją wizję Wielkiego Światła. Z sąsiedniego pokoju obserwowałyśmy, jak siedzisz nieporuszony na łóżku. Twoja twarzyczka była rozświetlona, a w głosie brzmiała żelazna stanowczość, gdy mówiłeś o pójściu w Himalaje w poszukiwaniu Boga. Dzięki temu wszystkiemu pojęłam, drogi synu, że twoja droga daleka jest ambicjom tego świata. Potwierdziło mi to jedno z najdziwniejszych wydarzeń w moim życiu. Zmusza mnie ono teraz do przekazania ci tego polecenia z łoża śmierci. Była to rozmowa z pewnym mędrcem w Pendżabie. Któregoś ranka, gdy mieszkaliśmy w Lahore, wszedł do mojego pokoju służący.

– Pani, przyszedł jakiś dziwny sadhu[*]. Nalega, by koniecznie spotkać się z matką Mukundy.

Te proste słowa poruszyły we mnie jakąś głęboką strunę. Natychmiast wyszłam powitać gościa. Pochylając mu się do stóp, poczułam, że mam przed sobą prawdziwego męża Bożego.

– Matko – powiedział – wielcy mistrzowie pragną, abyś wiedziała, że twój pobyt na ziemi nie będzie długi[**]. Twoja następna choroba będzie ostatnią.

Nastąpiła cisza. Nie przeraziłam się, poczułam tylko wibracje ogromnego spokoju. Po chwili sadhu kontynuował:

– Masz być strażniczką pewnego srebrnego amuletu. Nie dam ci go dzisiaj. Aby udowodnić ci prawdziwość moich słów, talizman ten jutro zmaterializuje ci się w dłoniach podczas medytacji. Na łożu śmierci musisz pouczyć swojego najstarszego syna Anantę, by przechował talizman przez jeden rok. Potem ma go wręczyć twojemu drugiemu synowi. Mukunda zrozumie znaczenie talizmanu. Dają mu go wielcy mistrzowie. Powinien otrzymać go w czasie, kiedy będzie gotów odrzucić wszystkie ziemskie pragnienia i rozpocząć prawdziwe poszukiwanie Boga. Po kilku latach, spełniwszy swoje zadanie, amulet zniknie. Nawet

---

[*] Pustelnik, człowiek, który uprawia ascezę i kroczy ścieżką duchowej dyscypliny.

[**] Gdy dowiedziałem się z tych słów, że matka była świadoma, iż nie będzie żyła długo, zrozumiałem, dlaczego nalegała na przyspieszenie ślubu Ananty. Uczestniczenie w obrzędach ślubnych było jej naturalnym matczynym pragnieniem. Niestety, nie było jej to dane.

Śmierć matki i mistyczny amulet

jeśli zostanie schowany w najbardziej tajemnym miejscu, powróci tam, skąd pochodzi.

Ofiarowałam świętemu jałmużnę* i pochyliłam się przed nim z wielką czcią. Nie przyjął ofiary i oddalił się, błogosławiąc mnie. Następnego wieczoru, gdy siedziałam z dłońmi złożonymi do medytacji, srebrny amulet pojawił się w nich, dokładnie tak jak sadhu to przyrzekł. Poczułam jego delikatny chłód. Strzegłam go zazdrośnie ponad dwa lata, a teraz powierzam go Anancie. Nie rozpaczaj z powodu mojego odejścia, mój wielki guru poprowadzi mnie w ramiona Nieskończonego. Żegnaj, moje dziecko. Matka Wszechświata będzie cię chronić".

Gdy dostałem ten amulet, poczułem, jak spływa na mnie blask oświecenia. Obudziło się we mnie wiele uśpionych wspomnień. Amulet, okrągły i niezwykły z powodu swej starożytności, pokryty był sanskryckimi literami. Zrozumiałem, że pochodzi od nauczycieli z przeszłych żywotów, którzy w niewidzialny sposób kierowali moimi krokami. Miał on jeszcze w istocie inne znaczenie, ale nie odkrywa się w pełni duszy amuletu**.

---

* Jest to zwyczajowy gest okazania sadhu szacunku.

** Amulet był przedmiotem stworzonym astralnie. Tworzywo takich przedmiotów jest nietrwałe, toteż po jakimś czasie muszą one zniknąć z ziemi. (*Zob.* rozdz. 43).

Na amulecie wypisana była *mantra*, czyli święte słowa, zwykle recytowane bądź śpiewane. Nigdzie nie badano mocy dźwięku ani mocy *wak*, ludzkiej mowy, tak dogłębnie jak w Indiach. Wibracja *Aum*, wypełniająca cały wszechświat, (biblijne „Słowo" lub „szum bezmiaru wód") przejawia się w postaci trzech *gun* [czyli w trzech własnościach czy siłach przyrody – *dop. tłum.*] Są to *guny*: stwarzająca, podtrzymująca i niszcząca (*Upaniszada Taittrija* I, 8). Każde słowo, jakie wypowiada człowiek, wprawia w ruch jedną z tych trzech własności *Aum*. Oto podyktowany prawem kosmicznym powód, dla którego zawsze powinno się mówić prawdę. Wiedza o tym kryje się pod nakazami wszystkich pism świętych.

Mantra zapisana była na amulecie w sanskrycie. Poprawnie wymawiana, posiadała dobroczynną duchowo moc wibracyjną. Alfabet sanskrycki, idealnie zbudowany, składa się z pięćdziesięciu liter. Wymawia się je w ściśle określony, niezmienny sposób. George Bernard Shaw napisał mądry i oczywiście, dowcipny esej o – opartym na łacińskim – alfabecie angielskim, którego dwadzieścia sześć liter zupełnie nie oddaje dźwięków języka angielskiego. Z właściwą sobie bezwzględnością napisał: „Jeśli wprowadzenie do języka angielskiego odpowiedniego dla niego alfabetu [...] wywoła wojnę domową, nie będę tego żałował". G. B. Shaw nalegał na przyjęcie nowego alfabetu, składającego się z czterdziestu dwóch liter (*zob.* jego przedmowę do *The Miraculous Birth of Language* Wilsona, Philosophical Library, N. Y.). Alfabet taki, pod względem doskonałości fonetycznej, prawie dorównywałby sanskryckiemu, którego pięćdziesiąt liter uniemożliwia błędną wymowę.

Odkrycie w Dolinie Indusu pieczęci z inskrypcjami sprawiło, iż niektórzy uczeni odrzucają przyjętą obecnie teorię, że Indie „zapożyczyły" swój sanskrycki alfabet ze źródeł semickich. Niedawno odkryto w Mohendżo-Daro i Harappie kilka wielkich miast hinduskich. Stanowią one dowód rozwiniętej kultury, której „historia na ziemi indyjskiej

(Po lewej u góry) Joganandadźi *(stoi)* jako uczeń szkoły średniej ze starszym bratem Anantą

(Po prawej u góry) Roma, starsza siostra, i Nalini, młodsza siostra, z Paramahansą Joganandą przed domem z okresu dzieciństwa, Kalkuta, 1935 r.

(Po prawej) Uma, starsza siostra Joganandy jako młoda dziewczyna, Gorakhpur

Śmierć matki i mistyczny amulet

Jak talizman ten w końcu zniknął w bardzo nieszczęśliwych okolicznościach mojego życia i jak jego utrata zapowiedziała odnalezienie mojego guru, nie mogę jeszcze opisać w tym rozdziale.

Jednak mały chłopiec, któremu uniemożliwiono dotarcie do Himalajów, codziennie podróżował daleko na skrzydłach swojego amuletu.

---

z pewnością sięga w przeszłość tak zamierzchłą, że dokładnego czasu jej trwania można by się tylko domyślać". (Sir John Marshall, *Mohenjo-Daro and the Indus Civilization*, 1931)
    Jeśli poprawna jest teoria uczonych hinduskich, że cywilizacja ludzka na tej planecie jest nadzwyczaj starożytna, to możliwe staje się wyjaśnienie, dlaczego *najstarszy* język świata, sanskryt, jest zarazem *najdoskonalszy*. (Zob. s. 88, przypis) „Język sanskrycki – stwierdził sir Wiliam Jones, założyciel Asiatic Society – niezależnie od tego jak starożytny, ma cudowną budowę: doskonalszą niż grecki, bogatszą niż łaciński i bardziej finezyjną niż one oba".
    „Od czasów odrodzenia nauki klasycznej – podaje *Encyclopedia Americana* – w historii kultury drugiej połowy osiemnastego wieku nie było wydarzenia ważniejszego niż odkrycie sanskrytu [przez uczonych zachodnich]. Językoznawstwo, gramatyka porównawcza, mitologia porównawcza, religioznawstwo [...] albo wręcz zawdzięczają swoje istnienie odkryciu sanskrytu, albo też studia nad tym językiem wywarły na owe nauki głęboki wpływ".

Rozdział 3

Święty o dwóch ciałach

– Ojcze, jeśli obiecam, że bez sprzeciwu wrócę do domu, czy pozwolisz mi pojechać na wycieczkę do Benaresu?

Bardzo kochałem podróże. Ojciec rzadko się im przeciwstawiał. Nawet gdy byłem jeszcze małym chłopcem, pozwalał mi odwiedzać wiele miast i miejsc pielgrzymkowych. Zwykle towarzyszył mi jeden lub kilku przyjaciół. Podróżowaliśmy wygodnie, ponieważ ojciec załatwiał nam bilety pierwszej klasy. Jego stanowisko na kolei bardzo sprzyjało takim jak ja „nomadom" w naszej rodzinie.

Ojciec przyrzekł, że się zastanowi nad moją prośbą. Następnego dnia zawołał mnie i wręczył mi bilet z Bareilly do Benaresu i z powrotem, trochę pieniędzy i dwa listy.

– Mam pewien interes do mojego przyjaciela z Benaresu, Kedara Nath Babu – powiedział. – Niestety, zgubiłem jego adres. Sądzę jednak, że zdołasz doręczyć mu ten list z pomocą naszego wspólnego przyjaciela, swamiego Pranabanandy. Swami, także uczeń Lahiriego Mahaśaji, osiągnął bardzo wysoki poziom duchowy. Jego towarzystwo przyniesie ci pożytek. W tym drugim liście polecam mu ciebie. – Ojciec mrugnął okiem, dodając: – Pamiętaj, żadnych więcej ucieczek z domu!

Wyruszyłem z zapałem moich dwunastu lat (chociaż upływ czasu nigdy nie przygasił radości, z jaką oglądałem nowe krajobrazy i twarze). Przybywszy do Benaresu, natychmiast udałem się do domu swamiego. Drzwi frontowe były otwarte. Wszedłem na piętro do długiego, przypominającego korytarz pokoju. Na niewielkim podwyższeniu siedział tam w pozycji lotosu dość tęgi mężczyzna, odziany tylko w przepaskę na biodrach. Głowę miał gładko ogoloną, a twarz, zupełnie pozbawiona zmarszczek, nie nosiła ani śladu zarostu. Na ustach igrał mu błogi uśmiech. Chcąc rozwiać moje wątpliwości, że przeszkadzam, powitał mnie jak starego przyjaciela.

– *Baba anand* (bądź szczęśliwy, mój drogi)! – powiedział serdecznie. Jego głos brzmiał jak głos dziecka. Ukląkłem i dotknąłem jego stóp.

– Czy to pan jest swamim Pranabanandą?

Przytaknął.

– Czy jesteś synem Bhagabatiego? – zapytał, zanim zdążyłem wyciągnąć list ojca z kieszeni. Zaskoczony, wręczyłem mu list polecający, chociaż teraz wydawało się to już zbyteczne.

– Naturalnie, pomogę ci się skontaktować z Kedarem Nath Babu. – Święty ponownie zadziwił mnie swoją zdolnością jasnowidzenia. Dopiero potem rzucił okiem na list i wypowiedział kilka serdecznych słów o moim ojcu. – Widzisz, ja mam dwie emerytury – dodał. – Jedną dzięki poparciu twojego ojca, u którego kiedyś pracowałem w biurze kolejowym. Drugą zawdzięczam Ojcu Niebieskiemu, dla którego zakończyłem wszystkie swe ziemskie obowiązki życiowe.

To ostatnie zdanie było dla mnie bardzo niejasne.

– Jaką emeryturę, mistrzu, otrzymujesz od Ojca Niebieskiego? Czy rzuca ci pieniądze?

– Mam na myśli emeryturę, jaką jest niezgłębiony spokój – nagroda za wiele lat głębokiej medytacji. Teraz nie pragnę już pieniędzy. Moje nieliczne potrzeby materialne są z nadmiarem zaspokajane. W przyszłości zrozumiesz znaczenie drugiej emerytury.

Święty przerwał nagle, spoważniał i znieruchomiał. Spowiła go aura sfinksa. Z początku oczy mu błyszczały, jakby oglądał coś bardzo ciekawego, potem przygasły. Czułem się speszony jego małomównością. Nie powiedział mi jeszcze, jak mam odnaleźć przyjaciela ojca. Rozglądałem się trochę niespokojnie po pustym pokoju, w którym nie było nikogo oprócz nas. Moje roztargnione spojrzenie padło na sandały swamiego leżące pod jego siedzeniem.

– Mój mały panie*, nie niepokój się. Człowiek, którego pragniesz spotkać, zjawi się tutaj w ciągu pół godziny. – Jogin czytał w moich myślach, co w tej chwili nie było takie trudne.

I znowu mistrz popadł w nieprzeniknione milczenie. Zegarek wskazał mi, że trwało ono pół godziny. Wreszcie swami poruszył się.

– Myślę, że Kedar Nath Babu zbliża się do drzwi.

---

* Wielu hinduskich świętych zwracało się do mnie: *Ćoto Mahaśaja*, co oznacza „mały panie".

Usłyszałem jak ktoś wchodzi na górę po schodach. Ogarnęło mnie nagłe zdumienie, nic nie rozumiałem, a przez głowę przebiegały mi chaotyczne myśli: Jak to możliwe, że przyjaciel ojca tutaj przybył, skoro nikogo po niego nie posłano? Swami nie rozmawiał z nikim oprócz mnie!

Nie pokłoniwszy się nawet swamiemu, wybiegłem z pokoju na schody. W połowie schodów spotkałem szczupłego, średniego wzrostu mężczyznę o jasnej cerze. Najwyraźniej bardzo się spieszył.

– Przepraszam, czy pan nazywa się Kedar Nath? – spytałem z podnieceniem w głosie.

– Tak. A czy ty jesteś synem Bhagabatiego i czekasz tu na mnie? – uśmiechnął się przyjaźnie.

– Proszę pana, jak to się stało, że pan tu przyszedł? – Jego niezrozumiałe przybycie wprawiło mnie w zdumienie, które graniczyło niemal z niechęcią.

– Wszystko jest dzisiaj tajemnicze! Niecałą godzinę temu skończyłem kąpiel w Gangesie, gdy podszedł do mnie swami Pranabananda. Nie mam pojęcia, skąd wiedział, że tam akurat jestem.

– W moim mieszkaniu czeka na pana syn Bhagabatiego – powiedział. – Proszę, niech pan pójdzie ze mną.

Zgodziłem się chętnie. Gdy szliśmy obok siebie, swami, mimo że miał na nogach drewniane sandały, dziwnie mnie wyprzedzał, a ja przecież noszę grube, wygodne buty. Nagle Pranabananda zatrzymał się i spytał:

– Ile czasu zajmie panu dojście do mojego domu?

– Około pół godziny.

– Mam jeszcze coś do załatwienia. – Spojrzał na mnie zagadkowo. – Pozwoli pan, że go opuszczę. Spotkamy się u mnie w domu, gdzie ja i syn Bhagabatiego będziemy pana oczekiwać.

– Zanim zdążyłem odpowiedzieć, oddalił się szybko i zniknął w tłumie. Szedłem tu jak najprędzej.

Wyjaśnienie to wprawiło mnie w jeszcze większe osłupienie. Spytałem pana Kedara, jak długo zna Pranabanandę.

– Spotkaliśmy się kilka razy w zeszłym roku, ale było to już dawno. Bardzo się ucieszyłem, gdy dziś znowu go ujrzałem na *ghacie* kąpielowym.

– Nie wierzę własnym uszom! Czy tracę zmysły? Czy spotkał go pan w wizji, czy też naprawdę go pan widział, dotykał jego ręki i słyszał odgłos jego kroków?

– Nie pojmuję, do czego zmierzasz! – gniewnie powiedział Kedar. – Nie rozumiesz, że tylko od swamiego mogłem się dowiedzieć, że na mnie tutaj czekasz?

– Ale ten człowiek, swami Pranabananda, cały czas był przed moimi oczyma, odkąd tylko tu wszedłem około godzinę temu – wyjawiłem całą historię i powtórzyłem moją rozmowę ze swamim.

Ze zdumienia szeroko otworzył oczy.

– Czy żyjemy w tych materialistycznych czasach, czy też śnimy? Nie sądziłem, że w swym życiu będę świadkiem takiego cudu! Myślałem, że swami to po prostu zwykły człowiek, a teraz widzę, że potrafi zmaterializować sobie drugie ciało i w nim działać!

Weszliśmy razem do pokoju świętego. Kedar Nath Babu wskazał na buty leżące pod siedzeniem swamiego.

– Spójrz – szepnął Kedar Nath Babu – to te same sandały, które miał na stopach na *ghacie* kąpielowym. I ubrany jest tylko w przepaskę biodrową, tę samą, w której go widziałem.

Kiedy gość pokłonił się przed świętym, ów zwrócił się do mnie z kpiarskim uśmiechem:

– Dlaczego tak się dziwisz temu wszystkiemu? Subtelna jedność zjawiskowego świata nie jest tajemnicą dla prawdziwych joginów. Ja bezpośrednio widzę moich uczniów w dalekiej Kalkucie i rozmawiam z nimi. I oni także, gdy tylko zechcą, potrafią pokonać każdą przeszkodę gęstej materii.

Najpewniej po to, by spotęgować duchowy zapał, który płonął w mojej młodej piersi, swami łaskawie opowiedział mi o swych duchowych mocach komunikowania się poprzez astral, jak przez telewizję bądź radio[*]. Jednak zamiast entuzjazmu poczułem tylko przeraźliwy strach. Ponieważ moim przeznaczeniem było poszukiwanie Boga z pomocą innego guru – Śri Jukteśwara, którego jeszcze nie spotkałem – nie odczuwałem pragnienia, by uznać Pranabanandę za swojego

---

[*] Na własny sposób nauki przyrodnicze potwierdzają prawdziwość praw odkrytych przez wiedzę jogiczną. Np. 26 listopada 1934 r. w Royal University w Rzymie zademonstrowano, że człowiek ma zdolności zdalnego widzenia. „Dr Giuseppe Calligaris, profesor neurofizjologii, uciskał określone punkty na ciele badanej osoby, która następnie szczegółowo opisywała ludzi i przedmioty znajdujące się za ścianą. Dr Calligaris poinformował innych profesorów, że jeśli odpowiednio pocierać określone miejsca na skórze człowieka, to uzyskuje on zdolności nadzmysłowe, widzi przedmioty, których inaczej nie mógłby postrzegać. Aby badany mógł zobaczyć przedmioty za ścianą, dr Calligaris uciskał przez piętnaście minut pewne miejsce po prawej stronie jego klatki piersiowej. Stwierdził też, że przy oddziaływaniu na inne punkty na ciele możliwe jest nawet postrzeganie nigdy wcześniej nie widzianych przedmiotów w dowolnej odległości".

nauczyciela. Patrzyłem na niego pełen wątpliwości, zastanawiając się, czy siedzi przede mną on sam, czy też jego sobowtór.

Mistrz starał się rozproszyć moje obawy, obdarzając mnie spojrzeniem, które poruszało duszę, i opowiadając o swoim guru.

– Lahiri Mahaśaja był największym ze wszystkich joginów, jakich znałem. Był samą boskością w cielesnej postaci.

Jeżeli uczeń, rozmyślałem, potrafi dowolnie zmaterializować sobie drugie ciało, to czy istnieje cud, którego nie mógłby dokonać jego mistrz?

– Powiem ci – kontynuował swami – jak bezcenna jest pomoc guru. Kiedyś razem z innym uczniem zasiadaliśmy co wieczór do ośmiogodzinnej medytacji. W dzień musieliśmy pracować na kolei. Trudno mi było wypełniać moje urzędnicze obowiązki, pragnąłem cały czas poświęcić Bogu. Wytrwałem w tej codziennej medytacji, która zajmowała połowę nocy, przez osiem lat. Miałem wspaniałe wyniki, potężne postrzeżenia duchowe oświecały mój umysł. Zawsze jednak przesłaniała mi Nieskończonego delikatna zasłona. Nawet przy nadludzkim wysiłku stwierdzałem, że ostateczne, nierozerwalne zjednoczenie było mi odmówione. Pewnego wieczoru złożyłem wizytę Lahiriemu Mahaśaji i poprosiłem go o boskie wstawiennictwo. Naprzykrzałem mu się przez całą noc.

– Boski guru, moja duchowa udręka jest tak wielka, że nie potrafię już dłużej żyć, nie spotykając się z moim Wielkim Umiłowanym twarzą w twarz!

– Cóż mogę zrobić? Musisz medytować głębiej.

– Błagam Cię, Boże, mój Mistrzu! Widzę Cię w Twojej zmaterializowanej formie, w fizycznym ciele. Pobłogosław mnie, abym mógł Cię zobaczyć w Twojej nieskończonej postaci!

Lahiri Mahaśaja wyciągnął rękę w geście błogosławieństwa.

– Możesz już odejść i medytować. Wstawiłem się za tobą u Brahmy*.

Wróciłem do domu niezmiernie podniesiony na duchu. Tej nocy osiągnąłem w medytacji tak gorąco upragniony cel swego życia. Obecnie nieustannie cieszę się duchową emeryturą. Od tego dnia żadna zasłona ułudy nie skrywa przed moim wzrokiem pełnego szczęśliwości Stwórcy.

Twarz Pranabababandy jaśniała boskim światłem. Pokój innego

---

* Bóg w aspekcie Stwórcy, od czasownika *bryh* – rozszerzać się. Kiedy w roku 1857 w miesięczniku „Atlantic Monthly" ukazał się wiersz R. W. Emersona *Brahma*, większość czytelników była wstrząśnięta. Emerson roześmiał się i rzekł: „Proszę im powiedzieć, żeby zamiast Brahma czytali Jahwe, a wtedy nie będzie ich to dziwić".

SWAMI PRANABANANDA,
benareski „Święty o dwóch ciałach"

świata wypełnił mi serce, opuścił mnie cały strach.

Święty zwierzył mi się z jeszcze jednego przeżycia:

– Po kilku miesiącach pojechałem znowu do Lahiriego Mahaśaji, aby mu podziękować, że obdarzył mnie tak nieskończenie wielkim darem. Poruszyłem także inną sprawę.

– Boski Guru, nie mogę już dłużej pracować w biurze. Proszę, uwolnij mnie od tego! Jestem stale upojony przebywaniem z Brahmą.

– Wystąp w swej kompanii o emeryturę.

– Jakiż mam podać powód tego przedwczesnego odejścia?

– Opisz to, co czujesz.

Autobiografia jogina

Następnego dnia złożyłem podanie. Lekarz chciał poznać przyczynę mojej prośby.

– Podczas pracy czuję, jak wzdłuż kręgosłupa wznosi się jakaś obezwładniająca mnie energia. Przenika całe moje ciało i uniemożliwia mi zupełnie wykonywanie obowiązków*.

Nie wypytując mnie już o nic więcej, lekarz poparł całkowicie moje podanie o emeryturę, którą wkrótce otrzymałem. Wiem, że poprzez lekarza i urzędników kolejowych, włącznie z twoim ojcem, działała boska wola Lahiriego Mahaśaji. Poddali się oni duchowemu kierownictwu wielkiego guru i umożliwili mi odejście z pracy, abym mógł żyć w nieprzerwanej łączności z Umiłowanym.

Uczyniwszy to niezwykłe wyznanie, swami Pranabananda zapadł w długie milczenie. Gdy się z nim żegnałem, dotykając z czcią jego stóp, udzielił mi błogosławieństwa:

– Twoje życie będzie ścieżką wyrzeczenia i jogi. Spotkam się z tobą i twym ojcem później.

Z biegiem lat obie te przepowiednie spełniły się**.

Kedar Nath Babu szedł obok mnie w zapadającej ciemności. Oddałem mu list ojca, który przeczytał w świetle ulicznej latarni.

– Twój ojciec proponuje mi stanowisko w Kalkucie w biurze kompanii kolejowej. Jakże byłoby przyjemnie, gdybym mógł oczekiwać przynajmniej jednej z dwóch emerytur, którymi cieszy się swami Pranabananda! To jednak niemożliwe. Nie mogę opuścić Benaresu. Niestety, jeszcze nie potrafię mieć dwóch ciał!

---

* W głębokiej medytacji pierwsze doświadczenie Ducha dokonuje się na ołtarzu kręgosłupa, a potem w mózgu. Błogość zalewa jogina jak potop, ale uczy się on opanowywać jej zewnętrzne przejawy.

W czasie naszego spotkania Pranabananda był już rzeczywiście oświeconym mistrzem. Ale opisane przez niego rozstanie z życiem zawodowym wydarzyło się wiele lat wcześniej. Wówczas nie trwał jeszcze stale w stanie *nirbikalpa samadhi* (zob. s. 250 i s. 438, przypis). W tym doskonałym i niewzruszonym stanie świadomości jogin nie ma żadnych trudności w wypełnianiu swych świeckich obowiązków.

Po przejściu na emeryturę Pranabananda napisał *Pranabgitę*, jeden z najgłębszych komentarzy do *Bhagawadgity*, dostępny w językach bengalskim i hindi.

Zdolność pojawiania się w więcej niż jednym ciele to *siddhi* (moc jogiczna). Wspomina o niej Patańdżali w *Jogasutrach (zob.* s.238, przypis). Zjawisko bilokacji występuje w życiu wielu świętych na przestrzeni wieków. W *Story of Therese Neumann* (Dzieje Teresy Neumann), Bruce Pub. Co., A. P. Schimberg opisuje kilka przypadków, kiedy ta chrześcijańska święta objawiła się znajdującym się daleko od niej osobom, które potrzebowały pomocy, i rozmawiała z nimi.

** Zob. rozdz. 27.

Rozdział 4

Nieudana ucieczka w Himalaje

— Wyjdź z klasy pod jakimś pretekstem i zamów dwukółkę. Zatrzymaj ją w bocznej uliczce, żeby nikt ode mnie z domu cię nie zobaczył.

Były to moje ostatnie polecenia dla Amara Mittera, przyjaciela ze szkoły średniej, który zamierzał mi towarzyszyć w wyprawie w Himalaje. Na ucieczkę wybraliśmy następny dzień. Musieliśmy zachować dużą ostrożność, ponieważ Ananta czujnie mnie obserwował. Podejrzewał, że stale myślę o ucieczce i zdecydowany był udaremnić moje plany. W jakiś tajemny sposób, niby duchowe drożdże, oddziaływał na mnie amulet. Pośród himalajskich śniegów miałem nadzieję odnaleźć mistrza, którego twarz często mi się pojawiała w wizjach.

Mieszkaliśmy teraz w Kalkucie, dokąd na stałe przeniesiono ojca. Zgodnie z patriarchalnym hinduskim zwyczajem Ananta sprowadził swoją młodą żonę do naszego domu. Tam, w małym pokoiku na poddaszu oddawałem się codziennym medytacjom, przygotowując się do poszukiwania Boga.

Pamiętny poranek zaczął się niepomyślnie, deszczem. Gdy z ulicy dobiegł mnie turkot dwukółki Amara, pośpiesznie zawiązałem w koc parę sandałów, dwie przepaski biodrowe, paciorki modlitewne*, zdjęcie Lahiriego Mahśaji i egzemplarz *Bhagawadgity*. Tobołek ten zrzuciłem z okna mojego pokoju na drugim piętrze. Zbiegłem po schodach i minąłem

---
* Odpowiednik różańca (*przyp. tłum.*).

wuja, który akurat kupował ryby na stoisku przy drzwiach wejściowych.
– Cóż to za podniecenie? – zmierzył mnie podejrzliwym wzrokiem. Uśmiechnąłem się do niego wymijająco i skręciłem w boczną uliczkę. Podniosłem wyrzucony przez okno tobołek i dołączyłem do Amara z konspiracyjną ostrożnością. Pojechaliśmy do dzielnicy handlowej Ćandni Ćauk. Już przedtem od kilku miesięcy oszczędzaliśmy na jedzeniu lunchu z myślą o tym, by kupić angielskie ubrania. Wiedząc, że mój sprytny brat z łatwością mógłby odegrać rolę detektywa, pomyśleliśmy, że przechytrzymy go dzięki temu europejskiemu przebraniu.

Po drodze na stację wstąpiliśmy jeszcze po mojego kuzyna Dźotina Ghosza, którego nazywałem Dźatindą. Był on neofitą i marzył o znalezieniu guru w Himalajach. Włożył nowe ubranie, które dla niego kupiliśmy. Ufaliśmy, że jesteśmy świetnie zamaskowani! W sercach czuliśmy wielkie uniesienie.

– Teraz potrzeba nam jeszcze tylko płóciennych butów. – Zaprowadziłem przyjaciół do sklepu z obuwiem o gumowych podeszwach. – W tej świętej podróży nie wolno nam mieć niczego ze skóry, która przecież pochodzi z zabijanych zwierząt. – Zatrzymałem się na ulicy i usunąłem skórzaną okładkę ze swojej *Bhagawadgity*, a także rzemyki z angielskiego *sola topee* (hełmu).

Na stacji kupiliśmy bilety do Burdwanu, skąd mieliśmy przesiadkę do Hardwaru, leżącego już na podgórzu Himalajów. Gdy pociąg unosił nas w dal, dałem wyraz swoim wielkim marzeniom.

– Wyobraźcie sobie! – wykrzyknąłem. – Będziemy inicjowani przez mistrzów i doświadczymy stanu świadomości kosmicznej. Nasze ciała zostaną naładowane tak wielką magnetyczną energią, że dzikie zwierzęta himalajskie będą do nas przychodzić jak oswojone. Tygrysy, niby łagodne koty domowe, będą oczekiwać od nas pieszczot!

Słowa te, malujące obraz, który mnie zachwycał, zarówno przenośnie, jak i dosłownie, wywołały entuzjastyczny uśmiech na twarzy Amara. Dźatinda jednak odwrócił wzrok i wpatrzył się w krajobraz uciekający za oknem.

– Podzielmy pieniądze na trzy części – przerwał długą ciszę Dźatinda. – W Burdwanie powinniśmy kupować bilety osobno. W ten sposób nikt na stacji nie będzie podejrzewał, że uciekamy razem.

Zgodziłem się, niczego nie przeczuwając. O zmierzchu pociąg zatrzymał się w Burdwanie. Dźatinda poszedł do kasy biletowej, a Amar i ja usiedliśmy na peronie. Czekaliśmy piętnaście minut, a potem zaczęliśmy go szukać. Daremnie! Biegaliśmy we wszystkie strony, głośno go wołając. Opanowało nas przerażenie. Dźatinda jednak zniknął w ciemnościach spowijających nieznane otoczenie małej stacji.

Opuściła mnie cała odwaga. Byłem tak wstrząśnięty, że czułem się jak odrętwiały. Jakże Bóg mógł pozwolić, by wydarzyło się coś tak przygnębiającego! W okrutny sposób rozwiał się romantyzm mojej pierwszej pogoni za Nim, wyprawy, którą tak starannie zaplanowałem.

– Amar, musimy wracać do domu – płakałem jak małe dziecko. – To zły znak, że Dźatinda nas tak bezlitośnie porzucił. Wyprawa się nie uda!

– To taka jest twoja miłość do Pana? Czy nie potrafisz przejść małej próby, jaką jest zdrada kolegi?

Dzięki sugestii Amara, że Bóg poddaje nas próbie, serce mi się uspokoiło. Posililiśmy się słynnymi burdwańskimi słodyczami, *sitabhog* (pożywienie dla bogini) i *motićur* (słodkie kulki). Po kilku godzinach wyruszyliśmy do Hardwaru. Następnego dnia, czekając na peronie w Mogul Seraj na kolejny pociąg, omawialiśmy bardzo istotną kwestię:

– Amar, niedługo będą nas szczegółowo wypytywać urzędnicy kolejowi. Nie wolno nie doceniać przemyślności mojego brata. Bez względu na to, co się zdarzy, nie chcę mówić nieprawdy.

– Mukunda, proszę cię tylko o jedno: siedź cicho. Nie śmiej się ani nie rób głupich min, gdy ja będę mówił.

W tej właśnie chwili zagadnął mnie europejski pracownik kolejowy. Wymachiwał trzymanym w ręku telegramem, którego wagi natychmiast się domyśliłem.

– Czy aby nie uciekasz z domu po jakiejś kłótni?

– Nie! – ucieszyłem się, bo tak sformułowane pytanie pozwoliło mi na bardzo zdecydowaną odpowiedź. Wiedziałem przecież, że powodem mojego nieposłuszeństwa nie była kłótnia, lecz najgłębsza tęsknota za Bogiem. Urzędnik zwrócił się następnie do Amara. Wywiązał się pojedynek na spryt, z trudem pozwalający mi na zachowanie stoickiej powagi, którą doradzał Amar.

– Gdzie jest trzeci chłopiec? – zapytał mężczyzna tonem, w którym pobrzmiewała pełna moc jego autorytetu. – Mów prawdę!

– Proszę pana, widzę, że nosi pan okulary. Czyż nie widzi pan, że jest nas tylko dwóch? – bezwstydnie uśmiechnął się Amar. – Nie jestem czarodziejem i nie potrafię wyczarować trzeciego chłopca.

Urzędnik, wyraźnie zbity z tropu tą impertynencją, poszukał nowego punktu zaczepienia.
– Jak się nazywasz?
– Thomas. Moja matka jest Angielką, a ojciec Hindusem, ale nawróconym na chrześcijaństwo.
– A jak się nazywa twój przyjaciel?
– Nazywa się Thompson.
W tej chwili moja skrywana wesołość sięgnęła szczytu. Bezceremonialnie ruszyłem do pociągu, który dobrym zrządzeniem losu akurat zagwizdał, szykując się do odjazdu. Amar szedł za mną z urzędnikiem, który okazał się na tyle łatwowierny i usłużny, że zaprowadził nas do przedziału dla Europejczyków. Najwyraźniej przykra była mu myśl, że dwóch na poły angielskich chłopców miałoby podróżować w wagonie dla krajowców. Gdy grzecznie wyszedł, położyłem się na ławce i wybuchnąłem niepohamowanym śmiechem. Amar promieniał radosną satysfakcją, że zdołał przechytrzyć doświadczonego europejskiego urzędnika.

Na peronie udało mi się przeczytać telegram. Był od mojego brata i brzmiał: „Trzech chłopców z Bengalu, w europejskich ubraniach, uciekło z domu w kierunku Hardwaru przez Mogul Seraj. Proszę ich zatrzymać do mojego przyjazdu. Hojna nagroda za pomoc".

– Amar, mówiłem ci, żebyś nie zostawiał w domu oznakowanego rozkładu jazdy – spojrzałem na niego z wyrzutem. – Ananta na pewno go znalazł.

Przyjaciel pokornie przyjął moją naganę. Zatrzymaliśmy się na krótko w Bareilly, gdzie czekał na nas Dwarka Prasad* z telegramem od Ananty. Mój stary druh dzielnie usiłował nas zatrzymać. Przekonałem go, że nie podjęliśmy ucieczki lekkomyślnie. Tak jak poprzednio, Dwarka nie przyjął mojej propozycji, by pojechać razem z nami w Himalaje.

Gdy tej nocy pociąg zatrzymał się na jakiejś stacji, a ja drzemałem, Amara obudził kolejny urzędnik kolejowy. Jego jednak także zwiodła fantastyczna opowieść o Thomasie i Thompsonie. O świcie pociąg dowiózł nas triumfalnie do Hardwaru. Z daleka zapraszały nas majestatyczne góry. Przebiegliśmy szybko przez stację i wmieszaliśmy się w tłum uliczny, wreszcie wolni. Jak najszybciej przebraliśmy się

---

* Wspomniany na s. 16.

w hinduską odzież, bo Ananta jakoś przejrzał nasz podstęp. Bardzo mi ciążyło przeczucie, że nas schwytają.

Uznawszy, że musimy natychmiast opuścić Hardwar, kupiliśmy bilety do leżącego dalej na północy Ryszikesiu – miejsca od wieków uświęcanego stopami wielu mistrzów. Wsiadłem już do pociągu, zaś Amar pozostawał jeszcze na peronie. Nagle zatrzymało go wołanie policjanta. Niepożądany opiekun odstawił nas na posterunek policyjny przy stacji i zabrał nam pieniądze. Uprzejmie wyjaśnił, że ma obowiązek nas zatrzymać, dopóki nie przyjedzie mój starszy brat. Dowiedziawszy się, że celem naszej ucieczki były Himalaje, policjant opowiedział dziwną historię.

– Widzę, że macie bzika na punkcie świętych! Nigdy nie spotkacie większego męża Bożego niż ten, którego widziałem zaledwie wczoraj. Mój kolega policjant i ja spotkaliśmy go po raz pierwszy pięć dni temu. Patrolowaliśmy brzeg Gangesu, uważnie wypatrując pewnego mordercy. Dostaliśmy rozkaz, aby go ująć, żywego bądź martwego. Wiadomo było, że przebiera się za sadhu, by obrabowywać pielgrzymów. Tuż przed sobą dostrzegliśmy mężczyznę, który z opisu przypominał przestępcę. Nie zareagował na rozkaz, więc podbiegliśmy, by zatrzymać go siłą. Zbliżywszy się, z rozmachem uderzyłem go w plecy toporem. Niemalże odciąłem mu prawą rękę!

Nieznajomy nawet nie jęknął, nawet nie spojrzał na upiorną ranę. Choć było to nie do pojęcia, nadal szedł szybkim krokiem. Dogoniliśmy go, a wtedy cicho przemówił:

– Nie jestem mordercą, którego szukacie.

Czułem się bardzo przygnębiony, że zraniłem człowieka wyglądającego na boskiego mędrca. Rzuciłem mu się do stóp, błagając o przebaczenie. Potem ofiarowałem mu płótno swego turbanu do zatamowania silnego upływu krwi.

– Synu, to była zupełnie zrozumiała pomyłka – święty spojrzał na mnie dobrotliwie. – Odejdź i nie czyń sobie wyrzutów. Jestem pod opieką Ukochanej Matki. – Przycisnął zwisającą rękę do miejsca, gdzie została odcięta – i o dziwo! – przylgnęła. W niepojęty sposób krew przestała płynąć.

– Przyjdź do mnie za trzy dni pod tamto drzewo, a przekonasz się, że jestem już zupełnie zdrowy. Wtedy przestaną cię trapić wyrzuty sumienia.

Wczoraj mój kolega policjant i ja, niezmiernie zaciekawieni, poszliśmy na wskazane miejsce. Sadhu siedział tam i pozwolił nam obejrzeć ramię. Nie było nawet śladu rany, nawet blizny!

– Udaję się przez Ryszikeś do himalajskich pustelni – rzekł. Pobłogosławił nas i szybko odszedł. Czuję, że moje życie stało się wznioślejsze dzięki jego świętości.

Policjant zakończył opowieść pobożnym zawołaniem. Widać było, że przeżycie, o którym nam opowiedział, poruszyło go niezwykle głęboko. Gestem pełnym przejęcia podał mi wycinek z gazety z opisem tego cudu. W sposób charakterystyczny dla gazet sensacyjnych (których, niestety, nie brak nawet i w Indiach), wersja reportera była lekko przesadzona: według niej sadhu został niemal pozbawiony głowy!

Amar i ja bardzo żałowaliśmy, że nie udało nam się spotkać tego wielkiego jogina, który tak jak Chrystus, potrafił wybaczyć prześladowcy. Indie, choć w ciągu ostatnich dwóch stuleci bardzo ubogie materialnie, posiadają jednak niewyczerpane zasoby bogactwa duchowego – nawet człowiek świecki, taki jak ten policjant, może przypadkiem spotkać na ścieżce przydrożnej kogoś tak wielkiego duchem jak wieżowiec, który sięga do nieba.

Podziękowaliśmy policjantowi za cudowną opowieść, która pomogła nam łatwiej znieść nudę oczekiwania. Prawdopodobnie chciał nam dać do zrozumienia, że miał więcej szczęścia od nas, bo spotkał oświeconego świętego, nawet się o to nie starając; nasze zaś poważne poszukiwania skończyły się nie u stóp mistrza, lecz na zwykłym posterunku policji!

Tak blisko Himalajów, a przecież – w niewoli – tak daleko! Powiedziałem Amarowi, że tym bardziej zdecydowany jestem szukać wolności.

– Wymknijmy się stąd, gdy tylko nadarzy się okazja. Możemy przecież iść pieszo do świętego Ryszikesiu. – Posłałem mu pełen otuchy uśmiech. Ale przyjaciel stał się pesymistą od chwili, gdy pozbawiono nas silnego oparcia w pieniądzach.

– Wędrówka przez tę niebezpieczną, porośniętą dżunglą krainę zakończyłaby się nie w mieście świętych, lecz w żołądkach tygrysów!

Ananta i brat Amara przyjechali po trzech dniach. Amar powitał brata ciepło i z ulgą. Ja pozostałem nieprzejednany. Ananta usłyszał ode mnie tylko ostre wyrzuty.

– Rozumiem, co czujesz – mówił uspokajająco brat. – Proszę cię tylko, abyś pojechał ze mną do Benaresu na spotkanie z pewnym świętym, a następnie na kilka dni do Kalkuty. Powinieneś odwiedzić ojca, bo bardzo się martwi. Potem będziesz mógł tutaj wrócić i znowu szukać mistrza.

W tym momencie wtrącił się do rozmowy Amar, mówiąc, że nie ma już zamiaru zwiedzać ze mną Hardwaru. Cieszył się odzyskanym ciepłem rodzinnym. Ale ja wiedziałem, że nigdy nie zaniecham poszukiwań mojego guru.

Wsiedliśmy wszyscy do pociągu do Benaresu. Tam właśnie, w Benaresie, otrzymałem niezwykłą i bezzwłoczną odpowiedź na moje modlitwy.

Okazało się, że Ananta miał w zanadrzu chytry plan. Przed przyjazdem po nas do Hardwaru zatrzymał się w Benaresie, gdzie zamówił dla mnie wizytę u pewnego pandita (uczonego w pismach świętych). Ów pandit, a także jego syn, obiecali, że postarają się odwieść mnie od wymarzonej ścieżki *sannjasina*[*].

Ananta zaprowadził mnie do ich domu. Syn, młody człowiek o zapalczywym usposobieniu, powitał mnie na dziedzińcu i wciągnął w długą dyskusję filozoficzną. Twierdził, że dzięki jasnowidzeniu zna moją przyszłość i zniechęcał mnie do pomysłu zostania mnichem.

– Jeśli będziesz unikał codziennych obowiązków, to stale będą cię spotykać niepowodzenia i nie zdołasz odnaleźć Boga! Nie odpracujesz swej dawnej karmy[**], nie uczestnicząc w świeckim życiu.

W odpowiedzi pojawiły się na mych wargach nieśmiertelne słowa Kryszny: „Nawet gdy wielki nikczemnik miłuje mnie niepodzielnie, uznać go trzeba cnotliwym, albowiem wybrał właściwie. Od razu prawy się staje, w ciszę wstępuje wieczystą – wiedz o tym, o synu Kunti, że mój wielbiciel nie ginie!"[***]

Niemniej jednak przepowiednie młodego człowieka, które wygłaszał z wielką mocą, zachwiały nieco moją wiarą w siebie. W głębi serca z całych sił modliłem się do Boga:

– Błagam Cię, wydostań mnie z otchłani niepewności i odpowiedz mi natychmiast, czy pragniesz, abym prowadził życie wyrzeczeńca, czy też człowieka świeckiego!

Wtedy zauważyłem, że tuż za ogrodzeniem domu pandita stoi jakiś sadhu o szlachetnym obliczu. Widocznie słyszał ożywioną rozmowę

---

[*] Dosłownie: „wyrzeczeniec". Od sanskryckiego czasownika o znaczeniu „odrzucić".
[**] Skutki przeszłych czynów z tego żywota bądź poprzednich. Od sanskryckiego czasownika *kri* – czynić.
[***] *Bhagawadgita* IX, 30-31, wyd. Sawitar/Medium, Warszawa 2002. Przekład Anny Rucińskiej.

między mną a samozwańczym jasnowidzącym, albowiem zawołał mnie do siebie. Czułem, jak z jego spokojnych oczu płynie potężna moc.

– Synu, nie słuchaj tego ignoranta. W odpowiedzi na twą modlitwę Bóg każe mi cię zapewnić, że w tym życiu wyrzeczenie to twoja jedyna droga.

Uśmiechnąłem się ze zdumieniem i wdzięcznością, szczęśliwy, że słyszę tak kategoryczne przesłanie.

Tymczasem „ignorant" wołał do mnie z dziedzińca:
– Odejdź od tego człowieka!

Mój świątobliwy przewodnik podniósł rękę, błogosławiąc mnie, i powoli odszedł.

– Ten sadhu jest równie szalony jak ty! – tę miłą uwagę poczynił siwowłosy pandit. Wraz z synem wpatrywali się we mnie ponuro.

– Słyszałem, że on także porzucił dom, by błąkać się w poszukiwaniu Boga.

Odwróciłem się. Powiedziałem Anancie, że nie będę wdawał się w dalsze dyskusje z gospodarzami. Brat, zniechęcony, zgodził się, abyśmy natychmiast wyszli. Wkrótce siedzieliśmy już w pociągu do Kalkuty.

– Mój panie detektywie, jak odkryłeś, że uciekłem z dwoma kolegami? – spytałem Anantę podczas podróży do domu, dając ujście swej żywej ciekawości. Brat uśmiechnął się szelmowsko.

– W szkole dowiedziałem się, że Amar wyszedł z klasy i nie wrócił. Następnego ranka poszedłem do jego domu i znalazłem rozkład jazdy, na którym zaznaczył wybrane stacje. Ojciec Amara właśnie wyjeżdżał z domu dwukółką i rozmawiał z woźnicą.

– Syn nie jedzie dziś ze mną do szkoły. Zniknął! – jęknął.

– Słyszałem od kolegi, że pański syn i dwaj inni chłopcy, w europejskich ubraniach, wsiedli do pociągu na stacji Howrath – nieoczekiwanie powiedział woźnica. – Podarowali koledze swoje skórzane buty.

– W ten sposób miałem trzy wskazówki: rozkład jazdy, trzech chłopców i angielskie ubranie.

Słuchałem wyjaśnień Ananty z mieszanymi uczuciami rozbawienia i złości. Hojność okazana woźnicy nie bardzo nam się opłaciła!

– Naturalnie bezzwłocznie wysłałem telegramy do wszystkich urzędników stacji, które Amar zaznaczył w rozkładzie – kontynuował brat. – Podkreślił on także Bareilly, zadepeszowałem więc tam do twojego przyjaciela Dwarki. Wypytałem też naszych sąsiadów w Kalkucie i dowiedziałem się, że twój kuzyn Dźatinda nie nocował w domu. Zjawił

Nieudana ucieczka w Himalaje

się tam dopiero rano, w europejskim ubraniu. Odszukałem go i zaprosiłem na obiad. Rozbrojony moją serdecznością, przyjął zaproszenie. Po drodze zaprowadziłem nic nie podejrzewającego Dźatindę na policję. Byłem tam wcześniej i wybrałem kilku najgroźniej wyglądających policjantów. Teraz otoczyli go i pod ich srogim spojrzeniem Dźatinda zgodził się wyjaśnić swoje tajemnicze postępowanie.

– Wyruszyłem w drogę do Himalajów w nastroju duchowego uniesienia – rozpoczął. – Myśl o spotkaniu mistrzów napawała mnie entuzjazmem. Ale gdy tylko Mukunda powiedział, że podczas naszych ekstatycznych przeżyć w himalajskich jaskiniach tygrysy będą siedzieć wokół nas jak zaczarowane, niby domowe kotki, zamarłem z przerażenia, a na czoło wystąpiły mi krople zimnego potu. Co robić? – myślałem. Jeśli dzika natura tygrysów nie zmieni się pod wpływem mocy naszego duchowego transu, to czy doprawdy potraktują nas łagodnie jak domowe koty? Oczyma wyobraźni już ujrzałem siebie w tygrysim żołądku i to, jak się tam dostałem – nie w całości, lecz po kawałku!

Mój gniew na Dźatindę z powodu jego zniknięcia nagle wyparował. Wybuchnąłem śmiechem. Te zabawne wyjaśnienia warte były męczarni, jakie mi wtedy sprawił. Muszę się przyznać do uczucia drobnej satysfakcji – Dźatinda także nie uniknął spotkania z policją!

– Ananta*, jesteś urodzonym detektywem! – Spojrzałem na brata z rozbawieniem, nadal jednak pomieszanym ze wściekłością. – Powiem Dźatindzie, że się cieszę, iż nie kierowała nim chęć zdrady, jak się wydawało, lecz po prostu zdrowy instynkt samozachowawczy!

W domu w Kalkucie, ojciec w bardzo wzruszający sposób poprosił mnie, abym pohamował swoje zamiłowanie do podróży przynajmniej do czasu, aż ukończę szkołę średnią. Kiedy uciekłem, z miłości do mnie uknuł mały spisek, nakłaniając pewnego świątobliwego pandita, swamiego Kebalanandę, do regularnych wizyt u nas w domu.

– Mędrzec ten będzie twoim nauczycielem sanskrytu – oświadczył ojciec z przekonaniem.

Ojciec miał nadzieję, że nauki uczonego filozofa zaspokoją moje tęsknoty religijne. Jednak sytuacja subtelnie obróciła się przeciwko niemu. Nowy nauczyciel, daleki od karmienia mnie suchymi wywodami intelektualnymi, tylko podsycał we mnie żar aspiracji do Boga.

---

* Zawsze zwracałem się do niego: Ananta-da. *Da* jest przyrostkiem wyrażającym szacunek. Rodzeństwo dodaje go do imienia najstarszego brata.

Swami Kebalananda, o czym ojciec nie wiedział, był wybitnym uczniem Lahiriego Mahśaji. Ten niezrównany guru miał tysiące uczniów, których po cichu przyciągnął ku sobie nieodpartym magnetyzmem boskości. Dowiedziałem się od pewnego ucznia, że Lahiri Mahaśaja często nazywał Kebalanandę ryszim, czyli oświeconym mędrcem*.

Przystojną twarz nauczyciela okalały bujne, faliste włosy. Ciemne oczy patrzyły szczerze, przejrzyste jak u małego dziecka. Każdy ruch drobnej postaci odznaczał się spokojną powściągliwością. Zawsze łagodny i kochający, trwał mocno utwierdzony w Nieskończonej Świadomości. Spędziliśmy razem wiele szczęśliwych godzin, głęboko pogrążeni w medytacji *krija-jogi*.

Kebalananda był znanym autorytetem w dziedzinie starożytnych śastr, czyli pism świętych. Dzięki erudycji zyskał tytuł „Śastri Mahaśaja" – tak się zwykle do niego zwracano. Tymczasem jednak moje postępy w sanskrycie były prawie żadne. Wykorzystywałem każdą możliwość, by uniknąć uczenia się prozaicznej gramatyki, a za to rozmawiać o jodze i Lahirim Mahśaji. Któregoś dnia nauczyciel sprawił mi przyjemność i opowiedział trochę o swoim obcowaniu z mistrzem.

– Miałem wyjątkowe szczęście. Byłem przy Lahirim Mahśaji dziesięć lat. Co wieczór pielgrzymowałem do jego domu w Benaresie. Guru zawsze przebywał w małym saloniku od frontu na parterze. Siedział w pozycji lotosu na drewnianym podwyższeniu, a uczniowie otaczali go półkolem. Oczy mu błyszczały i jaśniały szczęściem jedności z Bogiem. Były zawsze na wpół przymknięte, niby przez jakiś wewnętrzny teleskop zapatrzone w krainę wiecznej błogości. Rzadko mówił długo. Od czasu do czasu skupiał wzrok na uczniu, który właśnie potrzebował pomocy. Wtedy jego słowa zalewały ucznia potopem światła, niosąc uzdrowienie.

Pod spojrzeniem mistrza rozkwitał we mnie nieopisany spokój. Przenikał mnie jego delikatny zapach, płynący jakby z lotosu nieskończoności. Przebywanie z nim, nawet jeśli całymi dniami nie

---

* W czasie naszego spotkania Kebalananda nie należał jeszcze do Zakonu Swamich i znany był jako Śastri Mahaśaja. Aby jednak ta postać nie myliła się czytelnikowi z innymi bohaterami niniejszej książki o tym samym imieniu – Lahirim Mahaśają oraz Mistrzem Mahaśają (z rozdz. 9), nazywam mojego nauczyciela sanskrytu jego późniejszym imieniem zakonnym – swamim Kebalanandą. Niedawno opublikowano jego biografię w języku bengalskim. Swami Kebalananda, urodzony w 1863 r. w okręgu Khulna w Bengalu, opuścił ciało w Benaresie w wieku 68 lat. Jego rodowe nazwisko to Aszutosz Ćatterdźi.

zamieniliśmy ani słowa, było przeżyciem, które odmieniało całą moją istotę. Kiedy usiłując się koncentrować, potykałem się o niewidzialne przeszkody, medytowałem u stóp guru. Wtedy łatwo osiągałem najbardziej subtelne stany i miewałem przebłyski poznania, które mi się nie zdarzały w obecności mniejszych nauczycieli. Mistrz był żywą świątynią Boga. Oddanie uczniów sprawiało, że jej tajemne drzwi szeroko się dla nich otwierały.

Lahiri Mahaśaja nie był książkowym interpretatorem pism świętych. Bez wysiłku sięgał do „boskiej biblioteki". Słowa i myśli, jak perliste krople, wytryskiwały ze źródła wszechwiedzy. Posiadał cudowny klucz do głębokiej wiedzy filozoficznej, ukrytej przed wiekami w Wedach*. Gdy prosiliśmy go o wyjaśnienie różnych stanów świadomości, o których wspominają te starożytne teksty, zgadzał się z uśmiechem.

– Wejdę w taki stan i zaraz wam powiem, co widzę. – Różnił się zatem zupełnie od nauczycieli, którzy się uczą pism na pamięć i następnie przekazują uczniom abstrakcje, coś, czego sami nie poznali.

Mój małomówny guru często polecał któremuś z uczniów:

– Proszę cię, wyjaśnij mi święte wersety tak, jak je rozumiesz. Pokieruję twoimi myślami w taki sposób, że podasz właściwą interpretację. – Dzięki temu zanotowano wiele postrzeżeń Lahiriego Mahśaji. Różni uczniowie dodali obszerne komentarze.

Mistrz nigdy nie zalecał ślepej wiary.

– Słowa to tylko łupiny – mówił. – Sam się przekonaj o obecności Boga, będąc z Nim w radosnym kontakcie podczas medytacji.

Bez względu na to, jaki był problem ucznia, guru zawsze mu doradzał ćwiczenia *krija-jogi*.

– Joga nie stanie się mniej skuteczna, gdy już nie będę obecny w ciele, aby was prowadzić. Technik *krija-jogi* nie można odłożyć do archiwów pamięci i o nich zapomnieć, tak jak to bywa z wiedzą teoretyczną. Na ścieżce do wyzwolenia wytrwale stosujcie *kriję*. Jej siła zawiera się właśnie w praktykowaniu.

---

* Zachowało się ponad sto ksiąg kanonicznych czterech starożytnych Wed. Emerson w swym *Journal* (Dzienniku) złożył następujący hołd myśli wedyjskiej: „Jest wzniosła jak płomień i noc lub bezbrzeżny ocean. Zawiera w sobie wszelkie religijne uczucia, każdą wielką etykę, dającą natchnienie szlachetnym umysłom poetów [...]. Nie da się odłożyć tej księgi. Jeśli schronię się w lesie lub w łodzi na stawie, przyroda niebawem uczyni mnie braminem: wieczysta konieczność, wieczyste wyrównanie, niezgłębiona potęga, nieprzerwane milczenie [...] to jej credo. Pokój, mówi ona do mnie, czystość i absolutne wyrzeczenie – oto panacea, które zmazują wszelki grzech i które darzą błogosławieństwem Ośmiu Bóstw".

– Ja sam uważam, że *krija* jest najskuteczniejszą metodą, jaką człowiek kiedykolwiek stworzył w swym poszukiwaniu Nieskończonego. Prowadzi go do zbawienia dzięki jego własnym wysiłkom. Dzięki niej wszechmocny Bóg, skryty w każdym człowieku, w sposób widoczny ucieleśnił się w osobach Lahiriego Mahśaji i niektórych jego uczniów – Kebalananda zakończył swą opowieść tym poważnym stwierdzeniem.

W obecności Kebalanandy Lahiri Mahaśaja dokonał kiedyś cudu podobnego do cudów Chrystusa. Świątobliwy nauczyciel opowiedział mi któregoś dnia tę historię, oderwawszy wzrok od leżących przed nami sanskryckich tekstów.

– Bardzo współczułem pewnemu niewidomemu uczniowi, Ramu. Czyż jego oczy mają być pozbawione światła, skoro tak wiernie służy on naszemu mistrzowi, w którym w pełni jaśnieje boskość? Pewnego ranka postanowiłem porozmawiać z Ramu. On jednak siedział przy guru, od kilku godzin cierpliwie wachlując go *punkha*, ręcznie wykonanym wachlarzem z liści palmowych. Gdy wreszcie wyszedł z pokoju, poszedłem za nim.

– Ramu, od jak dawna jesteś niewidomy?

– Od urodzenia, proszę pana! Oczy moje nigdy nie widziały słońca.

– Nasz wszechmocny guru potrafi ci pomóc. Proszę cię, poproś go o to.

Następnego dnia Ramu nieśmiało podszedł do Lahiriego Mahśaji. Czuł się prawie zawstydzony, że otrzymując tak ogromne bogactwa duchowe, prosi o dar fizyczny.

– Mistrzu, Wszechdawca Światła jest w Tobie. Błagam Cię, wnieś Jego światło w moje oczy, tak abym widział także słabszy blask słońca.

– Ramu, ktoś tutaj postawił mnie w trudnej sytuacji. Ja nie mam mocy uzdrawiania.

– Panie, Nieskończony w Tobie na pewno potrafi mnie uleczyć.

– To rzeczywiście zmienia stan rzeczy, Ramu. Dla Boga nie ma ograniczeń. Ten, który rozpala gwiazdy i wypełnia komórki ciała tajemniczą poświatą życia, z pewnością wniesie światło widzenia w twoje oczy.

Mistrz dotknął czoła Ramu w punkcie między brwiami*.

– Koncentruj umysł w tym miejscu i przez siedem dni często

---

* Siedziba „jednego", czyli duchowego oka. W chwili śmierci świadomość człowieka zwykle skupia się w tym świętym miejscu. Dlatego oczy zmarłych wzniesione są do góry.

powtarzaj imię Ramy*. Słońce w całej swej wspaniałości zaświta specjalnie dla ciebie.

— I oto po tygodniu tak się stało! — kontynuował swami Kebalananda. — Ramu po raz pierwszy ujrzał piękne oblicze natury. Wszechwiedzący guru bezbłędnie pokierował uczniem: nakazał mu powtarzanie imienia Ramy, którego Ramu czcił ponad wszystkich świętych. Wiara Ramu była jak gleba użyźniona oddaniem; dlatego zakiełkowało w niej ziarno trwałego uzdrowienia, posiane mocą guru. — Kebalananda zamilkł na chwilę, po czym znów złożył hołd swemu guru, dodając:

— Jest oczywiste, że siłą sprawczą wszystkich cudów Lahiriego Mahśaji nigdy nie był pierwiastek osobowy**. Nigdy nie dopuścił on do tego, by ego uważało się za sprawcę. Poddanie mistrza było tak doskonale pełne, że Pierwotna Moc Uzdrawiająca płynęła przez niego swobodnie. Ostatecznym kresem licznych ludzkich ciał tak cudownie uzdrowionych przez Lahiriego Mahaśaję były stosy pogrzebowe. Lecz jego nieprzemijalne cuda polegają na tym, że w niezauważalny sposób, w ciszy, pomógł on przebudzić się duchowo wielu uczniom i ukształtował ich na wzór Chrystusa.

Nigdy nie zostałem uczonym w sanskrycie. Swami Kebalananda uczył mnie raczej boskiej gramatyki.

---

* Główny, święty bohater sanskryckiego eposu *Ramajany*.

** Pierwiastek osobowy, *ahamkara* (dosłownie: „ja czynię") jest podstawową przyczyną dwoistości, czyli pozornego oddzielenia człowieka od Stwórcy. *Ahamkara* sprawia, że człowiek pozostaje w więzieniu *maji* (kosmicznej ułudy), wskutek czego podmiot (ego) fałszywie wydaje się przedmiotem. Istoty wyobrażają sobie, że to one działają. (*Zob.* s.44, przypis, ss. 279-80, 288, przypis).

„Ja nic nie robię" – niech myśli skupiony, znający Prawdę [...]
Wierzy głęboko: „To zmysły w swoich przedmiotach działają". (V, 8-9)
Kto widzi, że wszystkie czyny spełniane są przez Przyrodę,
Że Atman nie jest ich sprawcą – ten człowiek naprawdę widzi! (XIII, 29)
Choć jestem nienarodzony i nieśmiertelny, Pan Stworzeń,
Naturą swą zawładnąwszy, powstaję przez własną Złudę. (IV, 6)
Bo trudno jest przebyć tę boską mą Złudę z gun utworzoną –
Ci, którzy do mnie się garną, Ułudę tę przekraczają. (VII, 14)

Bhagawadgita, op. cit.

SWAMI KEBALANANDA,
umiłowany nauczyciel sanskrytu Joganandy

Dom Paramahansy Joganandy w Kalkucie do lipca 1915 r., kiedy złożył śluby i wstąpił jako *sannjasi* (mnich) do starożytnego Zakonu Swamich

Rozdział 5

„Pachnący Święty" demonstruje swoje cuda

„Wszystko ma swój czas i jest wyznaczona godzina na wszystkie sprawy pod niebem"*.

Nie posiadałem mądrości Salomona ku swojemu pocieszeniu. Ilekroć opuszczałem dom, rozglądałem się wokół siebie w poszukiwaniu twarzy mistrza, który był mi przeznaczony. Ale nasze ścieżki skrzyżowały się dopiero, gdy ukończyłem szkołę średnią.

Od ucieczki z Amarem w Himalaje minęły dwa lata, nim nadszedł wielki dzień, w którym pojawił się w moim życiu Śri Jukteśwar. W tym okresie spotkałem wielu mędrców – „Pachnącego Świętego", „Tygrysiego Swamiego", Nagendrę Nath Bhaduriego, Mistrza Mahaśaję i słynnego uczonego z Bengalu, Dźagadisia Ćandrę Bose'a.

Spotkanie z „Pachnącym Świętym" miało swój prolog – dwa wcześniejsze spotkania; jedno przebiegło w atmosferze harmonii, drugie było zabawne.

– Bóg to sama prostota. Wszystko pozostałe jest złożone. Nie szukaj wartości absolutnych we względnym świecie przyrody. – Te filozoficzne prawdy dobiegły mych uszu, gdy stałem w milczeniu w świątyni przed posągiem bogini Kali**.

---
* Koh 3, 1. Wszystkie cytaty, jeśli nie podano inaczej, pochodzą z *Biblii Tysiąclecia*, Wydawnictwo Pallotinum, Poznań – Warszawa 1980 (*przyp. tłum.*)
** Kali reprezentuje wieczystą zasadę obecną w przyrodzie. Tradycyjnie przedstawia się ją jako czteroręką kobietę stojącą na postaci Boga Śiwy, czyli Nieskończonego, bowiem natura świata zjawiskowego zakorzeniona jest w Duchu. Cztery ręce, trzymające symboliczne

Autobiografia jogina

Odwróciłem się i ujrzałem wysokiego mężczyznę, którego strój, a raczej brak stroju, wskazywał, że jest wędrownym sadhu.

– Doprawdy, dostrzegł pan zamęt, który panuje w moich myślach – uśmiechnąłem się z wdzięcznością. – Pomieszanie dobroczynnych i strasznych aspektów w przyrodzie, co symbolizuje Kali, jest zagadką dla głów mądrzejszych niż moja!

– Nieliczni tylko przenikają jej tajemnicę! Dobro i zło to prowokująca zagadka, którą życie, niby Sfinks, stawia każdemu inteligentnemu umysłowi. Nie poszukując rozwiązania, większość ludzi płaci za to życiem, tak samo dzisiaj jak i niegdyś w starożytnych Tebach*. Niekiedy, tu i ówdzie, jakaś samotna, niebotyczna postać nigdy się nie poddaje. Z *maji*** dualizmu wydobywa prawdę o niepodzielnej Jedności.

– Mówi pan z przekonaniem.

– Od dawna się ćwiczę w uczciwej introspekcji, wyjątkowo bolesnej drodze ku mądrości. Badanie siebie, bezlitosna obserwacja własnych myśli, to doznanie trudne i wstrząsające. Rozbija w proch najmocniejsze ego. Niemniej jednak, prawdziwa samoanaliza działa jak matematyka i stwarza mędrców. Natomiast droga „samoekspresji", uznawania tylko własnego zdania, stwarza egotystów, pewnych, że mają prawo do prywatnej interpretacji Boga i wszechświata.

– Bez wątpienia prawda wymyka się tak zadufanej arogancji – z przyjemnością włączyłem się do rozmowy.

– Człowiek nie zdoła pojąć żadnej ostatecznej prawdy, dopóki się nie uwolni od pozorów – mówił dalej sadhu. – W umyśle ludzkim, od

---

przedmioty, wskazują na główne atrybuty, dwa dobroczynne i dwa niszczące, a zatem na podstawową dwoistość materii czyli stworzenia.

* Według greckiego mitu Sfinks, uskrzydlony potwór o twarzy kobiety i ciele lwa, czatował na pustkowiu na podróżnych i pożerał ich, jeśli nie zdołali rozwiązać zagadki, którą im zadawał (*przyp. tłum.*)

** Kosmiczna iluzja. Dosłownie: „mierniczy". *Maja* jest magiczną mocą w stworzeniu, dzięki której w Niezmierzalnym i Nierozdzielnym istnieją pozorne podziały i ograniczenia. Emerson napisał wiersz zatytułowany *Maia*:

„Nieprzeniknione knowania ułudy,
Nieprzebrane sieci; wysnuwa
Welon za welonem, niechybnie
Omamia barwą, cudnym malowidłem.
Czarodziejka! Uwierzy jej snadnie
Kto zwiedziony być pragnie."

– *Przeł.* Anna Żurowska

wieków pogrążonym w szlamie ułudy, roi się od niezliczonych iluzji tego świata, żyjących własnym, odrażającym życiem. Walki na polach bitew to niemal nic w porównaniu z tymi, jakie staczamy z wrogami wewnątrz siebie! Nie są to zwykli wrogowie-śmiertelnicy, których można pokonać mocarnym ramieniem! Są wszechobecni, nie znają spoczynku, ścigają człowieka nawet we śnie. Subtelnie uzbrojeni w zatrutą broń ciemnych żądz, wszystkich nas pragną zabić. Bezmyślny jest człowiek, który grzebie swe ideały, poddając się powszechnemu losowi. Jakiż może on być, jeśli nie bezsilny, nieczuły i bezecny?

– Szanowny panie, czy nie ma pan współczucia dla otumanionych mas?

Mędrzec milczał przez chwilę, a potem odpowiedział niejasno:

– Kochać jednocześnie niewidzialnego Boga, Skarbnicę Wszystkich Cnót, i widzialnego człowieka, który pozornie jest ich pozbawiony, to często kłopotliwa sprawa! Jednak z tego labiryntu mogą nas wyprowadzić przemyślenia. Badanie siebie wkrótce ujawnia podobieństwo wszystkich ludzkich umysłów – uderzającą zbieżność egoistycznych motywów. W tym jednym przynajmniej względzie objawia się braterstwo ludzkie. To odkrycie, które wszystkich czyni równymi, rodzi ogromną pokorę. Przemienia się ona we współczucie dla bliźnich, ślepych na uzdrawiającą moc duszy. Moc ta wciąż czeka na zbadanie.

– Święci wszystkich wieków, tak jak pan, współczuli smutkom tego świata.

– Tylko człowiek płytki zatraca wrażliwość na nieszczęścia innych, zamyka się bowiem we własnym cierpieniu. – Surowa twarz sadhu wyraźnie złagodniała. – Ten, kto używa skalpela samopoznania, poczuje, jak jego współczucie rośnie, ogarniając wszystko, co istnieje. Uwalnia się od otumaniających żądań własnego ego. Na takiej glebie rozkwita miłość do Boga. Człowiek wreszcie zwraca się do swego Stwórcy, choćby po to, żeby zapytać w udręczeniu: „Dlaczego, Panie, dlaczego?" Upokarzający ból w końcu przywodzi go ku Nieskończonej Obecności, której samo przecież piękno powinno go do niej zwabić.

Mędrzec i ja znajdowaliśmy się w świątyni Kalighat w Kalkucie, dokąd przybyłem, aby podziwiać jej słynną wspaniałość. Lekceważącym gestem mój nowy znajomy okazał, co sądzi o jej majestacie i bogactwie ornamentacji.

– Cegły i zaprawa murarska nie śpiewają melodii, którą moglibyśmy usłyszeć. Jedynie kiedy człowiek śpiewa pieśń istnienia, otwiera się serce.

Wyszliśmy ze świątyni wprost w ciepły blask słońca przed wejściem. Wchodziły nim i wychodziły tłumy wiernych.

– Jesteś młody. – Mędrzec przyglądał mi się w zamyśleniu. – Indie także są młode. Starożytni ryszi* stworzyli podwaliny niezniszczalnych wzorców duchowego życia. Ich pradawne zalecenia aktualne są dla tego kraju i obecnie. Ani przestarzałe, ani naiwne wobec podstępnych sił materializmu, te reguły dyscypliny do dziś kształtują Indie. W ciągu tysiącleci – tak wielu, że nie potrafią ich zliczyć zawstydzeni uczeni – czas-sceptyk potwierdził wartość Wed. Uznaj je za swoje dziedzictwo.

Gdy z szacunkiem żegnałem się z elokwentnym sadhu, wyjawił mi, co ujrzał drogą jasnowidzenia:

– Kiedy stąd odejdziesz, jeszcze dziś spotka cię coś bardzo niezwykłego.

Opuściłem teren świątyni i spacerowałem bez celu. Skręciwszy za róg, natknąłem się na dawnego znajomego – jednego z tych ludzi, którym namiętność do konwersacji nie pozwala liczyć się z czasem innych. Rozmowa może potrwać wiecznością.

– Zajmę ci ledwie chwilkę – obiecał. – Opowiedz mi tylko, co się z tobą działo przez te lata, kiedy się nie widzieliśmy.

– Jaka szkoda! Tak się składa, że muszę już iść.

Ale on złapał mnie za rękę, siłą wyciągając ze mnie okruchy wiadomości. Zachowuje się jak wygłodniały wilk – pomyślałem rozbawiony – im dłużej mówiłem, tym chciwiej węszył każdy nowy trop. W głębi duszy błagałem boginię Kali, by wymyśliła dla mnie jakiś grzeczny sposób ucieczki.

I proszę – mój rozmówca nagle odszedł. Odetchnąłem z ulgą i prędko ruszyłem przed siebie, bojąc się, że znowu mnie zaleje potokiem słów. Słysząc za sobą szybkie kroki, przyspieszyłem jeszcze bardziej. Nie śmiałem obejrzeć się za siebie. Młodzieniec jednak dogonił mnie jednym susem i dobrodusznie klepnął w ramię.

– Zapomniałem ci powiedzieć o Gandha Babie („Pachnącym Świętym"), który zaszczyca swą obecnością tamten dom – wskazał na budynek znajdujący się o kilka metrów od nas. – Idź go poznać, to bardzo ciekawy człowiek. Przeżyjesz coś bardzo niezwykłego. Do widzenia – tym razem rzeczywiście się pożegnał.

Natychmiast przypomniałem sobie podobnie sformułowaną przepowiednię sadhu ze świątyni Kalighat. Pełen ciekawości wszedłem do

---

* Ryszi, dosłownie; „widzący", byli w nieokreślonej starożytności autorami Wed.

wskazanego domu. Wprowadzono mnie do przestronnego pokoju. Na grubym, pomarańczowym dywanie siedziało, na sposób wschodni, wielu ludzi. Dobiegł moich uszu pełen czci szept:
– Spójrz na Gandha Babę, siedzi na skórze lamparta. Potrafi on nadać naturalny zapach bezwonnym kwiatom, ożywić zwiędły kwiat albo sprawić, by skóra człowieka wydzielała rozkoszny zapach.
Spojrzałem wprost na świętego. Jego żywe spojrzenie zatrzymało się na mnie. Był otyły i brodaty, miał ciemną skórę i wielkie, błyszczące oczy.
– Synu, cieszę się, że cię widzę. Powiedz, czego sobie życzysz. Czy ma to być jakiś zapach?
– Po co? – Pomyślałem, że jego propozycja była dość dziecinna.
– Aby w cudowny sposób zaznać rozkoszy zapachu.
– Zatrudniać Boga do tworzenia aromatów?
– I cóż z tego? Przecież Bóg tak czy owak stwarza zapachy.
– Tak, On jednak stwarza je w delikatnych naczynkach kwiatowych płatków, które po spełnieniu swej roli opadają. Czy potrafi pan materializować kwiaty?
– Tak. Zwykle jednak tworzę zapachy, mały przyjacielu.
– Doprowadzi pan do bankructwa fabryki perfum!
– Pozwolę im nadal pracować! Moim celem jest zademonstrowanie mocy Boga.
– Proszę pana, czyż potęgę Boga trzeba koniecznie udowadniać? Czyż nie dokonuje On cudów wszędzie, nieustannie?
– Tak. My jednak także powinniśmy przejawiać niektóre z nieskończonego bogactwa Jego twórczych mocy.
– Ile czasu zajęło panu opanowanie tej sztuki?
– Dwanaście lat.
– Po to, by wytwarzać zapachy astralnym sposobem? Czcigodny święty, wydaje się, że poświęcił pan dwanaście lat na tworzenie zapachów kwiatów, które można kupić za kilka rupii w kwiaciarni.
– Zapachy te giną wraz z kwiatami.
– Zapachy giną wraz ze śmiercią. Po cóż miałbym pragnąć czegoś, co sprawia przyjemność tylko ciału?
– Panie filozofie, cieszy mnie twoja postawa. Wyciągnij teraz prawą rękę. – Uniósł dłoń w błogosławieństwie.
Znajdowałem się o kilka stóp od Gandha Baby. Obok mnie nie było nikogo, kto mógłby mnie dotknąć. Wyciągnąłem rękę, której jogin też nie dotknął.

– Jaki chciałbyś zapach?
– Róży.
– Niech się tak stanie!

Ku memu wielkiemu zdumieniu ze środka mej dłoni uniósł się silny, czarujący zapach róży. Po chwili wyjąłem z pobliskiego wazonu duży, biały, bezwonny kwiat.

– Czy ten bezwonny kwiat można nasycić zapachem jaśminu?
– Niech się tak stanie!

Z płatków natychmiast uniósł się zapach jaśminu. Podziękowałem cudotwórcy i usiadłem obok jednego z jego uczniów. Powiedział mi, że Gandha Baba, który naprawdę nazywa się Wiśuddhananda, nauczył się wielu zdumiewających tajemnic jogi od pewnego mistrza w Tybecie. Zapewniał mnie, że tybetański jogin osiągnął wiek ponad tysiąca lat.

– Jego uczeń, Gandha Baba, nie zawsze dokonuje cudów z zapachami w tak prosty sposób: tylko za pomocą słów, jak to właśnie widziałeś – mówił o swoim mistrzu z wyraźną dumą. – Postępuje bardzo różnie, zależnie od mentalności słuchaczy. Jest cudowny! Ma wielu wielbicieli wśród kalkuckiej inteligencji.

W duchu postanowiłem, że się do nich nie przyłączę. Guru aż tak dosłownie „cudowny" niezbyt mi odpowiadał. Uprzejmie podziękowałem Gandha Babie i wyszedłem. Idąc, a raczej wlokąc się powoli do domu, zastanawiałem się, jak zupełnie różne były trzy dzisiejsze spotkania.

W drzwiach domu powitała mnie moja siostra Uma.

– Ach, stajesz się elegancki! Używasz perfum!

Bez słowa podsunąłem jej dłoń do powąchania.

– Jaki piękny zapach róży! Niezwykle mocny!

Pomyślałem, jak „mocno niezwykły" jest biały kwiat, nasycony zapachem astralnie, i też dałem go jej powąchać.

– Och, uwielbiam jaśmin! – schwyciła kwiat. Na jej twarzy pojawił się wyraz absurdalnego zdumienia. Raz po raz wąchała kwiat pachnący jaśminem, wiedząc przecież, że ten gatunek jest bezzapachowy. Jej reakcja rozwiała moje podejrzenia, że Gandha Baba mógł posłużyć się sugestią, wskutek czego tylko ja czułem zapachy.

Dowiedziałem się później od mojego przyjaciela Alakanandy, że „Pachnący Święty" niekiedy okazywał moce, których posiadania życzyłbym milionom głodujących w Azji i w Europie.

– Wraz z setką innych gości byłem kiedyś w domu Gandha Baby w Burdwanie – opowiadał Alakananda. – Odbywała się pewna uroczystość. Ponieważ mówiono o nim, że potrafi materializować przedmioty z powietrza, poprosiłem go żartem, żeby stworzył mandarynki, których sezon jeszcze nie nadszedł. Obok, na służących za talerze liściach palmowych, leżały *lući**. Momentalnie się wydęły – okazało się, że w każdym z nich znajduje się obrana mandarynka! Skosztowałem swojej z niejaką obawą, ale była przepyszna!

Po latach dzięki wewnętrznemu zrozumieniu pojąłem, w jaki sposób Gandha Baba dokonywał materializacji. Niestety, metoda ta nie jest dostępna milionom głodujących ludzi na świecie.

Różne bodźce zmysłowe, na które człowiek reaguje – dotykowe, wzrokowe, smakowe, słuchowe i węchowe – powstają wskutek zmian wibracji elektronów i protonów. Wibracje te z kolei reguluje *prana*, „żywotrony", czy też subtelne siły życia, energie subtelniejsze od atomowych, naładowane pięcioma świadomymi ideo-substancjami zmysłów. Dzięki określonym praktykom jogi Gandha Baba dostrajał się do sił pranicznych i potrafił tak nimi pokierować, że zmieniały strukturę drgań; w ten sposób pożądany przedmiot się materializował. Zapachy, owoce i inne cudownie uzyskiwane przez niego przedmioty były prawdziwymi materializacjami istniejących w świecie wibracji, a nie sugestiami, które wywołuje się hipnozą.

Hipnozę stosują lekarze przy lżejszych operacjach jako rodzaj psychicznego znieczulenia dla osób, którym inny anestetyk mógłby zaszkodzić. Częste jej stosowanie jest jednak szkodliwe. Ujemnie oddziałuje ona na psychikę, co z czasem prowadzi do uszkodzenia komórek mózgowych. Hipnoza jest bezprawnym wkraczaniem w obszar świadomości innego człowieka**. Tymczasowe zjawiska, jakie występują w tym stanie, nie mają nic wspólnego z cudami dokonywanymi przez ludzi, którzy urzeczywistnili Boga w sobie. Obudzeni w Bogu, prawdziwi święci wywołują zmiany w tym świecie ułudy dzięki zharmonizowaniu

---

* Płaskie, okrągłe chlebki indyjskie.

** Psychologia zachodnia ogranicza się przeważnie do badania podświadomości i chorób psychicznych, które leczy się psychiatrycznie bądź metodą psychoanalizy. Prawie wcale nie przeprowadza się badań nad pochodzeniem normalnych stanów umysłu i ich przejawami wolicjonalnymi i emocjonalnymi. Tymczasem dla filozofii indyjskiej jest to najistotniejszy przedmiot badań. Systemy *Sankhja* i *Joga* ściśle poklasyfikowały różne komponenty normalnych stanów psychicznych oraz charakterystyczne funkcje *buddhi* (rozróżniającego rozumu), *ahamkary* (pierwiastka ego [złudnej jaźni, poczucia odrębnego „ja" – *dop. tłum.*]) i *manasu* (umysłu, czyli świadomości zmysłowej).

swej własnej woli z wolą Twórczego Kosmicznego Marzyciela*.

Cuda, których dokonywał „Pachnący Święty", są spektakularne, ale duchowo bezużyteczne. Służą przede wszystkim rozrywce i odciągają od poważnego poszukiwania Boga.

Mistrzowie potępiają ostentacyjne popisywanie się niezwykłymi mocami. Pewien perski mistyk, Abu Said, wyśmiał kiedyś fakirów (muzułmańskich joginów), dumnych ze swej cudownej władzy nad wodą, powietrzem i przestrzenią: „Żaba także dobrze się czuje w wodzie – powiedział z subtelną pogardą. – Kruki i sępy bez trudu latają w powietrzu. Diabeł obecny jest równocześnie na wschodzie i na zachodzie! Prawdziwie jest człowiekiem ten, kto sprawiedliwie żyje pośród bliźnich, kto kupuje i sprzedaje, ale nigdy ani na chwilę nie zapomina o Bogu!"**. Przy innej okazji, ten wielki perski nauczyciel tak wyraził swe

---

* „Wszechświat zawiera się w każdej ze swych cząstek [...] Wszystko uczynione jest z jednej niewidocznej substancji [...] Glob ziemski w kropli rosy [...] Prawdziwa nauka o wszechobecności polega na tym, że Bóg pojawia się ze wszystkimi swymi przymiotami w każdym mchu i pajęczynie." – R. W. Emerson, *Compensation* (Wyrównanie)

** „Kupować i sprzedawać, lecz nigdy nie zapominać o Bogu!". Zgodnie z tym ideałem, ręka i serce powinny harmonijnie współdziałać. Niektórzy pisarze zachodni twierdzą, że realizacja hinduskiego celu życia oznacza w istocie bojaźliwą „ucieczkę", bezczynność i antyspołeczne wycofanie się ze świata. Jednakże zalecany przez Wedy czteroetapowy plan ludzkiego życia jest odpowiedni dla większości ludzi, gdyż równoważy różne dziedziny życia, przeznaczając jego połowę na naukę i obowiązki rodzinne, a drugą na kontemplację i medytację. (*Zob.* s. 259, przypis).

Samotność jest niezbędna, by się utwierdzić w Jaźni i stać się mistrzem. Mistrzowie jednak powracają do świata, by mu służyć. Nawet ci święci, którzy nie podejmują żadnej działalności w świecie, dzięki swym myślom i świętym wibracjom przynoszą mu więcej bezcennych korzyści niż najbardziej wytężona praca humanitarna ludzi nieoświeconych. Wielcy mistrzowie, każdy na swój sposób i często spotykając się z opozycją, starają się bezinteresownie inspirować i uwznioślać duszę człowieka. Żaden hinduski ideał religijny czy społeczny nie jest jedynie zakazem. *Ahimsa*, „niekrzywdzenie", zwana w *Mahabharacie* „cnotą pełną" (*sakalo dharma*), jest nakazem pozytywnym, ponieważ oznacza, że człowiek, który nie pomaga innym, wyrządza im w pewien sposób krzywdę.

Bhagawadgita (III, 4-8) naucza, że działanie leży w naturze ludzkiej. Gnuśność to po prostu tyle co „złe działanie".

> Przez niepodjęcie działania nie jest się wolnym od czynu,
> Przez wyrzeczenie się czynu nie dojdzie się do spełnienia.
> Nikt bowiem ani przez chwilę nie pozostaje bezczynny –
> Każdego gwałtem do czynu zmuszają siły natury.
> [...]
> Lecz kto powściągnie umysłem zmysły działania, Ardżuno,
> I jogę czynu podejmie bez więzów, ten jest najwyżej!
> Ty spełniaj czyn nakazany – czyn lepszy jest niż bezczynność.
>
> *Przekład* Anny Rucińskiej

poglądy na życie religijne: „Odstąp od tego, co masz w głowie (egoistyczne pragnienia i ambicje), obdarzaj hojnie tym, co masz w dłoni, i nigdy się nie cofaj w obliczu przeciwności losu!"

Ani bezstronny mędrzec ze świątyni Kalighat, ani jogin kształcony w Tybecie nie zaspokoili mojej tęsknoty za guru. Moje serce nie potrzebowało nauczyciela, który aprobowałby to co samo rozpoznawało. W takich chwilach spontanicznie wykrzykiwało: „brawo!", tym głośniej gdyż nieczęsto coś potrafiło wyrwać je z ciszy. Kiedy wreszcie spotkałem swojego mistrza, to on przykładem własnego wzniosłego życia uczył mnie miary prawdziwego człowieka.

Rozdział 6

Tygrysi Swami

— Zdobyłem adres Tygrysiego Swamiego. Chodźmy do niego jutro.

Z tą kuszącą propozycją zwrócił się do mnie Ćandi, jeden z moich przyjaciół ze szkoły średniej. Bardzo chciałem poznać świętego, który zanim wstąpił do zakonu, chwytał tygrysy i walczył z nimi gołymi rękoma. Takie niezwykłe wyczyny budziły we mnie wielki chłopięcy entuzjazm.

Poranek następnego dnia był wietrzny i zimny, ale wyruszyliśmy z radością. Po długich i żmudnych poszukiwaniach w Bhowanipurze, na przedmieściach Kalkuty, znaleźliśmy wreszcie właściwy dom. Na drzwiach znajdowały się dwie żelazne kołatki. Zastukałem tak mocno, że rozległ się przeraźliwy dźwięk. Pomimo tego hałasu służący nadszedł bardzo wolnym krokiem. Ironicznym uśmiechem dawał do zrozumienia, że żadni goście nie zdołają zakłócić spokoju domu świętego.

Wyczuwając tę niemą naganę, byliśmy wdzięczni, że zaproszono nas do pokoju. Czekaliśmy bardzo długo, co napawało nas złymi przeczuciami. W Indiach jednak wszystkich poszukujących prawdy obowiązuje niepisane prawo cierpliwości. Mistrz może celowo poddawać próbie autentyczność pragnienia osoby chcącej się z nim spotkać. Podobny chwyt psychologiczny często stosują na Zachodzie lekarze i dentyści!

Wreszcie służący poprosił nas i weszliśmy z Ćandim do sypialni. Słynny swami Sohong[*] siedział na łóżku. Widok jego olbrzymiego ciała sprawił na nas niezwykłe wrażenie. Gapiliśmy się na niego oniemiali.

---

[*] *Sohong* było jego imieniem zakonnym. Popularnie nazywano go „Tygrysim Swamim".

Tygrysi Swami

Nigdy przedtem nie widzieliśmy tak potężnej klatki piersiowej ani bicepsów wielkości piłki futbolowej. Nad masywną szyją wznosiło się srogie, lecz spokojne oblicze swamiego, ozdobione wijącymi się puklami włosów, brodą i wąsami. W ciemnych oczach czaiło się coś tygrysiego, zarazem jednak były łagodnie gołębie. Nie miał na sobie odzieży, jeśli nie liczyć kawałka skóry tygrysiej wokół muskularnego pasa.

Odzyskawszy zdolność mowy, mój przyjaciel i ja przywitaliśmy mnicha i wyraziliśmy podziw dla jego męstwa w niezwykłej dziedzinie walki z tygrysami.

– Swami, czy nie zechciałbyś nam opowiedzieć, jak to możliwe, by gołymi rękoma pokonać najdziksze zwierzę dżungli, królewskiego tygrysa bengalskiego?

– Synowie moi, walka z tygrysami to dla mnie błahostka. Mógłbym stoczyć taką walkę i dzisiaj, gdyby to było konieczne. – Roześmiał się jak dziecko. – Wy patrzycie na tygrysy jak na tygrysy, a dla mnie to kiciusie.

– Swamidźi, najpewniej potrafiłbym przekonać swoją podświadomość, że tygrys to zwykły kot, ale czy zdołałbym przekonać o tym tygrysa?

– Oczywiście, siła jest też konieczna! Trudno oczekiwać, że zwyciężyłoby niemowlę, wyobrażając sobie, że tygrys to kot! Dla mnie wystarczającą bronią są potężne ręce.

Swami poprosił nas na dziedziniec. Uderzył pięścią w krawędź muru. Wypadła cegła, roztrzaskując się o ziemię, a w dziurze ziejącej jak po wyrwanym zębie ukazał się skrawek jaskrawego nieba. Aż zatoczyłem się ze zdumienia. Ktoś, kto potrafi jednym ciosem wybić cegłę z muru spojonego zaprawą, pomyślałem, z pewnością wybije zęby i tygrysowi!

– Wielu ludzi posiada taką samą siłę fizyczną, ale brak im opanowania i spokojnej pewności siebie. Człowiek krzepki, a pozbawiony siły psychicznej, zemdleje na sam widok dzikiej bestii pomykającej swobodnie dżunglą. W swoim naturalnym środowisku dziki tygrys bardzo się różni od cyrkowego zwierzęcia, karmionego opium!

Niejeden człowiek herkulesowej siły wpadał w przerażenie, żałośnie bezradny wobec ataku tygrysa bengalskiego. W ten sposób tygrys doprowadza człowieka do stanu, w którym, w swoim umyśle, staje się niczym przerażony kot. Tymczasem jest możliwe, by człowiek dostatecznie silny fizycznie i o ogromnej determinacji posłużył się bronią tygrysa, narzucając mu przekonanie, że jest bezsilnym kotem domowym. Jakże często to właśnie robiłem!

Nietrudno mi było uwierzyć, że tytan, który stał przede mną, potrafił przemienić tygrysa w zwykłego kota.

Chętnie udzielił nam paru nauk. Ćandi i ja słuchaliśmy z szacunkiem.

– To umysł włada mięśniami. Siła uderzenia młota zależy od energii włożonej w uderzenie. Siła, z jaką działa narzędzie, którym jest ciało człowieka, zależy od potęgi jego woli i odwagi. Umysł tworzy i podtrzymuje ciało – i to dosłownie. Skłonności ukształtowane w przeszłych żywotach stopniowo ujawniają się w psychice jako jej mocne i słabe strony, a te utrwalają się jako nawyki, które z kolei kształtują pożądane lub niepożądane ciało. Słabość fizyczna ma źródło w umyśle. Powstaje błędne koło, w którym ciało, rządzone nawykami, przeciwstawia się umysłowi. Jeśli pan pozwala, by rządził nim sługa, sługa staje się dyktatorem. Podobnie umysł, podporządkowując się wymaganiom ciała, czyni zeń dyktatora.

Na naszą prośbę fascynujący swami zgodził się opowiedzieć nam trochę o swym życiu.

– Walka z tygrysami była moją ambicją, odkąd tylko pamiętam. Miałem potężną wolę, ale słabe ciało.

Wyrwał mi się okrzyk zdumienia. Wydawało się niemożliwe, by ten mężczyzna o barkach Atlasa mógł kiedykolwiek być słaby.

– Niezłomny upór, z jakim myślałem o zdrowiu i sile, pozwolił mi pokonać tę słabość. Mam więc wszelką podstawę do wychwalania potęgi umysłu, która – jak stwierdziłem – jest prawdziwym pogromcą bengalskich tygrysów.

– Czy myślisz, czcigodny swami, że mógłbym kiedykolwiek walczyć z tygrysami?

– Tak – uśmiechnął się. – Istnieje jednak wiele rodzajów tygrysów. Niektóre z nich zamieszkują dżungle ludzkich pragnień. Pobicie do nieprzytomności tygrysa nie przysparza żadnych duchowych korzyści. Zwyciężaj raczej wewnętrzne drapieżniki.

– A czy możemy się dowiedzieć, jak z pogromcy dzikich tygrysów przemienił się pan w pogromcę dzikich namiętności?

Swami zapadł w milczenie. Jego wzrok stał się nieobecny. Przywoływał wizje minionych lat. Zauważyłem, że lekko się waha, czy odpowiedzieć na moje pytanie. W końcu uśmiechnął się na znak zgody.

– Gdy moja sława dosięgła szczytu, począłem upajać się pychą. Postanowiłem nie tylko walczyć z tygrysami, ale też popisywać się przy tym różnymi sztuczkami. Miałem ambicje, by siłą zmusić dzikie bestie do zachowywania się jak domowe koty. Zacząłem występować publicznie. Sukcesy jeszcze bardziej wbijały mnie w dumę.

Pewnego wieczoru ojciec w zamyśleniu wszedł do mojego pokoju i rzekł:

– Synu, pragnę przekazać ci słowa przestrogi. Chciałbym cię uchronić od nieszczęść, którymi może cię zmiażdżyć toczące się koło przyczyny i skutku.

– Czy jesteś fatalistą, ojcze? Czy można pozwolić, by przesąd pozbawił mocy moje poczynania? – spytałem

– Synu, nie jestem fatalistą. Wierzę jednak w sprawiedliwe prawo odpłaty, o którym uczą święte pisma. W rodzinie stworzeń dżungli wrze gniew na ciebie. Któregoś dnia może cię on dosięgnąć i srodze ucierpisz".

– Ojcze – odparłem – zadziwiasz mnie! Dobrze wiesz, jakie są tygrysy – piękne, ale bezlitosne! Kto wie? Może moje ciosy wbiją w ich twarde czaszki choć trochę zdrowego rozsądku? Jestem dyrektorem wyższej szkoły leśnej, w której je uczę łagodniejszych manier! Proszę cię, ojcze, uważaj mnie za poskramiacza tygrysów, a nigdy za ich zabójcę. Jak dobre czyny mogłyby sprowadzić na mnie nieszczęście? Błagam cię, nie nakazuj mi zmieniać trybu życia.

Ćandi i ja słuchaliśmy z wytężoną uwagą, rozumiejąc, na czym polegał wtedy dylemat swamiego. W Indiach dziecko nie może tak łatwo zlekceważyć życzenia rodziców.

– Ojciec wysłuchał mojej przemowy ze stoickim spokojem, w milczeniu. Następnie z wielką powagą wyjawił mi pewną tajemnicę.

– Zmuszasz mnie, synu, bym przekazał ci złowieszczą przepowiednię, która padła z ust pewnego świętego. Podszedł on do mnie wczoraj, gdy siedziałem w medytacji. „Drogi przyjacielu – rzekł – przychodzę z posłaniem dla twojego syna, który kocha walkę. Niech zaprzestanie tej barbarzyńskiej działalności. Inaczej w najbliższym starciu z tygrysem odniesie poważne rany, wskutek których przez pół roku będzie na granicy śmierci. Potem zmieni tryb życia i zostanie mnichem".

– Opowieść ta nie zrobiła na mnie wrażenia. Uznałem, że ojciec stał się naiwną ofiarą jakiegoś pomylonego fanatyka.

Czyniąc to wyznanie, Tygrysi Swami z irytacją machnął ręką, jak gdyby na wspomnienie własnej głupoty. Na dłuższy czas zapadł w ponure milczenie i wydawało się, że nie pamięta o naszej obecności. Gdy na nowo podjął wątek opowieści, uczynił to nagle i przyciszonym głosem.

Autobiografia jogina

– Wkrótce po ostrzeżeniu, które przekazał mi ojciec, pojechałem do stolicy Kuć Biharu. Tamtejszy malowniczy krajobraz był dla mnie czymś nowym i spodziewałem się odmiany i odpoczynku. Ale tak jak wszędzie, ulicami szły za mną zaciekawione tłumy. Niekiedy słyszałem szepty:
– To ten, który walczy z dzikimi tygrysami.
– Czy to nogi, czy pnie drzew?
– Spójrz na twarz! Ten człowiek to pewnie inkarnacja samego króla tygrysów!
– Wiecie, że urwisy miejskie zastępują najnowsze wydanie gazety! A jak błyskawicznie od domu do domu rozchodzą się plotki kobiet! Po kilku godzinach w całym mieście wrzało, tak wszystkich podekscytowała moja obecność.

Wieczorem odpoczywałem sobie spokojnie, gdy nagle usłyszałem tętent galopujących koni. Zatrzymały się przed domem. Kilku wysokich policjantów w turbanach weszło do środka.

Całkowicie mnie to zaskoczyło. Wszystko jest możliwe dla przedstawicieli ludzkiego prawa – pomyślałem. – Ciekawe, czy chcą mnie zatrudnić do czegoś, na czym się zupełnie nie znam. Oni jednak skłonili się z niezwykłą uprzejmością.

– Czcigodny panie, przysyła nas książę Kuć Biharu – rzekł. – Witamy cię w jego imieniu. Książę ma zaszczyt zaprosić pana na jutro do siebie do pałacu.

Przez chwilę zastanawiałem się nad tą propozycją. Z jakiegoś niejasnego powodu poczułem się bardzo rozżalony, że zakłóca mi się spokój podróży. Jednak wzruszyła mnie błagalna postawa policjantów, przyjąłem więc zaproszenie.

Następnego dnia ku memu zdumieniu zjawiła się eskorta, która służalczo powiodła mnie od samych drzwi domu do wspaniałego powozu zaprzężonego w cztery konie. Służący trzymał nade mną ozdobny parasol, by ochronić mnie przed palącymi promieniami słońca. Cieszyła mnie miła przejażdżka przez miasto i zalesione okolice. U bram pałacu powitał mnie osobiście królewski potomek. Zaoferował mi swój własny, pokryty brokatem fotel, sam zaś usiadł na skromniejszym siedzeniu.

Niewątpliwie ta uprzejmość będzie mnie coś kosztowała! – pomyślałem z rosnącym zdumieniem. I rzeczywiście, książę wkrótce ujawnił swe zamiary.

– W całym moim mieście huczy od plotek, że potrafisz pokonać dzikiego tygrysa samymi tylko gołymi rękoma. Czy to prawda?

– Tak jest w istocie.

– Jakoś trudno mi w to uwierzyć! Jesteś przecież Bengalczykiem z Kalkuty, wychowanym na białym ryżu, jaki jedzą ludzie z miasta. Proszę cię, bądź ze mną szczery. Może walczyłeś tylko ze zwierzętami pozbawionymi ducha, karmionymi opium? – Mówił głośno, z sarkazmem i prowincjonalnym akcentem.

Nie raczyłem więc odpowiedzieć na to obraźliwe pytanie.

– Wyzywam cię, byś stanął do walki z moim nowo pojmanym tygrysem, Radżą Begumem*. Jeśli potrafisz go obezwładnić, związać łańcuchami i wyjść z klatki o własnych siłach, ten królewski tygrys będzie twój! Otrzymasz także w nagrodę kilka tysięcy rupii i inne podarki. Jeśli zaś nie zgodzisz się stanąć z nim do walki, każę ogłosić w całym państwie, że jesteś oszustem!

Jego bezczelne słowa uderzyły we mnie jak grad kul. Odparłem gniewnie, że przyjmuję wyzwanie. W podnieceniu książę niemalże powstał z fotela, po czym opadł nań z sadystycznym uśmiechem. Przypomnieli mi się rzymscy imperatorowie, którzy rozkoszowali się posyłaniem na arenę chrześcijan dzikim zwierzętom na pożarcie.

– Walka odbędzie się od dziś za tydzień. Żałuję, ale nie mogę ci pozwolić obejrzeć tygrysa przedtem.

Nie wiem, czy książę się obawiał, że mógłbym zahipnotyzować zwierzę, czy też, że potajemnie podam mu opium!

Opuściłem pałac, zauważywszy z rozbawieniem, że teraz nie czekał już na mnie strojny powóz ani królewski parasol. W ciągu następnego tygodnia systematycznie przygotowywałem umysł i ciało do zbliżającej się próby. Mój służący przekazywał mi różne fantastyczne opowieści. Straszliwa przepowiednia świętego, którą mi przekazał ojciec, jakimś sposobem rozeszła się szeroko, rozrastając się po drodze. Wielu prostych mieszczan wierzyło, że w tygrysa wcielił się zły duch, przeklęty przez bogów. W nocy przyjmował różne demoniczne postacie, a w dzień pozostawał pręgowanym zwierzem. Ten demon-tygrys miał być zesłany, aby mnie ukorzyć.

Według innej fantastycznej wersji Radża Begum zjawił się w odpowiedzi na modlitwy zwierząt do tygrysiego nieba. Miał być narzędziem

---

* „Książę-Księżniczka" – imię wskazuje, że zwierzę to posiadało połączoną dzikość tygrysa i tygrysicy.

kary dla mnie – dwunożnego zuchwalca, obrażającego cały tygrysi gatunek. Dla pozbawionego futra i kłów człowieka, który miał czelność wyzwać uzbrojonego w pazury i stalowe mięśnie tygrysa! Nagromadzona nienawiść wszystkich upokorzonych tygrysów – twierdzili mieszkańcy miasta – urosła w siłę zdolną uruchomić tajemne prawa, które doprowadzą do upadku dumnego pogromcę tygrysów.

Ponadto służący doniósł mi, że książę uwielbia organizować walki ludzi z dzikimi zwierzętami. Czuje się wtedy w swoim żywiole. Osobiście nadzorował budowę wielkiego pawilonu-namiotu, który mógł pomieścić tysiące widzów, a w razie potrzeby chronił przed gwałtowną ulewą. W środku, w ogromnej, żelaznej klatce znajdował się Radża Begum. Klatkę otaczało w pewnej odległości dodatkowe ogrodzenie, zabezpieczające przed wydostaniem się tygrysa. Więzień co chwila wydawał z siebie serie ryków, które mroziły krew w żyłach. Karmiono go oszczędnie, by pobudzić jego krwiożerczy apetyt. Prawdopodobnie książę spodziewał się, że ja stanę się posiłkiem bestii!

Gdy biciem w bębny zapowiedziano naszą niezwykłą walkę, tłumy chętnych z miasta i przedmieść rzuciły się po bilety. W jej dniu setki ludzi nie dostały się do namiotu z powodu braku miejsc. Wielu przepchnęło się przez szpary między płachtami namiotu lub stłoczyło się pod galerią dla widzów – przerwał na chwilę swami.

W miarę jak opowiadanie Tygrysiego Swamiego zbliżało się do punktu kulminacyjnego, rosło moje podniecenie. Ćandi słuchał bez słowa jak urzeczony.

– Pojawiłem się spokojnie – kontynuował swami – przy akompaniamencie przeraźliwych ryków Radży Beguma i wrzawy zatrwożonego tłumu. Nie miałem na sobie nic prócz skąpej przepaski na biodrach, nie chroniła mnie żadna odzież. Odsunąłem rygiel furty prowadzącej do ogrodzonej przestrzeni wokół klatki i spokojnie zasunąłem go z powrotem. Tygrys poczuł krew. Rzucił się na pręty klatki z głuchym łomotem, wydając na powitanie straszliwy ryk. Widownia zamarła w przerażeniu. Wyglądałem jak potulne jagnię przed szalejącą bestią.

W ułamku sekundy znalazłem się w klatce. Ale ledwie zdążyłem zatrzasnąć drzwi, Radża Begum już mnie dopadł. Rozerwał mi niemal w strzępy prawą dłoń. Polała się strumieniem ludzka krew, największy przysmak dla tygrysa. Zdawało się, że spełni się proroctwo świętego.

Natychmiast otrząsnąłem się z szoku wywołanego pierwszą poważną raną, jaką kiedykolwiek odniosłem. Nie chcąc patrzeć na zakrwawione palce, wsunąłem je pod opaskę biodrową, a lewą ręką zadałem miażdżący cios. Zwierzę zatoczyło się, okręciło się wokół siebie w tyle klatki i konwulsyjnie skoczyło naprzód. Jeden po drugim, moje słynne ciosy spadały na jego łeb.

Smak krwi podziałał jednak na Radżę Beguma jak pierwszy łyk wina na pijaka, który od dawna nie pił. Doprowadził go do szaleństwa. Ataki zwierzęcia, podkreślane ogłuszającymi rykami, stawały się coraz wścieklejsze. Broniłem się tylko jedną ręką, co nie chroniło mnie dostatecznie przed pazurami i kłami. Lecz ja także atakowałem, zadając porażające ciosy. Pokryci naszą zmieszaną krwią, walczyliśmy na śmierć i życie. Klatka stała się istnym pandemonium: krew bryzgała na wszystkie strony, a z gardła bestii wyrywały się ryki bólu i śmiertelnej żądzy. „Zastrzelić go! Zabić tygrysa!" – podniosły się krzyki z widowni. Ale człowiek i zwierzę poruszali się tak szybko, że kula strażnika chybiła. Zebrałem całą siłę woli, ryknąłem wściekle i zadałem ostateczny, decydujący cios. Tygrys zwalił się na ziemię i legł bez ruchu.

– Jak kot! – wtrąciłem.

Swami roześmiał się serdecznie, z uznaniem, po czym kontynuował swoją fascynującą opowieść.

– I tak Radża Begum został pokonany, a poza tym jeszcze upokorzony w swej królewskiej dumie: poranionymi dłońmi odważnie rozwarłem mu szczęki. Przez pełną dramatyzmu chwilę trzymałem głowę w śmiertelnej pułapce jego paszczy. Potem rozejrzałem się po klatce, szukając łańcucha. Wyciągnąwszy jeden ze stosu na podłodze, przywiązałem tygrysa za szyję do prętów klatki. Triumfalnie ruszyłem ku drzwiom.

Ale ten diabeł wcielony, Radża Begum, miał siłę godną swego domniemanego czartowskiego pochodzenia. Niewiarygodnie mocnym szarpnięciem rozerwał łańcuch i skoczył mi na plecy. Zwarł szczęki na moim ramieniu. Runąłem na ziemię, lecz w mgnieniu oka obróciłem się i przygwoździłem go swoim ciałem. Pod moimi bezlitosnymi ciosami zdradzieckie zwierzę padło na wpół zamroczone. Tym razem przywiązałem je staranniej. Powoli wyszedłem z klatki.

Widownia szalała, teraz już z radości. Tłum wiwatował jednym potężnym głosem. Choć strasznie poraniony, spełniłem trzy warunki walki – ogłuszyłem tygrysa, związałem łańcuchem i bez niczyjej pomocy wyszedłem z klatki. Ponadto, tak bardzo poraniłem i przeraziłem agresywne zwierzę, że nie skorzystało z okazji, by mi odgryźć głowę, gdy ją trzymałem w jego paszczy!

Opatrzono mi rany, a potem uhonorowano mnie girlandami. Ludzie rzucali mi pod stopy setki złotych monet. Całe miasto świętowało. Wszędzie wokół bez końca rozprawiano o zwycięstwie, jakie odniosłem nad jednym z największych i najdzikszych tygrysów. Zgodnie z obietnicą książę podarował mi Radżę Beguma, ja jednak nie czułem radości. W moim sercu zaszła duchowa przemiana. Wydawało się, że wychodząc z klatki zatrzasnąłem za sobą drzwi dla świeckich ambicji.

Nastąpił bardzo smutny okres. Przez sześć miesięcy leżałem bliski śmierci z powodu zakażenia krwi. Gdy tylko poczułem się o tyle lepiej, by wyjechać z Kuć Biharu, powróciłem do swego rodzinnego miasta.

– Wiem teraz, że ten święty człowiek, który mi udzielił mądrego ostrzeżenia, to mój nauczyciel – wyznałem z pokorą ojcu. – Ach, gdybym tylko mógł go odnaleźć! – Moje pragnienie było szczere, bowiem pewnego dnia święty niespodziewanie się zjawił.

– Dość już obłaskawiania tygrysów – przemówił ze spokojną pewnością siebie. – Chodź ze mną. Nauczę cię ujarzmiać bestie niewiedzy zamieszkujące dżungle ludzkiego umysłu. Przyzwyczajony jesteś do widowni: niech to będą aniołowie, którzy z radością przypatrywać się będą, jak wspaniale opanowujesz jogę!

– Mój świątobliwy guru inicjował mnie w duchową ścieżkę. Otworzył drzwi mej duszy, od dawna zardzewiałe i zacinające się, ponieważ długo ich nie używałem. Wkrótce obaj wyruszyliśmy w Himalaje, gdzie miałem się uczyć jogi – zakończył Tygrysi Swami.

Wdzięczni swamiemu za żywą opowieść o jego życiu, burzliwym jak cyklon, Ćandi i ja z czcią pokłoniliśmy się mu do stóp. Pokłon taki jest równie stary jak staroindyjskie pisma święte. Mój przyjaciel i ja czuliśmy się w pełni wynagrodzeni za długą próbę oczekiwania, jakiej poddano nas w chłodnym salonie.

Rozdział 7

Lewitujący święty

— Widziałem, jak pewien jogin unosił się w powietrzu kilka stóp nad ziemią! To się działo na wczorajszym wieczornym spotkaniu – opowiadał z przejęciem przyjaciel, Upendra Mohun Ćaudhari.

— Chyba potrafię zgadnąć, jak się nazywa – uśmiechnąłem się do niego z entuzjazmem. – Czy to nie Bhaduri Mahaśaja, który mieszka przy ulicy Upper Circular?

Upendra przytaknął, trochę zawiedziony, że nie powiedział mi nic nowego. Moi przyjaciele dobrze wiedzieli, jak bardzo interesuję się świętymi i cieszyli się, mogąc mnie naprowadzić na jakiś świeży ślad.

— Jogin ten mieszka tak blisko mojego domu, że często go odwiedzam. – Moje słowa wywołały żywe zainteresowanie na twarzy Upendry, toteż dodałem jeszcze kilka szczegółów. – Widziałem jego niezwykłe wyczyny. Opanował on po mistrzowsku różne *pranajamy**, o których wspomina Patańdźali**, opisując starożytną, ośmiostopniową ścieżkę jogi. Kiedyś widziałem, jak Bhaduri Mahaśaja wykonuje *bhastrikę* z tak zdumiewającą siłą, iż wydawało się, że w pokoju rozpętała się prawdziwa burza! Następnie wyciszył grzmiący oddech i znieruchomiał, zapadając w stan głębokiej nadświadomości***. Po burzy

---

* Metody opanowania siły życiowej (*prany*) poprzez ćwiczenia oddechowe. *Pranajama* zwana *bhastriką* („miechy") uspokaja umysł.
** Najwybitniejszy starożytny przedstawiciel jogi.
*** W 1928 r. profesor Sorbony Jules-Bois oznajmił, że uczeni francuscy przeprowadzali badania nad nadświadomością i uznali jej istnienie. Jest ona czymś wspaniałym i „stanowi zupełne przeciwieństwo podświadomości freudowskiej. Skryte w niej zdolności czynią człowieka naprawdę człowiekiem, a nie tylko nadzwierzęciem". Profesor wyjaśniał, że

zapanowała atmosfera spokoju, niebywale świeża, nie do zapomnienia.

– Słyszałem, że święty nigdy nie wychodzi z domu – powiedział Upendra z lekkim niedowierzaniem.

– Rzeczywiście, to prawda! Nie opuścił domu od dwudziestu lat. Ale niekiedy, podczas uroczystych świąt, rozluźnia nieco tę regułę, którą na siebie nałożył, i wychodzi – aż na chodnik przed domem! Wtedy gromadzą się tam żebracy, ponieważ święty Bhaduri słynie z czułego serca.

– Ale jak utrzymuje się on w powietrzu wbrew prawu ciążenia?

– Ciało jogina traci ciężar wskutek ćwiczenia określonych *pranajam*. Wtedy może on się unosić albo wykonywać susy jak skacząca żaba. Wiadomo, że nawet ci święci, którzy nie uprawiali formalnej jogi, lewitowali w stanie intensywnego oddania Bogu.

– Chciałbym dowiedzieć się czegoś więcej o tym mędrcu. Czy chodzisz na te wieczorne spotkania? – Oczy Upendry błyszczały ciekawością.

– Tak, często. Ogromnie bawi mnie dowcip, jakim okrasza swą mądrość. Niekiedy zakłócam uroczysty nastrój zebrań długimi wybuchami śmiechu. Święty nie jest z tego niezadowolony, ale jego uczniowie patrzą na mnie z oburzeniem.

Tego popołudnia po drodze ze szkoły do domu mijałem dom Bhaduriego Mahaśaji i postanowiłem tam wstąpić. Jogin był niedostępny dla ogółu. Samotny uczeń, mieszkający na parterze, pilnował prywatności mistrza. Uczeń był raczej pedantyczny. Teraz formalnie zapytał mnie, czy jestem umówiony. W samą porę pojawił się guru i uchronił mnie przed zwykłym wyrzuceniem.

– Pozwalaj Mukundzie wchodzić, kiedy chce. – Oczy świętego błysnęły. –Pozostaję w odosobnieniu nie dla własnej wygody, lecz ze względu na ludzi. Ludziom świeckim nie podoba się moja szczerość, gdyż pozbawia ich złudzeń co do samych siebie. Święty to rzadkość, ale gdy już takiego spotkasz, potrafi cię zawstydzić i zburzyć ci spokój.

---

przebudzenie się wyższej świadomości „nie ma nic wspólnego z autosugestią E. Coue'ego ani hipnozą. Istnienie umysłu nadświadomego od dawna uznaje filozofia. Jest to w istocie „Nadusza", o której mówił Emerson, jednak dopiero niedawno istnienie nadświadomości potwierdziła nauka". (*Zob*. s. 130, przypis)

Emerson napisał w eseju *Oversoul* (*Nadusza)*: „Człowiek jest fasadą świątyni, w której zamieszkuje wszelka mądrość i wszelkie dobro. To, co pospolicie nazywamy człowiekiem, osoba, jaką znamy, która je, pije, rachuje i pracuje w polu, nie wyraża istoty siebie, lecz ją karykaturuje. Jego nie czcimy; ale gdyby tylko pozwolił duszy, której jest narzędziem, przejawić się w swym działaniu, padlibyśmy przed nim na kolana. Istniejemy jako przestrzeń z jednej strony otwarta na głębie duchowe, obejmujące wszystkie przymioty Boga".

Lewitujący święty

NAGENDRA NATH BHADURI,
„Lewitujący Święty"

Nawet słowa mędrców w pismach świętych bywają niewygodne!

Udałem się za Bhadurim Mahaśają do jego skromnego pokoju na piętrze, z którego tak rzadko wychodził. Niektórzy mistrzowie ignorują wrzawę świata, którego panorama pozostaje dla nich zamazana, chyba że się skupią na konkretnej epoce. Współczesnymi mędrca są nie tylko istoty z ograniczonej teraźniejszości.

– Maharyszi*, jest pan pierwszym ze znanych mi joginów, który stale przebywa w domu.

– Czasem Bóg umieszcza swych świętych w niezwykłych warunkach, abyśmy nie pomyśleli, że kierują Nim jakieś reguły!

---
* „Wielki mędrzec"

Mędrzec usiadł w pozycji lotosu. Tryskał energią. Miał ponad siedemdziesiąt lat, ale na jego ciele nie widać było żadnych oznak wieku ani śladów siedzącego trybu życia. Krzepki i trzymający się prosto, był pod każdym względem ideałem. Miał twarz ryszego, taką, jakie opisywano w starożytnych tekstach. Szlachetne oblicze okalała bujna broda. Zawsze siedział całkowicie wyprostowany, ze wzrokiem spokojnie utkwionym we Wszechobecnym.

Święty i ja zatopiliśmy się w medytacji. Po godzinie obudził mnie z niej jego łagodny głos:

– Często wchodzisz w ciszę, ale czy osiągnąłeś stan *anubhawa?**

– Przypominał mi, abym kochał Boga bardziej niż medytację. – Nie myl metody z celem.

Poczęstował mnie owocami mango. Z dobrodusznym humorem, który tak bardzo lubiłem, tym bardziej, iż z natury był człowiekiem poważnym, zauważył:

– Na ogół ludzie bardziej lubią *dźala-jogę* (zjednoczenie się z pożywieniem) niż *dhjana-jogę* (zjednoczenie z Bogiem).

Ta jogiczna gra słów doprowadziła mnie do ataku śmiechu.

– Ależ ty potrafisz się śmiać! – w jego spojrzeniu pojawił się ciepły błysk. Twarz miał zawsze poważną, a jednak w jakiś sposób widniał na niej ślad ekstatycznego uśmiechu. W wielkich, lotosowych oczach krył się boski śmiech.

Mędrzec wskazał na kilka grubych kopert leżących na stole.

– Te listy pochodzą z dalekiej Ameryki. Koresponduję z kilkoma tamtejszymi towarzystwami, których członkowie interesują się jogą. Odkrywają Indie na nowo – i lepiej niż niegdyś Kolumb wiedzą, w jakim podążać kierunku! Chętnie im pomagam. Z wiedzy o jodze mogą swobodnie korzystać wszyscy, którzy jej pragną, podobnie jak ze światła dnia. Tego, co ryszi postrzegali jako niezbędne dla ludzkiego zbawienia, nie należy rozcieńczać dla Zachodu. Choć w zewnętrznym świecie doświadczenia Wschodu i Zachodu są odmienne, dusza pozostaje ta sama i ani Zachód, ani Wschód nie rozkwitną bez praktykowania jakiejś postaci dyscyplinującej jogi.

Święty utkwił we mnie spokojne spojrzenie. Nie zdawałem sobie sprawy, że jego wypowiedź była w istocie proroczym przesłaniem dla mnie. Dopiero teraz, gdy piszę te słowa, w pełni rozumiem znaczenie

---

* Bezpośredni ogląd Boga.

Lewitujący święty

jego częstych, zdawałoby się, przypadkowych napomknień, że pewnego dnia zaniosę nauki Indii do Ameryki.

– Maharyszi, chciałbym, aby dla dobra świata napisał pan książkę o jodze.

– Kształcę uczniów. Oni i uczniowie z ich linii będą żywymi księgami, które oprą się naturalnemu działaniu niszczącego czasu oraz nienaturalnym interpretacjom krytyków.

Pozostałem z joginem sam na sam do wieczora, kiedy przyszli jego uczniowie. Bhaduri Mahaśaja rozpoczął jeden ze swych niezrównanych wykładów. Jego słowa jak spokojnie płynąca woda wypłukiwały śmieci z umysłów słuchaczy i unosiły ich ku Bogu. Opowiadał swoje niezwykłe przypowieści w nieskazitelnym języku bengalskim.

Tego wieczoru Bhaduri Mahaśaja tłumaczył różne kwestie filozoficzne związane z życiem Mirabaj, średniowiecznej księżniczki radźputańskiej, która porzuciła życie dworskie, aby przebywać w towarzystwie świętych. Pewien wielki *sannjasin*, Sanatana Goswami, nie chciał jej przyjąć, ponieważ była kobietą. Jej odpowiedź sprawiła, że z pokorą pokłonił się jej do stóp. „Powiedz Mistrzowi – powiedziała do jego sługi – iż nie wiadomo mi o tym, by we wszechświecie istniał jakiś Mężczyzna oprócz Boga. Czyż my wszyscy nie jesteśmy wobec Niego kobietami? (Bóg w hinduskich pismach świętych jest jedyną Pozytywną Zasadą Twórczą. Jego stworzenie to tylko bierna *maja* [kosmiczna ułuda]).

Mirabaj skomponowała wiele ekstatycznych pieśni, które do dziś są skarbem Indii. Jedną z nich tłumaczę tutaj:

> Gdybym kąpiąc się co dzień, mogła pojąć Boga,
> Wolałabym być wielorybem w morskiej głębi.
> Gdyby jedząc korzonki można było Go poznać,
> Postać kozy bym chętnie przybrała.
> Gdyby można Go było odkryć z pomocą różańca,
> Modliłabym się na mamucich kulkach.
> Gdybym czcząc posągi mogła Go odsłonić,
> Kornie górę skalistą bym czciła.
> Gdyby z mlekiem można było Pana wchłonąć,
> Wiele cieląt i dzieci by Go znało.
> Gdyby odejściem od żony można zdobyć Boga,
> Czyż by nie było tysięcy rzezańców?
> Mirabaj wie, że by znaleźć Boga,
> Jedna tylko Miłość jest konieczna.

Kilku uczniów włożyło rupie do pantofli Bhaduriego Mahśaji,

które leżały obok niego, podczas gdy siedział w pozycji jogi. Ta ofiara, dawana z szacunkiem i zwyczajowa w Indiach, oznacza, że uczeń składa swoje dobra materialne u stóp guru. Wdzięczni przyjaciele to tylko Pan w przebraniu, czuwający nad swymi dziećmi.

– Mistrzu, jesteś cudowny! – powiedział jeden z uczniów, żegnając się z guru. Wpatrywał się w patriarchalnego mędrca z żarliwym uczuciem. – Porzuciłeś bogactwa i wygody, by szukać Boga i uczyć nas mądrości!

Było powszechnie wiadomo, że Bhaduri Mahaśaja wyrzekł się wielkiego rodzinnego majątku, gdy jeszcze jako mały chłopiec z całkowitym oddaniem wszedł na ścieżkę jogi.

– Stawiasz sprawę na głowie! – Na twarzy świętego malowała się łagodna nagana. – Zostawiłem kilka nędznych rupii, nieco trywialnych przyjemności dla kosmicznego królestwa nieskończonej szczęśliwości. Jakże zatem można uważać, że sobie czegokolwiek odmówiłem? Znam radość dzielenia się skarbem. Czyż to jest poświęcenie? W istocie to krótkowzroczni ludzie, pochłonięci życiem w świecie, są prawdziwymi wyrzeczeńcami! Wyrzekają się niezrównanych boskich skarbów dla marnej garstki ziemskich zabawek!

Roześmiałem się, słysząc ten paradoksalny pogląd na wyrzeczenie – pogląd, który nakłada czapkę Krezusa na świątobliwego żebraka, a dumnych milionerów przemienia w nieświadomych męczenników.

– Boski porządek zabezpiecza naszą przyszłość mądrzej niż jakiekolwiek towarzystwo ubezpieczeniowe. – Ostatnie słowa mistrza wyrażały credo jego wiary, potwierdzone wewnętrznym doświadczeniem. – Na ziemi pełno jest ludzi, którzy skrywając niepewność, wierzą, że znajdą bezpieczeństwo w zewnętrznym świecie. Ich gorzkie myśli są niby szramy na ich czołach. Tymczasem tylko Jedyny, który od pierwszego naszego tchnienia zaopatruje nas w powietrze i mleko, wie, jak dzień po dniu dbać o Sobie oddanych.

Przez jakiś czas nadal odbywałem po szkole pielgrzymki do drzwi świętego. Z cichą gorliwością pomagał mi osiągnąć stan *anubhawa*. Ale pewnego dnia przeprowadził się na ulicę Rama Mohana Roja, daleko od mojego domu. Miłujący go uczniowie wybudowali tam dla niego nową pustelnię, zwaną „Nagendra Math"*.

---

* Pełnym imieniem świętego było Nagendra Nath Bhaduri. *Math*, ściśle mówiąc, oznacza klasztor, ale nazwą tą często określa się aśram, czyli pustelnię.

Jednym z lewitujących świętych chrześcijańskich był św. Józef z Cupertino (XVII w.),

Lewitujący święty

Chociaż wybiegnę teraz opowieścią o kilka lat w przyszłość, podam tutaj ostanie słowa, jakie skierował do mnie Bhaduri Mahaśaja. Na krótko przed moim wyjazdem na Zachód odszukałem go i pokornie ukląkłem, prosząc o pożegnalne błogosławieństwo.

– Synu, jedź na Zachód. Weź z sobą jako tarczę dostojeństwo starożytnych Indii. Na czole wypisane masz zwycięstwo. Dalecy, szlachetni ludzie dobrze cię przyjmą.

---

którego niezwykłe zachowanie potwierdza wielu naocznych świadków. Cechowało go zapominanie o świecie, które było w istocie przebywaniem w Bogu. Jego bracia z klasztoru nie pozwalali mu nakrywać do stołu, ponieważ wznosił się pod sufit z naczyniami w ręku. Święty ten wyjątkowo nie nadawał się do świeckich obowiązków, ponieważ nie potrafił przez dłuższy czas utrzymać się na ziemi! Często na sam widok świętej figury ulatywał pionowo w górę. Widywano obu świętych, tego w ciele i tego z kamienia, krążących razem wysoko w powietrzu.

Św. Teresa z Avila, osoba o bardzo wysoko rozwiniętej duszy, uważała lewitację za wielce kłopotliwą. Obarczona licznymi obowiązkami organizacyjnymi, na próżno usiłowała zapobiec swym „wznoszącym ją" doświadczeniom. „Daremne są – napisała – nasze drobne środki ostrożności, jeśli Pan chce inaczej". Ciało św. Teresy, spoczywające w kościele w Albie w Hiszpanii, od czterech wieków nie wykazuje oznak rozkładu oraz wydziela woń kwiatów. Jest to miejsce niezliczonych cudów.

Rozdział 8

Dźagadiś Ćandra Bose, wielki uczony indyjski

— Wynalazki Dźagadisia Ćandry Bose'a w dziedzinie radiotechniki wyprzedzały odkrycia Marconiego.

Słysząc te prowokujące słowa, zbliżyłem się do grupy profesorów, którzy stojąc na chodniku, zajęci byli uczoną dyskusją. Jeśli kierowała mną duma narodowa, to mi przykro. Nie przeczę, że bardzo pragnąłem potwierdzenia tego, że Indie mogą odgrywać czołową rolę nie tylko w metafizyce, ale i w fizyce.

– Czy mógłby mi pan to szerzej wyjaśnić?

– Bose pierwszy wynalazł detektor fal radiowych oraz przyrząd do mierzenia dyfrakcji fal elektromagnetycznych – odparł uprzejmie profesor. – Jednak nasz indyjski uczony nie wykorzystywał swych wynalazków do celów komercyjnych. Wkrótce zajął się głównie badaniem świata organicznego. Rewolucyjne odkrycia Bose'a w dziedzinie fizjologii roślin przewyższyły nawet jego doniosłe osiągnięcia w fizyce.

Podziękowałem uprzejmie profesorowi, który dodał:

– Ten wielki uczony to jeden z moich kolegów w Presidency College.

Następnego dnia złożyłem wizytę uczonemu mędrcowi u niego w domu, który znajdował się blisko mojego. Od dawna go podziwiałem i szanowałem, ale z daleka. Botanik, człowiek poważny i skromny, powitał mnie łaskawie. Był przystojnym, krzepkim mężczyzną około pięćdziesiątki, o gęstych włosach, szerokim czole i roztargnionym spojrzeniu marzyciela. Wyrażał się z charakterystyczną dla naukowca ścisłością. Widać było, że to jego wieloletni nawyk.

– Niedawno wróciłem z podróży na Zachód, gdzie odwiedziłem kilka towarzystw naukowych. Ich członkowie żywo interesowali się czułymi przyrządami, które wynalazłem. Dowodzą one niepodzielnej jedności całego życia*. Z pomocą kreskografu Bose'a uzyskuje się powiększenie do ponad dziesięciu milionów razy. Mikroskop powiększa tylko kilka tysięcy razy, a jednak spowodował ogromny postęp w biologii. Kreskograf otwiera niezmierzone perspektywy.

– Rozwijając naukę, która wszak jest bezosobista, bardzo się pan przyczynił do zbliżenia między Wschodem a Zachodem.

– Kształciłem się w Cambridge. Jakże godna podziwu jest zachodnia metoda poddawania każdej teorii dokładnej weryfikacji doświadczalnej! W badaniach empirycznych pomagał mi dar introspekcji – moje wschodnie dziedzictwo. Pozwoliło mi to wniknąć w niektóre obszary królestwa przyrody, dotąd niechętnie zdradzające swoje tajemnice. Wykresy mojego kreskografu** są dowodem dla nawet największych sceptyków, że rośliny mają wrażliwy układ nerwowy i bogate życie emocjonalne. Miłość, nienawiść, radość, strach, przyjemność, ból, pobudliwość, odrętwienie i niezliczone inne reakcje na bodźce występują równie powszechnie u roślin jak u zwierząt.

– Zanim pan to odkrył, panie profesorze, myśl, że całe stworzenie ożywia jedno jedyne życie, mogłaby się wydawać tylko poetycką przenośnią. Znałem kiedyś pewnego świętego, który nigdy nie zrywał kwiatów. „Czyż mam pozbawiać krzew róży dumy ze swego piękna? Czyż mogę okrutnie znieważać jego godność takim grubiańskim postępowaniem?" Pańskie odkrycia dokładnie potwierdzają jego podyktowane współczuciem słowa.

– Poeta dotyka prawdy, natomiast uczony zbliża się do niej nieporadnie. Przyjdź któregoś dnia do mnie do laboratorium i przekonaj się, jak jednoznacznych dowodów dostarcza kreskograf.

Z wdzięcznością przyjąłem zaproszenie i pożegnałem się. Później dowiedziałem się, że botanik opuścił Presidency College, planując założenie nowego ośrodka badawczego w Kalkucie.

W dzień otwarcia Instytutu Bose'a uczestniczyłem w uroczystościach.

---

* „Wszelka nauka jest transcendentna, inaczej przemija. Botanika tworzy sobie obecnie słuszną teorię – awatarowie Brahmy staną się teraz podręcznikami przyrody". – *Emerson*

** Od łacińskiego *crescere* – powiększać. Za kreskograf i inne wynalazki Bose otrzymał w 1917 r. tytuł szlachecki.

Po jego terenie przechadzały się setki entuzjastów. Byłem oczarowany artyzmem i duchową symboliką tego nowego przybytku nauki. Frontowa brama jest zabytkowym fragmentem jakiejś świątyni sprzed wieków. Za fontanną w kształcie lotosu* rzeźba kobiecej postaci z pochodnią w ręku wyraża szacunek Hindusów dla kobiety jako nosicielki nieśmiertelnego światła. W ogrodzie znajduje się świątynka poświęcona czystemu pierwiastkowi duchowemu, który stanowi podłoże wszelkich zjawisk. Ideę bezcielesności Boga podkreśla brak jakichkolwiek wizerunków na ołtarzu.

Przemówienie Bose'a wygłoszone na tej wielkiej uroczystości godne było wypowiedzi natchnionych starożytnych ryszich:
– Otwieram dziś ten Instytut nie tylko jako laboratorium, lecz także jako świątynię. – Uroczysta powaga mówcy niby niewidzialny płaszcz okryła tłumne audytorium. – Badania niechcący doprowadziły mnie na pogranicze fizyki i fizjologii. Ku swemu zdumieniu stwierdziłem, że granice między nimi znikają, a między światami ożywionym a nieożywionym istnieją punkty styczne. Zauważyłem, że materia nieorganiczna wcale nie jest nieczuła: różnorakie siły wywołują w niej najprzeróżniejsze reakcje.

Nasunął mi się wniosek, że powszechność reakcji świadczy o tym, że metal, roślina i zwierzę podlegają temu samemu uniwersalnemu prawu. Każde z nich wykazuje zasadniczo te same objawy zmęczenia i depresji, może się zregenerować oraz przestaje reagować wraz ze śmiercią. Przejęty wagą tego zdumiewającego, wszechuogólniającego odkrycia i pełen nadziei ogłosiłem swoje wyniki na forum Royal Society, demonstrując kilka doświadczeń. Jednak obecni tam fizjolodzy poradzili mi, abym raczej ograniczył badania do fizyki, w której moje dotychczasowe sukcesy były pewne, niż wkraczał na ich teren. Niechcący zabłąkałem się w nieznaną mi sferę podziałów „kastowych" i naruszyłem obowiązującą etykietę.

Przy okazji mojego odczytu ujawniły się także pewne nieświadome uprzedzenia, mylące wiarę z ciemnotą. Często zapominamy, że Ten, który otoczył nas tajemnicą stworzenia, zasiał w nas także pragnienie dociekania i rozumienia. Spotykając się przez wiele lat z nietolerancją, przekonałem się, że życie człowieka oddanego nauce pełne jest

---

* Kwiat lotosu jest w Indiach starożytnym świętym symbolem. Jego rozchylające się płatki symbolizują rozwój duszy. Wyrasta z błota, lecz wznosi się ponad nim niepokalanie czysty, stanowiąc obietnicę zwycięstwa ducha.

niekończących się zmagań. Jest to nieuniknione. Całe swe życie musi on złożyć w żarliwej ofierze, jednako traktując zysk i stratę, sukces i porażkę.

Z biegiem czasu główne towarzystwa naukowe zaakceptowały moje teorie i wyniki oraz uznały doniosłość wkładu Indii w naukę*. Czyż coś małego lub ograniczonego w ogóle zdoła zadowolić umysłowość Hindusa? Dzięki ciągle żywej tradycji i dynamicznej mocy odradzania się, kraj ten przetrwał niezliczoną liczbę przemian. Zawsze pojawiali się Hindusi, którzy odrzucając bezpośrednie, atrakcyjne, lecz przemijające korzyści, dążyli do realizacji najwyższych ideałów w życiu – nie przez bierne wyrzeczenie się, lecz czynną walkę. Człowiek słaby, który wycofuje się z konfliktu, niczego nie zdobywa, nie ma więc niczego, co mógłby dać. Ten tylko, kto walczy i wygrywa, może wzbogacić świat, obdarzając go owocami swych zwycięstw.

Prace już przeprowadzone w moim laboratorium na temat reakcji materii i zadziwiających zachowań roślin, otworzyły nowe perspektywy badań w dziedzinie fizyki, fizjologii, medycyny, rolnictwa, a nawet psychologii. Problemy uważane dotąd za nierozwiązywalne, stały się teraz przedmiotem badań eksperymentalnych.

Wielkie osiągnięcia nie są jednak możliwe bez surowego przestrzegania naukowej ścisłości. Dlatego w sali wejściowej mogą państwo obejrzeć długie rzędy gablot z nadzwyczaj czułymi przyrządami i aparaturą mojego pomysłu. Mówią one o wieloletnich usiłowaniach przeniknięcia ułudy pozorów, by dotrzeć do rzeczywistości niewidzialnej, o nieustannym trudzie, wytrwałości i pomysłowości, jakie są konieczne do pokonania ludzkich ograniczeń. Każdy twórczy naukowiec wie, że prawdziwym laboratorium jest umysł, ponieważ to on właśnie odkrywa prawa, które rządzą wszechświatem.

Wykłady w naszym Instytucie nie ograniczą się do przekazu wiedzy już znanej. Będą one przedstawiać odkrycia nowe, które po raz pierwszy zademonstrujemy w tych właśnie salach. Dzięki regularnym

---

* „Uważamy [...] że żaden kierunek studiów, zwłaszcza w dziedzinie nauk humanistycznych, zwłaszcza na większym uniwersytecie, nie może się obejść bez specjalisty obeznanego z dorobkiem Indii w danej dyscyplinie. Uważamy także, że każdy college, który stawia sobie za cel przygotowanie absolwentów do inteligentnej pracy w świecie, w jakim będą żyli, musi mieć wśród swych pracowników uczonego dobrze znającego cywilizację Indii". – Fragmenty artykułu prof. W. Normana Browna z University of Pennsylvania. Artykuł ukazał się w maju 1939 r. w *Bulletin of the American Council of Learned Societies*, Washington, D. C.

Autobiografia jogina

DŻAGADIŚ ĆANDRA BOSE,
wielki fizyk i botanik indyjski, wynalazca kreskografu

publikacjom Instytutu cały świat zapozna się z dorobkiem naukowym Indii. Stanie się on własnością publiczną. Nie będzie żadnych patentów. Duch naszej narodowej kultury wymaga, abyśmy nie profanowali wiedzy, wykorzystując ją tylko do celów osobistych.

Jest także moim życzeniem, aby sale i aparatura tego Instytutu były, tak dalece, jak to możliwe, dostępne dla badaczy ze wszystkich krajów. Pragnę w ten sposób kontynuować tradycję mojego kraju. Już w dalekiej przeszłości, dwadzieścia pięć wieków temu, Indie gościły w swoich uniwersytetach w Nalandzie i Takszili uczonych ze wszystkich części świata.

Chociaż nauka nie należy ani do Wschodu, ani do Zachodu, lecz do wszystkich narodów, to jednak Indie są szczególnie predysponowane, aby wnieść do niej wielki wkład*. Płomienną wyobraźnię indyj-

---

* Starożytnym Hindusom dobrze znana była atomowa budowa materii. Jeden z sześciu systemów filozofii hinduskiej to *wajśeszika*, od sanskryckiego wyrazu *wiśesza* – „niepodzielna jednostka". Główny jej przedstawiciel, Aulukja, ur. ok. 2800 lat temu, zwany był także Kanadą – „zjadaczem atomów" (w znaczeniu, że teoria atomowa była jego strawą duchową, pasją życia – *dop. tłum.*)

ską, która potrafi dostrzec nowy ład w masie pozornie sprzecznych faktów, utrzymuje w ryzach nawyk koncentracji. Umiejętność koncentracji pozwala skupić się na poszukiwaniu prawdy z nieskończoną cierpliwością – zakończył Bose.

Łzy stanęły mi w oczach, gdy usłyszałem końcowe słowa uczonego. Czyż cierpliwość nie jest rzeczywiście synonimem Indii, czyż nie zawstydza historyków i samego czasu?

Niedługo po ceremonii otwarcia znów odwiedziłem ośrodek badań. Wielki botanik, pomny swej obietnicy, zaprowadził mnie do swojego cichego laboratorium.

– Podłączę teraz kreskograf do tej paprotki. Powiększenie jest ogromne. Gdyby tak samo powiększyć pełznącego ślimaka, to wydawałoby się, że pędzi jak pociąg ekspresowy.

Wpatrzyłem się z przejęciem w ekran, na którym ukazał się powiększony zarys paproci. Wyraźnie było teraz widać nieuchwytny gołym okiem proces życia. Roślina bardzo powoli rosła przed moimi urzeczonymi oczyma. Bose dotknął koniuszka liścia małym metalowym prętem. Wzrost raptownie ustał, ale gdy tylko uczony odsunął pręt, znowu stał się wyraźnie widoczny.

– Widział pan, jak szkodliwe może być dla wrażliwych tkanek drobne zewnętrzne zakłócenie – zauważył Bose. Teraz zastosuję chloroform, a potem podam antidotum.

Tara Mata w artykule w „East-West" z kwietnia 1934 r. podała następujące streszczenie wiedzy naukowej *wajśesziki*: „Chociaż współczesną «teorię atomowej struktury materii» uważa się ogólnie za nowe odkrycie nauki, to jednak już dawno temu wspaniale przedstawił ją Kanada – «zjadacz atomów». Sanskryckie *anu* można prawidłowo przetłumaczyć jako «atom» w jego dosłownym, greckim znaczeniu – «niepocięty'», czyli niepodzielny. Inne traktaty *wajśesziki* sprzed naszej ery obejmują takie zagadnienia, jak: 1) ruch igły w kierunku magnesu, 2) krążenie wody w roślinach, 3) *akaśię*, czyli eter, bezwładną i jednorodną, jako podłoże działania sił subtelnych, 4) ogień słoneczny jako przyczynę wszystkich pozostałych postaci ciepła, 5) ciepło jako przyczynę zmian molekularnych, 6) prawo grawitacji; przyczyną ciążenia jest właściwość atomów żywiołu ziemi, sprawiająca, że przyciągają się bądź opadają, 7) kinetyczną naturę wszelkiej energii; działanie przyczyny zasadza się na wydatkowaniu bądź przekazywaniu energii, 8) zniweczenie wszechświata spowodowane rozłączeniem się atomów, 9) promieniowanie cieplne i świetlne nieskończenie małych cząstek pędzących we wszystkich kierunkach z niepojętą prędkością (współczesne promieniowanie kosmiczne), 10) względność czasu i przestrzeni.

Wajśeszika przypisywała początek świata połączeniu się wiecznych z natury atomów, tzn. ich szczególnym własnościom. Uważano, że atomy stale wibrują. [...] Niedawne odkrycie, że atom jest miniaturą układu słonecznego, nie byłoby niczym nowym dla filozofów *wajśesziki*, którzy także zredukowali czas do pojęcia matematycznego. Zdefiniowali oni najmniejszą jednostkę czasu (*kala*) jako okres potrzebny atomowi do przesunięcia się o swoją wielkość".

Działanie chloroformu powstrzymało cały wzrost. Antidotum sprawiło, że roślina odżyła. Te ewolucje na ekranie frapowały mnie o wiele bardziej niż najciekawszy film. Uczony (tym razem w roli złoczyńcy) przebił jeden z liści ostrym narzędziem. Roślina okazała ból spazmatycznymi drgawkami. Kiedy częściowo naciął łodygę brzytwą, zarys paproci gwałtownie drgnął, a potem zamarł. I to był koniec, nastąpiła śmierć.

– Udało mi się przesadzić olbrzymie drzewo, które przedtem uśpiłem chloroformem. Zwykle taki król lasu umiera zaraz po przesadzeniu – Dźagadiś uśmiechnął się radośnie na wspomnienie eksperymentu, dzięki któremu uratował życie drzewa. – Wykresy, które sporządził mój czuły przyrząd, udowodniły, że drzewa posiadają układ krążenia. Obieg ich soków odpowiada obiegowi krwi w ciele zwierzęcia. Wznoszenia się soków nie da się wyjaśnić tylko na zasadzie mechanicznej, tak jak w przypadku włoskowatości. Zjawisko to zostało wyjaśnione dzięki kreskografowi: powoduje je działanie żywych komórek. Z walcowatego kanału, który biegnie w pniu drzewa, rozchodzą się skurcze perystaltyczne. Kanał ten przypomina serce! Im głębiej patrzymy, tym bardziej zadziwiające znajdujemy dowody na to, że wszystkie zróżnicowane formy przyrody zbudowane są według tego samego planu.

Uczony wskazał na inny przyrząd.

– Pokażę panu doświadczenia z kawałkiem cyny. Siła życiowa metali reaguje na bodźce negatywnie bądź pozytywnie. Na wykresie zapisane zostaną różne reakcje.

Z wielkim przejęciem obserwowałem powstający wykres. Był to zapis charakterystycznych drgań atomów cyny. Gdy profesor podziałał na cynę chloroformem, drgania ustały. Pokazały się na wykresie znowu, gdy metal powoli powracał do swego normalnego stanu. Uczony nałożył na cynę jakąś trującą substancję chemiczną. Wraz z ustaniem ostatnich drgań cyny pisak odnotował na wykresie dramatyczny moment śmierci.

– Moje przyrządy dowiodły, że metale, takie jak stal używana do produkcji nożyczek i maszyn, ulegają zmęczeniu i odzyskują pierwotne właściwości po odpoczynku. Tętno życia metali zostaje poważnie zakłócone albo nawet ustaje całkowicie po przepuszczeniu przez nie prądu elektrycznego albo poddaniu ich wysokiemu ciśnieniu – wyjaśniał dalej uczony.

Rozejrzałem się po pokoju, spoglądając na liczne wynalazki, wymowne świadectwo niewyczerpanej pomysłowości.

– Proszę pana, bardzo szkoda, że pańskie cudowne wynalazki nie znalazły jeszcze pełnego i masowego zastosowania w rolnictwie. To przyspieszyłoby jego rozwój. Czyż nie można by użyć niektórych z nich do przeprowadzenia szybkich doświadczeń laboratoryjnych, aby wykazać wpływ różnego rodzaju nawozów na wzrost roślin?

– Ma pan rację. Przyszłe pokolenia znajdą dla przyrządów Bose'a niezliczone zastosowania. Uczony rzadko cieszy się uznaniem współczesnych. Wystarcza mu radość twórczej służby.

Pożegnałem niestrudzonego mędrca wyrazami szczerej wdzięczności. Czy zdumiewająca płodność jego geniuszu może się kiedykolwiek wyczerpać? – pomyślałem sobie wtedy.

Pomimo upływu lat wcale się nie zmniejszyła. Po wynalezieniu skomplikowanego przyrządu – „kardiografu rezonacyjnego" – Bose prowadził zakrojone na wielką skalę badania niezliczonych indyjskich roślin. Odkryto ogromną liczbę użytecznych leków. Kardiograf został skonstruowany z tak niebywałą precyzją, że zaznacza na wykresie zmiany zachodzące w ciągu jednej setnej sekundy. Mierzy nieskończenie małe drgania w organizmach roślin, zwierząt i ludzi. Wielki botanik przepowiedział, że kardiograf umożliwi przeprowadzanie wiwisekcji roślin, a nie zwierząt.

– Prowadzone równolegle zapisy skutków działania leku podanego jednocześnie roślinie i zwierzęciu wykazują zdumiewającą zgodność – zauważył. – Wszystko w ciele człowieka ma swój odpowiednik w roślinie. Wiedza zdobyta dzięki doświadczeniom na roślinach, przyczyni się do zmniejszenia cierpienia zwierząt i ludzi.

Wiele lat później pionierskie odkrycia Bose'a w dziedzinie fizjologii roślin zostały potwierdzone przez innych naukowców. „The New York Times" w następujący sposób opisał wyniki prac przeprowadzonych w 1938 r. na Uniwersytecie Columbia:

„W ostatnich latach stwierdzono, że gdy nerwy przekazują informacje z różnych części ciała do mózgu, powstają słabe impulsy elektryczne. Impulsy te mierzono czułymi galwanometrami i wzmacniano miliony razy przy pomocy nowoczesnej aparatury wzmacniającej. Dotychczas nie odkryto jednak zadowalającej metody badania przebiegu impulsów we włóknach nerwowych żywych zwierząt i człowieka, ponieważ biegną one bardzo szybko. Dr K. Cole i dr H. J. Curtis ogłosili swoje odkrycie, że długie, pojedyncze komórki słodkowodnej rośliny nitella, często stosowanej w akwariach dla złotych rybek, są w istocie identyczne z komórkami pojedynczych włókien nerwowych. Ponadto stwierdzili oni, że pod wpływem bodźca komórki nitelli generują fale elektryczne, które pod każdym względem, z wyjątkiem prędkości, przypominają fale wytwarzane we włóknach nerwowych zwierząt i człowieka. Elektryczne impulsy nerwowe u roślin są o wiele powolniejsze niż u zwierząt. Powolność ta umożliwiła pracownikom uniwersytetu sfilmowanie ich przebiegu.

Roślina nitelli może zatem stać się czymś w rodzaju kamienia z Rosetty i posłużyć do odsłonięcia pilnie strzeżonych tajemnic z pogranicza umysłu i materii".

Poeta Rabindranath Tagore, wierny przyjaciel idealistycznego uczonego indyjskiego, poświęcił mu następujący wiersz[*]:

> O Pustelniku, zawołajże słowy
> Starego hymnu Sama : „Powstań! Zbudź się!
> Odwołajże człeka, co dumny, iż posiadł nauki śastr,
> Od dysput pedantycznych, daremnych.

---

[*] Z bengalskiego, rodzimego języka R. Tagore'a, tłumaczył na jęz. angielski Manmohan Ghosz. Wiersz ukazał się w kwartalniku „The Visvabharati Quarterly", Śantiniketan, Indie.
Wspomniany w wierszu Tagore'a „hymn *Sama*" to jedna z czterech starożytnych Wed. Pozostałe trzy Wedy to: *Ryg*, *Jadźur* i *Atharwa*. Te święte teksty objaśniają naturę Brahmy, Boga Stwórcy, który przejawia się w indywidualnym człowieku jako *atma*, dusza. Słowo „Brahma" pochodzi czasownika *bryh*: rozszerzać się. Wyraża ono wedyjską koncepcję boskiej zdolności twórczego wzrostu, wybuchu twórczej aktywności. Powiada się, że kosmos, jak pajęczyna, rozwija się (*wikurute*) z Jego Istoty. Można powiedzieć, że najistotniejszym przesłaniem Wed jest świadome zjednoczenie *atmy* z Brahmą, duszy z Duchem.
Wedanta, podsumowanie tekstów Wed, była natchnieniem wielu wielkich myślicieli Zachodu. Victor Cousin, historyk francuski, napisał: „Czytając uważnie pomnikowe dzieła Orientu, nade wszystko Indii, odkrywamy w nich tyle głębokich prawd [...], że zmuszeni jesteśmy zgiąć kolana przed filozofią Wschodu i uznać w tej kolebce rasy ludzkiej ojczyznę najwyższej filozofii". Friedrich Schlegel (filozof i językoznawca niemiecki – *dop. tłum.*) zauważył: „Nawet najwznioślejsza filozofia Europejczyków, idealizm rozumu w postaci podanej przez filozofów greckich, przedstawia się w porównaniu z pełnym życia i wigoru idealizmem Orientu jak słaba prometejska iskra wobec potopu słonecznego światła".
W ogromnej literaturze indyjskiej Wedy (od rdzenia *wid* – wiedzieć) są jedynymi tekstami nie przypisanymi żadnemu autorowi. Rygweda (X, 90, 9) przypisuje hymnom pochodzenie boskie i mówi (III, 39, 2), że pochodzą one z zamierzchłej starożytności i że zostały przetłumaczone na nowy język. W każdej epoce są one objawiane ryszim, „widzącym", w sposób boski i mówi się, że cechuje je *nitjatwa* – ponadczasowość i absolutna prawdziwość.
Wedy zostały objawione dźwiękiem, „bezpośrednio (wewnętrznym słuchem) słyszanym" (*śruti*) przez ryszich. Jest to literatura śpiewana bądź recytowana. Dlatego przez tysiąclecia teksty wedyjskie nie były spisywane. Z pokolenia na pokolenie sto tysięcy dwuwierszy Wed przekazywali ustnie kapłani bramińscy. I papier, i kamień podlegają niszczącemu działaniu czasu. Wedy przetrwały wieki, ponieważ ryszi rozumieli, że umysł wyższy jest nad materię, a zatem najlepiej przechowa ich treść. Cóż może przewyższyć zapis na „tabliczkach serca"?
Przestrzegając określonego porządku (*anupurwi*) występowania wedyjskich słów oraz posługując się fonologicznymi regułami łączenia dźwięków (*sandhi*), zestawieniami liter (*sanatana*), jak również sprawdzając matematycznymi sposobami ścisłość zapamiętywanego tekstu, bramini nadzwyczaj wiernie przechowali od zamierzchłych czasów oryginalną czystość Wed. Każda sylaba (*akszara*) słowa wedyjskiego ma znaczenie i moc wywoływania określonych skutków. (*Zob.* s. 343–344).

Dźagadiś Ćandra Bose, wielki uczony indyjski

Wezwij go, głupca-pyszałka, niech wyjdzie
Na łono przyrody, na ziemię szeroką,
Poślij orędzie uczniom,
By otoczyli kręgiem twój ogień ofiarny
Wszyscy pospołu. Tak, by Indie,
By kraj nasz prastary odzyskał prawdziwe oblicze,
Dawne oddanie, poświęcił się pracy wytrwałej,
Obowiązkom, ekstazie medytacji żarliwej.
Znów niezmącenie pogodny,
Ponad konflikty, niezachłanny, czysty;
Niechże zasiądzie na wysokim tronie
I podium jako narodów nauczyciel*.

---

* Przeł. Anna Żurowska

Rozdział 9

Upojony szczęśliwością wielbiciel i jego kosmiczny romans

— Mały panie, usiądź, proszę. Rozmawiam z Boską Matką.

Z wielką czcią cicho wszedłem do pokoju. Anielski wygląd Mistrza Mahaśaji niemal poraził mnie blaskiem. Jedwabista, biała broda i wielkie, lśniące oczy sprawiały, że wydawał się ucieleśnieniem czystości. Uniesiony podbródek i złożone ręce wskazywały, że moja pierwsza wizyta przeszkodziła mu w medytacji.

Proste słowa powitania wywarły na mnie ogromne wrażenie. Nigdy czegoś podobnego nie doświadczyłem. Gorycz rozstania z matką po jej śmierci była dla mnie dotąd miarą największego bólu. Teraz nieopisaną udręką ducha stała się świadomość oddzielenia od Boskiej Matki. Z jękiem padłem na podłogę.

– Mały panie, uspokój się! – powiedział święty ze współczuciem, zatroskany.

Pogrążony w oceanie bezbrzeżnej rozpaczy, objąłem go za stopy, moją jedyną deskę ratunku.

– Święty panie, błagam cię, wstaw się za mną! Zapytaj Boską Matkę, czy znajduję w Jej oczach choć odrobinę łaski!

Świętej obietnicy wstawiennictwa nie udziela się łatwo. Mistrz zamilkł.

Byłem pewny ponad wszelką wątpliwość, że Mistrz Mahaśaja toczy teraz zażyłą rozmowę z Kosmiczną Matką. Na myśl, że moje oczy są

Upojony szczęśliwością wielbiciel i jego kosmiczny romans

ślepe na Tę, która przecież w tej chwili widzialna była dla niewinnych oczu świętego, poczułem się głęboko upokorzony. Nie wstydząc się, ściskałem go za stopy, głuchy na łagodne sprzeciwy, i raz po raz błagałem o łaskę wstawiennictwa.

– Przekażę Umiłowanej twoją prośbę. – Mistrz skapitulował ze współczującym uśmiechem.

Jakaż moc w tych kilku słowach! W głębi siebie poczułem, że moje wygnanie, tak pełne rozpaczy i rozterek, dobiegło kresu.

– Panie, proszę, pamiętaj o obietnicy. Niedługo powrócę po wiadomość od Niej! – w moim głosie, jeszcze przed chwilą zdławionym smutkiem, brzmiało radosne oczekiwanie.

Gdy schodziłem długimi schodami, opanowały mnie wspomnienia. Dom przy ulicy Amherst 50, obecne mieszkanie Mistrza Mahaśaji, był niegdyś moim domem rodzinnym, tym, w którym umarła matka. Tu ból rozdzierał mi serce, gdy odeszła, tu duch mój przeżył dziś coś na kształt ukrzyżowania z powodu nieobecności Boskiej Matki. Uświęcone ściany! Niemi świadkowie moich bolesnych ran i ostatecznego wyleczenia.

Wracałem do domu żwawym krokiem. Schroniwszy się w odosobnieniu swego maleńkiego poddasza, siedziałem medytując aż do godziny dziesiątej. Ciemność ciepłej indyjskiej nocy rozświetliła nagle cudowna wizja.

W aureoli blasku stanęła przede mną Boska Matka. Jej twarz, tkliwie uśmiechnięta, była samym pięknem.

– Zawsze cię miłowałam! Zawsze będę miłować!

Niebiańskie tony jeszcze brzmiały w powietrzu, gdy znikła.

Następnego ranka, ledwie słońce wzniosło się na przyzwoitą wysokość, złożyłem drugą wizytę Mistrzowi Mahaśaji. Wchodząc po schodach domu, tak pełnego znaczących wspomnień, dotarłem do jego pokoju na trzecim piętrze. Gałka u drzwi owinięta była kawałkiem materiału, co jak czułem, oznaczało, że święty pragnie być sam. Gdy stałem niezdecydowany na korytarzu, gościnna ręka mistrza otworzyła drzwi. Ukląkłem u jego świętych stóp. Dla żartu skrywałem twarz pod maską powagi, nie okazując duchowego uniesienia.

– Panie, przyznaję, przyszedłem po wiadomość nader wcześnie. Czy Umiłowana Matka mówiła coś o mnie?

– Ty mały figlarzu!

Nie powiedział ani słowa więcej. Moja udawana powaga najwyraźniej nie wywarła na nim wrażenia.

– Panie, dlaczego jesteś taki tajemniczy i mówisz tak wymijająco? Czy święci nigdy nie mówią wprost? – Możliwe, że dałem się trochę sprowokować.

– Czy musisz podawać mnie próbie? – Jego spokojne oczy pełne były zrozumienia. – Czyż dzisiaj rano mogę dodać choć jedno słowo do zapewnienia, które wczoraj o dziesiątej wieczorem uzyskałeś od samej Cudnej Matki?

Mistrz Mahaśaja dzierżył klucz do bram mojej duszy. Ponownie rzuciłem się mu do stóp. Tym razem jednak wezbrały mi w oczach łzy szczęścia, a nie bólu, szczęścia niemal nie do zniesienia.

– Czy myślisz, że twoje oddanie nie wzruszyło Nieskończonego Miłosierdzia? Bóg-Matka, którego czciłeś w postaciach ludzkiej i boskiej, nie mógłby nie odpowiedzieć na płacz samotnego serca.

Kim był ten pełen prostoty święty, którego najmniejsza prośba do Wszechducha nie pozostawała bez odpowiedzi? Jego rola w świecie była skromna, jak przystało najbardziej pokornemu człowiekowi, jakiego znałem. W domu przy ulicy Amherst Mistrz Mahaśaja* prowadził niewielką szkołę średnią dla chłopców. Z jego ust nigdy nie padły karzące słowa, a do utrzymania dyscypliny w szkole nie potrzeba było żadnych nakazów czy bicia linijką. W tych skromnych klasach uczono wyższej matematyki i chemii miłości, których nie ma w podręcznikach.

Mistrz promieniował duchem i raczej „zarażał" mądrością, niż prawił morały. Płonął prostą, dziecięcą miłością do Boskiej Matki i, tak jak małemu dziecku, nie trzeba mu było zewnętrznych oznak szacunku.

– Nie jestem twoim guru. Twój guru zjawi się trochę później – powiedział. – Pod jego kierunkiem twoja miłość i oddanie Bogu przemienią się w niezgłębioną mądrość.

Codziennie po południu chodziłem na ulicę Amherst. Szukałem boskiego kielicha serca Mistrza Mahaśaji, tak pełnego, że przelewające się zeń krople spływały na mnie, wnikając w głąb mej istoty. Nigdy przedtem nie kłaniałem się przed nikim z tak bezgraniczną czcią. Teraz czułem, że samo stąpanie po ziemi, którą uświęciły jego stopy, to ogromny zaszczyt.

Pewnego wieczoru przyszedłem do niego z darem.

– Panie, włóż proszę, tę girlandę z kwiatów ćampaku. Zrobiłem ją specjalnie dla ciebie.

---

* Jest to pełen szacunku tytuł, którym zwyczajowo się do niego zwracano. Nazywał się Mahendra Nath Gupta. Podpisywał swoje dzieła literackie tylko literą „M".

On jednak uchylił się skromnie, wymawiając się od przyjęcia tego wyrazu czci. Dopiero widząc, jaką sprawia mi przykrość, zgodził się z uśmiechem.

– Ponieważ obaj jesteśmy wielbicielami Matki, możesz włożyć girlandę na tę cielesną świątynię jako ofiarę dla Tej, która ją zamieszkuje.

W jego bezkresnej naturze nie było miejsca nawet na najmniejszy cień ego.

– Pojedźmy jutro do Dakszineśwaru, do świątyni Kali, na zawsze uświęconej duchem obecności mojego guru. – Mistrz Mahaśaja był uczniem podobnego Chrystusowi mistrza, Śri Ramakryszny Paramahansy. Śri Ramakryszna spędził w Dakszineśwarze większą część swego życia.

Następnego ranka odbyliśmy czteromilową podróż łodzią po Gangesie. Weszliśmy do świątyni Kali, budowli o dziewięciu kopułach. Wewnątrz na wypolerowanym srebrnym lotosie o tysiącu misternie wyrzeźbionych płatków, spoczywają posągi Boskiej Matki i Śiwy. Twarz Mistrza Mahaśaji promieniała zachwytem. Bez reszty pochłonięty był swoim kosmicznym romansem z Umiłowaną. Gdy śpiewał Jej imię, czułem, że moje oczarowane serce gwałtownie się otwiera – niby kwiat lotosu rozchylający tysiąc płatków.

Przechadzaliśmy się później po świętym terenie w obrębie murów świątyni. Zatrzymaliśmy się w gaju tamaryszkowym. Manna opadająca z tych drzew była symbolem zaiste niebiańskiego pokarmu, którym obdarzał mnie Mistrz Mahaśaja. Nadal śpiewał święte inwokacje. Siedziałem zupełnie nieruchomo na trawie pośród różowych, puszystych kwiatów tamaryszku. Chwilowo nieobecny w ciele, unosiłem się w świecie duchowym.

Była to pierwsza z wielu pielgrzymek do Dakszineśwaru, jakie odbyłem ze swym świętym nauczycielem. Dzięki niemu poznałem słodycz Boga w aspekcie Matki, czyli Bożego Miłosierdzia. Podobny do dziecka święty mniej był wrażliwy na aspekt Boga Ojca, czyli Sprawiedliwości Bożej. Surowy, wymagający, matematyczny osąd obcy był jego łagodnej naturze.

Może on posłużyć za ziemski pierwowzór samych aniołów niebieskich – pomyślałem czule, przyglądając mu się pewnego dnia, gdy zatopiony był w modlitwie. Bez śladu potępienia czy krytyki spoglądał na świat oczyma, które już dawno poznały Pierwotną Czystość. Jego ciało, umysł, mowa i czyny pozostawały w harmonii z prostotą jego duszy.

MISTRZ MAHAŚAJA,
„Upojony szczęśliwością wielbiciel"

– Tak mi powiedział mój mistrz. – Tym hołdem święty niezmiennie kończył każdą mądrą radę, unikając przyznania sobie jakiejkolwiek zasługi. Mistrz Mahaśaja tak głęboko utożsamiał się ze Śri Ramakryszną, że nie uważał już swoich myśli za własne.

Pewnego wieczoru święty i ja przechadzaliśmy się ramię w ramię po terenie jego szkoły. Moją radość przyćmiło pojawienie się pewnego zarozumiałego znajomego, który wdał się z nami w nudną rozmowę.

– Widzę, że ten człowiek ci się nie podoba – szepnął do mnie święty tak cicho, że nasz rozmówca, zajęty sobą i wygłaszaniem swego monologu, niczego nie usłyszał. – Wspomniałem o tym Boskiej Matce.

Upojony szczęśliwością wielbiciel i jego kosmiczny romans

Rozumie Ona nasze przykre położenie. Obiecała, że gdy tylko dojdziemy do tamtego czerwonego budynku, przypomni mu o pewnej ważnej sprawie.

Utkwiłem wzrok w to miejsce wybawienia. Gdy tylko doszliśmy do czerwonej bramy, ów człowiek urwał nagle w połowie zdania, odwrócił się i odszedł, nawet się nie pożegnawszy. Sprofanowana przestrzeń znowu tchnęła spokojem.

Pewnego dnia spacerowałem samotnie w pobliżu stacji kolejowej Howrath. Zatrzymałem się na chwilę przy świątyni, krytykując w myślach niewielką grupę ludzi, którzy przy wtórze bębna i cymbałów krzykliwie intonowali religijną pieśń.

Z jakimże brakiem oddania wzywają boskiego imienia Pana, powtarzając je mechanicznie! – pomyślałem. Nagle ze zdumieniem ujrzałem Mistrza Mahaśaję. Zbliżał się do mnie szybkim krokiem.

– Panie, jak się tu znalazłeś?

Święty, ignorując pytanie, odpowiedział na moją myśl.

– Czyż nie jest prawdą, mały panie, że imię Umiłowanej brzmi słodko w ustach każdego człowieka, i ciemnego, i mądrego? – Serdecznie objął mnie ramieniem. Poczułem się tak, jakby jakiś magiczny dywan unosił mnie ku Miłosiernej Obecności.

Pewnego popołudnia Mistrz Mahaśaja zaproponował:

– Czy chciałbyś obejrzeć bioskopy?

To pytanie, zadane przez takiego samotnika jak Mistrz Mahaśaja, wydało mi się bardzo dziwne. Bioskopy oznaczały wtedy w Indiach ruchome obrazy, nieme kino. Zgodziłem się, jego towarzystwo cieszyło mnie w każdych okolicznościach. Szybko przeszliśmy do ogrodu znajdującego się naprzeciw Uniwersytetu w Kalkucie. Mój towarzysz wskazał na ławkę w pobliżu *goldighi*, sadzawki.

– Usiądźmy tutaj na kilka minut. – Mój mistrz zalecał mi, abym zawsze medytował, ilekroć znajdę się nad wodą. – Jej spokój przypomina ogromny spokój Boga. Podobnie jak każda rzecz odbija się w wodzie, tak i cały wszechświat odzwierciedla się w jeziorze Kosmicznego Umysłu. Często to powtarzał mój *gurudewa**.

Wkrótce weszliśmy do sali uniwersyteckiej, gdzie właśnie odbywał

---

* „Boski nauczyciel", termin sanskrycki, którym zwyczajowo określa się nauczyciela duchowego. Połączenie słów *dewa* (bóg) i *guru* (oświecony nauczyciel) wyraża głęboką cześć i szacunek. W języku angielskim często zastępowałem ten termin prosstszym słowem „Mistrz".

BOSKA MATKA

Boska Matka to aspekt Boga, który działa w przyrodzie: *śakti,* czyli moc transcendentnego Pana. Znana jest pod wieloma imionami, zależnie od cech, które uosabia. Jedną dłoń unosi w geście powszechnego błogosławieństwa. W pozostałych trzyma symboliczne przedmioty: paciorki modlitewne (miłość i oddanie), kartki z pisma świętego (wiedza i mądrość) oraz dzban ze świętą wodą (oczyszczenie).

się wykład. Wykład okazał się rozpaczliwie nudny, choć od czasu do czasu urozmaicany był przeźroczami, równie nieciekawymi.

A więc to taki bioskop mistrz chciał mi pokazać! – pomyślałem zniechęcony. Nie chciałem jednak urazić świętego wyrazem znudzenia na twarzy. Lecz on sam pochylił się ku mnie, szepcząc poufnie:

– Widzę, mały panie, że nie podoba ci się ten bioskop. Wspomniałem o tym Boskiej Matce. W pełni współczuje nam obu. Mówi mi, że za chwilę zgaśnie światło i zapali się ponownie dopiero, gdy się wymkniemy z sali.

Ledwie jego szept ucichł, sala pogrążyła się w ciemności. Piskliwy

Upojony szczęśliwością wielbiciel i jego kosmiczny romans

głos profesora umilkł. Zaskoczony wykładowca odezwał się po chwili:
– Najwyraźniej system elektryczny w tej sali został uszkodzony.
Tymczasem Mistrz Mahaśaja i ja znaleźliśmy się już bezpiecznie za jej progiem. Gdy spojrzałem na salę z korytarza, światło znowu się paliło.
– Mały panie, ten bioskop cię rozczarował, ale sądzę, że spodoba ci się inny.
Staliśmy na chodniku przed gmachem uniwersytetu. Mistrz delikatnie uderzył mnie dłonią w klatkę piersiową powyżej serca.
Nagle zapanowała niebywała cisza. Podobnie jak gdy popsuje się aparatura dźwiękowa, współczesny film staje się serią bezgłośnych obrazów, tak boska ręka jakimś dziwnym cudem uciszyła ziemskie odgłosy. Przechodnie, trolejbusy, samochody, ciągnięte przez woły wozy i dwukółki z kołami o żelaznych obręczach – wszystko to poruszało się bezgłośnie. Jakby wszystkowidzącym okiem, widziałem to, co się działo za mną i po bokach, równie dobrze jak przed sobą. Cały ten ruchomy spektakl w małym fragmencie Kalkuty rozgrywał się wokół mnie bez najmniejszego dźwięku. Ów panoramiczny widok spowijał łagodny blask, przypominający ledwie widoczne żarzenie się ognia pod cienką warstwą popiołu.
Moje własne ciało wyglądało jak jeden z wielu cieni, które bezgłośnie przesuwały się obok, tyle że było nieruchome. Minęło mnie kilku znajomych chłopców, lecz chociaż patrzyli wprost na mnie, nie poznali mnie.
Ta niezwykła pantomima wprawiła mnie w nieopisaną ekstazę. Napiłem się do syta ze źródła szczęśliwości.
Nagle Mistrz Mahaśaja znowu uderzył mnie lekko w pierś. W moje niechętne uszy wdarło się pandemonium świata. Słaniałem się jak ktoś gwałtownie wyrwany z mglistej krainy snu. Niebiańskie wino znalazło się poza moim zasięgiem.
– Mały panie, widzę, że ten drugi bioskop* przypadł ci do gustu. – Święty się uśmiechał. Chciałem z wdzięcznością rzucić mu się do stóp, ale mnie powstrzymał. – Teraz nie możesz mi tego czynić – powiedział. – Wiesz, że Bóg jest także w twojej świątyni! Nie mogę pozwolić, by Boska Matka dotykała moich stóp twoimi rękoma!

---

* Nowy międzynarodowy słownik Webstera (1934) podaje, jako rzadką, następującą definicję bioskopu: „Oględziny życia. To, co umożliwia takie oględziny". Słowo, którym posłużył się tu Mistrz Mahaśaja, jest zatem nadzwyczaj trafne.

Jeśli ktoś obserwował bezpretensjonalnego mistrza i mnie w chwili, gdy się powoli oddalaliśmy od zatłoczonego chodnika, mógłby podejrzewać, że jesteśmy pijani. Czułem, że wydłużające się cienie wieczorne są tak jak my pijane Bogiem.

Starając się ubogimi słowami oddać sprawiedliwość łaskawości Mistrza Mahaśaji, zastanawiałem się, czy on i inni spośród obdarzonych wewnętrznym widzeniem świętych, których ścieżki skrzyżowały się z moją, wiedzieli, że lata później, w zachodnim kraju, będę pisał o ich życiu jako o życiu miłośników Boga. Ich wcześniejsza wiedza o tym nie zdziwiłaby ani mnie, ani, jak sądzę, moich czytelników, którzy dotarli w lekturze aż do tego miejsca.

Święci wszystkich religii osiągali urzeczywistnienie Boga w sobie dzięki prostemu pojęciu Kosmicznej Umiłowanej. Absolut jest *nirguna*, „pozbawiony cech", oraz *aćintja*, „niepojmowalny", toteż myśl ludzka i tęsknota stale personifikowały Go w postaci Matki Wszechświata. Połączenie teizmu – wiary w osobowego Boga – i filozofii Absolutu jest starożytnym osiągnięciem myśli hinduskiej, wyłożonej w Wedach i w *Bhagawadgicie*. To „pogodzenie przeciwieństw" zadowala serce i głowę; *bhakti* (pełna oddania miłość) i *dźńana* (mądrość) są zasadniczo jednym i tym samym. *Prapatti*, przyjmowanie schronienia w Bogu i *śaranagati*, zawierzanie Boskiemu Współczuciu – to doprawdy ścieżki najwyższego poznania.

Pokora znamionująca Mistrza Mahaśaję i wszystkich innych świętych wynika z tego, iż poznali oni swą całkowitą zależność (*śeszatwa*) od Pana, jako jedynego Życia i Sędziego. Prawdziwą istotą Boga jest szczęśliwość, zatem człowiek, który pozostaje z Nim w harmonii, doświadcza przyrodzonej sobie, bezgranicznej radości. „Pierwszą z pasji duszy i woli jest radość".

Wielbiciele wszystkich stuleci, którzy jak dziecko zwracają się do Matki, zaświadczają, iż Ona stale się z nimi bawi. W życiu Mistrza Mahaśaji ta boska zabawa przejawiała się przy okazjach ważnych i nieważnych. W oczach Boga nic nie jest wielkie albo małe. Gdyby nie Jego doskonała precyzja w tworzeniu maleńkiego atomu, czyż niebiosa mogłyby się pochwalić majestatem Wegi lub Arktura? Rozróżnienia na rzeczy „ważne" i „nieważne" z pewnością nie są znane Panu. W przeciwnym razie kosmos mógłby runąć z powodu braku szpilki!

Rozdział 10

Spotykam swojego Mistrza Śri Jukteświara

Wiara w Boga może dokonać każdego cudu, z wyjątkiem jednego: zdania egzaminu bez uczenia się – pomyślałem. Z niesmakiem zamknąłem „inspirującą" książkę, którą wziąłem do ręki w wolnej chwili. – Autor wykazuje zupełny brak wiary. Biedak, ma wielki szacunek dla nocnej lampki oliwnej!

Obiecałem ojcu, że ukończę szkołę średnią. Nie mogę udawać, że byłem pilnym uczniem. W ciągu ostatnich miesięcy rzadziej bywałem w klasie niż w odosobnionych miejscach wzdłuż *ghatów* kąpielowych Kalkuty. Przyległe do nich tereny palenia zwłok, przerażające zwłaszcza w nocy, mają duże znaczenie dla joginów. Ten, kto pragnie odnaleźć Esencję Nieśmiertelności, nie powinien bać się kilku nagich czaszek. W tak ponurym miejscu, pośród porozrzucanych kości, bardzo wyraźnie widzi się ludzką niedoskonałość. Moje nocne czuwanie nie było zatem czuwaniem uczącego się studenta.

Tymczasem szybko zbliżał się tydzień końcowych egzaminów. Ów okres przepytywania, podobnie jak miejsca pogrzebowe, wzbudza dobrze znany strach. Mój umysł pozostawał jednak spokojny. Stawiając czoła upiorom, wygrzebywałem z ich prochów wiedzę, której nie nauczę się w salach wykładowych. Ale brakowało mi umiejętności swamiego Pranabanandy: nie potrafiłem tak jak on z łatwością pojawiać się w dwóch miejscach na raz. Rozumowałem – choć wielu może się to wydawać nielogiczne – że Pan dostrzeże moje kłopotliwe położenie i mnie wyratuje. Wielbiciel Boga myśli tak irracjonalnie, ponieważ dostrzega tysiące niewytłumaczalnych przejawów Jego pomocy w trudnych sytuacjach.

Pewnego popołudnia na ulicy Garpar zaczepił mnie kolega z klasy.

– Witaj, Mukundo! Coś ostatnio nie widać cię w szkole!

– Witaj, Nantu! Tak, istotnie jestem tam „niewidzialny". I to mnie postawiło w zdecydowanie nieprzyjemnej sytuacji – zwierzyłem mu się, widząc jego przyjazne spojrzenie.

Nantu, doskonały uczeń, roześmiał się serdecznie. Moje kłopotliwe położenie nie było pozbawione pewnej dozy komizmu.

– Jesteś zupełnie nieprzygotowany do egzaminów! Chyba powinienem ci pomóc!

Te proste słowa zabrzmiały w moich uszach jak boska obietnica. Ochoczo poszedłem do niego do domu. Życzliwie przedstawił mi rozwiązania rozmaitych zadań, których można się było spodziewać na egzaminach.

– W pytaniach tych są haczyki, na które złapie się wielu naiwnych chłopców. Zapamiętaj moje odpowiedzi, a dasz sobie radę.

Była późna noc, gdy od niego wyszedłem. W głowie kipiało mi od nowo nabytej wiedzy, modliłem się gorąco, bym to wszystko pamiętał przez kilka następnych, krytycznych dni. Nantu pomógł mi w wielu różnych przedmiotach, ale w pośpiechu zapomnieliśmy o sanskrycie. Żarliwymi słowy przypomniałem Bogu o tym przeoczeniu.

Rano wyszedłem się przejść, powtarzając materiał w rytm własnych kroków. Gdy szedłem na skróty przez chwasty narożnej parceli, mój wzrok padł na kilka leżących na ziemi zadrukowanych kartek. Podniosłem je tryumfalnie: miałem w ręku sanskryckie wersety!

Poszukałem pandita, aby pomógł mi je przetłumaczyć. Samemu szło mi to bardzo opornie. Jego głęboki głos wypełnił przestrzeń miękkim, miodopłynnym brzmieniem pięknego starożytnego języka*.

– Te wspaniałe strofy prawdopodobnie nie pomogą ci na egzaminie z sanskrytu. – Uczony odrzucił je sceptycznie.

A jednak, znajomość tego akurat wiersza umożliwiła mi następnego dnia zdanie egzaminu. Dzięki umiejętnej pomocy Nantu zdałem

---

* *Sanskrita*: „wygładzony, całkowity". Sanskryt jest najstarszym z języków indoeuropejskich. Zapisywany jest alfabetem *dewanagari*. Słowo to oznacza dosłownie „boski przybytek". „Kto zna moją gramatykę, ten zna Boga!" – w ten sposób Panini, wielki filolog staroindyjski, oddał hołd matematycznej i psychologicznej doskonałości sanskrytu. Ten, kto potrafiłby dotrzeć do źródła tego języka, stałby się doprawdy wszechwiedzący.

także wszystkie pozostałe, chociaż z minimalną liczbą punktów.

Ojciec ucieszył się, że dotrzymałem słowa i ukończyłem szkołę średnią. Ja natomiast byłem nieskończenie wdzięczny Panu, dostrzegając w tym Jego tylko opiekę. To On skierował mnie do Nantu i na przypadkowy spacer przez niezamieszkałą, zaśmieconą parcelę. Żartobliwie dał dwukrotnie wyraz swemu zamiarowi wybawienia mnie z opresji.

Natrafiłem na niegdyś porzuconą przeze mnie książkę, której autor uważał, że Bóg nie pomaga w takich sprawach, jak zdawanie egzaminów. Nie mogłem powstrzymać się od śmiechu na myśl, że człowiek ten znalazłby się w nie lada kłopocie, gdybym mu powiedział, że medytacja pośród trupów to droga na skróty do uzyskania dyplomu!

W swojej nowej randze absolwenta mogłem już otwarcie planować opuszczenie domu. Razem z przyjacielem, Dźitendrą Mazumdarem* postanowiliśmy zamieszkać w pustelni Śri Bharat Dharma Mahamandal w Benaresie** i praktykować tamtejszą ścieżkę duchową.

Któregoś dnia ogarnęła mnie wielka rozpacz na myśl o rozłące z rodziną. Po śmierci matki nad wyraz czule pokochałem młodszych braci, Sanandę i Bisznu, oraz Thamu, najmłodszą siostrę. Popędziłem do swojego schronienia, małego poddasza, które było świadkiem tak wielu scen mojej burzliwej *sadhany****. Po dwóch godzinach zalewania się łzami poczułem, że zaszła we mnie niezwykła przemiana, jakby pod wpływem jakiegoś alchemicznego środka oczyszczającego. Zniknęły wszelkie przywiązania****. Niezłomnie postanowiłem, że będę przede wszystkim szukał Boga, najlepszego z przyjaciół.

Stanąłem przed ojcem, by otrzymać jego błogosławieństwo. Strapiony, powiedział:

– Mam do ciebie jedną, ostatnią prośbę. Nie zapominaj o mnie ani o braciach i siostrach, których zostawisz w smutku.

---

* Nie był to Dźatinda (Dźotin Ghosz), którego z pewnością zapamiętaliśmy z powodu jego awersji do tygrysów!

** Po odzyskaniu przez Indie niepodległości przywrócono oryginalną hinduską pisownię wielu słów, które w okresie panowania brytyjskiego zostały zangielszczone. Obecnie coraz powszechniej stosuje się pisownię *Waranasi* zamiast *Benares*. Używa się też bardziej starożytnej nazwy Kaśi.

*** Ścieżka, praktyka przygotowująca do wstąpienia na drogę ku Bogu.

**** Hinduskie pisma święte nauczają, że przywiązanie do rodziny pogrąża człowieka w ułudzie, jeśli powstrzymuje go od poszukiwania Dawcy wszelkich darów. Dotyczy to więzi z kochającymi krewnymi, nie mówiąc już o przywiązaniu do samego życia. Jezus nauczał podobnie: „Kto kocha ojca lub matkę bardziej niż Mnie, nie jest Mnie godzien" (Mt 10, 37).

– Czcigodny ojcze, jakże mogę wyrazić swą miłość do ciebie! Ale jeszcze większa jest moja miłość do Ojca Niebieskiego, który mnie obdarował doskonałym ojcem na ziemi. Pozwól mi odjechać, abym któregoś dnia powrócił, mając lepsze zrozumienie Boga.

Otrzymawszy niechętną zgodę ojca, wyruszyłem, by dołączyć do Dźitendry, który już znajdował się w aśramie w Benaresie. Gdy tam przybyłem, powitał mnie serdecznie młody swami Dajananda, głowa aśramu. Wysoki, szczupły i o myślących oczach, sprawił na mnie dobre wrażenie. Na jego pięknej twarzy malował się spokój Buddy.

Bardzo się cieszyłem, że w moim nowym domu też było poddasze. Spędzałem tam godziny świtu i poranku. Aśramici, niewiele wiedząc o medytacji, uważali, że powinienem poświęcać cały czas obowiązkom dnia codziennego. Chwalili mnie za popołudniową pracę w biurze.

– Nie staraj się dopaść Boga tak szybko! – krzyknął do mnie drwiąco jeden z nich, gdy któregoś razu wcześniej niż zwykle wychodziłem na swoją medytację na poddaszu. Udałem się do Dajanandy, który zajęty był swoimi sprawami w małym sanktuarium z widokiem na Ganges.

– Swamidźi[*], nie rozumiem, czego się tutaj ode mnie wymaga. Szukam bezpośredniego poznania Boga. Jeśli nie będę z Nim, nie zadowoli mnie pobyt we wspólnocie duchowej czy wyznaniowej, ani nie zaspokoją dobre uczynki.

Mnich, odziany w pomarańczową szatę, poklepał mnie przyjaźnie. Z udawaną naganą w głosie upomniał kilku uczniów, którzy byli w pobliżu:

– Nie dokuczajcie Mukundzie. Nauczy się naszych zwyczajów.

Grzecznie nie dałem po sobie poznać, że w to wątpię. Uczniowie wyszli z pokoju, niezbyt przejęci otrzymanym upomnieniem. Dajananda miał jeszcze do mnie kilka słów.

– Mukunda, widzę, że twój ojciec regularnie przysyła ci pieniądze. Proszę, zwróć mu je. Tutaj ci ich nie potrzeba. I druga sprawa, w związku z samodyscypliną: nawet gdy jesteś głodny, nie wspominaj o tym.

Czy głód wyglądał z moich oczu, tego nie wiem. Ale o tym, że byłem głodny, wiedziałem aż nazbyt dobrze. W aśramie pierwszy posiłek niezmiennie podawano o dwunastej w południe. W domu przyzwyczajony byłem do dużego śniadania o dziewiątej rano.

---

[*] Dźi jest przyrostkiem oznaczającym szacunek. Używa się go zwłaszcza wtedy, gdy zwracamy się do kogoś bezpośrednio. Stąd: swamidźi, gurudźi, Śri Jukteśwardźi.

Spotykam swojego Mistrza Śri Jukteśwara

Śri Jogananda i swami Gjananada, guru of swami Dajananda, w pustelni Mahamandal w Benaresie, 07.02.1936 r. W tradycyjny sposób okazując szacunek, Joganandadźi usiadł u stóp Gjananandy, przywódcy duchowego pustelni. Tutaj jako młodzieniec Joganandadźi odbywał praktykę duchową, zanim w 1910 r. znalazł swego guru, swamiego Śri Jukteśwara.

Z każdym dniem ta trzygodzinna luka wydawała mi się coraz dłuższa. Minęły dobre lata, kiedy w Kalkucie mogłem zganić kucharza za dziesięciominutowe spóźnienie się ze śniadaniem. Teraz starałem się opanować apetyt, podjąłem nawet dwudziestoczterogodzinny post. Tym niecierpliwiej oczekiwałem następnego południa. Ale wtedy Dźitendra przyniósł mi okropną wiadomość:

– Pociąg czcigodnego Dajanandy się spóźnia. Nie będziemy jedli bez swamiego.

Na powitanie Dajanandy, którego nie było dwa tygodnie, przygotowano mnóstwo smakołyków. Apetyczne zapachy rozchodziły się w powietrzu. Nie mając nic do jedzenia, cóż mogłem połknąć oprócz dumy z wczorajszego postu?

O Panie, przyspiesz pociąg! – modliłem się. – Zakaz mówienia o jedzeniu, który mi wydał Dajananda, nie może przecież dotyczyć moich modłów do Niebieskiego Zaopatrzyciela, myślałem.

Najwyraźniej jednak uwaga Boga zwrócona była gdzie indziej. Godziny ciągnęły się niemiłosiernie. Gdy swami pojawił się wreszcie w drzwiach aśramu, zapadał już zmrok. Powitałem go z prawdziwą radością.

– Dajanandadźi chce się wykąpać i pomedytować, zanim podamy posiłek – obwieścił Dźitendra, pojawiając się przede mną niczym zły omen.

Byłem bliski załamania. Mój młody żołądek, nie przyzwyczajony do wyrzeczeń, protestował z okrutną siłą. Jak widma przesunęły się przede mną oglądane niegdyś zdjęcia ofiar głodu.

Zaraz nastąpi kolejna śmierć głodowa w tej benareskiej pustelni – pomyślałem. Jednak o godzinie dziewiątej odwrócił się straszny los, który nade mną wisiał. Wezwanie na kolację! Jak na ucztę bogów. Ów wieczorny posiłek trwa w mojej pamięci jako barwne, wiecznie żywe godziny doskonałego szczęścia.

Gwałtownie pochłaniając jedzenie, nie omieszkałem zauważyć, że Dajananda nie zwracał uwagi na to, co je. Najwyraźniej był ponad takie przyziemne rozkosze.

Gdy potem, szczęśliwie nasycony, znalazłem się sam na sam z Dajanandą w jego gabinecie, spytałem:

– Swamidźi, czy nie byłeś głodny?

– Ależ tak! Nie jadłem ani nie piłem przez ostatnie cztery dni. Nigdy nie jadam w pociągach, bo pełne są najprzeróżniejszych wibracji ludzi świeckich. Przestrzegam ściśle reguł zapisanych w *śastrach** dla mnichów naszego zakonu. Ostatnio zaprzątają mi głowę pewne problemy związane z organizacją naszego życia. Dziś wieczorem zapomniałem o kolacji. Po co się spieszyć? Jutro zadbam o to, by zjeść porządny posiłek – roześmiał się wesoło.

Niemalże dławiłem się ze wstydu. Nie mogłem jednak tak łatwo zapomnieć tortur minionego dnia. Pozwoliłem więc sobie zauważyć:

---

* *Śastry*, czyli święte księgi, obejmują cztery rodzaje pism: *śruti*, *smriti*, *purany* i *tantry*. Te obszerne traktaty zajmują się każdym aspektem życia religijnego i społecznego oraz takimi dziedzinami jak muzyka, medycyna, architektura, sztuka itd. *Śruti* to pisma „bezpośrednio usłyszane" lub „objawione", czyli Wedy. *Smriti*, czyli wiedza „zapamiętana", zostały w odległej przeszłości zapisane w postaci najdłuższych poematów świata, *Mahabharaty* i *Ramajany*. *Purany*, których jest osiemnaście, to dosłownie „starożytne" alegorie. Słowo *tantry* oznacza dosłownie „rytuały". Traktaty te zawierają głębokie prawdy, skryte pod bardzo szczegółową symboliką.

– Swamidźi, nie wiem, co myśleć. Przypuśćmy, że zgodnie z twoim zaleceniem nie poproszę o jedzenie i nikt mi go nie da. Umarłbym z głodu.

– Zatem umieraj! – Te wstrząsające słowa przecięły powietrze jak bicz. – Umrzyj, jeśli musisz, Mukundo! Nigdy nie przyznawaj, że żyjesz dzięki jedzeniu, a nie dzięki mocy Boga! Ten, który stworzył wszelki pokarm i obdarzył nas apetytem, z pewnością dopilnuje, by jego wielbiciel nie umarł z głodu. Nie wyobrażaj sobie, że twoje życie zależy od ryżu, pieniędzy czy ludzi. Czyż mogliby ci pomóc, gdyby Pan odebrał ci tchnienie życia? Wszystko to tylko Jego narzędzia. Czy to dzięki jakiejś umiejętności twój żołądek trawi pokarm? Użyj miecza rozeznania, Mukundo! Przetnij łańcuchy działań i dojrzyj Jedyną Przyczynę!

Poczułem, że jego ostre słowa głęboko wnikają w istotę rzeczy. Rozwiała się odwieczna iluzja, która sprawia, że potrzeby ciała oszukują duszę. Nagle pojąłem, że duch jest samowystarczalny. W jakże wielu obcych miastach, które później odwiedzałem w swym wypełnionym nieustannymi podróżami życiu, miałem okazję przekonać się o użyteczności tej lekcji w benareskiej pustelni!

Jedynym skarbem, jaki towarzyszył mi od wyjazdu z Kalkuty, był przekazany mi przez matkę srebrny amulet, który dostała dla mnie od nieznanego sadhu. Strzegłem go latami, a po przyjeździe do aśramu starannie ukryłem go w pokoju. Pewnego ranka, pragnąc znowu się nim nacieszyć, otworzyłem pudełeczko, w którym go przechowywałem. Zapieczętowana koperta była nienaruszona, ale – amulet zniknął! Zrozpaczony, rozerwałem kopertę i stwierdziłem, że rzeczywiście go nie ma. Amulet, zgodnie z przepowiednią, powrócił do eteru, z którego sadhu go przywołał.

Moje stosunki z uczniami Dajanandy systematycznie się pogarszały. Traktowali mnie jak obcego, urażeni tym, że zdecydowanie trzymałem się z dala. Ściśle przestrzegałem medytacji, skupiając się na Najwyższym Ideale. Dla Niego przecież porzuciłem dom i świeckie ambicje. Wywoływało to ze wszystkich stron krytykanckie uwagi.

Rozdarty duchową udręką, o świcie wszedłem na poddasze, zdecydowany modlić się dotąd, aż otrzymam łaskę odpowiedzi.

– Miłosierna Matko Wszechświata, nauczaj mnie sama w wizjach albo ześlij mi guru!

Mijały godziny, a moje rozpaczliwe błagania pozostawały bez

ŚRI JUKTEŚWAR (1855-1936),
Dźńanawatar, „Inkarnacja Mądrości", uczeń Lahiriego Mahaśaji; Guru
Śri Joganandy, Paramguru wszystkich *krija-joginów* z SRF-YSS

Świątynia Medytacji ku czci swamiego Śri Jukteśwara, poświęcona w 1977 r., wzniesiona na miejscu aśramu w Serampore. Do jej budowy częściowo użyto cegieł, z których zbudowany był aśram. Projekt architektury świątyni opiera się na pomyśle Paramahansy Joganandy.

Joganandadźi w 1915 r. na tylnym siedzeniu motocykla, podarowanego mu przez ojca. „Wszędzie nim jeździłem – mówił – zwłaszcza do Śri Jukteswara do pustelni w Serampore".

odpowiedzi. Nagle poczułem, że jakby się unoszę wraz z ciałem w jakąś sferę bez granic. Zewsząd i znikąd dotarł do mnie boski, kobiecy głos:
– Twój Mistrz zjawi się dzisiaj!
To niebiańskie przeżycie przerwał nagle ostry krzyk, który dochodził z całkiem określonego miejsca. To młody kapłan o przezwisku Habu wołał mnie z kuchni na parterze.
– Mukunda, dość medytacji! Jesteś tu potrzebny. Idziemy po zakupy!
Kiedy indziej odpowiedziałbym może niecierpliwie. Teraz otarłem spuchniętą od płaczu twarz i bez sprzeciwu posłuchałem wezwania. Razem z Habu wyruszyliśmy na odległy bazar w bengalskiej części Benaresu. Gdy robiliśmy zakupy, palące indyjskie słońce nie doszło jeszcze do zenitu. Przepychaliśmy się przez barwny tłum gospodyń domowych, przewodników, kapłanów, skromnie odzianych wdów, pełnych godności braminów i wszechobecnych świętych krów. W pewnej chwili minęliśmy wąską, niepozorną uliczkę. Odwróciłem głowę i zajrzałem w nią.

Na końcu uliczki stał nieruchomo podobny Chrystusowi mężczyzna w ochrowej szacie swamiego. Od razu wydał mi się znajomy, jakbym go znał od niepamiętnych czasów. Przez chwilę chciwie się weń wpatrywałem. Potem ogarnęły mnie wątpliwości.

Mylę tego wędrownego mnicha z kimś sobie znanym – pomyślałem. – Marzycielu, idź dalej!
Po dziesięciu minutach poczułem, że mocno zdrętwiały mi stopy. Stały się ciężkie jak z kamienia, nie mogłem ich unieść. Z trudem obróciłem się w stronę, z której szedłem; stopy odzyskały sprawność. Znowu zwróciłem się w przeciwnym kierunku; poczułem się dziwnie ciężki.

Święty magnetycznie przyciąga mnie do siebie! – pomyślałem. Natychmiast rzuciłem torby z zakupami w ręce Habu. Kapłan, który ze zdumieniem obserwował wariacki taniec moich stóp, wybuchnął śmiechem.

– Co się z tobą dzieje? Oszalałeś?
Gwałtowne wzruszenie uniemożliwiło mi jakąkolwiek odpowiedź. Bez słowa popędziłem z powrotem. Jak gdybym miał skrzydła u nóg, dobiegłem do wąskiej uliczki. Natychmiast dostrzegłem nieruchomą postać, która spokojnie patrzyła w moim kierunku. Kilka szybkich kroków i znalazłem się u jej stóp.

– Gurudewa!

Spotykam swojego Mistrza Śri Jukteświara

To była ta boska twarz z tysiąca moich wizji. Te oczy o niezmąconym spokoju, w lwiej głowie ze spiczastą brodą i wijącymi się lokami włosów, często spoglądały na mnie poprzez mrok moich nocnych rozmyślań, obiecując coś, czego w pełni nie rozumiałem.

– O mój ty! Przyszedłeś do mnie! – Mój guru powtarzał te słowa raz po raz w języku bengalskim, głosem drżącym z radości. – Ileż lat na ciebie czekałem!

W ciszy staliśmy się jednym. Słowa wydawały się zupełnie zbyteczne. Mowa płynęła bezdźwięczną pieśnią z serca mistrza do ucznia. Z niezbitą pewnością intuicyjnie wiedziałem, że mój guru poznał Boga i mnie do Niego doprowadzi. Mgła mojego obecnego życia rozwiała się w delikatnym brzasku wspomnień sprzed narodzin. Czas to jeden wielki dramat! Przeszłość, teraźniejszość i przyszłość są tylko cyklicznymi scenami. Nie po raz pierwszy oglądało mnie słońce u tych świętych stóp!

Trzymając mnie za rękę, guru poprowadził mnie do swego tymczasowego mieszkania w dzielnicy Rana Mahal. Atletycznie zbudowany, poruszał się zdecydowanym krokiem. Wysoki, wyprostowany, wtedy w wieku około pięćdziesięciu pięciu lat, był pełen energii i młodzieńczego wigoru. Miał duże, ciemne oczy, piękne niezgłębioną mądrością. Lekko kręcone włosy łagodziły twarz o uderzającej mocy. Siła subtelnie łączyła się z łagodnością.

Gdy weszliśmy na kamienny balkon domu z widokiem na Ganges, guru powiedział z miłością:

– Oddam ci moje pustelnie i wszystko, co posiadam.

– Panie, przychodzę po mądrość i urzeczywistnienie Boga w sobie. To są skarby, które ty posiadasz i których szukam!

Szybko zapadający indyjski zmierzch otoczył nas półmrokiem, zanim mój mistrz znowu przemówił. Jego oczy patrzyły na mnie z bezbrzeżną tkliwością.

– Daję ci swą bezwarunkową miłość.

Drogocenne słowa! Ćwierć wieku minęło, zanim je powtórzył. Jego wargom obce były płomienne wyznania. Milczenie bardziej odpowiadało jego sercu, niezmierzonemu jak ocean.

– Czy obdarzysz mnie taką samą bezwarunkową miłością?

– Wiecznie będę cię kochał, Gurudewa!

– Zwykła miłość jest egoistyczna, rodzi się z mroku pożądań i pragnienia ich zaspokajania. Miłość Boga jest bezwarunkowa, bez granic, niezmienna. Niepokoje ludzkiego serca znikają na zawsze pod dotknięciem przenikającej je czystej miłości. – Dodał pokornie: – Jeśli kiedykolwiek zauważysz, że odchodzę od stanu urzeczywistnienia Boga, przyrzeknij mi, proszę, że utulisz mnie w objęciach i pomożesz mi powrócić do Kosmicznego Umiłowanego, którego obaj czcimy.

Podniósł się w gęstniejącej ciemności i zaprowadził mnie do pokoju. Rozmawiając, jedliśmy owoce mango i migdałowe słodycze. Uwagi, które wypowiadał, ukazywały głęboką znajomość mojej natury. Byłem porażony ogromem jego mądrości, która łączyła się z wrodzoną pokorą.

– Nie przejmuj się amuletem. Spełnił swoje zadanie. – Jak boskie lustro, guru najwyraźniej odbijał w sobie całe moje życie.

– Twoja żywa obecność, Mistrzu, napełnia mnie radością, jakiej nie dałby mi żaden symbol, żaden substytut.

– Pora na zmianę, nie jesteś bowiem szczęśliwy w swojej pustelni.

Nie wspomniałem o swym życiu. Teraz wszelkie wzmianki wydawały się zbyteczne. Patrząc na naturalne, proste zachowanie mojego guru, zrozumiałem, że nie życzy sobie żadnych okrzyków zdumienia z powodu swych jasnowidczych umiejętności.

– Powinieneś wrócić do Kalkuty. Dlaczego ze swojej miłości do wszystkich ludzi miałbyś wyłączyć krewnych?

Te słowa mnie przeraziły. Rodzina przepowiadała mój powrót i prosiła mnie listownie, bym wrócił, ale pozostałem nieczuły na te prośby. „Niech młody ptaszek polata po metafizycznym niebie – wyraził się Ananta. – Skrzydełka zmęczą mu się w ciężkiej atmosferze. Wkrótce zobaczymy, jak pofrunie w stronę domu, złoży je i pokornie spocznie w naszym rodzinnym gnieździe." Dobrze pamiętając to zniechęcające porównanie, zdecydowany byłem nie „opadać" w stronę Kalkuty.

– Panie, nie wrócę do domu. Pójdę za tobą, wszędzie. Proszę, podaj mi swój adres i nazwisko.

– Jestem swami Śri Jukteświar Giri. Moja główna pustelnia mieści się w Serampore przy ulicy Raj Ghat. Tutaj jestem tylko kilka dni, odwiedzam matkę.

Zdumiony, pomyślałem, jak przedziwnie Bóg igra ze swoimi wielbicielami. Serampore leży zaledwie dwanaście mil od Kalkuty, a jednak w tamtych okolicach nigdy nie dostrzegłem mojego guru. By się spotkać, musieliśmy podróżować aż do starożytnego miasta Kaśi (Benaresu), uświęconego pamięcią Lahiriego Mahaśaji. Ziemię tę

Spotykam swojego Mistrza Śri Jukteśwara

pobłogosławiły także stopy Buddy, Śankaraćarji* i wielu innych podobnych Chrystusowi joginów.

– Przyjedziesz do mnie za cztery tygodnie. – Po raz pierwszy głos Śri Jukteśwara zabrzmiał surowo. – Wyraziłem swą wieczystą miłość do ciebie i okazałem radość z odnalezienia cię, ale to nie znaczy, że możesz swobodnie odmówić mej prośbie. Gdy się spotkamy następnym razem, będziesz musiał na nowo obudzić moje zainteresowanie. Nie tak łatwo przyjmę cię na ucznia. Wymagam posłuszeństwa i zupełnego poddania się mojej surowej dyscyplinie.

Uparcie milczałem. Guru bez trudu trafił w sedno mojego problemu:

---

* Śankaraćarja (Śankara), największy filozof indyjski, był uczniem Gowindy Dźati i jego guru Gaudapady. Śankara napisał słynny komentarz do traktatu *Mandukja Karika* Gaudapady. Z nieodpartą logiką, a zarazem w pięknym, pełnym czaru stylu Śankara interpretował filozofię *wedanty* ściśle w duchu *adwajty* (niedualistycznym, monistycznym). Ten wielki monista układał także poematy pełne miłości do Boga. Jego *Modlitwa do Boskiej Matki o przebaczenie grzechów* zawiera refren: „Choć wielu jest złych synów, nie było nigdy złej matki".

Uczeń Śankary, Sanadana, napisał komentarz do *Brahmasutr* (filozofia *wedanty*). Rękopis tego komentarza spłonął, a wtedy Śankara (który go raz czytał) powtórzył go Sanandanie słowo w słowo. Tekst ten, znany jako *Pańćapadika*, po dziś dzień jest przedmiotem studiów uczonych.

Po tym pięknym wydarzeniu *ćela* (uczeń) Sanadana otrzymał nowe imię. Było to tak: pewnego dnia, siedząc nad rzeką, Sanadana usłyszał, jak Śankara woła go z drugiego brzegu. Natychmiast wszedł do wody. Wtedy jego wiara i stopy otrzymały jednakie wsparcie: Śankara zmaterializował na pełnej wirów rzece mnóstwo kwiatów lotosu. Od tej pory zwano Sanadanę Padmapadą, „lotosowostopym".

W *Pańćapadice* Padmapada wielokrotnie składa swemu guru pełen miłości hołd. Sam Śankara napisał następujące piękne wersety: „W żadnym z trzech światów nie ma czegoś, do czego można by porównać prawdziwego guru. Jeśli prawdą jest, że istnieje kamień filozoficzny, to potrafi on tylko przemienić żelazo w złoto, a nie w kolejny kamień filozoficzny. Natomiast czcigodny nauczyciel czyni ucznia, który się schroni u jego stóp, równym sobie. Guru jest zatem ponad wszelkie porównania, więcej – jest transcendentny." (*Century of Verses* [Sto wierszy], 1)

Pan Śankara był rzadkim połączeniem świętego, uczonego i człowieka czynu w jednej osobie. Żył tylko trzydzieści dwa lata, wiele z nich spędził na uciążliwych wędrówkach po całych Indiach i szerzeniu doktryny *adwajty*. Miliony ludzi gromadziły się gorliwie, by wysłuchać słów pokrzepiającej mądrości z ust młodego, bosonogiego mnicha.

Śankara zreformował starożytny Zakon Swamich (*zob.* s. 232, przypis, s. 233). W czterech miejscowościach założył klasztorne ośrodki wychowawcze (*mathy*): w Śringeri na południu, w Puri na wschodzie, w Dwarce na zachodzie i w himalajskim Badrinath na północy.

Cztery *mathy* wielkiego monisty, utrzymywane z hojnych datków książąt i darów prostych ludzi, udzielały bezpłatnej nauki gramatyki sanskryckiej, logiki i filozofii *wedanty*. Zakładając *mathy* na czterech krańcach Indii, Śankara miał na celu utwierdzenie religijnej i narodowej jedności wielkiego kraju. Tak jak w przeszłości, również i obecnie pobożny Hindus znajduje bezpłatne schronienie i posiłki w *ćoultrach* i *sattramach* (miejscach wypoczynku na trasach pielgrzymek), utrzymywanych przez prywatnych dobroczyńców.

– Czy myślisz, że krewni będą się z ciebie śmiali?
– Nie wrócę do nich.
– Wrócisz do domu za trzydzieści dni.
– Nigdy. – Pochyliłem się z czcią do jego stóp i odszedłem, nie załagodziwszy kontrowersji. Idąc w ciemnościach nocy, zastanawiałem się, dlaczego to cudowne spotkanie zakończyło się nutą dysharmonii. Dwie szale wagi *maji* – każdą radość równoważy smutek! Moje młode serce nie poddawało się jeszcze kształtującym palcom guru.

Następnego ranka zauważyłem, że mieszkańcy pustelni nastawieni są do mnie jeszcze bardziej wrogo. Nieodmiennie okraszali mi dni przykrościami. Tak minęły trzy tygodnie. Potem Dajananda wyjechał z aśramu na konferencję do Bombaju i nad moją nieszczęsną głową rozpętało się istne pandemonium. Usłyszałem, jak ktoś mówił: „Mukunda to pasożyt, przyjmuje gościnę pustelni, a nie daje nic w zamian". Wtedy po raz pierwszy pożałowałem, że posłuchałem nakazu Dajanandy i odesłałem ojcu pieniądze. Z ciężkim sercem udałem się do mojego jedynego przyjaciela, Dźitendry.

– Wyjeżdżam stąd. Proszę cię, gdy wróci Dajanandadźi, przekaż mu moje wyrazy szacunku i żalu.

– Ja też wyjadę! Moje próby medytowania nie spotykają się tutaj z większą życzliwością niż twoje – odpowiedział zdecydowanie Dźitendra.

– Spotkałem świętego podobnego do Chrystusa. Pojedźmy do niego do Serampore.

I tak to „ptaszek" przygotowywał się do „opadnięcia" niebezpiecznie blisko Kalkuty.

Rozdział 11

Dwaj chłopcy w Bryndabanie bez grosza przy duszy

– Zasługujesz na to, by ojciec cię wydziedziczył, Mukundo! Jak głupio trwonisz swoje życie! – Najstarszy brat prawił mi kazanie.

Prosto z pociągu Dźitendra i ja przybyliśmy do domu Ananty w starożytnym mieście Agrze, dokąd niedawno przeniesiono brata z Kalkuty. Ananta był naczelnym księgowym w Ministerstwie Robót Publicznych.

– Wiesz dobrze, Ananto, że pragnę spadku od Ojca Niebieskiego.

– Najpierw pieniądze, Bóg później! Kto wie? Życie może być bardzo długie.

– Najpierw Bóg! Pieniądz to jego niewolnik. Kto wie? Życie może być bardzo krótkie.

Tę odpowiedź podyktowała sytuacja, a nie przeczucie. (Niestety, życie Ananty rzeczywiście zakończyło się przedwcześnie)*.

– To pewnie mądrość wyniesiona z pustelni! Ale widzę, że się rozstałeś z Benaresem. – Oczy Ananty zabłysły satysfakcją. Miał jeszcze nadzieję, że złożę skrzydła w rodzinnym gnieździe.

– Mój pobyt w Benaresie nie był bezowocny. Znalazłem tam wszystko, za czym tęskniło moje serce! Zaręczam, że nie był to twój pandit czy jego syn!

Na to wspomnienie obaj się roześmieliśmy. Ananta musiał przyznać, że „jasnowidzący", którego wybrał w Benaresie, okazał się nieco krótkowzroczny.

---

* *Zob. rozdz. 25.*

– Jakie masz plany, mój braciszku-wędrowniczku?
– Dźitendra namówił mnie na wyjazd do Agry. Obejrzymy tam przepiękny Tadź Mahal* – wyjaśniłem. – Potem pojedziemy do Serampore, do mojego guru, którego niedawno odnalazłem.

Ananta gościnnie zadbał o naszą wygodę. Wieczorem kilka razy zauważyłem, jak przygląda mi się z namysłem.

Znam to spojrzenie! – pomyślałem. – Szykuje się spisek!

Sytuacja wyjaśniła się podczas porannego śniadania.

– A więc czujesz się niezależny od majątku ojca. – Ananta spojrzał na mnie niewinnie, podejmując wątek wczorajszej rozmowy. Zarzucał na mnie haczyk.

– Wiem, że zależę tylko od Boga.

– Słowa nic nie kosztują. Życie cię dotąd oszczędzało. Ładnie byś wyglądał, gdybyś musiał oczekiwać, że Niewidzialna Ręka cię nakarmi i udzieli schronienia! Wkrótce żebrałbyś na ulicach!

– Nigdy! Jakże miałbym ufać ulicznym przechodniom, a nie Bogu? Bóg podsunie swemu wielbicielowi tysiąc przeróżnych możliwości oprócz żebraczej miseczki!

– Znowu frazesy! Przypuśćmy, że ci zaproponuję, abyś swą chełpliwą filozofię poddał próbie w namacalnym świecie?

– Zgodziłbym się. Czyżbyś uważał, że Bóg działa tylko w świecie abstrakcyjnym?

– Przekonajmy się. Dzisiaj będziesz miał okazję sprawić, że moje horyzonty się poszerzą, albo też – potwierdzić prawdziwość moich poglądów! – Ananta zrobił dramatyczną pauzę, a potem kontynuował powoli i z powagą. – Proponuję, abyście ty i twój kolega Dźitendra pojechali dziś rano do Bryndabanu. To niedaleko. Nie weźmiecie z sobą ani rupii; nie wolno wam będzie żebrać, ani o pieniądze, ani o pożywienie; nikomu nie powiecie, w jak przykrym się znajdujecie położeniu; ale też nie wolno wam tam nie jeść. Nie możecie pozostać w Bryndabanie. Jeśli wrócicie tu do mojego domu przed dwunastą w nocy, nie złamawszy ani jednego warunku próby, zamienię się w słup soli!

– Przyjmuję wyzwanie! – Nie było cienia wahania w mych słowach ani w sercu. Z wdzięcznością przypomniałem sobie przykłady błyskawicznej interwencji Najwyższego Dobroczyńcy: uzdrowienie ze śmiertelnej choroby, gdy modliłem się przed fotografią Lahiriego

---

* Światowej sławy mauzoleum.

Mahaśaji; dwa latawce, żartobliwie podarowane mnie i Umie na dachu domu w Lahore; amulet, który otrzymałem w Bareilly w okresie przygnębienia; decydujące przesłanie, przekazane mi przez nieznanego sadhu przed domem pandita w Benaresie; wizję Boskiej Matki i Jej wspaniałe słowa miłości; Jej szybką pomoc w kłopotliwych sytuacjach, udzieloną za pośrednictwem Mistrza Mahaśaji; interwencję w ostatniej chwili przed egzaminami, co „zmaterializowało" mi dyplom szkoły średniej; i najwyższy dar, mojego wymarzonego, żywego Mistrz, o którym śniłem całe życie. Nigdy nie mógłbym uznać, że moja „filozofia" nie sprawdza się w walce z przeciwnościami ziemskiego życia!

– Twoja gotowość godna jest uznania. Natychmiast odprowadzę was do pociągu. – Ananta zwrócił się do stojącego z otwartymi ustami Dźitendry: – Musisz pojechać z nim jako świadek i, co bardzo prawdopodobne, jako ofiara!

Pół godziny później Dźitendra i ja trzymaliśmy już w rękach bilety na podróż w jedną stronę. W odosobnionym miejscu na stacji poddaliśmy się osobistej rewizji. Ananta szybko się przekonał, że nie przemycamy żadnych ukrytych zapasów; nasze proste *dhoti* * nie zakrywały niczego poza tym, co konieczne.

Jako że przedmiotem sprawdzianu wiary stały się finanse, mój przyjaciel się zbuntował:

– Ananto, na wszelki wypadek daj mi parę rupii. Wtedy mógłbym w razie czego do ciebie zatelegrafować.

– Dźitendra! – krzyknąłem z ostrym wyrzutem. – Nie poddam się próbie, jeśli weźmiesz choć trochę pieniędzy!

– Dźwięk monet zawsze jakoś dodaje odwagi. – Dźitendra nie dodał już ani słowa, gdy spojrzałem na niego surowo.

– Mukunda, nie jestem bez serca. – W głosie Ananty zabrzmiał ton pokory. Może dlatego, że zaczęło go dręczyć sumienie – albo dlatego, że dwóch chłopców bez grosza przy duszy wysyła do obcego miasta, albo z powodu małości własnej wiary. – Jeśli, czy to przez przypadek, czy dzięki łasce, przejdziesz zwycięsko próbę w Brynbadanie, poproszę cię, abyś mnie inicjował jako swojego ucznia.

Obietnica ta była niezwykła, lecz w zgodzie z niezwykłą sytuacją. W hinduskiej rodzinie najstarszy brat rzadko chyli głowę przed młodszym; jako drugiej osobie po ojcu należy mu się szacunek

---

* *Dhoti* – kawałek płótna zawiązanego wokół pasa, okrywający nogi.

i posłuszeństwo. Nie było już jednak czasu na odpowiedź. Pociąg właśnie ruszał.

Dźitendra ponuro milczał, gdy jechaliśmy mila za milą. W końcu poruszył się, pochylił ku mnie i boleśnie mnie uszczypnął.

– Nie widzę żadnego znaku, że Bóg zadba o nasz następny posiłek!

– Spokojnie, niewierny Tomaszu. Pan jest z nami.

– A czy nie mógłbyś jakoś załatwić, żeby się pośpieszył? Już umieram z głodu na samą myśl o tym, co będzie dalej. Wyjechałem z Benaresu, aby obejrzeć mauzoleum Tadź, nie żeby znaleźć się we własnym!

– Rozchmurz się, Dźitendro! Czyż nie ujrzymy za chwilę świętych miejsc Bryndabanu?* Bardzo się cieszę, że będę stąpał po ziemi uświęconej stopami Pana Kryszny.

W tym momencie otworzyły się drzwi naszego przedziału i weszli dwaj mężczyźni. Usadowili się naprzeciw nas. Mieliśmy wysiąść już na następnej stacji.

– Chłopcy, czy macie przyjaciół w Bryndabanie? – zapytał jeden z nich, okazując niezwykłe zainteresowanie.

– To nie pańska sprawa – odparłem niegrzecznie, odwracając wzrok.

– Pewnie uciekliście z domu, oczarowani przez „Złodzieja Serc"**. Ja też jestem oddanym wielbicielem Boga. Dlatego uważam za swój obowiązek dopilnować, abyście otrzymali posiłek i schronienie przed tym nieznośnym upałem.

– Nie, proszę pana, niech nas pan zostawi w spokoju. Bardzo pan uprzejmy, ale myli się pan sądząc, że uciekliśmy z domu.

Na tym rozmowa się zakończyła, bo pociąg stanął. Gdy Dźitendra i ja wyszliśmy na peron, nasi przygodni towarzysze wzięli nas za ręce i wezwali dwukółkę.

Wysiedliśmy przed okazałą pustelnią wśród wiecznie zielonych drzew. Ogród był dobrze utrzymany. Najwyraźniej znano tu naszych dobroczyńców; jakiś młodzieniec z uśmiechem i bez pytania wprowadził nas do salonu. Wkrótce zostaliśmy przedstawieni starszej kobiecie o dostojnym wyglądzie.

– Gauri Ma, książęta nie mogli przyjechać – zwrócił się jeden z mężczyzn do gospodyni aśramu. – W ostatniej chwili coś pokrzyżowało im

---

* Bryndaban (Wryndawana), miasto nad rzeką Jamuną, jest hinduską Jerozolimą. Tu awatar Pan Kryszna objawił swą chwałę dla dobra ludzkości.
** Hari – pieszczotliwe imię Śri Kryszny, którym obdarzają Go wielbiciele.

Dwaj chłopcy w Bryndabanie bez grosza przy duszy

plany. Przesyłają wyrazy głębokiego ubolewania. Ale przyprowadziłem dwóch innych gości. Gdy tylko spotkaliśmy się w pociągu, poczułem do nich sympatię jako do wielbicieli Pana Kryszny.

– Do widzenia, młodzi przyjaciele. – Nasi dwaj znajomi skierowali się w stronę drzwi. – Spotkamy się jeszcze, jeśli Bóg da.

– Jesteście tu mile widziani – uśmiechnęła się po matczynemu Gauri Ma do dwóch nieoczekiwanie powierzonych jej podopiecznych. – Nie mogliście przyjechać lepszego dnia. Spodziewałam się dwóch królewskich opiekunów naszego aśramu. Byłoby szkoda, gdyby nikt nie docenił mojej kuchni!

Te miłe słowa bardzo dziwnie podziałały na Dźitendrę: wybuchł płaczem. Bał się, że spotka nas w Bryndabanie marny los, tymczasem czekało nas królewskie przyjęcie. Trudno mu było tak nagle przestawić się na inny sposób myślenia. Nasza gospodyni spojrzała na niego ciekawie, ale nie rzekła ani słowa. Chyba była przyzwyczajona do młodzieńczych wyskoków.

Zapowiedziano lunch. Gauri Ma zaprowadziła nas do jadalni na patio. Rozchodziły się z niej smakowite zapachy. Sama znikła w przyległej kuchni.

Czekałem na tę chwilę. Wybrawszy odpowiednie miejsce na ciele Dźitendry, uszczypnąłem go równie mocno, jak on mnie w pociągu.

– Niewierny Tomaszu, Pan działa – i to błyskawicznie!

Weszła gospodyni z *punkha*. Siedzieliśmy na ozdobnych siedzeniach z koców, a ona, zgodnie ze wschodnim zwyczajem, wytrwale nas wachlowała. Uczniowie z aśramu, biegając tam i z powrotem, wnieśli chyba ze trzydzieści dań. Nie nazwałbym tego lunchem, lecz wystawną ucztą. Odkąd się pojawiliśmy na tej planecie, nie kosztowaliśmy takich smakołyków, ani Dźitendra, ani ja.

– Dania iście godne książąt, czcigodna Matko! – podziękowałem naszej gospodyni. – Aż trudno sobie wyobrazić, że wasi królewscy opiekunowie znaleźli sobie coś pilniejszego do roboty, zamiast przybyć na tę ucztę. Podarowałaś nam wspomnienie na całe życie!

Zobowiązani przez Anantę do milczenia, nie mogliśmy wyjaśnić łaskawej pani, że nasze podziękowania miały głębsze znaczenie. Ale przynajmniej mówiliśmy szczerze. Odeszliśmy z jej błogosławieństwem i kuszącym zaproszeniem do ponownego odwiedzenia pustelni.

Upał na zewnątrz był niemiłosierny. Schroniliśmy się pod wspaniałe drzewo kadamby przy bramie do aśramu. Nastąpiła wymiana ostrych słów. Dźitendrę znów ogarnęły obawy.

Autobiografia jogina

– Wpakowałeś mnie w niezłe tarapaty! Nasz lunch to tylko przypadkowy łut szczęścia. Jak będziemy oglądać to miasto bez pajsa w kieszeni? I jak, u licha, odwieziesz mnie z powrotem do Ananty?

– Szybko zapominasz o Bogu, mając pełny żołądek – odparłem bez goryczy, choć oskarżycielsko. Jakże krótko pamięta człowiek o Bożych łaskach! A przecież nie ma człowieka, którego modlitwy, przynajmniej niektóre, nie zostałyby wysłuchane.

– Nigdy nie zapomnę swojej głupoty! Że też dałem się wyciągnąć w podróż z takim wariatem jak ty!

– Uspokój się, Dźitendro! Pan, który nas nakarmił, pokaże nam Bryndaban i sprawi, że wrócimy do Agry.

W tym momencie szybkim krokiem zbliżył się do nas drobny, młody człowiek o miłej powierzchowności. Zatrzymawszy się pod drzewem, skłonił się przede mną.

– Drogi przyjacielu, ty i twój kolega jesteście tu z pewnością obcy. Pozwólcie mi, proszę, być waszym gospodarzem i przewodnikiem.

To prawie niemożliwe, żeby Hindus mógł zblednąć, a jednak twarz Dźitendry raptownie zbielała. Tymczasem ja uprzejmie odmówiłem młodemu człowiekowi.

– Przecież nie może mnie pan odpędzić – powiedział z takim niepokojem w głosie, że w innych okolicznościach byłoby to komiczne.

– Dlaczego nie?

– Jesteś moim guru. – Jego oczy szukały moich z ufnością. – W czasie mojej południowej medytacji ukazał mi się błogosławiony Pan Kryszna. Pokazał mi dwie opuszczone postacie pod tym właśnie drzewem. Jedna z nich miała twoją twarz, mój mistrzu! Często widywałem ją w medytacji. Jakże byłbym szczęśliwy, gdybyście przyjęli moje skromne usługi!

– I ja jestem szczęśliwy, że mnie odnalazłeś. Ani Bóg, ani ludzie nas nie opuścili! – Chociaż stałem bez ruchu, uśmiechając się do przejętego młodzieńca, w duszy pochyliłem się w głębokim ukłonie do boskich stóp.

– Drodzy przyjaciele, uczyńcie mi proszę, zaszczyt i wstąpcie do mnie do domu.

– Dziękujemy bardzo, ale to niemożliwe. Już jesteśmy gośćmi mojego brata w Agrze.

– To przynajmniej pozwólcie mi pospacerować razem z wami po Bryndabanie. Pozostawi mi to miłe wspomnienia.

Dwaj chłopcy w Bryndabanie bez grosza przy duszy

BHAGAWAN (PAN) KRYSZNA,
umiłowany awatar Indii

Zgodziłem się z radością. Młody człowiek, który, jak nam powiedział, nazywał się Pratap Ćatterdźi, przywołał dwukółkę. Pojechaliśmy do świątyni Madanamohana i innych świątyń Kryszny. Modliliśmy się jeszcze w jednej z nich, gdy zapadła noc.

– Przepraszam was na chwilę, pójdę kupić *sandeś* *. – Pratap wszedł do sklepu w pobliżu stacji kolejowej. Dźitendra i ja spacerowaliśmy po szerokiej ulicy, teraz zatłoczonej, bo było już trochę chłodniej. Nasz przyjaciel zniknął na dłuższy czas, ale w końcu się pojawił, przynosząc w darze dużo słodyczy.

– Pozwólcie mi, proszę, zdobyć sobie duchową zasługę – uśmiechnął

---

* Indyjskie słodycze.

Autobiografia jogina

Dźitendra Mazumdar, kolega Joganandy w wyprawie bez grosza do Brindabanu (Rozdz. 11)

się prosząco, trzymając w rękach plik banknotów i właśnie zakupione dwa bilety do Agry.

Przyjąłem je, oddając w duchu cześć Niewidzialnej Ręce. Czyż, wykpiona przez Anantę, nie okazała nam hojności daleko większej, niż było konieczne?

Znaleźliśmy w pobliżu stacji odosobnione miejsce.

– Pratap, nauczę cię *kriji* Lahiriego Mahaśaji, największego współczesnego jogina. Przekazana przez niego metoda będzie twoim guru.

Inicjacja trwała pół godziny.

– *Krija* jest twoim *ćintamani** – powiedziałem nowemu uczniowi. Technika ta, jak widzisz, prosta, to w istocie cała sztuka, przyspieszająca rozwój duchowy człowieka. Święte pisma hinduskie uczą, że wcielające się ego potrzebuje miliona lat, aby wyzwolić się z *maji*.

---

* Mitologiczny klejnot posiadający moc spełniania wszelkich życzeń. Także jedno z imion Boga.

Dzięki *krija-jodze* ten naturalny okres bardzo się skraca. Tak jak można znacznie przyspieszyć wzrost rośliny, czego dowiodły doświadczenia Dźagadisia Ćandry Bose'a, można także, stosując naukową technikę *kriji*, przyspieszyć rozwój psychiczny człowieka. Ćwicz z oddaniem, a zbliżysz się do Guru wszystkich guru.

– Jestem nad wyraz szczęśliwy, że znalazłem klucz do jogi. Tak długo go poszukiwałem! – rzekł Pratap. – Joga wyzwoli mnie z kajdan zmysłów i przeniesie w wyższe sfery. Dzisiejsza wizja Pana Kryszny może mi przepowiadać tylko najwyższe dobro – dodał w zamyśleniu.

Siedzieliśmy przez chwilę w ciszy, rozumiejąc się bez słowa, a potem poszliśmy powoli na stację. Gdy wsiadałem do pociągu, przepełniała mnie radość. Dla Dźitendry jednak był to dzień płaczu. Moje czułe pożegnanie z Pratapem przerywało tłumione łkanie obu mych towarzyszy. W podróży Dźitendrę ponownie ogarnęła fala żalu. Tym razem nie wywołał jej strach, lecz wyrzuty, jakie sobie czynił.

– Jakże płytka jest moja ufność! Miałem kamienne serce! Nigdy więcej nie zwątpię w opiekę Boga!

Zbliżała się północ. Dwóch „kopciuszków", wysłanych w świat bez grosza, weszło do sypialni Ananty. Na jego twarzy pojawił się wyraz najwyższego zdumienia. Bez słowa zasypałem stół rupiami.

– Dźitendro, przyznaj się! – powiedział Ananta żartobliwie. – Czy ten młodzieniec zaaranżował jakiś napad?

Ale w miarę naszej relacji brat stawał się coraz bardziej poważny, a pod koniec wręcz uroczyście poważny.

– Prawo popytu i podaży dosięga subtelniejszych rejonów, niż przypuszczałem – powiedział z zapałem, jakiego nigdy przedtem nie zdradzał, z ogniem zrodzonym z ducha. – Po raz pierwszy rozumiem twoją obojętność na materialne dobra świata.

Choć było już bardzo późno, brat nalegał, abym udzielił mu *dikszy** w *krija-jogę*. Tego jednego dnia „guru" Mukunda musiał wziąć na swoje barki odpowiedzialność za dwóch niespodziewanych uczniów.

Rankiem jedliśmy śniadanie w harmonii, której brakowało poprzedniego dnia. Uśmiechnąłem się do Dźitendry.

– Nie ominie cię zwiedzanie Tadź Mahal. Pojedźmy tam, zanim wyruszymy do Serampore.

---

* Inicjacja duchowa. Od sanskryckiego rdzenia czasownikowego *diksz* – oddać się, poświęcić się.

Pożegnaliśmy się z Anantą i wkrótce staliśmy przed wspaniałym zabytkiem Agry. Pokryta białym marmurem, budowla ta błyszczy w słońcu i zachwyca pięknem symetrii. Ciemna zieleń cyprysów, lśniący trawnik i spokojna woda przed wejściem tworzą doskonałą oprawę. Wnętrze ozdabiają misterne, koronkowe płaskorzeźby, inkrustowane półszlachetnymi kamieniami. Z marmurów o odcieniu brązu i fioletu wyłaniają się delikatne motywy roślinne. Światło pada z kopuły na grobowce Szacha Dźahana i Mumtaz Mahal, królowej jego państwa i serca.

Dość zwiedzania! Tęskniłem za swoim guru. Tak więc niebawem Dźitendra i ja wsiedliśmy do pociągu jadącego na południe do Bengalu.

– Mukunda, od miesięcy nie widziałem swojej rodziny. Zmieniłem zdanie. Może później odwiedzę twego mistrza w Serampore.

I tak mój przyjaciel, którego charakter można by łagodnie nazwać chwiejnym, opuścił mnie w Kalkucie. Ja zaś pociągiem podmiejskim wkrótce dotarłem do Serampore, leżącego dwanaście mil na północ.

Przeszedł mnie dreszcz zdumienia, gdy uświadomiłem sobie, że od spotkania z moim guru w Benaresie minęło dokładnie dwadzieścia osiem dni. „Przyjedziesz do mnie za cztery tygodnie!" I oto dokładnie po tym czasie stałem z bijącym sercem na dziedzińcu domu przy spokojnej ulicy Raj Ghat. Wszedłem do pustelni, gdzie miałem spędzić jeszcze niemal dziesięć lat z indyjskim *dźńanawatarem*, „wcieleniem mądrości".

Rozdział 12

Lata w pustelni mojego Mistrza

— Przyszedłeś – powitał mnie Śri Jukteświar. Siedział na tygrysiej skórze rozłożonej na podłodze w pokoju z balkonem. Głos miał chłodny, a w jego zachowaniu nie było ani śladu emocji.

- Tak, drogi Mistrzu, oto jestem, aby iść za tobą. – Ukląkłem i dotknąłem jego stóp.
- Jakżeż to możliwe? Ignorujesz moje życzenia.
- Już nigdy tego nie zrobię, Gurudźi! Twoje życzenie będzie dla mnie prawem.
- Tak już lepiej! Teraz mogę przyjąć odpowiedzialność za twoje życie.
- Chętnie oddaję ci ten ciężar, Mistrzu.
- Moim pierwszym życzeniem jest zatem, żebyś wrócił do domu, do rodziny. Chcę, byś wstąpił do college'u w Kalkucie. Musisz kontynuować naukę.
- Dobrze, panie. – Skryłem konsternację. Czy te nieszczęsne książki będą mnie prześladowały latami? Najpierw ojciec, a teraz Śri Jukteświar!
- Pewnego dnia pojedziesz na Zachód. Tamtejsi ludzie chętniej posłuchają starożytnej mądrości Indii, jeśli obcy hinduski nauczyciel będzie miał tytuł naukowy.
- Ty wiesz najlepiej, Gurudźi. – Mój smutek się rozwiał. Wzmianka o Zachodzie była dla mnie zagadką, dotyczyła spraw odległych. Natomiast teraz bardzo ważne było okazanie Mistrzowi posłuszeństwa.
- Będziesz niedaleko, w Kalkucie. Przyjeżdżaj tu, kiedy tylko znajdziesz czas.

– Codziennie, jeśli to możliwe, Mistrzu! Z wdzięcznością przyjmuję twoją władzę w najdrobniejszych sprawach mojego życia – pod jednym warunkiem.

– Tak?

– Że przyrzekniesz, iż objawisz mi Boga!

Nastąpiła godzinna dyskusja. Mistrz nie może nie dotrzymać słowa, toteż nie daje go łatwo. Implikacje takiego zobowiązania otwierają ogromne metafizyczne perspektywy. Guru musi być doprawdy w bardzo bliskim związku ze Stwórcą, jeśli ma Go skłonić, by się ukazał! Wyczuwałem jedność Śri Jukteśwara z Bogiem i jako jego uczeń zdecydowany byłem wykorzystać okazję.

– Jesteś bardzo wymagający. – Po chwili usłyszałem słowa zgody, nieodwołalne, pełne współczucia: – Niech twoje życzenie będzie moim życzeniem.

Cień, który całe życie spowijał mi serce, znikł. Skończyło się poszukiwanie po omacku. Znalazłem wieczne schronienie w prawdziwym guru.

– Chodź, pokażę ci pustelnię. – Mistrz podniósł się z tygrysiej skóry. Rozejrzałem się po pokoju. Ze zdumieniem ujrzałem na ścianie obraz, przybrany gałązką jaśminu.

– Lahiri Mahaśaja!

– Tak, to mój boski guru. – Głos Śri Jukteśwara był pełen czci. – Jako człowiek i jogin większy był od wszystkich nauczycieli, na jakich natrafiłem i którym się przyglądałem w trakcie swych poszukiwań.

W milczeniu pokłoniłem się przed znajomym wizerunkiem. Moja dusza składała hołd niezrównanemu mistrzowi, który błogosławiąc mojemu dzieciństwu, kierował mymi krokami aż do tej chwili.

Oprowadzany przez guru, zwiedziłem dom i całą posesję. Stara pustelnia, duża i solidnie zbudowana, wspierała się na masywnych kolumnach, okalając wewnętrzny dziedziniec. Zewnętrzne ściany porastał mech; nad płaskim, szarym dachem trzepotały gołębie, bez ceremonii korzystając z zabudowań aśramu. Z tyłu znajdował się przyjemny ogród, w którym rosły chlebowce, drzewa mango i platany. Piętrowy budynek otaczał dziedziniec z trzech stron; pokoje na piętrze miały balkony z balustradą. Obszerna sala na parterze, z wysokim sufitem wspartym na kolumnach, wykorzystywana była, jak powiedział Mistrz, głównie podczas dorocznych świąt *Durgapudźy**. Wąskie schody prowadziły do pokoju Śri Jukteswara; w tym pokoju balkon wychodził na ulicę. Umeblowanie aśramu było skromne. Wszystko tu było proste, czyste i użyteczne. Zauważyłem kilka krzeseł, ławek i stołów w stylu zachodnim.

Mistrz zaprosił mnie, bym pozostał na noc. Dwaj młodzi uczniowie, otrzymujący nauki w pustelni, podali na kolację warzywne curry.

– Gurudźi, proszę cię, opowiedz mi coś o swoim życiu. – Siedziałem na słomianej macie, a on tuż obok na tygrysiej skórze. Przez balkon zaglądały do pokoju przyjazne gwiazdy.

– Moje nazwisko rodowe to Prija Nath Karar. Urodziłem się** tutaj, w Serampore, gdzie ojciec był bogatym przedsiębiorcą. Pozostawił mi ten rodzinny dom, obecnie tę pustelnię. Moje formalne wykształcenie było skromne; uważałem naukę w szkole za nudną i powierzchowną. Jako młody człowiek przyjąłem na siebie obowiązki głowy rodziny i mam córkę, teraz już zamężną. Moje lata dojrzałe pobłogosławione zostały duchową opieką Lahiriego Mahaśaji. Po śmierci żony wstąpiłem do Zakonu Swamich i otrzymałem imię Śri Jukteśwar Giri***. Oto krótka kronika mojego życia.

Widząc moją przejętą twarz, Mistrz się uśmiechnął. Jak wszystkie szkice biograficzne, jego słowa podawały tylko obiektywne fakty, nie ukazując wnętrza człowieka.

– Gurudźi, pragnąłbym posłuchać czegoś o zdarzeniach z twojego dzieciństwa.

– Opowiem ci o kilku. Każde z nich ma morał! – ostrzegł Śri Jukteśwar z błyskiem w oczach. – Kiedyś matka chciała mnie nastraszyć, opowiadając przerażającą historię o duchu w ciemnym pokoju. Wszedłem tam natychmiast, a potem, rozczarowany, powiedziałem jej, że nie widziałem żadnego ducha. Odtąd nigdy nie usłyszałem od matki przerażających historii. Morał: spójrz strachowi prosto w oczy, a przestanie cię dręczyć.

---

* „Nabożeństwo do Durgi" – główne święto w bengalskim almanachu, w większości miejscowości obchodzone przez dziewięć dni. Odbywa się w miesiącu aświna (wrzesień-październik). Durga, dosłownie „Niedostępna", to aspekt Boskiej Matki, Śakti, uosobionej żeńskiej siły twórczej. Według tradycji jest niszczycielką wszelkiego zła.

** Śri Jukteśwar urodził się 10 maja 1855 r.

***Jukteśwar znaczy „zjednoczony z Iświarą" (imię Boga). *Giri* to nazwa jednej z dziesięciu starożytnych gałęzi Zakonu Swamich. *Śri* znaczy „święty". Nie jest to imię, lecz tytuł wyrażający szacunek.

Inne wczesne wspomnienie dotyczy brzydkiego psa, którego bardzo pragnąłem mieć. Należał do naszego sąsiada. Tygodniami zamęczałem rodziców prośbami o tego psa. Głuchy byłem na propozycje ofiarowania mi innych, ładniejszych piesków. Morał: przywiązanie zaślepia; dodaje pożądanemu przedmiotowi urojonej atrakcyjności.

Trzecie zdarzenie wiąże się z plastycznością młodego umysłu. Usłyszałem kiedyś, jak matka powiedziała: „Człowiek, który przyjmuje pracę u kogoś, jest niewolnikiem". Tak mocno odcisnęło mi się to w umyśle, że nawet gdy byłem już żonaty, odmawiałem przyjęcia wszelkich tego rodzaju prac. Odziedziczony majątek zainwestowałem w ziemię i z niej żyję. Morał: do wrażliwych uszu dzieci powinny docierać dobre, pozytywne nauki. Wcześnie zasłyszane pojęcia wyraziście i na długo zapisują się w umyśle.

Mistrz zapadł w milczenie. Około północy wskazał mi wąską leżankę. Pod dachem domu guru przespałem tę pierwszą noc zdrowo i słodko.

Rankiem Śri Jukteśwar postanowił wprowadzić mnie w tajniki *krija-jogi*. Z techniką tą zapoznali mnie już wcześniej dwaj uczniowie Lahiriego Mahaśaji: ojciec i mój nauczyciel, swami Kebalananda, ale w obecności Mistrza poczułem jej przeistaczającą moc. Gdy mnie dotknął, wielkie światło, niby blask niezliczonych słońc, zalało całą moją istotę. Serce ogarnęła fala niewysłowionej błogości i przeniknęła je do głębi.

Dopiero późnym popołudniem zmusiłem się do opuszczenia pustelni.

„Wrócisz do domu za trzydzieści dni". Ta przepowiednia Mistrza towarzyszyła mi, gdy wszedłem w drzwi swego domu w Kalkucie. Nikt z rodziny nie rzucił uszczypliwej uwagi o ptaku powracającym do gniazda, czego tak się bałem.

Wspiąłem się na swe małe poddasze i spojrzałem na nie z miłością, jak gdyby to była żywa istota. Było świadkiem moich medytacji, łez i burz mojej *sadhany*. Teraz dotarłem do przystani, którą jest mój boski nauczyciel – myślałem.

– Synu, jestem szczęśliwy za nas obu. – Siedzieliśmy z ojcem w wieczornej ciszy. – Znalazłeś swojego guru, tak jak ja niegdyś w cudowny sposób znalazłem swojego. Święta dłoń Lahiriego Mahaśaji strzeże naszego życia. Okazało się, że twój mistrz nie jest jednym z niedostępnych świętych w Himalajach, lecz znajduje się blisko. Spełniły się moje modlitwy: to, że poszukujesz Boga, nie pozbawia mnie twego widoku na stałe.

Ojciec ucieszył się także, że podejmę dalsze studia. Załatwił konieczne formalności. Już następnego dnia zostałem przyjęty do pobliskiego Scottish Church College w Kalkucie.

Mijały szczęśliwe miesiące. Czytelnicy z pewnością słusznie się domyślają, że mało mnie widywano w uniwersyteckich salach. Wabiła mnie nieodparcie pustelnia w Serampore. Mistrz akceptował moją niemal ciągłą obecność bez komentarza. Na szczęście rzadko wspominał o nauce. Chociaż jasne było dla wszystkich, że nie zostałem stworzony na uczonego, starałem się pracować tyle, by zdawać konieczne egzaminy.

Życie codzienne w aśramie płynęło gładko, rzadko ulegając zmianom. Guru budził się przed świtem. Jeszcze leżąc, a czasami siedząc na łóżku, wchodził w stan *samadhi**. Łatwo było poznać, kiedy Mistrz się obudził: nagle ustawało potężne chrapanie**. Potem kilka westchnień i może jakiś ruch ciała. I zaraz cisza, ustanie oddechu: już zatopiony był w głębokiej radości jogi, zjednoczenia.

Śniadanie następowało nie od razu. Najpierw długo spacerowaliśmy brzegiem Gangesu. Jakże żywe i rzeczywiste są jeszcze dla mnie te wczesne przechadzki z moim guru! Wspomnienia wyłaniają się łatwo z pamięci i widzę siebie u jego boku. Poranne słońce ogrzewa rzekę; słyszę jego dźwięczny głos, w którym brzmi prawda mądrości.

Kąpiel, a potem południowy posiłek. Staranne przygotowanie pożywienia, według codziennych wskazówek Śri Jukteśwara, należało do młodych uczniów. Guru był wegetarianinem, chociaż zanim został mnichem, jadał jajka i ryby. Uczniom doradzał jakąkolwiek prostą dietę, odpowiednią dla ich natury.

Mistrz jadał niewiele. Często był to ryż przyprawiany kurkumą, sokiem buraczanym lub szpinakiem i lekko pokropiony bawolim *ghi*, topionym masłem. Innego dnia mógł to być *dal**** z soczewicy lub *ćanna* z curry i jarzynami. Na deser – mango lub pomarańcze z budyniem z ryżu bądź sok z owoców chlebowca.

---

* Dosłownie „skierować razem". *Samadhi* jest nadświadomym stanem ekstazy, w którym jogin odczuwa jedność swej indywidualnej duszy z Duchem Wszechświata.

** Chrapanie, zdaniem fizjologów, jest oznaką całkowitego rozluźnienia.

*** *Dal* to gęsta zupa z groszku albo innych roślin strączkowych. *Ćanna* to ser ze świeżo zsiadłego mleka, często pokrojony w kostkę i zmieszany z ziemniakami i curry.

Po południu przychodzili goście. Nieprzerwany ich strumień wpływał z zewnętrznego świata w ciszę pustelni. Guru traktował wszystkich gości jednakowo uprzejmie i życzliwie. Mistrz – ktoś, kto urzeczywistnił w sobie wszechobecnego Ducha i nie utożsamia się z ciałem ani z ego – dostrzega, że wszyscy ludzie są uderzająco podobni.

Bezstronność świętych wynika z mądrości. Nie mają na nich wpływu zmienne oblicza *maji*, nie są zależni od upodobań i niechęci, które ludziom nieoświeconym mącą właściwy osąd. Śri Jukteswar nie okazywał żadnych specjalnych względów ludziom u władzy, mającym ogładę, talent i bogactwa; nie lekceważył też innych z powodu ubóstwa czy analfabetyzmu. Wysłuchiwał z szacunkiem słów dziecka, natomiast zdarzało mu się otwarcie ignorować zarozumiałego pandita.

Popołudniowi goście zostawali czasem w pustelni aż do po ósmej wieczorem. Ósma była porą kolacji. Guru nie wymawiał się od wspólnych posiłków. Nikt nie wychodził z aśramu głodny lub niezadowolony. Niespodziewane wizyty ani go kłopotały, ani niepokoiły. Dzięki jego pomysłowym wskazówkom uczniowie wyczarowywali ucztę z najskromniejszego pożywienia. Był bardzo gospodarny, niewielkie fundusze starczały mu na wiele. „Zadowalaj się tym, co masz w sakiewce – powtarzał często. – Rozrzutność wpędzi cię w kłopoty". Czy to w przypadku podejmowania gości, prac remontowych w aśramie, czy w innych sprawach praktycznych, Mistrz przejawiał twórczą oryginalność.

Podczas spokojnych godzin wieczornych guru często wygłaszał rozprawy – perły ponadczasowej mądrości. Z każdego jego zdania tchnęła mądrość i najgłębsza pewność, a styl wypowiedzi był wzniosły, wyjątkowy. Nigdy przedtem nie słyszałem, by ktoś tak mówił. Ważył myśli na delikatnej wadze własnego rozeznania, zanim im nadał zewnętrzną szatę. Z ust płynęła mu sama esencja prawdy, wonna emanacja duszy, zdająca się ogarniać wszystko. Zawsze miałem świadomość, że znajduję się w obecności żywego uosobienia Boga. Czując tę boskość, odruchowo pochylałem przed nim głowę.

Kiedy goście dostrzegali, że Śri Jukteśwar zaczyna pogrążać się w Nieskończonym, szybko ich wciągał w rozmowę. Nie potrafił przed nimi pozować ani się puszyć, że tak głęboko zatraca się w wewnętrznej boskości. Zawsze w jedności z Panem, nie potrzebował jakiegoś specjalnego czasu, by się z Nim łączyć. Jako mistrz, który urzeczywistnił siebie, nie musiał już medytować. „Kwiat opada, gdy pokazuje się owoc".

Święci jednak często kontynuują praktyki duchowe, by dać przykład uczniom.

Bywało, że gdy zbliżała się północ, guru zapadał w drzemkę tak naturalnie jak dziecko. Nie dbał wtedy o posłanie. Często się kładł, nawet bez poduszki, na wąskiej leżance znajdującej się z tyłu za tygrysią skórą.

Nierzadko też zdarzały się całonocne filozoficzne dyskusje. Taką dyskusję mógł wywołać każdy głęboko zainteresowany uczeń. Nie czułem wtedy zmęczenia ani pragnienia snu: żywe słowa Mistrza na to nie pozwalały. „Ach, już świta! Chodźmy nad Ganges". Tak się często kończyła moja nocna edukacja.

Zwieńczeniem pierwszych miesięcy spędzonych u boku Śri Jukteśwara była użyteczna lekcja: jak przechytrzyć moskity. U mnie w domu zawsze używano w nocy moskitier. Z przerażeniem odkryłem, że w aśramie w ogóle się nie przestrzega tego rozsądnego zwyczaju. Tymczasem owadów było mnóstwo. Pocięły mnie od stóp do głów. Wreszcie guru mnie pożałował.

– Kup sobie moskitierę, kup także dla mnie. – Roześmiał się i dodał: – Jeśli kupisz tylko dla siebie, wszystkie moskity zlecą się do mnie!

Uczyniłem to z ogromną wdzięcznością. Każdej nocy, którą spędzałem w Serampore, Śri Jukteśwar prosił mnie, bym zawiesił moskitiery.

Pewnego wieczoru, chociaż otaczała nas chmura moskitów, Mistrz nie wydał swego zwykłego polecenia. Słuchałem rozdrażniony natrętnego brzęczenia owadów. Kładąc się około północy do łóżka, zwróciłem się do nich z błagalną modlitwą. Pół godziny później udałem atak kaszlu, by zwrócić uwagę guru. Myślałem, że zwariuję od ukąszeń, a jeszcze bardziej od brzęczenia; tymczasem moskity odprawiały swe krwiożercze obrzędy.

Śri Jukteśwar nie zareagował na moje kasłanie. Podszedłem do niego ostrożnie. Nie oddychał. Pierwszy raz z tak bliska zobaczyłem go w transie jogicznym. Przeraziło mnie to.

Na pewno miał atak serca! – pomyślałem. Zbliżyłem lusterko do jego nosa; ani śladu oddechu. Aby sprawdzić jeszcze raz, na chwilę ścisnąłem mu nozdrza i przykryłem ręką usta. Jego ciało było zimne i nieruchome. Półprzytomny, pobiegłem do drzwi, by wezwać pomoc.

– Ach! Ty nieopierzony eksperymentatorze! Mój biedny nos! – Mistrz trząsł się ze śmiechu. – Dlaczego nie pójdziesz spać? Czy dla ciebie ma się zmienić cały świat? Zmień samego siebie. Uwolnij się od obsesji moskitów.

Potulnie wróciłem do łóżka. Nie zbliżył się ani jeden owad. Zrozumiałem, że guru zgodził się na moskitiery tylko ze względu na mnie; on sam nie bał się moskitów. Mocą jogiczną umiał sprawić, by go nie cięły. Mógł też, jeśli chciał, wejść w stan niewrażliwości na ból.

Dał mi pokazową lekcję – pomyślałem. – Muszę dążyć do osiągnięcia takiego samego jogicznego stanu. Prawdziwy jogin musi umieć wejść w stan nadświadomości i w nim trwać bez względu na liczne przeszkody, które odciągają uwagę i których nie brakuje na tej ziemi – jak bzyczenie owadów, czy ostry blask dziennego światła! Na pierwszym stopniu *samadhi (sabikalpa)* uczeń odcina się od wszystkich zmysłowych atrakcji zewnętrznego świata. Nagrodą są mu wówczas dźwięki i widoki światów piękniejszych niż utracony Eden*.

Na początku pobytu w aśramie moskity udzieliły mi jeszcze jednej lekcji. Działo się to w łagodnej porze zmierzchu. Guru w niezrównany sposób interpretował właśnie starożytne teksty. Siedziałem u jego stóp, doskonale spokojny. W tę idyllę wdarł się bezczelny komar, walcząc o moją uwagę. Kiedy wbił mi jadowite żądło w udo, automatycznie podniosłem mściwą dłoń. Wstrzymaj się od egzekucji! – pomyślałem w tym momencie, gdyż usłużna pamięć podsunęła mi jeden z aforyzmów Patańdżalego o *ahimsie* (niekrzywdzeniu)**.

– Dlaczego nie dokończyłeś dzieła?

– Mistrzu! Czyżbyś pochwalał odbieranie życia?

– Nie. Jednakże w myśli już zadałeś śmiertelny cios.

– Nie rozumiem.

– Przez *ahimsę* Patańdżali rozumiał utratę *pragnienia* zabijania – Śri Jukteśwar czytał w moim umyśle jak w otwartej księdze. – Ten świat jest tak niewygodnie urządzony, że dosłowne praktykowanie *ahimsy* jest niemożliwe. Człowiek może być zmuszony do zabijania szkodliwych stworzeń. Nic go jednak nie zmusza do odczuwania gniewu czy złości. Wszystkie postacie życia mają równe prawo cieszyć się powietrzem

---

* Wszechpotężne moce jogina, dzięki którym widzi on, słyszy, smakuje, wącha i czuje swą jedność ze stworzeniem bez posługiwania się narządami zmysłów, opisane zostały następująco w *Taittrija Aranjaka*: „Ślepiec przekłuł perłę, nie mający palców nawlókł ją na nitkę, pozbawiony szyi nosił ją, a nie mający języka chwalił ją".

** „W obecności człowieka, który opanował *ahimsę* (niekrzywdzenie), nie rodzi się wrogość [w żadnym stworzeniu]". – *Jogasutry* II, 35.

maji. Święty, który odkrył tajemnicę stworzenia, pozostaje w harmonii z jego niezliczonymi, zadziwiającymi przejawami. Każdy może pojąć tę prawdę, jeśli powściągnie namiętność niszczenia.

– Gurudźi, a może lepiej złożyć w ofierze siebie, niż zabić dzikie zwierzę?

– Nie, ciało człowieka jest cenne. W ewolucji gatunków osiągnęło najwyższą wartość. Człowiek ma wyjątkowo rozwinięte ośrodki energetyczne w mózgu i w kręgosłupie. Dojrzałemu uczniowi pozwalają one w pełni pojąć i wyrazić najwznioślejsze aspekty boskości. Żadna niższa forma życia nie została tak wyposażona. To prawda, że człowiek zmuszony do odebrania życia zwierzęciu lub innemu żywemu stworzeniu zaciąga dług grzechu powszedniego. Lecz święte *śastry* uczą też, że bezsensowna utrata ludzkiego ciała jest poważnym naruszeniem prawa karmy.

Westchnąłem z ulgą. W pismach świętych nie zawsze łatwo jest znaleźć usprawiedliwienie folgowania naturalnym instynktom.

O ile mi wiadomo, Mistrz nigdy nie stanął oko w oko z lampartem czy tygrysem. Kiedyś jednak zastąpiła mu drogę śmiertelnie groźna kobra. Pokonał ją samą tylko miłością. Niebezpieczne spotkanie miało miejsce w Puri, w innej, położonej nad morzem pustelni Śri Jukteśwara. Przy tym zdarzeniu obecny był Pratfulla, jego młody uczeń. Było to już w późniejszym okresie życia Mistrza.

– Siedzieliśmy na dworze w pobliżu aśramu – opowiadał Pratfulla. – Nagle pojawiła się kobra o długości czterech stóp – przerażający potwór! Pełzła ku nam szybko z gniewnie otwartym kapturem. Śri Jukteśwar uśmiechnął się do niej przyjaźnie, jak do dziecka. Zdębiałem z osłupienia i strachu: Mistrz zaczął rytmicznie klaskać w dłonie*. Zabawiał śmiertelnie niebezpiecznego gościa! Zamarłem w bezruchu, po cichu odmawiając żarliwie wszelkie zapamiętane modlitwy. Wąż, znajdujący się teraz bardzo blisko Mistrza, znieruchomiał, najwyraźniej zniewolony jego serdecznością. Powoli opuścił straszny kaptur, śmignął między stopami Mistrza i zniknął w krzakach. Dlaczego guru poruszał dłońmi i dlaczego kobra nie uderzyła w nie, było wtedy dla mnie niepojęte – dodał Pratfulla. – Ale od tamtej pory już rozumiem, że mój boski Mistrz nie zna lęku przed żadnym stworzeniem i żadne z nich nie jest zdolne go skrzywdzić.

---

* Kobra natychmiast atakuje każdy poruszający się przedmiot w swoim zasięgu. Zazwyczaj jedyną nadzieją na ratunek jest pozostanie w całkowitym bezruchu. Kobra budzi wielki strach w Indiach. Powoduje około pięciu tysięcy wypadków śmiertelnych rocznie.

Pewnego popołudnia w trakcie pierwszych miesięcy pobytu w aśramie zauważyłem, że Śri Jukteśwar przenikliwie się we mnie wpatruje.

– Jesteś za chudy, Mukundo.

Słowa te trafiły w mój czuły punkt. Bardzo mi się nie podobały moje zapadłe oczy i wynędzniały wygląd. Świadczyły o tym rzędy buteleczek ze środkami wzmacniającymi w moim pokoju w Kalkucie. Nic nie pomagało; od dzieciństwa prześladowała mnie chroniczna niestrawność. Niekiedy pytałem się ze smutkiem, czy warto było dalej żyć w tak niezdrowym ciele.

– Lekarstwa mają swoje ograniczenia. Nie ma ich boska, twórcza siła życia. Uwierz: będziesz zdrowy i silny.

Słowa Mistrza natychmiast mnie przekonały, że jest to prawda, która w moim przypadku znajdzie potwierdzenie. Tak głębokiej wiary nie zdołał wzbudzić we mnie żaden inny lekarz, a było ich wielu.

I oto, z dnia na dzień, przybierałem na wadze i nabierałem sił. W ciągu dwóch tygodni od udzielonego mi skrycie błogosławieństwa Śri Jukteśwara osiągnąłem wagę, jakiej do tej pory nigdy nie udało mi się uzyskać. Chroniczne dolegliwości żołądka znikły na zawsze.

Później wielokrotnie byłem świadkiem, jak guru cudownie uzdrawiał z bardzo ciężkich chorób – cukrzycy, epilepsji, gruźlicy czy paraliżu.

– Wiele lat temu ja także chciałem utyć – powiedział mi Śri Jukteśwar niedługo po tym, jak mnie uzdrowił. – W okresie rekonwalescencji po poważnej chorobie pojechałem do Benaresu, do Lahiriego Mahaśaji.

– Panie – zwróciłem się do niego – byłem bardzo chory i straciłem na wadze wiele funtów.

– Rozumiem, Jukteśwarze*, że zafundowałeś sobie chorobę, a teraz uważasz, że jesteś chudy. – Takiej odpowiedzi zupełnie się nie spodziewałem. Guru dodał jednak pocieszająco:

– Przekonajmy się. Jestem pewien, że jutro poczujesz się lepiej.

Mój podatny umysł przyjął te słowa jako sugestię, że mistrz w tajemny sposób mnie uzdrawia. Nazajutrz poszedłem do guru i wykrzyknąłem z triumfem:

– Panie, czuję się dzisiaj o wiele lepiej!

---

* Lahiri Mahaśaja użył imienia „Prija" (nadanego Mistrzowi przy urodzeniu), a nie „Jukteśwar" (imienia zakonnego, które mój guru otrzymał dopiero po odejściu Lahiriego Mahaśaji). (Zob. s. 113). Tu i w innych miejscach książki użyłem imienia „Jukteśwar", by uniknąć zamieszania.

– Doprawdy! Zatem dzisiaj dodajesz sobie sił.
– Nie, Mistrzu! – zaprotestowałem. – To przecież ty mi pomogłeś. Po raz pierwszy od wielu tygodni mam trochę energii.
– O tak! Chorowałeś bardzo poważnie. Twoje ciało jest jeszcze słabe; kto wie, jak będzie jutro?

Na myśl o możliwym nawrocie choroby przebiegł mnie zimny dreszcz strachu. Następnego ranka ledwie dowlokłem się do domu Lahiriego Mahaśaji.

– Panie, znów źle się czuję.

Guru spojrzał na mnie kpiąco.

– No tak! Znowu robisz z siebie chorego.

Moja cierpliwość się wyczerpała:

– Gurudewo, widzę teraz, że dzień w dzień żartujesz sobie ze mnie. Nie rozumiem, dlaczego nie wierzysz, że mówię prawdę.

– W istocie to twoje myśli sprawiają, że czujesz się na zmianę silny lub słaby. – Mistrz spojrzał na mnie z miłością. – Widzisz teraz, że twoje samopoczucie ściśle zależało od tego, czego się podświadomie spodziewałeś. Myśl jest siłą, tak samo jak elektryczność albo grawitacja. Umysł ludzki jest iskrą wszechmocnej świadomości Boga. Udało mi się pokazać ci, że to, w co twój potężny umysł silnie wierzy, natychmiast się spełnia.

Zrozumiawszy, że Lahiri Mahaśaja nie wypowiada ani słowa bez przyczyny, zwróciłem się do niego z wielką czcią i wdzięcznością:

– Mistrzu, jeśli będę myślał, że jestem zdrowy i że odzyskuję pierwotną wagę, to czy tak się stanie?

– To się dzieje nawet w tej chwili – odparł poważnie guru, utkwiwszy wzrok w moich oczach.

I oto poczułem, że nie tylko przybywa mi sił, ale i wagi. Lahiri Mahaśaja zapadł w milczenie. Po kilku godzinach spędzonych u jego stóp wróciłem do domu matki, gdzie zatrzymywałem się podczas wizyt w Benaresie.

– Synu mój, co się stało? Czy zachorowałeś na puchlinę? – Matka nie mogła uwierzyć własnym oczom. Moje ciało miało teraz takie rozmiary i tężyznę jak przed chorobą.

Zważyłem się i stwierdziłem, że w ciągu jednego dnia przybyło mi pięćdziesiąt funtów. Taką wagę mam już stale. Przyjaciele i znajomi, którzy widzieli, jak byłem przedtem chudy, nie posiadali się ze zdumienia. Wskutek tego cudu niektórzy z nich zmienili styl życia i zostali uczniami Lahiriego Mahaśaji.

Śri Jukteśwar, przebudzony w Bogu, wiedział, że świat jest tylko uprzedmiotowionym marzeniem sennym Stwórcy. Będąc całkowicie świadomy swej jedności z Boskim Marzycielem, potrafił materializować albo dematerializować cząstki snu zjawiskowego świata*.

– Całym stworzeniem rządzi prawo – kończył swą opowieść Śri Jukteśwar. – Prawa działające w fizycznym wszechświecie, te, które odkrywają uczeni, nazywamy naturalnymi. Istnieją jednakże subtelniejsze prawa, rządzące ukrytymi światami ducha i wewnętrznym królestwem świadomości. Można je poznać tylko dzięki nauce jogi. Prawdziwą naturę materii pojmuje nie fizyk, lecz mistrz, który osiągnął samourzeczywistnienie. Mocą takiej wiedzy Chrystus sprawił, że pewnemu słudze odrosło ucho, odcięte przez jednego z uczniów**.

Śri Jukteśwar był niezrównanym interpretatorem pism świętych. Wiele moich najszczęśliwszych wspomnień wiąże się z rozprawami, które wygłaszał. Jednak klejnotów swych myśli nie rzucał na pastwę nieuwagi lub głupoty. Jeden mój niespokojny ruch lub najmniejsza chwila roztargnienia wystarczały, by natychmiast przestał mówić.

– Jesteś nieobecny – przerwał swoją wypowiedź pewnego popołudnia. Jak zwykle, od razu bezbłędnie dostrzegł, że nie słucham.

– Gurudźi! – sprzeciwiłem się. – Nie poruszyłem się. Nawet nie drgnęły mi powieki. Potrafię powtórzyć każde słowo!

– Mimo to nie byłeś ze mną całym sobą. Twój sprzeciw skłania mnie do uświadomienia ci, że w wyobraźni zakładałeś trzy instytucje: w lesie na równinie, na szczycie wzgórza i nad oceanem.

Rzeczywiście miałem takie na wpół świadome, bliżej nieokreślone myśli. Spojrzałem na niego przepraszająco.

– Cóż mam począć z takim mistrzem, który przenika moją przypadkową zadumę?

– Dałeś mi do tego prawo. Bez całkowitej koncentracji nie potrafisz uchwycić subtelnych prawd, które ci przedstawiam. Nie naruszam prywatności czyjegoś umysłu, chyba że to konieczne. Człowiek ma naturalne prawo do przebywania z własnymi myślami w całkowitej

---

* „Wszystko, o co w modlitwie prosicie, stanie się wam, tylko wierzcie, że otrzymacie" (Mk 11, 24). Zjednoczeni z Bogiem mistrzowie potrafią przekazać swoje poznanie prawdy i boską moc zaawansowanym uczniom, tak jak uczynił to w tym przypadku Lahiri Mahaśaja dla Śri Jukteświara.

** „I któryś z nich uderzył sługę najwyższego kapłana i odciął mu prawe ucho. Lecz Jezus odpowiedział: «Przestańcie, dosyć!» I dotknąwszy ucha, uzdrowił go" (Łk 22, 50-51).

tajemnicy. Pan nie wchodzi tam, jeśli nie zostanie zaproszony; ja też nie śmiem tego czynić.
– Ciebie, Mistrzu, zawsze serdecznie zapraszam.
– Twoje architektoniczne marzenia zrealizują się później. Teraz czas na naukę!

I tak, we właściwy sobie, prosty sposób, guru mimochodem odsłonił przede mną trzy przyszłe wielkie wydarzenia. Od wczesnej młodości miewałem zagadkowe wizje trzech budynków, każdego w innym otoczeniu. Wizje te istotnie się urzeczywistniły, dokładnie w tej kolejności, jaką podał Śri Jukteśwar. Najpierw założyłem szkołę jogi dla chłopców w położonym na równinie mieście Rańći, potem powstała amerykańska siedziba mojej organizacji na wzgórzu w Los Angeles, a na końcu pustelnia w Encinitas w Kalifornii nad Pacyfikiem.

Mistrz nigdy nie twierdził arogancko: „Przepowiadam, że wydarzy się to i to". Raczej tylko napomykał: „Czy nie sądzisz, że coś takiego może się wydarzyć?" Lecz jego prosta mowa kryła w sobie proroczą moc. Wszystko nieodwołalnie się sprawdzało; jego lekko zawoalowane słowa nigdy nie okazały się fałszywe.

Śri Jukteśwar był człowiekiem powściągliwym i rzeczowym. Nie miał w sobie nic z natchnionego wizjonera. Stąpał twardo po ziemi, choć z głową w niebiosach. Ludzie praktyczni budzili jego podziw. – Świętość nie jest głupotą! Stan samourzeczywistnienia nie pozbawia zdolności myślenia – powtarzał – Czynne praktykowanie cnót rodzi najżywszą inteligencję.

Guru niechętnie mówił o sprawach świata subtelnego. „Cudowność" aury, jaką wokół siebie roztaczał, polegała tylko i wyłącznie na doskonałej prostocie. Unikał sensacyjnych wzmianek o cudach, natomiast bez trudu ich dokonywał. Wielu nauczycieli opowiadało o cudach, ale nie potrafili uczynić ani jednego. Śri Jukteswar rzadko wspominał o prawach wymiarów subtelnych, ale po cichu dowolnie nimi operował.

– Człowiek urzeczywistniony nie czyni żadnych cudów, dopóki nie otrzyma na to wewnętrznego upoważnienia – tłumaczył Mistrz. – Bóg nie życzy sobie, aby bez określonego celu ujawniać tajemnice stworzenia*. Ponadto, każdy człowiek na świecie ma nienaruszalne prawo do wolnej woli. Święty nie naruszy tej niezależności.

To, że Śri Jukteśwar nie mówił o sprawach cudownych, wynikało

---

* „Nie dawajcie psom tego, co święte, i nie rzucajcie swych pereł przed świnie, by ich nie podeptały nogami, i obróciwszy się, was nie poszarpały" (Mt 7, 6).

u niego z głębi poznania. Nie miał czasu na niekończące się „rewelacje", jakie wypełniają dni nauczycieli, którzy nie osiągnęli jeszcze samourzeczywistnienia. W jednym z hinduskich pism świętych powiedziane jest: „U ludzi płytkich rybki miernych myśli wprowadzają dużo zamieszania. W umysłach wielkich jak ocean wieloryby natchnienia ledwie marszczą powierzchnię".

Skromne, niespektakularne zachowanie guru sprawiało, że tylko nieliczni ze współczesnych rozpoznawali w nim nadczłowieka. Popularne przysłowie: „Głupcem jest ten, kto nie potrafi ukryć swej mądrości", potwierdza, jak głęboko mądry był mój milczący Mistrz.

Chociaż, jak wszyscy ludzie, Śri Jukteśwar urodził się jako śmiertelnik, osiągnął jedność z Władcą Czasu i Przestrzeni. Nie istniały dla niego nieprzekraczalne bariery. Nic nie utrudniało mu połączenia pierwiastka ludzkiego z boskim. Później zrozumiałem, że w istocie nie ma takich barier, istnieją one tylko dla ludzi, którzy nie podejmują śmiałych poszukiwań duchowych.

Ilekroć dotykałem świętych stóp Śri Jukteświara, przenikał mnie dreszcz. Przez pełen czci kontakt z mistrzem uczeń zostaje duchowo namagnetyzowany; tworzy się subtelny prąd, który jakby wypala niepożądane nawyki w umyśle ucznia. Niszczy on także utarte koleiny jego świeckich skłonności. Na chwilkę przynajmniej może się przed nim unieść tajemnicza zasłona *maji*; doznaje wtedy szczęścia prawdziwej Rzeczywistości. Kiedy klękałem, na sposób hinduski, przed moim guru, całe moje ciało aż jaśniało wyzwalającą światłością.

– Także gdy Lahiri Mahaśaja milczał – powiedział mi Mistrz – albo rozmawiał na tematy nie związane z religią, czułem, że mi przekazuje niewysłowioną wiedzę.

Śri Jukteśwar oddziaływał na mnie podobnie. Nawet jeśli przychodziłem do pustelni zmartwiony lub zobojętniały, moje samopoczucie niepostrzeżenie się zmieniało. Na sam widok guru spływał na mnie kojący spokój. Każdy spędzony z nim dzień przynosił mi nową radość, spokój i mądrość. Nigdy nie widziałem, by dał się omamić czy ponieść chciwości, emocjom, gniewowi czy jakimkolwiek innym namiętnościom, które niewolą człowieka.

– Ciemność *maji* nadciąga cicho. Schrońmy się w głębi siebie. – Tymi słowami przestrogi stale przypominał uczniom o potrzebie praktykowania *krija-jogi*. Kiedyś pewien nowy uczeń wyraził wątpliwość, czy godzien jest podjąć tę praktykę.

– Zapomnij o przeszłości – pocieszał go Śri Jukteśwar. – Mrok występków spowija minione żywoty wszystkich ludzi. Dopóki człowiek nie zakotwiczy się w boskości, zawsze może się zachować nieodpowiedzialnie. Jeśli teraz podejmiesz duchowy wysiłek, wszystko w przyszłości się poprawi.

Mistrz zawsze miał w pustelni młodych *ćelów* (uczniów). O ich wychowanie duchowe i intelektualne troszczył się przez całe życie. Nawet na krótko przed swoim odejściem przyjął na naukę dwóch sześcioletnich chłopców i szesnastoletniego młodzieńca. Stosował wobec swych podopiecznych surową dyscyplinę. Słowa „disciple" (ang. „uczeń" – *dop. tłum.*) i „dyscyplina" łączy i etymologia, i praktyka.

Mieszkańcy aśramu kochali i czcili swego guru. Wystarczyło, by lekko klasnął dłońmi, a natychmiast do niego biegli. Kiedy milczał bądź zatopiony był w sobie, nikt nie śmiał się odezwać. Gdy rozbrzmiewał jego jowialny śmiech, dzieci traktowały go jak towarzysza zabaw.

Śri Jukteśwar rzadko prosił innych o jakąś osobistą przysługę, nie przyjmował też pomocy od ucznia, chyba że ten oferował ją z radością. Mistrz sam prał sobie ubrania, jeśli uczniowie zapomnieli o tym zaszczytnym obowiązku. Nosił tradycyjną, ochrową szatę swamiego i sandały bez sznurowadeł, zrobione, zgodnie ze zwyczajem joginów, z tygrysiej bądź jeleniej skóry.

Guru mówił płynnie po angielsku, francusku, bengalsku i w hindi; sanskryt znał poprawnie. Swoich młodych uczniów cierpliwie uczył sanskrytu i angielskiego, stosując pewne uproszczone sposoby, które sam sprytnie wymyślił.

Mistrz nie był przywiązany do ciała, nie przejmował się nim, ale o nie dbał. „Zdrowie fizyczne i psychiczne – mówił – pozwala należycie przejawić się boskości". Był przeciwny wszelkim skrajnościom. Uczniowi, który chciał się poddać długiemu postowi, powiedział ze śmiechem: – Dlaczego nie rzucić psu kości?*

Śri Jukteśwar cieszył się doskonałym zdrowiem. Nigdy nie widziałem, by chorował**. By okazać szacunek zwyczajom świata, pozwalał uczniom na wizyty u lekarzy, jeśli tego chcieli. „Lekarze – mówił – muszą leczyć zgodnie z Bożymi prawami, które rządzą materią." Sam

---

* Guru pochwalał post jako doskonałą metodę oczyszczającą. Ten jednak konkretny uczeń zdecydowanie za bardzo przejmował się swoim ciałem.
** Był kiedyś chory w Kalkucie, gdy mnie przy nim nie było (*zob.* s. 210).

jednak wychwalał wyższość terapii umysłem i często powtarzał: „Mądrość oczyszcza najlepiej".

„Ciało jest zdradliwym przyjacielem. Dawajcie mu to, co mu się należy – nie więcej – tłumaczył *celom*. – Ból i przyjemność przemijają; znoście wszystkie skrajne stany ze spokojem, starając się zarazem nie ulegać ich władzy. Wyobraźnia to drzwi, przez które wchodzą zarówno choroba, jak i uleczenie. Nie wierzcie w rzeczywistość choroby, nawet jeśli czujecie się chorzy; gość zignorowany szybko was opuści".

Wśród uczniów Mistrza było wielu lekarzy. „Ci, którzy studiowali fizjologię, powinni pójść dalej i poznawać naukę o duszy – mówił im. – Tuż za mechanizmem ciała fizycznego jawi się subtelna struktura duchowa"*.

Śri Jukteśwar zalecał też uczniom, by w swoim życiu łączyli wartości Wschodu i Zachodu. On sam w sposobie działania był człowiekiem Zachodu, natomiast wewnętrznie – uduchowionym mędrcem Wschodu. Chwalił postęp, zaradność i higienę Zachodu, a jednocześnie podkreślał wagę ideałów religijnych, które od stuleci otaczają nimbem Wschód.

Poznałem już dyscyplinę: w domu ojciec był stanowczy, a Ananta często surowy. Ale treningu, jakiemu poddawał nas Śri Jukteśwar, nie można nazwać inaczej jak drastycznym. Jako perfekcjonista mój guru był nadzwyczaj krytyczny w stosunku do uczniów, tak w sprawach ważnych jak i dotyczących subtelnych niuansów zachowania.

– Dobre maniery, jeśli nieszczere, przypominają piękną damę-nieboszczkę – zauważył przy pewnej okazji. – Bezpośredniość bez grzeczności jest jak skalpel chirurga, skuteczna, lecz nieprzyjemna. Szczerość w połączeniu z grzecznością jest pomocna i godna podziwu.

Mistrz był chyba zadowolony z moich postępów duchowych, gdyż

---

* Odważny lekarz, Charles Robert Richet, laureat nagrody Nobla w dziedzinie fizjologii, napisał: „Metafizyka nie jest jeszcze uznaną nauką, ale kiedyś będzie. [...] W Edynburgu zdołałem potwierdzić w obecności stu fizjologów, że pięć naszych zmysłów nie stanowi jedynych narzędzi poznania i że część rzeczywistości dociera do naszej inteligencji innymi drogami. [...] To, że jakiś fakt jest rzadki, nie znaczy, że nie istnieje. Czy dlatego, że badania w jakiejś dziedzinie są trudne, mamy się zgodzić na jej niezrozumienie? [...] Ci, którzy drwią z metafizyki jako nauki okultystycznej, będą się siebie wstydzić, podobnie jak ci, którzy drwili z chemii na tej podstawie, że iluzją jest poszukiwanie kamienia filozoficznego. [...] Jedyne zasady, których należy przestrzegać, to zasady Lavoisiera, Claude Bernarda i Pasteura – opierać się zawsze i wszędzie na badaniach doświadczalnych. Powitajmy zatem, nową naukę, która zmieni kierunek ludzkiej myśli".

rzadko o nich wspominał. Nie to ściągało na mą głowę jego ostre wyrzuty. Głównymi moimi wykroczeniami były roztargnienie, folgowanie smętnym nastrojom, nieprzestrzeganie pewnych reguł etykiety oraz niekiedy brak metodyczności.

– Zauważ, jak twój ojciec Bhagabati dobrze i w sposób przemyślany organizuje wszystkie swoje działania – zwrócił mi uwagę Mistrz. On i mój ojciec, dwaj uczniowie Lahiriego Mahaśaji, poznali się niedługo po mojej pierwszej wizycie w seramporskiej pustelni. Ojciec i Śri Jukteśwar podziwiali się nawzajem. Piękne życie wewnętrzne obaj zbudowali na fundamencie ducha mocnym jak granit i tak jak granit odpornym na działanie wieków.

Od jednej z moich wcześniejszych, przypadkowych nauczycieli przyswoiłem sobie kilka błędnych lekcji. *Ćela*, powiedziano mi, nie musi się za bardzo przejmować świeckimi obowiązkami. Jeśli zaniedbałem albo niestarannie wykonałem jakąś pracę, nie byłem za to karcony. Natura ludzka bardzo łatwo przyswaja sobie podobne nauki. Pod bezwzględną ręką Mistrza szybko jednak ocknąłem się z przyjemnej iluzji nieodpowiedzialności.

– Ci, którzy są za dobrzy dla tego świata, są ozdobą innego – zauważył Śri Jukteśwar. – Dopóki za darmo oddychasz powietrzem ziemi, zobowiązany jesteś do wdzięcznej służby. Spod praw kosmosu wyzwala się jedynie ten, kto w pełni opanował stan bez oddechu*. – Dodał drwiąco: – Nie omieszkam dać ci znać, gdy osiągniesz tę ostateczną doskonałość.

Mistrz nie dawał się niczym przekupić, nawet miłością. Nie pobłażał nikomu, kto tak jak ja, sam chciał zostać jego uczniem. Niezależnie od tego, czy mój guru i ja znajdowaliśmy się w otoczeniu uczniów, ludzi obcych, czy też byliśmy sam na sam, zawsze upominał mnie ostro i bez ogródek. Każdy drobny przejaw płytkości czy niekonsekwencji nieuchronnie spotykał się z jego naganą. Traktowanie to, tak zabójcze dla ludzkiego ego, trudno było wytrzymać, ja jednak z niezłomną determinacją pozwalałem, by Śri Jukteśwar rugował wszystkie moje psychiczne niedoskonałości. Gdy on dokonywał owej tytanicznej pracy nad moją przemianą, wielokrotnie chwiałem się pod uderzeniami bicza jego dyscypliny.

– Jeśli nie podobają ci się moje słowa, możesz w każdej chwili stąd odejść – mówił wtedy Mistrz. – Nie chcę od ciebie niczego poza tym,

---

* *Samadhi*: przebywanie w stanie nadświadomości.

byś się doskonalił. Zostań tu tylko, jeśli czujesz, że to dla twojego dobra. Jestem mu niewymownie wdzięczny za każdy upokarzający cios zadany mojej próżności. Niekiedy czułem się, mówiąc przenośnie, jakby odnajdywał i wyrywał mi ze szczęki każdy chory ząb. Twardego pancerza ego nie da się usunąć inaczej, jak tylko brutalnie. Ale gdy się go usunie, Bóg ma wreszcie wolny dostęp do duszy. Inaczej daremnie się stara przeniknąć do serc skamieniałych z egoizmu.

Śri Jukteśwar obdarzony był przenikliwą intuicją. Nie bacząc na wymawiane przez ludzi słowa, odpowiadał na ich myśli. Myśl i słowa, w jakie człowiek usiłuje ją ubrać, mogą być biegunowo różne. Mój guru radził: „Zachowaj wewnętrzną ciszę i staraj się wyczuć myśli pod gmatwaniną słów".

Jednak taki boski wgląd może sprawić ból ludziom nie zainteresowanym rozwojem duchowym. Mistrz nie był popularny wśród uczniów o powierzchownym umyśle. Mądrzy, zawsze nieliczni, głęboko go czcili. Śmiem twierdzić, że Śri Jukteśwar byłby najbardziej rozchwytywanym guru w Indiach, gdyby jego słowa nie były tak otwarcie krytyczne.

– Jestem twardy dla tych, którzy przychodzą do mnie po naukę – przyznał mi się. – Taka jest moja metoda. Można się z nią zgadzać lub nie. Nigdy nie pójdę na kompromis. Ale ty będziesz o wiele łagodniejszy dla swoich uczniów; taka jest twoja droga. Staram się oczyszczać ucznia w ogniu surowości, który czasami pali ponad zwykłą wytrzymałość. Ale łagodna miłość to też metoda, także przemienia. Twarde i łagodne metody są równie skuteczne, jeśli stosuje się je mądrze. Pojedziesz do obcych krajów, gdzie ostry, bezpośredni atak na ego nie cieszy się uznaniem. Przesłania Indii nie sposób szerzyć na Zachodzie, nie mając ogromu cierpliwości i wyrozumiałości (już nie powiem jak często wspominałem te słowa Mistrza, będąc w Ameryce).

Chociaż w czasie pobytu na ziemi bezwzględna szczerość słów Śri Jukteśwara nie przysporzyła mu wielu zwolenników, to jednak duch Mistrza żyje dziś w świecie dzięki stale rosnącej liczbie wiernych jego naukom. Wojownicy w rodzaju Aleksandra Wielkiego dążą do panowania nad ziemiami; panowanie mistrzów takich jak Śri Jukteśwar sięga znacznie dalej – głębi ludzkich dusz.

Mistrz miał zwyczaj wytykać drobne, mało istotne słabostki uczniów ze złowróżbną powagą. Pewnego dnia przyjechał mój ojciec, by złożyć uszanowanie Śri Jukteśwarowi. Ojciec najprawdopodobniej spodziewał się, że usłyszy o mnie jakieś słowa pochwały. Tymczasem przeżył wstrząs, gdyż guru przedstawił mu długą listę moich ułomności. Ojciec natychmiast do mnie przybiegł.

– Ze słów twojego guru wnoszę, że jesteś kompletnym nicponiem! – ni to śmiał się, ni płakał.

Jedyną przyczyną niezadowolenia Śri Jukteświara było wtedy to, że usiłowałem, wbrew jego łagodnym zastrzeżeniom, sprowadzić pewnego człowieka na ścieżkę duchową.

Oburzony, popędziłem do guru. Przyjął mnie ze spuszczonymi oczami, jakby poczuwał się do winy. Był to jedyny raz, kiedy widziałem, jak ten Boży Lew wobec mnie potulnieje. Napawałem się tym wyjątkowym widokiem z przyjemnością.

– Panie, dlaczego osądziłeś mnie tak bezlitośnie? Ojciec aż osłupiał. Czy to sprawiedliwe?

– Już więcej tego nie zrobię – odparł przepraszająco Mistrz.

Natychmiast mnie rozbroił. Jak łatwo ten wielki człowiek przyznał się do błędu! Ale chociaż już nigdy więcej nie poskarżył się na mnie ojcu, nadal bezpardonowo rozprawiał się z moimi niedociągnięciami przy każdej okazji.

Nowi uczniowie często sekundowali Śri Jukteświarowi w drobiazgowej krytyce innych. Mądrzy jak guru! Pozjadali wszystkie rozumy! Kto jednak atakuje, sam nie powinien być bezbronny. Ci sami złośliwi uczniowie pierzchali w pośpiechu, gdy tylko – w obecności innych – drasnęła ich jakaś strzała z kołczanu Mistrza.

– Wrażliwe słabostki, podrażnione najlżejszym tknięciem krytyki, są jak chore części ciała. Nie dadzą się opatrzyć, choćby najdelikatniej – żartobliwie skomentował kiedyś ich ucieczkę Śri Jukteświar.

Wielu uczniów ma z góry powzięte wyobrażenie o guru i zgodnie z nim ocenia jego słowa i czyny. Uczniowie tacy często się skarżyli, że nie rozumieją Śri Jukteświara.

– Ani też ty nie rozumiesz Boga! – odpowiedziałem kiedyś jednemu z nich – Gdybyś rozumiał świętego, sam byłbyś świętym! – Nie pojmujemy milionów tajemnic, które nas otaczają – chociażby tego, że oddychamy. I gdzież nam się pokusić o zrozumienie niezgłębionej natury mistrza?

Uczniowie przychodzili i na ogół odchodzili. Ci, którzy pragnęli łatwej ścieżki – kojącego współczucia i uznania, nie znajdowali takiej w pustelni. Mistrz oferował schronienie i prowadzenie na całe eony, ale wielu uczniów pragnęło tylko balsamu dla ego. Odchodzili, wybierając zamiast pokory niezliczone upokorzenia życia. Blask przenikliwej mądrości Śri Jukteśwara, ogień jego ducha, były zbyt mocnym lekiem na ich duchową chorobę. Szukali nauczyciela mniejszego formatu, który karmiąc ich pochlebstwem, pozwalałby im na konwulsyjny sen niewiedzy.

Podczas pierwszych miesięcy pobytu u Mistrza byłem bardzo wrażliwy na jego reprymendy i bardzo się ich bałem. Szybko jednak zauważyłem, że dokonywał on słownej wiwisekcji tylko tych osób, które tak jak ja go o to poprosiły. Jeśli któryś ze skręcających się ze wstydu uczniów protestował, Śri Jukteśwar milkł bez urazy. Jego słowa nigdy nie były gniewne, wyrażały tylko bezosobową mądrość.

Upomnienia Mistrza nie były przeznaczone dla przypadkowych gości. Rzadko wspominał o ich wadach, nawet jeśli rzucały się w oczy. Natomiast za uczniów, którzy szukali jego rady, przyjmował pełną odpowiedzialność. Odważny doprawdy jest guru, który się podejmuje oczyścić surową rudę egoizmu! Odwaga świętego rodzi się z jego współczucia dla potykających się we mgle *maji* ślepców tego świata.

Gdy tylko przestałem się czuć urażony upomnieniami Mistrza, zauważyłem, że gani mnie znacznie rzadziej. W bardzo subtelny sposób Mistrz miękł i stawał się względnie łagodniejszy. Z biegiem czasu rozkruszyłem mury racjonalizacji i innych podświadomych* mechanizmów, za którymi zwykle się chroni ludzka osobowość. Nagrodą za to była pełna harmonia z moim guru. Odkryłem wówczas, że jest on ufny, uważający wobec innych i kocha w milczeniu. Będąc powściągliwym, nie okazywał miłości w słowach.

Ja miałem temperament uczuciowy. Z początku trochę mnie niepokoiło, że Śri Jukteśwar, przepojony *dźńaną*, ale pozornie pozbawiony *bhakti***, wypowiadał się w kategoriach chłodnej duchowej matematyki. Lecz gdy się dostroiłem do jego duchowej natury, spostrzegłem, że pod jego wpływem moje oddanie i miłość do Boga nie osłabły, lecz bardzo wzrosły. Mistrz, który osiągnął samourzeczywistnienie, potrafi doskonale poprowadzić każdego ucznia zgodnie z jego naturalnymi skłonnościami.

---

* „Nasza świadoma i podświadoma istota nosi koronę nadświadomości – powiedział rabin Israel H. Levinthal na wykładzie w Nowym Jorku – Wiele lat temu angielski psycholog F. W. H. Myers wyraził myśl, że «kryjemy w sobie i górę śmieci, i skarbiec». W przeciwieństwie do psychologii, która bada tylko ludzką podświadomość, nowa psychologia nadświadomości skupia uwagę na owym skarbcu – obszarze jedynie odpowiedzialnym za wielkie, nieegoistyczne, bohaterskie czyny człowieka.

** *Dźńana* – mądrość; *bhakti* – pełne miłości oddanie. Dwie spośród głównych ścieżek do Boga.

Moja więź ze Śri Jukteśwarem, choć nieco milcząca, pełna była ukrytej wymowy. Często wyczuwałem cichą aprobatę Mistrza dla moich myśli, która mowę czyniła bezużyteczną. Siedząc przy nim w milczeniu, czułem, jak całą moją istotę zalewa szczodry strumień łaski.

Bezstronność i sprawiedliwość Śri Jukteśwara dały się zauważyć szczególnie wyraźnie podczas letnich wakacji po moim pierwszym roku studiów. Z radością skorzystałem z możliwości spędzenia całego tego okresu w Serampore z moim guru.

– Możesz objąć zarząd pustelni. – Mistrz zadowolony był z mojego przybycia i entuzjazmu. Twoje obowiązki polegać będą na przyjmowaniu gości i nadzorowaniu pracy pozostałych uczniów.

Tymczasem dwa tygodnie później został przyjęty na naukę w aśramie młody wiejski chłopak ze wschodniego Bengalu, Kumar. Wybitnie inteligentny, szybko zdobył sobie miłość Śri Jukteśwara. Z jakiegoś niepojętego powodu Mistrz przyjął wobec niego postawę bezkrytyczną.

Miesiąc po przyjeździe chłopca Mistrz wydał nowe instrukcje:

– Mukunda, niech teraz Kumar przejmie twoje obowiązki. Ty wykorzystaj czas na sprzątanie i gotowanie.

Wyniesiony na stanowisko zarządcy, Kumar rządził aśramem jak małostkowy tyran. Pozostali uczniowie podnieśli cichy bunt: po codzienne polecenia nadal przychodzili do mnie. Sytuacja ciągnęła się przez trzy tygodnie, aż podsłuchałem przypadkiem rozmowę między Kumarem i Mistrzem:

– Mukunda jest nieznośny! – poskarżył się Kumar. – Poleciłeś mi zarządzanie pustelnią, ale wszyscy się zwracają do niego i jego słuchają.

– Właśnie dlatego wyznaczyłem mu pracę w kuchni, a tobie w salonie – odparł Śri Jukteśwar miażdżącym tonem, zupełnie nowym dla Kumara. – W ten sposób zrozumiałeś, że dobry przywódca pragnie służyć, a nie dominować. Pragnąłeś stanowiska Mukundy, lecz nie zdołałeś go utrzymać dzięki własnym zaletom. Wracaj więc teraz do swej poprzedniej pracy pomocnika kucharza.

Po tym upokarzającym zajściu Mistrz znowu zaczął traktować Kumara niezwykle pobłażliwie. Któż potrafi wyjaśnić, dlaczego jakaś osoba tak bardzo nas pociąga? Kumar miał dla naszego guru czar, który na współuczniów nie działał. Chociaż Śri Jukteśwar wyraźnie go faworyzował, nie byłem tym zdziwiony. Osobiste idiosynkrazje, występujące nawet u mistrzów, wzbogacają obraz życia. Rzadko się troszczę o drobiazgi; u Śri Jukteśwara szukałem darów ducha, trudniej dostępnych niż czcze pochwały.

Pewnego dnia Kumar bez powodu odezwał się do mnie zjadliwie. Głęboko mnie zranił. Powiedziałem mu wtedy:

– Głowa tak ci spuchła, że niedługo pęknie! – i dodałem ostrzeżenie, którego prawdę wyczuwałem intuicyjnie: – Jeśli nie zaczniesz się lepiej zachowywać, któregoś dnia poproszą cię o opuszczenie aśramu.

Śmiejąc się sarkastycznie, Kumar powtórzył moje słowa guru, który właśnie wszedł do pokoju. Spodziewając się nagany, potulnie skryłem się w kącie.

– Może Mukunda ma rację – niezwykle chłodno odpowiedział chłopcu Mistrz.

Rok później Kumar wyjechał w odwiedziny do swojego rodzinnego domu. Zignorował łagodną dezaprobatę Śri Jukteśwara, który nigdy autorytatywnie nie krępował poczynań uczniów. Gdy po kilku miesiącach chłopiec powrócił do Serampore, widać było, że zmienił się na niekorzyść. Znikł pełen godności Kumar o pogodnej i promiennej twarzy. Stał przed nami tylko niczym nie wyróżniający się wieśniak, który ostatnio nabawił się paru zgubnych nałogów.

Mistrz wezwał mnie do siebie i z rozpaczą omawiał ze mną fakt, że obecnie chłopiec nie nadaje się do klasztornego życia.

– Mukunda, tobie to zostawiam, nakaż Kumarowi, by jutro opuścił aśram. Ja nie potrafię tego zrobić! – Łzy stanęły w oczach Śri Jukteśwara, ale szybko się opanował. – Chłopiec nigdy nie upadłby tak nisko, gdyby mnie posłuchał i nie odjechał; niestety, wpadł w niewłaściwe towarzystwo. Odrzucił moją opiekę, tak więc jego nauczycielem musi pozostać bezlitosny świat.

Odejście Kumara nie sprawiło mi zadowolenia. Ze smutkiem zastanawiałem się, jak ktoś, kto potrafił zdobyć miłość mistrza, mógł tak łatwo ulec pokusom świata. Rozkoszowanie się winem i seksem właściwe jest człowiekowi jako dziecku natury; by się nimi cieszyć, nie potrzeba wielkiego wysublimowania. Podstępne zmysły działają jak wiecznie zielony oleander, roztaczający woń swych różowych kwiatów: tymczasem każda jego cząstka jest trująca*. Kraina zdrowia leży we wnętrzu człowieka, promienna szczęściem, którego jak ślepcy na

---

* „Człowiek w stanie jawy usilnie zabiega o przyjemności zmysłowe; ale gdy wszystkie narządy zmysłów się zmęczą, zapomina nawet o tej przyjemności, która jest tuż pod ręką, i idzie spać, aby zażywać spoczynku w duszy, swej właściwej naturze – napisał Śankara, wielki wedantysta. – Ponadzmysłową szczęśliwość można więc osiągnąć niezwykle łatwo, wszak przewyższa ona znacznie rozkosze zmysłów, które zawsze prowadzą do odrazy."

próżno poszukujemy w świecie zewnętrznym.

– Bystra inteligencja jest obosieczna – zauważył raz Mistrz, mając na myśli błyskotliwy umysł Kumara. – Można się nią posługiwać konstruktywnie albo destrukcyjnie, podobnie jak nożem: albo tak, że przetnie się wrzód ignorancji, albo tak, że odetnie się sobie głowę. Dopiero gdy umysł uzna nieuchronność praw duchowych, człowiek potrafi pokierować inteligencją w sposób właściwy.

Guru obcował swobodnie z uczniami obu płci, traktując wszystkich jak własne dzieci. Wiedząc, że dusze mężczyzn i kobiet są sobie równe, nie czynił między nimi różnicy.

– We śnie nie wiesz, czy jesteś mężczyzną, czy kobietą – mówił. – Podobnie jak mężczyzna, przedstawiający na scenie kobietę, wcale nią nie jest, tak i dusza, odgrywając w świecie rolę mężczyzny lub kobiety, nie ma płci. Dusza jest czystym obrazem Boga, niezmienna, nieuwarunkowana.

Śri Jukteśwar nie unikał kobiet ani też nie obwiniał ich za „upadek" człowieka, wygnanie z raju. Kobiety również, mówił, muszą opierać się pokusie, jaką w nich wzbudza płeć przeciwna. Kiedyś spytałem guru, dlaczego pewien wielki starożytny święty uważał kobietę za „bramę do piekieł".

– W młodości jakaś dziewczyna zapewne bardzo zakłócała mu spokój – odparł uszczypliwie. – Inaczej nie potępiałby kobiet, lecz własny niedostatek samoopanowania.

Gdy któryś z gości ośmielił się opowiedzieć w pustelni jakąś dwuznaczną historię, Mistrz zachowywał obojętne milczenie.

– Nie pozwól, by prowokujące spojrzenie pięknych oczu zbijało cię z nóg, nie ulegaj – mówił uczniom. – Jakże niewolnik zmysłów może się cieszyć światem? Nie czuje jego subtelnych aromatów, tarzając się w błocie pożądań. Człowiek owładnięty pierwotną żądzą nie potrafi rozpoznać tego, co subtelne.

Uczniom, którzy starali się wyzwolić z ułudy płci, jaką wywołuje *maja*, udzielał rad pełnych cierpliwości i zrozumienia.

– Podobnie jak właściwym celem jedzenia jest zaspokojenie głodu, a nie łakomstwa, tak też popęd płciowy został nam dany przez naturę tylko w celu rozmnażania gatunku, a nie po to, by rozpalać nienasycone żądze. Zniszcz niewłaściwe pragnienia teraz; inaczej – po oddzieleniu się ciała astralnego od powłoki fizycznej – pozostaną z tobą. Umysł powinien bezustannie stawiać opór słabościom ciała. Jeśli pokusa zaatakuje cię z bezlitosną siłą, przezwycięż ją bezosobową analizą i nieugiętą wolą. Każdą naturalną żądzę można opanować. Nie trwoń sił. Bądź jak ogromny ocean, spokojnie wchłaniaj wszystkie dopływy doznań zmysłowych. Stałe uleganie pragnieniom nadwyręża wewnętrzny spokój; tęsknoty zmysłów są jak otwory w zbiorniku, przepuszczające żywą wodę, która ginie w pustynnej glebie fizyczności. Niepohamowany impuls żądzy to największy wróg szczęścia. Wędruj po świecie jak lew samoopanowania. Nie pozwól, by twoje własne słabości miotały tobą na wszystkie strony.

Ostatecznie wielbiciel uwalnia się od wszystkich instynktownych popędów. Przeobraża potrzebę ludzkiej miłości w pragnienie samego tylko Boga – miłości jedynej, bowiem wszechobecnej.

Matka Śri Jukteśwara mieszkała w dzielnicy Rana Mahal w Benaresie, tam gdzie po raz pierwszy odwiedziłem swego guru. Łaskawa i życzliwa, była zarazem kobietą o bardzo zdecydowanych poglądach. Pewnego dnia stałem na balkonie jej pokoju i patrzyłem, jak rozmawia z synem. Na swój spokojny, rozsądny sposób Mistrz starał się ją o czymś przekonać. Najwyraźniej mu się to nie udało, gdyż protestowała energicznymi ruchami głowy.

– Nie, nie mój synu, idź już! Nie dla mnie twoje mądre słowa. Nie jestem twoją uczennicą!

Śri Jukteśwar wycofał się bez słowa, jak zbesztane dziecko. Byłem wzruszony tym, jak wielki szacunek okazuje matce, nawet gdy się zachowywała nierozsądnie. Dostrzegała w nim tylko swojego małego chłopczyka, a nie mędrca. W tym drobnym zdarzeniu był pewien urok: rzucało ono światło na niezwykły charakter mojego guru, nieugiętego, a zarazem pełnego wewnętrznej pokory.

Reguły zakonne nie pozwalają swamim na podtrzymywanie świeckich więzi po ich formalnym zerwaniu. Nie mogą oni odprawiać rodzinnych obrzędów, co jest obowiązkiem głowy rodziny. Śankara, starożytny założyciel Zakonu Swamich, nie przestrzegał tego nakazu. Po śmierci swej ukochanej matki spalił jej ciało ogniem niebieskim, który wytrysnął z jego podniesionej dłoni.

Śri Jukteśwar również nie zastosował się do tego zakazu, chociaż w sposób mniej widowiskowy. Gdy jego matka odeszła, dokonał obrzędu spalenia zwłok nad świętym Gangesem w Benaresie i zgodnie z odwiecznym zwyczajem przygotował poczęstunek dla wielu braminów.

Zakazy zawarte w *śastrach* miały na celu dopomóc swamim przezwyciężać ograniczenia osobistych więzi. Śankara i Śri Jukteśwar, których dusze całkowicie stopiły się z Bezosobowym Duchem, nie potrzebowali pomocy przepisów. Niekiedy też mistrz celowo ignoruje jakiś nakaz, aby podkreślić wyższość zasady, na której sie opiera, i jej niezależność od formy. Dlatego Jezus pozwolił głodnym uczniom zrywać kłosy zboża w dzień szabatu. Nieuniknioną krytykę odparł ironicznym humorem: „To szabat został ustanowiony dla człowieka, a nie człowiek dla szabatu"*.

Poza pismami świętymi Śri Jukteśwar czytał niewiele. Mimo to zawsze znał najnowsze odkrycia naukowe i orientował się w postępach wiedzy**. Doskonały rozmówca, wymieniał ze swoimi gośćmi poglądy na wszystkie możliwe tematy. Żywy dowcip i gromki śmiech guru ożywiały każdą dyskusję. Mistrz często bywał poważny, ale nigdy ponury.

– Poszukiwanie Pana nie wymaga posępnego oblicza – mówił, parafrazując powiedzenie Jezusa***. – Pamiętajmy, że odnalezienie Boga położy kres wszystkim smutkom.

Aśram odwiedzali profesorowie, filozofowie, prawnicy i uczeni. Wielu z tych, który przychodzili po raz pierwszy, spodziewało się spotkania z człowiekiem ortodoksyjnie religijnym. Lekceważący uśmiech lub spojrzenie pełne pobłażliwej tolerancji zdradzały niekiedy, że nowoprzybyły nie oczekuje niczego poza kilkoma pobożnymi komunałami. Jednak po rozmowie ze Śri Jukteśwarem stwierdzał, że Mistrz głęboko rozumie jego specjalistyczną dziedzinę wiedzy, i odchodził niechętnie.

Wobec gości guru był zazwyczaj uprzejmy i delikatny. Witał ich z ujmującą serdecznością. Niekiedy jednak niepoprawni egotyści doznawali otrzeźwiającego wstrząsu. Spotkała ich z jego strony albo lodowata obojętność, albo miażdżący sprzeciw: lód bądź stal!

Kiedyś znany chemik skrzyżował szpady ze Śri Jukteśwarem. Gość nie chciał przyznać, że Bóg istnieje, ponieważ nie można było tego potwierdzić metodami naukowymi.

– Zatem nie udało się panu wypreparować Najwyższej Potęgi w swoich probówkach! – Mistrz spojrzał na niego surowo. – Zalecam przeprowadzenie doświadczenia: proszę nieustannie badać swoje myśli

---

* Mk 2, 23-27
** Mistrz, ilekroć zechciał, mógł natychmiast dostroić swój umysł do umysłu każdego innego człowieka. (Jest to moc jogiczna wspomniana w *Jogasutrach*, III, 19 Patańdźalego). Moce jogiczne Śri Jukteśwara jako ludzkiego „radia" oraz natura myśli wyjaśnione są na ss. 160-161.
*** Mt 6, 16

przez dwadzieścia cztery godziny, a stanie się jasne, że Boża nieobecność to nic dziwnego.

Podobnego wstrząsu doznał pewien słynny pandit podczas swej pierwszej wizyty w aśramie. Krokwie dachu trzęsły się, gdy uczony z ostentacyjną gorliwością głośno recytował dźwięczne fragmenty *Mahabharaty*, upaniszad* i komentarzy (*bhasja*) Śankary.

– Czekam, aby usłyszeć coś od pana – powiedział Śri Jukteśwar wyczekująco, jak gdyby w sali do tej pory panowała cisza. Pandit nie zrozumiał. – Cytatów padło tutaj aż za wiele. – Słowa Mistrza przyprawiły mnie o atak wesołości. Siedziałem w swoim kąciku, w stosownej odległości od gościa. – Jaki jednak własny komentarz mógłby pan dodać, opierając się na przykładach z własnego życia? Który ze świętych tekstów przyswoił pan sobie w pełni, tak że stał się częścią pana? W jaki sposób te ponadczasowe prawdy odmieniły pański charakter? Czy zadowala pana bycie katarynką, która mechanicznie powtarza cudze słowa?

– Poddaję się! – Smutek uczonego był aż komiczny. – Nie osiągnąłem wewnętrznego urzeczywistnienia.

Po raz pierwszy może pandit zrozumiał, że stosowna pauza po przecinku nie usprawiedliwia duchowej śpiączki**.

– Ci papierowi pedanci nie widzą światła, choć ślęczą przy lampie – zauważył guru po odejściu skarconego nieszczęśnika. – Filozofia to dla nich miła rozgrzewka intelektualna. Swoje wzniosłe myśli skrzętnie izolują od życia: obce są im subtelności postępowania i nie wiedzą, co to ścisła dyscyplina wewnętrzna.

Przy innych okazjach Mistrz podkreślał jałowość czysto książkowej wiedzy.

– Nie mylcie zrozumienia z dużym zasobem słownictwa – mówił. – Pisma święte przynoszą korzyść, ponieważ pobudzają pragnienie wewnętrznego urzeczywistnienia, jednakże dzieje się tak, jeśli przyswajamy je powoli: wystarczy je studiować po jednym wersecie. Dociekania wyłącznie intelektualne rodzą tylko pychę i fałszywe zadowolenie

---

* Upaniszady lub *wedanta* (dosłownie: „zwieńczenie, koniec Wed"), wchodzące w skład każdej z czterech Wed, stanowią ich podsumowanie i są podstawą doktryny hinduizmu. Ich głębię, oryginalność i wzniosłość myśli chwalił Schopenhauer. Wyraził się on: „Dostęp do Wed [dzięki zachodnim przekładom upaniszad] to według mnie największy przywilej, jakim się może poszczycić nasze stulecie w odróżnieniu od ubiegłych wieków".

** W języku angielskim gra słów: *comma* – „przecinek", *coma* – „śpiączka" (*przyp. tłum.*)

z wiedzy, która pozostaje nieprzetrawiona.

Śri Jukteświar opowiedział nam, co go kiedyś spotkało podczas studiowania pism świętych. Działo się to w leśnej pustelni we wschodnim Bengalu, gdzie się przyglądał, jak naucza słynny nauczyciel, Dabru Ballaw. Jego metoda, zarazem prosta i trudna, była powszechnie stosowana w starożytnych Indiach.

Dabru Ballaw zebrał wokół siebie uczniów w leśnej głuszy. Przed każdym z nich leżała otwarta święta księga – *Bhagawadgita*. Przez pół godziny wytrwale wpatrywali się w jeden ustęp, a następnie zamknęli oczy. Tak samo minęło następne pół godziny. Mistrz dał krótki komentarz. Potem uczniowie znowu godzinę medytowali. Wreszcie guru spytał:

– Czy zrozumieliście ten werset?

– Tak, panie – odważył się stwierdzić ktoś z grupy.

– Nie, niezupełnie – odparł guru. – Szukajcie owej duchowej żywotności, która stulecie za stuleciem dawała tym słowom moc odradzania Indii.

Jeszcze jedna godzina upłynęła w ciszy. Mistrz zwolnił uczniów i zwrócił się do Śri Jukteświara:

– Czy znasz *Bhagawadgitę*?

– Nie, panie, nie znam jej naprawdę, chociaż oczyma i umysłem wielokrotnie prześliznąłem się po jej stronicach.

– Tysiące uczniów odpowiadało mi inaczej! – Wielki mędrzec uśmiechnął się do mojego Mistrza, błogosławiąc go tym uśmiechem. – Jeśli ktoś się zajmuje demonstrowaniem znajomości pism, to ileż czasu mu pozostaje, by szukać bezcennych pereł w ciszy własnego wnętrza?

Śri Jukteświar nauczał tą samą metodą skupienia się całym sobą na zrozumieniu jednej kwestii.

– Mądrości nie przyswaja się oczami, lecz każdym atomem – mówił. – Jeśli nie tylko głową, lecz całym jestestwem czujesz się przekonany o jakiejś prawdzie, wówczas możesz nieśmiało twierdzić, że rozumiesz.

Mistrz nieodmiennie odwodził uczniów od przekonania, że wiedza książkowa to konieczny krok do duchowego urzeczywistnienia.

– W jednym zdaniu ryszi zapisywali treści tak głębokie, że uczeni od pokoleń zajmują się ich komentowaniem – mówił. – Nie kończące się spory literackie dobre są dla próżniaczych umysłów. Jakaż myśl szybciej doprowadzi do wyzwolenia, niż „Bóg jest"? Nie, starczy: „Bóg".

Człowiek jednak niełatwo powraca do prostoty. Rzadko mu chodzi o Boga, woli raczej uczone, nadęte mądrości. Ego intelektualisty pyszni się, że posiada tak wielką erudycję.

Ludzie dumni ze swojego bogactwa bądź wysokiej pozycji w świecie, w obecności Mistrza lubili się także pochwalić cnotą pokory. Pewnego razu do nadmorskiego aśramu w Puri przybył na rozmowę miejscowy sędzia. Mężczyzna ten, słynny z bezwzględności, dzięki swej władzy mógł nas wyrzucić z pustelni. Uprzedziłem o tym Mistrza, lecz ten okazał całkowitą bezkompromisowość: usadowił się spokojnie i nie wstał, gdy gość wszedł. Trochę zdenerwowany, usiadłem przy drzwiach. Śri Jukteśwar nie poprosił mnie, abym przyniósł krzesło, i sędzia musiał się zadowolić siedzeniem na drewnianej skrzyni. Nie spełniło się jego wyraźne oczekiwanie, że jako tak ważna osoba zostanie powitany z należnym ceremoniałem.

Zaczęła się metafizyczna dyskusja. Gość nie radził sobie z interpretacją fragmentów pism i popełniał błąd za błędem. W miarę jak to sobie uświadamiał, rósł jego gniew.

– Czy wie pan, że najlepiej zdałem egzamin magisterski?! – Rozsądek go opuścił, ale potrafił jeszcze krzyczeć.

– Panie sędzio, zapomina pan, że nie znajduje się w sali sądowej – odpowiedział spokojnie Mistrz. – Z pańskich dziecinnych uwag mógłbym raczej wnosić, że pana kariera uniwersytecka nie była nadzwyczajna. Poza tym tytuł naukowy nie ma nic wspólnego z rozumieniem Wed. Świętych nie produkuje się na pęczki co semestr, jak księgowych.

Po chwili martwej ciszy gość roześmiał się serdecznie.

– To moje pierwsze spotkanie z sędzią niebiańskim – powiedział. Później, w języku naszpikowanym terminami prawniczymi, który najwyraźniej stanowił nieodłączną część jego istoty, złożył formalną prośbę o przyjęcie go na ucznia „na próbę".

Bywało, że Śri Jukteśwar, podobnie jak Lahiri Mahaśaja, zniechęcał niedojrzałych uczniów do wstępowania do Zakonu Swamich. „Kto nie urzeczywistnił w sobie Boga, a nosi ochrową szatę, wprowadza ludzi w błąd – mówili obaj mistrzowie. – Zapomnij o zewnętrznych symbolach wyrzeczenia; mogą ci one zaszkodzić, przyprawiając o fałszywą dumę. Nic się nie liczy poza wytrwałym, ciągłym postępem na ścieżce duchowego rozwoju. W tym celu stosuj *krija-jogę*".

Mierząc wartość człowieka, święty posługuje się jednym, niezmiennym kryterium, zupełnie różnym od zmiennych kryteriów świata. Ludzkość – we własnych oczach tak wielobarwna! – dla mistrza dzieli się tylko na dwie kategorie: na pogrążonych w niewiedzy, którzy nie poszukują Boga, i mądrych, którzy to czynią.

Guru osobiście pilnował spraw związanych z zarządzaniem swym majątkiem. Kilkakrotnie różni ludzie, pozbawieni skrupułów, usiłowali wejść w posiadanie ziemi rodzinnej Mistrza. Wykazując zdecydowanie, a nawet podejmując kroki sądowe, pokonał każdego przeciwnika. Narażał się na te przykrości, nie chcąc być guru-żebrakiem ani ciężarem dla uczniów.

Dzięki niezależności finansowej Mistrz zawsze mógł sobie pozwolić na przerażającą szczerość i nie znał się na żadnych dyplomatycznych wybiegach. W przeciwieństwie do nauczycieli, którzy zmuszeni są schlebiać swoim protektorom, mój guru był całkowicie odporny na sugestie bogaczy, czy to jawne, czy skryte. Nigdy nie słyszałem, by choćby napomknął o pieniądzach, czy też poprosił o nie na jakikolwiek cel. Nauka w pustelni była bezpłatna dla wszystkich uczniów.

Pewnego dnia pojawił się w aśramie w Serampore urzędnik sądowy, by doręczyć Śri Jukteświarowi pozew. Uczeń o imieniu Kanaj i ja zaprowadziliśmy go do Mistrza.

Urzędnik zachowywał się wobec Śri Jukteświara obraźliwie. Odezwał się z pogardą:

– Dobrze panu zrobi opuszczenie mroków tej pustelni i pooddychanie czystym powietrzem sali sądowej.

Nie mogłem się powstrzymać:

– Jeszcze jedno bezczelne słowo, a wyląduje pan na podłodze! – Przystąpiłem do niego groźnie.

– Ty łotrze! – jednocześnie ze mną krzyknął Kanaj. – Jak śmiesz bluźnić w tym świętym aśramie?

Mistrz stanął między nami a urzędnikiem, osłaniając go.

– Nie popadajcie w niepotrzebne podniecenie. Ten człowiek spełnia tylko swój służbowy obowiązek.

Urzędnik, zaskoczony tak różnym przyjęciem, przeprosił z szacunkiem i pośpiesznie odszedł.

Było zdumiewające, że mistrz o tak płomiennej woli, może być wewnętrznie tak spokojny. Stanowił ilustrację wedyjskiej definicji człowieka Bożego: „Delikatniejszy od kwiatu, gdy potrzeba życzliwości i dobroci; potężniejszy od gromu, gdy chodzi o zasady".

Zawsze są na tym świecie ludzie, którzy, mówiąc słowami Browninga, „nie znoszą światła, bo sami są ciemnością". Niekiedy zdarzało się, że przypadkowi ludzie wymyślali Śri Jukteświarowi za jakieś wyobrażone krzywdy. Guru, nieporuszony, słuchał uprzejmie, analizując zarazem siebie, badając, czy w zarzutach nie ma jakiegoś śladu prawdy. Podobne sceny zawsze przywodzą mi na myśl jedno z niezrównanych powiedzeń Mistrza: „Niektórzy ludzie usiłują stać się wyżsi, obcinając głowy innym".

Niewzruszone opanowanie świętego robi wrażenie większe niż jakiekolwiek kazania. „Cierpliwy jest lepszy niż mocny, opanowany – od zdobywcy grodu"*.

Często przychodziło mi na myśl, że mój Mistrz, tak pełen majestatu, gdyby mu zależało na sławie lub osiągnięciach w świecie, z łatwością mógłby zostać cesarzem albo wojowniczym władcą, który trzęsie światem. On jednak wolał szturmować wewnętrzne warownie gniewu i egotyzmu, których upadek przynosi człowiekowi wielkość.

---

* Prz 16, 32

Rozdział 13

Święty, który żyje bez snu

Któregoś dnia zwróciłem się do Mistrza tymi oto niewdzięcznymi słowami:
– Proszę cię, pozwól mi jechać w Himalaje. Mam nadzieję, że w całkowitej samotności osiągnę trwałe zjednoczenie z Bogiem.

Opanowany złudzeniem, jednym z tych, jakie od czasu do czasu ni stąd ni zowąd napastują miłośników Boga, czułem się coraz bardziej zniecierpliwiony obowiązkami w aśramie i studiami w koledżu. Może choć trochę usprawiedliwiał mnie fakt, że znałem Śri Jukteśwara zaledwie od pół roku. Wtedy nie uświadamiałem sobie w pełni jego niezwykłej wielkości.

– W Himalajach mieszka wielu górali, a mimo to nie widzą Boga – odparł Mistrz nieśpiesznie i po prostu. – Lepiej nie szukać mądrości w nieruchomych górach, lecz u kogoś, kto urzeczywistnił boskość w sobie.

Nie zważając na jasną wskazówkę Mistrza, że to on jest moim nauczycielem, a nie góra, powtórzyłem prośbę. Śri Jukteśwar nie raczył odpowiedzieć. Wziąłem jego milczenie za zgodę; przyjąłem interpretację wątpliwą, ale wygodną!

Tego samego dnia wieczorem w domu, w Kalkucie, zająłem się przygotowaniami do podróży. Pakując kilka rzeczy w koc, przypomniałem sobie podobny tobołek, który przed kilku laty zrzuciłem potajemnie z okna poddasza. Zastanawiałem się, czy tej kolejnej ucieczki w Himalaje też nie rozpoczynam pod złą gwiazdą. Za pierwszym razem przeżywałem duchowe uniesienie; tego wieczoru na myśl o opuszczeniu mojego guru czułem wyrzuty sumienia.

Autobiografia jogina

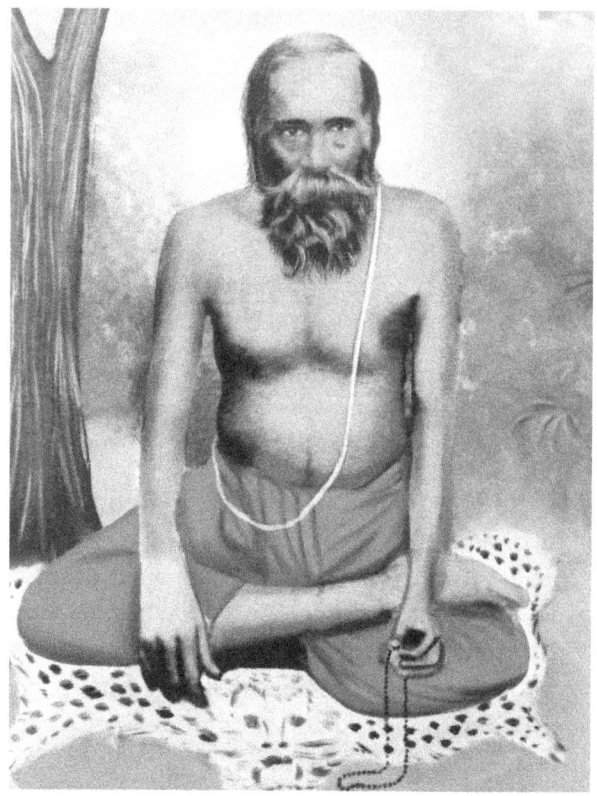

Ram Gopal Muzumdar, „Święty, który żyje bez snu"

Następnego dnia rano odszukałem pandita Behariego, mojego nauczyciela sanskrytu w Scottish Church College.
– Panie profesorze, mówił mi pan, że przyjaźni się z pewnym wielkim uczniem Lahiriego Mahaśaji. Czy mógłby mi pan podać jego adres?
– Masz na myśli Rama Gopala Muzumdara. Nazywam go „bezsennym świętym". W pełni przebudzony, trwa on nieprzerwanie w stanie ekstatycznej świadomości. Mieszka w Ranbadźpurze, niedaleko Tarakeśwaru.

Podziękowałem panditowi i natychmiast udałem się pociągiem do Tarakeśwaru. Miałem nadzieję, że uciszę złe przeczucia, jeśli uzyskam od świętego pozwolenie na samotną medytację w Himalajach. Pandit Behari mówił mi, że Ram Gopal osiągnął oświecenie. Stało się to po wielu latach praktykowania *krija-jogi* w odosobnieniu, w jaskiniach Bengalu.

Święty, który żyje bez snu

W Tarakeśwarze poszedłem do słynnej świątyni. Hindusi odnoszą się do niej z taką samą czcią, jak katolicy do świątyni w Lourdes we Francji. Miało tu miejsce wiele cudownych uzdrowień; jeden taki przypadek zdarzył się i w mojej rodzinie.

– Siedziałam w świątyni przez tydzień – opowiadała mi najstarsza ciotka. – Zachowując całkowity post, modliłam się o uzdrowienie twojego wuja Śarady z chronicznej choroby. Siódmego dnia poczułam, że w dłoni zmaterializowało mi się ziele! Zrobiłam napar z liści i dałam mu do wypicia. Choroba natychmiast ustąpiła i nigdy już nie powróciła.

Wszedłem do tarekeśwarskiej świątyni. Na ołtarzu znajduje się tam tylko okrągły kamień. Jego obwód, nie mający początku ani końca, symbolizuje Nieskończoność. W Indiach kosmiczne abstrakcje nieobce są nawet niepiśmiennym wieśniakom; i rzeczywiście, ludzie Zachodu oskarżają Hindusów o to, że karmią się abstrakcjami.

W owej chwili usposobiony byłem tak zasadniczo, że nie miałem ochoty pokłonić się przed kamiennym symbolem. Boga powinno się szukać tylko we wnętrzu duszy, pomyślałem.

Nie pokłoniłem się. Wyszedłem ze świątyni i żwawym krokiem ruszyłem w drogę do wsi Ranbadźpur. Nie byłem pewny, jak tam dojść, spytałem więc o to przechodnia. Pogrążył się w długich rozmyślaniach.

– Proszę dojść do skrzyżowania i skręcić w prawo – orzekł w końcu niczym wyrocznia.

Zgodnie z tą wskazówką poszedłem wzdłuż brzegu jakiegoś kanału. Zapadła ciemność. Obrzeża leżącej na skraju dżungli wioski rozświetlało migotanie świetlików; raz po raz dobiegało mnie wycie przemykających w pobliżu szakali. Światło księżyca było zbyt nikłe, by wskazywać drogę. Potykając się, szedłem tak przez dwie godziny.

Wreszcie usłyszałem dzwonek krowy. Co za ulga! Kilka razy zawołałem, aż wreszcie zjawił się jakiś wieśniak.

– Szukam Rama Gopala Babu.

– W naszej wsi nikt taki nie mieszka – odparł mężczyzna gburowato. – A pan to pewnie jakiś kłamliwy tajniak.

Najwyraźniej miał w głowie tylko politykę. Chcąc rozwiać jego podejrzenia, wzruszająco przedstawiłem mu swoje rozpaczliwe położenie. Zaprosił mnie do siebie i serdecznie ugościł.

– Ranbadźpur jest daleko stąd – powiedział. – Na skrzyżowaniu trzeba było skręcić w lewo, a nie w prawo.

Autobiografia jogina

Mój poprzedni informator, pomyślałem ze smutkiem, stanowi wyraźne zagrożenie dla podróżnych. Po smacznym posiłku, na który składały się niełuskany ryż, *dal* z soczewicy i curry z kartofli i bananów, udałem się na spoczynek do małej chatki na podwórku. W oddali śpiewali wieśniacy przy głośnym akompaniamencie *mridang** i cymbałów. Sen był nie do pomyślenia tej nocy. Zamiast spać modliłem się gorąco, by Bóg wskazał mi ukrytą samotnię Rama Gopala.

Gdy tylko przez szczeliny ścian chatki wniknęło pierwsze blade światło świtu, wyruszyłem do Ranbadźpuru. Szedłem przez ścierniska pólek ryżowych, kalecząc stopy o ostre kikuty łodyg i przekraczając obwałowania z wyschniętej gliny. Od czasu do czasu napotykałem wieśniaków, którzy niezmiennie informowali mnie, że do celu pozostała mi tylko „jedna *krosza*" (dwie mile). W ciągu sześciu godzin słońce przewędrowało od horyzontu do zenitu, a ja czułem się tak, jakby od Ranbadźpuru zawsze dzielić mnie miała jedna *krosza*.

Było już dobrze po południu, a ja nadal znajdowałem się na niekończącym się polu ryżowym. Upał lejący się z nieba, przed którym nie było gdzie się schronić, sprawiał, że prawie mdlałem. Zbliżył się do mnie powolnym krokiem jakiś człowiek, ale nie śmiałem już zadać swego zwykłego pytania, by nie usłyszeć nieodmiennej odpowiedzi: "Jeszcze *krosza*".

Nieznajomy zatrzymał się przy mnie. Niski i drobnej budowy, był fizycznie niepozorny, lecz wielkie wrażenie robiły jego niezwykle przenikliwe, czarne oczy.

– Zamierzałem wyjechać z Ranbadźpuru, lecz cel, w jakim przybywasz, jest dobry, więc zaczekałem na ciebie. – Pokiwał palcem przed moją zdumioną twarzą. – Sprytnie to sobie wymyśliłeś, żeby mnie naić tu tak bez uprzedzenia! Ten profesor Behari nie miał prawa podawać ci mojego adresu.

Uznałem, że nie ma sensu się przedstawiać, w obecności takiego mistrza byłaby to zbędna gadatliwość. Stałem więc bez słowa, trochę dotknięty tym, jak mnie przyjął. Nagle zadał mi pytanie:

– Powiedz mi, gdzie według ciebie jest Bóg?

– Jak to, jest we mnie i wszędzie. – Niewątpliwie wyglądałem na równie zaskoczonego, jak się czułem.

---

* *Mridanga* to bębenek, w który uderza się ręką, powszechnie używany do akompaniowania śpiewom religijnym (*kirtan*) podczas ceremonii i procesji.

Święty, który żyje bez snu

– Przenika wszystko, ha? – zaśmiał się święty. – Dlaczego zatem, młodzieńcze, nie pokłoniłeś się wczoraj przed Nieskończonym, ukrytym w kamiennym symbolu w Tarakeśwarze?* Zostałeś ukarany za swoją dumę: otrzymałeś błędną wskazówkę od przechodnia, który nie bardzo odróżniał prawą stronę od lewej. Dziś również nie najlepiej ci się wiodło.

Z całego serca przyznałem mu rację, osłupiały ze zdumienia, że w tak niepozornym ciele kryje się wszechwidzące oko. Od jogina promieniowała uzdrawiająca moc. Na tym polu rozprażonym od słońca natychmiast odzyskałem siły.

– Uczeń często sądzi, że jego droga do Boga jest jedyna – powiedział. – Joga, dzięki której odnajduje się boskość we własnym wnętrzu, to niewątpliwie droga najwyższa. Tak mówił Lahiri Mahaśaja. Lecz odkrywszy Pana w sobie, wkrótce dostrzegamy Go wszędzie wokół. Słusznie czci się świątynię w Tarakeśwarze i inne świątynie jako ośrodki duchowej mocy.

Krytyczna postawa świętego znikła. Dostrzegłem w jego oczach łagodne współczucie. Poklepał mnie po ramieniu.

– Młody joginie, widzę, że uciekasz od swojego mistrza. Posiada on wszystko, czego ci trzeba; musisz do niego wrócić. Twoim guru nie mogą być góry. – Ram Gopal powtórzył myśl, którą dwa dni wcześniej wyraził Śri Jukteśwar. – Żadne kosmiczne prawo nie zmusza mistrzów do mieszkania tylko w górach. – Mój towarzysz spojrzał na mnie kpiąco. – Himalaje w Indiach czy Tybecie nie mają monopolu na świętych. Tego, czego człowiek nie odnajdzie w samym sobie, nie odkryje przemieszczając się tu czy tam. Gdy rzeczywiście gotów jest udać się choćby na koniec świata, by dostąpić oświecenia, zjawia się przy nim guru.

W myślach przyznałem mu rację. Przypomniałem sobie swoją modlitwę w pustelni w Benaresie, po której nastąpiło spotkanie ze Śri Jukteśwarem na zatłoczonej ulicy.

– Czy masz pokoik, w którym możesz się zamknąć i odosobnić?

– Tak. – Pomyślałem, że święty przechodzi od spraw ogólnych do szczegółowych w zaskakującym tempie.

– Zatem to jest twoja jaskinia. – Jogin obdarzył mnie oświecającym spojrzeniem, które dotąd pamiętam. – To twoja święta góra. Tam znajdziesz Królestwo Boże.

---

* „Człowiek, który niczemu się nie kłania, nie zdoła udźwignąć ciężaru własnego *ja*". – F. Dostojewski, *Biesy*.

Autobiografia jogina

Te proste słowa natychmiast wyzwoliły mnie z chronicznej obsesji na punkcie Himalajów. Tam, pod palącym słońcem, na polu ryżowym, obudziłem się z marzeń o wiecznych górskich śniegach.

– Młodzieńcze, twoje palące pragnienie Boga to rzecz chwalebna. Czuję do ciebie wielką miłość. – Ram Gopal wziął mnie za rękę i poprowadził do osobliwej wioski na leśnej polanie. Domy z niewypalonej cegły, pokryte strzechami z liści palmy kokosowej, ozdobione były nad drzwiami girlandami ze świeżych tropikalnych kwiatów.

W swej chatce święty posadził mnie na ocienionym podwyższeniu z bambusa. Poczęstował mnie osłodzonym sokiem z limonek i cukierkiem, po czym wyszliśmy na wewnętrzne podwórko i usiedliśmy w pozycji lotosu. Po czterech godzinach medytacji otworzyłem oczy i w świetle księżyca ujrzałem postać jogina, który wciąż siedział nieruchomo. Gdy wkrótce zacząłem surowo upominać swój żołądek, że nie samym chlebem człowiek żyje, Ram Gopal wstał i podszedł do mnie.

– Widzę, że jesteś bardzo głodny. Posiłek zaraz będzie gotowy.

Po chwili w glinianym piecu na podwórku płonął już ogień. Gospodarz szybko podał ryż i *dal* na wielkich bananowych liściach. Gdy zaproponowałem pomoc w kuchennych czynnościach, grzecznie odmówił. „Gość to Bóg" – to hinduskie przysłowie mówi o zwyczaju przestrzeganym od niepamiętnych czasów. W swych późniejszych podróżach po świecie zaobserwowałem z przyjemnością, że w wielu krajach wieśniacy okazują gościom podobny szacunek. Gościnność w miastach osłabia nadmiar obcych twarzy.

Gdy tak siedziałem obok jogina w odosobnionej, maleńkiej wiosce na skraju dżungli, targowiska ludzkie wydawały się prawie niewyobrażalnie odległe. Wnętrze chaty wypełniała tajemnicza, łagodna poświata. Z kilku starych koców Ram Gopal przygotował dla mnie posłanie na podłodze, a sam usiadł na słomianej macie. Będąc pod ogromnym wrażeniem jego duchowej mocy, ośmieliłem się poprosić:

– Panie, a może mógłbyś obdarzyć mnie *samadhi*?

– Kochany mój, chętnie pomógłbym ci uzyskać kontakt z Bogiem, ale to nie moje zadanie. – Święty spojrzał na mnie spod wpół przymkniętych powiek. – Twój mistrz wkrótce podaruje ci to doświadczenie. Ciało twoje nie jest jeszcze odpowiednio przygotowane. Podobnie jak mała lampka przepali się wskutek zbyt wysokiego napięcia prądu, tak twoje nerwy nie są jeszcze gotowe na przepływ prądu kosmicznego. Gdybym cię teraz obdarzył przeżyciem nieskończonej ekstazy, płonąłbyś, jak gdyby każda twoja komórka stała w ogniu. Prosisz mnie o oświecenie – kontynuował jogin w zamyśleniu – gdy tymczasem ja – osoba tak mało ważna, która do tej pory tak niewiele medytowała – zastanawiam się, czy udało mi się zadowolić Boga i jaką wartość znajdę w Jego oczach przy ostatecznym obrachunku.

– Panie, czyż od dawna nie szukałeś Boga z całego serca?

– Niewiele jeszcze dokonałem. Behari z pewnością opowiedział ci trochę o moim życiu. Przez dwadzieścia lat mieszkałem w ukrytej grocie, medytując osiemnaście godzin dziennie. Potem przeniosłem się do bardziej niedostępnej jaskini, w której przebywałem dwadzieścia pięć lat, pozostając w jogicznym zjednoczeniu z Nieskończonym przez dwadzieścia godzin dziennie. Nie potrzebowałem snu, ponieważ stale byłem z Bogiem. Moje ciało wypoczywało lepiej w całkowitym spokoju nadświadomości, niż byłoby to możliwe w zwykłym stanie podświadomości, który zapewnia tylko częściowy spokój. Podczas snu rozluźniają się mięśnie, ale serce, płuca i układ krążenia pracują stale, nie odpoczywają. W stanie nadświadomości funkcje wszystkich narządów ulegają zawieszeniu; pobudza je i zasila energia kosmiczna. Dzięki temu od lat nie potrzebuję już snu. Przyjdzie czas, kiedy i ty się z nim rozstaniesz.

– Mój Boże, medytujesz, panie, od tak dawna i jeszcze nie jesteś pewien przychylności Pana! – powiedziałem zdumiony. – To cóż mamy sądzić o sobie, biednych śmiertelnikach?

– No cóż, czy nie rozumiesz, drogi chłopcze, że Bóg jest samą Wiecznością? Wierzyć, że można Go poznać w ciągu czterdziestu pięciu lat medytacji, to niedorzeczność. Babadźi zapewnia nas jednak, że nawet odrobina medytacji pomaga nam się uwolnić od strasznego lęku przed śmiercią i stanami pośmiertnymi. Nie stawiaj swego duchowego ideału na małych górach, lecz umieść go na gwieździe najwyższej, gwieździe jedności z Bogiem. Pracując usilnie, osiągniesz ją.

Oczarowany tą wizją, poprosiłem go o jeszcze kilka oświecających słów mądrości. Opowiedział mi cudowną historię swojego pierwszego spotkania z Babadźim*, guru Lahiriego Mahaśaji.

Około północy Ram Gopal zapadł w milczenie, a ja położyłem się na kocach. Zamknąwszy oczy, ujrzałem pod powiekami błyskawice. Ogromna przestrzeń wewnątrz mnie wypełniła się płynnym światłem. Otworzyłem oczy i zobaczyłem ten sam oślepiający blask. Pokój był

---

* *Zob.* s. 313-317.

przemieniony – stał się częścią nieskończonego sklepienia, które oglądałem w wewnętrznym widzeniu.
Jogin zapytał:
– Dlaczego nie śpisz?
– Panie, jak mogę spać wśród tych błyskawic, rozświetlających wszystko, niezależnie od tego, czy mam oczy zamknięte, czy otwarte?
– Błogosławiony jesteś, że masz to przeżycie. Niełatwo jest ujrzeć duchową światłość. – Święty dodał jeszcze kilka słów, zapewniając mnie o swej miłości.

O świcie Ram Gopal dał mi parę cukierków i powiedział, że muszę już odejść. Tak bardzo nie chciałem się z nim rozstawać, że łzy stanęły mi w oczach.

– Nie pozwolę ci odejść z niczym – powiedział czule. – Zrobię coś dla ciebie.

Uśmiechnął się i z mocą utkwił we mnie wzrok. Straciłem zdolność ruchu, jakbym wrósł w ziemię. Całą mą istotę zalały wibracje spokoju, emanujące z postaci świętego. Zostałem momentalnie uleczony z bólu w plecach, który z przerwami dokuczał mi od lat. Odświeżony, skąpany w morzu świetlistej radości, przestałem płakać. Dotknąłem stóp Rama Gopala i wszedłem w dżunglę. Wędrując przez tropikalną gęstwinę, a potem przez liczne pólka ryżowe, dotarłem do Tarakeśwaru.

Tam odbyłem drugą pielgrzymkę do słynnej świątyni i padłem na twarz przed ołtarzem. Przed mym wewnętrznym wzrokiem okrągły kamień zaczął rosnąć, aż się przemienił w kosmos, pierścień w pierścieniu, sfera za sferą, wszystkie przeniknięte boskością.

Godzinę później, szczęśliwy, wsiadłem do pociągu do Kalkuty. Moja podróż skończyła się nie w wysokich Himalajach, lecz przed równie ogromną postacią mego Mistrza.

Rozdział 14

Doznanie kosmicznej świadomości

— Już jestem, Guruḍi. – Wstyd malujący się na mojej twarzy był bardziej wymowny niż słowa.

– Chodźmy do kuchni i poszukajmy czegoś do zjedzenia. – Śri Jukteśwar zachowywał się tak naturalnie, jak gdyby od ostatniego spotkania dzieliły nas godziny, a nie dni.

– Mistrzu, z pewnością cię rozczarowałem, porzucając tak nagle swoje tutejsze obowiązki. Myślałem, że będziesz się na mnie gniewał.

– Alcż skąd, oczywiście, że nie. Gniew rodzi się tylko z niespełnionych pragnień. Nie oczekuję niczego od innych ludzi, toteż ich postępowanie nie może być sprzeczne z moimi życzeniami. Nie wykorzystałbym ciebie do osobistych celów. Jestem szczęśliwy tylko wtedy, gdy ty jesteś naprawdę szczęśliwy.

– Panie, często słyszy się mgliste słowa o boskiej miłości, ale dziś ty – anioł wcielony – dałeś mi jej konkretny przykład! Nawet ojciec niełatwo przebacza synowi, który bez uprzedzenia go porzuca, nie troszcząc się o jego sprawy. Ty zaś nie okazujesz ani śladu rozdrażnienia, chociaż z pewnością sprawiłem ci wiele kłopotu, pozostawiając wiele nie dokończonych prac.

Spojrzeliśmy sobie w oczy, błyszczące od łez. Zalała mnie fala szczęścia; byłem świadomy, że Pan, w postaci mojego Mistrza, podsyca mały płomyk miłości w moim sercu i czułem, jak urasta ona do niepojętych rozmiarów miłości kosmicznej.

Kilka dni później poszedłem rano do pustego pokoju Mistrza.

Chciałem pomedytować, lecz moje nieposłuszne myśli nie chciały się podporządkować temu chwalebnemu zamiarowi. Rozpraszały się jak ptaki na widok myśliwego.

– Mukunda! – zabrzmiał głos Śri Jukteśwara z odległego balkonu.

Poczułem się równie zbuntowany jak moje myśli. Mistrz zawsze zachęca mnie do medytacji, mruknąłem do siebie. Nie powinien mi przeszkadzać. Wie przecież, po co przyszedłem do jego pokoju.

Mistrz zawołał mnie znowu. Uparcie milczałem. Za trzecim razem w tonie jego głosu wyczułem naganę.

– Panie, medytuję! – krzyknąłem, protestując.

– Wiem, jak medytujesz – zawołał mój guru. – Umysł masz rozproszony jak liście miotane burzą! Chodź do mnie.

Pokonany i zdemaskowany, poszedłem do niego ze smutkiem.

– Biedny chłopcze, góry nie mogą ci dać tego, czego chcesz – powiedział Mistrz pieszczotliwie, pocieszająco. Jego spokojne spojrzenie było niezgłębione. – Pragnienie twego serca się spełni.

Śri Jukteśwar rzadko pozwalał sobie na mówienie zagadkami. Nie wiedziałem, co myśleć. Uderzył mnie delikatnie w pierś powyżej serca.

Moje ciało zastygło w całkowitym bezruchu. Powietrze uciekło mi z płuc, jak gdyby wyciągnięte potężnym magnesem. Dusza i umysł momentalnie uwolniły się z fizycznych więzów i niczym promienie płynnego światła wystrzeliły wszystkimi porami skóry. Ciało było jak martwe, a jednak w stanie jasnej, poszerzonej świadomości wiedziałem, że nigdy przedtem nie byłem tak intensywnie żywy. Moje poczucie tożsamości nie zawężało się już tylko do ciała, ogarniało wszystkie otaczające mnie atomy. Wydawało się, że ludzie na odległych ulicach poruszają się powoli na dalekich peryferiach mnie samego. Korzenie roślin i drzew lekko prześwitywały przez glebę; widziałem płynące w nich soki.

Cała okolica rozciągała się przede mną obnażona. Mój zwykły, frontalny sposób widzenia zmienił się teraz w rozległe widzenie sferyczne; postrzegałem wszystko równocześnie. Tyłem głowy widziałem ludzi idących ulicą Raj Ghat, zauważyłem też białą krowę, która powoli zbliżała się do pustelni. Gdy się znalazła przed otwartą bramą aśramu, obserwowałem ją jak gdyby fizycznymi oczyma. Lecz gdy minęła bramę, nadal widziałem ją wyraźnie przez ceglany mur.

Wszystkie przedmioty w zasięgu tej panoramicznej wizji drżały i wibrowały jak na szybko puszczonym filmie. Ciało moje i Mistrza,

Doznanie kosmicznej świadomości

dziedziniec z kolumnami, meble i podłoga, drzewa i światło słoneczne od czasu do czasu gwałtownie drgały, aż wreszcie wszystko się roztopiło, zlało się w świetliste morze. Podobnie rozpuszczają się w szklance wody kryształki cukru, gdy się nią wstrząśnie. Światło, jednoczące wszystko, i zmaterializowane kształty pojawiały się na przemian – metamorfozy te ukazywały działanie prawa przyczyny i skutku w stworzeniu.

Ocean radości uderzył o spokojne, nieskończone brzegi mej duszy. Duch Boży, uświadomiłem sobie, jest niewyczerpaną szczęśliwością. Jego ciało to niezliczone tkanki światła. Promienny blask, który bił ze mnie, zaczął spowijać miasta, kontynenty, ziemię, system słoneczny i układy gwiazd, delikatne mgławice i światy unoszące się w przestworzach. Cały kosmos, łagodnie jaśniejący, jak miasto widziane z daleka w nocy, lśnił w nieskończoności mej istoty. Jaskrawe światło, na tle którego ostro rysowały się globy planet, bladło nieco na najdalszych krańcach, ale tam też widziałem jego niesłabnącą, łagodną promienność. Było nieopisanie subtelne; obrazy planet stworzone były z gęstszego światła*.

Boskie promieniowanie wylewało się z Wiecznego Źródła, rozpalając się w galaktyki otoczone aurami, których piękna nie sposób opisać. Raz po raz widziałem, jak twórcze promienie zagęszczają się w konstelacje gwiazd, a potem się rozpływają, tworząc ściany przejrzystego płomienia. Rytmicznie zanikając, sekstyliony światów przemieniały się w przeźroczystą światłość, następnie ogień stał się firmamentem.

Pojąłem, że ośrodkiem tej najwyższej boskości jest punkt intuicyjnego postrzegania w sercu. Promienisty blask płynął z jądra mej istoty do każdej części budowli wszechświata. Jak płynne, żywe srebro, pulsowała we mnie błoga *amryta*, nektar nieśmiertelności. Słyszałem twórczy głos Boga rozbrzmiewający jako *Aum***, wibrowanie Kosmicznego Silnika.

Nagle poczułem, że znowu oddycham. Z rozczarowaniem, które było niemal nie do zniesienia, zrozumiałem, że utraciłem swą niezmierzoną wielkość. Znowu zamknięty byłem w upokarzającej klatce ciała, do której duchowi niełatwo się przystosować. Jak syn marnotrawny uciekłem z mojego makrokosmicznego domu i uwięziłem się w ciasnym mikrokosmosie.

---

* Światło jako istota wszystkiego, co stworzone, omówione jest w Rozdziale 30.
** „Na początku było Słowo, a Słowo było u Boga, i Bogiem było Słowo" (J I, 1).

Guru stał przede mną bez ruchu. Chciałem pochylić się do jego świętych stóp, pełen wdzięczności za doznanie świadomości kosmicznej, którego od dawna tak namiętnie pragnąłem. Mistrz jednak powstrzymał mnie i rzekł cicho:

– Nie wolno ci się upajać ekstazą. Masz jeszcze dużo do zrobienia w świecie. Chodź, zamieciemy balkon, a potem przejdziemy się nad Gangesem.

Przyniosłem szczotkę; wiedziałem, że Mistrz uczy mnie tajemnicy zrównoważonego życia. Dusza musi się wznosić w otchłanie kosmosu, a ciało wykonywać codzienne obowiązki. Gdy później wyszliśmy się przejść, wciąż jeszcze pozostawałem w stanie nieopisanego uniesienia. Widziałem nas obu w ciałach astralnych, jak poruszamy się drogą wzdłuż rzeki, której woda była czystym światłem.

– To Duch Boży aktywnie podtrzymuje każdą postać bytu i siłę we wszechświecie. Sam Bóg jednak jest transcendentny i daleki w błogiej, niestworzonej próżni, poza światami zjawisk wibracyjnych* – wyjaśniał Mistrz. – Święci, którzy urzeczywistniają boskość w sobie jeszcze na ziemi, wiodą takie podwójne życie. Starannie wykonując ziemską pracę, trwają zatopieni w wewnętrznej szczęśliwości. Pan stworzył wszystkich ludzi z bezgranicznej radości swego istnienia. Chociaż jesteśmy boleśnie uwięzieni w ciele, Bóg wie, że dusze uczynione na Jego podobieństwo ostatecznie wzniosą się ponad świadomość ciała, przestaną utożsamiać się ze zmysłami i znowu się z Nim zjednoczą.

Kosmiczna wizja na zawsze nauczyła mnie wielu rzeczy. Dzięki

---

* „Ojciec bowiem nie sądzi nikogo, lecz cały sąd przekazał Synowi" (J 5, 22). „Boga nikt nigdy nie widział. Ten Jednorodzony Bóg, który jest w łonie Ojca, [o Nim] pouczył" (I, 18). „Bóg [...] stworzył wszystkie rzeczy przez Jezusa Chrystusa" (Ef 3,9, przekład z *The Bible, Authorised Version*, Londyn 1963). „Kto we Mnie wierzy, będzie także dokonywał tych dzieł, których Ja dokonuję, owszem, i większe od tych uczyni, bo Ja idę do Ojca" (J 14, 12). „A Pocieszyciel, Duch Święty, którego Ojciec pośle w moim imieniu, On was wszystkiego nauczy i przypomni wam wszystko, co Ja wam powiedziałem" (J 14, 26) .

Te biblijne słowa odnoszą się do potrójnej natury Boga jako Ojca, Syna, Ducha Świętego (*Sat, Tat, Aum* w hinduskich pismach świętych). Bóg Ojciec jest Absolutem, Nieprzejawionym, istniejącym *poza* stworzeniem wibracyjnym. Bóg Syn to Świadomość Chrystusowa (Brahma lub *Kutashta Ćajtanja*), istniejąca *w obrębie* stworzenia wibracyjnego; owa Świadomość Chrystusowa jest „jednorodzona", czyli jest jedynym odbiciem Niestworzonego Nieskończonego. Zewnętrznym przejawem wszechobecnej Świadomości Chrystusowej, jej „świadkiem" (Ap 3, 14) jest *Aum*, Słowo lub Duch Święty, boska niewidzialna moc, która jest jedynym „działającym", jedyną siłą sprawczą, która buduje i podtrzymuje całe stworzenie dzięki wibracji. W medytacji można usłyszeć *Aum*, błogiego Pocieszyciela: odkrywa On wielbicielowi ostateczną Prawdę, „wszystko mu przypomina".

Doznanie kosmicznej świadomości

codziennemu uciszeniu myśli, uwalniałem się od złudnego przekonania, że jestem masą ciała i kości, chodzącą po twardym gruncie materii. Zrozumiałem, że oddech i niespokojny umysł są jak nawałnice smagające ocean światła, to one wywołują w nim fale materialnych kształtów – ziemię, niebo, ludzi, zwierzęta, ptaki, drzewa. Nie można postrzec Nieskończonego jako Jedynego Światła, dopóki nie uciszy się tych burz. Ilekroć zdołałem uspokoić oddech i umysł – te dwie naturalne burze – widziałem, jak niezliczone fale stworzenia rozpływają się w jedno świecące morze; podobnie po ustaniu sztormu, uspokojone fale oceanu stają się z nim jednością.

Mistrz obdarza ucznia boskim doznaniem kosmicznej świadomości, gdy dzięki medytacji uczeń wzmocnił umysł do takiego stopnia, że ogrom wizji go nie przytłoczy. Nie wystarczy gotowość intelektualna ani otwartość umysłu. Jedynie świadomość wystarczająco poszerzona dzięki praktyce jogi i dzięki *bhakti*, miłości pełnej oddania, może znieść szok, którym jest wyzwalające przeżycie wszechobecności.

Dla szczerego wyznawcy to boskie doświadczenie jest rzeczą naturalną i nieuchronną. Jego ogromna tęsknota przyciąga Boga z nieodpartą siłą. Swą żarliwością wielbiciel jak magnes wciąga Pana, w postaci Kosmicznego Widzenia, w obszar swej świadomości.

W późniejszych latach napisałem poemat *Samadhi*, w którym starałem się przekazać wspaniałość tego stanu.

> *Znikły zasłony światła i cienia,*
> *Rozwiał się opar smutków,*
> *Minęły blaski ulotnych radości,*
> *Pierzchły mgliste, zmysłowe miraże,*
> *Miłość, nienawiść, zdrowie, choroba, życie, śmierć:*
> *Znikły te złudne cienie na dwoistości ekranie.*
> *Burza maji ucichła*
> *Pod czarodziejską różdżką głębokiej intuicji.*
> *Teraźniejszość, przeszłość, przyszłość – nie dla mnie,*
> *Lecz wieczne, wszechobecne Ja, Ja wszędzie.*
> *Planety, gwiazdy, pył gwiezdny, ziemię,*
> *Wybuchy wulkanów, sądnego dnia kataklizmy,*
> *Stworzenia wrzący kocioł,*
> *Myśli wszystkich ludzi, przeszłe, obecne i przyszłe,*
> *Każde źdźbło trawy, mnie samego, ludzkość,*
> *Każdą cząstkę kosmicznego pyłu,*
> *Gniew, chciwość, dobro, zło, zbawienie, żądzę –*
> *Wszystko to wchłonąłem w siebie, przemieniłem*

> *W ogromny ocean mego własnego, jedynego Bytu.*
> *Tlący się żar radości rozdmuchałem w medytacji,*
> *Aż oślepiając me pełne łez oczy,*
> *Rozbłysły płomieniami nieśmiertelnego szczęścia,*
> *Które pochłonęły me łzy, ciało, mnie całego.*
> *Ty jesteś mną, ja jestem Tobą!*
> *Poznanie, poznający, poznawane są Jednym!*
> *Cichy, nieprzerwany dreszcz, wieczyście żywy, wiecznie nowy pokój.*
> *Radosna ponad wszelkie wyobrażenie szczęśliwość samadhi.*
> *Nie jest to stan nieświadomy*
> *Ani narkotyk umysłu, woli niepodległy.*
> *Samadhi rozszerza świat mej świadomości*
> *Poza granice śmiertelnego ciała*
> *Aż po najdalsze rubieże wieczności*
> *Gdzie Ja, Kosmiczny Ocean,*
> *Patrzę na małe ja pływające we Mnie.*
> *Słychać szmer ruchliwych atomów,*
> *Ciemna ziemia, góry, doliny – patrz! – stopiły się, zlały!*
> *Falujące morza zmieniają się w obłoki mgławic!*
> *Tchnienie Aum rozwiewa ich welony,*
> *Widać oceany świetlistych elektronów,*
> *Aż przy ostatnim odgłosie kosmicznego bębna**
> *Nikną gęstsze światła w wiecznych promieniach*
> *Wszechprzenikającej szczęśliwości.*
> *Z radości powstałem, dla radości żyję, w świętej radości się rozpływam.*
> *Ja, ocean umysłu, spijam fale całego stworzenia.*
> *Podnoszą się cztery zasłony*
> *Ciał stałych, cieczy, gazów, światła.*
> *Ja, we wszystkim, wchodzę w Wielkie Ja.*
> *Na zawsze odeszły kapryśne, migotliwe cienie śmiertelnej pamięci.*
> *Czyste jest umysłu mego niebo – pode mną, przede mną, wysoko nade mną.*
> *Wieczność i ja w jeden zjednoczeni promień.*
> *Ja – drobny bąbelek radości,*
> *Oceanem Samej Radości się stałem.*

Śri Jukteśwar nauczył mnie, jak wywoływać to święte przeżycie, kiedy zechcę, a także jak przekazywać je ludziom**, których kanały intuicyjne są dostatecznie wykształcone. Po tym pierwszym doświadczeniu przez całe miesiące wchodziłem w stan ekstatycznego zjednoczenia.

---

* *Aum*, twórcza wibracja podtrzymująca całe stworzenie.

** Przekazałem Kosmiczną Wizję pewnej liczbie *krija-joginów* na Wschodzie i Zachodzie. Jeden z nich, James J. Lynn, przedstawiony jest w stanie *samadhi* na fotografii obok s. 257.

Doznanie kosmicznej świadomości

Zrozumiałem, dlaczego upaniszady mówią, że Bóg jest *rasa*, „największą rozkoszą". Mimo to pewnego dnia zadałem Mistrzowi pytanie:
– Gurudźi, chcę wiedzieć, kiedy znajdę Boga.
– Już Go znalazłeś.
– O nie, Mistrzu, nie sądzę!
Guru się uśmiechnął.
– Jestem pewien, że nie spodziewasz się znaleźć szacownej Osobistości, ozdoby tronu w jakimś aseptycznym zakątku wszechświata! Widzę jednak, że wyobrażasz sobie, iż o poznaniu Boga świadczy posiadanie cudownych mocy. Nie. Człowiek mógłby posiąść władzę nad całym wszechświatem, ale Bóg nadal będzie się mu wymykał! Miarą postępu duchowego nie jest władanie mocami, lecz głębia szczęśliwości człowieka podczas medytacji.

Radość wciąż nowa to Bóg. Jest On niewyczerpany, przez lata medytacji będzie cię oczarowywał z nieskończoną pomysłowością. Wielbiciele tacy jak ty, którzy odnaleźli drogę do Boga, nie zamarzyliby nawet o tym, by Go zamienić na inną postać szczęśliwości. Tak nas uwodzi, że nie sposób pomyśleć, by coś z Nim mogło rywalizować.

Jakże szybko nużą nas ziemskie przyjemności! Pragnienie rzeczy

Nadmorski aśram Śri Jukteśwara w Puri w Orisie, w pobliżu Zatoki Bengalskiej. (Zob. też zdjęcie na s. 432)

materialnych nie ma końca. Człowiek nigdy nie jest w pełni zadowolony i dąży do jednego celu za drugim. Tymczasem „tym czymś jeszcze", czego szuka, jest Pan. Tylko On może obdarzyć trwałą radością.

Pożądanie dóbr doczesnych wypędza z Edenu, który jest w nas. Oferują one fałszywe radości, jedynie udające szczęście duszy. Ale utracony raj można szybko odzyskać dzięki medytacji, w której łączymy się z Bogiem. Bóg jest bowiem nieprzewidywalną, Nieustanną Nowością, nigdy nas nie nuży. Czyż można się przesycić błogością, która przez całą wieczność wciąż tak zachwycająco się odmienia?

– Rozumiem teraz, panie, dlaczego święci nazywają Boga niezgłębionym. Nawet życia wiecznego by nie starczyło, aby Go ogarnąć.

Swami Śri Jukteśwar w pozycji lotosu

– To prawda, lecz jest On także bliski i kochany. Gdy dzięki *krija-jodze* oczyścimy już umysł z przeszkód, które nastręczają zmysły, w medytacji odnajdujemy dwa dowody na istnienie Boga. Jednym jest radość wciąż nowa, która przekonuje każdy atom naszego jestestwa. Drugim jest to, że w medytacji Bóg bezzwłocznie nam odpowiada, prowadząc ku właściwemu rozwiązaniu każdej trudności.

– Rozumiem, Gurudźi. Odpowiedziałeś mi na pytanie – uśmiechnąłem się z wdzięcznością. – Pojmuję teraz, że naprawdę znalazłem Boga, ilekroć bowiem podczas codziennych zajęć powraca radość, jaką odczuwałem w medytacji, coś mnie subtelnie prowadzi i wybieram właściwą drogę we wszystkim, nawet w drobiazgach.

– Życie ludzkie pełne jest smutku, dopóki nie potrafimy się dostroić do woli Boga. Egoistycznym umysłem często nie umiemy pojąć owej „właściwej drogi", jaką nas prowadzi – odparł Mistrz. – Tylko Bóg może udzielić nieomylnej rady; któż, jeśli nie On, dźwiga brzemię kosmosu?

Rozdział 15

Kradzież kalafiora

– Mistrzu, mam dla ciebie dar! Posadziłem własnymi rękoma tych oto sześć ogromnych kalafiorów. Dbałem o nie jak matka czule doglądająca dziecka. – Z ceremonialnym gestem postawiłem przed guru kosz warzyw.

– Dziękuję – uśmiechnął się Śri Jukteśwar ciepło, z uznaniem. – Proszę, przechowaj je w swoim pokoju. Będę ich potrzebował jutro, na specjalny obiad.

Przyjechałem dopiero co do Puri*, żeby spędzić letnie wakacje z guru w jego nadmorskiej pustelni. Mały, jednopiętrowy budynek sprawiał bardzo przyjemne wrażenie. Zbudowany przez Mistrza i uczniów, stoi on frontem do Zatoki Bengalskiej.

Następnego dnia obudziłem się wcześnie. Spokój i urok aśramu, słona bryza wiejąca od morza sprawiły, że wspaniale wypocząłem. Usłyszałem melodyjny głos Śri Jukteśwara: Mistrz zwoływał uczniów. Spojrzałem na kalafiory, tak przeze mnie wypieszczone, i starannie ukryłem je pod łóżkiem.

– Chodźmy na plażę – zaproponował Mistrz. Ruszył przodem, a kilkunastu chłopców i ja szliśmy za nim w rozproszonych grupkach. Guru przyjrzał się nam krytycznie. – Gdy idą nasi zachodni bracia, to zwykle mają za punkt honoru, by maszerować w zgodnym rytmie. Proszę więc, ustawcie się w dwa rzędy i zrównajcie krok. – Przyglądał się,

---

* Puri, miasto położone w odległości około 310 mil od Kalkuty, słynie z tego, iż jest celem pielgrzymek wielbicieli Kryszny. Co roku odbywają się tu dwa poświęcone Krysznie ogromne święta, *Snanajatra* i *Rathajatra*

jak wykonujemy to polecenie, po czym zanucił: „Kiedy radość w duszy śpiewa, równaj szereg, prawa, lewa ... ". Podziwiałem, z jaką łatwością i jak żwawo Mistrz dorównywał kroku młodym uczniom.

— Stop! — Mistrz spojrzał mi pytająco w oczy. — Czy pamiętałeś o zamknięciu tylnych drzwi pustelni?

— Chyba tak, panie.

Śri Jukteśwar milczał przez chwilę. Na jego wargach igrał na wpół tłumiony uśmiech.

— Nie, nie pamiętałeś — powiedział w końcu. — Kontemplacją Boga nie można usprawiedliwiać beztroski w sprawach praktycznych. Zaniedbałeś swój obowiązek i nie dopilnowałeś bezpieczeństwa aśramu. Musisz ponieść karę.

Pomyślałem, że Mistrz skrycie żartuje sobie ze mnie, gdy dodał:

— Z twoich sześciu kalafiorów zostanie wkrótce tylko pięć.

Na polecenie Mistrza zawróciliśmy i pomaszerowaliśmy z powrotem, aż doszliśmy w pobliże aśramu.

— Zatrzymajmy się na chwilę. Mukunda, spójrz za płot po lewej. Obserwuj drogę. Zaraz pojawi się tam człowiek, który posłuży za narzędzie twojej kary.

Te niezrozumiałe słowa wzburzyły mnie, ale skryłem niepokój. Wkrótce na drodze ukazał się wieśniak. Nie szedł, lecz raczej dziwacznie tańczył, wymachując rękoma na wszystkie strony. Zdjęty ciekawością, wlepiałem oczy w to zabawne widowisko. Gdy mężczyzna dotarł do zakrętu, za którym zniknąłby nam z pola widzenia, Śri Jukteśwar powiedział:

— Teraz zawróci.

W tym momencie wieśniak rzeczywiście zawrócił, kierując się na tyły aśramu. Przeszedł na drugą stronę piaszczystej drogi i wszedł do budynku tylnymi drzwiami. Zostawiłem je nie zamknięte, tak jak powiedział guru. Wieśniak wkrótce wyszedł, trzymając w rękach jeden z moich cennych kalafiorów. Kroczył teraz drogą godnie, dumny z jego posiadania.

Rozgrywająca się farsa, w której najwidoczniej wyznaczono mi rolę zdezorientowanej ofiary, nie zaskoczyła mnie jednak na tyle, bym nie rzucił się w pościg za złodziejem. Czułem się oburzony. Byłem już w połowie drogi, gdy Mistrz przywołał mnie z powrotem. Cały aż trząsł się ze śmiechu.

— Ten biedny szaleniec marzył o kalafiorze — wyjaśnił pośród wybuchów wesołości. — Pomyślałem, że to dobry pomysł, aby dostał jeden z twoich. Tak źle ich strzegłeś!

Popędziłem do swojego pokoju i stwierdziłem, że złodziej, najwyraźniej opętany myślą o kalafiorze, nie tknął moich złotych pierścionków, zegarka ani pieniędzy, które leżały na widoku na kocu. Wczołgał się za to pod łóżko, gdzie jeden z kalafiorów, całkowicie ukrytych przed przypadkowym spojrzeniem, wzbudził w nim nieodparte pragnienie.

Wieczorem poprosiłem Śri Jukteśwara, aby wyjaśnił to zajście. Uważałem, że kryje ono w sobie kilka zagadek.

Guru jednak potrząsnął przecząco głową.

– Pewnego dnia sam zrozumiesz, co się wydarzyło. Wkrótce nauka odkryje niektóre z niepoznanych dotąd praw.

Przypomniałem sobie te prorocze słowa Mistrza, gdy kilka lat później zdumiony świat poznał cud radia. Runęły odwieczne pojęcia na temat czasu i przestrzeni; żaden dom nie jest obecnie zbyt mały, aby nie mogły w nim zagościć Londyn czy Kalkuta. Nawet najbardziej nierozgarnięty człowiek poszerzył swe horyzonty wobec tego bezsprzecznego dowodu ludzkiej wszechobecności w jednej ze swych postaci.

Sekret kalafiorowej komedii można najlepiej zrozumieć wiedząc, jak działa radio*. Śri Jukteśwar był doskonałym ludzkim radiem. Myśli to nic innego, jak bardzo subtelne wibracje rozchodzące się w eterze. Podobnie jak dobrze nastrojone radio odbiera jeden utwór muzyczny spośród tysiąca innych, nadawanych ze wszystkich stron, tak mój guru

---

* Odkrycie w 1939 r. radiomikroskopu ujawniło nowy świat nie znanego do tej pory promieniowania. „Sam człowiek, jak i wszelkie rodzaje rzekomo nieożywionej materii, stale emitują promieniowanie, które ten instrument «widzi» – donosiła *Associated Press*. – Dla tych, którzy wierzą w telepatię, szósty zmysł, jasnowidzenie, odkrycie to jest pierwszym naukowym potwierdzeniem istnienia niewidzialnego promieniowania, które rzeczywiście «wędruje» od jednego człowieka do drugiego. Mikroskop radiowy to w istocie «spektroskop» (przyrząd do uzyskiwania i obserwacji widma optycznego – *dop. tłum.*), tyle że działa on w zakresie częstotliwości fal radiowych. Wychwytuje fale emitowane przez chłodną, nieżarzącą się materię, podczas gdy spektroskop wykrywa promieniowanie świetlne wszelkiego rodzaju atomów, z których składają się gwiazdy. [...] Od wielu lat naukowcy podejrzewali, że człowiek i wszystkie organizmy żywe emitują promieniowanie. Obecnie mamy już pierwszy eksperymentalny dowód jego istnienia. Odkrycie to pokazuje, że każdy atom i każda cząstka w przyrodzie jest nieustannie działającą radiostacją nadawczą. [...] Tak więc substancja, która była żywym ciałem, nawet po śmierci wysyła delikatne promieniowanie. Długość jego fal waha się w granicach od znacznie krótszych niż radiowe do najdłuższych fal radiowych. Trudno wyobrazić sobie gmatwaninę tych fal. Są ich miliony. Pojedyncza, bardzo duża cząsteczka może równocześnie emitować milion fal o różnych długościach. Dłuższe fale tego rodzaju rozchodzą się z łatwością i prędkością fal radiowych. [...] Jest jedna zadziwiająca różnica między nowo odkrytymi falami radiowymi a znanym już promieniowaniem świetlnym, a mianowicie bardzo długi okres emisji fal radiowych. Materia może je emitować przez tysiące lat".

spośród nieskończonej liczby ludzkich myśli rozchodzących się po świecie odebrał określoną myśl upośledzonego umysłowo człowieka, który marzył o kalafiorze. Gdy tylko Mistrz, w drodze na plażę, uświadomił sobie niewybredne pragnienie wieśniaka, natychmiast zechciał je zaspokoić. Boskie oko Śri Jukteświara ujrzało tego człowieka, tańczącego na drodze, zanim zobaczyli go uczniowie. To, że zapomniałem zamknąć drzwi aśramu, stało się dla Mistrza wygodnym pretekstem do pozbawienia mnie cennego warzywa!

Najpierw zatem Śri Jukteświar działał jak odbiornik radiowy, a potem, używając swej potężnej woli – jako nadajnik*. W roli nadajnika tak skutecznie pokierował wieśniakiem, że ów zawrócił i udał się do odpowiedniego pokoju po jeden jedyny kalafior.

Duszą kieruje intuicja. Pojawia się ona w sposób naturalny w chwilach, gdy umysł człowieka jest spokojny. Niemal każdy z nas doświadczył niewytłumaczalnie trafnego „przeczucia", albo dokładnie przekazał swe myśli drugiej osobie.

Umysł ludzki, jeśli nie zakłócają go „szumy kosmiczne" niespokojnych myśli, potrafi wykonywać wszystkie funkcje skomplikowanego mechanizmu radia: odbierać i wysyłać myśli, a także wyłączać te niepożądane. Tak jak moc stacji radiowej zależy od natężenia pobieranego przez nią prądu, podobnie skuteczność działania radia ludzkiego umysłu uzależniona jest od siły woli danego człowieka.

Wszystkie myśli wiecznie wibrują w kosmosie. Dzięki głębokiej koncentracji mistrz potrafi odebrać każdą myśl, czy to ludzi żywych, czy zmarłych. Źródłem myśli jest kosmos, a nie indywidualny człowiek. Prawdy nie można stworzyć, można ją tylko postrzec. Każda błędna myśl człowieka jest wynikiem większej czy mniejszej niedoskonałości rozpoznawania. Celem nauki jogi jest uspokojenie umysłu, tak aby bez zniekształcenia docierały doń nieomylne wskazówki wewnętrznego głosu.

Radio i telewizja momentalnie przenoszą słowo i obraz odległych osób do mieszkań milionów ludzi. To pierwsza, słaba jeszcze, lecz naukowa wskazówka, że człowiek jest wszechprzenikającym duchem. Chociaż ego stara się go zniewolić najbardziej barbarzyńskimi sposobami, nie jest ciałem, ograniczonym do jakiegoś miejsca w przestrzeni, lecz wszechobecną duszą.

---

* *Zob.* s. 269, przypis.

„Możemy się jeszcze spotkać z bardzo dziwnymi, zupełnie niezwykłymi i pozornie nieprawdopodobnymi zjawiskami, które, gdy już spowszednieją, nie będą nas dziwić bardziej niż to, co ujawniła nauka w ostatnim stuleciu – oświadczył Charles Richet*, laureat Nagrody Nobla w dziedzinie fizjologii. – Uważa się, że obecnie przyjmujemy pewne zjawiska bez zdziwienia, ponieważ je rozumiemy. Ale sprawa polega na czymś innym. Nie dziwią nas one nie dlatego, że je rozumiemy, lecz dlatego, że się z nimi oswoiliśmy. Gdyby bowiem miały nas dziwić rzeczy niezrozumiałe, zdumiewałoby nas wszystko – spadanie kamienia rzuconego w górę, żołądź, z którego wyrasta dąb, fakt, że rtęć rozszerza się pod wpływem ciepła, lub to, że magnes przyciąga żelazo. Współczesna nauka jest jeszcze w powijakach. [...] Zdumiewające prawdy, które odkryją nasi potomkowie, już teraz zewsząd nas otaczają, zaglądają nam, że się tak wyrażę, w oczy, a jednak ich nie widzimy. Nie wystarczy powiedzieć, że ich nie widzimy; nie chcemy ich widzieć. Gdy tylko pojawi się jakiś nieoczekiwany i niezwykły fakt, usiłujemy go zamknąć w ramach komunałów przyjętej już wiedzy i oburzamy się, jeśli ktoś ośmieli się dalej prowadzić badania".

Kilka dni po dziwnej kradzieży kalafiora miało miejsce zabawne zdarzenie. Nie można było znaleźć lampy naftowej. Będąc dopiero co świadkiem umiejętności mojego wszechwidzącego guru, pomyślałem, iż zechce nam pokazać, że znalezienie lampy to dla niego dziecinna zabawa.

Mistrz dostrzegł, że się tego spodziewam. Z przesadną powagą wypytał wszystkich mieszkańców aśramu. Jeden z młodych uczniów wyznał, że zabrał lampę, by oświetlić sobie drogę do studni na tylnym podwórku.

Śri Jukteśwar udzielił uroczystej rady:
– Poszukajcie lampy obok studni.

Pobiegłem tam, ale lampy nie było. Przygnębiony wróciłem do guru. Śmiał się serdecznie, nie poczuwając się do winy, że sprawił mi taki zawód.

– To fatalne, że nie potrafiłem doprowadzić cię do lampy. Nie jestem wróżbiarzem. – Z błyskiem uciechy w oczach dodał: – Nie dorównuję nawet Sherlockowi Holmesowi!

Zdałem sobie sprawę, że Mistrz nigdy nie posłużyłby się swoimi

---

* Autor książki *Our Sixth Sense* (Nasz szósty zmysł), Londyn: Rider & Co.

mocami, gdyby ktoś postawił mu takie wyzwanie lub dla błahostki.
Szybko mijały cudowne tygodnie. Śri Jukteśwar planował procesję religijną. Poprosił mnie, abym poprowadził uczniów przez miasto i plaże Puri. Dzień święta (przesilenia letniego) okazał się niebywale upalny.
– Gurudźi, jakże mam przeprowadzić bosych uczniów po rozpalonym piasku? – spytałem zrozpaczony.
– Zdradzę ci sekret – odpowiedział Mistrz. – Pan ześle nam chmury. Przejdziecie wygodnie.

Z radością zorganizowałem procesję. Nasza grupa wyruszyła z aśramu z chorągwią *Satsangi**. Widniał na niej zaprojektowany przez Śri Jukteśwara symbol jednego, duchowego** oka, umożliwiającego ogląd intuicyjny.

Jak tylko wyszliśmy z pustelni, połać nieba nad nami jakby w magiczny sposób pokryła się chmurami. Przy akompaniamencie okrzyków zdumienia wszystkich obecnych spadł lekki deszczyk, ochładzając ulice miasta i palący piasek plaży. Chłodne krople padały przez całe dwie godziny procesji. Właśnie w chwili, gdy powróciliśmy do aśramu, chmury i deszcz znikły bez śladu.

– Widzisz, jak Bóg nam współczuje – powiedział Mistrz, gdy wyraziłem swą wdzięczność. – Pan odpowiada wszystkim i działa dla wszystkich. Tak jak zesłał deszcz na moją prośbę, spełnia też każde szczere pragnienie wielbiciela. Ludzie rzadko rozumieją, jak często Bóg wysłuchuje ich modlitw. Nie jest tak, że upodobał sobie tylko niektórych. Wysłuchuje każdego, kto zwraca się do Niego z ufnością. Dzieci Wszechobecnego Ojca zawsze powinny mieć bezwarunkową wiarę w Jego miłość i dobroć***.

Śri Jukteśwar urządzał cztery doroczne święta, przypadające na dni równonocy i przesilenia dnia z nocą. Zewsząd przybywali wówczas jego uczniowie. Święto przesilenia zimowego odbywało się

---

* *Sat* znaczy dosłownie „byt", stąd: „istota rzeczy, prawda, rzeczywistość". *Sanga* oznacza „stowarzyszenie". Śri Jukteśwar nazwał swoją aśramową organizację *Satsanga*, czyli „Towarzystwo Prawdy".

** „Jeśli zatem twoje oko będzie jedno, całe twoje ciało będzie pełne światła" (Mt 6, 22, przekład z *The Bible, Authorized Version*, Londyn 1963). W głębokiej medytacji uaktywnia się to jedno, duchowe oko pośrodku czoła. To wszechwidzące oko różnie zwane jest w pismach świętych: trzecim okiem, gwiazdą Wschodu, okiem wewnętrznym, gołębicą opadającą z niebios, okiem Śiwy, okiem intuicji itd.

*** „Nie ma usłyszeć Ten, który ucho wszczepił, nie ma widzieć Ten, co utworzył oko?" (Psalm 94, 9)

w Serampore. Pierwsze, w którym uczestniczyłem, przyniosło mi trwałe błogosławieństwo.

Uroczystości rozpoczęły się rano bosą procesją po ulicach. Głosy setki uczniów rozbrzmiewały pięknymi pieśniami religijnymi. Przygrywali im muzykanci na fletach i *khol kartal* (bębnach i cymbałach). Mieszkańcy miasta z entuzjazmem zasypywali drogę kwiatami, szczęśliwi, że mogą się oderwać od prozaicznych zajęć i posłuchać, jak głośno chwalimy święte imię Pana. Długa trasa procesji kończyła się na dziedzińcu pustelni. Otoczyliśmy guru, a uczniowie znajdujący się na górnych balkonach sypali na nas kwiaty nagietków.

Wielu gości udało się na piętro, gdzie poczęstowano ich budyniem z *ćanny* i pomarańczami. Ja przyłączyłem się do grupy uczniów, którzy tego dnia służyli jako kucharze. Jedzenie dla tak wielkiej liczby gości trzeba było gotować na zewnątrz w olbrzymich garach. Zaimprowizowane ceglane piece na drewno wydzielały mnóstwo dymu, który wyciskał łzy z oczu. My jednak śmieliśmy się wesoło przy tym zajęciu. W Indiach nigdy nie uważa się świąt religijnych za kłopotliwe, każdy wnosi swój udział w postaci pieniędzy, ryżu, jarzyn lub pracy.

Wkrótce przyszedł do nas Mistrz, by szczegółowo nadzorować przygotowania do uczty. Cały czas zajęty, dotrzymywał kroku najbardziej energicznym młodym uczniom.

Na piętrze przy akompaniamencie harmonii i indyjskich bębenków, w które uderza się dłonią, odbywał się *sankirtan* (grupowy śpiew). Śri Jukteśwar słuchał uważnie. Miał doskonały słuch muzyczny.

– Fałszują! – Mistrz opuścił kucharzy i przyłączył się do śpiewających. Po chwili melodia zabrzmiała znowu, tym razem poprawnie.

Samaweda zawiera najstarsze na świecie teksty traktujące o muzyce. Muzykę, jak również malarstwo i dramat uważa się w Indiach za sztuki boskie. Pierwszymi muzykami byli Brahma, Wisznu i Śiwa – Wieczna Trójca. Pisma święte przedstawiają Śiwę w postaci Nataradźy, Boskiego Tancerza, jako twórcę nieskończonej liczby rytmów, które stosuje w kosmicznym tańcu stwarzania, podtrzymywania i unicestwiania. Brahma i Wisznu wybijają takt: Brahma gra na cymbałach, a Wisznu na *mridandze*, czyli świętym bębenku. Saraswati, boginię mądrości, ukazuje się symbolicznie jako grającą na *winie*, matce wszystkich instrumentów strunowych. Krysznę, będącego inkarnacją Wisznu, przedstawia się w sztuce hinduskiej z fletem, na którym gra czarowną pieśń, przywołującą dusze ludzkie, wędrujące w *maji*, do prawdziwego domu.

Kradzież kalafiora

Podstawą muzyki hinduskiej są *ragi*, czyli stałe gamy melodyczne. Sześć podstawowych *rag* dzieli się na 126 pochodnych *ragini* (żon) i *putra* (synów). Każda *raga* ma najmniej pięć tonów: ton prowadzący (*wadi* czyli król), ton poboczny (*samawadi* czyli premier), tony pomocnicze (*anuwadi*, służący) i ton dysonansowy (*wiwadi*, nieprzyjaciel).

Każda z sześciu podstawowych *rag* odpowiada określonej godzinie dnia i porze roku, a także ma swoje bóstwo opiekuńcze, obdarzające ją szczególną mocą. I tak 1) *raga hindole* rozlega się tylko wiosną o świcie i ma wywoływać nastrój powszechnej miłości; 2) *ragę dipaka* grywa się w letnie wieczory, by budzić współczucie; 3) *raga megha* jest melodią na porę deszczową, gra się ją w południe i ma budzić odwagę; 4) *ragę bhajrawa* wykonuje się rano w sierpniu, wrześniu i październiku, by natchnąć spokojem; 5) *ragę śri* przeznacza się na jesienne godziny zmierzchu i ma ona wzbudzać czystą miłość; 6) *raga malkounsa* rozbrzmiewa o północy w zimie i ma wyzwalać męstwo.

Owe prawa związku dźwiękowego, jaki istnieje między przyrodą a człowiekiem, odkryli starożytni ryszi. Ponieważ przyroda jest obiekywizacją *Aum*, Pierwotnego Dźwięku czyli Wibrującego Słowa, człowiek może uzyskać władzę nad wszystkimi jej przejawami za pomocą określonych mantr (inkantacji)*. Dokumenty historyczne opowiadają o niezwykłych mocach, jakie posiadał Mijan Tansen, nadworny muzyk Akbara Wielkiego. Cesarz rozkazał mu zaśpiewać nocną *ragę*, gdy słońce znajdowało się wysoko na niebie. Tansen zaintonował mantrę, co sprawiło, że cały teren pałacu natychmiast spowiła ciemność.

W muzyce indyjskiej oktawa dzieli się na dwadzieścia dwa *śruti*, czyli ćwierćtony. Mikrotoniczne interwały pozwalają wyrazić subtelne odcienie muzyczne, których nie sposób uzyskać w chromatycznej gamie dwunastu półtonów, jaką stosuje się na Zachodzie. Każdemu

---

* Podania wszystkich ludów wspominają o zaklęciach, dzięki którym uzyskuje się władzę nad przyrodą. Indianie amerykańscy stosują specyficzne dźwięki w rytuałach, mających na celu sprowadzenie deszczu bądź zapanowanie nad wiatrem. Rytuały te są skuteczne. Wielki muzyk hinduski Tansen potrafił mocą swego śpiewu ugasić ogień.
W 1926 r. kalifornijski przyrodnik Charles Kellogg zademonstrował grupie nowojorskich strażaków wpływ wibrujących tonów na ogień. „Pociągając szybko smyczkiem, większym od skrzypcowego, po aluminiowych widełkach stroikowych, wydobył z nich pisk przypominający ostre piski w radiu. Żółty płomień gazu palącego się w szklanej rurze, wysoki na dwie stopy, natychmiast opadł do wysokości sześciu cali, zmieniając się w trzaskający niebieskimi iskierkami płomyk. Kolejne pociągnięcie smyczkiem, kolejny wibrujący pisk – i płomyk zgasł".

z siedmiu podstawowych tonów oktawy odpowiada w mitologii hinduskiej określona barwa, krzyk ptaka lub zwierzęcia: *do* związane jest z zielenią i pawiem, *re* – z czerwienią i skowronkiem, *mi* – z kolorem złotym i kozą, *fa* – z barwą żółtawobiałą i czaplą, *sol* – z czernią i słowikiem, *la* – z kolorem żółtym i koniem, *si* – z kombinacją wszystkich kolorów i ze słoniem.

Muzyka zachodnia posługuje się tylko trzema tonacjami: durową, molowo-harmoniczną i molowo-melodyczną, natomiast indyjska stosuje siedemdziesiąt dwie *thata*, czyli tonacje. Muzyk ma pole twórcze do improwizowania bez końca na temat ustalonej tradycyjnej melodii, czyli *ragi*. Koncentruje się na uczuciu, na określonym nastroju podstawowego tematu i upiększa go na tyle, na ile mu pozwala własna oryginalność. Muzyk hinduski nie czyta z nut. W każdym wykonaniu na nowo przystraja nagi szkielet ragi, często ograniczając się do jednej linii melodycznej, eksponując w trakcie jej powtarzania wszystkie subtelne mikrotoniczne i rytmiczne wariacje. Wśród kompozytorów zachodnich Bach rozumiał czar i moc dźwięku powtarzanego i lekko urozmaicanego na wiele złożonych sposobów.

Literatura sanskrycka opisuje 120 *tala*, czyli rytmów. Mówi się, że tradycyjny twórca muzyki hinduskiej, Bharata, wyodrębnił trzydzieści dwa rodzaje *tala* w śpiewie skowronka. *Tala*, czyli rytm, zaznacza się także w ruchach człowieka: chodzimy w rytmie na dwa, a we śnie, kiedy wdech jest dwukrotnie dłuższy od wydechu, oddychamy na trzy. W Indiach od zawsze za najdoskonalszy instrument dźwiękowy uważano głos ludzki. Dlatego muzyka hinduska ogranicza się głównie do trzech oktaw, które obejmuje głos człowieka. Z tego samego powodu podkreśla się bardziej melodię (związek następujących po sobie tonów) niż harmonię (związek tonów równoczesnych).

Muzyka hinduska zawsze była i jest sztuką subiektywną, duchową i indywidualną. Jej celem nie jest tworzenie wspaniałych symfonii, lecz osiągnięcie osobistej harmonii z Nadduszą. Wszystkie słynne pieśni indyjskie skomponowane zostały przez wielbicieli Boga. Słowo „muzyk" to w sanskrycie *bhagawatar*: „ten, który śpiewa chwałę Boga".

Sankirtan, czyli śpiew grupowy, jest skuteczną formą jogi czy dyscypliny duchowej, wymaga głębokiej koncentracji, intensywnego wgłębienia się w podstawową myśl i dźwięk. Jako że sam człowiek jest przejawem Twórczego Słowa, dźwięk wywiera nań potężny i bezpośredni wpływ. Wielka muzyka religijna Wschodu i Zachodu przenika słuchacza dreszczem radości, ponieważ na pewien czas pobudza wibracje któregoś z tajemnych ośrodków w kręgosłupie*. W tych błogich chwilach budzi się w nas niejasne wspomnienie naszego boskiego pochodzenia.

Sankirtan rozbrzmiewający w dniu święta z pokoju Śri Jukteśwara na piętrze dodawał natchnienia kucharzom uwijającym się wśród parujących garnków. Moi bracia-uczniowie i ja z radością śpiewaliśmy refreny, wybijając rytm dłońmi.

Nim zaszło słońce, podaliśmy setkom naszych gości *khićuri* (ryż z soczewicą), curry jarzynowe i budyń z ryżu. Rozłożyliśmy na dziedzińcu bawełniane koce. Niebawem całe towarzystwo rozsiadło się na nich pod gwiaździstym sklepieniem, w ciszy i z uwagą słuchając mądrych słów Śri Jukteśwara. W publicznych przemówieniach podkreślał on wartość *krija-jogi*, życia w poczuciu własnej godności, opanowania, zdecydowania, prostego odżywiania i regularnych ćwiczeń.

Potem grupka najmłodszych uczniów zaśpiewała kilka świętych hymnów. Spotkanie zakończyło się pełnym żarliwości *sankirtanem*. Od dziesiątej wieczorem do północy mieszkańcy aśramu zmywali garnki i sprzątali dziedziniec. Guru zawołał mnie do siebie.

– Podobało mi się, że z taką radością pracowałeś dzisiaj i przez cały tydzień przygotowań. Chcę, żebyś pobył ze mną. Możesz dzisiaj spać w moim łóżku.

Nigdy nie myślałem, że spotka mnie taki zaszczyt. Siedzieliśmy

---

* Jednym ze świętych celów jogina jest przebudzenie tajemnych ośrodków mózgowordzeniowych (*ćakr*, lotosów astralnych). Zachodni egzegeci nie rozumieją, że *Apokalipsa św. Jana* w Nowym Testamencie zawiera symboliczny wykład nauki jogi, której Pan Jezus nauczał Jana i innych bliskich uczniów. Jan wspomina (Ap 1, 20) o „tajemnicy siedmiu gwiazd" i o „siedmiu kościołach". Symbole te odnoszą się do siedmiu lotosów światła, opisywanych w traktatach jogicznych jako siedem „zapadowych drzwi", położonych wzdłuż osi mózgowo-rdzeniowej. Dzięki naukowej medytacji przez te „wyjścia", które Bóg zaplanował dla nas, jogin wymyka się z więzienia ciała i odzyskuje prawdziwą tożsamość z Duchem. (*Zob.* rozdz. 26).

Siódmy ośrodek, „tysiącpłatkowy lotos" w mózgu, jest tronem Nieskończonej Świadomości. Mówi się, że w stanie boskiego oświecenia jogin postrzega Brahmę, czyli Boga Stworzyciela, jako Padmadżę, „Zrodzonego z lotosu".

„Pozycja lotosowa" nazywa się tak, ponieważ jogin, siedząc w ten tradycyjny sposób, ogląda wielobarwne lotosy (*padmy*) ośrodków mózgowo-rdzeniowych. Każdy lotos posiada inną liczbę płatków, czyli promieni; tworzy je *prana* (siła życiowa). *Padmy* te zwane są inaczej *ćakrami*, czyli „kołami".

W pozycji lotosowej kręgosłup jest wyprostowany. Chroni ona ciało przed upadkiem do tyłu lub do przodu podczas transu (*sabikalpa samadhi*). Dlatego jest to ulubiona pozycja medytacyjna joginów. Początkującemu *padmasana* może jednak sprawiać trudność, nie powinno się więc jej stosować bez opieki nauczyciela *hatha-jogi*.

przez chwilę w stanie głębokiego, boskiego spokoju. Potem ułożyliśmy się do snu, ale nie minęło nawet dziesięć minut, gdy Mistrz wstał i zaczął się ubierać.

– Co się dzieje, panie? – Poczułem, jak znika moja radość ze spania obok guru.

– Zdaje się, że zaraz pojawi się tu kilku uczniów, którzy nie zdążyli na właściwy pociąg. Trzeba im przygotować posiłek.

– Gurudźi, nikt przecież nie przyjechałby o pierwszej w nocy!

– Zostań w łóżku, bardzo ciężko się napracowałeś. Ja pójdę gotować.

Słysząc zdecydowanie w głosie Mistrza, wyskoczyłem z łóżka i poszedłem za nim do małej, używanej na co dzień kuchni, sąsiadującej z wewnętrznym balkonem na piętrze. Niebawem gotowały się już ryż i *dal*.

Guru uśmiechnął się z miłością.

– Dziś wieczór przezwyciężyłeś zmęczenie i lęk przed ciężką pracą. W przyszłości nigdy nie będą ci już one przeszkadzać.

Gdy wymówił te słowa błogosławieństwa na całe życie, na dziedzińcu dały się słyszeć kroki. Zbiegłem po schodach i wpuściłem grupę uczniów.

– Drogi bracie, jakże niechętnie zakłócamy spokój Mistrza o tej porze! – zwrócił się do mnie przepraszająco jeden z nich. – Pomyliliśmy godziny w rozkładzie jazdy, ale czuliśmy, że nie możemy wrócić do domu, nie ujrzawszy naszego guru.

– Oczekuje was, a teraz właśnie przygotowuje wam posiłek.

W tej chwili zabrzmiał głos Śri Jukteśwara, witającego gości. Zaprowadziłem zdumionych uczniów do kuchni. Mistrz zwrócił się do mnie, mrugając okiem:

– Teraz, gdy już wymieniliście informacje, nie wątpisz chyba, że nasi goście rzeczywiście spóźnili się na pociąg!

Pół godziny później poszedłem za Mistrzem do sypialni, ciesząc się, że będę miał zaszczyt spać obok mojego boskiego guru.

Rozdział 16

Przechytrzyć gwiazdy

— Mukunda, dlaczego nie kupisz sobie bransoletki astrologicznej?
- A czy powinienem, Mistrzu? Nie wierzę w astrologię.
- To nie jest sprawa *wiary*. Do każdej kwestii należy podchodzić w sposób naukowy, sprawdzić, czy mamy do czynienia z *prawdą*. Prawo grawitacji działało równie skutecznie przed odkryciem Newtona, jak i po nim. W kosmosie panowałby niezły chaos, gdyby rządzące nim prawa zależały od tego, w co wierzymy.

Nauka o gwiazdach ma tak złą reputację z winy szarlatanów. Astrologia to wiedza zbyt ogromna, zarówno pod względem matematycznym*,

---

* Na podstawie danych astronomicznych zawartych w starożytnych pismach hinduskich naukowcom udało się ustalić, kiedy żyli ich autorzy. Wiedza naukowa ryszich była doprawdy ogromna. W *Kauszitaki Brahmana* znajdujemy dokładne dane astronomiczne, które dowodzą, że 3100 lat p.n.e. poziom wiedzy astronomicznej Hindusów był bardzo wysoki. Astronomia miała wartość praktyczną dla astrologii, którą posługiwano się w celu określenia pomyślnych terminów przeprowadzania różnych ceremonii. W artykule zamieszczonym w czasopiśmie „Wschód-Zachód" z lutego 1934 r. Tara Mata tak pisze o wedyjskich traktatach astronomicznych, zwanych *dżjotiszami*: „Zawierają one wiedzę naukową, która postawiła Indie na czele wszystkich starożytnych narodów i uczyniła je Mekką poszukujących wiedzy. Jeden z *dżjotiszów*, *Brahmagupta*, zajmuje się takimi zagadnieniami, jak heliocentryczny ruch planet w naszym układzie słonecznym, nachylenie ekliptyki, kulisty kształt Ziemi, odbite światło Księżyca, dzienny obrót Ziemi wokół osi, obecność gwiazd stałych w Drodze Mlecznej, czy prawo grawitacji. Traktat ten przedstawia jeszcze inne naukowe fakty, nie znane światu zachodniemu aż do czasów Kopernika i Newtona".

Tak zwane cyfry arabskie, bezcenne dla rozwoju zachodniej matematyki, pojawiły się w Europie w IX wieku za pośrednictwem Arabów. Przybyły jednak z Indii, gdzie stworzono ten system zapisu w już w starożytności. Dalsze światło na olbrzymie dziedzictwo naukowe Indii rzucają następujące dzieła: P. C. Roy, *History of Hindu Chemistry*; B. N. Seal, *Positive Sciences of the Ancient Hindus*; B. K. Sarkar, *Hindu Achievements in Exact Science* oraz *The Positive Background of Hindu Sociology*; U. C. Dutt, *Materia Medica of the Hindus*.

jak i filozoficznym, aby mógł ją właściwie rozumieć ktoś niezdolny do prawdziwie głębokiego pojmowania. Ignoranci źle odczytują niebiosa, widząc na nich bazgroły zamiast pisma; można się tego spodziewać w tym niedoskonałym świecie. Nie powinno się odrzucać mądrości z powodu mędrków.

Wszystkie części stworzonego świata są ze sobą połączone i wzajemnie na siebie oddziałują. To wzajemne oddziaływanie jest źródłem harmonii rytmów we wszechświecie – kontynuował guru. – Człowiek w swym ludzkim wymiarze musi walczyć z dwoma układami sił: po pierwsze, z zamętem w sobie samym, spowodowanym tym, iż stworzony jest z mieszaniny pięciu żywiołów – ziemi, wody, ognia, powietrza i eteru; po drugie, z zewnętrznymi, niszczącymi siłami przyrody. Dopóki zmaga się ze śmiertelnością, dopóty podlega wpływom milionów zmiennych zjawisk na niebie i ziemi.

Astrologia bada reakcje ludzkie na oddziaływania planet. Gwiazdy nie są świadomie życzliwe ani wrogie, wysyłają tylko pozytywne lub negatywne promieniowanie. Same z siebie nie pomagają ani nie szkodzą ludzkości, tworzą jedynie naturalny kanał, który w przejawionym świecie umożliwia równoważenie się ciągów przyczynowo-skutkowych, jakie sam człowiek uruchomił w przeszłości.

Dziecko rodzi się wtedy, czyli tego dnia i o tej godzinie, kiedy promieniowanie niebios pozostaje w matematycznej harmonii z jego indywidualną karmą. Horoskop to portret człowieka, stanowiący dla niego wyzwanie, ukazujący jego przeszłość, której nie może już zmienić, oraz jej prawdopodobny wpływ na przyszłość. Jednak horoskop natalny mogą właściwie zinterpretować tylko osoby posiadające intuicyjną mądrość, a takich jest niewiele.

Przesłanie śmiało wypisane na niebie w chwili narodzin człowieka nie oznacza nieuniknionego losu – skutku jego przeszłych, dobrych i złych czynów – lecz ma pobudzić wolę wydostania się z powszechnej niewoli. To, co uczynił złego, może naprawić. Nikt inny, tylko on sam wprawił w ruch przyczyny, których skutki dominują teraz w jego życiu. Człowiek potrafi przezwyciężyć wszystkie ograniczenia, ponieważ sam je stworzył własnymi czynami w przeszłości, a także dlatego, że posiada moc ducha, który nie podlega wpływom planet.

Zabobonny i pełen lęku stosunek do astrologii sprawia, że człowiek staje się automatem, niewolniczo zależnym i mechanicznie sterowanym przez układy planet. Człowiek mądry pokonuje ich wpływ, czyli swoją przeszłość, przestając oddawać hołd światu i stając się wiernym Stwórcy. Im bardziej urzeczywistnia jedność z Duchem, tym mniej nim rządzi materia. Dusza jest zawsze wolna; nie podlega śmierci, ponieważ nie została zrodzona. Gwiazdy nie mogą nią władać.

Człowiek *jest* duszą i *posiada* ciało. Jeśli słusznie utożsamia się z duszą, uwalnia się od wszystkich zniewalających go stereotypów. Dopóki trwa zagubiony w swym zwykłym stanie duchowej niepamięci, dopóty krępują go subtelne więzy poglądów otoczenia.

Bóg jest Harmonią. Ten, który się z nią zestroi, nigdy nie postąpi błędnie. Jego działania będą w sposób naturalny właściwie zharmonizowane z oddziaływaniem gwiazd. Po głębokiej modlitwie i medytacji pozostaje on w łączności ze świadomością boską. Żadna moc nie zapewni mu potężniejszej ochrony.

– Dlaczego więc, drogi Mistrzu, chcesz, bym nosił bransoletkę astrologiczną? – Ośmieliłem się zadać to pytanie po długiej ciszy. Starałem się przyswoić sobie znakomite wyjaśnienia Śri Jukteśwara, które zawierały myśli zupełnie dla mnie nowe.

– Podróżny może sobie pozwolić na wyrzucenie map, dopiero gdy dotrze do celu. W trakcie podróży korzysta z wielu dogodnych skrótów. Starożytni ryszi odkryli wiele sposobów skrócenia pobytu człowieka na wygnaniu w świecie ułudy. Istnieje pewien mechanizm działania prawa karmy, którym mądre palce umieją zręcznie manipulować.

Wszelkie ludzkie nieszczęścia są skutkiem pogwałcenia jakiegoś uniwersalnego prawa. Pisma święte podkreślają, że człowiek musi postępować zgodnie z prawami przyrody, zarazem nie poddając w wątpliwość boskiej wszechmocy. Powinien mówić do Boga: „Panie, ufam Tobie i wiem, że możesz mi pomóc, ja jednak także uczynię wszystko, co w mojej mocy, by naprawić zło, które wyrządziłem". Skutki przeszłych złych czynów można zmniejszyć do minimum lub nawet zniweczyć wieloma metodami: modlitwą, siłą woli, medytacją jogiczną, korzystaniem z rad świętych, noszeniem astrologicznych bransoletek.

Tak jak dom można wyposażyć w piorunochron, który przejmie na siebie piorun, podobnie i świątynię cielesną można zaopatrzyć w różne środki ochronne. We wszechświecie nieustannie rozchodzi się promieniowanie elektromagnetyczne. Wpływa ono dobrze lub źle na organizm człowieka. Wieki temu nasi ryszi zastanawiali się nad tym, jak radzić sobie z subtelnymi, niekorzystnymi oddziaływaniami kosmicznymi. Mędrcy ci odkryli, że czyste metale emitują światło astralne, które potężnie przeciwdziała ujemnym wpływom planet. Wynaleźli także odpowiednie mieszanki roślinne. Najskuteczniejsze są kamienie szlachetne bez skazy, o wadze nie mniejszej niż dwa karaty.

Poza granicami Indii, rzadko poważnie badano astrologiczne remedia. Mało znany jest na przykład fakt, że odpowiednie kamienie, metale albo preparaty roślinne są bez wartości, jeśli nie mają wymaganej wagi i jeśli nie nosi się ich bezpośrednio na ciele.

– Panie, oczywiście zastosuję się do twej rady i kupię sobie bransoletkę. Intryguje mnie pomysł przechytrzenia jakiejś planety!

– Do celów ogólnych zalecam noszenie bransoletki ze złota, srebra i miedzi. Jednakże w twoim przypadku bransoletka posłuży specjalnemu celowi. Powinna być ze srebra i ołowiu. – Śri Jukteśwar dodał jeszcze kilka dokładnych wskazówek.

– Gurudźi, jaki „specjalny cel" masz na myśli?

– Wkrótce gwiazdy ułożą się dla ciebie w sposób „nieprzyjazny", Mukundo. Ale nie obawiaj się: będziesz pod ochroną. Mniej więcej za miesiąc zacznie ci poważnie dokuczać wątroba. Zgodnie z twym przeznaczeniem choroba musiałaby potrwać sześć miesięcy, ale noszenie bransoletki skróci ten okres do dwudziestu czterech dni.

Następnego dnia poszedłem do jubilera i niebawem nosiłem już bransoletkę. Czułem się doskonale. Przepowiednia Mistrza wypadła mi z pamięci. Mistrz tymczasem wyjechał z Serampore do Benaresu. Trzydzieści dni po naszej rozmowie nagle rozbolała mnie wątroba. Następne tygodnie okazały się koszmarem, cierpiałem straszliwe boleści. Nie chcąc przeszkadzać guru, postanowiłem dzielnie przetrzymać tę próbę bez jego pomocy.

Dwadzieścia trzy dni tortur osłabiły jednak moje postanowienie. Wsiadłem do pociągu i pojechałem do Benaresu. Śri Jukteśwar powitał mnie niezwykle ciepło, ale nie dał mi sposobności, bym prywatnie opowiedział mu o swych cierpieniach. Tego dnia wielu wielbicieli odwiedziło Mistrza, tylko po to, by uzyskać *darśan**. Chory i opuszczony siedziałem w kącie. Goście odeszli dopiero po wieczornym posiłku. Guru przywołał mnie do siebie na ośmiokątny balkon.

– Z pewnością przyjechałeś z powodu chorej wątroby. – Śri Jukteśwar nie patrzył na mnie, lecz przechadzał się tam i z powrotem po balkonie, od czasu do czasu pojawiając się w świetle księżyca. – Niech pomyślę, cierpisz od dwudziestu czterech dni, prawda?

---

* Błogosławieństwo płynące z samego tylko oglądania świętego.

– Tak, panie.
– Proszę cię, wykonaj ćwiczenie na żołądek, którego cię uczyłem.
– Mistrzu, gdybyś wiedział, jak bardzo cierpię, nie prosiłbyś mnie, żebym teraz ćwiczył. – Niemniej jednak posłuchałem go, choć ćwiczenie szło mi z trudem.
– Mówisz, że cię boli, a ja ci mówię, że cię wcale nie boli. Jakże możliwa jest taka sprzeczność? – Guru spojrzał na mnie pytająco.

Poczułem się oszołomiony, a potem doznałem radosnej ulgi. Ciągły ból, z powodu którego od tygodni prawie nie spałem, nagle ustał. Wraz ze słowami Mistrza cierpienie znikło, jak gdyby go nigdy nie było.

Chciałem z wdzięcznością uklęknąć u jego stóp, ale szybko mnie powstrzymał.

– Nie bądź dzieckiem. Wstań i ciesz się pięknem księżyca nad Gangesem. – Ale oczy Mistrza błyszczały ze szczęścia, gdy stałem obok niego w milczeniu. Zrozumiałem z jego zachowania, że pragnął, bym poczuł, że to nie on, lecz Bóg mnie uzdrowił.

Do dzisiaj noszę ciężką, srebrno-ołowianą bransoletkę, pamiątkę owego dawno minionego, lecz zawsze wdzięcznie wspominanego dnia, kiedy po raz kolejny się przekonałem, że przebywam z istotą doprawdy nadludzką. Ilekroć później przyprowadzałem do Śri Jukteśwara przyjaciół z prośbą, by ich uzdrowił, niezmiennie zalecał im noszenie kamieni szlachetnych bądź bransoletek*, podkreślając, że kto je stosuje, postępuje mądrze.

Ja sam byłem uprzedzony do astrologii od dzieciństwa, częściowo dlatego, iż zauważyłem, że wielu ludzi jest od niej niewolniczo uzależnionych, a częściowo z powodu przepowiedni naszego rodzinnego astrologa: „Ożenisz się trzy razy, bo dwukrotnie zostaniesz wdowcem". Rozmyślałem nad tą sprawą, czując się jak kozioł, który ma zostać złożony w ofierze w świątyni potrójnego małżeństwa.

– Najlepiej pogódź się z losem – zauważył mój brat Ananta. – W twoim horoskopie zapisane jest poprawnie, że we wczesnej młodości będziesz uciekał w Himalaje i że siłą zostaniesz sprowadzony do domu. Przepowiednia o małżeństwach też musi się sprawdzić.

Jednak pewnego wieczoru w przypływie intuicji nagle pojąłem, że przepowiednia ta jest całkowicie fałszywa. Spaliłem zwój z zapisem horoskopu, a popiół włożyłem do papierowej torebki, na której napisałem:

---

* *Zob. s. 244, przypis.*

Autobiografia jogina

„Nasiona przeszłej karmy nie wzejdą, jeśli się je spali w boskim ogniu mądrości". Położyłem torebkę w widocznym miejscu. Ananta natychmiast przeczytał moje buntownicze słowa.

– Nie możesz zniszczyć prawdy tak łatwo, jak spaliłeś kawałek papieru – zaśmiał się pogardliwie.

Jest faktem, że zanim osiągnąłem wiek męski, rodzina trzykrotnie starała się zaaranżować moje zaręczyny. Za każdym razem nie godziłem się na te plany*, wiedząc, że moja miłość do Boga jest znacznie potężniejsza od astrologicznych zapisów karmicznych.

Często przypominałem sobie inspirujące słowa Mistrza: „Im głębiej człowiek urzeczywistnił siebie, tym silniej oddziałuje na cały wszechświat subtelnymi wibracjami duchowymi i tym mniej jest zależny od przepływu zjawisk".

Niekiedy prosiłem astrologów, by zgodnie ze wskazaniami planet wyznaczali okresy najbardziej dla mnie niepomyślne, ale i tak udawało mi się wtedy wykonać każde zadanie, jakie sobie postawiłem. Prawdą jest, że sukces okupywałem wówczas ogromnymi trudnościami. Ale też pewność, że sobie poradzę, zawsze okazywała się usprawiedliwiona: wiara w opiekę boską, a także wola, którą Bóg obdarzył człowieka, o ile właściwie używana, to siły tak potężne, że żadne oddziaływania gwiazd nie zdołają ich pokonać.

Zrozumiałem, że ten gwiezdny zapis na niebie w momencie urodzenia człowieka nie oznacza, że przeszłość włada nim jak marionetką. Przesłanie gwiazd jest dla niego raczej bodźcem do dążenia ku chwale. Same niebiosa starają się wzbudzić w nas niezłomną wolę wyzwolenia się z wszelkich ograniczeń. Bóg stworzył każdego człowieka jako duszę obdarzoną indywidualnością, niezbędną w strukturze wszechświata, czy to w tymczasowej roli podpory, czy pasożyta. Jeśli mamy taką wolę, możemy osiągnąć wolność natychmiast i ostatecznie. Zależy to nie od zewnętrznych, lecz od wewnętrznych zwycięstw.

Śri Jukteśwar matematycznie wyznaczył położenie naszej obecnej epoki w cyklu równonocnym (czyli w cyklu precesji punktu równonocy wiosennej – *dop. tłum.*), obejmującym 24 tysięcy lat**. Cykl ten dzieli się

---

* Jedna z dziewcząt, którą moja rodzina wybrała dla mnie na ewentualną narzeczoną, poślubiła później mojego kuzyna, Prabhasa Ćandrę Ghosza. Został on wicedyrektorem naszej szkoły jogi w Ranći. (*Zob.* fotografię na s. 224 w rozdz. 23). [Śri Ghosz był wiceprezesem Yogoda Satsanga Society of India (*zob.* s. 401) od 1936 r. do swej śmierci w 1975 r.]

** Śri Jukteśwar przedstawił swą naukę o cyklach w pierwszej części książki *The Holy Science* (Święta nauka) wydanej przez Self-Realization Fellowship.

na łuk wstępujący i łuk zstępujący, każdy po 12 tysięcy lat. Na każdy łuk przypadają cztery *jugi* czyli wieki, zwane *kali, dwapara, treta* i *satja*. Odpowiadają one greckim epokom – żelaznej, brązowej, srebrnej i złotej.

Guru wyliczył, że ostatnia *kalijuga*, czyli epoka żelaza łuku wstępującego, rozpoczęła się około roku 500 n.e. Epoka żelaza, trwająca 1200 lat, to okres materializmu. Zakończyła się ona około roku 1700. Po nim nastała *dwapara-juga*, trwający 2400 lat wiek energii elektrycznej i atomowej, telegrafu, radia, samolotów i innych pojazdów pokonujących przestrzeń.

Tretajuga, okres liczący 3600 lat, rozpocznie się w roku 4100 n.e. Będzie to epoka powszechnego posługiwania się telepatią i innymi metodami pokonującymi czas. W ciągu 4800 lat *satjajugi*, ostatniej epoki łuku wstępującego, potężnie rozwinie się inteligencja człowieka; będzie on działał w harmonii z planem boskim.

Następnie, w roku 12 500 n.e., świat znajdzie się na łuku zstępującym, który zacznie się od złotego wieku, trwającego 4800 lat. Człowiek będzie się stopniowo pogrążał w niewiedzy. Cykle te to wieczne obroty koła *maji*, gra kontrastów, to względność zjawiskowego świata*. Człowiek, jeden po drugim, wydobywa się z więzienia dwoistości stworzenia, w miarę jak budzi się w nim świadomość nierozerwalnej jedności ze Stwórcą.

Mistrz poszerzył moje zrozumienie nie tylko astrologii, lecz także pism świętych całego świata. Umieszczając święte teksty na nieskazitelnej tablicy swego umysłu, dzięki rozumowi natchnionemu intuicją potrafił, jak skalpelem oddzielić błędy i wstawki uczonych od prawdy

---

* Według hinduskich pism świętych świat znajduje się obecnie w *kalijudze*. Mówią one jednak o znacznie dłuższych cyklach kosmicznych niż cykl 24 000 lat, którym zajmował się Śri Jukteśwar. Kosmiczny cykl czterech *jug*, wymieniany w pismach, obejmuje 4300 560 000 lat, czyli jeden Dzień Stworzenia. Ta ogromna liczba opiera się na związku między długością roku słonecznego a pewną wielokrotnością liczby *pi* (π=3,1416, stosunek obwodu okręgu do jego średnicy).

Okres życia całego wszechświata, czyli jeden „wiek Brahmy", wynosi według starożytnych jasnowidzących 314 159 000 000 000 lat słonecznych.

Pisma hinduskie twierdzą, że planeta, taka jak nasza, ulega zagładzie z jednego z dwóch powodów: jej mieszkańcy jako całość stają się albo w pełni dobrzy, albo na wskroś źli. Świadomość świata generuje wtedy moc, która uwalnia atomy do tej pory tworzące planetę.

Od czasu do czasu publikuje się straszliwe przepowiednie dotyczące bliskiego „końca świata". Jednak cykle planetarne zachodzą zgodnie z boskim planem. Daleko jeszcze do zagłady Ziemi. Naszą planetę, w jej obecnej postaci, czeka jeszcze wiele wielkich cykli, wstępujących i zstępujących.

pierwotnie wypowiedzianej przez proroków.

„Skup uwagę na końcu nosa" – ten niedokładny przekład wiersza *Bhagawadgity**, powszechnie przyjęty przez wschodnich panditów i zachodnich tłumaczy, wywoływał zwykle żartobliwą krytykę Mistrza.

– Ścieżka jogina jest i tak osobliwa – zauważył kiedyś. – Po co mu jeszcze kazać nabawiać się zeza? Właściwe znaczenie słowa *nasikagram* to „początek nosa", a nie „koniec nosa". Nos zaczyna się w miejscu między brwiami, które jest siedzibą duchowego widzenia**.

Jeden z aforyzmów *sankhji* *** brzmi: *Iśwar-asiddhe***** („Pana stworzenia nie można wydedukować" lub „istnienia Boga nie można udowodnić"). Głównie na podstawie tego jednego jedynego wersetu większość uczonych uważa całą tę filozofię za ateistyczną.

– Wers ten nie jest nawet agnostyczny – wyjaśniał Śri Jukteświar. – Oznacza jedynie, że dla nieoświeconego człowieka, który wszystkie swe sądy opiera tylko na zmysłach, dowód na istnienie Boga musi pozostać nieznany i dlatego Bóg dla niego nie istnieje. Prawdziwi zwolennicy *sankhji*, dzięki niepodważalnemu wglądowi uzyskanemu w medytacji, rozumieją, że Pan zarówno istnieje, jak i jest poznawalny.

Mistrz z cudowną jasnością objaśniał także chrześcijańską Biblię. To właśnie mój hinduski guru, nie znany szerszemu ogółowi chrześcijan, nauczył mnie dostrzegać nieśmiertelną istotę prawd biblijnych. Dzięki niemu pojąłem prawdę słów Chrystusa – z pewnością najbardziej przejmujących, jakie kiedykolwiek wypowiedziano: „Niebo i ziemia przeminą, ale moje słowa nie przeminą"*****.

Wielcy mistrzowie indyjscy kształtują swoje życie według tych samych boskich ideałów, które ożywiały Jezusa. O takich ludziach głosił, że są Jego rodziną: „Bo kto pełni wolę Ojca mojego, który jest w niebie, ten Mi jest bratem, siostrą i matką"******. „Jeżeli będziecie trwać w nauce mojej – mówił Chrystus – będziecie prawdziwie moimi uczniami i poznacie

---

* *Bhagawadgita* VI, 13.

** „Światłem ciała jest twoje oko. Jeśli twoje oko jest zdrowe, całe twoje ciało będzie w świetle. Lecz jeśli jest chore, ciało twoje będzie również w ciemności. Patrz więc, żeby światło, które jest w tobie, nie było ciemnością" (Łk 11, 34-35).

*** Jeden z sześciu systemów filozofii hinduskiej. *Sankhja* naucza o ostatecznym wyzwoleniu dzięki poznaniu dwudziestu pięciu pierwiastków, począwszy od *prakryti*, czyli przyrody, a skończywszy na *puruszy*, czyli duszy.

**** Aforyzm *sankhji* I, 92.

***** Mt 24, 35

****** Mt 12, 50

prawdę, a prawda was wyzwoli"*. Ludzie wolni, panowie samych siebie, jogini-Chrystusowie Indii, należą do nieśmiertelnego bractwa tych, którzy osiągnęli poznanie Jedynego Ojca, poznanie wyzwalające.

– Nie rozumiem historii o Adamie i Ewie – oświadczyłem pewnego dnia z podnieceniem. Było to w okresie moich początkowych zmagań z alegorią. – Dlaczego Bóg nie ukarał wyłącznie tej winnej pary, ale i niewinne przyszłe pokolenia?

Mistrz był bardziej ubawiony moją gwałtownością niż niewiedzą.

– *Księga Rodzaju* jest głęboko symboliczna i nie można jej rozumieć dosłownie – wyjaśnił. – „Drzewo życia" znajduje się w „ogrodzie" ludzkiego ciała. Stos pacierzowy jest odwróconym pniem drzewa, włosy człowieka to korzenie drzewa, a nerwy dośrodkowe i odśrodkowe są jego gałęziami. Drzewo układu nerwowego wydaje wiele smacznych owoców – wrażenia wzrokowe, dźwiękowe, węchowe, smakowe i dotykowe. Nimi wszystkimi człowiek może się swobodnie cieszyć, zakazane mu jednak zostało doświadczenie współżycia płciowego, „jabłko" w środku cielesnego ogrodu**.

„Wąż" reprezentuje energię zwiniętą u podstawy kręgosłupa, która pobudza nerwy narządów płciowych. „Adam" to rozum, a „Ewa" to uczuciowość. Kiedy uczuciowość człowieka, czyli świadomość Ewy, opanowana zostaje pożądaniem płciowym, rozum, czyli Adam, także mu ulega***.

Bóg stworzył rodzaj ludzki, materializując ciała mężczyzny i kobiety potęgą swej woli. Obdarzył On nowy rodzaj zdolnością stwarzania dzieci w podobny „niepokalany", czyli boski sposób****. Jako że do tej pory boskie przejawienie ograniczało się do zindywidualizowanej duszy zwierząt, rządzonych instynktem i pozbawionych w pełni rozwiniętego rozumu, Bóg stworzył pierwsze ciała ludzkie, symbolicznie nazwane Adamem i Ewą. Dla dobra ewolucji, po to, by mogła postępować

---

* Jan 8, 31-32. Św. Jan zaświadczył: „Wszystkim jednak, którzy Je [Słowo] przyjęli, dało moc, aby się stali dziećmi Bożymi, tym, którzy wierzą w imię Jego (tym, którzy utwierdzeni są we wszechobecnej Świadomości Chrystusowej")" (J 1, 12).

** „Owoce z drzew tego ogrodu jeść możemy, tylko o owocach z drzewa, które jest w środku ogrodu, Bóg powiedział: Nie wolno wam jeść z niego, a nawet go dotykać, abyście nie pomarli" (Rdz 3, 2-3).

*** „«Niewiasta, którą postawiłeś przy mnie, dała mi owoc z tego drzewa i zjadłem». [...] Niewiasta odpowiedziała: «Wąż mnie zwiódł i zjadłam»" (Rdz 3, 12-13).

**** „Stworzył więc Bóg człowieka na swój obraz, na obraz Boży go stworzył: stworzył mężczyznę i niewiastę. Po czym Bóg im błogosławił, mówiąc do nich: «Bądźcie płodni i rozmnażajcie się, abyście zaludnili ziemię i uczynili ja sobie poddaną»" (Rdz 1, 27-28).

wzwyż, Bóg przeniósł w te ciała dusze, czyli boską esencję dwojga zwierząt*. W Adamie, czyli mężczyźnie, dominował rozum; w Ewie, czyli kobiecie, przeważało uczucie. W taki sposób wyraziła się dwoistość czy biegunowość, która leży u podstaw zjawiskowych światów. Rozum i uczucie współdziałają z niebiańską radością, o ile umysł nie da się oszukać przez wężową energię zwierzęcych popędów.

Ciało ludzkie nie powstało zatem jedynie w wyniku ewolucji świata zwierzęcego, lecz zostało stworzone przez Boga osobnym aktem. Zwierzęta były za mało rozwinięte, by wyrazić pełnię boskości. Tylko człowiek został wyjątkowo obdarzony potencjałem wszechwiedzy – „tysiącpłatkowym lotosem" mózgu, a także silnie rozbudzonymi, tajemnymi ośrodkami wzdłuż kręgosłupa.

Bóg, czyli Boska Świadomość pierwszej stworzonej pary, radził jej cieszyć się wszystkimi wrażeniami z jednym wyjątkiem: doznań seksualnych**. Zostały one zakazane, aby ludzkość nie uwikłała się w niższą, zwierzęcą metodę rozmnażania się. Adam i Ewa nie posłuchali jednak tego ostrzeżenia przed rozbudzeniem podświadomych wspomnień z życia zwierzęcego. Wracając na drogę zwierzęcej prokreacji, utracili stan niebiańskiej radości, właściwej pierwszemu doskonałemu człowiekowi. Gdy „poznali, że są nadzy", stało się to, przed czym ostrzegał ich Bóg: zatracili świadomość nieśmiertelności. Znaleźli się pod działaniem prawa obowiązującego w świecie fizycznym, zgodnie z którym po cielesnych narodzinach musi nastąpić cielesna śmierć.

Poznanie dobra i zła, które obiecał Ewie „wąż", odnosi się do dwoistego, dwubiegunowego charakteru doświadczeń, przez jakie zmuszeni są przechodzić śmiertelnicy pogrążeni w *maji*. Wpadając w kosmiczną ułudę z powodu sprzeniewierzenia uczuć i rozumu, czyli świadomości Ewy i Adama, człowiek odbiera sobie prawo wejścia do niebiańskiego ogrodu boskiej samowystarczalności***. Każda ludzka istota jest

---

* „Wtedy to Pan Bóg ulepił człowieka z prochu ziemi i tchnął w jego nozdrza tchnienie życia, wskutek czego stał się człowiek istotą żywą" (Rdz 2, 7).

** „A wąż (popęd płciowy) był bardziej przebiegły niż wszystkie zwierzęta lądowe (inne zmysły ciała)" (Rdz 3, 1).

*** „A zasadziwszy ogród w Eden na wschodzie, Pan Bóg umieścił tam człowieka, którego ulepił" (Rdz 2, 8). „Dlatego Pan Bóg wydalił go z ogrodu Eden, aby uprawiał ziemię, z której został wzięty" (Rdz 3, 23). Świadomość boskiego człowieka, pierwotnie stworzonego przez Boga, skupiona była w jednym, wszechmocnym oku na czole (zwróconym ku wschodowi). Człowiek utracił twórcze moce swej woli, zogniskowanej w tym miejscu, z chwilą gdy zaczął „uprawiać ziemię" swej fizycznej natury.

osobiście odpowiedzialna za to, by ponowne doprowadzić „rodziców", czyli swą dwoistą naturę, do stanu jedności i harmonii Edenu.

Gdy Śri Jukteśwar skończył wykład, spojrzałem z nowym szacunkiem na stronice *Księgi Rodzaju*.

– Drogi Mistrzu – powiedziałem – po raz pierwszy czuję, że mam prawdziwe synowskie zobowiązanie wobec Adama i Ewy*.

---

* Hinduska wersja opowieści o Adamie i Ewie znajduje się w starożytnej *puranie*, *Śrimad Bhagawata*. Pierwszy mężczyzna i pierwsza kobieta, jego żona (istoty w ciałach fizycznych), nazywają się tam Swajambhuwa Manu („mężczyzna zrodzony ze Stwórcy") i Szatarupa („mająca sto wizerunków czy postaci"). Ich pięcioro dzieci zawarło małżeństwa z *Pradźapatimi* (istotami doskonałymi, które mogły przyjmować postać cielesną). Z tych pierwszych boskich rodzin wywodzi się rodzaj ludzki.

Nigdy ani na Wschodzie, ani na Zachodzie nie spotkałem nikogo, kto wyjaśniałby chrześcijańskie *Pismo święte* w równie głęboko duchowy sposób jak Śri Jukteśwar. „Teologowie źle zinterpretowali słowa Chrystusa – mówił Mistrz – zawarte na przykład w ustępie: «Ja jestem drogą i prawdą, i życiem. Nikt nie przychodzi do Ojca inaczej jak tylko przeze Mnie» (J 14, 6). Jezus nigdy nie twierdził, że jest jedynym Synem Bożym, lecz miał na myśli to, że człowiek nie może dotrzeć do pozbawionego cech Absolutu, transcendentnego Ojca, który jest *poza* stworzeniem, dopóki nie przejawi twórczej «Synowskiej» czyli Chrystusowej Świadomości, istniejącej *w obrębie* stworzenia. Jezus, który osiągnął całkowitą jedność ze Świadomością Chrystusową, utożsamiał się z nią, ponieważ jego ego już dawno się roztopiło" (zob. s. 152, przypis). Podobnie absolutnie bezosobowe są Jego słowa: „Zanim Abraham stał się, Ja jestem" (J 8, 58), oraz słowa św. Pawła: „Bóg [...] stworzył wszystkie rzeczy przez Jezusa Chrystusa" (Ef 3, 9, przekład z *The Bible, Authorised Version*, Londyn 1963).

To rodzaj duchowego tchórzostwa każe ludziom świeckim wygodnie wierzyć, że tylko jeden człowiek był Synem Bożym. „Chrystus był kimś zupełnie wyjątkowym – rozumują. – Jakże więc ja, nędzny śmiertelnik, potrafię Go naśladować?" Tymczasem wszyscy ludzie zostali stworzeni na podobieństwo Boże i muszą kiedyś posłuchać nakazu Chrystusa: „Bądźcie więc wy doskonali, jak doskonały jest Ojciec wasz niebieski" (Mt 5, 48). „Popatrzcie, jaką miłością obdarzył nas Ojciec: zostaliśmy nazwani dziećmi Bożymi" (J 3, 1).

Liczne ustępy biblijne mówią o prawie karmy i wynikającej z niego reinkarnacji (zob. s. 271, przypis; ss. 334-335 i rozdz. 43). „Kto przeleje krew ludzką, przez ludzi ma być przelana krew jego" (Rdz 9, 6). Jeśli każdy morderca musi zostać zabity „przez ludzi", to jasne jest, że w wielu przypadkach proces odpłaty wymaga więcej niż jednego żywota. Współczesna policja nie działa dostatecznie szybko!

Wczesny Kościół chrześcijański akceptował doktrynę reinkarnacji. Reprezentowali ją gnostycy i liczni ojcowie Kościoła, w tym Klemens Aleksandryjski, słynny Orygenes (obaj żyli w III w.) i św. Hieronim (V w.) . W 553 r. Drugi Sobór Konstantynopolski uznał tę doktrynę za herezję. W owych czasach wielu chrześcijan uważało, że wiara w reinkarnację zniechęca człowieka do jak najszybszego dążenia do zbawienia, gdyż pozostawia mu na to zbyt wiele miejsca i czasu. Lecz zatajanie prawdy prowadzi do całej masy błędów. Miliony ludzi, zamiast wykorzystać swoje „jedyne życie" na poszukiwanie Boga, po prostu cieszyło się światem – niepowtarzalnym darem, który miało tak rychło i na zawsze utracić! Prawdą jest, że człowiek wciela się na ziemi dopóty, dopóki świadomie nie odzyska swego statusu syna Bożego.

Rozdział 17

Śaśi i trzy szafiry

— Skoro ty i mój syn tak wysoko cenicie swamiego Śri Jukteśwara, to znajdę dla niego trochę czasu – powiedział Narajan Ćander Roj takim tonem, jak gdyby chciał zaspokoić kaprys dwóch półgłówków. Skryłem oburzenie, zgodnie z najlepszą tradycją prozelitów.

Mój rozmówca, lekarz weterynarii z Kalkuty, był zdecydowanym agnostykiem. Młody syn weterynarza, Santosz, błagał mnie, abym się zatroszczył o jego rozwój duchowy. Jak dotąd, moja bezcenna pomoc pozostawała w sferze niewidzialnej.

Następnego dnia doktor Roj pojechał ze mną do pustelni w Serampore. Mistrz udzielił mu krótkiego posłuchania, podczas którego obaj przez większość czasu zachowywali stoickie milczenie. Gość szybko wyszedł.

– Po co przyprowadzać do aśramu martwego człowieka? – Mistrz spojrzał na mnie pytająco, jak tylko ów sceptyk zamknął za sobą drzwi.

– Panie, przecież doktor Roj jak najwyraźniej żyje!

– Ale wkrótce umrze.

Byłem wstrząśnięty.

– To będzie straszny cios dla jego syna, panie. Santosz ciągle ma nadzieję, że z czasem ojciec zmieni swe materialistyczne poglądy. Błagam cię, Mistrzu, pomóż temu człowiekowi.

– Dobrze, zrobię to dla ciebie. – Twarz guru była beznamiętna. – Ten dumny lekarz koni ma bardzo zaawansowaną cukrzycę, chociaż o tym nie wie. Za piętnaście dni na dobre położy się do łóżka. Lekarze uznają, że jego stan jest beznadziejny. Od dziś za sześć tygodni minie przeznaczony mu okres pobytu na ziemi. Jednak dzięki twojemu wstawiennictwu po upływie tego terminu wyzdrowieje. Ale jest jeden warunek: musisz go skłonić do noszenia bransoletki astrologicznej. Bez wątpienia będzie się przed tym bronił tak gwałtownie, jak jego pacjenci-konie przed operacją! – roześmiał się Mistrz.

Po chwili milczenia, gdy zastanawiałem się, jak Santosz i ja moglibyśmy najlepiej przekonać opornego weterynarza, Śri Jukteśwar dodał:

– Kiedy człowiek ten wyzdrowieje, poradź mu, by nie jadł mięsa. Nie posłucha jednak tej rady i za sześć miesięcy, właśnie gdy będzie mu się wydawało, że czuje się świetnie, nagle umrze. Sześciomiesięczne przedłużenie życia dane jest mu tylko na twoją prośbę.

Następnego dnia zaproponowałem Santoszowi, żeby zamówił u jubilera bransoletkę. Była gotowa po tygodniu, ale pan Roj odmówił jej noszenia.

– Czuję się doskonale. Nigdy mnie nie przekonacie do tych astrologicznych zabobonów. – Weterynarz spojrzał na mnie wojowniczo.

Przypomniałem sobie z rozbawieniem, jak Mistrz porównał tego człowieka do znarowionego konia. Minęło następne siedem dni. Po nagłym ataku choroby weterynarz pokornie zgodził się założyć bransoletkę. Dwa tygodnie później jego lekarz powiedział mi, że stan chorego jest beznadziejny. Opisał szczegółowo straszliwe spustoszenia, jakie cukrzyca poczyniła w organizmie.

Potrząsnąłem głową, nie chcąc się z tym zgodzić.

– Mój guru powiedział, że po miesiącu choroby pan Roj wyzdrowieje.

Lekarz spojrzał na mnie z niedowierzaniem. Po upływie następnych dwóch tygodni przyszedł do mnie z przeprosinami.

– Pan Roj całkowicie wyzdrowiał! – wykrzyknął. – To najbardziej zadziwiający przypadek w mojej karierze. Nigdy przedtem nie widziałem, by człowiek u progu śmierci w tak niewytłumaczalny sposób powrócił do zdrowia. Pański guru to doprawdy uzdrowiciel i prorok!

Po rozmowie z panem Rojem, w której powtórzyłem mu, że Śri Jukteśwar zaleca mu bezmięsną dietę, nie widziałem go przez sześć miesięcy. Pewnego wieczoru, gdy siedziałem na werandzie rodzinnego domu, wstąpił do mnie na pogawędkę.

– Niech pan powie swojemu nauczycielowi, że całkowicie odzyskałem siły dzięki częstemu jedzeniu mięsa – powiedział. – Nie dałem się zwieść jego nienaukowym poglądom na temat diety. – Rzeczywiście wyglądał jak okaz zdrowia.

Ale następnego dnia przybiegł do mnie Santosz. Jego dom mieścił się niedaleko.

– Mój ojciec zmarł nagle dziś rano!

Przypadek weterynarza należy do najdziwniejszych, z jakimi się zetknąłem u boku Mistrza. Guru uleczył tego buntowniczego człowieka pomimo jego niewiary i przedłużył przeznaczony mu pobyt na ziemi o sześć miesięcy, tylko z powodu mojej szczerej prośby. Dobroć Śri Jukteśwara nie miała granic, gdy wielbiciele prosili go o coś w gorącej modlitwie.

Byłem bardzo dumny, że mogę przyprowadzać do Mistrza przyjaciół z uniwersytetu. Wielu z nich odrzucało wtedy, przynajmniej na czas pobytu w aśramie, modną akademicką pozę sceptycyzmu religijnego.

Jeden z moich przyjaciół, Śaśi, spędził w Serampore kilka szczęśliwych weekendów. Mistrz niezmiernie polubił tego chłopca i ubolewał nad jego prywatnym życiem, które było szalone i nieuporządkowane.

– Śaśi, jeśli się nie poprawisz, to za rok zapadniesz na śmiertelną chorobę. – Śri Jukteśwar spojrzał na mojego przyjaciela z miłością, ale i z gniewem. – Mukunda jest świadkiem: nie mów później, że cię nie ostrzegałem.

Śaśi się roześmiał.

– Mistrzu, tobie już zostawiam to, byś zainteresował moim smutnym przypadkiem miłosierdzie kosmosu! Mój duch pragnie, bym się zmienił, ale wola jest słaba. Dla mnie ty jesteś jedynym zbawicielem na świecie. W nic innego nie wierzę.

– Powinieneś przynajmniej nosić dwukaratowy niebieski szafir. To ci pomoże.

– Nie stać mnie na kupno takiego kamienia. Zresztą, drogi Gurudźi, mocno wierzę, że jeśli znajdę się w kłopocie, ty mnie ochronisz.

– Za rok przyniesiesz tu trzy szafiry – odpowiedział zagadkowo Śri Jukteśwar. – Ale wtedy na nic się już nie przydadzą.

Podobne rozmowy odbywały się regularnie.

– Nie potrafię się zmienić! – powtarzał Śaśi z komiczną rozpaczą. – I bardziej od kamieni, Mistrzu, cenię sobie ufność, jaką pokładam w tobie!

Minął rok. Byłem w odwiedzinach u guru w Kalkucie, gdzie przebywał w domu ucznia, Narena Babu. Około dziesiątej rano, gdy Śri Jukteśwar i ja spokojnie siedzieliśmy w pokoju na piętrze, usłyszałem, jak na dole ktoś otwiera drzwi. Mistrz wyprostował się, sztywniejąc.

– To Śaśi – rzekł poważnie. – Upłynął rok. Oba płuca chłopca są zupełnie zniszczone. Nie posłuchał mojej rady. Powiedz mu, że nie chcę go widzieć.

Zaskoczony surowością Śri Jukteśwara, popędziłem w dół po schodach. Śaśi właśnie wchodził na górę.

– O, Mukunda! Mam nadzieję, że Mistrz tu jest. Miałem przeczucie, że może tu być.
– Tak, ale nie życzy sobie, by mu przeszkadzano.

Śaśi wybuchnął płaczem i szybko mnie wyminął. Rzucił się do stóp Śri Jukteśwara, kładąc przy nich trzy piękne szafiry.

– Wszechwiedzący guru! Lekarze mówią, że mam galopujące suchoty. Dają mi tylko trzy miesiące życia! Pokornie błagam cię o pomoc, wiem, że możesz mnie uzdrowić!

– Czyż nie jest trochę za późno, byś martwił się teraz o życie? Zabierz swoje kamienie i odejdź. Czas użyteczności szafirów minął.
– Mistrz siedział jak sfinks w nieubłaganym milczeniu, przerywanym szlochem i błaganiami chłopca o litość.

Intuicja silnie mi podpowiadała, że Śri Jukteśwar tylko poddaje próbie głębię wiary Śaśiego w uzdrawiającą boską moc. Nie zdziwiłem się więc, gdy po godzinie pełnej napięcia Mistrz ze współczuciem spojrzał na mego zrozpaczonego przyjaciela.

– Wstań, Śaśi. Cóż za zamieszanie robisz w obcym domu! Zwróć szafiry jubilerowi, teraz to zbyteczny wydatek. Ale kup sobie i noś bransoletkę astrologiczną. Nie obawiaj się. Za kilka tygodni będziesz zdrowy.

Twarz Śaśiego, zalaną łzami, rozjaśnił uśmiech, tak jak nagły błysk słońca rozświetla krajobraz po deszczu.

– Kochany guru, czy mam zażywać lekarstwa przepisane mi przez lekarzy?

– Jak chcesz, zażywaj je albo wyrzuć. To nie ma znaczenia. Prędzej słońce i księżyc zamienią się miejscami, niż ty umrzesz na gruźlicę. – Po czym dodał nagle: – Idź już, zanim zmienię zdanie!

Pokłoniwszy się Mistrzowi ze wzruszeniem, mój przyjaciel szybko wyszedł. Odwiedzałem go kilkakrotnie w ciągu następnych tygodni i byłem przerażony, widząc, że jego stan wciąż się pogarsza.

– Śaśi nie przeżyje nocy. – Te słowa lekarza i widok przyjaciela, który wyglądał teraz jak skóra i kości, sprawiły, że w wielkim pośpiechu pojechałem do Serampore. Guru wysłuchał chłodno moich słów, wypowiadanych ze łzami.

– Po co tu przyjechałeś i zawracasz mi głowę? Słyszałeś przecież, jak zapewniałem Śaśiego, że wyzdrowieje.

Pokłoniłem się przed nim z wielką czcią i zawróciłem do drzwi. Śri Jukteśwar nie powiedział ani słowa na pożegnanie, lecz pogrążył się w ciszy; na wpół otwarte oczy znieruchomiały, oglądając już inny świat.

Autobiografia jogina

Powróciłem natychmiast do domu Śaśiego w Kalkucie. Ku swemu zdumieniu ujrzałem, że przyjaciel siedzi i pije mleko.

– Mukunda! Cóż za cud! Przed czterema godzinami poczułem, że Mistrz jest w pokoju. Straszne objawy choroby natychmiast zniknęły. Czuję, że dzięki jego łasce jestem zupełnie zdrów.

Po kilku tygodniach Śaśi był silniejszy i w lepszym zdrowiu niż kiedykolwiek przedtem*. Jednak po uzdrowieniu jego zachowanie zabarwione było niewdzięcznością: rzadko już potem odwiedzał Śri Jukteśwara. Powiedział mi pewnego dnia, iż tak głęboko żałuje swego poprzedniego stylu życia, że wstydzi się pokazać Mistrzowi. Mogłem z tego tylko wywnioskować, że choroba wpłynęła nań dwojako: umocniła jego wolę, ale pogorszyła maniery.

Tymczasem zbliżał się koniec moich pierwszych dwóch lat studiów w Scottish Church College. Pojawiałem się na zajęciach bardzo nieregularnie. Uczyłem się tylko tyle, by mieć spokój ze strony rodziny. Dwaj nauczyciele, którzy opiekowali się mną indywidualnie, systematycznie przychodzili do mnie do domu, ale ja byłem równie systematycznie nieobecny. Tylko w tym dostrzegam pewną systematyczność w swej uniwersyteckiej karierze!

W Indiach po dwóch pomyślnie ukończonych latach studiów otrzymuje się dyplom „Intermediate Arts", który uprawnia do dwóch kolejnych lat nauki i uzyskania stopnia bakałarza.

Egzaminy dyplomowe zbliżały się w złowróżbnym tempie. Uciekłem do Puri, dokąd guru wyjechał na kilka tygodni. Miałem niejasną nadzieję, że się zgodzi, bym nie przystępował do egzaminów. Powiedziałem mu, że jestem nieprzygotowany.

Ale Mistrz uśmiechnął się pocieszająco.

– Wypełniałeś z całego serca swoje obowiązki duchowe i nie mogłeś uniknąć zaniedbania nauki w college'u. Posiedź pilnie nad książkami w ciągu przyszłego tygodnia, a przejdziesz przez tę próbę pomyślnie.

Wróciłem do Kalkuty, zdecydowanie tłumiąc wszystkie wątpliwości, jakie od czasu do czasu podsuwał mi zdrowy rozsądek. Patrząc na stosy książek na stole, czułem się jak podróżny zagubiony na pustyni. Długa medytacja przyniosła mi natchnienie, dzięki któremu oszczędziłem sobie pracy. Otwierałem książkę na chybił trafił i studiowałem tylko te stronice, na których się otworzyła. Po tygodniu takiej pracy przez

---

* W roku 1936 dowiedziałem się od przyjaciela, że Śaśi nadal cieszy się doskonałym zdrowiem.

osiemnaście godzin na dobę uznałem się za eksperta w sztuce wkuwania.

Następne dni spędzone w salach egzaminacyjnych w pełni usprawiedliwiły mój pozornie bezładny sposób nauki. Zdałem wszystkie egzaminy, chociaż niektóre ledwo ledwo. Przyjaciele i rodzina zabawnie przeplatali składane mi gratulacje okrzykami pełnego niewiary zdumienia.

Po powrocie z Puri Śri Jukteśwar miał dla mnie miłą niespodziankę.

– To już koniec twoich studiów w Kalkucie. Dopilnuję, abyś ostatnie dwa lata nauki odbył tu, w Serampore.

Słowa te mnie zaintrygowały.

Śri Jogananda w wieku lat szesnastu

– Panie, przecież tutaj nie ma studiów bakalarskich. – College w Serampore, jedyna wyższa uczelnia w tym mieście, oferował tylko dwuletni kurs, przygotowujący do dyplomu „Intermediate Arts".

Mistrz uśmiechnął się z rozbawieniem.

– Jestem zbyt stary, aby zbierać darowizny na rzecz zorganizowania tutaj dla ciebie studiów bakalarskich. Myślę, że ktoś będzie musiał mnie wyręczyć.

W dwa miesiące później profesor Howells, dyrektor college'u w Serampore, ogłosił publicznie, że udało mu się zebrać dostateczne fundusze na wprowadzenie czteroletniego kursu. College w Serampore stał się pełnoprawną filią Uniwersytetu w Kalkucie. Byłem jednym z pierwszych studentów, którzy się zapisali na studia bakalarskie.

– Gurudźi, jesteś dla mnie tak dobry! Marzyłem o wyjeździe z Kalkuty, aby każdego dnia być przy tobie w Serampore. Profesor Howells nie ma pojęcia, jak wiele zawdzięcza twojej cichej pomocy!

Śri Jukteśwar spojrzał na mnie z udaną surowością.

– Teraz nie będziesz tracił tyle czasu w pociągach. O ileż więcej czasu na naukę! Może nie będziesz się uczył tylko tuż przed egzaminami, lecz staniesz się prawdziwym studentem.

Jednak w tonie jego głosu nie było przekonania*.

---

* Śri Jukteśwar, jak wielu innych mędrców, ubolewał nad tym, że we współczesnej edukacji panuje tendencja materialistyczna. Niewiele szkół wykłada o prawach duchowych, których przestrzeganie decyduje o szczęściu. Nie naucza się, że mądrość polega na życiu w „bojaźni Bożej", to znaczy we czci dla Stwórcy.

Młodzi ludzie, słyszę obecnie w szkołach i college'ach, że człowiek to tylko wyżej rozwinięte zwierzę, często stają się ateistami. Nie starają się badać własnej duszy, nie uważają też, że w swej istocie stworzeni są na podobieństwo Boga. Emerson zauważył: „Na zewnątrz widzimy tylko to, co mamy w sobie. Jeśli nie spotykamy bogów, to dlatego, że w nas samych nie ma dla nich miejsca". Człowiek, który wyobraża sobie, że jego zwierzęca natura jest jedyną rzeczywistością, odcina się od dążenia do Boga.

System edukacyjny, który nie stawia Ducha w centrum ludzkiej egzystencji, oferuje *awidję*, fałszywą wiedzę. „Ty bowiem mówisz: «Jestem bogaty» i «wzbogaciłem się'» i niczego mi nie potrzeba», a nie wiesz, że to ty jesteś nieszczęsny i godzien litości, i biedny, i ślepy, i nagi" (Ap 3,17).

W starożytnych Indiach wychowanie młodzieży było idealne. Gdy chłopiec miał dziewięć lat, przyjmowano go „jak syna" do *gurukuli* (rodzinnego domu guru, który był miejscem nauczania). „Współczesny chłopiec spędza [rocznie] w szkole jedną ósmą czasu; Hindus przebywał w niej cały czas – pisze prof. S. V. Venkateswara (S. W. Wenkateświara) w *Indian Culture Through the Ages* (Kultura Indii na przestrzeni wieków), t. 1, Longmans, Green & Co. – Panowała tam zdrowa atmosfera solidarności i odpowiedzialności oraz bardzo sprzyjające warunki do kształtowania niezależności i indywidualności. Nauczycieli i uczniów charakteryzowały wysoki poziom kultury, samodyscyplina, surowe przestrzeganie obowiązków, bezosobiste działanie i poświęcenie, nacechowane poczuciem własnej godności i szacunkiem dla innych ludzi, wysoki poziom nauczania oraz poczucie [...] dostojeństwa ludzkiego życia i jego wzniosłego celu".

Rozdział 18

Muzułmański cudotwórca

– Przed laty w tym samym pokoju, w którym teraz mieszkasz, pewien muzułmański cudotwórca dokonał na moich oczach czterech cudów.

Zdanie to padło z ust Śri Jukteśwara, gdy po raz pierwszy odwiedził mnie w nowym mieszkaniu. Natychmiast po zapisaniu się do college'u w Serampore wynająłem pokój w pobliskim pensjonacie pod nazwą „Panthi"*. Był to staromodny budynek z cegły, zwrócony frontem na Ganges.

– Mistrzu, cóż za zbieg okoliczności! Czyżby te świeżo odnowione ściany miały tyle dawnych wspomnień? – Rozejrzałem się po moim skromnie umeblowanym pokoju z nowym zainteresowaniem.

– To długa historia. – Guru uśmiechnął się na jej wspomnienie. – Fakir** ten nazywał się Afzal Khan. Zdobył swoje niezwykłe moce dzięki przypadkowemu spotkaniu z pewnym hinduskim joginem. Było to tak:

Pewnego dnia podszedł do Afzala utrudzony *sannjasin*, pokryty kurzem drogi. Afzal był wtedy młodym chłopcem i mieszkał w małej wsi we wschodnim Bengalu.

– Synu, chce mi się pić. Przynieś mi trochę wody – poprosił święty.

– Mistrzu, jestem muzułmaninem. Jakże mógłbyś ty, hindus, przyjąć wodę z moich rąk?

– Cieszy mnie twoja prawdomówność, moje dziecko. Ja jednak nie

---

* Dom dla studentów; od słowa *pantha* – wędrowiec, pątnik, poszukujący wiedzy.
** Muzułmański jogin. Po arabsku *fakir* znaczy „biedny". Początkowo nazwę tę stosowano do derwiszów, którzy ślubowali ubóstwo.

przestrzegam bezbożnych sekciarskich reguł, które dzielą ludzi. Idź, przynieś mi szybko trochę wody.

Pełne szacunku posłuszeństwo Afzala nagrodzone zostało miłującym spojrzeniem jogina.

– Masz dobrą karmę z poprzednich żywotów – rzekł poważnie. – Nauczę cię pewnej metody jogi, która da ci władzę nad jednym z niewidzialnych królestw. Wielkich mocy, jakie uzyskasz, nie wolno używać do osiągnięcia korzyści w tym świecie. Nigdy nie posługuj się nimi do osobistych celów! Dostrzegam, niestety, że przyniosłeś z przeszłości pewne karmiczne ziarna destrukcyjnych skłonności. Nie pozwól im wykiełkować, nie podlewaj ich wodą nowych złych czynów. Twoja złożona przeszła karma wymaga, byś w obecnym życiu wykorzystał swe jogiczne osiągnięcia do najwyższych celów humanitarnych.

Mistrz zapoznał zdumionego chłopca ze skomplikowaną techniką, po czym znikł. Afzal wiernie wykonywał ćwiczenia jogiczne przez dwadzieścia lat. Jego cuda zaczęły przyciągać powszechną uwagę. Wydaje się, że zawsze towarzyszył mu bezcielesny duch, którego nazywał Hazratem. Ta niewidzialna istota potrafiła spełniać każde, najdrobniejsze życzenie fakira.

Zlekceważywszy ostrzeżenie mistrza, Afzal zaczął nadużywać swoich mocy. Każdy przedmiot, którego dotknął, a potem odłożył na miejsce, wkrótce znikał bez śladu. Ta niepokojąca właściwość czyniła zwykle Afzala niepożądanym gościem!

Od czasu do czasu odwiedzał on wielkie sklepy jubilerskie w Kalkucie, udając ewentualnego nabywcę. Każdy klejnot, który wziął do ręki, znikał wkrótce po jego wyjściu ze sklepu.

Afzala nierzadko otaczało kilkuset uczniów, przyciągniętych nadzieją poznania jego sekretów. Fakir czasem zabierał ich ze sobą w podróż. Na stacji zamawiał bilety i dotykał ich, a potem zwracał kasjerowi, mówiąc, że się rozmyślił i teraz ich nie kupi. Ale gdy wsiadał do pociągu wraz ze swą świtą, posiadał już potrzebne bilety*.

Wyczyny te wywoływały oburzenie i zamieszanie. Bengalscy jubilerzy i kasjerzy popadali w rozstrój nerwowy. Policja, usiłująca aresztować Azfala, była bezradna: fakir usuwał obwiniające go dowody, mówiąc tylko: „Hazrat, zabierz to!"

---

* Ojciec powiedział mi później, że Kompania Kolei Bengalsko-Nagpurskiej także padała ofiarą praktyk Afzala.

Muzułmański cudotwórca

Śri Jukteśwar powstał i przeszedł na balkon, wychodzący na Ganges. Poszedłem za nim, pragnąc dowiedzieć się czegoś jeszcze o tym niesamowitym muzułmańskim Rafflesie.

– Pensjonat „Panthi" należał przedtem do jednego z moich przyjaciół. Poznał on Azfala i zaprosił go tutaj. Zaprosił także około dwudziestu sąsiadów, w tym mnie. Byłem wtedy młodzieńcem i ten głośny fakir bardzo mnie ciekawił. – Mistrz się roześmiał. – Przedsięwziąłem środki ostrożności i nie miałem z sobą nic cennego. Azfal przyjrzał mi się badawczo, a potem rzekł:

– Masz silne ręce. Zejdź do ogrodu, znajdź gładki kamień i napisz na nim kredą swoje nazwisko. Potem wrzuć kamień do Gangesu, jak najdalej od brzegu.

Zrobiłem to. Jak tylko kamień zniknął daleko w falach, Azfal znowu zwrócił się do mnie:

– Napełnij garnek wodą z Gangesu, tuż przy domu.

Gdy wróciłem z naczyniem wody, fakir wykrzyknął:

– Hazrat, wrzuć kamień do garnka!

Kamień natychmiast się pojawił. Wyjąłem go z garnka i ujrzałem na nim swój podpis, równie czytelny jak tuż po napisaniu.

Babu*, jeden z moich przyjaciół znajdujących się w pokoju, nosił ciężki, antyczny złoty zegarek z łańcuszkiem. Fakir przyjrzał mu się z podziwem, co nie wróżyło nic dobrego. Po chwili zegarek zniknął! Babu prawie płakał:

– Azfal, oddaj mi go, proszę. To cenna pamiątka rodzinna!

Przez chwilę muzułmanin stoicko milczał, a potem powiedział:

– Masz w żelaznym sejfie pięćset rupii. Przynieś je, a ja ci powiem, gdzie znajdziesz swój zegarek.

Nieszczęsny Babu pobiegł natychmiast do domu. Niebawem wrócił i wręczył Afzalowi żądaną sumę.

– Idź do niewielkiego mostu obok twego domu – pouczył go fakir. – Wezwij Hazrata i zażądaj, by dał ci zegarek.

Babu wybiegł. Powrócił z uśmiechem ulgi na twarzy, ale bez żadnych kosztowności na sobie.

– Kiedy zgodnie z poleceniem wydałem rozkaz Hazratowi – oznajmił – zegarek przyleciał do mnie, koziołkując w powietrzu, i wpadł mi

---

* Nie pamiętam nazwiska tego przyjaciela Śri Jukteśwara, nazywam go więc po prostu „Babu" – pan.

prosto do prawej dłoni! Możecie być pewni, że schowałem go w sejfie, zanim wyruszyłem tu z powrotem!

Przyjaciele Babu, świadkowie tragikomicznej sytuacji wyłudzenia okupu za zegarek, spoglądali na Azfala z oburzeniem. Ten więc odezwał się pojednawczo:

– Powiedzcie, czego chcecie się napić. Hazrat dostarczy wszelkie napoje.

Część obecnych poprosiła o mleko, inni o soki owocowe. Nie byłem zbytnio zaskoczony, gdy zdenerwowany Babu poprosił o whisky! Muzułmanin wydał rozkaz, a usłużny Hazrat zesłał skądś zamknięte naczynia, które z brzdękiem wylądowały na podłodze. Każdy z obecnych dostał napój, jakiego sobie życzył.

Czwarty tego dnia efektowny wyczyn niewątpliwie złagodził gniew naszego gospodarza: Azfal zaofiarował się natychmiast dostarczyć lunch.

– Zamówmy najdroższe dania – ponuro zaproponował Babu – Za swoje pięćset rupii chcę wystawnego posiłku. Wszystko ma być podane na złotej zastawie!

Gdy tylko wszyscy pozamawiali dania, fakir przemówił do niezmordowanego Hazrata. Rozległ się głośny stukot. Złote półmiski pełne wymyślnych potraw, różnych rodzajów curry, gorących *luci* i wielu pozasezonowych owoców zjawiły się znikąd u naszych stóp. Wszystko było przepyszne. Po godzinnej uczcie zaczęliśmy się zbierać do wyjścia. Przeraźliwy łoskot, jak gdyby ktoś rzucał półmiski i talerze na stos, zmusił nas do obejrzenia się. Po błyszczących talerzach i resztkach jedzenia nie zostało ani śladu!.

– Gurudźi – przerwałem – skoro Azfal bez trudu mógł uzyskać tak cenne przedmioty jak złote półmiski, to dlaczego pożądał cudzej własności?

– Fakir nie był jeszcze wysoko rozwinięty duchowo – wyjaśnił Śri Jukteśwar. – Opanowanie określonej techniki jogi dało mu dostęp do świata astralnego, gdzie natychmiast ziszcza się każde życzenie. Przy pomocy istoty astralnej, Hazrata, muzułmanin mógł aktem potężnej woli złożyć atomy energii eterycznej w dowolny przedmiot. Jednak struktura przedmiotów wytworzonych astralnie jest nietrwała. Nie można ich zatrzymać na dłużej*. Dlatego Azfal pożądał bogactw świata,

---

* Podobnie mój srebrny amulet, przedmiot wytworzony astralnie, znikł w końcu z ziemi. (Świat astralny opisany jest w rozdziale 43).

które, choć trudniejsze do zdobycia, są znacznie trwalsze.
Roześmiałem się.
– Niekiedy one także znikają w nieprzewidziany sposób!
– Azfal nie urzeczywistnił Boga w sobie – kontynuował Mistrz.
– Prawdziwi święci dokonują cudów trwałych i przynoszących dobro, ponieważ pozostają w harmonii ze wszechmocnym Stwórcą. Azfal był tylko zwykłym człowiekiem o niezwykłej mocy sięgania w subtelny świat astralny, do którego śmiertelnicy mogą zazwyczaj wejść dopiero po śmierci.
– Teraz rozumiem, Gurudźi. Jak się wydaje, świat pośmiertny ma jakieś pociągające cechy.
Mistrz przytaknął.
– Od owego dnia nigdy już nie widziałem Azfala, ale kilka lat później przyszedł do mnie do domu Babu, by mi pokazać gazetę, w której zamieszczona była publiczna spowiedź muzułmanina. Z niej dowiedziałem się o wtajemniczeniu, którego mu udzielił hinduski guru.
Treść końcowej części artykułu, tak jak zapamiętał ją Śri Jukteśwar, była następująca:
„Ja, Azfal Khan, piszę te słowa jako akt pokuty i przestrogi dla tych, którzy pragną posiąść cudowne moce. Przez lata nadużywałem cudownych zdolności użyczonych mi łaską Boga i mojego mistrza. Odurzył mnie egoizm, przekonanie, że jestem ponad zwykłe prawa moralne. Wreszcie nadszedł dzień zapłaty.
Niedawno na drodze pod Kalkutą spotkałem pewnego starca. Szedł boleśnie kulejąc i niósł błyszczący przedmiot, który wyglądał na złoty. Owładnięty chciwością powiedziałem:
– Jestem Azfal Khan, wielki fakir. Co tam masz?
– Ta złota kula to mój jedyny majątek. Nie może on przecież obchodzić fakira. Błagam cię, panie, uzdrów mnie z kalectwa.
Dotknąłem kuli i poszedłem dalej bez odpowiedzi. Starzec kuśtykał za mną. Nagle podniósł krzyk:
– Moje złoto znikło!
Nie zwracałem na to uwagi, a wtedy on nagle przemówił donośnym głosem, dziwnie nie pasującym do słabego ciała:
– Czy mnie nie poznajesz?
Zatrzymałem się oniemiały, przerażony spóźnionym odkryciem, że ten niepozorny, stary kaleka to nikt inny, jak tylko wielki święty, który dawno, dawno temu wtajemniczył mnie w jogę. Wyprostował się, a jego ciało momentalnie stało się młode i silne.

– Wiec to tak! – Wzrok guru płonął. – Widzę na własne oczy, że używasz swych mocy nie po to, by pomóc cierpiącym ludziom, lecz by ich obrabowywać jak pospolity złodziej! Odbieram ci tajemne zdolności. Uwalniam od ciebie Hazrata. Dłużej już nie będziesz postrachem Bengalu!

Zrozpaczony wezwałem Hazrata, lecz po raz pierwszy nie pojawił się przed mym wewnętrznym wzrokiem. Niemniej jednak ciemna zasłona nagle się podniosła: ujrzałem jasno, że życie moje było bluźnierstwem.

– Mój guru, dziękuję ci, że przybyłeś i zniszczyłeś ułudę, w której tak długo żyłem. – Łkałem u jego stóp. – Obiecuję zapomnieć o swych doczesnych ambicjach. Odejdę w góry, gdzie będę samotnie medytował i kontemplował Boga w nadziei odkupienia złej przeszłości.

Mistrz spojrzał na mnie z cichym współczuciem.

– Czuję, że mówisz szczerze – rzekł wreszcie. – Ze względu na to, że dawniej przez lata byłeś mi całkowicie posłuszny, a teraz czujesz skruchę, okażę ci łaskę. Wszystkie twoje moce już cię opuściły, ale ilekroć będziesz potrzebował pożywienia lub odzieży, nadal możesz wzywać Hazrata, by ci je dostarczył. W górskich samotniach całym sercem poświęć się zrozumieniu Boga.

Potem guru znikł; pozostały mi łzy i rozmyślania. Żegnaj, świecie! Idę szukać przebaczenia u Kosmicznego Umiłowanego".

Rozdział 19

Będąc w Kalkucie, Mistrz ukazuje się w Serampore

– Często opadają mnie wątpliwości co do istnienia Boga. Mimo to niekiedy prześladuje mnie uporczywa myśl: a może istnieją niewykorzystane możliwości duszy? Czyż nie badając ich, człowiek nie rozmija się ze swym prawdziwym przeznaczeniem? – zwierzył mi się Didźen Babu, mój współlokator w pensjonacie „Panthi".

Sprowokowałem te rozważania, zapraszając go na spotkanie z moim guru.

– Śri Jukteśwardźi wtajemniczy cię w *krija-jogę* – odparłem. – Usuwa ona niepokój spowodowany dwoistością tego świata, dając nam boską, wewnętrzną pewność.

Tegoż wieczoru Didźen towarzyszył mi do pustelni. W obecności Mistrza doznał tak wielkiego duchowego spokoju, że wkrótce został stałym gościem. Człowiekowi nie wystarczają błahe zajęcia codziennego życia, ma także wrodzony głód mądrości. Słowa Śri Jukteśwara zachęciły Didźena Babu do wysiłków, które doprowadziły go do odnalezienia w sercu jaźni prawdziwszej, niż płytkie ego jednej przemijającej inkarnacji.

Ponieważ obaj, Didźen i ja, studiowaliśmy w cellege'u w Serampore, mieliśmy zwyczaj chodzić do aśramu razem zaraz po zakończeniu zajęć. Często zdarzało się, że Śri Jukteśwar stał na balkonie na piętrze i witał nas z uśmiechem.

Pewnego popołudnia przyjął nas w drzwiach mieszkaniec aśramu, młody uczeń Kanaj. Miał dla nas przykrą wiadomość.

– Mistrza nie ma. Otrzymał pilne wezwanie do Kalkuty.

Następnego dnia dostałem pocztówkę od Śri Jukteśwara. „Wrócę z Kalkuty w środę rano – pisał. – Wyjdźcie po mnie z Didźenem o dziewiątej rano na stację w Serampore".

W środę rano około wpół do dziewiątej wyświetlił mi się w głowie silny przekaz telepatyczny od guru: „Spóźnię się. Nie wychodźcie po mnie na stację na dziewiątą". Przekazałem tę informację Didźenowi, już ubranemu do wyjścia.

– Ach, ty i twoja intuicja! – odparł pogardliwie. – Wolę zaufać temu, co Mistrz napisał.

Wzruszyłem ramionami i usiadłem, zdecydowany spokojnie poczekać. Didźen wyszedł, mrucząc gniewnie i trzaskając drzwiami.

Ponieważ w pokoju było dość ciemno, przesunąłem krzesło bliżej okna wychodzącego na ulicę. Skąpe światło słoneczne nagle rozbłysło tak mocno, że w intensywnym blasku zakratowane okno stało się całkiem niewidoczne. Na tym oślepiającym tle pojawiła się postać Śri Jukteśwara, wyraźnie fizyczna!

Oszołomiony, na granicy szoku, wstałem z krzesła i ukląkłem przed nim. Tradycyjnym gestem pełnego czci powitania dotknąłem jego stóp. Miał na nogach dobrze mi znaną parę pantofli z grubego pomarańczowego płótna, o podeszwach ze sznura. Nosił je zawsze podczas podróży. Musnęła mnie jego ochrowa szata. Wyraźnie poczułem nie tylko dotyk tkaniny, ale i szorstkiej powierzchni pantofli, pod którą wyczułem twardość palców. Zbyt zdumiony, by wyrzec choć słowo, wstałem i wpatrywałem się w niego pytająco.

– Cieszę się, że odebrałeś moją telepatyczną wiadomość – powiedział Mistrz spokojnym, całkiem zwyczajnym głosem. – Zakończyłem już sprawy w Kalkucie i przyjadę do Serampore o dziesiątej.

Nadal w milczeniu gapiłem się na Mistrza, wobec czego wyjaśnił:

– Nie jestem zjawą, przybyłem tu w ciele z krwi i kości. Otrzymałem boskie polecenie, by cię obdarować tym przeżyciem, tak rzadkim na ziemi. Spotkajmy się na stacji. Ty i Didźen zobaczycie mnie, gdy będę się ku wam zbliżał, ubrany tak jak w tej chwili. Przede mną będzie szedł mój współpasażer, mały chłopiec ze srebrnym dzbanem w ręku.

Guru położył mi na głowie dłonie, szepcząc słowa błogosławieństwa. Gdy na zakończenie powiedział: *Taba asi* *, usłyszałem

---

* W języku bengalskim: „do widzenia". Dosłownie słowa te znaczą paradoksalnie: „zatem przybędę".

specyficzny, głuchy odgłos*. W przenikliwym świetle jego ciało zaczęło się stopniowo rozpuszczać. Najpierw zniknęły stopy i nogi, potem tułów i głowa. Wyglądało to tak, jak gdyby ktoś zwijał obraz z dołu do góry. Ale do samego końca czułem na włosach lekki dotyk palców Mistrza. Jasny blask się rozproszył. Przede mną pozostało tylko zakratowane okno i blady strumień światła słonecznego.

Siedziałem na wpół odrętwiały, zadając sobie pytanie, czy nie padłem ofiarą halucynacji. Niebawem wszedł do pokoju Didźen, wyraźnie zakłopotany.

– Mistrz nie przyjechał pociągiem o dziewiątej, ani nawet tym o dziewiątej trzydzieści – powiedział z lekką nutą przeprosin w głosie.

– Chodźmy teraz, wiem, że przyjedzie o dziesiątej. – Złapałem Didźena za rękę i pociągnąłem go silnie za sobą, nie zważając na protesty. Mniej więcej po dziesięciu minutach byliśmy już na stacji. Pociąg właśnie się zatrzymywał.

– Cały pociąg promienieje światłem aury Mistrza! Jest w nim! – zawołałem z radością.

– Chyba śnisz! – roześmiał się kpiąco Didźen.

– Poczekajmy tutaj. – Szczegółowo opisałem przyjacielowi, w jaki sposób guru do nas podejdzie. Akurat gdy skończyłem mówić, ukazał się Śri Jukteśwar, ubrany dokładnie w to, w czym go niedawno widziałem. Szedł wolno za małym chłopcem, który niósł srebrny dzban.

Niesamowitość tego doświadczenia, dotąd bezprecedensowego w moim życiu, sprawiła, że na chwilę ogarnęła mnie fala zimnego strachu. Czułem, jak znika gdzieś materialistyczna rzeczywistość dwudziestego wieku. Czyżbym się przeniósł do czasów starożytnych, kiedy to Jezus ukazał się Piotrowi na wodzie?

Śri Jukteśwar, współczesny jogin-Chrystus, zbliżył się do miejsca, gdzie Didźen i ja staliśmy oniemiali, i uśmiechnął się do mojego przyjaciela, mówiąc:

– Tobie też przesłałem wiadomość, lecz nie potrafiłeś jej odebrać.

Didźen nie powiedział ani słowa, ale przeszył mnie podejrzliwym wzrokiem. Odprowadziliśmy guru do pustelni, a potem poszliśmy dalej w kierunku college'u. Didźen zatrzymał się na ulicy. Widać było, że nie posiada się z oburzenia.

---

* Charakterystyczny odgłos dematerializacji atomów ciała.

Autobiografia jogina

– A więc to tak! Mistrz przesłał dla mnie wiadomość, a ty mi jej nie przekazałeś! Żądam wyjaśnienia!

– Cóż mogę poradzić na to, że lustro twojego umysłu tak drży od niepokoju, iż nie potrafisz uchwycić poleceń guru? – odciąłem się.

Gniew zniknął z twarzy Didźena.

– Już rozumiem, co masz na myśli – powiedział ponuro. – Ale proszę cię, wyjaśnij mi, skąd wiedziałeś o chłopcu z dzbanem.

Zanim dotarliśmy do college'u, opowiedziałem mu, w jak niesłychany sposób Mistrz pojawił się tego ranka w naszym pensjonacie.

– To co mi powiedziałeś o niezwykłych mocach Mistrza – rzekł Didźen – sprawia, iż czuję, że każdy uniwersytet na świecie to tylko przedszkole*.

---

* „Zostały mi objawione takie rzeczy, że teraz wszystko, co napisałem, nie ma w moich oczach większej wartości niż słoma", odpowiedział Tomasz z Akwinu, „książę scholastyków", swemu sekretarzowi, gdy ów nalegał, by ukończył pracę nad *Summa Theologiae*. Pewnego dnia w 1273 r. podczas mszy w kościele w Neapolu św. Tomasz miał bardzo głębokie przeżycie mistyczne. Tak go przejęła chwała boskości, którą poznał, że od tej pory przestał się interesować zagadnieniami filozoficznymi.

Por. słowa Sokratesa w *Fajdrosie* Platona: „Co do mnie, to wiem tylko, że nic nie wiem".

Rozdział 20

Nie jedziemy do Kaszmiru

— Ojcze, w czasie wakacji letnich chciałbym zaprosić Mistrza i czterech przyjaciół na wycieczkę do podgórzy Himalajów. Czy dałbyś mi sześć biletów do Kaszmiru i dość pieniędzy na pokrycie kosztów podróży?

Jak się spodziewałem, ojciec roześmiał się serdecznie.

– Już po raz trzeci zwracasz się do mnie z tą niedorzeczną sprawą. Czyż nie prosiłeś mnie o to poprzedniego lata i jeszcze rok przedtem? W ostatniej chwili Śri Jukteśwar rezygnuje z wyjazdu.

– To prawda, ojcze. Nie wiem, dlaczego guru nie chce mi udzielić definitywnej odpowiedzi w sprawie tej podróży*. Ale jeśli mu powiem, że dostałem już od ciebie bilety, to wydaje mi się, że tym razem zgodzi się pojechać.

Ojciec nie był przekonany, ale następnego dnia po kilku dobrodusznych przycinkach wręczył mi sześć biletów i zwitek dziesięciorupiowych banknotów.

– Nie uważam, by tak teoretyczna wycieczka potrzebowała materialnego wsparcia – zauważył – ale proszę bardzo.

Po południu pokazałem Śri Jukteśwarowi ojcowski dar. Uśmiechnął się, widząc mój entuzjazm, ale odparł niezobowiązująco:

– Chciałbym pojechać. Zobaczymy. – Nie powiedział też nic, gdy poprosiłem małego ucznia, Kanaja, by nam towarzyszył. Zaprosiłem także trzech innych przyjaciół: Radźendrę Natha Mitrę, Dźotina Auddiego i jeszcze jednego chłopca. Ustaliliśmy datę naszego wyjazdu na najbliższy poniedziałek.

---

* Chociaż Mistrz nie podał mi żadnych wyjaśnień, wydaje się, iż jego niechęć do wyjazdu do Kaszmiru w dwóch poprzednich latach mogła wynikać ze świadomości, że nie nadeszła jeszcze pora na jego chorobę w tamtejszym rejonie (*por.* s. 210).

Sobotę i niedzielę spędziłem w Kalkucie z powodu ceremonii ślubu jednego z kuzynów, która odbywała się w domu ojca. Przyjechałem do Serampore z samego rana w poniedziałek. Przy drzwiach pustelni czekał na mnie Radźendra.

– Mistrz wyszedł na spacer. Odmówił wyjazdu.

Byłem zrozpaczony, ale i uparty.

– Nie dam ojcu trzeciej okazji do kpin z moich urojonych podróży. Powinniśmy jechać sami.

Radźendra zgodził się. Wyszedłem z aśramu, żeby poszukać kogoś, kto zechciałby zostać naszym służącym. Wiedziałem, że Kanaj nie pojedzie bez Mistrza, wobec czego potrzebny był ktoś do opieki nad bagażami. Pomyślałem o Beharim, dawnym służącym naszej rodziny, który obecnie pracował u pewnego dyrektora szkoły. Idąc szybko ulicą, spotkałem guru przed kościołem chrześcijańskim w pobliżu gmachu sądu w Serampore.

– Dokąd idziesz? – spytał poważnie, bez uśmiechu.

– Panie, wiem, że ty i Kanaj nie zamierzacie pojechać z nami w podróż, którą planujemy. Szukam Behariego. Z pewnością pamiętasz, że w zeszłym roku tak bardzo pragnął on zobaczyć Kaszmir, że nawet zaoferował nam swą służbę bez zapłaty.

– Pamiętam. Mimo to nie sądzę, by zechciał pojechać.

Zdenerwowałem się.

– Na pewno nadal czeka na taką okazję!

Guru w milczeniu podjął przerwany spacer. Ja wkrótce dotarłem do domu dyrektora szkoły. Behari powitał mnie serdecznie na dziedzińcu, ale serdeczność ta nagle znikła, gdy tylko wspomniałem o Kaszmirze. Mrucząc słowa przeprosin, zostawił mnie i wszedł do domu swego pracodawcy. Czekałem pół godziny, nerwowo wmawiając w siebie, że przygotowuje się do podróży i zaraz wróci. W końcu zapukałem do drzwi.

– Behari wyszedł tylnymi schodami prawie pół godziny temu – poinformował mnie jakiś człowiek. Wykrzywił usta w lekkim uśmiechu.

Odszedłem zasmucony, zastanawiając się, czy namawiałem Behariego zbyt usilnie, czy też niewidzialnie zadziałał tu Mistrz. Mijając kościół, znowu zobaczyłem guru, który powoli szedł mi naprzeciw. Nie czekając na to, co powiem, zawołał:

– Tak więc Behari nie chce jechać! Jakie wobec tego masz plany?

Poczułem się jak krnąbrne dziecko, zdecydowane przeciwstawić się władczemu ojcu.

Nie jedziemy do Kaszmiru

– Panie, zamierzam poprosić stryja, by pozwolił mi skorzystać z usług swego służącego, Lala Dhariego.

– Idź do stryja, skoro chcesz – odpowiedział Śri Jukteśwar, chichocąc. Cały zaczął się trząść ze śmiechu. – Ale myślę, że nie będzie to miła wizyta.

Pełen obaw, lecz nadal zbuntowany, opuściłem Mistrza i wszedłem do gmachu sądu w Serampore. Mój stryj, Śarada Ghosz, pełnomocnik rządowy, powitał mnie serdecznie.

– Wyjeżdżam dziś z kilkoma przyjaciółmi do Kaszmiru – powiedziałem. – Od wielu lat pragnę pojechać w Himalaje.

– Cieszę się razem z tobą, Mukunda. Czy mogę w czymś pomóc, by ułatwić ci tę podróż?

Jego życzliwe słowa dodały mi odwagi.

– Drogi stryju – poprosiłem – czy zgodziłbyś się, by pojechał z nami twój służący, Lal Dhari?

Moja prosta prośba wywołała istne trzęsienie ziemi. Stryj podskoczył tak gwałtownie, że przewrócił krzesło, papiery na biurku rozleciały się na wszystkie strony, a jego fajka nargile na długim cybuchu upadła z głośnym stukiem na podłogę.

– Ty samolubny młodzieńcze – krzyknął, trzęsąc się z gniewu – cóż to za niedorzeczny pomysł! Któż będzie dbał o mnie, jeśli zabierzesz mi służącego na wycieczkę, którą sobie urządzasz dla przyjemności?

Ukryłem zaskoczenie, uświadomiwszy sobie, że nagła zmiana frontu mojego sympatycznego stryja jest jeszcze jedną zagadką tego dnia, pełnego niezrozumiałych zdarzeń. Wycofałem się z gmachu sądu w takim tempie, że trudno powiedzieć, bym to uczynił z godnością.

Wróciłem do pustelni, gdzie przyjaciele wspólnie czekali na decyzję. Tymczasem we mnie narastało przekonanie, że za postawą Mistrza kryje się jakiś ważny, choć zupełnie niepojęty motyw. Opanowały mnie wyrzuty sumienia, że usiłowałem się przeciwstawić woli guru.

– Mukunda, czy nie chciałbyś zostać ze mną trochę dłużej? – zapytał Śri Jukteśwar. – Radźendra i inni mogą już jechać i poczekać na ciebie w Kalkucie. Będzie dość czasu, by wsiąść w ostatni wieczorny pociąg z Kalkuty do Kaszmiru.

– Panie, nie chcę jechać bez ciebie – odparłem ze smutkiem.

Przyjaciele nie zwrócili na moje słowa najmniejszej uwagi. Wezwali dwukółkę i odjechali, zabierając z sobą cały bagaż. Kanaj i ja siedzieliśmy spokojnie u stóp guru. Po pół godzinie ciszy Mistrz wstał i poszedł w stronę jadalni na piętrze.

– Kanaj, przygotuj, proszę, posiłek dla Mukundy. Jego pociąg niedługo odjeżdża.

Gdy podnosiłem się z koca, na którym siedziałem, chwyciły mnie nagle potworne mdłości i okropne skurcze żołądka. Zachwiałem się, ból był tak przejmujący, że cierpiałem iście piekielne męki. Po omacku dowlokłem się do Mistrza i upadłem przed nim. Najwyraźniej miałem wszystkie objawy straszliwej azjatyckiej cholery. Śri Jukteśwar i Kanaj zanieśli mnie do salonu.

Wijąc się w męczarniach, zawołałem:

– Mistrzu, powierzam ci swoje życie! – Wierzyłem, że za chwilę naprawdę wydam ostatnie tchnienie.

Mistrz ułożył sobie moją głowę na kolanach i z anielską tkliwością głaskał mnie po czole.

– Widzisz teraz, co by się stało, gdybyś był teraz na stacji z przyjaciółmi – rzekł. – Musiałem czuwać nad tobą w taki dziwny sposób, ponieważ postanowiłeś nie liczyć się z moim zdaniem co do wyjazdu w tym właśnie czasie.

Wreszcie zrozumiałem. Wielcy mistrzowie rzadko uważają za stosowne jawnie okazywać swe moce, tak więc przygodny obserwator zdarzeń owego dnia nie zauważyłby niczego nadzwyczajnego. Interwencja guru była tak subtelna, że nie sposób było jej dostrzec. Przeprowadził swoją wolę za pośrednictwem Behariego, stryja Śarady, Radźendry i innych osób w tak niezauważalny sposób, że prawdopodobnie wszyscy oprócz mnie myśleli, że cały ciąg wydarzeń był zupełnie normalny.

Śri Jukteśwar zawsze starał się stosować do obowiązujących norm społecznych, polecił więc Kanajowi wezwać lekarza i zawiadomić mojego stryja.

– Mistrzu – zaprotestowałem ledwo słyszalnym szeptem – tylko ty jedyny możesz mnie uleczyć. Jestem tak ciężko chory, że nie pomoże mi żaden inny lekarz.

– Dziecko, chroni cię miłosierdzie Boże. Nie przejmuj się wizytą lekarza. Gdy przyjdzie, nie będziesz już w takim stanie. Już jesteś uzdrowiony.

Gdy tylko guru to powiedział, straszliwe męczarnie minęły. Usiadłem osłabiony. Wkrótce zjawił się lekarz i dokładnie mnie zbadał.

– Wydaje się, że najgorsze minęło – powiedział. – Pobiorę kilka próbek do zbadania w laboratorium.

Następnego ranka lekarz przybył w pośpiechu. Siedziałem i byłem w dobrym nastroju.

Nie jedziemy do Kaszmiru

PAN ŚIWA

Pan Śiwa, ucieleśniający ducha ascezy, reprezentuje aspekt Niszczyciela-Odnowiciela troistej natury Boga (Stwórcy, Podtrzymującego, Niszczyciela). Obraz przedstawia Śiwę w Himalajach, zatopionego w szczęśliwości *samadhi*, co symbolizuje jego transcendentną naturę. Kołnierz *(naga kundala)* i bransolety z węży wskazują na jego władzę nad ułudą oraz potęgę twórczą.

– No, no, siedzi pan sobie, uśmiecha się i rozmawia, jakby wczoraj nie otarł się o śmierć. – Poklepał mnie delikatnie po ręku. – Właściwie nie spodziewałem się zastać pana przy życiu, gdy badania wykazały, że to azjatycka cholera. Pana szczęście, młody człowieku, że ma pan guru o boskich mocach uzdrawiania! To pewne!

Z całego serca przyznałem mu rację. Gdy lekarz szykował się do wyjścia, stanęli w drzwiach Radźendra i Auddi. Na ich twarzach malowała się uraza, szybko jednak zmieniła się ona we współczucie, gdy spostrzegli lekarza i moją bladość.

– Byliśmy wściekli, gdy nie zjawiłeś się na stacji, tak jak uzgodniliśmy. Czy jesteś chory?

Autobiografia jogina

-Tak. – Nie mogłem powstrzymać się od śmiechu, gdy przyjaciele kładli bagaże dokładnie w tym samym miejscu, gdzie leżały wczoraj. Sparafrazowałem słowa piosenki: – Był sobie statek, który wyruszył do Hiszpanii, lecz powrócił, nie zawinąwszy do jej brzegów!
Mistrz wszedł do pokoju. Jako rekonwalescent pozwoliłem sobie na pewną swobodę: z miłością schwyciłem go za rękę.

– Gurudźi – powiedziałem – od kiedy skończyłem dwanaście lat, wiele razy próbowałem bez skutku dotrzeć do Himalajów. Teraz ostatecznie się przekonałem, że bez twojego błogosławieństwa bogini Parwati nie zechce mnie przyjąć*.

---

* Imię „Parwati" oznacza dosłownie „z gór". W mitologii uważa się ją za córkę Króla Himalajów (dosłownie: „siedziba śniegów"). Oboje zamieszkują pewien szczyt na granicy Tybetu. Przechodząc pod tym niedostępnym szczytem, zdumieni podróżnicy widzą z daleka ogromną śnieżną formację, przypominającą pałac z lodowymi wieżycami i kopułami.
Parwati, Kali, Durga, Uma i inne boginie są aspektami Dźaganmatri, „Boskiej Matki Świata". Nosi Ona tyle imion, gdyż każde wskazuje na inne Jej role. Bóg, czyli Śiwa (zob. s. 307, przypis), w swym aspekcie *para* – transcendentnym – nie działa w stworzeniu. Jego *śakti* (energia, moc działania) przekazana jest „małżonkom", które są twórczą, „żeńską" siłą sprawczą niezliczonej liczby zjawisk kosmicznych.
Mitologiczne opowieści zawarte w *puranach* podają, że mieszkaniem Śiwy są Himalaje. Bogini Ganga zstąpiła z niebios i stała się głównym bóstwem wypływającego z Himalajów Gangesu. Dlatego mówi się poetycznie, że Ganges spływa z niebios na ziemię po włosach Śiwy, „Króla Joginów", Niszczyciela-Odnowiciela Trójcy. Kalidasa, „indyjski Szekspir" opisał Himalaje jako „potężny śmiech Śiwy". „Czytelnik może sobie wyobrazić ów rząd wielkich, białych zębów – pisze F. W. Thomas w *Legacy of India* (Spuścizna Indii), Oxford – ale nie zdoła uchwycić całej idei, jeśli oczyma duszy nie ujrzy postaci tego wielkiego Ascety, który wiecznie króluje na najwyższych górach świata, gdzie Ganges, zstępując z nieba, spływa po jego zmierzwionych (tj. zbitych i lepkich od olejku – *dop. tłum*) włosach, przyozdobionych księżycem." (*Zob.* obraz przedstawiający Śiwę na s. 201.)
Sztuka hinduska często przedstawia Śiwę okrytego aksamitnie czarną skórą antylopy, symbolizującą ciemność i tajemnicę Nocy. To jedyna szata Tego, który jest *digambara*, „przyobleczony w niebo". W niektórych sektach wyznawcy Śiwy nie noszą odzieży. Oddają w ten sposób cześć Panu, który nie posiada niczego, a zarazem posiada wszystko.
„Przyobleczoną w niebo" była wyznawczyni Śiwy, jedna ze świętych patronek Kaszmiru, Lalla Jogiśwari („Najwyższa Mistrzyni Jogi") z XIV w. Pewien człowiek, oburzony, zapytał świętą, dlaczego chodzi nago. „A dlaczego miałabym tego nie czynić? – odparła Lalla cierpko. – Nie widzę tu żadnych mężczyzn". Dla Lalli, której sposób myślenia był nieco drastyczny, człowiek, który nie urzeczywistnił w sobie Boga, nie zasługiwał na miano mężczyzny. Uprawiała ona technikę bardzo zbliżoną do *krija-jogi*. Opiewa ją w licznych czterowierszach jako skutecznie prowadzącą do wyzwolenia. Oto przekład jednego z nich:

> *Jakich to kwasów smutku nie piłam?*
> *Niezliczone są koła mych narodzin i śmierci.*
> *I patrz! Sam tylko nektar w mym pucharze.*
> *Wypijam go jednym haustem dzięki sztuce oddechu.*

Święta, która nie podlegała już śmierci, zdematerializowała się w ogniu. Później ukazała się pogrążonym w żałobie mieszkańcom miasta w żywym ciele, spowita w złote szaty – wreszcie całkowicie ubrana!

Rozdział 21

Jedziemy do Kaszmiru

— Masz już teraz dość sił, by wyruszyć w podróż. Pojadę z tobą do Kaszmiru. – powiedział Śri Jukteśwar dwa dni po tym, jak w cudowny sposób uzdrowił mnie z azjatyckiej cholery.

Tegoż wieczoru nasza szóstka wsiadła do pociągu jadącego na północ. Pierwszy postój wypadł w Simli, królewskim mieście położonym na himalajskich wzgórzach. Przechadzaliśmy się stromymi ulicami, podziwiając wspaniałe widoki.

– Angielskie truskawki, kupujcie! – wołała stara kobieta, siedząca w kucki na malowniczym bazarze.

Mistrz ciekaw był tych nieznanych, drobnych, czerwonych owoców. Kupił pełen ich koszyczek i poczęstował Kanaja i mnie. Skosztowałem jedną truskawkę i szybko ją wyplułem.

– Jakież to kwaśne, Mistrzu! Nigdy nie polubię truskawek!

Guru roześmiał się.

– Ależ tak, polubisz je – w Ameryce. Będziesz tam na obiedzie, po którym pani domu poda ci je z cukrem i śmietaną. Zgniecie owoce widelcem, a ty skosztujesz i powiesz: „Cóż za przepyszne truskawki!" Przypomnisz sobie wtedy ten dzień w Simli.

(Przepowiednia Śri Jukteśwara wypadła mi z pamięci, ale przypomniałem sobie o niej wiele lat później, wkrótce po moim przyjeździe do Ameryki. Gościłem na obiedzie u pani Alice T. Hasey [siostry Jogmaty] w West Sommerville, w Massachusetts. Gdy na deser podano na stół truskawki, pani domu wzięła do ręki widelec, zgniotła nim owoce i dodała trochę śmietany i cukru. „Truskawki są nieco kwaśne, ale myślę, że tak będą panu bardziej smakowały", powiedziała. Wziąłem parę do ust i wykrzyknąłem: „Ależ to pyszne!" Momentalnie z bezdennej jaskini mojej pamięci wyłoniła się przepowiednia guru, którą wypowiedział w Simli. Uświadomiłem sobie, jak to niesamowite, że tak dawno temu umysł Śri Jukteśwara, zharmonizowany z Bogiem, wrażliwie wychwycił program karmicznych zdarzeń w eterze przyszłości).

Nasza grupka wkrótce opuściła Simlę. Pojechaliśmy pociągiem do Rawalpindi. Tam wynajęliśmy wielkie, zaprzężone w dwa konie lando i wyruszyliśmy w siedmiodniową podróż do Śrinagaru, stolicy Kaszmiru. Drugiego dnia jazdy na północ ukazał się naszym oczom prawdziwy ogrom Himalajów. Żelazne koła naszego pojazdu ze zgrzytem toczyły się po rozgrzanych, kamienistych drogach, a my zachwycaliśmy się coraz to zmieniającymi się widokami majestatycznych gór.

– Panie – powiedział Auddi do Mistrza – tak bardzo się cieszę, że oglądam te wspaniałe krajobrazy w twoim świętym towarzystwie.

Słysząc te słowa uznania, poczułem dreszcz przyjemności, gdyż występowałem w roli gospodarza wycieczki. Śri Jukteśwar pochwycił moją myśl. Odwrócił się do mnie i szepnął:

– Nie pochlebiaj sobie. Auddi nie tyle zachwyca się scenerią, ile perspektywą opuszczenia nas na chwilę. Chce sobie zapalić papierosa*.

Byłem wstrząśnięty.

– Panie – powiedziałem cicho – proszę cię, nie psuj nam harmonii tak przykrymi słowami. Nie wierzę, by Auddi marzył o papierosie. – Spojrzałem niespokojnie na guru, który zwykle bez ogródek mówił to, co myśli.

– Dobrze, nie powiem nic Auddiemu. – Mistrz zachichotał. – Ale zaraz, gdy lando się zatrzyma, przekonasz się, jak szybko Auddi skorzysta z okazji.

Powóz podjechał do małego zajazdu. Gdy zabierano konie do wodopoju, Auddi zapytał:

– Panie, czy pozwolisz, że pojadę z woźnicą? Chętnie odetchnę świeżym powietrzem na otwartej przestrzeni.

Śri Jukteśwar udzielił pozwolenia, lecz do mnie powiedział:

– Chce odetchnąć dymem papierosowym, a nie świeżym powietrzem.

Gdy lando podjęło hałaśliwą podróż po zakurzonych drogach, Mistrz z błyskiem rozbawienia w oczach rzekł:

---

* W Indiach palenie w obecności osób starszych bądź wyższych rangą uważane jest za oznakę braku szacunku.

Budynek administracji w międzynarodowej siedzibie Self-Realization Fellowship (Yogoda Satsanga Society of India) na Mt. Washington w Los Angeles w Kalifornii. Śri Jogananda założył tę organizację w 1925 r.

– Wytknij głowę przez drzwi powozu i popatrz, jak Auddi korzysta z powietrza.

Uczyniłem to i zobaczyłem ze zdumieniem, że Auddi puszcza kółka dymu z papierosa. Spojrzałem na Śri Jukteśwara przepraszająco.

– Jak zawsze masz rację, panie. Auddi rozkoszuje się i dymem, i krajobrazem. – Przypuszczałem, że przyjaciel dostał papierosa od woźnicy. Wiedziałem, że nie zabrał żadnych z Kalkuty.

Jechaliśmy dalej krętą drogą, z której roztaczały się przepiękne widoki na rzeki, doliny, przepaściste turnie i liczne grzbiety górskie. Na noc zatrzymywaliśmy się w wiejskich zajazdach i sami przygotowywaliśmy pożywienie. Śri Jukteśwar szczególnie dbał o moją dietę, nalegając, bym do każdego posiłku pił sok z limonek. Byłem jeszcze słaby, lecz z każdym dniem czułem się lepiej, mimo że trzęsący się powóz najwyraźniej skonstruowano z myślą o sprawieniu podróżnym jak największej niewygody.

Serca wypełniało nam radosne oczekiwanie, gdy zbliżaliśmy się do środkowego Kaszmiru, rajskiej krainy pełnej jezior usianych lotosami, pływających ogrodów, łodzi mieszkalnych z kolorowymi baldachimami, licznych mostów na rzece Dźhelam, upstrzonych kwiatami pastwisk – a wszystko to otoczone majestatem Himalajów.

Wjechaliśmy do Śrinagaru aleją pięknych, wysokich drzew. Wynajęliśmy pokoje w piętrowym zajeździe z widokiem na wzgórza. Nie było tam bieżącej wody, przynosiliśmy ją z pobliskiej studni. Panowała idealna, letnia pogoda, ciepłe dni i nieco chłodniejsze noce.

Odbyliśmy pielgrzymkę do starożytnej śrinagarskiej świątyni poświęconej swamiemu Śankarze. Patrząc na pustelnię na szczycie góry, wyraźnie odcinającą się na tle nieba, wpadłem w ekstazę. Wewnętrznym okiem ujrzałem dom na wzgórzu w odległym kraju. Świątynia Śankary, wznosząca się dumnie ku niebu, w mojej wizji przemieniła się w budynek, w którym po latach założyłem w Ameryce główną siedzibę Self-Realization Fellowship. (Gdy będąc po raz pierwszy w Los Angeles, ujrzałem wielki dom na szczycie Mount Washington, rozpoznałem go natychmiast ze swych dawnych wizji w Kaszmirze, i z innych).

Kilka dni spędziliśmy w Śrinagarze. Potem wyruszyliśmy do Gulmarg („Góra kwietnych Ścieżek"), położonego na wysokości ośmiu i pół tysiąca stóp. Odbyłem tam swoją pierwszą przejażdżkę na wielkim koniu. Radźendra dosiadł niewielkiego kłusaka, który całym sercem rwał się do biegu. Odważyliśmy się na wspinaczkę na bardzo stromy

Następcy Paramahansy Joganandy (z lewej do prawej) Śri Radźaryszi Dźanakananda, przywódca duchowy i przewodniczący Self-Realization Fellowship/Yogoda Satsanga Society of India w latach 1952-1955. Śri Daja Mata przejęła przywództwo po Radźaryszim Dźanakanandzie w lutym 1955 roku i pełniła tę funkcję przez 55 lat aż do jej śmierci w 2010 roku. Śri Mrinalini Mata, kolejna bliska uczennica wielkiego mistrza, wybrana i przeszkolona przez niego jako jedna z osób, które miały kontynuować pracę organizacji po jego śmierci, jest obecną przewodniczącą i duchowym przywódcą SRF/YSS.

Autobiografia jogina

szczyt Khilanmarg. Droga prowadziła przez gęsty las. Drzewa obficie porośnięte były grzybami. Spowity mgłą szlak krył wiele niebezpiecznych pułapek. Mały koń Radźendry nie dawał ani chwili wytchnienia mojemu nadmiernie wyrośniętemu rumakowi, nawet na najbardziej karkołomnych zakrętach. Niestrudzenie parł naprzód, niepomny na nic oprócz radości współzawodnictwa.

Ten uciążliwy wyścig wynagrodził nam widok, który zapierał dech w piersiach. Po raz pierwszy w życiu zewsząd otaczały mnie wyniosłe Himalaje o śnieżnych szczytach. Ich grzbiety ciągnęły się jeden za drugim, przypominały sylwetki ogromnych niedźwiedzi polarnych. W zachwycie syciłem oczy nieskończoną panoramą grani, połyskujących lodem na tle jasnego błękitu nieba.

Ciepło ubrani, moi młodzi towarzysze i ja turlaliśmy się po iskrzących się, białych stokach. Potem, w drodze powrotnej, ujrzeliśmy daleko w dole ogromny dywan żółtych kwiatów, całkowicie przeobrażający widok nagich skał.

Następną wycieczkę odbyliśmy do słynnych królewskich „ogrodów rozkoszy" cesarza Dźahangira w Śalimarze i Niszat Bagh. Starożytny pałac w Niszat Bagh stoi bezpośrednio nad naturalnym wodospadem. Z pomocą przemyślnych urządzeń rwący, spływający z gór potok został tak uregulowany, że płynie po barwnych tarasach i wytryska fontannami pośród olśniewających kwietników. Wodę doprowadzono także do kilku pałacowych pokoi. Wypływa stamtąd, czarownie opadając do jeziora położonego niżej. Olbrzymie ogrody mienią się orgią barw: róż o wielu kolorach, lwich paszczy, bratków, lawendy i maków. Otaczają je symetryczne rzędy *ćinarów**, cyprysów i wiśni, tworząc szmaragdowe obramowanie. Ponad nimi wznoszą się surowe, białe grzbiety Himalajów.

W Kalkucie uważa się za wielki przysmak tak zwane kaszmirskie winogrona. Radźendra, który wciąż powtarzał, jaka to winogronowa uczta czeka nas w Kaszmirze, bardzo się rozczarował, nie widząc tu dużych winnic. Niekiedy pokpiwałem sobie z jego bezpodstawnych nadziei.

– Och, tak się napchałem winogronami, że ledwo idę – mówiłem. – Niewidzialne winogrona fermentują mi w żołądku! – Później dowiedziałem się, że słodkie winogrona rosną obficie w Kabulu, na zachód od Kaszmiru. Pocieszaliśmy się lodami z *rabri*, czyli mocno skondensowanego mleka, z dodatkiem całych orzechów pistacjowych.

---

* Orientalne drzewa z gatunku platanów.

Jedziemy do Kaszmiru

Zrobiliśmy kilka wycieczek w *szikarach*, małych łodziach z baldachimami ozdobionymi czerwoną frędzlą. Kursują one licznymi odnogami Jeziora Dal, które tworzą sieć wodną podobną do siatki pajęczej. Zaskakujący widok stanowią tu liczne pływające ogrody, urządzone na prymitywnie skleconych kłodach, pokrytych ziemią. Melony i inne warzywa rosnące pośród szerokich wód, na pierwszy rzut oka wyglądają doprawdy dziwacznie. Od czasu do czasu spotyka się wieśniaka, który gardząc „przywiązaniem do ziemi", ciągnie na linie swoją kwadratową działkę na nowe miejsce na bardzo rozgałęzionym jeziorze.

W tej dolinie, sławionej w legendach, skupiło się piękno całej ziemi. Bogini Kaszmiru przystrojona jest w koronę z gór, girlandę z jezior i pantofelki z kwiatów. Dużo później, gdy zwiedziłem już wiele dalekich krajów, zrozumiałem, dlaczego Kaszmir często uważa się za najbardziej malowniczy kraj świata. Ma on coś z czaru szwajcarskich Alp, Loch Lamond w Szkocji i pięknych jezior angielskich. Amerykanin podróżujący po Kaszmirze spotka tam wiele miejsc przypominających dziką wspaniałość Alaski i Pikes Peak w pobliżu Denver.

W konkursie na piękno krajobrazu pierwszą nagrodę dałbym albo wspaniałemu widokowi Xochimilco w Meksyku, gdzie góry, niebo i topole odbijają się w tysiącu wodnych dróg, pełnych wesoło igrających ryb, albo podobnym do klejnotów jeziorom kaszmirskim, których, niby pięknych dziewcząt, strzegą surowi strażnicy Himalajów. Te dwa miejsca zachowałem w pamięci jako najpiękniejsze na ziemi.

Niemniej jednak, z równą czcią i podziwem oglądałem cuda Narodowego Parku Yellowstone, Wielkiego Kanionu Kolorado i Alaski. Yellowstone jest prawdopodobnie jedynym miejscem na ziemi, gdzie można zobaczyć niezliczone gejzery, tryskające w powietrze regularnie, jak w zegarku. W tym wulkanicznym rejonie przyroda pozostawiła ślad swojej pierwotnej twórczości: gorące źródła siarkowe, opalowe i szafirowe sadzawki i wybuchające gejzery. Żyje tu pełno niedźwiedzi, wilków i innych dzikich zwierząt, które swobodnie wędrują po okolicy. Jeżdżąc po drogach stanu Wyoming w okolicy Devil's Paint Pot, miejsca gorących błot, na których tworzą się bąble, oglądając bulgoczące źródła, plujące gejzery i omglone parą fontanny, gotów byłem przyznać, że za swą wyjątkowość Yellowstone zasługuje na nagrodę specjalną.

W Parku Narodowym Yosemite w Kalifornii podziwiałem starożytne, majestatyczne sekwoje o pniach jak olbrzymie kolumny, sięgające nieba; przypominają one naturalne, zielone katedry, stworzone z boską doskonałością. Na Wschodzie jest wiele przepięknych wodospadów, żaden jednak nie dorównuje pięknem potężnej Niagarze, położonej na granicy stanu New York i Kanady. Mammoth Caves (Jaskinie Mamucie) w Kentucky i Carlsbad Caverns (Groty Carlsbadzkie) w Nowym Meksyku to niezwykłe krainy z baśni. Długie iglice stalaktytów zwisające ze sklepień jaskiń odbijają się w podziemnych wodach, tworząc obraz jakichś nieziemskich, fantastycznych światów.

Kaszmirczycy słyną w świecie z urody, wielu ma równie białą skórę jak Europejczycy, podobne rysy i budowę ciała. Często spotyka się niebieskie oczy i jasne włosy. W zachodniej odzieży wyglądają jak Amerykanie. Chłód Himalajów chroni mieszkańców Kaszmiru przed palącym słońcem i stąd ich jasna cera. Podróżując na południe Indii, w tropiki, napotykamy ludzi o coraz ciemniejszej karnacji.

Po kilku szczęśliwych tygodniach w Kaszmirze musiałem wracać do Bengalu. Rozpoczynał się jesienny semestr w college'u w Serampore. Śri Jukteśwar, Auddi i Kanaj postanowili zostać w Śrinagarze jeszcze jakiś czas. Jeszcze zanim wyjechałem, Mistrz wspomniał, że zachoruje w Kaszmirze.

– Panie – zaprotestowałem – wyglądasz jak okaz zdrowia.

– Istnieje nawet możliwość, że opuszczę tę ziemię.

– Gurudźi! – Upadłem mu do stóp, błagając: – Proszę, obiecaj mi, że nie opuścisz teraz ciała. Nie potrafię bez ciebie żyć. Absolutnie nie jestem na to gotowy!

Śri Jukteśwar nie odpowiedział, ale uśmiechnął się do mnie z takim współczuciem, że trochę się uspokoiłem. Wyjechałem bardzo niechętnie.

Wkrótce po powrocie do Serampore dostałem telegram od Auddiego: „Mistrz niebezpiecznie chory".

Oszalały z rozpaczy zatelegrafowałem do guru: „Panie, prosiłem cię, byś przyrzekł, że mnie nie opuścisz. Proszę cię, zachowaj ciało, inaczej ja też umrę".

„Niech będzie, jak chcesz", odpowiedział Śri Jukteśwar z Kaszmiru.

Kilka dni później przyszedł list od Auddiego z zawiadomieniem, że Mistrz wyzdrowiał. Ale gdy po dwóch tygodniach guru powrócił do Serampore, ujrzałem ze smutkiem, że o połowę schudł.

Szczęśliwie dla uczniów, podczas swej silnej gorączki w Kaszmirze Śri Jukteśwar spalił w jej ogniu wiele ich grzechów. Wysoko rozwinięci duchowo jogini znają metodę przeniesienia na siebie cudzej choroby.

Silny człowiek może pomóc słabszemu nieść ciężar. Duchowy nadczłowiek potrafi ulżyć cierpieniom uczniów, fizycznym lub psychicznym, przejmując na siebie część ich obciążeń karmicznych. Podobnie jak bogacz oddaje trochę pieniędzy, spłacając duży dług rozrzutnego syna i ratując go w ten sposób od przykrych skutków jego szaleństw, tak mistrz dobrowolnie poświęca część swego cielesnego bogactwa, aby ulżyć niedoli uczniów*.

Tajemnym sposobem jogicznym, święty łączy swój umysł i ciało astralne z umysłem i ciałem astralnym cierpiącej osoby. Choroba zostaje przeniesiona, całkowicie bądź częściowo, do ciała jogina. Mistrz, który osiągnął Boga, będąc w ciele fizycznym, potem już nie przywiązuje do niego dużej wagi. Chociaż aby komuś pomóc, może pozwolić ciału zachorować, nie cierpi, gdyż umysł jego nie ulega skażeniu. Mistrz czuje się szczęśliwy, mogąc udzielić takiej pomocy. Osiągnięcie ostatecznego zbawienia w Panu to wiedza, że ciało całkowicie spełniło swój cel; mistrz zatem używa go w sposób, jaki uzna za stosowny.

Praca guru w świecie polega na łagodzeniu cierpień ludzkości, czy to sposobami duchowymi, czy służeniem rozumną radą, czy aktem woli, czy wreszcie przejęciem na siebie choroby. Chroniąc się w sferę nadświadomości, ilekroć tego zapragnie, mistrz pozostaje nieczuły na cierpienie fizyczne. Niekiedy jednak godzi się ze stoicyzmem znosić ból cielesny, by służyć przykładem uczniom. Przejmując na siebie dolegliwości innej osoby, jogin czyni za nią zadość karmicznemu prawu przyczyny i skutku. Prawo to działa mechanicznie, matematycznie. Człowiek o boskiej mądrości potrafi manipulować jego działaniem.

Prawo duchowe nie wymaga, by mistrz chorował, ilekroć kogoś uzdrawia. Zwykle święty zna rozmaite metody natychmiastowego uzdrawiania, które jemu samemu nie przynoszą szkody. Jednak w rzadkich przypadkach mistrz, pragnąc znacznie przyspieszyć ewolucję duchową uczniów, może dobrowolnie rozładować we własnym ciele dużą ilość ich złej karmy.

Jezus poświęcił się jako odkupiciel grzechów wielu ludzi. Posiadając boskie moce**, nie musiałby się poddawać śmierci na krzyżu, gdyby

---

* Wielu chrześcijańskich świętych, wśród nich Teresa Neumann (*zob.* s. 385), znało tę metafizyczną metodę brania na siebie cudzej choroby.
** Niedługo przed ukrzyżowaniem Chrystus powiedział: „Czy myślisz, że nie mógłbym poprosić Ojca mojego, a zaraz wystawiłby mi więcej niż dwanaście zastępów aniołów? Jakże więc spełnią się Pisma, że tak się stać musi?" (Mt 24, 53-4)

dobrowolnie nie współpracował z subtelnym kosmicznym prawem przyczyny i skutku. W ten sposób wziął na siebie konsekwencje karmy innych ludzi, zwłaszcza swych uczniów. Dzięki temu zostali oni w wysokim stopniu oczyszczeni i przygotowani na przyjęcie wszechobecnej świadomości Ducha Świętego, który później na nich zstąpił*.

Tylko mistrz, który urzeczywistnił w sobie Boga, potrafi przekazać swoją siłę życiową innym ludziom, albo przejąć ich choroby. Zwykły człowiek nie może się posłużyć tą jogiczną metodą; nie jest też wskazane, by to czynił, albowiem chore ciało fizyczne przeszkadzałoby mu w głębokiej medytacji. Hinduskie pisma święte uczą, że podstawowym obowiązkiem człowieka jest zachowywać ciało w dobrym zdrowiu. Inaczej nie potrafi on utrzymać niewzruszonego skupienia umysłu.

Człowiek o bardzo silnym umyśle może jednak pokonać wszystkie fizyczne trudności i osiągnąć urzeczywistnienie Jaźni. Wielu świętych potrafiło nie zwracać uwagi na chorobę i ich poszukiwanie Boga zostało uwieńczone sukcesem. Święty Franciszek z Asyżu, mimo wielu poważnych dolegliwości, sam leczył innych, a nawet wskrzeszał zmarłych.

Znałem pewnego hinduskiego świętego, którego ciało pokryte było ropiejącymi ranami. Miał zaawansowaną cukrzycę i zwykle nie mógł usiedzieć bez ruchu dłużej niż piętnaście minut. Ale nic nie mogło przeszkodzić jego aspiracjom duchowym. „Panie – modlił się – proszę Cię, zechciej przyjść do mojej ułomnej świątyni!" Dzięki nieugiętej sile woli święty stopniowo doprowadził do tego, że mógł siedzieć w pozycji lotosu przez osiemnaście godzin dziennie, pogrążony w ekstatycznym transie. „I wreszcie – powiedział mi – po prawie trzech latach zajaśniało we mnie Nieskończone Światło. Rozkoszując się cudownym blaskiem, zapomniałem o ciele. A potem spostrzegłem, że zostało ono uzdrowione dzięki Boskiemu Miłosierdziu".

Istnieje potwierdzony historycznie przypadek podobnego uzdrowienia, związany z królem Baburem (1483-1530), założycielem cesarstwa Mogołów w Indiach. Jego syn, książę Humajun, był poważnie chory. Ojciec z rozpaczliwą determinacją modlił się o przejęcie na siebie choroby i oszczędzenie syna. Humajun** odzyskał zdrowie,

---

* Dz 1, 8; 2,1-4
** Humajun był ojcem Akbara Wielkiego. Początkowo cesarz Akbar z właściwą muzułmanom pasją prześladował hindusów. „Gdy stałem się mądrzejszy – powiedział później – nie posiadałem się ze wstydu. Cuda zdarzają się w świątyniach wszystkich wyznań". Cesarz zlecił przetłumaczenie na język perski *Bhagawadgity*. Zaprosił na swój dwór kilku ojców jezuitów

natomiast Babur natychmiast zachorował i zmarł na tę samą chorobę, która omal nie zabiła syna.

Wielu ludzi wyobraża sobie, że mistrz duchowy powinien się cieszyć zdrowiem i siłą Sandowa*. Jest to mniemanie nieuzasadnione. Chore ciało nie oznacza, że guru nie posiada mocy boskich, ani też to, że jest się zdrowym przez całe życie, nie oznacza wewnętrznego oświecenia. Mistrza poznaje się nie po jego cechach fizycznych, lecz duchowych.

Wielu poszukujących Boga ludzi Zachodu błędnie sądzi, że ktoś, kto z elokwencją mówi bądź pisze o metafizyce, musi być mistrzem. Sprawdzianem mistrzostwa jest umiejętność wchodzenia dowolnie w stan bez oddechu (*sabikalpa samadhi*) i osiągnięcie niezmiennego stanu szczęśliwości (*nirbikalpa samadhi*)**. Ryszi wskazywali, że tylko te umiejętności świadczą o tym, iż człowiek przezwyciężył *maję*, czyli dwoistą kosmiczną ułudę. I tylko taki człowiek, dotarłszy do głębi samopoznania, może powiedzieć: *Ekam sat* – „Tylko Jedyne istnieje".

„Wtedy, gdy wskutek niewiedzy postrzega się świat dwoiście, widzi się wszystkie rzeczy jako różne od Jaźni – napisał wielki monista Śankara. – Gdy poznaliśmy, że wszystko jest Jaźnią, to nawet atom nie jest dla nas czymś różnym od Jaźni. [...] Podobnie jak nie sposób śnić po przebudzeniu, niemożliwe jest, by ten, kto poznał Rzeczywistość, nadal doświadczał owoców przeszłych czynów, jako że ciało jego przestało być rzeczywiste."

Tylko wielcy guru mogą przejmować na siebie karmę uczniów. Śri Juktćśwar nie cierpiałby w Śrinagarze***, gdyby od Ducha w sobie nie otrzymał pozwolenia, by udzielić uczniom pomocy w ten niezwykły sposób. Niewielu świętych posiadało tak wielką intuicyjną mądrość i mogło dzięki temu wypełniać wolę Bożą tak doskonale, jak mój Mistrz, zjednoczony z Bogiem.

---

z Rzymu. Niewłaściwie, choć z miłością, przypisywał Chrystusowi następujące powiedzenie (wyryte na Łuku Zwycięstwa w jego nowym mieście Fatehpur Sikri): „Jezus, syn Maryi, (niech pozostaje w pokoju) rzekł: *Świat jest mostem: przejdź po nim, lecz nie wznoś na nim domu*".

* Atleta niemiecki (zm. w 1925 r.) znany jako najsilniejszy człowiek świata.

** Zob. ss. 250 i 438, przypis.

*** Stolica Kaszmiru, Śrinagar, założona została w III wieku p.n.e. przez cesarza Aśokę. Wybudował on tam 500 klasztorów, z których 100 jeszcze stało, gdy w 1000 lat później odwiedził Kaszmir chiński pielgrzym Hiuen Tsiang. Inny chiński pisarz, Fa-Hsien (V wiek), obejrzawszy ruiny ogromnego pałacu Aśoki w Pataliputrze (obecnie Patna), napisał, że architektura pałacu i zdobiące go rzeźby były tak niewiarygodnie piękne, iż budowla ta „nie mogła być dziełem rąk śmiertelników".

Gdy widząc wynędzniałą postać guru, ośmieliłem się wyrazić współczucie, odpowiedział wesoło:

– Ma to swoje dobre strony. Mogę teraz nosić kilka ciasnych *gandźi* (podkoszulków), których nie mogłem włożyć od lat!

Słuchając jowialnego śmiechu Mistrza, przypomniałem sobie słowa św. Franciszka Salezego: „Smutny święty to żałosny święty!"

Rozdział 22

Serce kamiennego posągu

— Jako lojalna żona hinduska nie chcę się skarżyć na mojego męża. Ale marzę o tym, by porzucił swoje materialistyczne poglądy. Uwielbia wyśmiewać się z obrazów świętych, które mam w swoim pokoju medytacyjnym. Drogi bracie, głęboko wierzę, że potrafisz mu pomóc. Czy zechcesz?

Najstarsza moja siostra, Roma, patrzyła na mnie błagalnie. Odwiedziłem ją właśnie na krótko w Kalkucie, w jej domu przy ulicy Girisza Widjaratny. Jej prośba wzruszyła mnie. W dzieciństwie siostra wywierała na mnie głęboki wpływ duchowy i z miłością starała się wypełnić pustkę, jaka powstała w naszej rodzinie po śmierci matki.

– Oczywiście, kochana siostrzyczko, zrobię wszystko, co w mojej mocy. – Uśmiechnąłem się, pragnąc rozwiać cień smutku, wyraźnie widoczny na jej twarzy, która zwykle była spokojna i pogodna.

Roma i ja pogrążyliśmy się na chwilę w cichej modlitwie o opiekę. Rok wcześniej siostra poprosiła mnie o inicjację w *krija-jogę*. Poczyniła w niej znaczne postępy.

Nagle spłynęło na mnie natchnienie.

– Jutro – powiedziałem – pojadę do świątyni Kali w Dakszineśwarze. Proszę cię, jedź ze mną i namów męża, by nam towarzyszył. Czuję, że dzięki wibracjom tego świętego miejsca, Boska Matka poruszy jego serce. Nie mów mu tylko, dlaczego chcemy, żeby z nami pojechał.

Siostra, pełna nadziei, zgodziła się. Wczesnym rankiem następnego dnia z przyjemnością stwierdziłem, że Roma i jej mąż są już gotowi do wyjazdu. Gdy nasza dwukółka toczyła się z turkotem po ulicy Upper Circular, mój szwagier, Satisz Ćandra Bose, umilał sobie czas, pomstując na guru. Szydził z nich, twierdząc, że są nic niewarci. Zauważyłem, że Roma po cichu płacze.

– Rozchmurz się, siostrzyczko! – szepnąłem. – Niech mąż sobie nie myśli, że bierzemy jego kpiny poważnie.

– Mukunda, jak możesz podziwiać tych bezwartościowych oszustów? Już sam wygląd sadhu jest odrażający. Jest albo chudy jak kościotrup, albo bezbożnie tłusty jak słoń!

Wybuchnąłem śmiechem. Swą reakcją sprawiłem zawód Satiszowi. Zapadł w ponure milczenie. Gdy dojechaliśmy do dakszineświarskiej świątyni, uśmiechnął się sarkastycznie.

– Myślę, że zaplanowaliście tę wyprawę, aby mnie nawrócić!

Odwróciłem się bez odpowiedzi. Satisz złapał mnie za ramię.

– Młody panie mnichu – rzekł – nie zapomnij załatwić z władzami świątyni, żeby nam dano posiłek w południe. – Najwyraźniej chciał sobie oszczędzić rozmów z kapłanami.

– Teraz będę medytował. Nie martw się o swój lunch – odpowiedziałem ostro. – Boska Matka się o to zatroszczy.

– Nie wierzę, by Boska Matka zrobiła dla mnie choć jedną jedyną rzecz. Za mój posiłek czynię odpowiedzialnym ciebie – powiedział Satisz z pogróżką w głosie.

Poszedłem sam do portyku wielkiej świątyni Kali (Boga w aspekcie Matki Natury). Wybrałem sobie ocienione miejsce obok jednej z kolumn i usiadłem w pozycji lotosu. Była dopiero siódma rano, ale już niebawem słońce stałoby się uciążliwe.

Świat znikł, gdy pogrążyłem się w pełnej oddania medytacji. Skupiłem umysł na bogini Kali. Jej posąg w Dakszineśwarze był przedmiotem szczególnej czci wielkiego mistrza, Śri Ramakryszny Paramahansy. W odpowiedzi na jego pełne rozpaczy błagania kamienny posąg często ożywał i z nim rozmawiał.

„Matko, która milczysz, zaklęta w kamieniu – modliłem się – napełniałaś się życiem na prośbę twego umiłowanego wielbiciela Ramakryszny. Wysłuchaj zatem także płaczu jeszcze jednego stęsknionego syna!"

Moja żarliwość rosła nieskończenie; jednocześnie trwałem w boskim spokoju. Ale gdy minęło pięć godzin i bogini, którą widziałem okiem wyobraźni, nie odpowiadała, poczułem się trochę przygnębiony. Czasami Bóg poddaje nas próbie, zwlekając ze spełnieniem modlitwy. Jednak w końcu pojawia się wytrwałemu wielbicielowi w takiej postaci, jaka jest mu najdroższa. Pobożny chrześcijanin widzi Jezusa; wyznawca

Serce kamiennego posągu

hinduizmu postrzega Krysznę lub boginię Kali, albo rozprzestrzeniające się Światło, jeśli czci nieosobowego Boga.

Niechętnie otworzyłem oczy i zobaczyłem, że kapłan właśnie zamyka drzwi świątyni. Zgodnie ze zwyczajem zamyka się świątynie o dwunastej w południe. Podniosłem się ze swego odosobnionego miejsca na portyku i wyszedłem na dziedziniec. Kamienna posadzka była rozpalona od słońca, boleśnie parzyła mnie w bose stopy.

„Boska Matko – poskarżyłem się w duchu – nie przyszłaś do mnie w wizji, a teraz skrywasz się w świątyni za zamkniętymi drzwiami. Zwracam się dzisiaj do Ciebie ze specjalną modlitwą za szwagra."

Ta wewnętrzna prośba została momentalnie wysłuchana. Najpierw rozkoszna fala chłodu owiała mi plecy i spłynęła pod stopy, znikły wszelkie uciążliwości. Potem ku memu zdumieniu świątynia przybrała ogromne rozmiary. Wielkie drzwi otworzyły się powoli, ukazując kamienny posąg bogini Kali. Stopniowo posąg zmienił się w żywą postać, która pozdrowiła mnie skinieniem głowy i uśmiechem. Przeniknęła mnie radość nie do opisania. Powietrze uciekło mi z płuc jakby wyciągnięte jakąś mistyczną strzykawką; ciało stało się bardzo spokojne, chociaż nie nieruchome.

Zaraz potem doznałem ekstatycznego rozszerzenia świadomości. Po lewej widziałem wyraźnie, na odległość kilku mil, teren po drugiej stronie Gangesu, a za świątynią cały obszar Dakszineświaru. Ściany wszystkich budynków migotały i były przeźroczyste: widziałem przez nie ludzi, poruszających się w znacznej odległości.

Chociaż nie oddychałem, a moje ciało było dziwnie spokojne, mogłem swobodnie poruszać rękoma i stopami. Przez kilka minut na próbę otwierałem i zamykałem oczy; tak czy inaczej wyraźnie widziałem całą panoramę Dakszineświaru.

Wzrok duchowy, niby promienie rentgenowskie, przenika wszelką materię. W każdym punkcie przestrzeni boskie oko jest środkiem kuli bez obwodu. Stojąc na zalanym słońcem dziedzińcu, ponownie uświadomiłem sobie, że gdy człowiek przestaje być marnotrawnym dzieckiem Bożym, pogrążonym we śnie, jakim doprawdy jest świat fizyczny, nietrwały jak bańka mydlana, odzyskuje swe wieczne dziedzictwo. Jeśli człowiek, więzień ograniczonej osobowości, potrzebuje ucieczki, to gdzież ma najlepiej uciekać, jak nie w stan wszechobecności? Tego stanu z niczym nie da się porównać.

W świętym przeżyciu w Dakszineświarze tylko świątynię i postać bogini widziałem w niezwykłym powiększeniu. Wszystko inne miało normalne rozmiary, chociaż każdy przedmiot spowijała aureola łagodnego światła – białego, niebieskiego, tęczowo mieniącego się na obrzeżach. Moje ciało było chyba z substancji eterycznej, mogłoby lewitować. W pełni świadom materialnego otoczenia, rozglądałem się wokół i wykonałem kilka kroków. Nie przerwało to błogiej wizji.

Nagle poprzez mury świątyni dostrzegłem szwagra: siedział pod kolczastymi gałęziami świętego drzewa *bel*. Bez trudu śledziłem tok jego myśli. Były nieco wznioślejsze pod wpływem tego miejsca, jednak nadal pełne niechęci do mnie. Zwróciłem się od razu do łaskawej postaci bogini.

– Boska Matko – modliłem się – czy nie zechciałabyś przemienić duchowo męża mojej siostry?

Piękna postać, do tej pory milcząca, wreszcie przemówiła:

– Twoje życzenie się spełni!

Spojrzałem na Satisza uszczęśliwiony. Jakby instynktownie czując, że działa tu jakaś duchowa moc, niechętnie podniósł się ze swego miejsca pod drzewem. Widziałem przez ścianę świątyni, jak do mnie biegnie. Zbliżył się, potrząsając pięścią.

Zniknęło wszechobejmujące widzenie. Nie widziałem już wspaniałej bogini. Świątynia utraciła przejrzystość i zmniejszyła się do zwykłych rozmiarów. Znów się prażyłem w słonecznym skwarze. Pobiegłem pod dach portyku, by się pod nim schronić. Tam dopadł mnie Satisz. Kipiał gniewem. Spojrzałem na zegarek. Była pierwsza. Boska wizja trwała godzinę.

– Ty głupcze! – wykrztusił szwagier – siedziałeś sobie ze skrzyżowanymi nogami i zamkniętymi oczami przez sześć godzin. Przychodziłem tu co chwila i sprawdzałem. Gdzie nasz posiłek? Teraz świątynia jest zamknięta, a ty nie uprzedziłeś zarządzających i zostaliśmy bez lunchu!

Uniesienie, jakie ogarnęło mnie w obecności bogini, wciąż jeszcze przepełniało mi serce. Wykrzyknąłem śmiało:

– Boska Matka nas nakarmi!

– Już to widzę – krzyknął Satisz – jak twoja Boska Matka daje nam jedzenie bez uprzedniego zamówienia!

Ledwie to powiedział, gdy przeszedłszy przez dziedziniec, podszedł do nas kapłan świątyni.

– Synu – rzekł do mnie – obserwowałem, jakim spokojem jaśniała ci twarz podczas godzin medytacji. Rano widziałem, jak przybyła tu wasza grupka i zapragnąłem odłożyć dla was dość jedzenia na lunch. Wydawanie posiłków bez uprzedniego zamówienia jest wbrew

Serce kamiennego posągu

przepisom świątyni, dla was postanowiłem jednak zrobić wyjątek.

Podziękowałem mu i spojrzałem prosto w oczy Satisza. Zaczerwienił się ze wstydu i skruszony bez słowa spuścił oczy. Gdy podano nam obfity posiłek, łącznie z pozasezonowymi owocami mango, zauważyłem, że szwagier ma marny apetyt. Był oszołomiony i raz po raz popadał w głębokie zamyślenie.

W drodze powrotnej do Kalkuty Satisz, już z łagodniejszym wyrazem twarzy, rzucał mi od czasu do czasu przepraszające spojrzenia. Ale nie odezwał się ani słowem od chwili, gdy jakby w odpowiedzi na jego wyzwanie natychmiast zjawił się kapłan, zapraszając nas na lunch.

Następnego dnia po południu odwiedziłem siostrę u niej w domu. Powitała mnie z radością.

– Drogi bracie – krzyknęła – cóż za cud! Wczoraj wieczorem mój mąż otwarcie się przy mnie rozpłakał.

– Kochana *dewi** – powiedział – jestem nad wyraz szczęśliwy, że plan twojego brata się powiódł. Dokonała się we mnie przemiana. Naprawię wszelkie zło, jakie ci wyrządziłem. Od dzisiaj wieczór będziemy używać dużej sypialni jako miejsca wielbienia Boga, a twój mały pokój medytacyjny zamienimy na sypialnię. Szczerze żałuję, że wyśmiewałem się z twojego brata. Aby siebie ukarać za tak haniebne postępowanie, nie będę rozmawiał z Mukundą, dopóki nie poczynię postępów na ścieżce duchowej. Od tej chwili szczerze będę szukał Boskiej Matki. Któregoś dnia z pewnością Ją odnajdę!

Wiele lat później (w roku 1936) odwiedziłem szwagra w Delhi. Ogromnie się ucieszyłem, widząc, jak bardzo rozwinął się duchowo w drodze ku samourzeczywistnieniu. Został też pobłogosławiony wizją Boskiej Matki. W czasie pobytu u niego zauważyłem, że w nocy potajemnie medytuje przez długie godziny, chociaż cierpiał na poważną chorobę, a dzień spędzał w biurze.

Przyszło mi na myśl, że szwagier nie pożyje już długo. Roma musiała odczytać tę myśl.

– Drogi bracie – powiedziała – ja czuję się dobrze, ale mąż jest chory. Mimo to chcę, byś wiedział, że jako oddana hinduska żona umrę pierwsza**. Nie minie wiele czasu do mojego odejścia.

---

* Bogini. Dosłownie „błyszcząca", od sanskryckiego rdzenia czasownikowego *diw* – świecić.
** Hinduska żona wierzy, że jej śmierć przed odejściem męża jest oznaką duchowego postępu, jaki osiągnęła wiernie mu służąc i umierając „na posterunku".

Jej złowieszcze słowa bardzo mnie zaskoczyły, a jednak poczułem, że są prawdziwe. Siostra zmarła mniej więcej półtora roku po swej przepowiedni. Znajdowałem się wtedy w Ameryce. Później mój najmłodszy brat Bisznu opowiedział mi o szczegółach.

– Roma i Satisz byli w Kalkucie, kiedy umarła – opowiadał Bisznu. – Tego ranka ubrała się w swój ślubny strój.

– Dlaczego ubrałaś się tak uroczyście? – zapytał Satisz.

– Jest to ostatni dzień mojej służby tobie na ziemi – odrzekła Roma. Wkrótce potem miała atak serca. Gdy jej syn chciał biec po pomoc, powiedziała:

– Synu, nie opuszczaj mnie. To nie ma sensu. Odejdę, zanim przyjedzie lekarz. – Dziesięć minut później, ze czcią obejmując stopy męża, Roma świadomie opuściła ciało, szczęśliwa, bez cierpień.

– Po śmierci żony Satisz stał się odludkiem – kontynuował Bisznu. – Pewnego dnia oglądaliśmy razem fotografię Romy. Uśmiechała się na niej.

– Dlaczego się uśmiechasz? – wykrzyknął nagle Satisz, jak gdyby żona przy nim była. – Wydaje ci się, że postąpiłaś sprytnie, odchodząc przede mną. Udowodnię ci, że nie pozostaniesz długo z dala ode mnie. Niebawem do ciebie dołączę.

Chociaż Satisz w owym czasie całkowicie odzyskał zdrowie i cieszył się doskonałym samopoczuciem, zmarł wkrótce po tej rozmowie przy fotografii, i to bez wyraźnej przyczyny.

W ten sposób, tak jak to sobie przepowiedzieli, odeszli moja siostra Roma i jej mąż Satisz, który w Dakszineśwarze ze zwykłego człowieka przemienił się w cichego świętego.

Rozdział 23

Otrzymuję tytuł naukowy

– Zaniedbuje pan lekturę podręczników filozofii. Z pewnością liczy pan na swoją „intuicję", która bez pracy pomoże mu zdać egzaminy. Jeśli jednak nie przyłoży się pan należycie do nauki, dopilnuję, by nie ukończył pan tego kursu – przemówił do mnie surowo profesor college'u w Serampore, D. C. Ghoszal.

Gdybym nie zdał u niego ostatniego pisemnego testu, nie dopuszczono by mnie do egzaminów końcowych. Są one przygotowywane przez ogół wykładowców w uniwersytecie w Kalkucie, którego college'u w Serampore jest jedną z filii. Student uniwersytetu indyjskiego, który na egzaminach końcowych nie zda z jednego przedmiotu, musi zdawać na nowo wszystkie przedmioty w następnym roku.

Nauczyciele w college'u traktowali mnie zwykle życzliwie, ale nie bez cienia ironicznej pobłażliwości. „Mukunda jest trochę szalony na punkcie religii." Podsumowawszy mnie w ten sposób, taktownie oszczędzali mi wstydu odpowiadania na pytania w klasie. Wierzyli, że końcowe testy pisemne wyeliminują mnie z listy kandydatów do tytułu naukowego. Koledzy osądzali mnie podobnie, co znalazło wyraz w przezwisku, jakie mi nadali – „Szalony Mnich".

By utrudnić profesorowi Ghoszalowi wykonanie groźby, uciekłem się na końcowym teście z filozofii do małego podstępu.

Tuż przed publicznym ogłoszeniem wyników poprosiłem kolegę, by poszedł ze mną do gabinetu profesora.

– Chodź ze mną, potrzebny mi będzie świadek – powiedziałem.
– Będę bardzo rozczarowany, jeśli się okaże, że nie udało mi się przechytrzyć nauczyciela.

Gdy zapytałem profesora, jak ocenił moją pracę, potrząsnął tylko głową.

– Nie ma pana na liście tych, którzy zdali – powiedział z triumfem. Zaczął szperać w wielkim stosie papierów na biurku. – W ogóle nie ma tu pańskiej pracy. Tak czy owak, nie zdał pan z powodu niezgłoszenia się na egzamin.

Roześmiałem się.

– Byłem na egzaminie, panie profesorze. Czy mogę sam przejrzeć tę stertę?

Profesor, zakłopotany, pozwolił mi na to. Szybko znalazłem swoją pracę, na której celowo nie umieściłem podpisu, tylko swój numer rejestracyjny. Asystent oceniający prace, nie ostrzeżony „czerwoną płachtą" mojego nazwiska, dał mi wysoką liczbę punktów za odpowiedzi, chociaż nie były podparte cytatami z podręczników*.

Przejrzawszy mój podstęp, profesor zagrzmiał:

– To głupi, ślepy traf! – i dodał z nadzieją: – Na pewno nie zda pan egzaminów końcowych na stopień bakałarza!

By poradzić sobie z testami z innych przedmiotów, wziąłem trochę korepetycji. Pomagał mi zwłaszcza mój drogi przyjaciel i kuzyn, Prabhas Ćandra Ghosz, syn stryja Śarady. Z trudem, ale pomyślnie – z najniższymi ocenami – przebrnąłem przez wszystkie końcowe testy.

Tak więc, po czterech latach college'u, zostałem dopuszczony do egzaminów na stopień bakałarza. Ale tak naprawdę nie sądziłem, że skorzystam z przywileju ich zdawania. Testy końcowe w college'u w Serampore były dziecinną igraszką w porównaniu do formalnych egzaminów przygotowywanych przez uniwersytet w Kalkucie, których zdanie oznaczało uzyskanie tytułu. Prawie codziennie odwiedzałem Śri Jukteśwara, pozostawało mi więc niewiele czasu na uczęszczanie do college'u. Tam bardziej moja obecność, niż nieobecność, wywoływała okrzyki zdumienia kolegów!

Mój zwykły dzień wyglądał następująco: około wpół do dziesiątej rano wyjeżdżałem z domu na rowerze, w jednej ręce trzymając kwiaty z ogrodu pensjonatu „Panthi", jako dar dla guru. Mistrz witał mnie ciepło i zapraszał na lunch. Zawsze skwapliwie przyjmowałem zaproszenie,

---

* Muszę tu oddać prof. Ghoszalowi sprawiedliwość, przyznając, że napięte stosunki między nami absolutnie nie wynikały z jego winy, lecz spowodowane były tylko moją nieobecnością na zajęciach. Profesor Ghoszal jest znakomitym mówcą o ogromnej wiedzy filozoficznej. W późniejszych latach nawiązaliśmy serdeczne porozumienie.

ciesząc się, że na jeden dzień mogę odsunąć od siebie myśl o college'u. Spędzałem całe godziny ze Śri Jukteśwarem, słuchając jego słów niezrównanej mądrości, lub pomagałem w aśramowych obowiązkach. Około północy z niechęcią wyruszałem z powrotem do „Panthi". Niekiedy zostawałem z guru na całą noc, tak pochłonięty jego słowami i szczęśliwy, że prawie nie zauważałem, jak ciemność nocy przeradza się w świt.

Pewnego wieczoru około godziny jedenastej, gdy wkładałem buty*, szykując się do powrotu do pensjonatu, Mistrz zapytał mnie poważnie:
– Kiedy zaczynają się twoje egzaminy na stopień bakalarski?
– Za pięć dni, panie.
– Mam nadzieję, że jesteś do nich przygotowany.
Zamarłem ze strachu, trzymając jeden but w powietrzu.
– Panie – sprzeciwiłem się – wiesz przecież, że spędzałem całe dni z tobą, a nie z profesorami. Jak mogę teraz robić z siebie pośmiewisko, przystępując do tych trudnych egzaminów?

Śri Jukteśwar spojrzał na mnie ostro.
– Musisz do nich przystąpić – powiedział chłodno, nakazującym tonem. – Nie możemy dać twemu ojcu i innym krewnym powodu do krytykowania cię za to, że wolisz życie w aśramie. Obiecaj mi tylko, że pójdziesz na egzaminy i odpowiesz na pytania najlepiej, jak potrafisz.

Nie mogłem pohamować łez spływających mi po twarzy. Czułem, że nakaz Mistrza jest nierozsądny, a zainteresowanie moją nauką, żeby nie powiedzieć więcej, co najmniej spóźnione.

– Pójdę, skoro tak sobie życzysz – powiedziałem łkając. – Ale nie ma już czasu, żeby się dobrze przygotować. – Pod nosem wymamrotałem: – W odpowiedzi na pytania wypełnię arkusze egzaminacyjne twoimi naukami!

Następnego dnia, gdy o zwykłej porze zjawiłem się w pustelni, podałem Mistrzowi kwiaty z żałobną powagą. Na widok mojego zbolałego wyglądu Śri Jukteśwar się roześmiał.

– Mukunda, czy Pan cię kiedykolwiek zawiódł, na egzaminie albo przy innej okazji?
– Nie, panie – zaprzeczyłem gorąco. Wielką falą zalały mnie pełne wdzięczności wspomnienia, przywracając odwagę.
– Nie lenistwo, lecz żarliwe umiłowanie Boga przeszkodziło ci sięgać po zaszczyty w college'u – rzekł guru życzliwie. Po chwili milczenia

---
* W hinduskiej pustelni uczniowie zawsze zdejmują obuwie.

Autobiografia jogina

Prabhas Ćandra Ghosz i Paramahansa Jogananda w Kalkucie w grudniu 1919 roku. Śri Ghosz, kuzyn, długoletni przyjaciel i uczeń Śri Joganandy, przez niemal czterdzieści lat, aż do swej śmierci w 1975 roku, był wiceprzewodniczącym Yogoda Satsanga Society of India.

zacytował: „Starajcie się naprzód o królestwo Boga i o Jego sprawiedliwość, a to wszystko będzie wam dodane"*.

Po raz tysiączny poczułem, jak w obecności Mistrza znika przytłaczający mnie ciężar. Zjedliśmy wczesny lunch, a potem Śri Jukteświar zaproponował, żebym powrócił do „Panthi".

– Czy twój przyjaciel, Romesz Ćandra Dutt, nadal mieszka w pensjonacie? – zapytał.

---

* Mt 6, 33

Otrzymuję tytuł naukowy

- Tak, panie.
- Skontaktuj się z nim. Pan natchnie go, aby pomógł ci się przygotować do egzaminów.
- Dobrze, panie. Ale Romesz jest nadzwyczaj zajęty. Robi jakąś specjalizację na naszym roku, toteż ma więcej zajęć niż inni.

Mistrz machnięciem ręki zbył moje wątpliwości.
- Romesz znajdzie dla ciebie czas. A teraz już idź.

Wróciłem na rowerze do „Panthi". Pierwszą osobą, jaką spotkałem na dziedzińcu pensjonatu, był właśnie Romesz. Nieśmiało poprosiłem go o pomoc. Zgodził się chętnie, jak gdyby miał mnóstwo wolnego czasu.
- Oczywiście, jestem do twoich usług.

Jeszcze tego popołudnia spędził ze mną kilka godzin i podobnie było w ciągu następnych dni. Pomagał mi w różnych przedmiotach.
- Myślę, że wiele pytań z literatury angielskiej dotyczyć będzie trasy podróży Childe Harolda - powiedział. - Musimy natychmiast zdobyć jakiś atlas.

Pośpieszyłem do domu stryja Śarady i pożyczyłem atlas. Romesz zaznaczył na mapie Europy miejsca, które odwiedził romantyczny bohater Byrona.

Wokół nas zgromadziło się kilku kolegów z klasy, którzy także chcieli się pouczyć. Po zakończeniu nauki jeden z nich powiedział:
- Romesz źle ci doradza. Zwykle tylko pięćdziesiąt procent pytań dotyczy treści książek. Druga połowa odnosi się do biografii autorów.

Następnego dnia zdawałem egzamin z literatury angielskiej. Gdy tylko rzuciłem okiem na pytania, rozpłakałem się z wdzięczności. Łzy spływały mi po policzkach na leżący przede mną arkusz egzaminacyjny. Pilnujący nas nauczyciel podszedł do mojego stolika i spytał życzliwie, co się stało.
- Mój wspaniały guru przepowiedział, że pomoże mi Romesz - wyjaśniłem. - Proszę spojrzeć, na arkuszu egzaminacyjnym znajdują się właśnie te pytania, które mi podpowiedział! Na szczęście dla mnie - dodałem - w tym roku jest bardzo mało pytań o autorów angielskich, których życiorysy pozostają dla mnie głęboką tajemnicą!

Gdy wróciłem z egzaminu, w pensjonacie podniosła się wielka wrzawa. Chłopcy, którzy się wyśmiewali z mojej wiary w metody nauczania Romesza, teraz gratulowali mi tak głośno, że niemal ogłuchłem.

W ciągu tygodnia egzaminów nadal spędzałem wiele godzin z Romeszem, który układał pytania, jakich według niego można się było spodziewać. Dzień za dniem pytania Romesza pojawiały się na arkuszach egzaminacyjnych, niemal identycznie sformułowane.

W college'u szeroko rozeszła się wieść, że dzieje się coś w rodzaju cudu i że nieobecny duchem „Szalony Mnich" może odnieść sukces. Nie próbowałem ukrywać faktów związanych z tą sytuacją. Profesorowie college'u nie mieli prawa zmieniać pytań ustanowionych przez uniwersytet w Kalkucie.

Pewnego ranka, zastanawiając się nad egzaminem z literatury angielskiej, zorientowałem się, że popełniłem w odpowiedziach poważny błąd. Niektóre tematy podzielone były na dwie grupy. Należało odpowiedzieć na jedno pytanie do każdego tematu: na A lub B z grupy pierwszej oraz C lub D z drugiej. Przez nieuwagę odpowiedziałem na oba pytania z grupy pierwszej, pomijając zupełnie drugą. Najwyższa liczba punktów, jaką mogłem otrzymać za tę pracę, wynosiła 33, czyli o trzy punkty mniej niż wymagane minimum 36 punktów. Pobiegłem do Mistrza i podzieliłem się z nim swym zmartwieniem.

– Panie, popełniłem niewybaczalny błąd. Nie zasługuję na błogosławieństwo, którym Bóg mnie obdarzył w postaci Romesza. Jestem go całkowicie niegodny.

– Rozchmurz się, Mukundo – odparł Śri Jukteśwar lekkim, beztroskim tonem. Wskazał na błękitne sklepienie nieba. – Prędzej słońce i księżyc zamienią się miejscami, niż ty nie dostaniesz dyplomu!

Wyszedłem z pustelni w spokojniejszym nastroju, chociaż logicznie wydawało się niepojęte, że mógłbym zdać. Raz czy dwa lękliwie spojrzałem w niebo: Pan Dnia jaśniał niezmiennie na swej zwykłej orbicie!

Gdy dotarłem do „Panthi", usłyszałem słowa kolegi z klasy: „Właśnie się dowiedziałem, że w tym roku po raz pierwszy obniżono liczbę wymaganych punktów z literatury angielskiej".

Wbiegłem do jego pokoju tak szybko, że spojrzał na mnie przestraszony. Począłem go niecierpliwie wypytywać.

– Długowłosy mnichu – powiedział ze śmiechem – skąd u ciebie to nagłe zainteresowanie sprawami uczelni? Zacząłeś się przejmować za pięć dwunasta? Ale to prawda: by zdać z literatury angielskiej, wystarczą teraz 33 punkty.

Rozradowany, w kilku skokach znalazłem się w swoim pokoju. Padłem na kolana i wielbiłem matematyczną precyzję Boskiego Ojca.

Codziennie przenikała mnie dreszczem świadomość Duchowej Obecności. Czułem wyraźnie, że mną kieruje za pośrednictwem

Romesza. W związku z egzaminem z języka bengalskiego miało miejsce znaczące wydarzenie. Romesz, który nie podszkolił mnie specjalnie z tego przedmiotu, zawołał mnie rano, kiedy właśnie wychodziłem z pensjonatu na egzamin.

– Romesz cię woła – niecierpliwie powiedział do mnie kolega. Nie wracaj już do niego, bo się spóźnimy.

Nie posłuchałem go i pobiegłem z powrotem do domu.

– Bengalscy chłopcy zwykle bez trudu zdają egzamin z ojczystego języka – powiedział Romesz. – Ale właśnie miałem przeczucie, że w tym roku profesorowie zaplanowali rzeź studentów i przygotowali pytania z obowiązkowej listy lektur. Przyjaciel streścił mi następnie dwa opowiadania, oparte na wydarzeniach z życia Widjasagara, słynnego bengalskiego filantropa z początku XIX wieku.

Podziękowawszy Romeszowi, szybko pojechałem na rowerze do college'u. Okazało się, że arkusz egzaminacyjny z języka bengalskiego zawiera dwa tematy. Pierwszy z nich brzmiał: „Opisz dwa przykłady działalności charytatywnej Widjasagara*". Przenosząc na papier dopiero co zdobytą wiedzę, dziękowałem cicho Bogu, że posłuchałem, doprawdy w ostatniej chwili, wezwania Romesza. Gdybym nic nie wiedział o działalności dobroczynnej Widjasagara (która teraz obejmowała także i mnie), nie zdałbym egzaminu.

Drugi temat był następujący: „Napisz w języku bengalskim esej o życiu człowieka, który jest dla ciebie źródłem największej inspiracji". Drogi Czytelniku, nie muszę Cię chyba informować, kogo wybrałem. Stronę po stronie zapisywałem pochwałami swego guru, uśmiechając się na myśl, że oto spełniają się wymamrotane przeze mnie słowa: „Wypełnię arkusze egzaminacyjne twoimi naukami".

Nie czułem potrzeby zadawania Romeszowi pytań z zakresu filozofii. Ufając wiedzy od dawna zdobywanej pod kierunkiem Śri Jukteśwara, bez obaw pominąłem wszelkie objaśnienia podręcznikowe. Ze wszystkich moich prac najwyżej oceniono tę z filozofii. Wyniki z pozostałych przedmiotów akurat mieściły się w liczbie punktów koniecznych do zdania.

---

* Zapomniałem, jak sformułowany był ten temat, ale pamiętam, że opierał się na opowiadaniach, które streścił mi Romesz.
  Widjasagar („Ocean Wiedzy") to tytuł nadany panditowi o nazwisku Iśwar Ćandra, który zasłynął w Bengalu z erudycji.

Z przyjemnością odnotowuję też fakt, że mój bezinteresowny przyjaciel Romesz otrzymał dyplom *cum laude*.

Na uroczystości wręczania dyplomów mój ojciec promieniał ze szczęścia.

– Raczej nie sądziłem, że zdasz, Mukundo – wyznał. – Spędzasz tak wiele czasu z guru.

Mistrz rzeczywiście bezbłędnie wyczuł krytyczną postawę ojca, chociaż ten nigdy otwarcie nie wyraził swych obaw.

Przez wiele lat nauki nie miałem pewności, czy kiedykolwiek doczekam dnia, kiedy mojemu nazwisku będzie towarzyszył tytuł naukowy. Rzadko używam tego tytułu, nie uświadamiając sobie zarazem, że jest on boskim darem, danym mi z przyczyn niezupełnie dla mnie jasnych. Czasami słyszę od ludzi, którzy pokończyli uniwersytety, że pamiętają bardzo niewiele ze zdobytej w nich wiedzy. Takie wyznania trochę mnie pocieszają, gdy pomyślę o niewątpliwych brakach w swym wykształceniu akademickim.

W dniu otrzymania dyplomu uniwersytetu w Kalkucie, w czerwcu 1914 roku, ukląkłem u stóp guru i podziękowałem mu za wszystkie błogosławieństwa spływające z jego życia na moje*.

---

* Zdolność wpływania na umysły innych ludzi oraz na przebieg wydarzeń nazywa się *wibhuti* (mocą jogiczną). Wspomina o niej Patańdźali w *Jogasutrach* III, 24, wyjaśniając, iż jest ona rezultatem „wszechobejmującego współodczuwania". (Istnieją dwie naukowe książki o sutrach Patańdżalego: *Yoga-System of Patanjali*, Vol 17, Oriental Series, Harvard Univ., i dzieło Dasgupty: *Yoga Philosophy*, Trubner's, London.)

Wszystkie pisma święte głoszą, że Pan stworzył człowieka na swój obraz, a zatem uczynił go wszechmocnym. Władza nad wszechświatem wydaje się nadnaturalna, ale w istocie jest ona wrodzona i naturalna: ma ją każdy człowiek, który odzyskał „prawdziwą pamięć" swego boskiego pochodzenia. Ludzie, którzy tak jak Śri Jukteśwar, urzeczywistnili Boga w sobie, pozbawieni są pierwiastka ego (*ahamkara*) i pragnień z nim związanych. Działanie prawdziwych mistrzów pozostaje, bez wysiłku z ich strony, w harmonii z naturalną sprawiedliwością (*ryta*). Tak jak pisze Emerson, wielcy duchem stają się „nie cnotliwymi, lecz Cnotą samą. Wtedy cel stworzenia zostaje osiągnięty i Bóg jest w pełni zadowolony".

Każdy człowiek, który osiągnął samourzeczywistnienie, mógłby dokonywać cudów, ponieważ podobnie jak Chrystus rozumie subtelne prawa rządzące stworzeniem. Nie wszyscy jednak mistrzowie chcą posługiwać się niezwykłymi mocami (*zob*. s. 237, przypis). Każdy święty odzwierciedla w sobie Boga na własny sposób. Wyrażanie indywidualności to rzecz elementarna we wszechświecie, gdzie nawet dwa ziarnka piasku nie są takie same.

Oświeceni święci nie postępują według niezmiennych reguł. Niektórzy dokonują cudów, inni nie. Jedni nie działają publicznie, a inni (tak jak król Dżanaka w starożytnych Indiach lub św. Teresa z Avila) prowadzą szeroką i ważką działalność. Jedni nauczają, podróżują i przyjmują uczniów, a inni przechodzą przez życie, nie rzucając się w oczy, tak cicho jak cień. Żaden zwykły człowiek nie potrafi odczytać tajemnego zapisu karmy (przeszłych czynów), który u każdego świętego jest inny.

Otrzymuję tytuł naukowy

– Wstań, Mukundo – powiedział pobłażliwie. – Pan stwierdził po prostu, że wygodniej Mu jest uczynić cię absolwentem niż sprawić, by słońce i księżyc zamieniły się miejscami!

Rozdział 24

Wstępuję do Zakonu Swamich

— Mistrzu, mój ojciec pragnie, abym objął stanowisko kierownika w Kompanii Kolei Nagpursko-Bengalskiej. Ja jednak stanowczo odmówiłem. – Dodałem z nadzieją: – Panie, czy nie zechcesz przyjąć mnie jako mnicha do Zakonu Swamich? – Spoglądałem na guru błagalnie. W poprzednich latach, chcąc sprawdzić siłę mego zdecydowania, Mistrz odrzucał tę prośbę. Dziś jednak uśmiechnął się łaskawie.

– Dobrze. Jutro udzielę ci inicjacji. – Dodał spokojnie: – Cieszę się, że wytrwałeś w pragnieniu zostania mnichem. Lahiri Mahaśaja często powtarzał: „Jeśli nie zaprosisz Boga w lecie życia, to nie przyjdzie do ciebie w latach zimy".

– Drogi Mistrzu, nigdy nie miałem wątpliwości, że chcę wstąpić do zakonu i zostać mnichem, tak jak ty. – Uśmiechnąłem się do guru z bezgraniczną miłością.

– „Człowiek bezżenny troszczy się o sprawy Pana: o to, jak by się przypodobać Panu. Ten zaś, kto wstąpił w związek małżeński, zabiega o sprawy świata: o to, jak by się przypodobać żonie"*. Analizowałem życie wielu moich przyjaciół, którzy przez jakiś czas szli ścieżką duchowej dyscypliny, a potem się ożenili. Rzuceni w morze świeckich obowiązków, zapominali o postanowieniu głębokiego medytowania.

Nie pojmowałem, jak można by przyznać Bogu drugie miejsce

---

* 1 Kor 7, 32-33

Wstępuję do Zakonu Swamich

w życiu*. Jest On jedynym Władcą kosmosu. W każdym kolejnym życiu, po cichu obsypuje nas darami. Jest tylko jeden dar, który człowiek może Mu ofiarować w zamian: miłość. W mocy człowieka leży, czy to uczyni.

Stwórca, zadając sobie nieskończenie wielki trud okrycia tajemnicą swej obecności w każdym atomie stworzenia, mógł mieć ku temu tylko jeden powód: czułe pragnienie, aby ludzie szukali Go z własnej wolnej woli. Jakąż aksamitną rękawiczką pokory okrył On żelazną rękę swej wszechmocy!

Następny dzień należał do najbardziej pamiętnych w moim życiu. Przypominam sobie, że był to słoneczny czwartek w czerwcu 1914 roku, kilka tygodni po tym, jak ukończyłem college. Na wewnętrznym balkonie seramporskiej pustelni Mistrz zanurzył kawałek białego jedwabiu w ochrowej farbie, którą tradycyjnie barwi się szaty mnichów z Zakonu Swamich. Gdy materiał wysechł, guru mnie nim owinął, odziewając w szatę wyrzeczenia.

– Pewnego dnia pojedziesz na Zachód, gdzie się ceni jedwab – rzekł. – Dlatego symbolicznie wybrałem dla ciebie materiał jedwabny zamiast tradycyjnego, bawełnianego.

W Indiach, gdzie mnisi przyjęli ideał ubóstwa, swami ubrany w jedwab stanowi niezwykły widok. Mimo to wielu joginów nosi jedwabne szaty, które lepiej chronią pewne subtelne prądy ciała.

– Nie znoszę ceremonii – powiedział Śri Jukteśwar. – Uczynię cię więc swamim w sposób *bidwat* (bez ceremonii).

Bibidisa, czyli skomplikowany obrzęd przyjęcia do Zakonu Swamich, obejmuje ceremonię ognia, podczas której wykonuje się symboliczny rutuał pogrzebowy. Fizyczne ciało ucznia „umiera", spalone w ogniu mądrości. Nowonarodzony swami otrzymuje wtedy mantrę, taką jak: „Ta *atma* jest *Brahmą*"** lub „Ty jesteś Tym, lub „Jam jest Nim". Jednakże Śri Jukteśwar, który miłował prostotę, pominął wszystkie formalne rytuały i poprosił mnie tylko, bym wybrał sobie nowe imię.

– Dam ci przywilej wybrania go sobie samemu – powiedział z uśmiechem.

---

* „Ten, kto daje Bogu drugie miejsce, nie daje mu Go w ogóle." – Ruskin
** Dosłownie: „Ta dusza jest Duchem". Najwyższy Duch, Nie-stworzony, jest niczym nieuwarunkowany (*neti, neti* – „nie to, nie to"), jednak w *wedancie* często nazywa się Go *Sat-Ćit-Ananda*, czyli „Bytem-Świadomością-Szczęśliwością".

– Jogananda*– odpowiedziałem po chwili zastanowienia. Imię to oznacza dosłownie: szczęśliwość (*ananda*) dzięki zjednoczeniu z Bogiem (*joga*).

– Niech tak będzie. Porzucisz swoje rodowe nazwisko: Mukunda Lal Ghosz, i będziesz się teraz nazywał Jogananda Giri. *Giri* oznacza, że należysz do odgałęzienia Giri Zakonu Swamich.

Gdy klęcząc przed Śri Jukteśwarem po raz pierwszy usłyszałem, jak wymawia moje nowe imię, serce wezbrało mi wdzięcznością. Z jakąż miłością niestrudzenie pracował on nad tym, by pewnego dnia chłopiec Mukunda przemienił się w mnicha Joganandę! Z radością zaśpiewałem fragment długiej sanskryckiej pieśni wielkiego Pana Śankary:**

> Nie jestem umysłem, rozumem, złudnym „ja", uczuciem;
> Niebem, ziemią ani metalem nie jestem.
> Jam Nim, jam Nim, Szczęśliwym Duchem, jam Nim!
> Nie rodzę się, nie umieram, bez kasty jestem;
> Nie mam ojca ni matki.
> Jam Nim, jam Nim, Szczęśliwym Duchem, Jam Nim!
> Ponad wzlotami wyobraźni bez kształtu trwam,
> Przenikając członki wszelkiego życia;
> Nie boję się więzów; jam wolny, zawsze wolny,
> Jam Nim, jam Nim, Szczęśliwym Duchem jestem!

Każdy swami należy do Zakonu Swamich. Zakon ten czci się w Indiach od niepamiętnych czasów. Zreorganizowany wieki temu przez Śankaraćarję, przetrwał w nie zmienionej formie do dziś. Od tamtej

---

* Jogananda to imię duchowe dość często spotykane wśród swamich.
** Śankarę często nazywa się Śiankaraćarją. *Aćarja* znaczy „nauczyciel religii". Czas życia Śankary jest przedmiotem sporu uczonych. Kilka zapisków wskazuje, że ten niezrównany monista żył w VI w. p.n.e. Mędrzec Anandagiri podaje lata: 44-12 p.n.e. Historycy zachodni uważają, że Śankara żył w VIII w. bądź na początku IX w. n.e. W wielu wiekach byłby na swoim miejscu!

W 1958 r. przebywał w Ameryce z trzymiesięczną wizytą nieżyjący już Dźagadguru Śri Śankaraćarja z Gowardhan Math w Puri, Jego Świątobliwość Bharati Kryszna Tirtha. Były to pierwsze odwiedziny na Zachodzie człowieka na tym stanowisku. Tę historyczną podróż zorganizowało Self-Realization Fellowship. Dźagadguru przemawiał w czołowych uniwersytetach amerykańskich i brał udział w dyskusji na temat światowego pokoju z wybitnym historykiem dr. Arnoldem Toynbee.

W 1959 r. na prośbę Śri Daja Maty, ówczesnej przewodniczącej SRF w Ameryce, Śri Śankaraćarja z Puri zgodził się wystąpić jako przedstawiciel wszystkich Guru Self-Realization Fellowship/Yogoda Satsanga Society of India i inicjował do Zakonu Swamich dwie osoby z Yogoda Satsanga. Uroczystość inicjacji odbyła się w świątyni poświęconej Śri Jukteśwarowi, w Aśramie Yogoda Satsanga w Puri. (*Przyp. wydawcy amerykańskiego*)

pory ma nieprzerwaną linię świętych przywódców (z których każdy nosi ten sam tytuł: Dźagadguru Śri Śankaraćarja). Do zakonu należy wielu mnichów, prawdopodobnie około miliona. Wstąpienie doń wymaga inicjacji. Może jej udzielić tylko człowiek, który sam jest swamim. Tak więc wszyscy mnisi Zakonu Swamich wyprowadzają swój duchowy rodowód od jednego guru, Adi (pierwszego) Śankaraćarji. Mnisi składają ślub ubóstwa (nieprzywiązywania się do posiadanych rzeczy), czystości oraz posłuszeństwa głowie zakonu lub przewodnikowi duchowemu. Zakony katolickie pod wieloma względami przypominają ten bardziej wiekowy od nich Zakon Swamich.

Do nowego imienia swami dodaje słowo, które wskazuje na jego formalną przynależność do jednego z dziesięciu odgałęzień (*daśanami*) zakonu. Swami Śri Jukteśwar Giri i ja należymy do odgałęzienia *Giri* (góra). Inne to: *Sagar* (morze), *Bharati* (ląd), *Puri* (droga), *Saraswati* (mądrość natury), *Tirtha* (miejsce pielgrzymek) i *Aranja* (las).

Zakonne imię swamiego, które zwykle kończy się na *ananda* (najwyższa szczęśliwość), symbolizuje określoną ścieżkę, jaką pragnie on podążać ku wyzwoleniu, szczególnie rozwijając w sobie jakiś boski przymiot bądź stan świadomości. Może to być ścieżka miłości, mądrości, oddania, służby, jogi. Dodatek do imienia wyraża harmonijną więź z przyrodą.

Ideał bezinteresownej służby całej ludzkości oraz wyrzeczenia się osobistych więzi i ambicji prowadzi większość swamich ku aktywnej działalności humanitarnej i edukacyjnej w Indiach lub niekiedy w innych krajach. Nie zwracając uwagi na uprzedzenia kastowe, wyznaniowe, klasowe, rasowe, dotyczące koloru skóry czy płci, swami kieruje się zasadami ogólnoludzkiego braterstwa. Jego celem jest absolutna jedność z Duchem. Na jawie i we śnie nasycając swą świadomość myślą: „Jestem Nim", przebywa w świecie, lecz nie jest ze świata. Tak tylko może uzasadnić swój tytuł swamiego – tego, który dąży do zjednoczenia ze *Swa* czyli Jaźnią. Nie trzeba dodawać, że nie wszystkim noszącym formalny tytuł swamiego udaje się osiągnąć ten wzniosły cel.

Śri Jukteśwar był i swamim, i joginem. Swami, będący formalnie mnichem z powodu przynależności do pradawnego zakonu, nie zawsze jest joginem. Joginem jest każdy, kto w celu samourzeczywistnienia praktykuje naukowe techniki jogi. Może to być człowiek żonaty lub nieżonaty, świecki bądź związany ślubami zakonnymi. Na przykład, swami może podążać tylko ścieżką suchego, logicznego rozumowania,

ŚRI ŚANKARAĆARJA W SIEDZIBIE GŁÓWNEJ SRF-YSS

Śri Dźagadguru Śankaraćarja Bharati Kryszna Tirtha z Puri w Indiach w Międzynarodowej Siedzibie Głównej Self-Realization Fellowship (organizacji założonej przez Paramahansę Joganandę w 1925 r.), Los Angeles. W 1958 r. Dźagadguru, głowa Zakonu Swamich, złożył trzymiesięczną wizytę w Stanach Zjednoczonych, sponsorowaną przez Self-Realization Fellowship. W historii starożytnego Zakonu Swamich był to pierwszy przypadek podróży Śankaraćarji na Zachód. (Zob. s. 232, przypis.)

chłodnego wyrzeczenia. Jogin natomiast praktykuje bardzo określone techniki, posuwając się krok po kroku. Dzięki temu opanowuje umysł oraz ciało, i dusza stopniowo się uwalnia. Nie ufając emocjom ani nie przyjmując niczego na wiarę, jogin wykonuje szereg doskonale sprawdzonych ćwiczeń, podanych przez starożytnych ryszich. W każdej epoce historii Indii joga stworzyła ludzi prawdziwie wyzwolonych, prawdziwych joginów-Chrystusów.

Jak każdą inną naukę, jogę można stosować w każdym miejscu i czasie. Głoszona przez niektórych, nie znających się na rzeczy, teoria, że joga jest „niebezpieczna" lub „nie nadaje się" dla ludzi Zachodu, jest całkowicie fałszywa. Niestety, przeszkodziła ona wielu chętnym korzystać z licznych dobrodziejstw jogi.

Joga to metoda ujarzmiania naturalnego zamętu myśli, właściwego wszystkim ludziom wszystkich krajów, zamętu, który uniemożliwia człowiekowi dostrzeżenie swej prawdziwej, duchowej natury. Jak lecznicze światło słońca, wpływa równie dobroczynnie tak na ludzi Wschodu, jak i Zachodu. Myśli większości ludzi są niespokojne i kapryśne. Dlatego joga, czyli nauka o metodach opanowania umysłu, jest bezsprzecznie potrzebna.

Starożytny ryszi Patańdźali* definiuje jogę jako „uśmierzenie zmiennych fal w świadomości"**. Jego krótkie i mistrzowskie dzieło *Jogasutry* jest podstawą jednego z sześciu systemów filozofii hinduskiej. W przeciwieństwie do filozofii zachodniej każdy z tych sześciu systemów*** zawiera nie tylko nauki teoretyczne, ale i praktyczne. Traktują

---

* Czas życia Patańdżalego jest nieznany, chociaż wielu uczonych uważa, że żył w II w. p.n.e. Ryszi pisali traktaty na ogromną liczbę tematów. Pisali tak wnikliwie, że upływ wieków nie zdołał pozbawić ich dzieł wartości. Ale ku zmartwieniu historyków mędrcy ci nie przykładali żadnej wagi do opatrywania swych dzieł datami ani nazwiskami. Wiedzieli, że ich życie ma tylko chwilowe znaczenie jako błysk wielkiego nieskończonego Życia, zaś prawda jest ponadczasowa, nie daje się opatentować i nie jest niczyją prywatną własnością.

** „*Ćitta writti nirodha*" (*Jogasutry* I, 2). Zdanie to można również przetłumaczyć jako „ustanie zjawisk psychicznych w umyśle". *Ćitta* oznacza ogólnie „pierwiastek myślący", na który składają się: praniczne siły życiowe, *manas* (umysł czyli świadomość zmysłowa), *ahamkara* (poczucie „ja", złudna jaźń) i *buddhi* (inteligencja intuicyjna). *Writti* (dosłownie „wir") to fale myśli i uczuć, jakie nieustannie powstają i zanikają w ludzkiej świadomości. *Nirodha* oznacza „uśmierzenie", „ustanie", „powściągnięcie".

*** Te sześć ortodoksyjnych (opartych na Wedach) systemów to *sankhja, joga, wedanta, mimamsa, njaja* i *wajśeszika*. Czytelnikom o zamiłowaniach naukowych spodoba się subtelność i szeroki zakres tej starożytnej wiedzy, streszczonej w języku angielskim przez Surendranatha Das Guptę w *A History of Indian Philosophy*, t.1, Cambridge Unverisity Press.

one o wszelkich możliwych kwestiach ontologicznych, po czym ukazują sześć określonych dróg prowadzących do trwałego uwolnienia się od cierpienia i osiągnięcia nieskończonej szczęśliwości.

Późniejsze upaniszady wychwalają *Jogasutry* za to, że opisują one najskuteczniejsze metody uzyskania bezpośredniego oglądu prawdy. Dzięki praktycznym technikom jogi człowiek raz na zawsze pozostawia za sobą jałowe spekulacje i doświadczalnie poznaje istotę bytu.

System jogi Patańdźalego zwany jest „ośmiostopniową ścieżką".*
Pierwsze stopnie to: 1) *jama* (moralne postępowanie) i 2) *nijama* (przestrzeganie nakazów religijnych). Nakazy *jamy* to niekrzywdzenie, życie w prawdzie, niepopełnianie kradzieży, wstrzemięźliwość płciowa i niepożądanie rzeczy materialnych. Nakazy *nijamy* to czystość ciała i umysłu, zadowolenie we wszystkich okolicznościach, samodyscyplina, poznawanie siebie (kontemplacja), oddanie Bogu i guru.

Następne stopnie to: 3) *asana* (właściwa postawa ciała) – kręgosłup musi być wyprostowany, a ciało ma trwać pewnie w wygodnej pozycji medytacyjnej; 4) *pranajama* (opanowanie *prany*, subtelnych prądów życiowych); i 5) *pratjahara* (wycofanie zmysłów ze świata przedmiotów zewnętrznych).

Ostatnie stopnie to postacie właściwej jogi: 6) *dharana* (koncentracja), utrzymywanie skupienia na jednej myśli; 7) *dhjana* (medytacja); i 8) *samadhi* (postrzeganie nadświadome). Ta ośmiostopniowa ścieżka jogi prowadzi do ostatecznego celu, jakim jest *kajwalja* (zjednoczenie z Absolutem), stan, w którym jogin poznaje Prawdę, znajdującą się poza wszelkim pojmowaniem intelektualnym.

Kto jest większy – można zapytać – swami czy jogin? Gdy osiąga się ostateczną jedność z Bogiem, wszystkie różnice między rozmaitymi ścieżkami znikają. *Bhagawadgita* mówi jednak, że metody jogi są wszechstronne. Jej techniki nie są przeznaczone tylko dla ludzi określonego typu czy temperamentu, na przykład dla takich, którzy skłaniają się ku życiu klasztornemu. Joga nie wymaga formalnej przynależności do jakichkolwiek ugrupowań. Ponieważ nauka jogi zaspokaja powszechną potrzebę, w naturalny sposób przyciąga wszystkich.

---

* Nie należy jej mylić ze „szlachetną ośmioraką ścieżką" buddyjską, kierującą postępowaniem człowieka w życiu i zalecającą: 1) słuszne ideały, 2) słuszne motywy, 3) słuszną mowę, 4) słuszne czyny, 5) właściwe środki utrzymania, 6) słuszny wysiłek, 7) słuszną pamięć (o Jaźni), 8) słuszne poznanie *(samadhi)*.

Wstępuję do Zakonu Swamich

Prawdziwy jogin może wieść prawe życie w świecie: jest w nim jak masło pływające na wodzie, a nie jak mleko, które łatwo się rozwadnia w niezdyscyplinowaniu reszty ludzkości. Wypełnianie ziemskich obowiązków nie musi oddzielać człowieka od Boga, pod warunkiem że nie ulega pragnieniom ego i chętnie pełni w życiu rolę boskiego narzędzia.

Obecnie pewna liczba wielkich dusz żyje w ciałach Amerykanów, Europejczyków czy w ogóle nie-Hindusów. Ludzie ci, choć nigdy nie słyszeli o joginach czy swamich, są ich prawdziwym uosobieniem. Dzięki bezinteresownej służbie ludzkości, opanowaniu namiętności i myśli, dzięki serdecznemu umiłowaniu Boga czy dzięki wielkiej umiejętności koncentracji ludzie ci są, w pewnym sensie, joginami. Postawili sobie cel jogi: opanowanie siebie. Mogliby się wznieść nawet jeszcze wyżej, gdyby poznali konkretną naukę jogi, która umożliwia bardziej świadome pokierowanie własnym umysłem i życiem.

Niektórzy autorzy z Zachodu powierzchownie i błędnie rozumieją jogę, jednak krytycy ci, sami nigdy jej nie uprawiali. Inni, tak jak dr C.G. Jung*, słynny psycholog szwajcarski, darzą jogę uznaniem. Oto jego słowa:

„Jeśli jakąś metodę duchową przedstawia się jako „naukową", można być pewnym, że wzbudzi zainteresowanie na Zachodzie. Joga spełnia to oczekiwanie. Niezależnie od tego, iż ma czar nowości i budzi fascynację, jaką rodzą rzeczy nie w pełni zrozumiałe, istnieje słuszny powód do tego, by znalazła sobie wielu zwolenników. Stwarza ona warunki do kontrolowanego doświadczenia, zaspokajając w ten sposób naukową potrzebę „faktów", a ponadto dzięki swej głębi i szacownemu wiekowi, doktrynie i metodzie, które dotyczą każdego etapu życia, obiecuje możliwości, o jakich się do tej pory nie śniło.

Każda praktyka religijna czy filozoficzna wymaga dyscypliny psychicznej, czyli jakiejś metody higieny umysłu. Różnorodne, czysto fizyczne ćwiczenia jogi** oznaczają również higienę funkcji życiowych organizmu. Przewyższają one zwykłą gimnastykę i ćwiczenia oddechowe,

---

* Dr Jung uczestniczył w Indyjskim Kongresie Naukowym w 1937 r. i otrzymał doktorat honorowy Uniwersytetu w Kalkucie.
** Dr Jung ma tu na myśli *hatha-jogę*, specjalny rodzaj jogi, w której ćwiczy się pozycje ciała oraz stosuje techniki mające służyć zdrowiu i długiemu życiu. *Hatha-joga* jest użyteczna i przynosi spektakularne rezultaty, ale rzadko uprawiana jest przez joginów dążących do duchowego wyzwolenia.

Autobiografia jogina

nie są bowiem czysto mechaniczne. Joga jest także filozofią. Ćwicząc części ciała, jednoczy je z całością ducha, co jest, na przykład, całkiem jasne w przypadku ćwiczeń *pranajamy*, gdzie *prana* jest zarówno energią oddechu jak i uniwersalną, dynamiczną siłą kosmosu. [...]
Praktyka jogi [...] byłaby zupełnie nieskuteczna, gdyby nie koncepcje, na których joga się opiera. Łączy ona to, co cielesne, i to, co duchowe, w wyjątkowo spójny sposób.

Na Wschodzie, gdzie się te idee i ćwiczenia rozwinęły i gdzie nieprzerwana, trwająca kilka tysięcy lat tradycja wytworzyła niezbędne podstawy duchowe, joga, skłonny jestem wierzyć, jest doskonałą i właściwą metodą scalania ciała i umysłu, tak że w rezultacie tworzą one nie dającą się zakwestionować jedność. Jedność ta rodzi psychiczną skłonność, która umożliwia spływ intuicji spoza obszaru świadomości".

Na Zachodzie zbliża się dzień, kiedy nauka o wewnętrznym opanowaniu siebie uznana zostanie za równie konieczną, jak panowanie nad zewnętrznym światem przyrody. W nowym wieku atomu umysł człowieka ocknie się i poszerzy dzięki naukowej prawdzie, obecnie niepodważalnej, że materia jest w istocie skoncentrowaną energią. Umysł ludzki potrafi i musi wyzwolić energie większe niż te zawarte w kamieniach i metalach, jeśli materialny, atomowy kolos, dopiero co uwolniony, nie ma doprowadzić do bezmyślnego zniszczenia świata. Być może, jedyną pośrednią korzyścią, jaką przyniesie ludzkości lęk przed bombą atomową, będzie większe zainteresowanie nauką i praktyką jogi. Joga daje schronienie bezpieczniejsze, doprawdy, niż schron przeciwbombowy*.

---

* Wielu laików sądzi, że joga to *hatha-joga*, albo uważa ją za jakąś ciemną, tajemną praktykę, w której stosuje się magiczne rytuały w celu uzyskania nadzwyczajnych mocy. Uczeni jednak, mówiąc o jodze, mają na myśli system filozoficzny wyłożony przez Patańdźalego w *Jogasutrach* (znanych także pod nazwą *Aforyzmy Patańdźalego*), czyli *radźa-jogę* (jogę królewską). Traktat Patańdźalego zawiera koncepcje filozoficzne sięgające takich wyżyn duchowych, że pisali do niego komentarze najwięksi myśliciele indyjscy. Był wśród nich oświecony mistrz Sadaśiwendra (*zob.* s. 413, przypis).
  Podobnie jak pozostałe pięć ortodoksyjnych (opartych na Wedach) systemów filozofii hinduskiej *Jogasutry* kładą nacisk na „magię" czystości moralnej („dziesięć przykazań": *jamy* i *nijamy*) jako pierwszy, niezbędny warunek trafnych dociekań filozoficznych. Ten warunek czystości moralnej, którego nie stawia się na Zachodzie, sprawił, że sześć hinduskich szkół filozoficznych wciąż żyje. Porządek kosmiczny (*ryta*), podtrzymujący wszechświat, nie różni się od moralnego, który rządzi ludzkim losem. Ten, kto nie postępuje zgodnie z nakazami moralnymi, nie jest poważnym poszukiwaczem prawdy.
  Cześć III *Jogasutr* opisuje cudowne moce jogiczne, (*wibhuti i siddhi*). Prawdziwa wiedza jest zawsze mocą. Ścieżka jogi jest czterostopniowa. Na każdym stopniu jogin uzyskuje

określone *wibhuti*. Dzięki temu poznaje, że przeszedł próby danego stopnia i dotarł do następnego. Pojawienie się charakterystycznych mocy świadczy o tym, że joga jest systemem naukowym. Pryskają złudne wyobrażenia co do etapu, jaki się osiągnęło w rozwoju duchowym: wymagany jest dowód! Patańdźali ostrzega, że jedynym celem wielbiciela powinno być osiągnięcie jedności z Duchem, a nie uzyskanie *wibhuti* – przypadkowych kwiatów zakwitających na świętej ścieżce. Oby poszukiwał Wiecznego Dawcy, a nie Jego przemijających darów! Bóg nie objawia się poszukiwaczowi, który zadowala się mniejszymi osiągnięciami. Dlatego jogin, który ku Niemu dąży, zachowuje ostrożność i nie posługuje się mocami. Mogłyby one zrodzić fałszywą dumę i odciągnąć go od celu, jakim jest wejście w najwyższy stan *kajwalji*. Po osiągnięciu Nieskończonego Celu jogin posługuje się *wibhuti* albo tego nie czyni, zależnie od upodobania. Żadne jego działania, ani cudowne, ani zwykłe, nie powodują skutków karmicznych. Opiłki karmy przyciągane są jedynie tam, gdzie istnieje jeszcze magnes ego.

Rozdział 25

Brat Ananta i siostra Nalini

„Ananta musi już odejść z tego świata. W klepsydrze jego życia piasek karmy już prawie się przesypał".

Te okrutne słowa zjawiły się w głębi mej świadomości, gdy pewnego ranka siedziałem zatopiony w medytacji. Wkrótce po wstąpieniu do Zakonu Swamich pojechałem do swego rodzinnego miasta, Gorakhpuru, by odwiedzić najstarszego brata Anantę. Nagła choroba przykuła go do łóżka. Pielęgnowałem go z miłością.

Usłyszana wewnętrznie zapowiedź wypełniła mi serce smutkiem. Czułem, że nie mogę już dłużej pozostać w Gorakhpurze i bezsilnie patrzeć, jak mój brat odchodzi. Mimo sprzeciwu rodziny, która nie mogła pojąć mojego zachowania, wypłynąłem z Indii najbliższym statkiem. Płynął on wzdłuż wybrzeży Birmy i dalej przez Morze Chińskie do Japonii. Wysiadłem w Kobe, gdzie spędziłem tylko kilka dni. Sercu memu zbyt było ciężko, abym miał ochotę cokolwiek zwiedzać.

W drodze powrotnej do Indii statek zatrzymał się w Szanghaju. Tam lekarz okrętowy, pan Miśra, zaprowadził mnie do kilku sklepów z osobliwościami, gdzie wybrałem różne prezenty dla Śri Jukteśwara, rodziny i przyjaciół. Dla Ananty kupiłem dużą rzeźbę z bambusa. Ledwie sprzedawca, Chińczyk, wręczył mi tę pamiątkę, upuściłem ją na podłogę z okrzykiem:

– Kupiłem to dla mojego kochanego, zmarłego już brata!

Ogarnęło mnie bardzo wyraźne przeczucie, że właśnie w tej chwili dusza jego, już wyzwolona, unosi się ku Nieskończonemu. Rzeźba pękła wskutek upadku. Miało to dla mnie symboliczne znaczenie. Pośród łkań napisałem na powierzchni bambusa: „Mojemu ukochanemu

Anancie, który już odszedł".
Towarzyszący mi lekarz obserwował całą tę scenę z ironicznym uśmiechem.
– Szkoda pańskich łez – zauważył. – Po co płakać, dopóki nie wie pan na pewno, że brat nie żyje?
Gdy statek dotarł do Kalkuty, pan Miśra był przy mnie. Na nabrzeżu oczekiwał mnie Bisznu, najmłodszy brat.
– Wiem, że Ananta nas opuścił – powiedziałem do Bisznu, zanim zdążył się odezwać. – Proszę, powiedz mi i obecnemu tu doktorowi, kiedy zmarł.
Bisznu wymienił datę; był to ten właśnie dzień, kiedy kupowałem pamiątki w Szanghaju.
– Coś takiego! – wykrzyknął pan Miśra.– Nie mówcie o tym nikomu! Profesorowie gotowi będą przedłużyć studia medyczne o jeszcze jeden rok, dodając do nich przedmiot poświęcony telepatii. I bez tego są już dostatecznie długie!
Gdy wszedłem do domu, ojciec objął mnie serdecznie.
– Przyjechałeś – powiedział z czułością. Dwie wielkie łzy stoczyły się mu z oczu. Zazwyczaj opanowany, nigdy przedtem nie okazał mi takiego uczucia. Zachowywał się jak surowy ojciec, ale miał tkliwe serce matki. Odgrywał tę podwójną rolę ojca i matki we wszystkich rodzinnych sprawach.

Wkrótce po odejściu Ananty miało miejsce cudowne uzdrowienie mojej młodszej siostry Nalini. Powróciła do nas z progu śmierci. Zanim jednak opowiem tę historię, wspomnę o kilku wcześniejszych wydarzeniach z naszego życia.

W dzieciństwie stosunki między mną a Nalini nie należały do najszczęśliwszych. Byłem bardzo chudy, a ona jeszcze chudsza. Z jakiegoś nieuświadomionego powodu, który bez trudu wykryłby każdy psycholog, często dokuczałem siostrze, wyśmiewając się z jej wyglądu. Nie pozostawała mi dłużna, odcinała się z brutalną szczerością bardzo młodej osóbki. Czasami interweniowała matka. Przerywała na krótko te dziecięce kłótnie, łagodnie trzepiąc mnie w ucho (jako starsze ucho).

Gdy Nalini ukończyła szkołę, zaręczono ją z sympatycznym młodym lekarzem z Kalkuty, Pańćanonem Bose. We właściwym czasie odbył się skomplikowany obrzęd zaślubin. W weselny wieczór dołączyłem do sporej gromadki rozbawionych krewnych w salonie naszego domu. Pan młody opierał się o ogromną poduszkę ze złotego

brokatu, a Nalini siedziała u jego boku. Wspaniałe, purpurowe *sari* *
z jedwabiu nie mogło, niestety, całkowicie ukryć jej kanciastych
kształtów. Usadowiłem się za poduszką mojego nowego szwagra
i słałem mu przyjazne uśmiechy. Nie widział on w ogóle Nalini do
dnia ceremonii ślubnej, kiedy to wreszcie dowiedział się, co wygrał
na matrymonialnej loterii.

Wyczuwając, że mu współczuję, pan Bose wskazał dyskretnie na
Nalini i szepnął mi do ucha:

– A cóż to takiego?

– Ależ, doktorze – odparłem – szkielet do pańskich obserwacji!

Z biegiem lat doktor Bose zżył się z naszą rodziną, która wzywała
go, ilekroć ktoś zachorował. Zostaliśmy dobrymi przyjaciółmi, często
razem żartowaliśmy, przy czym zwykle przedmiotem żartów była Nalini.

– Twoja chuda siostra to dla mnie osobliwy przypadek medyczny
– zauważył pewnego dnia szwagier. – Wypróbowałem na niej wszystko:
tran, masło, słód, ryby, mięso, jaja, środki wzmacniające. Mimo to nie
udaje jej się przytyć nawet o włos.

Kilka dni później odwiedziłem Bose'a. Miałem do niego krótką
sprawę, która zajęła nam tylko parę minut. Wkrótce wychodziłem, jak
mi się zdawało, nie zauważony przez Nalini. Ale gdy byłem już przy
drzwiach wyjściowych, usłyszałem jej głos, serdeczny, lecz rozkazujący.

– Bracie, chodź do mnie. Tym razem mi nie uciekniesz. Chcę
z tobą pomówić.

Wszedłem po schodach do jej pokoju. Ku memu zdziwieniu zalewała się łzami.

– Drogi bracie – powiedziała – zakopmy topór wojenny. Widzę,
że stąpasz teraz pewnie ścieżką rozwoju duchowego. Chcę się stać taka
jak ty pod każdym względem. – Dodała z nadzieją: – Krzepko wyglądasz. Czy mi pomożesz? Mąż nie zbliża się do mnie, a ja tak bardzo go
kocham! Lecz głównym moim pragnieniem jest poznanie Boga, nawet
gdybym miała pozostać chuda** i niepociągająca.

Jej prośba głęboko poruszyła mi serce. Odtąd nasza przyjaźń stale
rosła. Pewnego dnia poprosiła, bym przyjął ją na uczennicę.

– Daj mi takie ćwiczenia, jakie zechcesz. Pokładam ufność w Bogu,

---

* Ubiór kobiety indyjskiej, wdzięcznie udrapowany.
** Ponieważ ludzie w Indiach są na ogół szczupli, umiarkowana tusza uchodzi za bardzo pożądaną.

a nie w lekarstwach. Zebrała pełne naręcze buteleczek z lekami i wylała zawartość do rynny dachowej.

Poleciłem jej, by całkowicie usunęła ze swej diety ryby, mięso i jaja. Miała to być próba jej wiary.

Po kilku miesiącach, podczas których Nalini ściśle stosowała się do rozmaitych reguł, które jej wyznaczyłem, i mimo licznych trudności przestrzegała wegetariańskiej diety, złożyłem jej wizytę.

– Siostrzyczko, pilnie wypełniałaś wszystkie duchowe zalecenia; twoja nagroda jest bliska. – Uśmiechnąłem się figlarnie. – Jak pulchna chcesz być: czy tak gruba jak nasza ciotka, która od lat nie widziała własnych stóp?

– O nie! Pragnę być tak tęga jak ty.

Odpowiedziałem z uroczystą powagą:

– Dzięki łasce Bożej zawsze mówiłem prawdę. I teraz mówię prawdę*. Boskie błogosławieństwo sprawi, że od dzisiaj ciało twoje zaiste będzie się zmieniać, a za miesiąc osiągnie taką samą wagę jak moja.

Słowa te, wypowiedziane prosto z serca, spełniły się. Po trzydziestu dniach waga Nalini dorównała mojej. Zaokrąglone kształty uczyniły ją piękną. Mąż głęboko się w niej zakochał. Ich małżeństwo, tak niepomyślnie rozpoczęte, zmieniło się w idealnie szczęśliwe.

Po powrocie z Japonii dowiedziałem się, że podczas mojej nieobecności Nalini zachorowała na tyfus. Pospieszyłem do niej do domu i z przerażeniem stwierdziłem, że pozostał z niej tylko szkielet. Była w śpiączce.

– Zanim choroba zmąciła jej umysł – opowiadał mi szwagier – często mówiła: „Gdyby był tu mój brat Mukunda, nie byłoby ze mną tak źle". Dodał z rozpaczą: – Ani inni lekarze, ani ja nie mamy już nadziei. Walczyła z tyfusem bardzo długo, a teraz pojawiła się krwawa biegunka.

---

* Hinduskie pisma święte głoszą, że kto zawsze mówi prawdę, rozwija w sobie moc materializacji słów. Każdy rozkaz wypowiedziany z serca spełni się w jego życiu (*Jogasutry* II, 36).
    Światy stoją na prawdzie i dlatego wszystkie pisma święte opiewają prawdę jako najwyższą wartość. Opierając się na prawdzie, człowiek może zestroić swe życie z Nieskończonym. Mahatma Gandhi często powtarzał: „Prawda jest Bogiem". Przez całe życie starał się on przestrzegać prawdy w myślach, słowach i czynach. Od wieków ideał *satji* (prawdy) przenika społeczeństwo hinduskie. Marco Polo podaje, że bramini „za nic na świecie nie skalaliby się kłamstwem". William Sleeman, angielski sędzia w Indiach, pisze w swej książce *Journey Through Oudh in 1849-50* (Podróż przez Oudh w latach 1849-1850): „Przeprowadziłem setki spraw, w których majątek, wolność, a nawet życie człowieka zależały od tego, czy skłamię. Ale nikt nigdy nie skłamał".

Zacząłem poruszać niebo i ziemię modlitwami. Zaangażowawszy anglo-hinduską pielęgniarkę, która w pełni ze mną współpracowała, zastosowałem wobec siostry różne lecznicze metody jogi. Krwawa biegunka ustała.

Lecz Bose, jako lekarz, potrząsnął tylko smutno głową:
– Ona po prostu nie ma już więcej krwi do stracenia.
– Wyzdrowieje – odpowiedziałem z mocą. – Za siedem dni choroba minie.

Po tygodniu z radością ujrzałem, jak Nalini otwiera oczy. Poznała mnie i spojrzała na mnie z miłością. Od tego dnia szybko powracała do zdrowia. Ale chociaż odzyskała swą zwykłą wagę, choroba, która o mało co nie zakończyła się śmiercią, pozostawiła smutny ślad: siostra miała sparaliżowane nogi. Hinduscy i angielscy specjaliści orzekli, że nie ma nadziei na poprawę i Nalini pozostanie kaleką.

Długotrwała walka o jej życie, którą toczyłem głównie modlitwą, wyczerpała mnie. Pojechałem do Serampore, by poprosić o pomoc Śri Jukteśwara. Gdy opowiadałem mu o nieszczęściu Nalini, widziałem w jego oczach głębokie współczucie.

– Nogi twej siostry będą zdrowe za miesiąc. – Po chwili dodał: – Niech nosi, przy skórze, opaskę z nie przekłutą, dwukaratową perłą, umocowaną sprzączką.

Poczułem ogromną ulgę i rzuciłem mu się do stóp.
– Gurudźi, jesteś mistrzem. Wystarczy już samo twe słowo, że wyzdrowieje. Skoro jednak nalegasz, natychmiast kupię dla niej perłę.

Guru skinął głową potakująco.
– Tak, zrób to. – Opisał następnie dokładnie fizyczne i psychiczne cechy Nalini, której nigdy nie widział.
– Panie – zapytałem – czy to jest analiza astrologiczna? Nie znasz przecież godziny ani dnia jej urodzenia.

Śri Jukteśwar się uśmiechnął.
– Istnieje głębsza astrologia, która nie zależy od kalendarzy ani zegarów. Każdy człowiek jest cząstką Stwórcy, czyli Istoty Kosmicznej. Posiada zarówno ciało niebieskie, jak i ziemskie. Oko ludzkie widzi tylko ciało fizyczne, lecz oko wewnętrzne przenika głębiej, nawet do samego kosmicznego prawzoru, którego każdy człowiek jest integralną i niepowtarzalną częścią.

Brat Ananta i siostra Nalini

Powróciłem do Kalkuty i kupiłem perłę* dla Nalini. Miesiąc później paraliż nóg całkowicie ustąpił.

Siostra poprosiła mnie, bym przekazał guru, jak bardzo głęboko jest mu wdzięczna. Mistrz wysłuchał powtórzonych przeze mnie słów podziękowania w milczeniu. Ale gdy już się z nim żegnałem, powiedział coś bardzo ważnego:

– Wielu lekarzy powiedziało twojej siostrze, że nie może mieć dzieci. Zapewnij ją, że za kilka lat urodzi dwie córeczki.

Kilka lat później ku swej wielkiej radości Nalini urodziła dziewczynkę, a jeszcze po paru latach, przyszła na świat druga córka.

---

* Perła i inne klejnoty, a także metale i rośliny, przyłożone bezpośrednio do skóry, oddziałują na komórki ciała elektromagnetycznie. Ciało ludzkie zawiera węgiel i rozmaite pierwiastki metaliczne, które występują także w roślinach, metalach i klejnotach. Odkrycia ryszich w tej dziedzinie niewątpliwie potwierdzą kiedyś fizjolodzy. Wrażliwe ciało ludzkie i jego elektryczne prądy życiowe nie są jeszcze zbadane. Ciało człowieka kryje wiele tajemnic.

Klejnoty i metalowe bransoletki mają wartość leczniczą, lecz Śri Jukteświar zalecał je nosić z jeszcze innego powodu. Mistrzowie nie pragną uchodzić za wielkich uzdrowicieli, gdyż tylko Bóg uzdrawia. Dlatego święci często w rozmaity sposób ukrywają swe moce, które pokornie przyjęli od Pana. Człowiek zazwyczaj wierzy w rzeczy namacalne. Gdy ktoś przychodził do mego guru z prośbą o uzdrowienie, Śri Jukteświar radził mu nosić bransoletkę lub klejnot, by pobudzić jego wiarę, a także po to, by odwrócić uwagę od siebie samego. Oprócz swych naturalnych, leczniczych właściwości elektromagnetycznych bransoletki i klejnoty posiadały ukryte błogosławieństwo Mistrza.

ŚRI DAJA MATA W KOMUNII Z BOGIEM

Śri Daja Mata, była przewodnicząca Self-Realization Fellowship/Yogoda Satsanga Society of India, zatopiona w medytacji podczas pobytu w Indiach w 1968 r. „Paramahansa Jogananda wskazywał nam drogę – napisała – nie tylko słowami i wspaniałym przykładem, lecz także ucząc nas naukowych metod medytacji. Nie uda się zaspokoić pragnienia duszy, tylko czytając o prawdzie. Trzeba się napić ze Źródła Prawdy – Boga. Samourzeczywistnienie to właśnie to: bezpośrednie doświadczenie Boga".

Będąc prawdziwie „Matką Współczucia", zgodnie ze znaczeniem imienia: Daja Mata, swym życiem wyraża ona umiłowanie Boga i dzieli się ze wszystkimi Jego miłością.

Rozdział 26

Nauka krija-jogi

Nauka *krija-jogi*, tak często wspominana na stronicach tej książki, rozpowszechniła się we współczesnych Indiach dzięki Lahiriemu Mahaśaji, guru mojego guru. Sanskryckim rdzeniem wyrazu *krija* jest *kri* – czynić, działać i odpowiadać działaniem. Ten sam rdzeń znajduje się w słowie *karma*, oznaczającym naturalną zasadę przyczyny i skutku. *Krija-joga* jest zatem „zjednoczeniem (*joga*) z Nieskończonym dzięki określonemu działaniu lub rytuałowi (*krija*)". Jogin, który wiernie stosuje techniki *krija-jogi*, stopniowo uwalnia się od karmy, czyli powszechnie obowiązującego łańcucha przyczyn i skutków.

Pewne pradawne zakazy jogiczne nie pozwalają mi podać pełnego opisu *krija-jogi* w książce, która adresowana jest do szerokiego ogółu czytelników. Prawo do wprowadzania w *krija-jogę* ma tylko *krijaban* (*krija-jogin*), upoważniony przez Self-Realization Fellowship (Yogoda Satsanga Society of India)*. Tutaj wystarczyć musi ogólny zarys.

Krija-joga stosuje prostą metodę, oddziałującą i na psychikę, i na ciało. Dzięki niej krew oczyszcza się z dwutlenku węgla i nasyca się tlenem. Atomy powstałego w ten sposób nadmiaru tlenu przemieniają się w subtelny prąd siły życiowej, która ożywia mózg i ośrodki położone

---

* Paramahansa Jogananda przyznał swoim następcom, czyli przewodniczącym i zarazem duchowym przywódcom Self-Realization Fellowship/Yogoda Satsanga Society of India prawo nauczania i inicjowania w *krija-jogę* przygotowanych do tego uczniów. Do przeprowadzenia inicjacji mogą oni także wyznaczyć wyświęconego w SRF/YSSI kapłana. W celu stałego szerzenia nauki *krija-jogi* Śri Jogananda przygotował również *Lekcje SRF/YSS*. Można je nabyć w międzynarodowej siedzibie głównej SRF w Los Angeles (zob. s. 528). (*Przyp. wydawcy amerykańskiego*)

wzdłuż kręgosłupa. Powstrzymując gromadzenie się zatrutej krwi, jogin może spowolnić proces rozkładu tkanek bądź mu zapobiec. Jogin zaawansowany w praktyce i rozwoju przemienia komórki swego organizmu w czystą energię. Eliasz, Jezus, Kabir i inni prorocy byli także mistrzami *kriji* bądź podobnej techniki, dzięki której potrafili dowolnie materializować bądź dematerializować ciało.

Krija jest nauką pradawną. Lahiri Mahaśaja otrzymał ją od swego guru, wielkiego Babadźiego, który na nowo odkrył i objaśnił technikę, zagubioną w mrokach wieków. Babadźi nadał jej nową, prostą nazwę *krija-jogi*.

„*Krija-joga*, którą za twoim pośrednictwem daję światu w tym dziewiętnastym stuleciu – powiedział Babadźi do Lahiriego Mahaśaji – jest tą samą nauką, którą tysiące lat temu Kryszna przekazał Ardźunie; później znana była ona również Patańdźalemu, Chrystusowi, św. Janowi, św. Pawłowi i innym uczniom".

Największy prorok indyjski, Kryszna, wspomina o *krija-jodze* w dwóch miejscach w *Bhagawadgicie*. W jednej strofie mówi: „Składając wdech w ofierze wydechowi, oraz ofiarowując wydech wdechowi, jogin sprawia, że oba te tchnienia wzajemnie się znoszą; w ten sposób uwalnia *pranę* (siłę życiową) z serca i nią włada"*. Interpretuje się te słowa następująco: uspokajając pracę płuc i serca, jogin zapewnia organizmowi nadmiar *prany*, dzięki czemu powstrzymuje procesy rozkładu w ciele; zatrzymuje także procesy wzrostu dzięki panowaniu nad *apaną* (ruchem oddechu w dół, który rządzi procesami wydalniczymi organizmu). Wstrzymując w ten sposób rozkład i wzrost, jogin uczy się władać siłą życiową.

Drugi raz Kryszna powiada: „Ten *muni* (mistrz medytacji), staje się na zawsze wolny, który dążąc do Najwyższego Celu, dzięki utkwieniu wzroku między brwiami i neutralizacji równych prądów *prany* i *apany* [płynących] w nozdrzach i płucach, potrafi wycofać zmysły ze świata zjawisk; [który potrafi] panować nad umysłem, czerpiącym dane ze zmysłów, a także nad intelektem; i [który potrafi] przegnać pragnienie, lęk i gniew"**.

---

* *Bhagawadgita* IV, 29. Ten cytat i następny podane są wyjątkowo w przekładzie A. Łobockiej-Oleksowicz.

** *Tamże*, V, 27-28. (W przekładzie Anny Rucińskiej wersety te brzmią: „Kto świat zewnętrzny oddalił, wzrok utkwił pomiędzy brwiami, i wydech zrównawszy z wdechem, płynące we wnętrzu nosa, zmysły, myśl, rozum powstrzymał, wolności jeno szukając, bez żądzy, strachu,

Nauka krija-jogi

Kryszna mówi też*, że on sam w poprzedniej inkarnacji przekazał tę niezniszczalną jogę starożytnemu oświeconemu, Wiwaswatowi, który z kolei dał ją Manu, wielkiemu prawodawcy**. Manu zaś nauczył jej Ikszwaku, protoplastę słonecznej dynastii wojowników indyjskich. Tak kolejno przekazywana, owa królewska joga strzeżona była przez ryszich aż do nadejścia epoki materializmu***. Wtedy to, z powodu utrzymywania jej w tajemnicy przez kapłanów oraz ludzkiego zobojętnienia, ta święta wiedza stopniowo stała się niedostępna.

Dwukrotnie wspomina o *krija-jodze* starożytny mędrzec Patańdźali, czołowy przedstawiciel jogi. Napisał on: „*Krija-joga* polega na dyscyplinie ciała, opanowaniu umysłu i medytacji z koncentracją na *Aum*"****. Patańdźali mówi o Bogu jako o Kosmicznym Dźwięku *Aum*, rzeczywiście słyszanym w medytacji*****. *Aum* jest Stwórczym Słowem******, dźwiękiem Wibrującego Silnika, świadkiem Boskiej Obecności. Nawet początkujący uczeń może po niedługim czasie praktykowania wewnętrznie usłyszeć cudowny dźwięk *Aum*. Taka duchowa zachęta wypełnia szczęściem i daje pewność, że rzeczywiście jest się w kontakcie ze światami niebiańskimi.

Po raz drugi wspomina Patańdźali o kierowaniu energią życiową,

---

bez gniewu, ten muni zawsze jest wolny!" – *dop. tłum.*) Dalsze wyjaśnienia dotyczące nauki o oddechu znajdują się na ss. 515-518.

* *Tamże*, IV, 1-2

** Przedhistoryczny autor kodeksu *Manawa dharma śastra*, czyli „Praw Manu". Przepisy tego ogólnie przyjętego, zwyczajowego prawa obowiązują w Indiach do dzisiaj.

*** Początek epoki materializmu, według wyliczeń interpretatorów hinduskich pism świętych, przypada na rok 3102 p.n.e. Rok ten rozpoczynał ostatnią *dwaparajugę* łuku zstępującego w cyklu równonocnym, a tym samym *kalijugę* w cyklu kosmicznym (*zob.* ss. 174, 175, przypis). Większość antropologów wierzy, że 10 000 lat temu cała ludzkość żyła w barbarzyńskiej epoce kamiennej, i beztrosko zalicza do mitów tradycje starożytnych cywilizacji Lemurii, Atlantydy, Indii, Chin, Japonii, Egiptu, Meksyku i wielu innych krajów.

****Jogasutry, II, 1. Posługując się terminem *krija-joga*, Patańdźali miał na myśli technikę albo dokładnie taką samą, jakiej nauczał później Babadźi, albo bardzo do niej zbliżoną. To, że pisał o określonej technice kierowania energią życiową, potwierdza aforyzm *w Jogasutrach* II, 49 (przytoczony w następnym akapicie tekstu).

***** *Tamże*, I, 27.

****** „To mówi Amen, *świadek* wierny i prawdomówny, początek stworzenia Bożego" (Ap 3, 14). „Na początku było Słowo, a Słowo było u Boga, i Bogiem było Słowo. [...] Wszystko przez Nie się stało [Słowo, czyli *Aum*], a bez Niego nic się nie stało" (J 1, 1-3). *Aum* z ksiąg wedyjskich stało się świętym słowem *Hum* Tybetańczyków, muzułmańskim *Amin* oraz egipskim, greckim, rzymskim i chrześcijańskim *Amen*. W języku hebrajskim *Amen* oznacza: pewny, wierny.

czyli technice *kriji*, następująco: „Wyzwolenie można osiągnąć dzięki tej *pranajamie*, która polega na przerwaniu biegu wdechu i wydechu"*. *Krija-jogę* albo bardzo do niej podobną technikę, znał św. Paweł. Potrafił dzięki temu podłączyć zmysły pod prąd siły życiowej, lub je wyłączyć. Dlatego mógł powiedzieć: „Zapewniam was, że dzięki radości, jaką zaznajecie w Jezusie Chrystusie, Panu naszym, *codziennie umieram*"**. Metodą wewnętrznego skupienia całej siły życiowej, krążącej w ciele (siły, która zwykle skierowana jest tylko na zewnątrz, ku światu zmysłów, użyczając mu w ten sposób pozornej prawdziwości), św. Paweł codziennie zaznawał prawdziwego jogicznego zjednoczenia ze Świadomością Chrystusową i uczestniczył w Jej „radości" (szczęśliwości). W owym stanie szczęśliwości miał świadomość, że „umarł", czyli że wyzwolił się z ułudy zmysłów, ze świata *maji*.

W początkowych stanach komunii z Bogiem (*sabikalpa samadhi*) świadomość wielbiciela stapia się z Duchem Kosmicznym. Siła życiowa zostaje wycofana z ciała, które wydaje się „martwe", bo jest nieruchome i sztywne. Jogin jest w pełni świadomy, że funkcje życiowe ciała są zawieszone. Gdy osiąga coraz to wyższe stany duchowe (*nirbikalpa samadhi*), jego ciało już nie sztywnieje. Ponadto obcuje on z Bogiem w zwykłym stanie świadomości dziennej, na jawie, nawet gdy wypełnia żmudne światowe obowiązki***.

„*Krija-joga* jest narzędziem umożliwiającym przyspieszenie ewolucji ludzkości – tłumaczył Śri Jukteśwar uczniom. – Starożytni jogini odkryli, że tajemnica świadomości kosmicznej jest ściśle powiązana z opanowaniem oddechu. Jest to wyjątkowy i nieśmiertelny wkład Indii do skarbnicy ogólnoświatowej wiedzy. Siła życiowa, którą normalnie pochłania utrzymanie pracy serca, musi zostać uwolniona do spełniania wyższych działań. Można to osiągnąć metodą uciszenia i zatrzymania nieustannego przepływu oddechu."

Krija-jogin mentalnie kieruje obiegiem energii życiowej w górę

---

* *Jogasutry* II, 49
** I Kor 15, 31, przekład z *The Bible, Authorised Version*, Londyn 1963. Właściwy przekład powinien brzmieć: „zaznajemy", a nie, jak się zwykle podaje: „zaznajecie". Św. Paweł ma tu na myśli wszechobejmującą Świadomość Chrystusową.
*** Sanskryckie słowo *bikalpa* znaczy: „różnica", „nie-tożsamość". *Sabikalpa samadhi* to stan „z różnicą", *nirbikalpa samadhi* – „bez różnicy". Oznacza to, że w *sabikalpa samadhi* wielbiciel zachowuje jeszcze pewne poczucie oddzielności od Boga. W *nirbikalpa samadhi* uzyskuje pełną tożsamość z Duchem.

i w dół kręgosłupa, wokół sześciu ośrodków (międzybrwiowego, szyjnego, piersiowego, lędźwiowego, krzyżowego i guzicznego). Ośrodki te odpowiadają dwunastu znakom zodiaku, symbolicznemu Człowiekowi Kosmicznemu. Pół minuty obiegu energii wokół wrażliwego stosu pacierzowego człowieka sprawia, że na subtelnym poziomie ewolucji dokonuje on ogromnego postępu: te pół minuty *kriji* równa się jednemu rokowi naturalnego rozwoju duchowego.

W ciele astralnym człowieka sześć (w istocie dwanaście z powodu polaryzacji) wewnętrznych konstelacji obiega słońce wszechwiedzącego oka duchowego. Słońce duchowego oka powiązane jest z fizycznym słońcem, a sześć bądź dwanaście wewnętrznych konstelacji - z dwunastoma znakami zodiaku. Wszyscy ludzie pozostają więc pod wpływem wewnętrznego i zewnętrznego wszechświata. Starożytni ryszi odkryli, że ziemskie i niebieskie środowisko człowieka przyspiesza jego naturalny rozwój w dwunastoletnich cyklach. Pisma święte zapewniają, że człowiek potrzebuje miliona lat normalnej, nie zakłóconej chorobą ewolucji, aby jego mózg udoskonalił się na tyle, by mógł on osiągnąć świadomość kosmiczną.

Tysiąc ćwiczeń *kriji*, wykonywanych przez osiem i pół godziny, w ciągu jednego dnia zapewnia joginowi postęp równy tysiącowi lat naturalnej ewolucji; zatem jeden rok ćwiczeń posuwa go w rozwoju o 365 000 lat. W ciągu trzech lat *krija-jogin* może więc własnym inteligentnym wysiłkiem dokonać tego samego, co przyroda przez milion lat. Taką drogą na skróty mogą oczywiście iść tylko bardzo wysoko rozwinięci *krija-jogini*. Pod kierownictwem guru bardzo starannie przygotowują oni swe ciała i umysły na przyjęcie mocy wytworzonej intensywną praktyką.

Początkujący *krija-jogin* wykonuje zalecony cykl ćwiczeń tylko czternaście do dwudziestu czterech razy, dwa razy dziennie. Niektórzy jogini osiągają wyzwolenie po sześciu, dwunastu, dwudziestu czterech lub czterdziestu ośmiu latach. Jogin, który umiera przed osiągnięciem pełnego urzeczywistnienia, zabiera ze sobą dobrą karmę, jaką nagromadził dzięki ćwiczeniom *kriji*, i w następnym życiu, kierowany wewnętrznym impulsem, bardzo szybko zmierza ku Nieskończonemu Celowi.

Ciało przeciętnego człowieka przypomina 50-watową żarówkę, która przepaliłaby się, gdyby podłączono ją do prądu o mocy miliarda watów; porównywalnie, taką właśnie moc wytwarza intensywna praktyka *kriji*. Dzięki stopniowemu i regularnemu zwiększaniu liczby prostych i bezpiecznych ćwiczeń *kriji,* z każdym dniem ciało ludzkie przemienia się na poziomie astralnym, aż w końcu staje się zdolne do wyrażenia nieskończonych możliwości energii kosmicznej, która jest pierwszym przejawem działania Ducha w materii.

Krija-joga nie ma nic wspólnego z nienaukowymi ćwiczeniami oddechowymi, jakich nauczają nierozważni zapaleńcy. Próby zatrzymania oddechu w płucach siłą są nie tylko nienaturalne, lecz i zdecydowanie nieprzyjemne. Natomiast z ćwiczeniami *kriji* od samego początku wiąże się uczucie spokoju i kojące doznania, jakie towarzyszą regeneracji kręgosłupa.

Starożytna technika jogi zamienia oddech w substancję umysłu. Dzięki postępowi duchowemu człowiek poznaje, że oddech to pojęcie umysłu, akt umysłu – czyli w istocie senny majak.

Można podać wiele przykładów matematycznej zależności między szybkością oddechu człowieka a zmianami zachodzącymi w stanach świadomości. Osoba, której uwaga jest czymś całkowicie pochłonięta, jak przy śledzeniu skomplikowanej dyskusji intelektualnej, lub wykonywaniu jakiejś wymagającej precyzji czy trudnej pracy fizycznej, automatycznie oddycha bardzo powoli; skupienie uwagi wymaga powolnego oddychania. Szybki i nierówny oddech zawsze towarzyszy negatywnym stanom emocjonalnym: strachowi, żądzy, gniewowi. Niespokojna małpa oddycha trzydzieści dwa razy na minutę, człowiek - przeciętnie osiemnaście razy. Słoń, krokodyl, żółw, wąż i inne zwierzęta, znane z długowieczności, oddychają wolniej niż człowiek. Olbrzymi żółw, na przykład, który może osiągnąć wiek trzystu lat, oddycha tylko cztery razy na minutę.

Odświeżające działanie snu spowodowane jest czasową nieświadomością ciała i oddychania. Człowiek śpiący staje się joginem. Każdej nocy nieświadomie wykonuje jogiczny rytuał, przestaje utożsamiać się z ciałem, a wtedy jego siła życiowa łączy się z uzdrawiającymi prądami głównego ośrodka w mózgu, oraz sześciu ośrodków siły życiowej w kręgosłupie. W ten sposób człowiek we śnie nieświadomie czerpie ze zbiornika energii kosmicznej, która podtrzymuje wszelkie życie.

Jogin świadomie przechodzi przez ten prosty, naturalny proces, a nie, nieświadomie, jak człowiek, który – poddany mu tylko we śnie – rozwija się bardzo powoli. *Krija-jogin* posługuje się techniką *kriji*, by nasycać i odżywiać wszystkie komórki ciała fizycznego niezniszczalnym światłem i w ten sposób utrzymywać je w stanie duchowego namagnetyzowania. Tą naukową metodą doprowadza do tego, że oddech jest zbyteczny, i (podczas godzin praktyki) nie wchodzi w stany snu, nieświadomości czy śmierci.

U ludzi pozostających w ułudzie *maji*, czyli podlegających prawu natury, energia życiowa kieruje się ku światu zewnętrznemu. Prądy życiowe, niewłaściwie zużywane przez zmysły, marnują się. Praktyka *kriji* odwraca kierunek przepływu: siła życiowa zostaje mentalnie skierowana do wewnątrz i łączy się z subtelniejszymi energiami ośrodków kręgosłupa. Tak wzmocniona, wypełnia komórki mózgu i ciała jogina duchowym eliksirem.

Jeśli człowiek właściwie się odżywia, korzysta ze światła słonecznego, a myśli jego są harmonijne, sama przyroda, zgodnie z boskim planem, doprowadzi go do samourzeczywistnienia w ciągu miliona lat. Potrzeba dwunastu lat normalnego, zdrowego życia, aby nastąpiła choć maleńka, subtelna zmiana w budowie mózgu, a miliona lat, by tkanka mózgowa oczyściła się w stopniu umożliwiającym przejawienie świadomości kosmicznej. *Krija-jogin*, jednakże, dzięki stosowaniu duchowej nauki, skraca ten długi okres podlegania naturalnym prawom.

Rozwiązując sznur oddechu, który wiąże duszę z ciałem, *krija* przedłuża życie i nieskończenie rozszerza świadomość. Technika jogi kończy wojenne zmagania między umysłem a zmysłami, związanymi z materią, i wyzwala człowieka, tak że odzyskuje on swoje wieczyste królestwo. Poznaje wówczas, że w swej prawdziwej istocie nie jest więźniem powłoki fizycznej ani oddechu, który jest symbolem zniewolenia śmiertelnika przez powietrze, przez żywioły natury.

Jako pan swego ciała i umysłu, *krija-jogin* osiąga wreszcie zwycięstwo nad ostatnim wrogiem*, śmiercią.

„*Tak Śmierć pochłoniesz, która ludzi chłonie,
A gdy śmierć umrze, żyć będziesz po zgonie*"**.

Introspekcja lub „siedzenie w ciszy" jest nienaukową próbą rozdzielenia umysłu i zmysłów, które wiąże siła życiowa. Gdy starając się

---

* „Jako ostatni wróg zostanie pokonana śmierć" (1 Kor 15, 26). Ciało Paramahansy Joganandy zachowało się po śmierci w nienaruszonym stanie (*zob.* s. 525). Dowodzi to, że jako *krija-jogin* osiągnął on doskonałość. Nie jest jednak tak, że ciała wszystkich wielkich mistrzów nie ulegają po śmierci rozkładowi (*zob.* s. 319, przypis). Cuda takie, jak mówią nam hinduskie pisma święte, zdarzają się tylko w określonym celu. W przypadku Paramahansy Joganandy celem tym było niewątpliwie przekonanie ludzi Zachodu o wartości jogi. Babadźi i Śri Jukteśwar polecili Joganandzie, by służył Zachodowi. Paramahansadźi spełnił to zadanie zarówno w życiu, jak i po śmierci (przyp. wydawcy amerykańskiego).

** W. Szekspir, *Sonet 146*. Przeł. M. Słomczyński (w: *Sonety*, Kraków 2002)

Autobiografia jogina

powrócić do boskości, człowiek zatapia się kontemplacji, prądy życia nieustannie odciągają umysł ku zmysłom. *Krija*, która przy pomocy siły życiowej kieruje umysłem *bezpośrednio*, jest najłatwiejszą, najskuteczniejszą i najbardziej naukową drogą ku Nieskończonemu. W przeciwieństwie do powolnej, niepewnej ścieżki rozważań teologicznych, przeznaczonej raczej dla wozów zaprzężonych w woły, *krija-jogę* można by słusznie nazwać lotem.

Nauka jogi opiera się na doświadczalnym poznaniu wszystkich rodzajów technik koncentracyjnych i medytacyjnych. Dzięki jodze praktykujący może dowolnie podłączać lub wyłączać dopływ prądu życia do pięciu „telefonów" zmysłów: wzroku, słuchu, węchu, smaku i dotyku. Zdobywszy umiejętność wyłączania zmysłów, jogin, ilekroć zechce, bez trudu jednoczy umysł ze światami boskimi lub światem materii. Siła życiowa nie może już wbrew jego woli ściągać go w ziemską sferę zgiełku i niespokojnych myśli.

Na życie zaawansowanego w rozwoju *krija-jogina* nie wpływają już skutki jego dawnych czynów; kieruje nim wyłącznie dusza. Wielbiciel unika w ten sposób powolnych, ewolucyjnych „nauczycieli", którymi są jego, dobre czy złe, egoistyczne postępki w zwykłym życiu. Uczą one w ślimaczym tempie i krępują orle serca.

Wyższa metoda życia duchowego wyzwala jogina, który, uwolniony z więzienia ego, poznaje niezmierzoną przestrzeń wszechobecności. Niewola naturalnego życia, przeciwnie, pozwala tylko na rozwój upokarzająco powolny. Prowadząc życie zgodne ze zwykłym porządkiem ewolucyjnym, człowiek nie może wymagać od przyrody pośpiechu; nawet gdyby potrafił żyć, nie wykraczając przeciwko prawom swej fizycznej i umysłowej natury, nadal potrzebować będzie około miliona lat inkarnacyjnych maskarad, zanim osiągnie ostateczne wyzwolenie.

Metody *krija-jogi*, przyspieszające ewolucję, uwalniające od fałszywej identyfikacji z ciałem fizycznym i umysłem na rzecz tożsamości z duszą, godne są więc polecenia tym, którzy buntują się przeciwko perspektywie miliona lat. Ten okres wydłuża się jeszcze u zwykłego człowieka, który nie żyje w harmonii z naturą, a co dopiero z duszą, lecz wikła się w postępowanie sprzeczne z naturą, grzesząc myślą i ciałem przeciw jej zdrowym prawom. Taki nie osiągnie wyzwolenia i w dwa miliony lat.

Człowiek przyziemny rzadko albo wcale nie zdaje sobie sprawy, że jego ciało jest królestwem; w czaszce zasiada na tronie Król-Dusza, który rządzi przy pomocy sześciu zarządców, w sześciu ośrodkach czy sferach świadomości. Teokracja ta włada tłumem posłusznych poddanych: dwudziestoma siedmioma biliardami komórek (wyposażonych w niewątpliwą, jeśli nawet wyraźnie automatyczną inteligencję, dzięki której spełniają one w ciele wszelkie funkcje wzrostu, przemian i rozpadu) oraz pięćdziesięcioma milionami myśli, emocji i zmiennych stanów świadomości, jakie się pojawiają w przeciętnym okresie sześćdziesięciu lat życia.

Każdy pozorny bunt komórek ciała czy mózgu przeciwko Królowi-Duszy, przejawiający się jako choroba albo zaburzenia psychiczne, wynika nie z braku lojalności pokornych poddanych, lecz z samowoli ego, obecnej lub przeszłej, z nadużycia wolnej woli, danej człowiekowi nieodwołalnie wraz z duszą.

Utożsamiając się z płytkim ego, człowiek przyjmuje za pewnik, że to on sam myśli, pragnie, czuje, trawi posiłki i utrzymuje się przy życiu, choć przy odrobinie refleksji (a wystarczyłaby tylko odrobina!) musiałby przyznać, że w swym zwykłym życiu jest niczym więcej jak tylko marionetką, zależną od swych przeszłych czynów (karmy) oraz przyrody, czyli środowiska. U każdego człowieka reakcje intelektualne, uczucia, nastroje i nawyki są wyznaczone przez skutki dawnych przyczyn, uruchomionych czy to w tym, czy w poprzednim życiu. Jednakże jego królewska dusza wznosi się wysoko ponad te wpływy. Odrzucając z pogardą przemijalne prawdy i pozorne swobody, *krija-jogin* wykracza ponad wszelkie rozczarowania i złudzenia, i dociera do swego wolnego Jestestwa. Pisma święte głoszą, że człowiek to nie ciało ulegające rozkładowi, lecz nieśmiertelna dusza. *Krija-joga* jest precyzyjną metodą, która pozwala udowodnić tę prawdę.

„Zewnętrzny rytuał nie może zniszczyć niewiedzy, gdyż nie jest z nią sprzeczny – pisze Śankara w swym słynnym dziele *Century of Verses* (Sto wierszy). – Tylko prawdziwe poznanie niszczy niewiedzę. [...] Wiedza nie może się pojawić w żaden inny sposób, jak tylko przez dociekanie. «Kim jestem? Jak powstał ten świat? Kto jest jego Stwórcą? Jaka jest jego materialna przyczyna?» Chodzi tu o badanie tego rodzaju". Intelekt nie zna odpowiedzi na te pytania. Dlatego ryszi rozwinęli jogę jako metodę duchowego dociekania.

Prawdziwy jogin, który nie utożsamia fałszywie swych myśli, woli i uczuć z pragnieniami ciała, lecz jednoczy umysł z nadświadomymi siłami świątyń kręgosłupa, żyje w tym świecie zgodnie z planem Boga. Nie powodują nim bodźce z przeszłości ani bezrozumne impulsy

Autobiografia jogina

w obecnym życiu. Uzyskuje spełnienie Najwyższego Pragnienia, przybywszy bezpiecznie do ostatecznej przystani niewyczerpanej szczęśliwości Ducha.

Wspominając o pewnej i skutecznej metodzie jogi, Kryszna wygłasza następującą pochwałę jogina: „Jogin przewyższa umartwiających ciało ascetów, przewyższa tych, co kroczą ścieżką mądrości (*dźńana-jogi*) lub ścieżką działania (*karma-jogi*). Joginem bądź więc, o Ardźuno!"*

Krija-joga jest prawdziwym „rytuałem ognia", często wychwalanym w *Bhagawadgicie*. Jogin spala swe ludzkie tęsknoty w ogniu poświęconym jedynemu, niezrównanemu Bogu. Na tym doprawdy polega prawdziwa jogiczna ceremonia ognia; w niej wszystkie przeszłe i obecne pragnienia są paliwem dla boskiej miłości. Ten Płomień Ostateczny pochłania ofiarę z wszelkiego ludzkiego szaleństwa i człowiek zostaje oczyszczony z wszystkich nieczystości. Mówiąc metaforycznie, z kośćmi odartymi z ciała pragnień, z karmicznym szkieletem wybielonym w odkażających promieniach słońca mądrości, niewinny wobec bliźniego i Stwórcy, jest on wreszcie czysty.

---

* *Bhagawadgita* VI, 46. Przeł. A. Łobocka-Oleksowicz.
 Współczesna nauka zaczyna odkrywać, jak doprawdy niezwykły wpływ na umysł i ciało ma nieoddychanie. Powstrzymanie oddechu leczy i odmładza. Dr. Alvin L. Barach z College of Physicians and Surgeons (College'u Lekarzy i Chirurgów) w Nowym Jorku zapoczątkował terapię „miejscowego odpoczynku płuc". Pomaga ona chorym na gruźlicę. W terapii tej stosuje się komorę wyrównującą ciśnienie, w której pacjent może przez jakiś czas nie oddychać. „New York Times" z 01.02.1946 r. cytuje słowa dr Baracha: „Godny uwagi wpływ, jaki zaprzestanie oddychania wywiera na ośrodkowy układ nerwowy. Wybitnie zmniejszają się impulsy pobudzające mięśnie kończyn do ruchów dowolnych. Pacjent może godzinami leżeć w komorze, nie poruszając rękoma ani nie zmieniając swojej pozycji. Gdy ustaje oddychanie, zanika pragnienie palenia, nawet u pacjentów wypalających dwie paczki papierosów dziennie. W wielu przypadkach relaks jest tak głęboki, że pacjent nie pragnie nawet rozrywki". W 1951 r. dr Barach publicznie potwierdził wartość tej metody leczenia. Stwierdził, że „pozwala ona wypocząć nie tylko płucom, ale także całemu ciału i, jak się wydaje, umysłowi. Serce, na przykład, pracuje o jedną trzecią wolniej. Nasi pacjenci przestają się martwić. Nie czują nudy".
 Na podstawie tych danych zaczynamy rozumieć, dlaczego jogini mogą przez długi czas siedzieć bez ruchu i ani ciało, ani umysł nie popycha ich do niespokojnego działania. Tylko dzięki takiemu spokojowi dusza może znaleźć drogę powrotną do Boga. Aby uzyskać pewne korzyści z nieoddychania, zwykli ludzie muszą przebywać w komorze wyrównującej ciśnienie. Jogin zaś nie potrzebuje niczego oprócz techniki *krija-jogi,* która przynosi dobrodziejstwa umysłowi i ciału, oraz wzbudza świadomość duszy.

CZŁOWIEK ZACHODU W SAMADHI,
Radźaryszi Dźanakananda (James J. Lynn)

W styczniu 1937 r., po pięciu latach codziennej praktyki *krija-jogi*, na prywatnej plaży w Encinitas w Kalifornii J.J. Lynn otrzymał w *samadhi* (w stanie nadświadomości) Uszczęśliwiającą Wizję: doświadczył w sobie chwały Nieskończonego Pana.

„Harmonijne życie pana Lynna może być natchnieniem dla wszystkich" – powiedział Jogananda. Sumiennie wypełniając obowiązki świeckiego życia, pan Lynn znajdował czas na codzienną, głęboką medytację o Bogu. Osiągnął sukces w interesach, a zarazem został oświeconym *krija-joginem*. (Zob. ss. 380, 498-500)

Paramahansadźi często nazywał go „świętym Lynnem", a w 1951 r. nadał mu imię zakonne Radźaryszi Dźanakananda (na cześć wybitnie uduchowionego, starożytnego króla Indii Dźanaki). Tytuł *radźaryszi*, dosłownie „królewski ryszi" jest złożeniem słów *radźa* (król) i *rsi* (czyli *ryszi*, „wielki święty").

Rozdział 27

Założenie szkoły jogi w Ranći

– Dlaczego nie lubisz pracy w organizacjach?
Pytanie Mistrza trochę mnie zaskoczyło. Rzeczywiście w owym czasie uważałem organizacje za „gniazda szerszeni".
– To niewdzięczna praca, panie – odparłem. – Przewodniczący organizacji jest zawsze krytykowany, bez względu na to, co robi.
– Czy pragniesz całej boskiej *ćanny* (twarogu, „śmietanki") tylko dla siebie? – Odpowiedzi guru towarzyszyło surowe spojrzenie. – Czyż ty albo ktokolwiek, mógłby osiągnąć zjednoczenie z Bogiem, gdyby nie było łańcucha mistrzów o szczodrych sercach, gotowych przekazywać swą wiedzę innym? – Po chwili Mistrz dodał: – Bóg jest miodem, a organizacje ulami; i jedno, i drugie jest niezbędne. Naturalnie każda forma jest bezużyteczna, jeśli nie ma w niej ducha, lecz dlaczego nie miałbyś założyć uli pełnych duchowego nektaru?
Pomysł Mistrza głęboko mnie poruszył. Chociaż nie odpowiedziałem głośno, w moim sercu zrodziło się niezłomne postanowienie: na ile to leży w mej mocy, będę się dzielił z bliźnimi prawdami, które poznałem u stóp guru. To one oswobadzają z kajdan. „Panie – modliłem się – niech Twa miłość płonie wiecznie w sanktuarium mojego oddania i niech zdołam obudzić Twą miłość we wszystkich sercach!"
Już wcześniej, zanim wstąpiłem do zakonu, Śri Jukteśwar uczynił bardzo zaskakującą uwagę:
– Jakże brak ci będzie towarzystwa żony, gdy się zestarzejesz! – powiedział. – Czy nie uważasz, że mężczyzna, który zakłada rodzinę i utrzymuje żonę i dzieci, w oczach Boga spełnia rolę godną nagrody?
– Panie – zaprotestowałem wzburzony – wiesz przecież, że w tym

życiu pragnę wyłącznie Kosmicznej Umiłowanej.

Mistrz roześmiał się tak wesoło, że zrozumiałem, iż jego słowa miały na celu tylko wypróbowanie mej wiary.

– Pamiętaj – powiedział powoli – że ten, kto odrzuca ziemskie obowiązki, może znaleźć dla siebie usprawiedliwienie tylko wtedy, gdy podejmie się jakichś innych zadań wobec znacznie większej rodziny.

Memu sercu zawsze był bliski ideał wszechstronnego kształcenia młodzieży. Widziałem jasno żałosne wyniki zwykłego nauczania, mającego na celu jedynie rozwój ciała i intelektu. W programie szkolnym brakuje dotąd wartości moralnych i duchowych. Człowiek, który ich nie docenia, nie będzie szczęśliwy. Postanowiłem założyć szkołę, w której młodzi chłopcy będą mogli rozwinąć w sobie pełnię człowieczeństwa. Zacząłem od nauczania siedmiu chłopców w Dihika, niewielkiej wiosce w Bengalu.

W rok później, w 1918 roku, dzięki hojności Manindry Ćandry Nandiego, maharadży Kaśimbazaru, udało mi się przenieść moją szybko rosnącą grupkę uczniów do Ranći. Miasto to, znajdujące się w Biharze, około dwieście mil od Kalkuty, leży w jednym z najzdrowszych klimatycznie obszarów Indii. Pałac Kaśimbazarski w Ranći stał się w siedzibą nowej szkoły, którą nazwałem „Yogoda Satsanga Brahmaćarja Widjalaja"*.

Opracowałem programy dla klas szkoły podstawowej i średniej. Programy te obejmują przedmioty z dziedziny rolnictwa, przemysłu, handlu oraz ogólnokształcące. Naśladując metody wychowawcze ryszich (których leśne aśramy były dla młodzieży indyjskiej ośrodkami nauczania, zarówno świeckiego, jak i duchowego), zorganizowałem większość zajęć na wolnym powietrzu.

Uczniowie w Ranći nauczani są także koncentracji i medytacji jogicznej oraz jedynego w swoim rodzaju systemu ćwiczeń fizycznych *yogoda*, którego zasady odkryłem w 1916 roku.

Wiedząc, że ciało ludzkie można porównać do baterii elektrycznej, wymyśliłem, że można je bezpośrednio ładować energią, posługując

---

* *Widjalaja* – szkoła. Nazwa *Brahmaćarja* odnosi się do jednej z czterech etapów życia człowieka, zgodnie z jego wedyjskiem planem. Etapy te obejmują: 1) ucznia w celibacie (*brahmaćari*), 2) głowę rodziny z obowiązkami świeckimi (*grihastha*), 3) pustelnika (*wanaprastha*), 4) mieszkańca lasu lub wędrowca wolnego od wszelkich ziemskich zainteresowań (*sannjasi*). Ten idealny schemat życia, choć już nie przestrzegany szeroko we współczesnych Indiach, nadal ma wielu oddanych zwolenników. Nad wszystkimi czterema etapami czuwa guru; jego opieka trwa całe życie.

Dalsze informacje o szkole Yogoda Satsanga zawiera rozdział 40.

Autobiografia jogina

się siłą woli. Jako że wola to motor wszelkiego działania, można ją wykorzystywać do odnowy sił. Nie trzeba wtedy stosować uciążliwych, mechanicznych ćwiczeń. Dzięki prostym technikom *yogoda* można świadomie i momentalnie uzupełnić siłę życiową [która wnika przez rdzeń przedłużony (*medulla oblongata*)], czerpiąc z nieograniczonych zasobów energii kosmicznej.

Ćwiczenia te świetnie służyły chłopcom z Ranći. Rozwijali nadzwyczajną zdolność przenoszenia energii życiowej z jednej części ciała do drugiej. Potrafili też utrzymać doskonałą równowagę, siedząc w trudnych *asanach* (pozycjach) jogi*. Wykazywali się większą siłą i wytrzymałością niż wielu krzepkich, dorosłych ludzi.

Do szkoły w Ranći wstąpił mój najmłodszy brat, Bisznu Ćaran Ghosz. Później stał się on znanym kulturystą. W latach 1938-39 brat i jeden z jego uczniów podróżowali po krajach Zachodu, dając pokazy siły i panowania nad mięśniami. Profesorowie Columbia University w Nowym Jorku i wielu innych uniwersytetów w Ameryce i w Europie byli zdumieni tą demonstracją władzy umysłu nad ciałem**.

Pod koniec pierwszego roku nauki do szkoły w Ranći wpłynęło dwa tysiące podań o przyjęcie. Jednak w owym czasie była to wyłącznie szkoła z internatem, który mógł pomieścić tylko około stu uczniów. Wkrótce zorganizowano więc także nauczanie dla uczniów dochodzących.

W *Widjalaji* musiałem być ojcem i matką dla małych dzieci, a także radzić sobie z wieloma trudnościami organizacyjnymi. Często wspominałem słowa Chrystusa: „Zaprawdę, powiadam wam: Nikt nie opuszcza domu, braci, sióstr, matki, ojca, dzieci i pól, z powodu Mnie i z powodu Ewangelii, żeby nie otrzymał stokroć więcej teraz, w tym czasie, domów, braci, sióstr, matek, dzieci i pól, wśród prześladowań, a życia wiecznego w czasie przyszłym"***. Śri Jukteśwar zinterpretował te słowa następująco: „Wielbiciel, który wyrzeka się życia małżeńskiego i rodzinnego i przyjmuje na siebie większe obowiązki, jakie niesie służba ogółowi społeczeństwa (służba na rzecz „stokroć większej teraz, w tym czasie" liczby „domów, braci"), podejmuje się zadania, któremu

---

* W związku z rosnącym zainteresowaniem *asanami* na Zachodzie ukazało się na ten temat wiele ilustrowanych książek.

** Bisznu Ćaran Ghosz zmarł 9 lipca 1970 r. w Kalkucie (przyp. wydawcy amerykańskiego).

*** Mk 10, 29-30

często towarzyszą prześladowania ze strony nie rozumiejącego go świata. Zarazem jednak, taka większa odpowiedzialność pomaga mu pokonać egoizm i przynosi boską nagrodę.

Pewnego dnia przyjechał do Ranći mój ojciec, by udzielić mi błogosławieństwa. Długo z tym zwlekał, ponieważ uraziłem go, nie przyjmując jego propozycji objęcia stanowiska w Kolei Bengalsko-Nagpurskiej.

– Synu – powiedział – pogodziłem się już z twoim wyborem drogi życia. To dla mnie radość widzieć cię pośród tych szczęśliwych, pełnych zapału młodych ludzi. Twoje miejsce jest z pewnością tutaj, a nie wśród bezdusznych cyfr kolejowych rozkładów jazdy. – Skinął w kierunku tuzina małych dzieci, które bawiąc się w berka, dotykały moich stóp. – Miałem tylko ośmioro dzieci – zauważył z błyskiem w oku – ale potrafię sobie wyobrazić, co czujesz!

Mieliśmy do swej dyspozycji wielki sad owocowy i dwadzieścia pięć akrów żyznej ziemi, toteż codziennie uczniowie, nauczyciele i ja sam spędzaliśmy wiele szczęśliwych godzin, pracując na powietrzu. Było tam też mnóstwo zwierząt: koty, psy, kozy, krowy i młodziutka sarenka, którą dzieci uwielbiały. Ja także tak bardzo ją kochałem, że pozwalałem jej spać u siebie w pokoju. O brzasku to małe stworzonko podchodziło do mojego łóżka, domagając się pieszczot.

Pewnego dnia nakarmiłem sarenkę wcześniej niż zwykle, ponieważ musiałem załatwić jakąś sprawę w Ranći. Uprzedziłem chłopców, by nie karmili jej do mojego powrotu, jeden z nich jednak nie posłuchał i dał maleństwu dużo mleka. Gdy wróciłem wieczorem, powitano mnie smutną wiadomością:

– Sarenka chyba umiera z przekarmienia.

Ze łzami w oczach wziąłem zwierzątko na kolana. Ledwo dychało. Pełen żalu modliłem się do Boga, by ją oszczędził. Po kilku godzinach sarenka otworzyła oczy, podniosła się i uczyniła kilka chwiejnych kroków. Wszyscy w szkole krzyczeli z radości.

Lecz tej nocy otrzymałem bardzo poważną lekcję, której nigdy nie zapomnę. Czuwałem przy sarence do drugiej w nocy, aż zasnąłem. We śnie przyszła ona do mnie i powiedziała:

– Zatrzymujesz mnie. Proszę cię, puść mnie, pozwól mi odejść!

– Dobrze – odpowiedziałem we śnie.

Natychmiast się obudziłem i krzyknąłem:

– Chłopcy, sarenka umiera!

Dzieci zbiegły się do mnie szybko, a ja pobiegłem do kąta pokoju, gdzie ją umieściłem. Ostatnim wysiłkiem stworzonko podniosło się, potykając się zbliżyło się do mnie i padło martwe u moich stóp.

Zgodnie z karmą zbiorową, która kieruje losami zwierząt, życie sarenki dobiegło końca. Gotowa była teraz do przejścia w wyższą postać życia. Tymczasem ja swym głębokim przywiązaniem, które, jak potem zrozumiałem, było egoistyczne, i żarliwą modlitwą zatrzymywałem ją w zwierzęcym ciele, które ją ograniczało i z którego jej dusza usilnie pragnęła się uwolnić. Dusza sarenki prosiła mnie we śnie, ponieważ bez mojego zezwolenia, udzielonego z miłością, albo nie chciała, albo nie mogła odejść. Gdy tylko się zgodziłem, odeszła.

Cały smutek opuścił mnie. Zrozumiałem raz jeszcze, że Bóg pragnie, aby Jego dzieci kochały wszystko jako cząstkę Jego samego i nie ulegały złudzeniu, że śmierć wszystko kończy. Człowiek pozostający w niewiedzy dostrzega tylko nieprzekraczalną ścianę śmierci, która skrywa przed nim, pozornie na zawsze, najdroższych mu przyjaciół. Natomiast człowiek wolny od przywiązań, który kocha innych jako przejawienia Pana, rozumie, że po śmierci jego bliscy wracają tylko w przestrzeń radości w Bogu.

Szkoła w Rańci, początkowo mała i skromna, rozrosła się w instytucję dobrze obecnie znaną w Biharze i Bengalu. Wiele jej wydziałów korzysta z dotacji osób, które z radością popierają kontynuację ideałów wychowawczych ryszich. Założone zostały filie szkoły w Midnapore i Lakhanpurze, które świetnie się rozwijają.

Przy głównej siedzibie szkoły w Rańci istnieje Oddział Medyczny. Udziela się w nim bezpłatnych porad oraz rozdaje leki ubogiej miejscowej ludności. Przeciętna liczba pacjentów wynosi ponad osiemnaście tysięcy rocznie. Uczniowie *Widjalaji* słyną z sukcesów w zawodach sportowych, a także na polu nauki; wielu wychowanków odznaczyło się w późniejszej pracy uniwersyteckiej.

W ciągu ostatnich trzydziestu lat szkoła miała zaszczyt gościć wielu wybitnych ludzi ze Wschodu i Zachodu. W 1918 roku na kilka dni przyjechał do Rańci swami Pranabananda, benareski „święty o dwóch ciałach". Wielki ten mistrz był głęboko wzruszony na widok lekcji odbywających się w malowniczej scenerii pod drzewami, a wieczorem, widząc młodych chłopców, godzinami siedzących bez ruchu w medytacji.

– Radość wypełnia mi serce – powiedział – gdy widzę, jak w tej szkole urzeczywistniają się ideały Lahiriego Mahaśaji, który marzył o właściwym wychowaniu młodzieży. Niech spłynie na nią błogosławieństwo mojego guru.

Jeden z siedzących obok mnie chłopców odważył się zadać wielkiemu joginowi pytanie:

– Panie, czy mam zostać mnichem? Czy mam poświęcić życie tylko Bogu?

Swami uśmiechnął się łagodnie, ale zarazem oczy jego przenikliwie wpatrywały się w przyszłość.

– Dziecko – odparł – gdy dorośniesz, czekać będzie na ciebie piękna narzeczona. (Chłopiec ten, choć przez wiele lat żywił plany wstąpienia do Zakonu Swamich, rzeczywiście później się ożenił.)

Jakiś czas po wizycie swamiego Pranabanandy w Ranći odwiedziłem go wraz z ojcem w pewnym domu w Kalkucie, gdzie jogin tymczasowo przebywał. Przypomniałem sobie nagle jego przepowiednię sprzed wielu lat: „Spotkam się z tobą i twym ojcem później".

Gdy ojciec wszedł do pokoju swamiego, wielki jogin podniósł się ze swej maty i uścisnął go z szacunkiem pełnym miłości.

– Bhagabati – powiedział – jakże pracujesz nad sobą? Czy nie widzisz, jak twój syn pędzi co tchu ku Nieskończonemu? – Zaczerwieniłem się słysząc tę pochwałę w obecności ojca. Swami mówił dalej: – Pamiętasz, jak często nasz błogosławiony guru powtarzał: *„Banat, banat, ban dźej"**. Ćwicz więc *krija-jogę* nieustannie i dotrzyj szybko do boskich bram.

Pranabananda, który podczas mojej pierwszej zdumiewającej wizyty u niego w Benaresie wyglądał tak zdrowo i krzepko, teraz wyraźnie się postarzał, chociaż nadal trzymał się zadziwiająco prosto.

– Swamidźi – spytałem patrząc mu w oczy – proszę cię, powiedz mi: czy nie odczuwasz ciężaru starzenia się? Czy gdy ciało słabnie, nie przyćmiewa się twoje postrzeganie Boga?

Uśmiechnął się anielsko.

– Obecnie Umiłowany jest bliżej ze mną niż kiedykolwiek. – Siła jego przekonania zawładnęła moim umysłem i duszą. Mówił dalej: – Nadal mam dwie emerytury – jedną od Bhagabatiego, a drugą z góry.

---

* Było to jedno z ulubionych powiedzonek Lahiriego Mahaśaji, którego używał, by zachęcić uczniów do wytrwałości w medytacji. Dosłownie znaczy ono: „Robisz, robisz – i oto nagle zrobione!". W wolnym przekładzie można by oddać sens następująco: „Dąż, dąż usilnie, a pewnego dnia ujrzysz Boski Cel!".

MATH (KLASZTOR) I AŚRAM YOGODA SATSANGA – FILIA W RANĆI

Klasztor i aśram w Ranći, należący do Yogoda Satsanga Society of India, założony został przez Paramahansę Joganandę w 1918 r., gdy przeniósł on tu szkołę dla chłopców. Obecnie służy członkom YSS i zajmuje się rozpowszechnianiem w Indiach nauki *krija-jogi* według Paramahansy. Oprócz praktyk duchowych prowadzi działalność edukacyjną i charytatywną: szkoły i bezpłatną przychodnię zdrowia.

– Święty wskazał palcem w niebo i popadł w ekstazę, twarz jego rozświetliła się boskim blaskiem. Była to wystarczająca odpowiedź na moje pytanie.

Zauważyłem, że w pokoju Pranabanandy znajduje się wiele roślin i pakiecików z nasionami, zapytałem więc o ich przeznaczenie.

– Wyjechałem z Benaresu na stałe – odparł – i jestem teraz w drodze do Himalajów. Otworzę tam aśram dla swoich uczniów. Z tych nasion wyrośnie szpinak i inne warzywa. Moi ukochani uczniowie wieść będą proste życie, spędzając czas zjednoczeniu z Bogiem, w pełni szczęśliwości. Niczego więcej nam nie potrzeba.

Ojciec spytał swego brata-ucznia, kiedy powróci do Kalkuty.

– Już nigdy – odrzekł święty. – Lahiri Mahaśaja powiedział mi, że w tym właśnie roku na zawsze opuszczę mój ukochany Benares i udam się w Himalaje. Tam porzucę śmiertelne ciało.

Na te słowa oczy wypełniły mi się łzami, swami jednak spokojnie się uśmiechnął. Przypominał mi małe niebiańskie dzieciątko, bezpiecznie siedzące na kolanach Boskiej Matki. Ciężar lat nie wpływa ujemnie na najwyższe moce duchowe wielkiego jogina. Nadal posiada je w pełni. Potrafi, jeśli zechce, odnowić swoje ciało, czasami jednak nie dba o powstrzymanie procesu starzenia. Niektórzy święci pozwalają, aby ich karma wyczerpała się w sferze fizycznej. Używają swego starego ciała, by zaoszczędzić czasu, czyli wykluczyć konieczność wyładowania się pozostałości karmy w kolejnej inkarnacji.

Kilka miesięcy później spotkałem dawnego przyjaciela, Sanandana, jednego z bliskich uczniów Pranabanandy.

– Mój cudowny guru odszedł – powiedział z płaczem. – Założył pustelnię w pobliżu Ryszikesiu i nauczał nas z miłością. Gdy już się tam na dobre zadomowiliśmy i w jego obecności czyniliśmy szybkie duchowe postępy, zaproponował pewnego dnia, abyśmy przygotowali posiłek dla ogromnego tłumu ludzi z Ryszikesiu. Zapytałem, dlaczego życzy sobie, by przyszło tak wielu gości.

– To moje ostatnie świąteczne przyjęcie – powiedział. – Nie zrozumiałem w pełni znaczenia jego słów.

Pranabanandadźi pomagał przy przygotowaniu olbrzymiej ilości jedzenia. Nakarmiliśmy około dwóch tysięcy gości. Po przyjęciu usiadł na wysokim podium i w wielkim natchnieniu mówił o Nieskończonym. Gdy skończył, na oczach tysięcy ludzi zwrócił się do mnie, bo siedziałem obok niego, i powiedział z niezwykłą mocą:

– Sanandanie, przygotuj się. Zamierzam porzucić ciało.

Oszołomiony, po chwili milczenia krzyknąłem głośno:

– Mistrzu, nie rób tego! Proszę cię, proszę cię, nie rób tego! – Goście siedzieli w milczeniu, zastanawiając się nad znaczeniem moich słów. Guru uśmiechnął się do mnie, ale jego poważne spojrzenie skierowane już było ku Wieczności.

– Nie bądź egoistą – powiedział – ani mnie nie opłakuj. Długo z ochotą wam służyłem. Teraz radujcie się i życzcie mi szczęśliwej drogi, gdyż idę na spotkanie z Kosmicznym Umiłowanym. – Szeptem Pranabanandadźi dodał: – Wkrótce narodzę się ponownie. Po krótkim okresie radowania się Nieskończoną Błogością powrócę na ziemię i przyłączę się do Babadźiego*. Wkrótce się dowiesz, kiedy i gdzie dusza moja przyjmie nowe ciało. – Zawołał ponownie: – Sanandanie, oto porzucam ciało z pomocą drugiej *krija-jogi***. Spojrzał na morze twarzy

---

* Mistrz Lahiriego Mahaśaji, który nadal żyje. (*Zob*. rozdz. 33.)
** W istocie technika, jaką posłużył się Pranabananda, znana jest bardziej zaawansowanym *krija-joginom* z Self-Realization Fellowship pod nazwą *Trzeciej Kriji*. Dla swamiego

przed nami i udzielił wszystkim błogosławieństwa. Skupił wzrok wewnątrz, w duchowym oku, i znieruchomiał. Oszołomiony tłum myślał, że medytuje w ekstazie, ale on już opuścił cielesne mieszkanie. Dusza jego zanurzyła się w kosmicznych przestworzach. Uczniowie dotykali później jego ciała, nadal znajdującego się w pozycji lotosu, ale nie było już ciepłe. Pozostała tylko zesztywniała powłoka. Jej mieszkaniec uleciał ku brzegom nieśmiertelności.

Gdy Sanandan zakończył swą opowieść, pomyślałem, że śmierć błogosławionego „świętego o dwóch ciałach" była równie pełna dramatyzmu, jak jego życie.

Spytałem, gdzie Pranabananda ma się ponownie narodzić.

– Tej świętej tajemnicy nie mogę zdradzić nikomu – odparł Sanandan. – Może dowiesz się tego w jakiś inny sposób.

Po latach dowiedziałem się od swamiego Keśabanandy*, że Pranabananda kilka lat po swoich narodzinach w nowym ciele udał się do Badrinarajanu w Himalajach i tam dołączył do grupy mistrzów skupionych wokół wielkiego Babadżiego.

Pranabanandy była to druga z kolei *krija*, którą otrzymał od Jogawatara Lahiriego Mahaśaji. Po opanowaniu tej *kriji* praktykujący potrafi, kiedykolwiek zechce, świadomie opuszczać ciało i do niego wracać. Jogini zaawansowani w rozwoju duchowym, stosują technikę *Trzeciej Kriji*, gdy po raz ostatni opuszczają ciało w chwili śmierci. Moment śmierci zawsze znają z góry.

Wielcy jogini „wchodzą i wychodzą" przez duchowe oko, praniczną gwiazdę – „bramę", prowadzącą do zbawienia. Chrystus powiedział: „Ja jestem bramą. Jeżeli ktoś wejdzie przeze Mnie, będzie zbawiony – wejdzie i wyjdzie, i znajdzie paszę. Złodziej [*maja*, czyli ułuda] przychodzi tylko po to, aby kraść, zabijać i niszczyć. Ja [Świadomość Chrystusowa] przyszedłem po to, aby [owce] miały życie i miały je w obfitości" (J 10, 9-10).

* Moje spotkanie z Keśabanandą opisuję na ss. 428-429.

Rozdział 28

Kaśi, narodzony ponownie i odnaleziony

— Proszę, nie wchodźcie do wody. Wykąpmy się, polewając się wodą z wiader – zwróciłem się do swoich młodych uczniów z Ranći.

Urządziliśmy sobie ośmiomilową wycieczkę na pobliskie wzgórze. Staw przed nami kusił do kąpieli, ale poczułem do niego jakąś niechęć. Grupka dzieci obok mnie poszła za moim przykładem, nabierając wody do wiader, ale kilku chłopców uległo pokusie chłodnej kąpieli. Ledwo zdążyli się zanurzyć, gdy wokół nich zaroiło się od wielkich węży wodnych. Krzycząc i rozbryzgując wodę na wszystkie strony, wyskoczyli ze stawu z komicznym pośpiechem.

Gdy dotarliśmy do celu wycieczki, urządziliśmy sobie przyjemny piknik. Siedziałem pod drzewem, otoczony przez uczniów. Widząc, że jestem w natchnionym nastroju, zasypywali mnie pytaniami.

— Proszę cię, powiedz mi, panie – dopytywał się jeden z nich – czy zawsze pozostanę przy tobie na ścieżce wyrzeczenia?

— Ach, nie – odparłem – siłą zabiorą cię do domu, a później się ożenisz.

Nie dowierzając mi, chłopiec gwałtownie zaprotestował:

— Zabiorą mnie tylko po moim trupie!

(Niemniej jednak, po paru miesiącach przyjechali po niego rodzice i zabrali go mimo jego płaczu i oporu. Kilka lat później rzeczywiście się ożenił.)

Gdy odpowiedziałem już na wiele pytań, zwrócił się do mnie chłopiec o imieniu Kaśi. Miał około dwunastu lat i był doskonałym uczniem, kochanym przez wszystkich.

– Panie – spytał – jaki będzie mój los?
– Wkrótce umrzesz. – Wypowiedziałem te słowa jakby popychany jakąś przemożną siłą.

Ta nieoczekiwana przepowiednia wstrząsnęła mną i zasmuciła mnie i wszystkich obecnych. Ganiąc się w duszy za tak bezrozumną spontaniczność, odmówiłem odpowiedzi na dalsze pytania.

Gdy wróciliśmy do szkoły, Kaśi przyszedł do mnie do pokoju.

– Mistrzu, jeśli umrę, czy mnie odnajdziesz, gdy się znowu urodzę, i wprowadzisz ponownie na ścieżkę duchową? – Chłopiec rozpłakał się.

Czułem się zmuszony, by odmówić podjęcia się tego trudnego, okultystycznego zadania. Ale w ciągu następnych tygodni Kaśi nadal uparcie mnie o to prosił. Widząc, że jest na skraju załamania nerwowego, ustąpiłem w końcu i go pocieszyłem:

– Tak – obiecałem – jeśli Ojciec Niebieski udzieli mi pomocy, postaram się cię odnaleźć.

Podczas wakacji letnich wybrałem się w krótką podróż. Żałując, że nie mogę zabrać Kaśiego ze sobą, przed odjazdem wezwałem go do swego pokoju i troskliwie pouczyłem, aby wbrew wszelkim namowom pozostał w szkole, w jej duchowych wibracjach. W jakiś sposób czułem, że jeśli nie pojedzie do domu, to może uniknie grożącego mu nieszczęścia.

Ledwo wyjechałem, przybył do Ranći ojciec Kaśiego. Przez piętnaście dni usiłował złamać wolę syna, tłumacząc mu, że pojechałby do Kalkuty tylko na cztery dni, by zobaczyć się z matką, a potem wróci. Kaśi z uporem odmawiał. W końcu ojciec powiedział, że zabierze chłopca z pomocą policji. Groźba ta przestraszyła Kaśiego; nie chciał narazić szkoły na niesławę. Nie widział innego wyjścia, jak pojechać.

Powróciłem do Ranći kilka dni później. Gdy tylko się dowiedziałem, jak zabrano Kaśiego, natychmiast wsiadłem w pociąg do Kalkuty. Tam wynająłem dwukółkę. Dziwnym zbiegiem okoliczności, gdy pojazd mijał most Howrah na Gangesie, ujrzałem ojca i innych krewnych Kaśiego w żałobnych szatach. Krzyknąwszy do woźnicy, by się zatrzymał, wyskoczyłem i podbiegłem do nieszczęsnego ojca. Rzuciłem mu piorunujące spojrzenie.

– Morderco – krzyknąłem, jakbym był trochę niespełna rozumu – zabiłeś mojego chłopca!

Ojciec już pojął, jakie zło wyrządził, zmuszając synka do powrotu do Kalkuty. W ciągu kilku dni spędzonych w domu chłopiec zjadł zarażone mięso, zachorował na cholerę i zmarł.

Kaśi, narodzony ponownie i odnaleziony

Miłość do Kaśiego i dana mu obietnica, że go odnajdę po śmierci, nie dawały mi spokoju ni w dzień, ni w nocy. Gdziekolwiek szedłem, majaczyła przede mną jego twarz. Rozpocząłem pamiętne poszukiwania chłopca. Szukałem go tak usilnie, jak kiedyś, dawno temu, utraconej matki.

Czułem, że skoro Bóg dał mi zdolność rozumowania, to muszę jej użyć i wytężyć wszystkie siły, by odkryć subtelne prawa, dzięki którym poznam miejsce pobytu chłopca w astralu. Zdawałem sobie sprawę, że jego dusza wibruje niespełnionymi pragnieniami, że jest obłokiem światła unoszącym się gdzieś pośród milionów świetlistych dusz w sferach astralnych. Jak miałem się do niej dostroić, odnaleźć ją wśród tak wielu wibrujących świateł innych dusz?

Posługując się tajemną techniką jogi, z duchowego oka, wewnętrznego ośrodka między brwiami*, wypromieniowałem w przestrzeń moją miłość do Kaśiego. Intuicyjnie czułem, że Kaśi wkrótce powróci na ziemię i że jeśli będę nieustannie go wzywał, dusza jego odpowie. Wiedziałem, że poczuję w nerwach palców, rąk i kręgosłupa najlżejszy wysłany przez niego impuls.

Z wyciągniętymi w górę rękami i palcami, które służyły mi za anteny, często obracałem się dokoła siebie, starając się wyczuć kierunek, wskazujący na miejsce, gdzie, jak wierzyłem, Kaśi już się odrodził jako embrion. Miałem nadzieję, że otrzymam od niego odpowiedź w nastawionym na nią odbiorniku serca.

Z niesłabnącym zapałem stosowałem wytrwale tę metodę jogi mniej więcej przez sześć miesięcy po śmierci Kaśiego. Pewnego ranka, chodząc z kilkoma przyjaciółmi po zatłoczonej dzielnicy Kalkuty, Bowbazarze, jak zwykle wyciągnąłem w górę ręce. Po raz pierwszy nadeszła odpowiedź. Zadrżałem, czując impulsy elektryczne spływające w dół palców i dłoni. Prądy te natychmiast zmieniły się w jedną potężną myśl, która wyłoniła się gdzieś z samej głębi świadomości: „Jestem Kaśi, jestem Kaśi, chodź do mnie!"

Gdy skupiłem się na odbiorniku serca, myśl ta stała się prawie

---

* Wola, skoncentrowana w ośrodku między brwiami, jest *nadajnikiem* myśli. Gdy uczucie człowieka, energia jego emocji, spokojnie skupiona jest w sercu, serce działa jak mentalny *odbiornik* radiowy i może otrzymywać wiadomości od osób znajdujących się i blisko, i daleko. Telepatia polega na tym, że delikatne wibracje myśli transmitowane są przez subtelny, astralny eter, a następnie grubszy, ziemski eter, gdzie tworzą fale elektryczne, które z kolei przekładają się na fale myślowe w umyśle drugiej osoby.

KAŚI,
uczeń szkoły w Ranći

słyszalna. Raz po raz słyszałem wezwanie Kaśiego*, wypowiedziane jego charakterystycznym, lekko chrypliwym szeptem. Chwyciłem za ramię jednego z towarzyszy, Prokasza Dasa, i uśmiechnąłem się do niego z radością.

– Wydaje mi się, że odnalazłem Kaśiego!

Ku nie ukrywanemu rozbawieniu przyjaciół i tłumu przechodniów zacząłem kręcić się w kółko. Odczuwałem mrowienie w palcach tylko wtedy, gdy obracałem się twarzą w stronę pobliskiej uliczki, zwanej trafnie Wężowym Zaułkiem. Jak tylko odwracałem się w innym kierunku, prądy astralne znikały.

– Ach – krzyknąłem – dusza Kaśiego z pewnością żyje w łonie matki, która mieszka przy tej uliczce!

---

* Każda dusza w swym czystym stanie jest wszechwiedząca. Dusza Kaśiego pamiętała wszystkie charakterystyczne cechy chłopca, mogła zatem naśladować jego chrypliwy głos, by mi ułatwić rozpoznanie.

Kaśi, narodzony ponownie i odnaleziony

Wszedłem wraz z przyjaciółmi w Wężowy Zaułek. Wibracje w uniesionych rękach stały się silniejsze, bardziej wyraźne. Coś jak magnes przyciągało mnie w prawo, przeszedłem więc na prawą stronę uliczki. Doszedłszy do drzwi pewnego domu, stwierdziłem ze zdumieniem, że nie mogę iść dalej, nogi wrosły mi w ziemię. Zapukałem do drzwi bardzo podekscytowany, z zapartym tchem w piersiach. Czułem, że oto nadszedł pomyślny koniec moich długich i niezwykłych poszukiwań!

Drzwi otworzyła służąca, która poinformowała mnie, że pan jest w domu. Zszedł on po schodach z pierwszego piętra i uśmiechnął się pytająco. Nie bardzo wiedziałem, jak sformułować pytanie, bardzo ważne, ale zarazem niedelikatne.

– Proszę pana, czy mógłby mi pan powiedzieć, czy pan i pańska żona spodziewacie się dziecka za mniej więcej sześć miesięcy? *

– Tak, rzeczywiście.

Widząc, że jestem swamim, wyrzeczeńcem ubranym w tradycyjną pomarańczową szatę, dodał uprzejmie:

– Proszę mi powiedzieć, skąd pan o tym wie?

Opowiedziałem mu o Kaśim i o obietnicy, jaką mu dałem. Był zdumiony, ale uwierzył moim słowom.

– Urodzi się wam chłopczyk o jasnej karnacji – powiedziałem mu. – Będzie miał szeroką twarz i sterczący kosmyk włosów nad czołem. Będzie miał wyraźne skłonności duchowe. – Byłem pewny, że dziecko mające przyjść na świat będzie miało te cechy Kaśiego.

---

* Chociaż wielu ludzi po śmierci fizycznej pozostaje w świecie astralnym przez 500 do 1000 lat, nie istnieje sztywne prawo określające okres między inkarnacjami (*zob.* rozdz. 43). Długość życia człowieka w ciele fizycznym i astralnym wyznaczona jest karmicznie.

Śmierć, a także sen, „mała śmierć", są dla śmiertelników koniecznością. Na jakiś czas uwalniają oni nieoświeconą duszę ludzką z okowów zmysłów. Ponieważ człowiek jest w istocie Duchem, w pewnej mierze przypomina sobie o swej bezcielesności we śnie i po śmierci.

Powszechne prawo karmy jest według świętych pism hinduskich prawem działania i przeciwdziałania, przyczyny i skutku, siewu i żniwa. W wyniku naturalnej sprawiedliwości (*ryta*) człowiek swoimi myślami i czynami sam kształtuje swój los. Wszystkie energie, które mądrze lub niemądrze uruchomił, muszą do niego powrócić. Nieubłaganie wracają one jak po okręgu do punktu wyjścia. „Świat przypomina równanie matematyczne, które bez względu na przekształcenia zachowuje równość obu stron. Każda tajemnica zostanie wyjawiona, każda zbrodnia ukarana, każda cnota nagrodzona, każde zło wynagrodzone, po cichu i niezawodnie". – Emerson, *Compensation* (Wyrównanie*)*. Zrozumienie sprawiedliwego prawa karmy, leżącego u podłoża wszystkich nierówności w świecie, pomaga umysłowi ludzkiemu uwolnić się od niechęci do Boga i ludzi. (*Zob.* s. 179, przypis)

Autobiografia jogina

Później odwiedziłem chłopczyka, któremu rodzice nadali dawne imię Kaśi. Już jako niemowlę był uderzająco podobny do mojego kochanego ucznia z Rańci. Dziecko natychmiast okazało mi uczucie; więź, jaka łączyła nas w przeszłości, odrodziła się ze zdwojoną siłą.

Wiele lat później Kaśi, jako kilkunastoletni chłopiec, napisał do mnie, gdy byłem już w Ameryce. Wyraził głębokie pragnienie podążania ścieżką wyrzeczenia. Skierowałem go do himalajskiego mistrza, który przyjął odrodzonego Kaśiego na swego ucznia.

Rozdział 29

Rabindranath Tagore i ja porównujemy szkoły

— Rabindranath Tagore uczył nas śpiewu jako naturalnej formy samoekspresji, na podobieństwo swobodnie śpiewających ptaków – wyjaśnił Bhola Nath, bystry czternastoletni uczeń mojej szkoły w Ranći, gdy pewnego ranka pochwaliłem go za melodyjne śpiewanie.

Spontanicznie lub na czyjąś prośbę chłopiec wylewał z siebie potok melodyjnych dźwięków. Poprzednio uczęszczał do słynnej szkoły Tagorego zwanej „Śantiniketan" (Przystań Spokoju) w Bolpurze.

– Pieśni Rabindranatha nie schodzą z moich warg od wczesnej młodości – powiedziałem Bholi. – Wszyscy Bengalczycy, nawet niepiśmienni wieśniacy, zachwycają się jego wzniosłymi wierszami.

Zaśpiewaliśmy razem z Bholą kilka znanych refrenów Tagorego. Tagore ułożył muzykę do tysięcy indyjskich utworów poetyckich, własnych, a także pochodzących z zamierzchłej przeszłości.

– Spotkałem Rabindranatha wkrótce po tym, jak otrzymał literacką Nagrodę Nobla – powiedziałem, gdy zakończyliśmy nasze wokalne wyczyny. – Pragnąłem go odwiedzić, ponieważ podziwiałem odwagę, z jaką radził sobie z krytykami literackimi. Nie bawił się w dyplomację – roześmiałem się.

Bhola ciekaw był usłyszeć całą tę historię.

– Uczeni ostro potępiali Tagorego za wprowadzenie nowego stylu do bengalskiej poezji – zacząłem opowiadać. – Mieszał on wyrażenia potoczne i klasyczne, ignorując wszelkie reguły poetyki, drogie sercom panditów. W pieśniach wyraża głębokie prawdy filozoficzne językiem przemawiającym do serca; nie żywi zbytniego szacunku dla przyjętych form literackich.

Pewien wpływowy krytyk lekceważąco nazwał Rabindranatha „poetą-gołębiem, który swe gruchania sprzedaje drukiem za jedną rupię". Jednak wkrótce Tagore miał okazję się odpłacić: gdy przełożył na angielski *Gitańdźali* (Pieśni ofiarne), cały zachodni świat w hołdzie pochylił mu się do stóp. Chmary panditów, w tym i tych poprzednio krytykujących Tagorego, zjechały pociągiem do Śantiniketan z gratulacjami dla wieszcza.

Rabindranath umyślnie kazał gościom długo czekać, zanim ich przyjął, a potem wysłuchał pochwał w stoickim milczeniu. W końcu zwrócił przeciwko nim oręż ich własnej krytyki.

– Panowie – powiedział – wonne kadzidła pochwał, którymi mnie darzycie, mieszają się niestosownie z fetorem waszej dawnej pogardy. Czyżby istniał związek między moją Nagrodą Nobla a waszą zdolnością oceny, tak nagle pogłębioną? Wciąż jestem tym samym poetą, który wam się nie podobał, gdy po raz pierwszy złożył skromne kwiaty poezji w świątyni ojczystego Bengalu.

– Te śmiałe słowa nagany opublikowano w gazetach. Podziwiałem szczerość człowieka, który nie dał się omamić pochlebstwom – opowiadałem dalej. – Poznałem Rabindranatha w Kalkucie, gdzie zostałem mu przedstawiony przez jego sekretarza, pana C.F. Andrewsa*, ubranego w proste bengalskie *dhoti*. Zwracał się do Tagorego z miłością, nazywając go Gurudewą. Rabindranath przyjął mnie łaskawie. Roztaczał wokół siebie atmosferę uroku, kultury i dworności. W odpowiedzi na moje pytanie o źródła jego twórczości literackiej, Tagore wyjaśnił, że obok naszej epiki religijnej natchnieniem jest dla niego Widjapati, klasyczny poeta starożytny.

Pod wpływem tych wspomnień zacząłem śpiewać starą bengalską pieśń w wersji Tagorego: *Zapal lampę miłości*. Bhola przyłączył się do mnie i śpiewaliśmy radośnie, przechadzając się po terenie Widjalaji.

Mniej więcej dwa lata po założeniu szkoły w Ranći otrzymałem od Rabindranatha serdeczne zaproszenie do Śantiniketan, aby przedyskutować nasze ideały wychowawcze. Pojechałem bardzo chętnie. Kiedy wszedłem do niego do domu, poeta siedział w gabinecie. Pomyślałem wówczas, tak jak podczas pierwszego spotkania, że dla malarza stanowiłby on wymarzony model wspaniałej męskości. Pięknie rzeźbiona twarz, szlachetnie patrycjuszowska, okolona była długimi włosami i falistą brodą. Miał wielkie, lśniące oczy, anielski uśmiech i głos przypominający barwą dźwięk fletu, dosłownie czarujący. Silny, wysoki i poważny, łączył w sobie niemal kobiecą delikatność z rozkoszną spontanicznością dziecka. Nikt nie ucieleśniałby lepiej ideału poety niż ten subtelny pieśniarz.

Pogrążyliśmy się w rozmowie, porównując nasze szkoły, obie prowadzone w nieszablonowy sposób. Odkryliśmy wiele wspólnych cech: lekcje na wolnym powietrzu, prostotę, stwarzanie dzieciom możliwości pełnej ekspresji twórczej. Rabindranath kładł jednak duży nacisk na naukę literatury i poezji oraz na wyrażanie się w muzyce i śpiewie, o czym już wiedziałem z rozmowy z Bholą. W Śantiniketan nie uczono jogi, ale dzieci przestrzegały okresów milczenia.

Z pochlebną dla mnie uwagą poeta wysłuchał opisu energetyzujących ćwiczeń *Yogoda* i jogicznych technik koncentracji, których w Rańci nauczano wszystkich uczniów.

Tagore opowiedział mi o trudnościach, jakie w dzieciństwie miał w szkole.

– Po ukończeniu piątej klasy uciekłem ze szkoły – powiedział ze śmiechem. Łatwo mi było zrozumieć, jak bardzo jego wrodzona poetycka wrażliwość cierpiała w posępnej atmosferze dyscypliny szkolnej ławy. – Dlatego właśnie otworzyłem Śantiniketan w cieniu drzew i pod przestworem nieba. – Wskazał wymownie na grupkę dzieci uczących się w pięknym ogrodzie. – Wśród kwiatów i śpiewu ptaków dziecko jest w swoim naturalnym środowisku. Tylko w takich warunkach może w pełni wyrazić bogactwo indywidualnych uzdolnień. Prawdziwe nauczanie nie polega na wtłaczaniu wiedzy z zewnątrz. Powinno raczej spontanicznie wyzwalać nieskończone zasoby mądrości wewnętrznej*.

Przyznałem mu rację:

– Młodzieńczy idealizm i skłonność do kultu bohaterów giną głodową śmiercią wskutek jednostronnej diety, złożonej ze statystyk i chronologii.

Poeta opowiadał z miłością o swym ojcu Dewandranacie, który natchnął go do założenia szkoły Śantiniketan.

– Ojciec obdarował mnie tą żyzną ziemią, na której już przedtem wybudował dom gościnny i świątynię. W 1901 roku rozpocząłem tutaj

---

* „Dusza, często się rodząc lub – jak powiadają Hindusi – wędrując ścieżką istnienia poprzez tysiące narodzin, [...] wszystko już poznała. Nic dziwnego, że potrafi sobie przypomnieć [...] to, co poprzednio wiedziała. [...] Dociekanie i uczenie się jest bowiem wyłącznie przypomnieniem". – Emerson, *Representative Men*

Autobiografia jogina

RABINDRANATH TAGORE,
natchniony piewca Bengalu i laureat Nagrody Nobla w dziedzinie literatury

swój pedagogiczny eksperyment z zaledwie dziesięcioma chłopcami. Osiem tysięcy funtów, które otrzymałem wraz z Nagrodą Nobla, wydane zostały w całości na utrzymanie szkoły.

Ojciec Rabindranatha, Dewandranath, znany daleko i szeroko jako *Maharyszi* (wielki mędrzec), był postacią wybitną, o czym można się przekonać, czytając jego autobiografię. W wieku męskim spędził dwa lata na medytacji w Himalajach. Jego ojca zaś, Dwarkanatha Tagorego, poważano w całym Bengalu z powodu szczodrych dotacji na cele publiczne. Z tego znakomitego drzewa pochodzi cała rodzina geniuszów. Nie tylko sam Rabindranath, także wszyscy jego krewni wyróżnili się w działalności twórczej. Jego bratankowie, Gogonendra i Abanindra, należą do najwybitniejszych artystów indyjskich*. Brat Rabindranatha, Dwidźendra, był filozofem o wielkiej mądrości, kochanym nawet przez ptaki i leśne stworzenia.

Rabindranath zaprosił mnie, abym został na noc w domu gościnnym. Wieczorem byłem świadkiem czarującej sceny: poeta siedział

---

* Również sam Rabindranath, po ukończeniu sześćdziesięciu lat, poważnie zajął się malarstwem. Jego prace wystawiano w stolicach europejskich i w Nowym Jorku.

otoczony grupą uczniów na dziedzińcu. Czas się cofnął: obraz przypominał starożytną pustelnię – radosny pieśniarz w gronie wielbicieli, a wszyscy w aureoli boskiej miłości. Każdą więź przyjaźni Tagore przepajał duchem harmonii. Nigdy się nie narzucając, pociągał i zdobywał serca swym nieprzepartym magnetyzmem. Jakże rzadki kwiat poezji, który rozkwitłszy w ogrodzie Pana, wabi swą naturalną wonią!

Melodyjnym głosem Rabindranath przeczytał nam kilka swych ostatnich, znakomitych wierszy. Większość pieśni i sztuk skomponował w Śantiniketan, by sprawić radość uczniom. Dla mnie tajemnica piękna jego wierszy zawiera się w sztuce, z jaką każdą niemal zwrotkę odnosi do Boga, choć rzadko wymienia Jego święte Imię. „Upojony szczęśliwością śpiewu – napisał – zapominam się i nazywam przyjacielem Ciebie, który jesteś moim Panem".

Następnego dnia po lunchu z żalem pożegnałem się z poetą. Cieszę się, że jego mała szkoła się rozrosła i stała się międzynarodowym uniwersytetem Wiśwa-Bharati*, gdzie uczeni wszystkich krajów znajdują idealne warunki do pracy.

> Gdzie duch nie zna trwogi, i gdzie głowa wysoko się nosi;
> Gdzie świadomość jest swobodna;
> Gdzie świat nie zmienia się w odłamek ciasnych ścian domowych;
> Gdzie słowa dobywają się z głębiny prawdy;
> Gdzie niestrudzone dążenie wyciąga ramię swe ku doskonałości;
> Gdzie jasny strumień rozsądku nie gubi drogi swej w suchym,
> pustynnym piasku martwego nawyku;
> Gdzie duch prowadzon jest przez Ciebie ku coraz to szerszym myślom
>   i czynom –
> Ku takiemu niebu wolności niechaj się, Ojcze, obudzi rodzinna ma
>   ziemia**.
>
> — *Rabindranath Tagore*

---

* Ukochany poeta zmarł w 1941 r., ale uczelnia Wiśwa-Bharati nadal kwitnie. W styczniu 1950 r. sześćdziesiąt pięć osób, nauczycieli i studentów, przyjechało na dziesięć dni do szkoły Yogoda Satsanga w Ranći. Grupie tej przewodniczył Śri S. N. Ghoszal, kierownik wydziału uniwersytetu Wiśwa-Bharati. Goście sprawili wielką przyjemność uczniom w Ranći wspaniałym wykonaniem pięknej pieśni Rabindranatha, *Pudżarini*.

** R. Tagore, z: *Gitanjali*, Poznań 1918. Przeł. J. Kasprowicz. Głębokie studium twórczości poety zawarte jest w dziele *The Philosophy of Rabindranath Tagore* (Macmillan, 1918) pióra znanego uczonego S. Radhakrishnana (Radhakrysznana).

Rozdział 30

Prawo cudów

Wielki powieściopisarz Lew Tołstoj* napisał piękne opowiadanie „Trzej pustelnicy". Jego przyjaciel Mikołaj Roerich streścił je następująco:

„Na pewnej wyspie mieszkało trzech starych pustelników. Byli to ludzie tak prości, że odmawiali tylko jedną modlitwę: «My we trzech, Ty w Trzech – zmiłuj się nad nami!» Ta naiwna modlitwa sprawiała, że działy się wielkie cuda.

O trzech pustelnikach i ich niedopuszczalnej modlitwie dowiedział się miejscowy biskup**. Postanowił do nich pojechać i nauczyć ich modlitw kanonicznych. Przybył na wyspę, powiedział pustelnikom, że ich prośba do nieba jest niegodna i nauczył ich wielu tradycyjnych modlitw. Potem wsiadł do łodzi i odpłynął. W pewnej chwili ujrzał, że za łodzią podąża promienne światło. Gdy się zbliżyło, rozpoznał w nim trzech pustelników, którzy trzymając się za ręce, biegli po falach, by go dogonić.

– Zapomnieliśmy modlitw, których nas nauczyłeś – zawołali, gdy do niego dotarli – i pospieszyliśmy do ciebie, abyś je powtórzył.

Biskup, osłupiały, potrząsnął głową.

---

* Tołstoj i Mahatma Gandhi mieli wiele wspólnych ideałów. Korespondowali ze sobą na temat niestosowania przemocy. Tołstoj uważał, że główną nauką Chrystusa jest: „Nie stawiajcie oporu złemu" (Mt 5, 39). Złu należy się przeciwstawiać tylko jego logicznym przeciwieństwem: dobrem lub miłością.

** Opowiadanie to oparte jest prawdopodobnie na faktach historycznych. Wydawca podaje, że biskup spotkał trzech mnichów podczas podróży z Archangielska do Klasztoru Sołowieckiego u ujścia Dwiny.

– Kochani – odrzekł z pokorą – Módlcie się tak jak dotąd!
Jakim cudem trzech świętych chodziło po wodzie? Jakim cudem Chrystus zmartwychwstał po ukrzyżowaniu? Jak dokonywali cudów Lahiri Mahaśaja i Śri Jukteśwar?

Nauka współczesna nie odpowiedziała jeszcze na te pytania, choć wraz z nadejściem ery atomu i radaru horyzonty myślowe ludzkości gwałtownie się poszerzyły. Rzadziej spotyka się słowo „niemożliwe".

Pisma wedyjskie twierdzą, że świat fizyczny podlega jednemu podstawowemu prawu *maji*, zasadzie względności i dwoistości. Bóg, Jedyne Życie, jest Absolutną Jednością. By się przejawiać jako oddzielne i różnorodne formy stworzenia, okrywa się złudną, nierzeczywistą zasłoną. Tą zasłoną jest iluzoryczna, dwoista *maja**. Owo proste twierdzenie ryszich poświadczają liczne wielkie odkrycia współczesnej nauki.

Prawo dynamiki Newtona jest prawem *maji*: „Każdemu działaniu siły odpowiada równe mu przeciwdziałanie; wzajemne oddziaływanie dwóch ciał jest zawsze równe i przeciwnie skierowane". Zatem działanie i przeciwdziałanie mają równe wartości. „Siła nie może występować pojedynczo. Zawsze musi być, i zawsze jest, para sił równych i przeciwnie skierowanych".

Łatwo stwierdzić, że źródłem wszystkich podstawowych zjawisk przyrody jest *maja*. Elektryczność, na przykład, polega na przyciąganiu się i odpychaniu przeciwnie naładowanych cząstek, elektronów i protonów. Inny przykład: atom, podstawowa cząstka materii, jest podobnie jak Ziemia magnesem o biegunach ujemnym i dodatnim. Cały zjawiskowy świat podlega nieubłaganej władzy biegunowości. Nie ma prawa fizyki, chemii czy innej nauki, w którym nie obowiązywałaby zasada przeciwieństw lub kontrastowości.

Fizyka nie może, zatem, formułować praw wykraczających poza *maję*, stanowiącą budulec i całą budowlę stworzenia. Sama przyroda jest *mają*. Dlatego nauki przyrodnicze z konieczności zgłębiają to, co nieuchwytne. *Maja* jako taka jest wieczna i niewyczerpana w swej twórczości. Przyszli uczeni nie będą mogli uczynić nic więcej, jak tylko badać, jeden po drugim, różne aspekty jej nieskończonej różnorodności. Nauka, zatem, bada rzeczy zmienne i nie potrafi dotrzeć do prawdy ostatecznej: umie formułować prawa już istniejącego i funkcjonującego kosmosu, ale nie posiada mocy wykrycia Dawcy Praw i Jedynego

---

* *Zob.* ss. 41, przypis i 44, przypis.

Zarządcy. Poznano majestat i przejawy takich zjawisk jak grawitacja i elektryczność, czym jednak one są, nie wie żaden śmiertelnik*.

Przezwyciężenie *maji* to zadanie wyznaczone rodzajowi ludzkiemu przez proroków tysiącleci. Uważa się, że najwyższym celem człowieka jest wznieść się ponad dwoistość stworzenia i dostrzec jedność wszystkiego w Stwórcy. Ci, którzy lgną do kosmicznej ułudy, muszą podlegać podstawowemu prawu biegunowości: zaakceptować przypływ i odpływ, wznoszenie się i opadanie, dzień i noc, przyjemność i ból, dobro i zło, narodziny i śmierć. Ten cykliczny scenariusz staje się rozpaczliwie monotonny dla człowieka, który ma już za sobą kilka tysięcy narodzin. Zaczyna on wtedy z nadzieją spoglądać poza granice *maji*.

Rozerwać zasłonę *maji* to przeniknąć tajemnicę stworzenia. Ten, kto w ten sposób obnaża istotę wszechświata, jest jedynym prawdziwym monoteistą. Wszyscy inni czczą pogańskie wyobrażenia. Dopóki człowiek podlega złudzeniom dwoistej przyrody, dopóty jego boginią jest *maja* o dwóch twarzach Janusa. Nie może poznać jedynego, prawdziwego Boga.

Iluzja świata, *maja*, działając w ludzkim umyśle, tworzy *awidję*, dosłownie „nie-wiedzę", ułudę. *Maji*, czyli *awidji*, nie da się zniszczyć intelektualną analizą czy przeświadczeniem, lecz jedynie osiągając wewnętrzny stan *nirbikalpa samadhi*. O tym stanie świadomości mówili wszyscy prorocy Starego Testamentu i wieszczowie wszystkich krajów i epok. Ezechiel mówi: „Potem poprowadził mię ku bramie, która skierowana jest na wschód. I oto chwała Boga Izraela przyszła od wschodu, a głos Jego był jak szum wielu wód, a ziemia jaśniała od Jego chwały".**
Przez boskie oko na czole (wschód) świadomość jogina wypływa na ocean wszechobecności i słyszy on Słowo czyli *Aum*, boski dźwięk „wielu wód" – wibracje światła, stanowiące jedyną rzeczywistość stworzenia.

Wśród tryliona tajemnic kosmosu najbardziej zadziwiającą jest światło. W przeciwieństwie do fal dźwiękowych, których transmisja wymaga powietrza lub innych ośrodków materialnych, fale świetlne przechodzą swobodnie przez próżnię międzygwiezdnych przestworzy. Falowa teoria światła tłumaczyła rozchodzenie się światła istnieniem

---

* Wielki wynalazca Marconi wyraził się o niemocy nauki wobec spraw ostatecznych następująco: „Nauka jest absolutnie niezdolna do rozwiązania zagadki życia. Fakt ten byłby doprawdy przerażający, gdyby nie istnienie wiary. Tajemnica życia jest z pewnością największym problemem, przed jakim kiedykolwiek stanął ludzki umysł".

** Ez 43, 1-2

w przestrzeni kosmicznej hipotetycznego eteru, jednak w świetle teorii Einsteina o geometrycznych własnościach przestrzeni można tę hipotezę odrzucić. Eter staje się zbędny. Niezależnie od obu hipotez światło pozostaje najsubtelniejszym, najmniej zależnym od materii zjawiskiem przyrody.

W wielkiej koncepcji Einsteina prędkość światła – około 300 000 kilometrów na sekundę – jest podstawą teorii względności. Udowadnia on matematycznie, że prędkość światła, o ile może to poznać ograniczony ludzki umysł, jest jedyną stałą w bezustannie zmieniającym się wszechświecie. Na tej jedynej stałej opierają się wszystkie pojęcia człowieka o czasie i przestrzeni. Czas i przestrzeń, uważane dotąd za wieczne abstrakcje, okazały się względne i skończone, a ich właściwy pomiar zależny od prędkości światła.

Połączywszy się z przestrzenią we współzależną całość, czas obnażył swą prawdziwą naturę: toż to sama esencja nieokreśloności! Pisząc swe równania, kilkoma pociągnięciami pióra Einstein usunął z kosmosu każdą stałą rzeczywistość z wyjątkiem prędkości światła.

W swej późniejszej jednolitej teorii pola ten wielki fizyk poszukiwał jednego matematycznego wzoru, który opisałby zjawiska grawitacji i elektromagnetyzmu. Wierząc, że strukturę kosmosu tworzą rozmaite przejawienia jednej i tej samej siły, Einstein poprzez wieki wyciągnął dłoń do ryszich, którzy głosili, że jedynym tworzywem przejawionego wszechświata jest proteuszowa *maja**.

Epokowa teoria względności umożliwiła matematyczny opis struktury atomu. Obecnie wielcy uczeni nie tylko śmiało twierdzą, że atom jest raczej energią niż materią, ale także, że energia atomu jest zasadniczo substancją umysłu.

„Szczere przyznanie, że fizyka zajmuje się światem cieni, jest jednym z najbardziej znaczących przejawów postępu – pisze sir Arthur Stanley Eddington w *Nature of the Physical World* (Natura świata fizycznego)**. – W świecie fizyki obserwujemy grę cieni w dramacie codziennego życia. Cień mojego łokcia opiera się o cień stołu, podczas gdy cień atramentu

---

* Einstein był przekonany, że możliwe jest opisanie związku między prawami elektromagnetyzmu i grawitacji równaniem matematycznym (jednolita teoria pola). Pracował nad nim w czasie, gdy Jogananda pisał niniejszą książkę. Einstein nie zdążył ukończyć tej pracy przed śmiercią, niemniej jednak obecnie wielu fizyków dzieli jego przekonanie, że taki związek zostanie odkryty (*przyp. wydawcy amerykańskiego*).

** Macmillan Company

spływa na cień papieru. Wszystko to jest symboliczne i dla fizyka takie pozostaje. Potem zjawia się alchemik Umysł i przeistacza te symbole. [...] Ujmując sprawę bez obsłonek, substancja świata jest substancją umysłu".

Dzięki niedawnemu wynalazkowi mikroskopu elektronowego uzyskano niezbity dowód, że w istocie atom to światło, a przyroda jest bezsprzecznie dwoista. W 1937 roku „New York Times" zamieścił następujące sprawozdanie z pokazu mikroskopu elektronowego, przeprowadzonego na zebraniu American Association for the Advancement of Science (Amerykańskiego Towarzystwa Rozwoju Nauki):

> „Na luminescencyjnym ekranie wyraźnie ukazała się krystaliczna budowa tungstenu*, znana dotąd tylko pośrednio dzięki prześwietlaniu promieniami rentgenowskimi. Widoczne było właściwe położenie dziewięciu atomów, tworzących regularną siatkę przestrzenną w postaci sześcianu mającego po jednym atomie na każdym rogu i jeden w środku. Atomy w krystalicznej siatce tungstenu wyglądały jak punkty światła ułożone w geometryczny wzór. Można było obserwować, jak ten krystaliczny sześcian światła bombardują cząsteczki powietrza, które wyglądały jak tańczące punkty świetlne, skrzyły się jak światło słoneczne na płynącej wodzie. [...]
>
> Zasadę działania mikroskopu elektronowego odkryli w 1927 roku dr Clinton Davisson i dr Lester H. Gerner w laboratorium Bell Telephone w Nowym Jorku. Stwierdzili oni, że elektron ma dwoisty charakter, posiada bowiem własności zarówno cząstki, jak i fali.** Własność falowa nadaje elektronowi właściwości światła, podjęto zatem próby skonstruowania przyrządu, który ogniskowałby elektrony, podobnie jak soczewka światło.
>
> Za odkrycie dwoistego charakteru elektronu, które [...] wykazało, że całe królestwo przyrody ma dwoisty charakter, dr Davisson otrzymał Nagrodę Nobla w dziedzinie fizyki".

„Nurt nauki – pisze Sir James Jeans w *The Mysterious Universe* *** (Tajemniczy wszechświat) – zmierza ku rzeczywistości niemechanicznej. Wszechświat zaczyna przypominać bardziej wielką myśl niż wielką maszynę". Nauka dwudziestego wieku przemawia więc słowami starożytnych Wed.

Od nauki, zatem, jeśli tak być musi, niechaj się człowiek uczy filozoficznej prawdy, że wszechświat materialny nie istnieje. Jego osnową i wątkiem jest *maja*, ułuda. Wszystkie miraże materialnej rzeczywistości świata znikają, jeśli poddać je analizie. W miarę jak spod stóp

---

* Dawna nazwa wolframu (*przyp.tłum.*).
** Tzn. zarówno materii, jak i energii.
***Cambridge University Press

człowieka usuwają się jedna po drugiej bezpieczne podpory fizycznego kosmosu, zaczyna on mgliście dostrzegać swoje bałwochwalcze od nich uzależnienie, które wykracza przeciw boskiemu przykazaniu: „Nie będziesz miał cudzych bogów obok Mnie"*.

W słynnym równaniu opisującym związek między masą a energią Einstein wykazał, że energia dowolnej cząstki materii równa się jej masie pomnożonej przez prędkość światła podniesioną do kwadratu. Energia atomowa wyzwala się w procesie unicestwiania cząstek materii. „Śmierć" materii stała się narodzinami wieku atomowego.

Prędkość światła jest stałą wielkością matematyczną nie dlatego, że istnieje absolutna wartość 300 000 kilometrów na sekundę, lecz dlatego że nie osiągnie jej żadne ciało materialne, gdyż wraz z prędkością zwiększa się jego masa. Inaczej mówiąc: tylko ciało materialne o nieskończonej masie mogłoby się poruszać z prędkością światła.

Ta koncepcja doprowadza nas do wyjaśnienia prawa cudów.

Mistrzowie, którzy potrafią materializować i dematerializować swoje ciało albo jakikolwiek inny przedmiot oraz poruszać się z prędkością światła, a także posługiwać się twórczymi promieniami światła w taki sposób, że każde zjawisko natychmiast się przejawi widzialnie, fizycznie, spełnili konieczny warunek: ich masa jest nieskończona.

Świadomość jogina doskonałego bez trudu utożsamia się nie z ograniczonym ciałem, lecz z całym kosmosem. Grawitacja, czy to w newtonowskim rozumieniu siły, czy też pojmowana jako przejaw bezwładności w teorii Einsteina, nie może zmusić mistrza, by jej podlegał, jak każde ciało fizyczne o pewnej masie. Kto poznał siebie jako wszechobecnego Ducha, nie jest już zależny od praw rządzących ciałem w przestrzeni i czasie. Mury więzienia rozpadły się dzięki poznaniu: „Jestem Nim".

„«Niechaj się stanie światłość!» I stała się światłość"**. Stwarzając wszechświat, Bóg pierwszym swym rozkazem powołał do istnienia podstawę materialnej rzeczywistości: światło. Na promieniach tego niematerialnego ośrodka dokonują się wszystkie boskie przejawienia. Wyznawcy wszystkich wieków zaświadczają, że Bóg ukazuje się jako płomień, światło. Św. Jan pisze: „A oczy Jego jak płomień ognia, [...] a Jego wygląd – jak słońce, kiedy jaśnieje w swej mocy"***.

---

* Wj 20, 3
** Rdz 1, 3
*** Obj 1, 24-16

Jogin, który dzięki doskonałej medytacji stopił swą świadomość ze świadomością Stwórcy, postrzega podstawową substancję kosmiczną jako światło (wibracje energii życia). Dla niego nie ma różnicy między promieniami światła tworzącymi wodę a promieniami tworzącymi ziemię. Wolny od świadomości materii, wolny od trójwymiarowej przestrzeni i czwartego wymiaru czasu, mistrz z łatwością przemieszcza swoje świetlne ciało po lub poprzez promienie światła, jakimi w istocie są ziemia, woda, ogień czy powietrze.

„Jeśli więc twoje oko jest zdrowe, całe twoje ciało będzie w świetle"*.

Długotrwała koncentracja na oku duchowym, która doprowadza do wyzwolenia, umożliwia joginowi zniszczenie iluzji materii i jej związanego z grawitacją ciężaru. Odtąd widzi on wszechświat tak, jak go Bóg stworzył: jako w istocie niezróżnicowaną masę światła.

„Obrazy optyczne – mówi nam dr L. T. Troland z Harwardu – zbudowane są na tej samej zasadzie, co zwykłe «półtonowe» sztychy, to znaczy składają się z drobniutkich kropek i kresek, o wiele jednak za małych, by mogło je spostrzec oko. [...] Wrażliwość siatkówki oka jest tak wielka, że już stosunkowo niewielka ilość właściwego rodzaju światła wywołuje wrażenie wzrokowe".

Prawem cudów może posłużyć się każdy, kto pojął, że istotą wszystkiego, co stworzone jest światło. Mistrz potrafi zastosować boską wiedzę o zjawiskach świetlnych, by momentalnie stworzyć postrzegalną rzeczywistość z wszechobecnego światła. To, czy wskutek takiej projekcji powstanie taka czy inna konkretna forma: drzewo, lekarstwo, pałac czy też ludzkie ciało – zależy od życzenia jogina oraz mocy jego woli i wizualizacji.

W marzeniach sennych, które są jednym ze stanów świadomości, człowiek wymyka się ograniczeniom ego, krępującym go za dnia. Co noc ciągle na nowo ujawnia się wszechmoc jego umysłu. W snach pojawiają się dawno zmarli przyjaciele, najodleglejsze kontynenty, odżywają sceny z dzieciństwa.

Owa wolna i nieuwarunkowana świadomość, której w niektórych snach na krótko doświadcza każdy człowiek, to u mistrza, zharmonizowanego z Bogiem, stan trwały. Pozbawiony wszelkich motywów osobistych, swą twórczą wolą daną mu przez Pana, jogin układa atomy

---

* Mt 6, 22

światła we wszechświecie w taki sposób, aby spełnić każdą szczerą modlitwę miłośnika Boga.

„A wreszcie rzekł Bóg: Uczyńmy człowieka na Nasz obraz, podobnego Nam. Niech panuje nad rybami morskimi, nad ptactwem powietrznym, nad bydłem, nad ziemią i nad wszystkimi zwierzętami pełzającymi po ziemi!"*

W tym właśnie celu został stworzony człowiek i cały świat: człowiek ma się stać panem *maji*, znającym swą władzę nad kosmosem.

W 1915 roku, wkrótce po wstąpieniu do Zakonu Swamich, miałem dziwną wizję. Dzięki niej pojąłem względność ludzkiej świadomości i jasno ujrzałem jedność Wiecznego Światła poza bolesnymi dwoistościami *maji*. Wizja ta pojawiła się, gdy pewnego ranka siedziałem w swym pokoiku na poddaszu domu ojca przy ulicy Garpar. W Europie od miesięcy szalała pierwsza wojna światowa. Rozmyślałem ze smutkiem, jak ogromne żniwo zbiera śmierć.

Gdy zamknąłem oczy w medytacji, przeniosłem się nagle świadomością do ciała kapitana okrętu wojennego. Powietrze rozdzierał huk, gdyż trwała wymiana ognia między bateriami na brzegu a działami okrętu. Ogromny pocisk trafił w skład amunicji i rozerwał okręt na kawałki. Skoczyłem do wody wraz z kilkoma marynarzami, którzy przeżyli wybuch.

Z walącym sercem dopłynąłem bezpiecznie do brzegu. Ale niestety! Zabłąkana kula zakończyła swój śmigły lot w mojej piersi. Jęcząc padłem na ziemię. Całe moje ciało było sparaliżowane, ale byłem świadomy, że je mam, podobnie jak we śnie jest się świadomym nogi, którą nie można poruszyć.

W końcu dogoniły mnie tajemnicze kroki śmierci, pomyślałem. Miałem już wydać ostatnie tchnienie i zapaść w nieświadomość, gdy stwierdziłem, że znajduję się w pokoju przy ulicy Garpar i siedzę w pozycji lotosu.

Płakałem histerycznie, z radością macając i szczypiąc swą odzyskaną własność: ciało bez dziury po kuli w piersi. Kiwałem się na wszystkie strony, wdychając i wydychając powietrze, by się upewnić, że żyję. Gratulowałem sobie z tego powodu, aż nagle moja świadomość znowu znalazła się w martwym ciele kapitana na zalanym krwią brzegu. Byłem zupełnie zdezorientowany.

---

* Rdz 1, 26

– Panie – modliłem się – umarłem czy żyję?

Cały obszar aż po widnokrąg wypełniła oślepiająca gra świateł. Cicha, dudniąca wibracja ułożyła się w słowa:

– Cóż mają życie czy śmierć wspólnego ze światłem? Stworzyłem cię na podobieństwo Mojego światła. Takie względne zjawiska jak życie i śmierć to część kosmicznego snu. Ujrzyj się w swej prawdziwej istocie, która nie śni! Obudź się, Moje dziecko, obudź się!

Prowadząc człowieka ku przebudzeniu, we właściwym czasie i miejscu Pan daje uczonym natchnienie do odkrywania tajemnic stworzenia. Wiele współczesnych odkryć pomaga człowiekowi rozumieć wszechświat jako zróżnicowany wyraz jednej potęgi – światła kierowanego boską inteligencją. Wszystkie cudowne wynalazki kina, radia, telewizji, radaru, fotokomórki – zdumiewającego „elektrycznego oka" – a także energia atomowa opierają się na elektromagnetycznym zjawisku światła.

Sztuka filmowa może pokazać na ekranie każdy cud. Dla ludzkiego oka nie ma cudu, którego nie mogłyby stworzyć triki filmowe. Można obejrzeć, jak przezroczyste ciało astralne człowieka odłącza się od gęstego ciała fizycznego, człowiek może chodzić po wodzie, wskrzeszać zmarłych, odwracać naturalny porządek wydarzeń i niweczyć prawa czasu i przestrzeni. Dowolnie układając klatki filmu, ekspert stwarza optyczne cuda, które prawdziwy mistrz czyni, korzystając bezpośrednio z promieni światła.

Obrazy filmowe, które imitują życie, ilustrują wiele prawd dotyczących stworzenia. Reżyser Kosmicznego Kina napisał własne scenariusze i obsadził ogromną liczbę aktorów tego odwiecznego widowiska. Z ciemnej kabiny wieczności wysyła On swój twórczy promień przez taśmy filmowe kolejnych wieków, a obrazy padają na ekran przestrzeni. Podobnie jak obrazy filmu wydają się rzeczywiste, choć są tylko kombinacją światła i cieni, tak i kosmiczna różnorodność jest ułudą, pozorem. Globy planet z niezliczonymi formami życia to tylko obrazy kosmicznego filmu, które pięć zmysłów czasowo postrzega jako prawdziwe, kiedy nieskończony promień twórczy rzutuje przemijające sceny na ekran ludzkiej świadomości.

Widzowie w kinie mogą spojrzeć w górę i przekonać się, że wszystkie obrazy na ekranie pojawiają się dzięki jednej strudze bezpostaciowego światła. Podobnie barwny dramat wszechświata wyłania się z jednego białego światła, płynącego z Kosmicznego Źródła.

Prawo cudów

Z niepojętą pomysłowością Bóg inscenizuje gigantyczne przedstawienie dla swych dzieci, czyniąc je zarówno aktorami, jak i widzami w swym planetarnym teatrze.

Pewnego dnia wszedłem do kina, aby obejrzeć kronikę z pól bitewnych w Europie. Na Zachodzie nadal trwała pierwsza wojna światowa. Zdjęcia przedstawiały masakrę z takim realizmem, że wyszedłem z sercem pełnym smutku.

– Panie – modliłem się – dlaczego zezwalasz na takie cierpienie?

Ku memu wielkiemu zdumieniu natychmiast nadeszła odpowiedź. Pojawiła się wizja z pól walki. Koszmar bitwy, w której pełno było zabitych i konających, o wiele przewyższał okrucieństwem wszystko, co widziałem w kronice.

– Przypatrz się uważnie! – mówił łagodny Głos w mojej świadomości. – Przekonasz się, że sceny, które się teraz rozgrywają we Francji, są tylko grą świateł i cieni. To kosmiczny film, równie rzeczywisty i nierzeczywisty jak kronika, którą właśnie oglądałeś – przedstawienie w przedstawieniu.

Moje serce nadal było niepocieszone. Boski Głos mówił dalej:

– Świat jest zarówno światłem i cieniem, inaczej żaden obraz nie byłby możliwy. Dobro i zło *maji* stale muszą na zmianę dominować. Gdyby na tym świecie panowała nieustanna radość, czyż człowiek w ogóle szukałby innego? Jeśli nie cierpi, wcale nie dba o to, by pamiętać, że opuścił swój wieczysty dom. Ból sprawia, że sobie o tym przypomina. Drogą ucieczki od cierpienia jest mądrość! Tragedia śmierci jest nierzeczywista. Ci, których przyprawia o dreszcz zgrozy, przypominają niemądrego aktora, który słysząc huk wystrzału, umiera na scenie z przerażenia, choć się do niego strzela ślepymi nabojami. Synowie moi są dziećmi światła. Nie będą śnić wiecznie, pogrążeni w złudzie.

Chociaż z lektury pism świętych znałem objaśnienia *maji*, nie dały mi one tak głębokiego wglądu, jak osobiste wizje i towarzyszące im słowa pocieszenia. System wartości człowieka ulega głębokiej zmianie, gdy przekonuje się on ostatecznie, że stworzony świat jest tylko ogromnym filmem i że to nie w nim, lecz poza nim leży jego prawdziwa rzeczywistość.

Gdy skończyłem pisać ten rozdział, usiadłem na łóżku w pozycji lotosu. Pokój* był słabo oświetlony dwoma lampami w abażurach.

---

* W pustelni Self-Realization Fellowship w Encinitas w Kalifornii (*przyp. wydawcy amerykańskiego*).

Podnosząc wzrok, zauważyłem na suficie cętki maleńkich światełek o barwie musztardy, iskrzących się i drżących, pobłyskujących jak rad. Tysiące delikatnych promieni, przypominających strużki drobniutkiego deszczu, skupiły się w przezroczysty snop światła, które w ciszy opadło na mnie.

Moje ciało fizyczne natychmiast utraciło gęstość i przemieniło się w astralne. Miałem wrażenie, że się unoszę, gdyż niemal nie dotykając łóżka, to nieważkie ciało lekko się przesuwało to w lewo, to w prawo. Rozejrzałem się po pokoju. Meble i ściany wyglądały jak zwykle, lecz snop światła wypełnił całą przestrzeń, tak że nie widziałem sufitu. Osłupiałem z zadziwienia.

– Taki jest mechanizm kosmicznej projekcji filmowej – przemówił Głos jakby z wnętrza światła. – Promień światła rzucony na biały ekran prześcieradła tworzy obraz twego ciała. Patrz, twoje ciało jest samym światłem!

Spojrzałem na ręce i poruszyłem nimi do tyłu i do przodu, lecz nie czułem ich ciężaru. Ogarnęła mnie ekstatyczna radość. Kosmiczny snop światła, rozkwitający w postać mojego ciała, wyglądał jak boska kopia promieni świetlnych, jakie wypływają z projektora filmowego i przejawiają się w formie obrazów na ekranie.

Przez długi czas miałem uczucie, że moje ciało to obraz filmowy, który oglądam w słabo oświetlonym kinie własnej sypialni. Miałem przedtem wiele wizji, żadna jednak nie była tak osobliwa. Rozwiało się całkowicie moje złudzenie materialności ciała i zrozumiałem głęboko, że istotą wszystkich przedmiotów jest światło. Spojrzałem w górę na pulsujący strumień tych cząstek życia i przemówiłem błagalnie:

– O Boskie Światło, proszę, wchłoń w Siebie obraz mego skromnego ciała, niech tak jak Eliasz na wozie ognistym wstąpię do niebios*.

---

* 2 Krl 2, 11

Za cud uważa się zwykle zdarzenie, które zachodzi wbrew bądź poza prawami przyrody. Jednak w naszym precyzyjnie urządzonym wszechświecie wszystkie zdarzenia dzieją się zgodnie z prawem i zgodnie z nim można je wyjaśnić. Tak zwane cudowne moce wielkich mistrzów w sposób naturalny wynikają z tego, że rozumieją oni subtelne prawa, które rządzą wewnętrznym kosmosem świadomości.

Tak naprawdę niczego nie można nazwać cudem, chyba że w głębszym znaczeniu, że wszystko jest cudem. Czyż jest coś zwyklejszego, a zarazem cudowniejszego niż to, że każdy z nas odziany jest w niezwykle skomplikowane ciało i umieszczony na ziemi, która wiruje w przestrzeni wśród gwiazd?

Wielcy prorocy, tacy jak Chrystus i Lahiri Mahaśaja, zwykle dokonują wielu cudów. Mistrzowie ci mają spełnić wielką i trudną misję duchową dla dobra ludzkości. Można

Modlitwa ta najwyraźniej spłoszyła wizję. Snop światła znikł. Ciało odzyskało zwykłą wagę i opadło na łóżko. Rój błyszczących światełek na suficie zamigotał i zgasł. Widocznie mój czas odejścia z tej ziemi jeszcze nie nadszedł.

Poza tym, pomyślałem filozoficznie, Eliasz mógłby być słusznie niezadowolony z mojej zarozumiałości!

---

sądzić, że częścią tej misji jest cudowna pomoc ludziom w nieszczęściu (*zob.* s. 228, przypis). By uleczyć z nieuleczalnej choroby bądź pomóc rozwiązać nierozwiązywalny problem, trzeba boskiego „fiat". Gdy urzędnik królewski z Kafarnaum poprosił Chrystusa, by uzdrowił jego umierającego syna, Jezus odpowiedział cierpko: „Jeśli znaków i cudów nie zobaczycie, nie uwierzycie". Dodał jednak: „Idź, syn twój żyje" (J 4, 46-54).

W niniejszym rozdziale wyjaśniłem wedyjskie pojęcie *maji*, magicznej mocy ułudy, która leży u podstaw zjawiskowych światów. Nauka zachodnia już odkryła, że „magia" nierzeczywistości przenika „materię" atomu. Nie tylko jednak sama przyroda, ale i człowiek (w swym śmiertelnym aspekcie) podlega *maji*: zasadzie względności, kontrastu, dwoistości, stanom biegunowo różnym.

Nie należy sądzić, że tylko starożytni ryszi znali prawdę o *maji*. Prorocy Starego Testamentu zwali *maję* szatanem (dosłownie po hebrajsku „przeciwnik"). W greckim tekście Testamentu używa się słowa *diabolos*, czyli „diabeł" . Szatan, czyli *maja*, jest Kosmicznym Magikiem, który stwarza wielorakość form, by ukryć Jedyną Prawdę, która nie ma kształtu. W boskim planie i grze (*lila*) jedyną rolą szatana, czyli *maji*, jest odciągnięcie człowieka od Ducha ku materii, od Rzeczywistości ku nierzeczywistości.

Chrystus opisuje obrazowo *maję* jako diabła, zabójcę i kłamcę. „Od początku był on zabójcą i w prawdzie nie wytrwał, bo prawdy w nim nie ma. Kiedy mówi kłamstwo, od siebie mówi, bo jest kłamcą i ojcem kłamstwa" (J 8, 44).

„Diabeł trwa w grzechu od początku. Syn Boży objawił się po to, aby zniszczyć dzieła diabła" (1 J 8, 44). Oznacza to, że kiedy Świadomość Chrystusowa przejawi się w samym jestestwie człowieka, bez trudu niszczy iluzje, czyli „dzieła diabła".

Maja istnieje „od początku", ponieważ zawiera się w samej strukturze światów zjawiskowych. Światy te podlegają ciągłym zmianom, stanowiąc antytezę Boskiej Niezmienności.

Rozdział 31

Rozmowa ze świętą matką

– Czcigodna Matko, jako niemowlę zostałem ochrzczony przez twojego męża-proroka. Był on guru moich rodziców, a także mojego guru, Śri Jukteśwara. Czy, mając to na względzie, uczynisz mi zaszczyt, opowiadając o waszym świętym życiu?

Tymi słowami zwróciłem się do Śrimati Kaśi Moni, towarzyszki życia Lahiriego Mahaśaji. Od dawna pragnąłem odwiedzić tę sędziwą panią, toteż skorzystałem z krótkiego pobytu w Benaresie, by to uczynić. Przyjęła mnie łaskawie w starym domu Lahirich w benareskiej dzielnicy Garudeśwar Muhalla. Chociaż była już staruszką, jej postać rozkwitała jak lotos, emanując duchową woń. Średniej budowy, miała długą szyję, jasną skórę i wielkie świetliste oczy.

– Synu, jesteś tu mile widziany. Chodź na górę.

Kaśi Moni zaprowadziła mnie do małego pokoiku, w którym przez jakiś czas mieszkała z mężem. Czułem się zaszczycony, mogąc oglądać ten święty przybytek, w którym niezrównany mistrz raczył odgrywać ludzki dramat małżeństwa. Starsza pani wskazała mi miejsce na poduszce obok siebie.

– Minęły całe lata, zanim zaczęłam zdawać sobie sprawę z duchowej wielkości mojego męża – rozpoczęła opowieść. – Pewnej nocy w tym właśnie pokoju miałam żywy sen. Nade mną unosiły się z nieopisanym wdziękiem przepiękne anioły. Widzenie było tak realistyczne, że natychmiast się obudziłam. Ze zdziwieniem ujrzałam, że pokój spowija olśniewające światło.

Mój mąż, w pozycji lotosu, unosił się pośrodku pokoju, otoczony aniołami, które oddawały mu cześć dłońmi złożonymi jak w modlitwie.

Rozmowa ze świętą matką

Bezgranicznie zdumiona, byłam przekonana, że nadal śnię.
– Kobieto – powiedział Lahiri Mahaśaja – nie śnisz. Porzuć sen raz na zawsze!
Powoli opuścił się na podłogę, a ja padłam na ziemię u jego stóp.
– Mistrzu – krzyknęłam – kłaniam się przed tobą, kłaniam, kłaniam! Czy wybaczysz mi, że uważałam cię za swego męża? Umieram ze wstydu, widząc, że pozostawałam w śnie niewiedzy, u boku człowieka przebudzonego w Bogu. Od tej nocy nie będziesz już moim mężem, lecz guru. Czy przyjmiesz mnie, osobę tak nieważną, na uczennicę?*
Mistrz dotknął mnie delikatnie.
– Święta duszo, wstań. Zostałaś przyjęta. – Wskazał na anioły. – Proszę, pokłoń się kolejno każdej z tych świętych istot.
Gdy pokornie pokłoniłam się już wszystkim aniołom, zabrzmiały ich głosy jak chór w starożytnym śpiewie:
– Małżonko Boskiej Istoty, bądź błogosławiona. Pozdrawiamy cię. – Skłoniły mi się do stóp, po czym nagle ich promienne postacie zniknęły. W pokoju pociemniało.
Mój guru poprosił mnie, abym przyjęła inicjację w *krija-jogę*.
– Oczywiście – zgodziłam się. – Żałuję, że nie otrzymałam tego błogosławieństwa wcześniej, gdy byłam młodsza.
– Wtedy nie nadeszła jeszcze właściwa pora – uśmiechnął się pocieszająco Lahiri Mahaśaja. – Po cichu pomogłem ci odpracować wiele z twojej karmy. Teraz chcesz i jesteś gotowa.
Dotknął mojego czoła. Ukazała się masa wirującego światła. Stopniowo blask się zagęścił, tworząc opalowo-błękitne duchowe oko, otoczone złotym pierścieniem i z pięcioramienną gwiazdą w środku.
– Poprzez gwiazdę przeniknij świadomością do królestwa Nieskończonego. – Głos guru miał nowe brzmienie, ciche jak odległa muzyka.
Wizja za wizją niby fale morskie uderzały o brzegi mojej duszy. Wreszcie panoramiczne obrazy rozpłynęły się w ocean szczęścia. Zatraciłam się w tej ciągle wzbierającej szczęśliwości. Gdy po kilku godzinach powróciłam do świadomości tego świata, mistrz przekazał mi technikę *krija-jogi*.
Począwszy od tej nocy Lahiri Mahaśaja nigdy już nie spał w moim pokoju. W ogóle już nie sypiał. I w dzień, i w nocy przebywał z uczniami we frontowym pokoju na parterze.

---

* „On dla Boga jedynie, ona dla Boga w nim." – Milton

Czcigodna pani zapadła w milczenie. Rozumiejąc, jak niezwykły był jej związek z największym joginem, ośmieliłem się w końcu poprosić ją o dalsze wspomnienia.

– Synu, jesteś zachłanny. Ale opowiem ci jeszcze jedną historię.
– Uśmiechnęła się nieśmiało. – Muszę się przyznać do grzechu, który popełniłam w stosunku do mojego męża-guru. Kilka miesięcy po wtajemniczeniu zaczęłam się czuć opuszczona i zaniedbana. Pewnego ranka Lahiri Mahaśaja wszedł do tego pokoiku po jakiś artykuł. Szybko poszłam za nim. Ogarnięta gwałtowną falą ułudy, odezwałam się do niego zjadliwie:

– Cały czas spędzasz z uczniami. A co z obowiązkami, które masz wobec żony i dzieci? Szkoda, że nie zatroszczysz się o więcej pieniędzy dla rodziny.

Mistrz spoglądał na mnie przez chwilę, a potem nagle zniknął! Przerażona i przejęta czcią usłyszałam głos rozlegający się z każdego miejsca w pokoju:

– Wszystko jest niczym, czyż nie rozumiesz? Jakże takie nic jak ja mogłoby stworzyć dla ciebie jakieś bogactwa?

– Gurudźi! – krzyknęłam. – Po stokroć błagam cię o przebaczenie! Moje grzeszne oczy nie widzą, gdzie jesteś. Proszę cię, pokaż się w swym świętym ciele.

– Jestem tutaj. – Odpowiedź ta przyszła gdzieś sponad mojej głowy. Spojrzałam w górę i ujrzałam, jak mistrz materializuje się w powietrzu. Głową dotykał sufitu. Oczy jego były jak oślepiające płomienie. Gdy opuścił się spokojnie na podłogę, nieprzytomna z trwogi, łkając padłam mu do stóp.

– Kobieto – powiedział – szukaj duchowego bogactwa, a nie marnych, ziemskich błyskotek. Przekonasz się, że gdy już raz zdobędziesz skarb ducha, wszystko inne zacznie do ciebie napływać. – Po chwili dodał: – Jeden z moich synów duchowych zadba o twoje materialne potrzeby.

– Słowa mojego guru naturalnie się spełniły. Jeden z uczniów rzeczywiście pozostawił znaczną sumę pieniędzy dla naszej rodziny.

Podziękowałem Kaśi Moni, że podzieliła się ze mną swymi cudownymi przeżyciami.* Następnego dnia powróciłem do jej domu i spędziłem kilka miłych godzin na dyskusji filozoficznej z Tinkaurim

---

* Czcigodna matka zmarła w Benaresie 25 marca 1930 roku.

i Dikaurim Lahirimi. Ci dwaj świątobliwi synowie wielkiego indyjskiego jogina żyli ściśle według jego ideałów. Obaj mężczyźni odznaczali się jasną karnacją, obfitymi brodami i miękkim głosem. Byli wysocy i mocno zbudowani, a ich sposób bycia miał czar dawnych obyczajów.

Kaśi Moni nie była jedyną uczennicą Lahiriego Mahaśaji. Były setki innych kobiet, łącznie z moją matką. Pewnego razu jedna z nich poprosiła guru, by dał jej swoją fotografię. Wręczył jej odbitkę, mówiąc: „Jeśli będziesz uważała, że daje ci ochronę, to tak będzie. Jeśli nie, pozostanie tylko obrazkiem".

Zdarzyło się, że kilka dni później kobieta ta wraz z synową Lahiriego Mahaśaji studiowały *Bhagawadgitę* przy stole, za którym wisiała na ścianie fotografia guru. Nagle rozpętała się potężna burza z piorunami.

– Lahiri Mahaśajo, chroń nas! – Kobiety pochyliły głowy przed fotografią. Piorun uderzył w książkę, lecz nie poraził kobiet.

– Poczułam, jakby otoczyła mnie lodowa osłona, chroniąc od palącego żaru – opowiadała jedna z nich.

Lahiri Mahaśaja dokonał dwóch cudów dla swojej uczennicy Abhoji. Pewnego dnia ona i jej mąż, prawnik z Kalkuty, wybrali się do Benaresu, aby odwiedzić guru. Ich pojazd utknął w korku ulicznym i spóźnili się na stację. Gdy dotarli na główny dworzec Howrath, gwizdek zapowiadał właśnie odjazd pociągu.

Abhoja przystanęła w milczeniu obok kasy kolejowej.

– Lahiri Mahaśajo, błagam cię, zatrzymaj pociąg! – modliła się cicho. – Nie ścierpię już bólu czekania przez jeszcze jeden dzień, aby cię zobaczyć.

Koła sapiącego pociągu poruszały się bez przerwy, lecz on sam stał. Maszynista i pasażerowie wyszli na peron i przyglądali się dziwnemu zjawisku. Do Abhoji i jej męża podszedł strażnik kolejowy, Anglik. Wbrew wszelkim zwyczajom zaproponował swoje usługi

– Babu – powiedział – proszę dać mi pieniądze. Kupię bilety, a państwo przez ten czas wsiądą do pociągu.

Jak tylko małżonkowie usiedli w przedziale i otrzymali bilety, pociąg ruszył. Maszynista i pasażerowie w popłochu wskakiwali z powrotem, nie pojmując, dlaczego ruszył ani dlaczego się przedtem zatrzymał.

Przybywszy do domu Lahiriego Mahaśaji, Abhoja bez słowa rzuciła się na ziemię przed mistrzem i usiłowała dotknąć jego stóp.

– Uspokój się, Abhojo – powiedział mistrz. – Wprost uwielbiasz mnie niepokoić. Jakbyś nie mogła przyjechać następnym pociągiem!

Abhoja odwiedziła Lahiriego Mahaśaję jeszcze przy innej, pamiętnej dla siebie okazji. Tym razem pragnęła wstawiennictwa guru nie w sprawie pociągu, lecz u bociana.

– Błagam cię, Mistrzu – poprosiła – pobłogosław mnie, aby moje dziewiąte dziecko żyło. Urodziłam ośmioro dzieci. Wszystkie zmarły wkrótce po urodzeniu.

Mistrz uśmiechnął się ze współczuciem.

– Dziecko, którego oczekujesz, będzie żyło. Proszę cię, dokładnie przestrzegaj moich zaleceń. Dziecko, dziewczynka, urodzi się w nocy. Dopilnuj, aby aż do świtu paliła się lampka oliwna. Nie zaśnij. Musisz uważać, żeby się nie wypaliła.

Abhoja urodziła córeczkę. Dziewczynka przyszła na świat w nocy, tak jak to przepowiedział wszystkowiedzący guru. Matka nakazała pielęgniarce, by cały czas dolewała oliwy do lampki. Obie kobiety pilnie czuwały aż do wczesnych godzin rannych, ale w końcu zasnęły. Oliwa niemal się wypaliła, płomyk słabo migotał.

Nagle poruszyła się klamka u drzwi sypialni. Drzwi z trzaskiem otworzyły się na oścież. Kobiety obudziły się, przestraszone. Ich zdumionym oczom ukazała się postać Lahiriego Mahaśaji.

– Abhoja, uważaj, lampka prawie zgasła! – Wskazał na lampkę. Pielęgniarka pośpiesznie ją napełniła. Gdy tylko płomień jasno się rozpalił, mistrz zniknął. Drzwi zamknęły się same, a klamka opadła, choć nikt jej nie dotknął.

Dziewiąte dziecko Abhoji utrzymało się przy życiu. W 1935 roku, gdy o to pytałem, dziewczynka żyła.

Jeden z uczniów Lahiriego Mahaśaji, czcigodny Kali Kumar Roj, opowiedział mi wiele fascynujących szczegółów z życia mistrza.

– Bywałem częstym gościem w benareskim domu guru. Niekiedy spędzałem tam całe tygodnie. Zauważyłem, że w cichych godzinach nocnych pojawiało się tam wielu świętych mężów, swamich *dandi* *, aby usiąść u stóp mistrza. Czasami prowadzili oni dyskusje na tematy związane z medytacją lub filozofią. O świcie znakomici goście odchodzili. Kiedy tam bywałem, nie widziałem, aby Lahiri Mahaśaja choć raz położył się spać.

---

* Mnisi z zakonu, w którym obowiązuje noszenie bambusowej laski (*danda*). Laska ta symbolizuje *Brahma-dandę* („Laskę Brahmy"), którą u człowieka jest stos pacierzowy. Prawdziwa droga ku Nieskończonemu wiedzie przez siedem przebudzonych ośrodków mózgowo-rdzeniowych.

W początkowym okresie mojej znajomości z mistrzem musiałem radzić sobie ze sprzeciwem mojego pracodawcy – kontynuował Roj. – Był on na wskroś materialistą.

– Nie życzę sobie fanatyków religijnych wśród mojego personelu – mówił szyderczo. – Jeśli kiedykolwiek spotkam tego szarlatana, twojego guru, powiem mu parę słów do słuchu.

Pogróżka ta nie zmieniła mojego trybu życia: prawie każdy wieczór spędzałem z guru. Pewnego razu mój pracodawca poszedł za mną i bezczelnie wdarł się do salonu. Niewątpliwie był zupełnie zdecydowany, jak zapowiadał, powiedzieć mistrzowi, co o nim myśli. Ledwie zdążył usiąść, gdy Lahiri Mahaśaja zwrócił się do grupy dwunastu uczniów:

– Czy chcielibyście zobaczyć pewien obraz?

Gdy przytaknęliśmy, mistrz poprosił o zaciemnienie pokoju.

– Usiądźcie w kole jeden za drugim i niech każdy zakryje dłońmi oczy osoby siedzącej przed nim.

Nie zdziwiłem się, że mój pracodawca, choć niechętnie, także posłuchał zalecenia mistrza. Po kilku minutach Lahiri Mahaśaja zapytał nas, co widzimy.

– Mistrzu – odpowiedziałem – pojawiła się piękna kobieta. Ubrana jest w *sari* obrzeżone czerwonym kolorem i stoi obok kwiatu begonii.

Wszyscy pozostali uczniowie podali ten sam opis. Mistrz zwrócił się do mojego pracodawcy:

– Czy poznajesz tę kobietę?

– Tak. – Człowiek ten najwyraźniej zmagał się z jakimiś nowymi dla siebie uczuciami. – Jak głupiec wydawałem na nią pieniądze, chociaż mam dobrą żonę. Wstydzę się też pobudek, które mnie popchnęły do przyjścia tutaj. Czy zechcesz mi wybaczyć i przyjąć mnie na ucznia?

– Jeśli będziesz prowadził dobre, moralne życie przez sześć miesięcy, przyjmę cię. – Mistrz dodał zagadkowo: – Inaczej nie będę musiał cię inicjować.

Przez trzy miesiące mój pracodawca opierał się pokusie. Potem jednak odnowił związek z tą kobietą. Dwa miesiące później zmarł. Zrozumiałem wtedy niejasne słowa guru, że może nie dojść do jego wtajemniczenia – zakończył opowieść Kali Kumar Roj.

Lahiri Mahaśaja miał bardzo sławnego przyjaciela, swamiego Trajlangę, o którym mówiono, że ma ponad trzysta lat. Dwaj jogini często razem medytowali. Sława Trajlangi jest tak wielka, że niewielu

Hindusów odmówiłoby prawdy opowieściom o jego zdumiewających cudach. Gdyby Chrystus powrócił na ziemię i chodził ulicami Nowego Jorku, przejawiając boskie moce, wywołałoby to takie samo poruszenie, jakie dziesiątki lat temu towarzyszyło Trajlandze, gdy chodził po zatłoczonych uliczkach Benaresu. Był on jednym z tych *siddhów* (istot doskonałych), którzy scementowali Indie, broniąc je przed erozją czasu.

Wielokrotnie widziano, jak swami bez najmniejszego uszczerbku dla siebie, pił najbardziej śmiertelne trucizny. Tysiące ludzi, w tym kilku, którzy jeszcze żyją, widziało, jak unosił się nad Gangesem. Całymi dniami siedział na wodzie albo przez długi czas pozostawał pod falami rzeki. Nieruchome ciało swamiego było powszednim widokiem na ghacie Manikarnika, gdzie siedział na rozpalonych, kamiennych stopniach, wystawiony na bezlitosne indyjskie słońce.

Tymi wyczynami Trajlanga starał się pokazać ludziom, że życie człowieka nie musi zależeć od oddychania tlenem ani innych zwykłych warunków środowiska. Przesiadując na powierzchni wody bądź pod wodą, stawiając wyzwanie palącym promieniom słońca, wielki mistrz udowadniał, że żyje dzięki boskiej świadomości: śmierć nie może go dosięgnąć.

Jogin ów był wielki nie tylko duchowo, ale i fizycznie. Ważył ponad trzysta funtów: jeden funt na każdy rok życia! Tajemnica jego wagi była tym większa, że bardzo rzadko jadał. Mistrz jednak może łatwo ignorować wszelkie zwykłe reguły zachowania zdrowia, jeśli z jakiegoś powodu tak sobie życzy. Często jest to subtelny powód, znany tylko jemu samemu.

Wielcy święci, którzy przebudzili się z kosmicznego snu *maji* i poznali, że ten świat jest ideą w Umyśle Boga, mogą czynić z ciałem, co zechcą. Wiedzą, że jest ono tylko postacią zagęszczonej czy skupionej energii, którą można manipulować. Obecnie fizycy rozumieją, że materia to nic innego jak skondensowana energia, ale dla nich to wiedza teoretyczna. Tymczasem oświeceni mistrzowie już dawno zwycięsko przeszli od teorii do praktyki i mają rzeczywistą władzę nad materią.

Trajlanga zawsze chodził zupełnie nagi. Policja benareska, nękana z tego powodu, zaczęła go traktować jak trudne dziecko. Swami, naturalny w zachowaniu jak Adam w ogrodzie Edenu, był absolutnie nieświadomy swej nagości. Policja rozumiała to bardzo dobrze, jednak kiedyś bezceremonialnie zamknęła go w areszcie. Wynikło z tego powszechne zamieszanie: ogromne ciało Trajlangi ukazało się w całej swej okazałości na dachu więzienia. Jego cela nadal pozostawała zamknięta i nie wiadomo było, jak się z niej wydostał.

Przedstawiciele prawa, choć zniechęceni, raz jeszcze spełnili swój obowiązek. Tym razem przed celą swamiego postawiono strażnika. Przemoc znów ustąpiła w obliczu naturalnej prawości. Wkrótce ujrzano, jak wielki mistrz beztrosko przechadza się po dachu.

Bogini sprawiedliwości nosi przepaskę na oczach. W przypadku Trajlangi policja, wywiedziona w pole, postanowiła pójść za jej przykładem.

Wielki jogin zachowywał zwyczajowe milczenie*. Okrągła twarz i brzuch jak beczka sugerowały, że ma niezły apetyt, ale Trajlanga jadał tylko od czasu do czasu. Po tygodniach obywania się bez jedzenia przerywał zwykle post, wypijając kilka garnuszków zsiadłego mleka, które ofiarował mu któryś z wielbicieli. Pewien sceptyk postanowił kiedyś dowieść, że Trajlanga to szarlatan. Postawił przed swamim wielki kubeł wapna, używanego do bielenia ścian.

– Mistrzu – powiedział ów materialista z udawanym szacunkiem – przyniosłem ci trochę zsiadłego mleka. Proszę, napij się.

Trajlanga bez wahania opróżnił do ostatniej kropli cały kubeł żrącej substancji. Po kilku minutach winowajca upadł na ziemię, wijąc się z bólu.

– Ratuj, swami, ratuj! – krzyknął. – Pali mnie! Przebacz mi, że poddałem cię tak potwornej próbie!

Wielki jogin przerwał swe zwykłe milczenie.

– Szyderco – powiedział – podając mi truciznę, nie zdawałeś sobie sprawy, że moje życie i twoje to jedno. Gdyby nie wiedza, że Bóg jest w moim żołądku, tak jak w każdym atomie stworzenia, wapno by mnie zabiło. Teraz, gdy już poznałeś boskie prawo bumerangu, z nikim więcej nie próbuj takich sztuczek.

Grzesznik, uzdrowiony słowami Trajlangi, wyniósł się chyłkiem.

Przeniesienie bólu na jego sprawcę nie dokonało się dzięki woli mistrza. Było wynikiem działania prawa sprawiedliwości**, które

---

* Trajlanga był *munim*, mnichem przestrzegającym *mauny*, duchowej praktyki milczenia. Sanskryckie słowo *muni* spokrewnione jest z greckim *monos*, „sam, pojedynczy", z którego wywodzą się angielskie *monk* – „mnich" i *monizm*.

** Por. 2 Kr 2, 19-24. Gdy Elizeusz dokonał cudu „uzdrowienia wód" w Jerychu, drwili z niego mali chłopcy. „Wówczas wypadły z lasu dwa niedźwiedzie i rozszarpały spośród nich czterdzieści dwoje dzieci".

Czcigodna jogini Śankari Mai, jedyna żyjąca uczennica swamiego Trajlangi. Zdjęcie (na którym pokazana jest w towarzystwie trzech osób ze szkoły YSS w Ranći) zrobiono w 1938 r. na *Kumbhameli* w Hardwarze. Jogini miała wtedy 112 lat.

podtrzymuje obroty najodleglejszych ciał niebieskich. W przypadku ludzi takich jak Trajlanga, którzy urzeczywistnili Boga w sobie, boskie prawo działa natychmiast, ponieważ na zawsze wyzbyli się sprzecznych tendencji ego, które hamują jego bezzwłoczną realizację.

Wiara w to, że sprawiedliwość wymierzana jest automatycznie (co się zdarzyło, w tak niezwykły sposób, w przypadku Trajlangi i jego niedoszłego mordercy), łagodzi nasze zbyt pochopne oburzenie na ludzką niesprawiedliwość. „Do Mnie należy pomsta. Ja wymierzę zapłatę – mówi Pan"*. Czy potrzeba niepewnej ludzkiej sprawiedliwości? Cały wszechświat sprzysięga się, by odpłata wymierzona została należycie.

Ludzie o otępiałych umysłach podają w wątpliwość istnienie boskiej sprawiedliwości, miłości, wszechwiedzy, nieśmiertelności. Wzniosłe domniemania pism świętych! – uważają. Taka postawa, świadcząca

---

* Rz 12, 19

o braku wrażliwości i pozbawiona czci dla widowiska wszechświata, uruchamia w życiu tych ludzi nieharmonijny ciąg zdarzeń, co w końcu zmusza ich do szukania mądrości.

Jezus wspomniał o wszechmocy prawa duchowego podczas tryumfalnego wjazdu do Jerozolimy. Gdy uczniowie i tłum krzyczeli z radości i wołali: „Pokój w niebie i chwała na wysokościach", niektórzy faryzeusze oburzali się na ten niegodny spektakl. „Rzekli do Niego: Nauczycielu, zabroń tego swoim uczniom! Odrzekł: Powiadam wam: jeśli ci umilkną, kamienie wołać będą"*.

Udzielając tej nagany faryzeuszom, Chrystus wskazywał, że sprawiedliwość boska nie jest przenośnią ani abstrakcją i że człowiek pokoju, nawet gdyby mu wyrwano język, odnalazłby mowę i obronę w podstawie stworzenia, w samym porządku wszechrzeczy.

To tak, jakby Jezus mówił: „Czyż myślicie uciszyć ludzi pokoju? Równie dobrze moglibyście się spodziewać, że zdławicie głos Boga. Same kamienie śpiewają Jego chwałę i głoszą Jego wszechobecność. Czyżbyście żądali, aby ludzie nie świętowali na cześć pokoju w niebiesiech? Czyżbyście woleli, by zbierali się tłumnie i jednoczyli się tylko w czasie wojen na ziemi? Zatem, o faryzeusze, przygotujcie się na to, że runą podstawy świata. Albowiem nie tylko ludzie łagodnego serca, lecz i kamienie ziemi, i woda, ogień i powietrze powstaną przeciwko wam, by świadczyć o boskiej harmonii stworzenia".

Łaska Trajlangi, jogina Chrystusowej miary, spłynęła też kiedyś na mojego *sedźo mama* (wuja). Pewnego ranka wuj dojrzał mistrza w tłumie wielbicieli na benareskim *ghacie*. Udało mu się przepchnąć do Trajlangi i pokornie dotknąć jego stóp. Wuj ze zdumieniem stwierdził, że został natychmiast uzdrowiony z bolesnej, chronicznej choroby**.

Jedyną znaną uczennicą Trajlangi, która jeszcze żyje, jest czcigodna Śankari Mai. Jako córka jednego z uczniów Trajlangi rozpoczęła u niego naukę już we wczesnym dzieciństwie. Przez czterdzieści lat mieszkała w wielu odosobnionych jaskiniach himalajskich w pobliżu Badrinathu, Kedarnathu, Amarnathu i Paśupatinathu. Ta *brahmaćarini*

---

* Łk 19, 37-40
** Żywoty Trajlangi i innych wielkich mistrzów przypominają nam o słowach Jezusa: „Tym zaś, którzy uwierzą, te znaki towarzyszyć będą: w imię moje [Świadomości Chrystusowej] złe duchy będą wyrzucać, nowymi językami mówić będą; węże brać będą do rąk, i jeśliby co zatrutego wypili, nie będzie im szkodzić. Na chorych ręce kłaść będą, i ci odzyskają zdrowie" (Mk 16, 17-18).

(kobieta-ascetka), urodzona w 1826 roku, liczy sobie obecnie sporo ponad sto lat. Nie wygląda jednak na swój wiek, ma nadal czarne włosy, błyszczące bielą zęby i zadziwiająco wiele energii. Wychodzi ze swego odosobnienia co kilka lat, aby wziąć udział w *melach*, czyli festynach religijnych.

Owa święta kobieta często odwiedzała Lahiriego Mahaśaję. Opowiadała o pewnym zdarzeniu w Barrackpore, dzielnicy Kalkuty: siedziała właśnie obok Lahiriego Mahaśaji, gdy do pokoju wszedł cicho jego wielki guru, Babadźi. Rozmawiali we trójkę. „Odzież nieśmiertelnego mistrza była mokra – wspominała – jakby dopiero co kąpał się w rzece. Udzielił mi błogosławieństwa duchowej rady".

Pewnego razu mistrz Trajlanga, przerwał regułę milczenia, by publicznie wyrazić szacunek dla Lahiriego Mahaśaji. Jeden z benareskich uczniów Trajlangi zaoponował:

– Mistrzu – powiedział – dlaczego ty, swami i wyrzeczeniec, okazujesz tyle szacunku człowiekowi, który jest głową rodziny?

– Mój synu – odparł Trajlanga – Lahiri Mahaśaja jest jak boskie kociątko, które pozostaje tam, gdzie go umieściła Kosmiczna Matka. Posłusznie odgrywając rolę człowieka świeckiego, osiągnął doskonałe samourzeczywistnienie, dla którego ja wyrzekłem się wszystkiego – nawet przepaski biodrowej!

Rozdział 32

Wskrzeszenie Ramy

„Był pewien chory, Łazarz z Betanii [...]. Jezus, usłyszawszy to, rzekł: Choroba ta nie zmierza ku śmierci ale ku chwale Bożej, aby dzięki niej Syn Boży został otoczony chwałą"*.

Pewnego słonecznego ranka, siedząc na balkonie pustelni w Serampore, Śri Jukteśwar wyjaśniał fragmenty Pisma Świętego chrześcijan. Słuchało go kilku uczniów, w tym ja i grupka moich chłopców z Rańci.

– W tym fragmencie Jezus nazywa siebie Synem Bożym. Chociaż On sam był prawdziwie jednym z Bogiem, Jego słowa mają głębokie znaczenie nieosobiste – tłumaczył guru. – Syn Boży to Chrystus, czyli Boska Świadomość w człowieku. Żaden *śmiertelnik* nie może „otoczyć chwałą" Boga. Jedyny sposób, w jaki człowiek może oddać cześć Stwórcy, to Go poszukiwać. Człowiek nie może chwalić Abstrakcji, której nie zna. Chwała, czyli aureola wokół głów świętych, świadczy symbolicznie o ich *zdolności* oddawania Bogu czci.

Śri Jukteśwar czytał dalej o cudownym zmartwychwstaniu Łazarza. Skończywszy, zapadł w długie milczenie. Święta księga leżała otwarta na jego kolanach.

– Mnie również dane było oglądać podobny cud – powiedział w końcu guru uroczyście. – Lahiri Mahaśaja przywrócił do życia jednego z moich przyjaciół.

Siedzący obok mnie chłopcy uśmiechnęli się, okazując żywe zainteresowanie. Ja też miałem jeszcze w sobie tyle z małego chłopca, że znajdowałem radość nie tylko w filozofii. Cieszyłem się szczególnie,

---

* J 11, 1-4

gdy udało mi się nakłonić Śri Jukteśwara, by opowiedział jakieś historie o cudownych przeżyciach ze swoim guru.

– Mój przyjaciel Rama i ja byliśmy nierozłączni – zaczął opowiadać Mistrz. – Ponieważ Rama był nieśmiałym samotnikiem, odwiedzał naszego guru Lahiriego Mahaśaję tylko około północy i o świcie, kiedy nie było u niego tłumu uczniów, którzy tam zwykle przebywali za dnia. Jako najbliższy przyjaciel Ramy byłem dla niego czymś w rodzaju odpowietrznika, przez który dawał ujście bogactwu swych duchowych spostrzeżeń. W jego wspaniałym towarzystwie znajdowałem natchnienie. – Twarz guru złagodniała pod wpływem wspomnień.

– Nagle Rama został poddany surowej próbie – opowiadał dalej Śri Jukteśwar. – Zaraził się azjatycką cholerą. Nasz mistrz nigdy nie sprzeciwiał się pomocy lekarskiej w przypadku poważnej choroby, toteż wezwano dwóch specjalistów. Pośród gorączkowych zabiegów wokół chorego gorąco modliłem się do Lahiriego Mahaśaji o pomoc. Pospieszyłem do niego do domu i, płacząc, wszystko mu opowiedziałem.

– Lekarze zajmują się Ramą. Wyzdrowieje. – Guru uśmiechnął się dobrodusznie.

Wracałem z lekkim sercem do łoża przyjaciela, lecz zastałem go umierającego.

– Nie przeżyje dłużej niż godzinę lub dwie – powiedział jeden z lekarzy z gestem rozpaczy.

Raz jeszcze pobiegłem do Lahiriego Mahaśaji.

– Lekarze to sumienni ludzie. Jestem pewien, że Rama wyzdrowieje. – Mistrz zbył mnie pogodnie.

Po powrocie do domu Ramy nie zastałem już tam lekarzy. Jeden z nich zostawił mi notatkę: „Zrobiliśmy co w naszej mocy, ale jego przypadek jest beznadziejny".

Przyjaciel rzeczywiście wyglądał na umierającego. Nie pojmowałem, jak mogłyby się nie sprawdzić słowa Lahiriego Mahaśaji, lecz gdy patrzyłem, jak szybko uchodzi z Ramy życie, co chwila nachodziła mnie myśl, że to już koniec. Miotany na przemian przypływami wiary i zwątpienia, opiekowałem się przyjacielem najlepiej, jak potrafiłem. W pewnej chwili ocknął się i wykrzyknął:

– Jukteśwarze, biegnij do Mistrza i powiedz mu, że odszedłem. Poproś, by pobłogosławił moje ciało przed obrzędami pogrzebowymi.

Wskrzeszenie Ramy

– Były to jego ostatnie słowa. Westchnął ciężko i wyzionął ducha*.

Płakałem przez godzinę przy jego umiłowanym ciele. Rama, który zawsze szukał spokoju, znalazł go teraz w całkowitej ciszy śmierci. Przyszedł inny uczeń. Poprosiłem go, aby pozostał przy zmarłym, dopóki nie wrócę. Na wpół przytomny powlokłem się z powrotem do guru.

– Jak się teraz czuje Rama? – Twarz Lahiriego Mahaśaji promieniała uśmiechem.

– Panie, wkrótce sam się dowiesz, jak się czuje – wybuchnąłem z pasją. – Za kilka godzin ujrzysz jego ciało, zanim przeniosą je na miejsce kremacji. – Załamałem się i zacząłem głośno jęczeć.

– Jukteświarze, opanuj się. Usiądź spokojnie i pomedytuj.

Guru zapadł w *samadhi*. Minęło popołudnie i noc w nieprzerwanym milczeniu. Przez cały czas bezskutecznie walczyłem o odzyskanie wewnętrznego spokoju.

O świcie Lahiri Mahaśaja spojrzał na mnie pocieszająco.

– Widzę, że wciąż jeszcze jesteś niespokojny. Dlaczego nie wyjaśniłeś mi wczoraj, że oczekiwałeś ode mnie namacalnej pomocy dla Ramy w postaci jakiegoś leku? – Mistrz wskazał na lampkę w kształcie czarki, zawierającą surowy olej rycynowy. – Nabierz trochę oleju z lampy do buteleczki i wlej siedem kropli do ust Ramy.

– Panie – zaprotestowałem – on już nie żyje od wczorajszego południa. Po co mu teraz olej?

– Nieważne, po prostu zrób, o co proszę.

Nie pojmowałem, jak Lahiri Mahaśaja może być tak wesoły. Nadal pogrążony byłem w niesłabnącej udręce z powodu odejścia Ramy. Nabrałem oleju i poszedłem do jego domu.

Sztywne ciało przyjaciela spoczywało w objęciach śmierci. Nie zwracając uwagi na okropny wygląd Ramy, rozsunąłem mu wargi, wkładając między nie palec prawej ręki, a lewą ręką, z pomocą korka, kropla po kropli wlałem olej przez zaciśnięte zęby.

Gdy siódma kropla dotknęła zimnych warg, ciało Ramy gwałtownie zadrżało. Wszystkie mięśnie drżały, od stóp po głowę. Stał się cud: Rama usiadł.

– Ujrzałem Lahiriego Mahaśaję w blasku światła! – wykrzyknął. – Jaśniał jak słońce. „Wstań, porzuć sen – rozkazał mi. – Przyjdź do mnie z Jukteświarem".

---

* Ofiara cholery jest często przytomna i w pełni świadoma aż do chwili śmierci.

Nie wierzyłem własnym oczom, widząc, że Rama sam się ubiera. Po tej śmiertelnej chorobie miał też dość siły, by dojść do domu guru. Tam ze łzami wdzięczności rzucił się przed Lahirim Mahaśają na ziemię. Mistrz nie posiadał się z uciechy. Mrugnął do mnie szelmowsko.

– Jukteśwarze – powiedział – odtąd z pewnością będziesz nosił z sobą buteleczkę oleju rycynowego. Ilekroć zobaczysz zmarłego, po prostu podaj mu olej! Siedem kropli z lampki oliwnej z pewnością przezwycięży moc Jamy!"*

– Gurudźi, wyśmiewasz się ze mnie. Nie rozumiem. Proszę, powiedz mi, gdzie popełniam błąd.

– Powiedziałem ci dwa razy, że Rama wyzdrowieje. Ty jednak nie potrafiłeś w pełni mi uwierzyć – wyjaśnił Lahiri Mahaśaja. – Nie miałem na myśli tego, że wyleczą go lekarze. Powiedziałem tylko, że się nim zajmują. Nie było związku przyczynowego między tymi dwoma zdaniami. Nie chciałem przeszkadzać lekarzom. Oni też muszą żyć. – Głosem nabrzmiałym radością guru dodał: – Zawsze pamiętaj, że niewyczerpana moc Paramatmana** może uleczyć każdego, z pomocą lekarza lub bez.

– Widzę swój błąd – przyznałem ze skruchą. – Rozumiem teraz, że twoje słowo obowiązuje w całym kosmosie.

Gdy Śri Jukteśwar zakończył tę niesamowitą opowieść, jeden z chłopców ośmielił się zadać pytanie, które ze strony dziecka było podwójnie uzasadnione.

– Panie, dlaczego twój guru użył oleju rycynowego?

– Dziecko, podanie oleju nie miało tu żadnego znaczenia, tyle że ja oczekiwałem czegoś materialnego. Lahiri Mahaśaja wybrał więc znajdujący się pod ręką olej jako namacalny przedmiot, który wzmocniłby moją wiarę. Mistrz pozwolił Ramie umrzeć, ponieważ ja wątpiłem. Ale mój boski guru wiedział, że skoro oświadczył, iż uczeń będzie zdrów, wyzdrowienie musi nastąpić, nawet gdyby musiał uleczyć Ramę ze śmierci, stanu zwykle nieuleczalnego!

Śri Jukteśwar pożegnał grupkę słuchaczy i skinął ręką na mnie, bym usiadł na kocu u jego stóp.

– Joganando – powiedział z niezwykłą powagą – od urodzenia przebywasz w otoczeniu najbliższych uczniów Lahiriego Mahaśaji. Ten wielki mistrz spędził swe wzniosłe życie w częściowym odosobnieniu

---

* Bóg śmierci
** Dosłownie: Najwyższa Dusza.

i uparcie odmawiał uczniom pozwolenia na stworzenie jakiejkolwiek organizacji, która szerzyłaby jego nauki. Niemniej jednak pozostawił szczególną przepowiednię. „Mniej więcej pięćdziesiąt lat po moim odejściu – powiedział – zostanie napisana historia mojego życia, gdyż na Zachodzie pojawi się głębokie zainteresowanie jogą. Przesłanie jogi obiegnie cały glob ziemski. Pomoże ustanowić braterstwo ludzi: jedność zrodzoną z bezpośredniego postrzegania Jedynego Ojca."

– Joganando, mój synu – mówił dalej Śri Jukteśwar – musisz spełnić swą rolę w szerzeniu tego przesłania i opisać święte życie mojego guru.

Pięćdziesiąt lat po odejściu Lahiriego Mahaśaji w 1895 roku, czyli w roku 1945, ukończyłem niniejszą książkę. Trudno nie zwrócić uwagi na pewną zbieżność: rok 1945 otwiera także nową epokę – epokę rewolucyjnej energii atomowej. Jak nigdy przedtem każdy myślący człowiek zwraca się ku naglącym problemom pokoju i braterstwa, aby narastająca przemoc nie zmiotła z powierzchni ziemi wszystkich ludzi wraz z ich problemami.

Chociaż z upływem czasu lub za sprawą bomb, dzieła ludzkie znikają bez śladu, słońce nie chwieje się w swym biegu, a gwiazdy niezmiennie czuwają na niebie. Nie można zmienić prawa kosmicznego ani powstrzymać jego działania, człowiek postąpi więc najlepiej, żyjąc z nim w harmonii. Skoro wszechświat jest przeciw przemocy, a słońce nie wojuje z planetami i zachodzi we właściwym czasie, ustępując miejsca gwiazdom, to na cóż się zda człowiekowi zbrojna pięść? Czyż przyniesie pokój? Nie okrucieństwo, lecz dobra wola uzbraja wszechświat w siłę. Żyjąc w pokoju, ludzkość pozna niezliczone owoce zwycięstwa, słodsze od zrodzonych z ziemi przesiąkniętej krwią.

Liga Narodów będzie działać skutecznie jako naturalne przymierze bezimiennych serc. Wzajemna życzliwość i głębokie zrozumienie, potrzebne do uleczenia ziemskich niedoli, nie mogą wypływać z czysto intelektualnej akceptacji różnic między ludźmi, lecz z poznania rdzennej jedności rasy ludzkiej, jej jedności z Bogiem. Oby joga, nauka osobistej komunii z Boskością, dotarła w porę do ludzi wszystkich krajów, umożliwiając urzeczywistnienie najwyższego ideału świata: pokoju opartego na braterstwie.

Chociaż cywilizacja Indii jest starsza niż jakakolwiek inna, niewielu historyków odnotowało, iż swego przetrwania nie zawdzięcza ona bynajmniej przypadkowi, ale umiłowaniu wieczystych prawd, które ucieleśniali jej najlepsi synowie w każdym pokoleniu. Sama jej niezniszczalność, ciągłość istnienia przez tak liczne wielki (czyż pokryci pyłem ksiąg uczeni potrafią powiedzieć, jak liczne?) chwalebnie dowodzi, że Indie oparły się wyzwaniom czasu lepiej niż jakikolwiek inny kraj.

Fakt, że Indie nie odeszły w zapomnienie, nadaje nowy sens biblijnej opowieści o prośbie Abrahama do Pana, by oszczędził miasto Sodomę, jeśli znajdzie tam dziesięciu sprawiedliwych, oraz odpowiedzi Boga: „Nie zniszczę przez wzgląd na tych dziesięciu"*. Przeminęły potężne państwa, narody biegłe w sztuce wojennej, niegdyś współczesne Indiom: starożytny Egipt, Babilonia, Grecja, Rzym.

Odpowiedź Pana jasno wskazuje, że kraj żyje nie dzięki zdobyczom materialnym, lecz dzięki temu, co najlepszego z siebie wydał: w arcydziełach, którymi są największi jego synowie.

W dwudziestym stuleciu, dwukrotnie skąpanym we krwi, nim jeszcze minęła jego połowa, niechaj świat znowu wspomni owe Boże słowa: Nie zginie żaden naród, który potrafi wydać dziesięciu ludzi, wielkich w oczach Nieprzekupnego Sędziego.

Świadome tej prawdy, Indie udowodniły swą mądrość i nie dały się zwieść tysiącznym podstępom czasu. Ziemię tę w każdym stuleciu uświęcali najwięksi mistrzowie. Współcześni mędrcy na miarę Chrystusa, jak Lahiri Mahaśaja i jego uczeń Śri Jukteśwar, pojawiają się, by głosić, że poznanie jogi, nauki o urzeczywistnieniu Boga w sobie, decyduje o szczęściu człowieka i przetrwaniu narodu.

Opublikowano bardzo niewiele informacji o życiu Lahiriego Mahaśaji i jego uniwersalnej nauce**. Przeżyłem trzydzieści lat w Indiach, Europie i Ameryce i przekonałem się, jak głębokie i szczere jest tam zainteresowanie jego przesłaniem o jodze, drodze do wyzwolenia. Tak jak mistrz przepowiedział, opis jego życia potrzebny jest teraz na Zachodzie, gdzie osiągnięcia wielkich współczesnych joginów są mało znane.

Lahiri Mahaśaja urodził się 30 września 1828 roku w pobożnej bramińskiej rodzinie o starożytnym rodowodzie. Przyszedł na świat w wiosce Ghurni w okręgu Nadia w pobliżu Krysznanagaru w Bengalu. Był najmłodszym synem Muktakaśi, drugiej żony ogólnie szanowanego Gaura Mohana Lahiriego. Pierwsza żona, po urodzeniu trzech synów, zmarła podczas pielgrzymki. Matka chłopca również odeszła z tego

---

* Rdz 18, 23-32
** W 1941 r. ukazała się jego krótka biografia w języku bengalskim: *Śri Śri Śjama Ćaran Lahiri Mahaśaja* autorstwa swamiego Satjanandy. Przetłumaczyłem kilka jej ustępów i umieściłem je w niniejszym rozdziale, w części opowiadającej o Lahirim Mahaśaji.

Wskrzeszenie Ramy

świata, gdy był jeszcze mały. Niewiele o niej wiadomo, poza jednym znaczącym faktem, że była gorącą wielbicielką Pana Śiwy*, którego pisma święte określają mianem Króla Joginów.

Chłopiec, którego nazwano Śjama Ćaran, spędził dzieciństwo w domu swych przodków w Nadii. Gdy miał trzy czy cztery lata, często widywano, jak siedzi zakopany w piasku w postawie jogina. Widać było tylko jego głowę.

W zimie 1833 roku posiadłość Lahirich została zniszczona, gdy pobliska rzeka Dźalangi zmieniła koryto. Woda uniosła rodzinny dom i jedną ze świątyń Śiwy zbudowanych przez Lahirich. Zniknęły w głębinach Gangesu. Jeden z wyznawców uratował kamienny posąg Pana Śiwy z kłębiących się wód. Ustawiono go w nowej świątyni, obecnie dobrze znanej jako *Ghurni Shiva Site* (Miejsce Ghurni Śiwy).

Gaur Mohan Lahiri wraz z rodziną opuścił Nadię i zamieszkał w Benaresie, gdzie natychmiast wzniósł nową świątynię Śiwy. Prowadził dom według zasad wedyjskiej dyscypliny, regularnie przestrzegając obrzędów religijnych, aktów dobroczynności i studiowania pism świętych. Był człowiekiem sprawiedliwym i o otwartym umyśle, nie ignorował dobrodziejstw nowoczesnych idei.

Jako młody chłopiec Lahiri chodził w Benaresie na grupowe lekcje języków hindi i urdu. Uczęszczał do szkoły prowadzonej przez Dźoja Narajana Ghosala, gdzie uczył się sanskrytu, bengalskiego, francuskiego i angielskiego. Szczegółowo studiując Wedy, młody jogin z zapałem

---

* Jedna z osób Boskiej Trójcy, obok Brahmy i Wisznu. Brahma tworzy, Wisznu podtrzymuje, a Śiwa niweczy i odnawia wszechświat. W mitologii Śiwa przedstawiany jest jako Pan Ascetów. Pokazuje się swym wyznawcom w wizjach pod różnymi postaciami, np. jako Mahadewa, wyrzeczeniec o splątanych włosach, lub jako Nataradźa, Kosmiczny Tancerz.
Koncepcja Pana w roli Śiwy-Niszczyciela jest trudna do pojęcia dla wielu ludzi. Puspadanta, wielbiciel Śiwy, pyta żałośliwie w swej pieśni *Mahimanastawa*: „Po cóż stworzyłeś światy, czy po to tylko, by je niszczyć?" Jedna ze strof *Mahimanastawy* brzmi:

Tupnąłeś nogą, aż nagle zadrżała ziemia,
Ruchem rąk, mocarnych jak stalowe pręty,
Rozsypałeś gwiazdy w przestrzeni.
Rozpuszczonymi włosy smagałeś niebiosa.
Zaprawdę, cudnie tańczyłeś!
Ale udręczyć świat, by go zbawić?
Jakaż w tym tajemnica!
Starożytny poeta kończy pieśń słowami:
Wielka jest różnica między mym umysłem –
Tak mało zdolnym pojąć, dręczonym smutkami –
A twą chwałą wieczystą, ponad wszelki atrybut!

Autobiografia jogina

LAHIRI MAHAŚAJA

„Jestem Duchem. Czyż twój aparat może sfotografować wszechobecne Niewidzialne?" Po wywołaniu kilkunastu klisz, na których nie zarejestrował się obraz Lahiriego Mahaśaji, Jogawatar w końcu zezwolił na wykonanie fotografii swej „cielesnej świątyni". „Mistrz nigdy już nie pozował do żadnego innego zdjęcia. Ja, przynajmniej, żadnego innego nie widziałem" – napisał Paramahansadźi. (Zob. s. 10.)

przysłuchiwał się dyskusjom uczonych braminów, wśród których był też pandit Nag-Bhatta z Maharasztry.

Śjama Ćaran był uprzejmym, łagodnym i odważnym młodzieńcem, kochanym przez wszystkich kolegów. Odznaczał się proporcjonalną budową ciała, zwinnością i siłą, przodował w pływaniu i w zajęciach wymagających zręczności manualnej.

W 1846 roku Śjama Ćaran poślubił Śrimati Kaśi Moni, córkę Śri Debnarajana Sanjala. Jako wzorowa indyjska pani domu, Kaśi Moni z pogodą ducha wypełniała obowiązki domowe i tradycyjne

Wskrzeszenie Ramy

powinności wobec gości i ubogich. Związek ten został pobłogosławiony dwoma synami, Tinkaurim i Dikaurim, i narodzinami dwóch córek. W wieku lat dwudziestu trzech, w 1851 roku, Lahiri Mahaśaja objął posadę księgowego w Wydziale Inżynierii Wojskowej Rządu Brytyjskiego. W czasie swej służby wielokrotnie awansował. Był zatem mistrzem nie tylko w oczach Boga, lecz także odnosił sukcesy w małym ludzkim dramacie, w którym odgrywał przeznaczoną mu w świecie rolę urzędnika.

Lahiri Mahaśaja wielokrotnie zmieniał miejsce pobytu, gdyż Wydział Inżynierii Wojskowej oddelegowywał go do pracy w różnych miejscowościach: Gazipurze, Mirdźapurze, Najnitalu, Danapurze i Benaresie. Po śmierci ojca Lahiri Mahaśaja musiał przejąć odpowiedzialność za całą rodzinę. Zakupił wtedy posiadłość w spokojnej benareskiej dzielnicy Garudeśwar Muhalla.

Gdy Lahiri Mahaśaja* miał trzydzieści trzy lata, spełnił się cel, w jakim tym razem przybył na ziemię. W pobliżu Ranikhetu w Himalajach spotkał swojego wielkiego guru Babadźiego, który wtajemniczył go w *krija-jogę*.

To pomyślne zdarzenie nie dotyczyło jedynie Lahiriego Mahaśaji. Była to szczęśliwa chwila dla całej ludzkości. Świat odzyskał zagubioną, czy też na długo utraconą, najwyższą sztukę jogi. Podobnie jak w jednej z opowieści z puran Matka Ganga** spływa z niebios na ziemię i częstuje swą boską wodą spragnionego wielbiciela Bhagiratha, tak w roku 1861 niebiańska rzeka *krija-jogi* spłynęła z ukrytych twierdz Himalajów do zakurzonych siedzib ludzkich.

---

* Sanskrycki tytuł religijny *Mahaśaja* oznacza „o wielkim umyśle".

** Wody Matki Gangi, świętej rzeki Hindusów, mają źródło w lodowej himalajskiej jaskini, wśród wiecznych śniegów i ciszy. Tysiące świętych, którzy w ciągu stuleci znajdowali radość w przebywaniu w pobliżu Gangesu, roztoczyło nad jego brzegami aurę błogosławieństwa. (*Zob.* s. 202, przypis).

Niezwykłą, prawdopodobnie unikalną cechą rzeki Ganges jest to, że nie ulega ona zanieczyszczeniom. Pozostaje niezmiennie czysta, nie występują w niej żadne bakterie. Miliony Hindusów kąpią się w Gangesie i używają wody rzecznej do picia bez szkody dla zdrowia. Jest to niezrozumiałe dla współczesnych naukowców. Dr John Howard Northrop, współlaureat nagrody Nobla w dziedzinie chemii w 1946 r., powiedział niedawno: „Wiemy, że woda w Gangesie jest silnie skażona. A jednak Hindusi piją ją, kąpią się w niej i najwyraźniej się nie zarażają". Chemik wyraził przypuszczenie: „Być może, bakteriofagi [wirusy, które niszczą bakterie] sterylizują rzekę".

Wedy wszczepiają szacunek dla wszystkich zjawisk przyrody. Pobożny Hindus doskonale rozumie modlitwę św. Franciszka: „Błogosławiony niech będzie Pan za naszą Siostrę Wodę, tak użyteczną, pokorną, czystą i drogocenną".

Rozdział 33

Babadźi, indyjski jogin-Chrystus naszych czasów

Turnie północnych Himalajów w pobliżu Badrinarajanu wciąż błogosławi swą żywą obecnością Babadźi, guru Lahiriego Mahaśaji. Mistrz ten, który żyje w odosobnieniu, przebywa w fizycznym ciele od wieków, być może, od tysiącleci. Nieśmiertelny Babadźi jest awatarem. Ten sanskrycki wyraz oznacza „zstąpienie". Pochodzi od *awa* – „w dół" i *tri* – „przejść". W hinduskich pismach świętych awatarem jest bóstwo, które zstąpiło na ziemię i przyjęło ciało.

„Poziom duchowy Babadźiego przekracza możliwości ludzkiego pojmowania – tłumaczył mi Śri Jukteśwar. – Skarlały ludzki wzrok nie sięga ku gwieździe jego transcendentnego bytu. Sama próba wyobrażenia sobie wyżyn ducha awatara jest daremna. Są one niepojęte".

Upaniszady szczegółowo sklasyfikowały wszystkie etapy rozwoju duchowego. *Siddha* (istota udoskonalona) osiąga najpierw stan *dźiwanmukty* (wyzwolonego za życia), a następnie *paramukty* (absolutnie wolnego, posiadającego pełną władzę nad śmiercią). *Paramukta* całkowicie wyzwolił się z niewoli *maji* i kręgu narodzin. Dlatego rzadko powraca do ciała fizycznego. Jeśli już to robi, to jako *awatar*, wybrane przez Boga narzędzie najwyższego błogosławieństwa dla świata. Awatar nie podlega żadnym prawom fizycznego wszechświata. Jego czyste ciało, postrzegane jako obraz utkany ze światła, jest zupełnie niezależne od praw przyrody.

Pobieżne spojrzenie nie dostrzeże niczego niezwykłego w postaci awatara, a jednak zdarza się, że nie rzuca on cienia i nie pozostawia śladów stóp na ziemi. Są to zewnętrzne, ledwo uchwytne dowody na to, iż wewnętrznie wolny jest od ciemności i materialnych więzów. Jedynie taki Bóg-człowiek zna Prawdę kryjącą się we względności życia i śmierci. Takiego wyzwolonego człowieka opiewał w swym nieśmiertelnym dziele *Rubajaty* poeta Omar Chajjam, tak bardzo nie rozumiany:

> Księżycu mej Radości, Ty, co nie ubywasz,
> Księżyc znów wschodzi na niebie;
> A wschodząc, jakże mnie często będzie wypatrywać
> W tym samym ogrodzie – daremnie!*

„Księżycem Radości", który nie ubywa, jest nieruchoma dla oka Gwiazda Polarna. Symbolizuje ona Boga, niezmiennego, ponadczasowego. „Księżyc [który] znów wschodzi na niebie", to fizyczny wszechświat, podlegający prawu cyklicznej odnowy. Dzięki samourzeczywistnieniu perski wieszcz na zawsze uwolnił się od przymusowych powrotów na ziemię, do „ogrodu" przyrody, czyli *maji*. „Jakże mnie często będzie wypatrywać – daremnie!" Cóż za zawód, jakież zaskoczenie dla wszechświata!

Chrystus w inny sposób wyraził swoją wolność: „Wtem przystąpił pewien uczony w Piśmie i rzekł do Niego: Nauczycielu, pójdę za Tobą, dokądkolwiek się udasz. Jezus mu odpowiedział: Lisy mają nory i ptaki powietrzne – gniazda, lecz Syn Człowieczy nie ma miejsca, gdzie by głowę mógł oprzeć"**.

Czyż za wszechobecnym Chrystusem można iść inaczej, jak tylko we wszechogarniającym Duchu?

Starożytni awatarowie indyjscy to między innymi Kryszna, Rama, Budda i Patańdźali. Należał do nich również Agastja, awatar z południowych Indii, o którym napisano wiele utworów poetyckich w języku tamilskim. Dokonał on wielu cudów w wiekach przed i po Chrystusie. Wierzy się, że do czasów obecnych żyje w ciele fizycznym.

Misją Babadźiego w Indiach jest pomagać prorokom w wypełnianiu konkretnych zadań dla dobra świata. Dlatego według klasyfikacji pism świętych jest on *Mahawatarem* (wielkim awatarem). Babadźi oznajmił, że wtajemniczył w jogę Śankarę, który zreorganizował Zakon

---

* Przeł. Anna Żurowska.
** Mt 8, 19-20

Swamich*, oraz Kabira, słynnego mistrza średniowiecznego. Największym uczniem Babadźiego w dziewiętnastym wieku był, jak wiemy, Lahiri Mahaśaja, który przywrócił światu zapomnianą sztukę *kriji*.

Babadźi pozostaje w wieczystej komunii z Chrystusem. Razem wysyłają w świat wibracje odkupienia i zaplanowali duchową metodę zbawienia dla ludzi obecnej epoki. Zadaniem tych dwóch w pełni oświeconych mistrzów, z których jeden pozostaje w ciele, a drugi nie ma ciała, jest inspirować narody, by zaprzestały wojen, wyrzekły się nienawiści rasowej, podziałów religijnych i grzechów materializmu, zła powracającego jak bumerang. Babadźi jest doskonale świadom trendów współczesnych czasów, zwłaszcza wpływów i złożoności cywilizacji zachodniej, i rozumie, że na Zachodzie, tak jak na Wschodzie, koniecznie trzeba szerzyć jogę jako metodę samowyzwolenia.

Nie powinno nas dziwić, że nie ma historycznych wzmianek o Babadźim. W żadnym stuleciu ten wielki guru nie pojawił się otwarcie. W jego planach, zakrojonych na tysiąclecia, nie ma miejsca na rozgłos, który prowadzi do nieporozumień. Podobnie jak Stwórca, jedyna, milcząca Potęga, Babadźi działa skromnie z ukrycia.

Wielcy prorocy, tacy jak Chrystus i Kryszna, przychodzą na ziemię w wyraźnie określonym celu. Odchodzą, gdy tylko go wypełnią. Inni awatarowie, tak jak Babadźi, podejmują pracę związaną z powolnym, ewolucyjnym postępem ludzkości. Dotyczy ona stuleci, a nie jakiegoś jednego ważnego wydarzenia historycznego. Mistrzowie tacy zawsze kryją się przed spojrzeniami ludzkimi i potrafią, gdy zechcą, stać się niewidzialni. Z tego powodu, a także dlatego, iż zazwyczaj nakazują uczniom, by milczeli na ich temat, niektórzy z tych olbrzymów duchowych pozostają nie znani światu. Na tych stronicach poświęconych Babadźiemu podaję tylko garstkę informacji o jego życiu, ledwie kilka faktów, których opublikowanie on sam uznał za stosowne i pożyteczne.

Nigdy nie odkryto, gdzie Babadźi się urodził, nie wiadomo też nic o jego rodzinie. Takie fakty, choć drogie sercom kronikarzy, by go ograniczały. Babadźi mówi zwykle w języku hindi, ale równie

---

* Śankara, którego guru był Gowinda Dźati, postać historyczna, otrzymał w Benaresie inicjację w *krija-jogę* od Babadźiego. Babadźi, opowiadając tę historię Lahiriemu Mahaśaji i swamiemu Kebalanandzie, podał wiele fascynujących szczegółów dotyczących swego spotkania z wielkim monistą.

łatwo rozmawia w każdym innym języku. Przyjął proste imię Babadźi (Czcigodny Ojciec). Inne wyrażające szacunek tytuły, które nadali mu uczniowie Lahiriego Mahaśaji, to Mahamuni Babadźi Maharadź (Najwyższy Święty w Ekstazie), Maha Jogi (Wielki Jogin), Trambak Baba i Śiwa Baba (tytuły awatarów Śiwy). Czyż ma to jakieś znaczenie, że nie znamy rodowego nazwiska w pełni wyzwolonego mistrza?

„Ktokolwiek z czcią wypowie imię Babadźiego – powiedział Lahiri Mahaśaja – natychmiast przyciąga ku sobie duchowe błogosławieństwo".

Nie sposób rozpoznać wieku nieśmiertelnego guru. Wygląda na młodzieńca liczącego nie więcej niż dwadzieścia pięć lat. Ma jasną karnację, jest średniej budowy i wzrostu. Piękne, mocne ciało promienieje wyraźnie widzialnym blaskiem. Ma ciemne, spokojne i łagodne oczy i długie, lśniące włosy miedzianej barwy. Niekiedy twarz Babadźiego bardzo przypomina twarz jego ucznia Lahiriego Mahaśaji. Podobieństwo jest tak uderzające, że w starszym wieku Lahiri Mahaśaja mógłby uchodzić za ojca młodzieńczo wyglądającego Babadźiego.

Swami Kebalananda, mój dawny świątobliwy nauczyciel sanskrytu, przebywał jakiś czas z Babadźim[*] w Himalajach. Opowiedział mi o nim:

– Ten niezrównany mistrz wraz z grupą uczniów przenosi się w górach z miejsca na miejsce. W niewielkim gronie jest dwóch uczniów z Ameryki, bardzo zaawansowanych na ścieżce. Spędziwszy ze swą świtą jakiś czas w jednym miejscu, Babadźi mówi: *Dera danda uthao.* (Unieśmy obóz i laskę). Nosi on symboliczną *dandę* (bambusową laskę). Słowa te to sygnał, na który grupa momentalnie przenosi się na inne miejsce. Nie zawsze stosuje on tę metodę podróży astralnej. Niekiedy wędruje pieszo ze szczytu na szczyt.

Ludzie mogą ujrzeć albo rozpoznać Babadźiego tylko wtedy, gdy on sam sobie tego życzy. Wiadomo, że ukazywał się wielbicielom w wielu ciałach, cokolwiek różnych, czasami z brodą i wąsami, czasami bez nich. Jego ciało nie podlega przemianom i nie potrzebuje pożywienia, toteż mistrz rzadko jada. Niekiedy, by okazać uprzejmość odwiedzającym go uczniom, przyjmuje owoce, ryż gotowany na mleku czy klarowane masło.

---

[*] Babadźi (czcigodny ojciec) jest tytułem powszechnie stosowanym. W Indiach ludzie zwracają się w ten sposób do wielu wybitnych nauczycieli. Żaden z nich nie jest jednak Babadźim, o którym mowa, guru Lahiriego Mahaśaji. Po raz pierwszy świat dowiedział się o istnieniu Mahawatara w 1946 r., z *Autobiografii jogina*.

Znam dwa zadziwiające wydarzenia z życia Babadźiego. Pewnego wieczoru jego uczniowie siedzieli wokół ogromnego ogniska, przy którym odprawiali święty obrzęd wedyjski. Nagle mistrz chwycił płonące polano i lekko uderzył nim w nagie ramię jednego z uczniów, siedzącego tuż przy ogniu.

– Panie, to okrutne! – zawołał obecny tam Lahiri Mahaśaja.

– Czy wolałbyś raczej, aby się na twoich oczach spalił, zgodnie z wyrokiem swojej przeszłej karmy?

Powiedziawszy to, Babadźi położył uzdrawiającą dłoń na poparzonym ramieniu ucznia.

– Uwolniłem cię dziś od bolesnej śmierci. Dzięki temu niewielkiemu cierpieniu wypełniło się prawo karmy.

Innym razem święty krąg Babadźiego naruszył obcy człowiek. Z niesłychaną zręcznością wspiął się na prawie niedostępną półkę skalną w pobliżu obozowiska mistrza.

– Panie, zapewne jesteś wielkim Babadźim! – Twarz przybysza jaśniała nieopisaną czcią. – Od miesięcy bezustannie cię szukam pośród tych złowrogich turni. Błagam cię, przyjmij mnie na ucznia!

Wielki guru nie odpowiedział, a wtedy człowiek ten wskazał na przepaść u swoich stóp, usianą głazami.

– Jeśli mi odmówisz, skoczę z tej skały. Życie straci dla mnie wartość, jeśli nie zgodzisz się mnie poprowadzić na drodze ku boskości.

– Więc skacz – odparł Babadźi nieporuszony. – Nie mogę cię przyjąć na obecnym etapie rozwoju.

Mężczyzna natychmiast rzucił się w przepaść. Babadźi nakazał wstrząśniętym uczniom, by poszli po jego ciało. Było zmasakrowane. Gdy je przynieśli, mistrz położył na nim swą boską dłoń. I oto martwy człowiek otworzył oczy, a potem padł do stóp wszechpotężnego guru.

– Teraz gotów już jesteś zostać uczniem – rzekł Babadźi, spoglądając z uśmiechem pełnym miłości na przywróconego do życia *ćelę*. – Odważnie przeszedłeś trudną próbę*. Śmierć już cię nie tknie, teraz należysz do naszego nieśmiertelnego grona.

---

* Była to próba posłuszeństwa. Gdy oświecony mistrz powiedział: „Skacz!", mężczyzna posłuchał. Gdyby się zawahał, zadałby kłam swym słowom, że życie straci dla niego wartość, jeśli Babadźi nie przyjmie go na ucznia. Wahanie pokazałoby, iż nie pokłada całkowitej ufności w guru. Dlatego próba ta, choć drastyczna i niecodzienna, w tej sytuacji doskonale spełniła swe zadanie.

Potem Babadźi jak zwykle rzucił hasło: *Dera danda uthao*, i cała grupa znikła ze szczytu góry – zakończył opowieść swami Kebalananda.

Awatar żyje we wszechobecnym Duchu. Nie istnieje dla niego odległość ani czas. Toteż tylko jeden powód skłania Babadźiego do zachowania ciała fizycznego w ciągu stuleci: pragnie on dać ludziom namacalny przykład ich własnych możliwości. Gdyby człowiekowi nigdy nie dane było ujrzeć Boskości w ciele, nadal trwałby w bolesnym złudzeniu *maji*, wierząc, że nie może przekroczyć progu śmiertelności.

Jezus od początku wiedział, jak mu się potoczy życie. Przeszedł wszystkie jego koleje nie dla siebie samego, ani z powodu konieczności karmicznej, lecz wyłącznie po to, by dźwignąć duchowo ludzkość. Czterej ewangeliści, Mateusz, Marek, Łukasz i Jan, opisali niewysłowiony dramat jego życia dla dobra późniejszych pokoleń.

Dla Babadźiego również nie istnieje względny czas: przeszłość, teraźniejszość i przyszłość. Od początku znał wszystkie etapy swego życia. Jednakże, przystosowując się do ograniczonych zdolności ludzkiego pojmowania, odegrał wiele aktów tego boskiego życia w obecności jednego lub kilku świadków. Toteż zdarzyło się, że gdy Babadźi uznał, iż dojrzał już czas, by ogłosić możliwość nieśmiertelności ciała, był przy tym jeden z uczniów Lahiriego Mahaśaji. Wielki guru wypowiedział tę obietnicę nieśmiertelności przy Ramie Gopalu Muzumdarze, po to by prawda ta się rozprzestrzeniła i stała się natchnieniem dla innych poszukujących serc. Wielkie istoty wypowiadają się i uczestniczą w pozornie naturalnym biegu wydarzeń wyłącznie dla dobra człowieka, tak jak to powiedział Chrystus: „Ojcze [...] Ja wiedziałem, że Mnie zawsze wysłuchujesz. Ale ze względu na otaczający Mnie lud to powiedziałem, aby uwierzyli, żeś Ty Mnie posłał".*

Gdy przebywałem z wizytą u Rama Gopala, świętego żyjącego bez snu**, w Ranbadźpurze, opowiedział mi on zdumiewającą historię swego pierwszego spotkania z Babadźim.

– Niekiedy opuszczałem swoją odosobnioną jaskinię i odwiedzałem w Benaresie Lahiriego Mahaśaję, aby posiedzieć u jego stóp. Pewnego razu o północy, gdy medytowałem z nim w grupie uczniów, mistrz wydał mi zaskakujące polecenie:

---

* J 11, 41-42

** Jogin, którego wszystkowidzące oko dostrzegło, że nie pokłoniłem się przed świętym kamiennym symbolem w świątyni w Tarakeśwarze (rozdz.13).

– Ramie Gopalu – rzekł – idź natychmiast na *ghat* kąpielowy Daśaswamedh.

Wkrótce dotarłem do tego odosobnionego miejsca. Noc była jasna, świecił księżyc i błyszczały gwiazdy. Posiedziałem trochę cierpliwie w milczeniu, gdy nagle moją uwagę przyciągnęła ogromna, kamienna płyta tuż przy mych stopach. Płyta powoli się podnosiła, odsłaniając podziemną jaskinię. Potem zawisła, w jakiś nieznany sposób zachowując równowagę, a z jaskini uniosła się wysoko w powietrze postać młodej, nadzwyczaj pięknej kobiety, odzianej w fałdzistą szatę. Otoczona delikatną aureolą, powoli opuściła się i stanęła przede mną nieruchomo, zatopiona w ekstazie. Po jakimś czasie poruszyła się i łagodnie przemówiła:

– Jestem Matadźi*, siostra Babadźiego. Poprosiłam go, a także Lahiriego Mahaśaję, by przyszli dziś do mojej jaskini omówić sprawę wielkiej wagi.

Nad Gangesem unosiło się przymglone światło. Dziwna jasność odbijała się w ciemnych wodach. Światło zbliżało się, aż z oślepiającym błyskiem zatrzymało się u boku Matadźi i natychmiast się skupiło, przyjmując ludzką postać Lahiriego Mahaśaji. Pochylił się on pokornie do stóp świętej kobiety.

Zanim ochłonąłem z wrażenia, znowu poraził mnie widok wirującej masy mistycznego światła szybującego po niebie. Szybko zniżywszy lot, płomienny wir zbliżył się do naszej grupki i zmaterializował się w postaci pięknego młodzieńca. Natychmiast zrozumiałem, że to Babadźi. Był podobny do Lahiriego Mahaśaji, tyle że wyglądał znacznie młodziej od swego ucznia i miał długie, jasne włosy.

Lahiri Mahaśaja, Matadźi i ja uklękliśmy u stóp wielkiego guru. Gdy dotknąłem jego boskiego ciała, nieziemskie uczucie uszczęśliwiającej czci przeniknęło każdą cząstkę mego jestestwa.

– Błogosławiona siostro – rzekł Babadźi – zamierzam porzucić ciało i zanurzyć się w Potoku Nieskończoności.

– Dostrzegłam już, że masz takie plany, umiłowany Mistrzu. Chciałam porozmawiać o tym z tobą dzisiejszej nocy. Dlaczego chcesz opuścić ciało? – Przepiękna kobieta spojrzała na niego błagalnie.

---

* „Święta Matka", Matadźi również żyje od stuleci. Jest niemal tak samo zaawansowana w rozwoju duchowym jak jej brat. Trwa w ekstazie, w ukrytej podziemnej jaskini w pobliżu *ghatu* Daśaswamedh w Benaresie.

– Cóż to za różnica, czy na oceanie mojego Ducha jestem falą widzialną, czy też niewidzialną?

Matadźi odpowiedziała dowcipnie:

– Nieśmiertelny guru, skoro to dla ciebie żadna różnica, to proszę cię, nie porzucaj ciała*.

– Niech tak będzie – rzekł uroczyście Babadźi – Nigdy nie opuszczę fizycznego ciała. Zawsze pozostanie widzialne przynajmniej dla grupki ludzi na ziemi. Pan przemówił przez twoje usta.

Gdy z czcią słuchałem rozmowy tych wzniosłych istot, wielki guru zwrócił się do mnie z życzliwym gestem.

– Nie lękaj się, Ramie Gopalu – powiedział – błogosławiony jesteś, będąc świadkiem tej obietnicy nieśmiertelności.

Gdy przebrzmiała słodka melodia głosu Babadźiego, postać jego, jak i postać Lahiriego Mahaśaji, powoli się uniosły i skierowały się z powrotem nad Ganges. Aureola oślepiającego światła otaczała ich ciała, aż zniknęli na ciemnym niebie. Matadźi spłynęła ku jaskini i się w niej skryła. Kamienna płyta opadła, jakby poruszana niewidzialną ręką.

W stanie ekstatycznego uniesienia wyruszyłem z powrotem do domu Lahiriego Mahaśaji. Przybyłem tam wczesnym świtem i pokłoniłem się przed nim. Guru uśmiechnął się do mnie porozumiewawczo.

– Szczęśliwy jestem wraz z tobą, Ramie Gopalu – rzekł. – Tak cudownie spełniło się wreszcie twoje pragnienie spotkania Babadźiego i Matadźi, które tak często wyrażałeś.

Uczniowie powiedzieli mi, że Lahiri Mahaśaja nie opuścił swego podium od mojego odejścia o północy.

– Gdy odszedłeś na *ghat* Daśaswamedh – powiedział jeden z uczniów – guru wygłosił wspaniały wykład o nieśmiertelności.

Po raz pierwszy w pełni zrozumiałem prawdę zawartą w wersetach pism świętych, że człowiek, który osiągnął samourzeczywistnienie, może się pojawiać w dwóch lub w większej liczbie ciał, w wielu miejscach równocześnie.

Później Lahiri Mahaśaja wyjaśnił mi wiele metafizycznych zagadnień dotyczących ukrytego boskiego planu dla Ziemi. Bóg wybrał

---

* Zdarzenie to przypomina nam o słowach Talesa. Ten wielki grecki filozof nauczał, że nie ma różnicy między życiem a śmiercią. „Dlaczego wobec tego nie umrzesz?" – spytał go jeden z krytyków. „Ponieważ – odparł Tales – to nie czyni żadnej różnicy".

BABADŹI,
Mahawatar, „Boska Inkarnacja", guru Lahiriego Mahaśaji

Obraz ten został namalowany według wskazówek Śri Joganandy i oddaje prawdziwy wygląd wielkiego jogina-Chrystusa współczesnych Indii.

Mahawatar Babadźi odmówił uczniom podania daty i miejsca swych narodzin. Takie fakty by go ograniczały. Od wielu wieków żyje on pośród himalajskich śniegów.

„Gdy tylko ktoś z czcią wypowie imię Babadźiego – powiedział Lahiri Mahaśaja – natychmiast przyciąga ku sobie duchowe błogosławieństwo".

Babadźiego, by pozostał w ciele przez cały okres trwania obecnego cyklu świata. Wieki nadejdą i przeminą, a nieśmiertelny* mistrz, oglądając dramat stuleci, wciąż będzie obecny na tej ziemskiej scenie – zakończył opowieść Ram Gopal.

---

* „Jeśli kto zachowa moją naukę [pozostanie nieprzerwanie w Świadomości Chrystusowej], nie zazna śmierci na wieki" (J 8, 51). Mówiąc tak, Jezus nie miał na myśli nieśmiertelnego życia w ciele – monotonnego uwięzienia, na które nie skazano by nawet grzesznika, a co dopiero świętego. Człowiek oświecony, o którym mówił Chrystus, to taki, który przebudził się ze śmiertelnego transu niewiedzy do życia wiecznego. (*Zob*. Rozdz. 43.) Człowiek jest w istocie bezcielesnym, wszechobecnym Duchem. Przymusowe, czyli karmiczne wcielenie wynika z *awidji*, niewiedzy. Hinduskie pisma święte uczą, że śmierć i narodziny są przejawami *maji*, kosmicznej ułudy. Oba stany mają znaczenie jedynie w świecie względnym.

Babadźiego nie ogranicza ciało fizyczne ani też nic nie zmusza go do przebywania na tej planecie. Zgodnie z życzeniem Boga spełnia on określoną misję dla ziemi.

Wielcy mistrzowie, tacy jak swami Pranabananda (*zob*. s. 274), powracają na ziemię w coraz to nowych wcieleniach z powodów, które znane są tylko im samym. Ich inkarnacje na tej planecie nie podlegają sztywnym ograniczeniom karmicznym. Taki dobrowolny powrót do ziemskiego życia, zwany *wjutthana*, możliwy jest wtedy, gdy *maja* przestanie już oślepiać.

Bez względu na to, czy sposób odejścia mistrza, który urzeczywistnił Boga w sobie, był naturalny czy niezwykły, mistrz taki potrafi przywrócić swe ciało do życia i pojawić się w nim przed oczyma mieszkańców ziemi. Zmaterializowanie atomów ciała fizycznego nie nadweręży mocy tego, kto jest jednym z Panem – Stwórcą niezliczonych systemów słonecznych!

„Ja życie moje oddaję, aby je [potem] znów odzyskać – oświadczył Jezus. – Nikt Mi go nie zabiera, lecz Ja od siebie je oddaję. Mam moc je oddać i mam moc je znów odzyskać" (J 10, 17-18).

Rozdział 34

Materializacja pałacu w Himalajach

— Pierwsze spotkanie Babadźiego z Lahirim Mahaśają to urocza historia i jedna z niewielu, która pozwala nam lepiej się przyjrzeć nieśmiertelnemu guru. – Te słowa swamiego Kebalanandy były wstępem do cudownej opowieści. Gdy po raz pierwszy ją usłyszałem, byłem dosłownie oczarowany. Wiele razy jeszcze przymilałem się swemu łagodnemu nauczycielowi sanskrytu, starając się go nakłonić, by ją powtórzył. Później opowiedział mi ją w zasadzie tymi samymi słowami Śri Jukteśwar. Obaj ci uczniowie Lahiriego Mahaśaji usłyszeli tę niebywałą historię bezpośrednio z ust swego guru.

– Po raz pierwszy spotkałem się z Babadźim, gdy miałem trzydzieści trzy lata – opowiadał Lahiri Mahaśaja. – Jesienią 1861 roku stacjonowałem w Danapurze jako księgowy pracujący dla rządu w Wydziale Inżynierii Wojskowej. Pewnego ranka wezwał mnie do siebie kierownik biura.

– Lahiri – powiedział – właśnie przyszedł telegram z naszej głównej kwatery. Zostanie pan przeniesiony do Ranikhetu, gdzie powstaje nowa placówka wojskowa*.

Z jednym służącym wyruszyłem w pięciusetmilową podróż. Jadąc to konno, to powozem, po trzydziestu dniach przybyliśmy do tej himalajskiej miejscowości**.

---

* Obecnie sanatorium wojskowe. Do 1861 r. rząd brytyjski ustanowił w Indiach połączenia telegraficzne.

** Ranikhet, położony w okręgu Almora Zjednoczonych Prowincji, znajduje się u stóp jednego z najwyższych himalajskich szczytów, Nanda Dewi (7817 m).

Materializacja pałacu w Himalajach

Moje obowiązki biurowe nie były uciążliwe. Mogłem spędzać wiele czasu na wędrówkach po wspaniałych górach. Doszła mnie wieść, że okolica ta cieszy się błogosławieństwem obecności wielkich świętych. Bardzo pragnąłem ich poznać. Pewnego wczesnego popołudnia, gdy tak się włóczyłem, ze zdumieniem usłyszałem głos, który z daleka wołał mnie po imieniu. Tym usilniej kontynuowałem wspinaczkę na górę Drongiri. Czułem lekki niepokój na myśl, że nie zdołam wrócić przed zapadnięciem zmroku nad dżunglą.

W końcu dotarłem do niewielkiej polany, ze wszech stron otoczonej jaskiniami. Na jednym z występów skalnych stał młody mężczyzna. Uśmiechał się, witając mnie uniesioną dłonią. Zauważyłem ze zdziwieniem, że pomijając włosy miedzianego koloru, był uderzająco podobny do mnie.

– Lahiri*, przyszedłeś! – Święty przemówił do mnie serdecznie w języku hindi. – Odpocznij tu w jaskini. To ja cię wołałem.

Wszedłem do czystej, małej groty. W środku znajdowało się kilka wełnianych koców i *kamandhulu* (miseczki na wodę).

– Lahiri, czy przypominasz sobie to siedzisko? – Jogin wskazał na złożony koc, leżący w kącie jaskini.

– Nie, panie. – Trochę oszołomiony niezwykłą przygodą dodałem: – Muszę już iść, nim zapadnie noc. Rano czeka mnie praca w biurze.

Tajemniczy święty odpowiedział po angielsku:

– Biuro zostało tu przeniesione dla ciebie, a nie ty dla biura.

Oniemiałem, słysząc, że ten leśny asceta nie tylko mówi po angielsku, ale także parafrazuje słowa Chrystusa**.

– Widzę, że mój telegram odniósł skutek. – Uwaga jogina była dla mnie niezrozumiała, zapytałem więc, co ma na myśli.

– Mówię o telegramie, który wezwał cię w te odległe strony. To ja po cichu zasiałem w umyśle twojego zwierzchnika myśl, aby cię przeniósł do Ranikhetu. Dla tego, kto czuje jedność z ludzkością, umysł każdego człowieka staje się stacją przekaźnikową, którą może się dowolnie posługiwać.

---

* Babadźi w rzeczywistości użył imienia „Gangadhar", które Lahiri Mahaśaja nosił w poprzedniej inkarnacji. Gangadhar (dosłownie „ten, który podtrzymuje Gangę, rzekę Ganges") to jedno z imion Pana Śiwy. Zgodnie z puraniczną legendą święta rzeka Ganga spłynęła z niebios. Aby ziemia nie ucierpiała pod potężnym naporem jej wód, Pan Śiwa zatrzymał je w swych splątanych włosach, skąd spłynęły już łagodnie. Metafizycznie imię Gangadhar oznacza: „ten, kto ma władzę nad «rzeką» prądu życia w kręgosłupie".

** „To szabat został ustanowiony dla człowieka, a nie człowiek dla szabatu" (Mk 2, 27).

– Dodał cicho: – Lahiri, z pewnością ta jaskinia wydaje ci się znajoma?

Gdy nadal milczałem oszołomiony, święty podszedł do mnie i uderzył mnie lekko w czoło. To magnetyczne dotknięcie sprawiło, że cudowny prąd przeszedł mi przez mózg, uwalniając słodkie wspomnienia z poprzedniego życia.

– Przypominam sobie! – Radosne łkanie prawie zdławiło mój głos. – Jesteś moim guru, Babadźim. Byłeś ze mną od zawsze! Wyraźnie pojawiają mi się w pamięci sceny z przeszłości. W poprzednim wcieleniu spędziłem wiele lat w tej jaskini! – Opanowały mnie wzruszające wspomnienia i ze łzami w oczach objąłem stopy mistrza.

– Ponad trzydzieści lat czekałem tu na ciebie, czekałem, aż powrócisz do mnie! – Głos Babadźiego brzmiał niebiańską miłością. – Wymknąłeś się i zniknąłeś we wzburzonych falach życia w zaświatach. Dotknęła cię magiczna różdżka twej karmy i odszedłeś! Ale chociaż ty straciłeś mnie z oczu, ja nigdy cię nie zgubiłem! Spieszyłem za tobą poprzez świecące morze astralne, po którym żeglują wspaniałe anioły. Przez mrok, burze, chaos i światło szedłem za tobą, strzegąc cię, jak samiczka ptaka, swego pisklęcia. Odkąd znalazłeś się w łonie matki, a potem wyłoniłeś się jako niemowlę, moje oko zawsze na tobie spoczywało. Gdy w Ghurni jako dziecko siadałeś w pozycji lotosu, zasypując piaskiem drobne ciało, niewidzialnie byłem przy tobie. Cierpliwie, miesiąc po miesiącu, rok po roku się tobą opiekowałem, czekając na dzisiejszy, wspaniały dzień. Teraz nareszcie jesteś ze mną! Patrz, oto twoja jaskinia, którą dawniej tak kochałeś! Utrzymywałem ją zawsze w czystości, gotową na twoje przybycie. Oto twój uświęcony koc, na którym codziennie siadałeś, by napełnić rozkwitające serce Bogiem. Patrz, tutaj jest twoja miseczka, z której często piłeś przygotowany przeze mnie nektar. Zobacz, jak mosiądz błyszczy, jak jest wypolerowana, żebyś znowu mógł z niej pić. Umiłowany mój, czy już rozumiesz?

– Mój guru, cóż mogę powiedzieć? – wyszeptałem zdławionym głosem. – Czy ktoś kiedykolwiek słyszał o tak nieśmiertelnej miłości? – W upojeniu wpatrywałem się w swój wieczny skarb, swego guru w życiu i śmierci.

– Lahiri, potrzebujesz oczyszczenia. Wypij oliwę z tej miseczki i połóż się na brzegu rzeki. – Praktyczna mądrość, przypomniałem sobie z lekkim uśmiechem, zawsze była u Babadźiego na pierwszym planie.

Uczyniłem tak, jak mi polecił. Chociaż zapadała lodowato zimna himalajska noc, po ciele zaczęło mi się rozchodzić przyjemne ciepło, pulsując w każdej komórce. Byłem zdumiony. Czyżby nie znana mi oliwa nasycona była kosmicznym ciepłem?

Ostry wicher, świszcząc wściekle, szalał wokół mnie w ciemności. Zimne, drobne fale rzeki Gogasz ochlapywały mi chwilami ciało, rozciągnięte na skalistym brzegu. W pobliżu ryczały tygrysy, ale w sercu nie czułem strachu. Promienna siła, która się we mnie zrodziła, dawała mi poczucie niezawodnej ochrony. Szybko minęło kilka godzin. Niejasne wspomnienia z poprzedniego życia wplotły się w cudowną świadomość odzyskanej bliskości boskiego guru.

Moje samotne rozmyślania przerwał odgłos zbliżających się kroków. Czyjaś ręka łagodnie pomogła mi powstać w ciemności i podała suche ubranie.

– Chodź, bracie – powiedział przybysz. – Mistrz cię oczekuje.

Poprowadził mnie przez las. Gdy minęliśmy zakręt na ścieżce, w oddali pojawiło się nagle mocne światło, rozświetlając ciemną noc.

– Czy to możliwe, że wschodzi już słońce? – zapytałem.– Chyba nie minęła jeszcze cała noc?

– Jest północ – mój przewodnik cicho się roześmiał. – Tamto światło to blask złotego pałacu, który zmaterializował tu dziś wieczorem niezrównany Babadźi. Niegdyś, w dalekiej przeszłości, wyraziłeś pragnienie, by nacieszyć się pięknem pałacu. Nasz mistrz spełnia teraz twoje życzenie, uwalniając cię w ten sposób od resztek karmy*. – Dodał: – W tym cudownym pałacu zostaniesz dziś wieczorem wtajemniczony w *krija-jogę*. Wszyscy obecni tu bracia łączą się w pieśni powitalnej na twoją cześć, radując się, że skończyło się twoje długie wygnanie. Patrz!

Przed nami stał ogromny, błyszczący złotem pałac. Wysadzany niezliczonymi klejnotami, położony pośród krajobrazowych ogrodów, odbijał się w spokojnych wodach sadzawek. Widok olśniewał wspaniałością. Wysokie sklepienia inkrustowane były wielkimi diamentami, szafirami i szmaragdami. Święci o anielskich obliczach stali u jaśniejących bram, czerwonawych od blasku rubinów.

Wszedłem za swym towarzyszem do obszernej sali przyjęć. W powietrzu unosił się zapach kadzidła i róż, a przydymione lampy rzucały różnobarwne światło. Uczniowie, niektórzy o jasnej, inni o ciemnej

---

* Prawo karmy wymaga, aby każde ludzkie życzenie zostało spełnione. Nieduchowe pragnienia tworzą łańcuch przykuwający człowieka do koła wcieleń.

Autobiografia jogina

JASKINIA BABADŻIEGO W HIMALAJACH

Jaskinia w pobliżu Ranikhetu, w której niekiedy przebywa Mahawatar Babadźi. Święte to miejsce przybyli odwiedzić wnuk Lahiriego Mahaśaji, Ananda Mohan Lahiri *(ubrany na biało),* i trzech innych uczniów.

skórze, siedzieli małymi grupami, melodyjnie śpiewając. Niektórzy medytowali, pogrążeni w wewnętrznym spokoju. Atmosfera wibrowała radością.

– Nasyć oczy. Rozkoszuj się artyzmem i wspaniałością pałacu, gdyż powstał on wyłącznie na twoją cześć. – Mój przewodnik uśmiechał się przyjaźnie, mnie zaś raz po raz wyrywały się okrzyki zachwytu.

– Bracie – powiedziałem – piękno tej budowli przekracza granice ludzkiej wyobraźni. Proszę cię, zdradź mi tajemnicę jej pochodzenia.

– Z przyjemnością ci to wyjaśnię. – W ciemnych oczach mojego towarzysza błyszczała mądrość. – W rzeczywistości nie ma nic niezwykłego w tej materializacji. Cały wszechświat jest projekcją myśli Stwórcy.

Materializacja pałacu w Himalajach

Ciężka bryła Ziemi unoszącej się w przestworzach jest snem Boga. Uczynił On wszystkie rzeczy ze swej myśli. Podobnie człowiek w swej sennej świadomości z pamięci powołuje do bytu i ożywia własne światy.

Najpierw Bóg stworzył pojęcie Ziemi. Następnie je ożywił: powstała energia, a z niej atomy materii. Powiązał ze, sobą atomy w twardą kulę. Wszystkie jej cząsteczki trzymają się razem z woli Boga. Gdy zechce, nastąpi ich dezintegracja: Ziemia znowu zamieni się w energię. Energia powróci do swego źródła: świadomości. Idea Ziemi zniknie ze sfery obiektywnego istnienia.

To podświadoma myśl śniącego utrzymuje substancję snu w zmaterializowanej postaci. Gdy w chwili obudzenia się spoiwo myśli znika, znika i sen, wszystkie jego elementy. Człowiek zamyka oczy i stwarza senny twór, który po przebudzeniu bez trudu dematerializuje. Naśladuje boski pierwowzór. Podobnie, gdy się przebudzi w świadomości kosmicznej, bez wysiłku zdematerializuje wszechświat – swój kosmiczny majak.

Babadźi, zestrojony z nieskończoną, wszechwładną Wolą, może nakazać atomom żywiołów, by się połączyły i przejawiły w dowolnej postaci. Ten złoty pałac, stworzony w jednej chwili, jest rzeczywisty – w tym samym sensie jak rzeczywista jest Ziemia. Babadźi stworzył tę przepiękną budowlę ze swej myśli i utrzymuje wiązania atomów potęgą woli, podobnie jak myśl Boga stworzyła Ziemię, a Jego wola ją podtrzymuje. – Po chwili dodał: – Gdy pałac spełni swoje zadanie, Babadźi go zdematerializuje.

Milczałem przejęty czcią. Mój przewodnik wskazał na budowlę szerokim gestem:

– Ten lśniący, przepięknie przyozdobiony klejnotami pałac, nie został zbudowany ludzkim wysiłkiem. Złota ani drogich kamieni nie wydobywano z trudem. Stoi on mocno, stanowiąc monumentalne wyzwanie dla człowieka*. Ktokolwiek urzeczywistni siebie jako syn Boży, tak jak uczynił to Babadźi, osiągnie każdy cel, dzięki nieskończonym mocom wewnętrznym. Zwykły kamień zawiera w sobie tajemnicę niesłychanie wielkiej energii atomowej**, a cóż dopiero człowiek – najmarniejszy śmiertelnik to elektrownia boskiej potęgi.

---

* „Czymże jest cud? – To wyrzut, to milcząca satyra na ludzkość". – Edward Young w *Night Thoughts* (Nocne myśli)

** Teoria atomowej budowy materii została wyłożona w starożytnych traktatach hinduskich *Wajśeszika* i *Njaja*. „We wnętrzu każdego atomu znajdują się ogromne światy, tak liczne i różnorodne jak pyłki w promieniach słońca". – *Joga Wasisztha*

Mędrzec podniósł z pobliskiego stołu wykwintny wazon, którego ucho skrzyło się od diamentów.

– Nasz wielki guru stworzył ten pałac, skupiając w stan stały miliardy swobodnych promieni kosmicznych – mówił dalej. – Dotknij wazonu i diamentów, przejdą one każdą próbę doznań zmysłowych.

Dotknąłem wazonu i przesunąłem ręką po gładkich ścianach sali, pokrytych grubą warstwą błyszczącego złota. Każdy z drogocennych kamieni, którymi były obficie inkrustowane, godny był królewskiego skarbca. Wypełniło mnie głębokie zadowolenie. Poczułem, że tłumione pragnienie, przez wiele żywotów skryte w podświadomości, zostało zaspokojone i opuściło mnie raz na zawsze.

Mój dostojny towarzysz poprowadził mnie ozdobnie sklepionymi korytarzami do komnat o bogatym wystroju cesarskiego pałacu. Weszliśmy do ogromnej sali. Pośrodku stał złoty tron wysadzany klejnotami, olśniewającymi całą gamą barw. Na nim, w pozycji lotosu, siedział Najwyższy Babadźi. Ukląkłem na błyszczącej posadzce u jego stóp.

– Lahiri, czy nadal jeszcze żyjesz marzeniem o złotym pałacu? – Oczy guru błyszczały jak wyczarowane przez niego szafiry. – Obudź się! Za chwilę wszystkie twoje doczesne pragnienia znikną na zawsze. – Wyszeptał jakieś mistyczne słowa błogosławieństwa. – Powstań, mój synu. Przyjmij wtajemniczenie w królestwo Boże poprzez *krija-jogę*.

Babadźi wyciągnął rękę. Ukazał się ogień ofiarny (*homa*), otoczony owocami i kwiatami. Przed tym płonącym ołtarzem otrzymałem inicjację do jogi wyzwolenia.

Rytuał zakończył się o wczesnym świcie. W uniesieniu nie czułem potrzeby snu i chodziłem po pałacu, pełnym skarbów i znakomitych dzieł sztuki.

Zszedłszy do ogrodów, zauważyłem niedaleko te same jaskinie i nagie występy górskie, których wczoraj wcale nie było widać w pobliżu pałacu i kwietnych tarasów.

Powróciłem do pałacu błyszczącego w promieniach zimnego himalajskiego słońca, i odszukałem mistrza. Nadal siedział na tronie, otoczony przez wielu uczniów, pogrążonych w ciszy.

– Lahiri, jesteś głodny – powiedział Babadźi. – Zamknij oczy.

Gdy je otworzyłem, zachwycającego pałacu i ogrodów już nie było. Ja sam, Babadźi i uczniowie siedzieliśmy teraz na gołej ziemi, w tym samym miejscu, gdzie przedtem znajdował się pałac, niedaleko od oświetlonych słońcem wejść do skalnych grot. Przypomniałem sobie, że mój przewodnik powiedział, iż pałac zostanie zdematerializowany, a uwolnione atomy zamienią się w myśl, z której powstały. Chociaż oszołomiony, ufnie spoglądałem na guru. Nie wiedziałem, czego jeszcze się spodziewać w tym dniu cudów.

– Cel, w którym stworzyłem pałac, został osiągnięty – wyjaśnił Babadźi. Podniósł z ziemi gliniane naczynie. – Włóż w nie rękę i wyciągnij sobie danie, na jakie masz ochotę.

Gdy tylko dotknąłem szerokiej, pustej miski, wypełniła się po brzegi gorącymi, smażonymi na maśle *lući*, curry i wybornymi słodyczami. Jadłem i widziałem jednocześnie, że naczynie stale pozostawało pełne. Kończąc posiłek, rozejrzałem się za wodą. Guru wskazał na miskę: jedzenie zniknęło! Zamiast niego była w niej woda, czysta jak z górskiego potoku.

– Niewielu śmiertelników wie, że królestwo Boże oznacza także spełnienie ziemskich potrzeb – zauważył Babadźi. – Sfera boska rozciąga się na ziemską, ale ta druga, jako złudna, nie może zawierać w sobie esencji Rzeczywistości.

– Umiłowany guru, ubiegłej nocy pokazałeś mi, jak się łączy piękno nieba i ziemi! – Uśmiechnąłem się na wspomnienie pałacu. Z pewnością żaden zwykły jogin nie otrzymał inicjacji we wzniosłe tajemnice Ducha w otoczeniu tak niebywałych luksusów. Patrzyłem spokojnie na obecną scenerię, tak kontrastowo inną. A jednak goła ziemia, dach błękitnego nieba, jaskinie oferujące proste schronienie, wszystko to wydawało się przyjemnym, naturalnym tłem dla otaczających mnie seraficznych świętych.

Tego popołudnia siedziałem na kocu, uświęconym pamięcią poprzedniego życia i wiedzą, jaką wtedy zdobyłem. Boski guru podszedł do mnie i przesunął mi rękę nad głową. Wszedłem w *nirbikalpa samadhi* i pozostawałem w stanie szczęśliwości przez siedem dni bez przerwy. Przenikając kolejne warstwy samowiedzy, zgłębiałem obszary Rzeczywistości, gdzie nie ma śmierci. Odpadły wszelkie złudne ograniczenia. Dusza moja ostatecznie spoczęła na ołtarzu Wszechducha. Ósmego dnia upadłem do stóp guru i błagałem go, by na zawsze zatrzymał mnie przy sobie na świętym pustkowiu.

– Mój synu – odparł Babadźi, obejmując mnie – w tej inkarnacji musisz odegrać swoją rolę na arenie publicznej. Mając za sobą błogosławieństwo wielu żywotów spędzonych na medytacji w odosobnieniu, teraz musisz wejść między ludzi.

To nie przypadek, że tym razem nie spotkałeś mnie wcześniej, zanim podjąłeś pewne obowiązki rodzinne i zawodowe. Stoi za tym głęboki zamysł. Musisz porzucić myśl o przyłączeniu się do naszej sekretnej grupy w Himalajach. Twoje życie ma płynąć w tłumnym mieście, gdzie posłużysz za przykład doskonałego jogina, będącego zarazem głową rodziny.

Wołania wielu zagubionych ludzi tego świata, mężczyzn i kobiet, dosięgły uszu Wielkich Istot – kontynuował Babadźi. – Zostałeś wybrany, by nieść duchową pociechę licznym szczerze poszukującym. Dokonasz tego dzięki *krija-jodze*. Miliony ludzi, obarczonych więzami rodzinnymi i trudnymi obowiązkami doczesnymi, dzięki tobie nabiorą otuchy, gdyż jesteś człowiekiem świeckim, tak jak oni. Musisz im pokazać, że najwyższe osiągnięcia jogi nie są niedostępne człowiekowi związanemu rodziną. Nawet prowadząc życie świeckie, jogin, który sumiennie spełnia swe obowiązki, nie kierując się względami osobistymi ani przywiązaniami, pewnie kroczy ścieżką oświecenia.

Nie ma konieczności, byś się wycofał ze świata, ponieważ wewnętrznie już się wyzwoliłeś z wszelkich więzów karmicznych. Nie będąc z tego świata, musisz jednak w nim żyć. Czeka cię jeszcze wiele lat, w ciągu których powinieneś rzetelnie wypełniać powinności rodzinne, zawodowe, obywatelskie i duchowe. Słodkie, nowe tchnienie boskiej nadziei przeniknie wyschłe serca ludzi. Przykładem własnego harmonijnego życia pokażesz im, że wyzwolenie zależy bardziej od wewnętrznych niż zewnętrznych wyrzeczeń – zakończył Babadźi.

Jakże daleka wydawała mi się moja rodzina, biuro, świat, gdy słuchałem swego guru na wysokim himalajskim pustkowiu. Niemniej jednak w jego słowach brzmiała prawda twarda jak diament. Pokornie zgodziłem się opuścić tę błogosławioną przystań pokoju. Babadźi pouczył mnie o prastarych, ścisłych regułach, rządzących przekazywaniem uczniowi sztuki jogi.

– Obdarzaj sztuką *kriji* tylko uczniów do tego przygotowanych – rzekł. – Tylko ten, kto ślubuje poświęcić wszystko, by szukać boskości, godny jest rozwikłania ostatecznych tajemnic życia, dzięki nauce medytacji.

– Anielski guru, skoro dzięki twojej łasce ludzkość odzyskała utraconą sztukę *kriji*, czy nie zechcesz spotęgować jej dobrodziejstwa, łagodząc surowe zasady przyjmowania uczniów? – Spojrzałem błagalnie na Babadźiego. – Proszę cię, pozwól mi przekazywać *kriję* wszystkim poszukującym, nawet jeśli z początku nie potrafią się oni

zdobyć na całkowite wewnętrzne wyrzeczenie. Udręczeni ludzie, nękani trojakim cierpieniem*, szczególnie potrzebują otuchy. Być może, nigdy nie wejdą na drogę ku wolności, jeśli im się odmówi wtajemniczenia w *kriję*.
 – Niech tak będzie. Przemówił przez ciebie głos samego Boga. Przekazuj *kriję* wszystkim, którzy z pokorą poproszą o pomoc – odparł miłosierny guru**.
 Po chwili milczenia Babadźi dodał:
 – Powtarzaj każdemu z uczniów wspaniałą obietnicę z *Bhagawadgity****: *Swalpamapjasja dharmasja, trajate mahato bhajat*. [Nawet odrobina *dharmy* (obrzędów religijnych i słusznego działania) uchroni cię przed ogromem lęku (*mahato bhajat*) – dojmującym cierpieniem, które jest nieodłącznie związane z kołem wcieleń].
 Następnego ranka uklęknąłem u stóp Babadźiego, by otrzymać jego pożegnalne błogosławieństwo. Wyczuł, jak bardzo nie chcę go opuścić.

---

* Fizycznemu, psychicznemu i duchowemu: cierpienie to objawia się odpowiednio chorobą, zaburzeniami czy kompleksami psychicznymi i niewiedzą.

** Pierwotnie Babadźi udzielił pozwolenia na nauczanie *krija-jogi* tylko Lahiriemu Mahaśaji. Jogawatar poprosił wtedy, by Babadźi zezwolił na to także kilku jego uczniom. Babadźi zgodził się, postanawiając jednocześnie, że w przyszłości prawo do nauczania będą miały jedynie osoby zaawansowane na ścieżce *kriji*, którym udzielił tego prawa sam Lahiri Mahaśaja, i te, które uzyskają je od osób wyznaczonych przez prawowitych uczniów Jogawatara. Pełen współczucia, Babadźi obiecał, że bierze na siebie odpowiedzialność za powodzenie w rozwoju duchowym, w kolejnych żywotach, wszystkich wiernych i lojalnych *krija-joginów*, których inicjowali upoważnieni do tego nauczyciele *kriji*.
 Od osób inicjowanych przez nauczycieli Self-Realization Fellowship i Yogoda Satsanga Society of India wymaga się, by podpisali zobowiązanie, że nikomu nie zdradzą techniki *kriji*. W ten sposób chroni się tę prostą, lecz precyzyjną technikę przed zmianami i zniekształceniami, jakim mogłaby ulec, gdyby nauczali jej nieuprawnieni nauczyciele.
 Chociaż Babadźi odstąpił od pierwotnych wymagań: ascezy i wyrzeczenia, po to, by z dobrodziejstwa *krija-jogi* mogły korzystać masy, to jednak wymagał od Lahiriego Mahaśaji i następców z jego linii (linii Guru SRF i YSSI), by każdy, kto pragnie uzyskać inicjację w *krija-jogę* przeszedł wstępny okres nauk i ćwiczeń duchowych, przygotowujący do praktyki *krija-jogi*. Praktykowania bardzo zaawansowanej techniki, jaką jest *krija*, nie da się pogodzić z chaotycznym życiem duchowym. *Krija-joga* to coś więcej niż technika medytacyjna. To również styl życia i dlatego od inicjowanego wymaga się przestrzegania dyscypliny i nakazów duchowych. Self-Realization Fellowship i Yogoda Satsanga Society of India wiernie stosują się do nauk przekazanych przez Babadźiego, Lahiriego Mahaśaję, Śri Jukteśwara i Paramahansę Joganandę. Techniki *Hong-So* i *Aum*, nauczane w *Lekcjach* SRF i YSS i przez uprawnionych nauczycieli jako wstęp do *krija-jogi*, stanowią integralną część ścieżki *krija-jogi*. Bardzo skutecznie podnoszą świadomość aż do poziomu samourzeczywistnienia i wyzwalają duszę z niewoli (*przyp. wydawcy amerykańskiego*).

*** *Nauka druga*, 40.

– Dla nas nie istnieje rozłąka, ukochane dziecko. – Dotknął z miłością mojego ramienia. – Gdziekolwiek będziesz, zjawię się natychmiast, gdy tylko mnie wezwiesz.

Pocieszony tą cudowną obietnicą i bogaty w złoto nowo znalezionej mądrości Bożej, zszedłem z gór do Ranikhetu. W biurze powitali mnie koledzy, którzy od dziesięciu dni myśleli, że się zgubiłem w himalajskich dżunglach. Wkrótce przyszedł list z głównej kwatery: „Lahiri – napisano w nim – powinien powrócić do biura w Danapurze. Przeniesiono go do Ranikhetu przez pomyłkę. Do pracy w Ranikhecie miano posłać kogo innego".

Uśmiechnąłem się, rozmyślając o tajemnym splocie wydarzeń, które doprowadziły mnie do tego najodleglejszego zakątka Indii.

Przed powrotem do Danapuru* spędziłem kilka dni u pewnej bengalskiej rodziny w Moradabadzie. Na moje powitanie zebrało się sześciu przyjaciół. Gdy skierowałem rozmowę na tematy duchowe, mój gospodarz zauważył ponuro:

– Ach, nie ma już teraz świętych w Indiach!

– Babu – zaprotestowałem gorąco – oczywiście nadal są tutaj wielcy mistrzowie!

Porwany zapałem, opowiedziałem im o swych cudownych przeżyciach w Himalajach. Jednakże wszyscy obecni okazali uprzejme niedowierzanie.

– Lahiri – powiedział jeden z mężczyzn pojednawczo – w rozrzedzonym powietrzu górskim twój umysł działał zapewne w wielkim napięciu. To, co nam opowiedziałeś, przypomina raczej sen na jawie.

Płonąc entuzjazmem dla prawdy, powiedziałem bez należytego zastanowienia:

– Jeśli wezwę guru, zaraz się pojawi w tym domu!

Wszystkie oczy zabłysły zainteresowaniem. Nic dziwnego, że zebrani pragnęli zobaczyć takie zjawisko. Już nie tak chętnie poprosiłem o zaciszny pokój i dwa wełniane koce.

– Mistrz zmaterializuje się z eteru – powiedziałem. – Poczekajcie w milczeniu za drzwiami, wkrótce was zawołam.

Pogrążyłem się w medytacji i pokornie wezwałem guru. Przyciemniony pokój wypełnił się niebawem mglistą, księżycową poświatą.

---

* Miasto w pobliżu Benaresu.

Wyłoniła się z niej jaśniejąca postać Babadźiego.
– Lahiri, wzywasz mnie dla takiej błahostki? – Mistrz patrzył na mnie surowo. – Prawda jest dla osób poważnie poszukujących, a nie dla tych, którymi powoduje próżna ciekawość. Łatwo uwierzyć w to, co widzialne. Zbędne są wtedy duchowe poszukiwania. Prawdę ponadzmysłową odkrywają ci, którzy przezwyciężają swój naturalny, materialistyczny sceptycyzm – to oni na nią zasługują. – Dodał poważnie: – Pozwól, że odejdę.

Upadłem z błaganiem do jego stóp.

– Święty guru, rozumiem, że popełniłem poważny błąd. Pokornie proszę cię o przebaczenie. Ośmieliłem się cię wezwać, by zaszczepić wiarę w tych duchowo ślepych umysłach. Skoro łaskawie zjawiłeś się na moją prośbę, to proszę cię, nie odchodź bez udzielenia błogosławieństwa moim przyjaciołom. Chociaż niewierzący, przynajmniej pragnęli przekonać się, czy moja dziwna opowieść jest prawdziwa.

– Dobrze, na chwilę zostanę. Nie chcę dyskredytować twoich słów wobec przyjaciół. – Twarz Babadźiego złagodniała, jednak dodał spokojnie:

– Odtąd, mój synu, będę przychodził, gdy będziesz mnie potrzebował, a nie na każde twoje wezwanie*.

Gdy otworzyłem drzwi, w grupce czekających panowała pełna napięcia cisza. Jakby nie wierząc swym zmysłom, przyjaciele wpatrzyli się w świetlistą postać siedzącą na kocu.

– To zbiorowa hipnoza – hałaśliwie roześmiał się jeden z mężczyzn. – Niemożliwe, by ktoś wszedł do tego pokoju bez naszej wiedzy.

Babadźi zbliżył się do nich z uśmiechem i gestem zachęcił każdego, by dotknął jego ciepłego, materialnego ciała. Wątpliwości zostały rozproszone i przyjaciele rzucili się przed nim na podłogę, skruszeni i pełni czci.

– Proszę, przygotujcie *haluę***. – Wiedziałem, że Babadźi poprosił o to, by tym bardziej przekonać obecnych o swym realnym istnieniu. Póki kaszka się gotowała, boski guru toczył ze wszystkimi uprzejmą

---

* Na ścieżce ku Nieskończonemu nawet oświeceni mistrzowie, tacy jak Lahiri Mahaśaja, mogą być nadmiernie żarliwi i spotkać się w związku z tym z naganą. W *Bhagawadgicie* wiele jest fragmentów, w których boski guru Kryszna upomina Ardźunę, księcia swych wiernych wielbicieli.

** Gęsta potrawa z kaszki pszennej smażonej na maśle i gotowanej na mleku z cukrem.

Autobiografia jogina

pogawędkę. Dokonała się wielka przemiana owych niewiernych Tomaszów w oddanych Bogu Pawłów. Po posiłku Bababdźi pobłogosławił kolejno każdego z nas. Potem nastąpił nagły błysk: staliśmy się świadkami momentalnej dematerializacji ciała Babadźiego w rozprzestrzeniające się, mgliste światło. Eteryczne atomy, które składały się na ciało mistrza, zostały uwolnione. Wola mistrza, zestrojona z wolą Boga, przestała je podtrzymywać: tryliony subtelnych iskierek energii życia bezzwłocznie powróciły do nieskończonego źródła.

– Na własne oczy ujrzałem zwycięzcę śmierci – rzekł z czcią Majtra*, jeden z obecnych. Twarz miał przeistoczoną, promieniał radością nagłego przebudzenia. – Najwyższy guru igrał z czasem i przestrzenią, tak jak małe dziecko bawi się puszczaniem baniek mydlanych. Oglądałem istotę posiadającą klucze do nieba i ziemi!

– Niebawem wróciłem do Danapuru. Mocno utwierdzony w Duchu, podjąłem na nowo liczne obowiązki zawodowe i rodzinne – zakończył opowieść Lahiri Mahaśaja.

Lahiri Mahaśaja opowiedział swamiemu Kebalanandzie i Śri Jukteśwarowi o jeszcze jednym spotkaniu z Babadźim. Miało ono miejsce w okolicznościach, które uzasadniały obietnicę guru: „Będę przychodził, gdy będziesz mnie potrzebował".

– Działo się to podczas *Kumbhameli* w Allahabadzie – opowiadał Lahiri Mahaśaja uczniom. – Spędzałem tam krótki urlop. Gdy chodziłem pośród tłumu mnichów i sadhu, którzy przybyli z dalekich stron, aby uczestniczyć w świętych uroczystościach, zauważyłem pomazanego popiołem ascetę, który wyciągał przed siebie żebraczą miseczkę. Przyszło mi do głowy, że człowiek ten to hipokryta, gdyż nosi zewnętrzne symbole wyrzeczenia, lecz nie jest obdarzony wewnętrzną łaską. Ledwie go minąłem, ze zdumieniem spostrzegłem Babadźiego. Klęczał przed owym pustelnikiem o zmierzwionych włosach.

– Gurudźi! – Pospieszyłem ku niemu. – Co tutaj robisz?

– Myję stopy tego ascety, a potem wyczyszczę jego naczynia. – Babadźi uśmiechnął się do mnie jak małe dziecko. Pojąłem, iż dawał mi

---

* Maitra Mahaśaja, o którym wspomina tu Lahiri Mahaśaja, osiągnął później bardzo wysoki poziom samourzeczywistnienia. Spotkałem Maitrę Mahaśaję wkrótce po ukończeniu szkoły średniej. Odwiedził on aśram Mahamandal w Benaresie, w którym wtedy mieszkałem. Opowiedział mi o zmaterializowaniu się Babadźiego w obecności grupki ludzi w Moradabadzie. „Wskutek tego cudu – wyjaśnił mi Majtra Mahaśaja – zostałem na całe życie uczniem Lahiriego Mahaśaji".

do zrozumienia, żebym nikogo nie krytykował, lecz dostrzegał, że Bóg jest jednako obecny w każdej świątyni ciała, bez względu na stopień rozwoju człowieka. Wielki guru dodał:

– Posługując i mądrym, i ciemnym sadhu, uczę się największej z cnót, która podoba się Bogu ponad wszystkie inne – pokory*.

---

* „[On] zniża się, by oglądać i niebo i ziemię" (Ps 113, 6). Przekład z *The Bible, Authorised Version*, Londyn 1963. „Kto się wywyższa, będzie poniżony, a kto się poniża, będzie wywyższony" (Mt 23, 12).
    Poniżyć ego, czyli złudne ja, to odkryć swą tożsamość wieczną.

Rozdział 35

Chrystusowe życie Lahiriego Mahaśaji

„Tak godzi się nam wypełnić wszystko, co sprawiedliwe"*. Słowa te wypowiedział Jezus do Jana Chrzciciela, prosząc go o chrzest. Tym samym wyraził, że uznaje boskie prawa swego guru.

Na podstawie studiów nad Biblią z punktu widzenia duchowej wiedzy Wschodu** i poznania intuicyjnego doszedłem do przekonania, że Jan Chrzciciel był w przeszłych żywotach wielkim guru Chrystusa. Liczne ustępy Biblii sugerują, że Jan był Elidżą, a Jezus uczniem Elidży, Eliszą. Tak czyta się ich imiona w Starym Testamencie. Greccy tłumacze zapisali je jako Elias i Eliseus (w jęz. polskim: Eliasz i Elizeusz – *dop. tłum.*) i w takiej postaci występują one w Nowym Testamencie.

Ostatni ustęp Starego Testamentu jest proroctwem odrodzenia się Eliasza i Elizeusza: „Oto ja poślę wam proroka Eliasza przed nadejściem dnia Pańskiego, dnia wielkiego i strasznego"***. Tak więc Jan (Eliasz), posłany „przed nadejściem dnia Pańskiego", urodził się nieco wcześniej niż Jezus, aby być Jego zwiastunem. Zachariaszowi ukazał się anioł

---

* Mt 3, 15

** Wiele ustępów Biblii świadczy o rozumieniu i akceptowaniu prawa reinkarnacji. Cykle reinkarnacyjne stanowią bardziej racjonalne wyjaśnienie różnych poziomów ewolucji, na których znajduje się ludzkość, niż przyjęta obecnie na Zachodzie teoria, według której „coś" (świadomość „ja") wyłania się z niczego, istnieje z różnym zasobem pragnień przez 30 lub 90 lat, po czym powraca do pierwotnej próżni. Niepojęta natura takiej próżni to problem mogący radować serca średniowiecznych scholastyków.

*** Ml 3, 23

i zaświadczył, że syn Jan, który mu się urodzi, to nikt inny, tylko właśnie Elidża (Eliasz).

„Lecz anioł rzekł do niego: Nie bój się, Zachariaszu! Twoja prośba została wysłuchana: żona twoja Elżbieta urodzi ci syna, któremu nadasz imię Jan. [...] Wielu spośród synów Izraela nawróci do Pana, Boga ich; on sam pójdzie przed Nim* *w duchu i mocy Eliasza*, żeby serca ojców nakłonić ku dzieciom, a nieposłusznych – do usposobienia sprawiedliwych, by przygotować Panu lud doskonały"**.

Jezus dwukrotnie w jednoznaczny sposób wskazał na Elidżę (Eliasza) jako na Jana. „Eliasz już przyszedł, a nie poznali go [...]. Wtedy uczniowie zrozumieli, że mówił im o Janie Chrzcicielu"***. Drugim razem powiedział: „Wszyscy bowiem, Prorocy i Prawo prorokowali aż do Jana. A jeśli chcecie przyjąć, to on jest Eliaszem, który ma przyjść"****.

Gdy Jan zaprzeczył, że jest Eliaszem (Elidżą)*****, chciał w ten sposób zaznaczyć, że nie przychodzi teraz jako znany i dostojny Elidża, wielki guru, lecz w skromnej szacie Jana. W poprzedniej inkarnacji przekazał „płaszcz" swej chwały i duchową moc swemu uczniowi Eliszy. „Elizeusz zaś powiedział: Niechby – proszę – dwie części twego ducha przeszły na mnie!' On zaś odrzekł: 'Trudnej rzeczy zażądałeś. Jeżeli mnie ujrzysz, jak wzięty będę od ciebie, spełni się twoje życzenie, jeśli zaś nie [ujrzysz], nie spełni się.' [...] i podniósł płaszcz Eliasza, który spadł z góry na niego. [...] Duch Eliasza spoczął na Elizeuszu"******.

Role się odwróciły, ponieważ Elizeusz-Jezus, osiągnąwszy boską doskonałość, nie potrzebował już Eliasza-Jana jako widzialnego guru.

Podczas przemienienia Chrystusa na górze obecni byli jego guru Eliasz i Mojżesz*******. Także w ostatniej chwili swej męki na krzyżu Jezus wykrzyknął Boże imię: „Eli, Eli, lema sabachthani?, to znaczy: Boże mój, Boże mój, czemuś mnie opuścił? Słysząc to, niektórzy ze stojących tam mówili: On Eliasza woła. [...] Lecz inni mówili: Poczekaj!

---

* „Przed Nim", tzn. przed Panem.
** Łk 1, 13-17
***Mt 17, 12-13
**** Mt 11, 13-14
***** J 1, 21
****** 2 Krl 2, 9-13
*******Mt 17, 3

Zobaczymy, czy przyjdzie Eliasz, aby Go wybawić"*.

Ponadczasowa więź, jaka istnieje między guru a uczniem, łączyła tak samo Jana i Jezusa, jak Babadźiego i Lahiriego Mahaśaję. Troszcząc się czule o swego ucznia, nieśmiertelny guru przepłynął burzliwe wody otchłani, w której ów przebywał między dwoma ostatnimi żywotami, a potem kierował kolejnymi krokami dziecka, aż wyrosło na mężczyznę. Dopiero gdy Lahiri Mahaśaja osiągnął wiek trzydziestu trzech lat, Babadźi uznał, że nadeszła pora, by jawnie odnowić ich nierozerwalny związek.

Tuż potem, po krótkim spotkaniu w górach nad Ranikhetem, mistrz, wolny od egoizmu, odesłał od siebie ukochanego ucznia, by spełniał swą misję w świecie. „Mój synu, przyjdę, ilekroć będziesz mnie potrzebował". Jakiż śmiertelnik zdołałby dotrzymać tak niesłychanej obietnicy miłości?

W 1861 roku, choć ogół społeczeństwa nie był tego świadomy, w odległym zakątku Benaresu rozpoczęło się wielkie duchowe odrodzenie. Podobnie jak nie można stłumić zapachu świeżego kwiatu, tak Lahiri Mahaśaja, żyjący spokojnie jako idealny ojciec rodziny, nie mógł ukryć swej chwały. Do wyzwolonego mistrza ze wszystkich stron Indii poczęli ściągać uczniowie, jak pszczoły do boskiego nektaru.

Dyrektor biura, Anglik, jako jeden z pierwszych zauważył dziwną, metafizyczną zmianę, jaka zaszła w jego podwładnym, Lahirim Mahaśaji. Zwał go on przyjaźnie Ekstatycznym Babu.

Pewnego ranka Lahiri Mahaśaja zwrócił się do niego ze współczuciem:

– Wydaje się pan smutny. Czy coś się stało?

– Moja żona w Anglii jest ciężko chora. Bardzo się niepokoję.

– Przyniosę panu jakieś wieści o niej. – Lahiri Mahaśaja wyszedł z pokoju i usiadł na krótko w odosobnionym miejscu. Po powrocie uśmiechnął się pocieszająco.

– Stan pańskiej żony się poprawia. Właśnie pisze do pana list. – Wszechwiedzący jogin przytoczył kilka fragmentów listu.

– Ekstatyczny Babu, wiem już, że nie jest pan zwykłym człowiekiem. Nie mogę jednak uwierzyć, że potrafi pan na życzenie pokonać czas i przestrzeń!

Niebawem przyszedł zapowiedziany list. Dyrektor przekonał się ze zdumieniem, że rzeczywiście zawiera on dobrą wiadomość o powrocie żony do zdrowia, a ponadto te same zdania, które Lahiri Mahaśaja

---
*Mt 27, 46-49

przytoczył przed kilkoma tygodniami.

Po kilku miesiącach żona dyrektora przyjechała do Indii. Gdy spotkała Lahiriego Mahaśaję, spojrzała na niego z czcią.

– Proszę pana – powiedziała – to pana postać, otoczoną przepięknym światłem, widziałam przy swoim łóżku w Londynie! Było to kilka miesięcy temu, gdy leżałam poważnie chora. Ale gdy tylko się pan pojawił, zostałam natychmiast uzdrowiona! Niedługo potem mogłam przedsięwziąć długą podróż morską do Indii.

Dzień za dniem wielki guru inicjował jedną lub dwie osoby w *krija-jogę*. Oprócz pełnienia obowiązków duchowych, zawodowych i rodzinnych mistrz z entuzjazmem zajmował się edukacją. Organizował liczne kółka studyjne i aktywnie uczestniczył w rozbudowie wielkiej szkoły średniej w benareskiej dzielnicy Bangalitola. Na cotygodniowych zajęciach, które nazwano „Spotkaniami z *Gitą*", guru objaśniał pisma święte wielu zapalonym poszukiwaczom prawdy.

Prowadząc tak wszechstronną działalność, Lahiri Mahaśaja pokazywał, że możliwe jest rozwiązanie powszechnie występującego problemu: jak, przy tylu zawodowych i społecznych obowiązkach, znaleźć czas na głęboką medytację? Harmonijne, zrównoważone życie wielkiego guru, będącego zarazem głową rodziny, stało się natchnieniem dla tysięcy poszukujących serc. Utrzymujący się oszczędnie ze skromnej pensji, nie zwracający na siebie uwagi, przystępny dla wszystkich, mistrz prowadził proste i szczęśliwe życie w zewnętrznym świecie.

Chociaż skrycie przebywał w siedzibie Najwyższego, Lahiri Mahaśaja okazywał szacunek wszystkim ludziom, niezależnie od stopnia ich zasług. Gdy uczniowie pochylali mu się do stóp, odpowiadał takim samym pokłonem. Z dziecięcą pokorą mistrz często dotykał stóp innych ludzi, rzadko jednak pozwalał, by jemu oddawano podobną cześć, chociaż okazywanie jej guru to odwieczny obyczaj Wschodu.

Życie Lahiriego Mahaśaji miało wyjątkową wagę także dlatego, że udzielał daru inicjacji w *krija- jogę* ludziom wszystkich wyznań. Wśród jego ukochanych uczniów byli nie tylko wyznawcy hinduizmu, lecz także muzułmanie i chrześcijanie. Uniwersalny guru przyjmował i nauczał bez różnicy monistów i dualistów, ludzi każdej wiary, a także tych nie utwierdzonych w żadnej wierze. Jednym z jego najbardziej zaawansowanych uczniów był muzułmanin Abdul Gafur Khan. Dowodzi to wielkiej odwagi Lahiriego Mahaśaji. Choć sam należał do najwyższej bramińskiej kasty, odważnie przeciwstawiał się kastowej bigoterii swych czasów. Pod

LAHIRI MAHAŚAJA
(1828-1895),

Jogawatar, „Inkarnacja Jogi"; uczeń Babadźiego; guru Śri Jukteśwara; Odnowiciel starożytnej nauki *krija-jogi* we współczesnych Indiach

skrzydłami wszechobecnego mistrza znajdowali schronienie ludzie ze wszystkich warstw społecznych. Jak wszyscy natchnieni przez Boga prorocy, Lahiri Mahaśaja dawał nową nadzieję biednym i uciskanym.

– Zawsze pamiętaj, że nie jesteś niczyją własnością, nikt też nie należy do ciebie. Pamiętaj, że pewnego dnia będziesz musiał nagle zostawić wszystko na tym świecie. Dlatego zawrzyj znajomość z Bogiem już teraz – mówił wielki guru. – Przygotowuj się do pośmiertnej podróży astralnej, jaka cię czeka, codziennie podnosząc świadomość i oglądając Boga. Wskutek ułudy postrzegasz siebie jako zlepek ciała i kości, który w najlepszym razie jest źródłem kłopotów*. Medytuj nieustannie, abyś szybko poznał siebie jako Nieskończoną Esencję, wolną od każdej postaci cierpienia. Przestań być więźniem ciała. Stosując tajemny klucz *kriji*, ucz się chronić w Duchu.

Mistrz zachęcał uczniów, by trzymali się dobrej, tradycyjnej dyscypliny własnej religii. Podkreślając wszechstronny charakter *krija-jogi* jako praktycznej techniki prowadzącej do wyzwolenia, Lahiri Mahaśaja zarazem pozostawiał uczniom wolność życia w zgodzie z wychowaniem i środowiskiem.

– Muzułmanin – wskazywał mistrz – powinien pięć razy dziennie odmawiać *namaz* **. Hindus kilka razy dziennie powinien medytować, a chrześcijanin kilka razy uklęknąć do modlitwy, po czym czytać Biblię.

Mądrze rozpoznając naturalny temperament uczniów, guru kierował ich na odpowiednie ścieżki: *bhakti-jogi* (jogi miłości i oddania), *karma-jogi* (jogi działania), *dźńana-jogi* (jogi mądrości, wyższego poznania) i *radźa-jogi* (jogi królewskiej, czyli pełnej).

Wielki mistrz nauczał, by unikać teoretycznych dyskusji nad świętymi tekstami.

– Ten tylko jest mądry, kto poświęca się urzeczywistnianiu, a nie jedynie czytaniu starożytnych objawień – mówił. – Wszystkie problemy rozwiązuj w medytacji***. Zastępuj daremne spekulacje religijne autentycznym obcowaniem z Bogiem. Oczyść umysł z dogmatycznych

---

* „Ileż odmian śmierci istnieje w naszych ciałach! Nie ma w nich nic prócz śmierci". – Martin Luther w *Table-Talk* (Rozmowy przy stole).

** Główna modlitwa muzułmańska, odmawiana pięć razy dziennie.

*** „Szukaj prawdy w medytacji, a nie w zakurzonych księgach. Aby ujrzeć księżyc, spójrz w niebo, a nie na sadzawkę". – przysłowie perskie.

teologicznych śmieci i wpuść doń świeże, uzdrawiające wody bezpośredniego oglądu. Dostrój się do wewnętrznego głosu, który cię prowadzi. Głos Boży zna odpowiedź na każdy dylemat życia. Inwencja człowieka, jeśli chodzi o popadanie w kłopoty, nie ma granic, lecz pomoc Nieskończonego jest nie mniej przemyślna.

Pewnego dnia uczniowie przekonali się o wszechobecności mistrza. Było to podczas jego wykładu na temat *Bhagawadgity*. W chwili gdy wyjaśniał znaczenie *kutastha ćajtanja*, czyli Świadomości Chrystusowej obecnej w całym wibracyjnym stworzeniu, Lahiri Mahaśaja nagle stracił oddech i wykrzyknął:

– Tonę w ciałach wielu dusz u wybrzeży Japonii!

Następnego ranka gazety doniosły o śmierci wielu ludzi w katastrofie statku, który zatonął poprzedniego dnia w pobliżu Japonii.

Wielu uczniów znajdujących się daleko od Lahiriego Mahaśaji często miewało poczucie jego bezpośredniej obecności.

– Stale jestem z tymi, którzy praktykują *kriję* – mawiał pocieszająco do *ćelów*, którzy nie mogli z nim przebywać. – Wasze duchowe postrzeganie będzie się rozwijać: przez te wrota poprowadzę was do Kosmicznego Domu.

Wybitny uczeń Lahiriego Mahaśaji, Śri Bhupendra Nath Sanjal*, mówił, że w 1892 roku, jeszcze jako chłopiec, modlił się do mistrza o udzielenie mu duchowych nauk. Nie mógł wtedy pojechać do Benaresu. Lahiri Mahaśaja pojawił się Bhupendrze we śnie i udzielił mu *dikszy* (inicjacji). Później chłopiec udał się do Benaresu i poprosił guru o *dikszę*. „Już cię inicjowałem we śnie" – odpowiedział Lahiri Mahaśaja.

Jeśli uczeń zaniedbywał któryś ze swoich świeckich obowiązków, mistrz delikatnie go strofował i nakłaniał do dyscypliny.

– Słowa Lahiriego Mahaśaji były łagodne i kojące, nawet jeśli zmuszony był otwarcie mówić o błędach ucznia – powiedział mi kiedyś Śri Jukteśwar, po czym dodał ze smutkiem: – Nigdy żaden uczeń nie uciekł od naszego mistrza z powodu otrzymanej nagany.

Nie mogłem powstrzymać się od śmiechu, ale zgodnie z prawdą zapewniłem Śri Jukteśwara, że każde jego słowo, ostre czy łagodne, jest muzyką dla moich uszu.

---

* Śri Sanjal zmarł w 1962 r. (*przyp. wydawcy amerykańskiego*).

Lahiri Mahaśaja ustanowił w *krija-jodze* cztery kolejne inicjacje*. Przekazywał trzy wyższe techniki dopiero wtedy, gdy uczeń wykazywał się określonym postępem duchowym. Kiedyś pewien *ćela*, przekonany, że go nie doceniono, okazał niezadowolenie.

– Mistrzu – rzekł – przecież gotów już jestem do drugiej inicjacji!

W tym momencie otworzyły się drzwi i wszedł skromny uczeń Brinda Bhagat. Był listonoszem w Benaresie.

– Brinda, usiądź tu obok mnie. – Wielki guru uśmiechnął się do niego ciepło. – Powiedz mi, czy jesteś już gotów do drugiej *kriji*?

Listonosz, drobny, niepokaźny człowieczek, błagalnie złożył ręce.

– Gurudewa – odparł przerażony – proszę cię, żadnych już inicjacji! Jak zdołałbym sobie przyswoić jeszcze wyższe nauki? Przyszedłem dziś tutaj, by prosić cię o błogosławieństwo, gdyż pierwsza *krija* wprawia mnie w stan takiego upojenia boskością, że nie potrafię doręczać listów!

– Brinda już się unosi na oceanie Ducha – rzekł Lahiri Mahaśaja. Na te słowa uczeń, który prosił o drugą inicjację, zwiesił głowę.

– Mistrzu – powiedział – widzę, że marny ze mnie robotnik, zwalam winę na narzędzia.

Listonosz, człowiek bez wykształcenia, dzięki *kriji* rozwinął później intuicję do tego stopnia, że niekiedy uczeni prosili go o interpretację trudnych fragmentów pism świętych. Niepozorny Brinda, nie znający ani grzechu, ani gramatyki, zdobył sobie uznanie wśród uczonych panditów.

Poza licznymi uczniami z Benaresu setki innych przybywało do Lahiriego Mahaśaji z odległych stron Indii. On sam kilkakrotnie jeździł do Bengalu w odwiedziny do teściów swych dwóch synów. I tak, dzięki błogosławieństwu jego obecności, w Bengalu, niczym w plastrze miodu, powstało wiele grupek uczniów *krija-jogi*. Po dziś dzień, zwłaszcza w okręgach Krysznanagaru i Bisznupuru, medytuje wielu cichych wielbicieli, podtrzymując przepływ niewidzialnego duchowego prądu.

Spośród wielu świętych, których Lahiri Mahaśaja inicjował w *krija- -jogę*, można wymienić słynnego swamiego Bhaskaranandę Saraswatiego z Benaresu i wielkiego ascetę z Deogarhu, Balanandę Brahmaćariego. Przez jakiś czas Lahiri Mahaśaja był prywatnym nauczycielem syna

---

* Ścieżka *krija-jogi* obejmuje wiele różnych praktyk. Lahiri Mahaśaja wyodrębnił cztery jej etapy – te, które posiadają największą wartość praktyczną.

Autobiografia jogina

maharadźy Iśwariego Narajana Sinha Bahadura z Benaresu. Uznawszy duchowe osiągnięcia mistrza, obaj, mahahradźa i jego syn, poprosili o inicjację w *kriję*. Podobnie uczynił maharadźa Dźotindra Mohan Thakur.

Niektórzy uczniowie, piastujący wpływowe stanowiska, pragnęli rozszerzyć krąg praktykujących *kriję*, publicznie ją propagując. Guru nie udzielił na to pozwolenia. Pewien *ćela*, królewski lekarz władcy Benaresu, w zorganizowany sposób zaczął rozpowszechniać nowy tytuł mistrza: Kaśi Baba (Wzniosły z Benaresu)*. Guru także tego zakazał.

– Niech zapach kwiatu *kriji* rozchodzi się naturalnie – powiedział. – Jego nasiona zakiełkują w żyznej glebie serc rozwiniętych duchowo.

Chociaż wielki mistrz nie posługiwał się nowoczesną metodą rozpowszechniania nauk za pośrednictwem jakiejś organizacji albo druku, wiedział, że potęga jego przesłania wzniesie się jak fala, której nic się nie oprze, i zaleje ludzkie umysły. Odmienione i czyste życie oddanych mu uczniów stanowiło najlepszą gwarancję nieśmiertelnej żywotności *kriji*.

W 1886 roku, dwadzieścia pięć lat po swej inicjacji w Ranikhecie, Lahiri Mahaśaja przeszedł na emeryturę**. Był teraz dostępny w ciągu dnia, toteż liczba jego uczniów ciągle rosła. Wielki guru spędzał teraz większość czasu w milczeniu, siedząc niewzruszenie z nogami splecionymi w lotosie. Rzadko opuszczał salonik, choćby po to, by wyjść na spacer lub przejść do innego pomieszczenia. W ciszy przepływał przez pokój niemal nieprzerwany strumień uczniów, przychodzących na *darśan* (święte widzenie) guru.

Wszyscy odwiedzający z pełnym czci zdumieniem stwierdzali, że normalne funkcje fizjologiczne ciała Lahiriego Mahaśaji były zawieszone: jogin nie oddychał, nie sypiał, nie można było wyczuć jego pulsu ani bicia serca, oczy pozostawały godzinami nieruchome, nie mrugały. Roztaczał atmosferę głębokiego spokoju. Nikt nie odchodził, nie doznawszy podniesienia na duchu. Wszyscy wiedzieli, że otrzymali ciche błogosławieństwo człowieka prawdziwie Bożego.

Obecnie mistrz zezwolił uczniowi Pańćanonowi Bhattaćarji na założenie w Kalkucie ośrodka jogi „Arya Mission Institution"

---

* Uczniowie nadali Lahiriemu Mahaśaji jeszcze inne tytuły: *Jogibar* (Największy z Joginów) *Jogiradź* (Król Joginów) i *Munibar* (Największy ze Świętych). Ja sam dodałem jeszcze jeden: *Jogawatar* (Inkarnacja Jogi).

** Lahiri Mahaśaja poświęcił 35 lat służbie w jednym departamencie rządowym.

(Aryjskiego Ośrodka Misyjnego). Ośrodek rozprowadzał pewne jogiczne leki ziołowe* i opublikował pierwsze w Bengalu, tanie wydanie *Bhagawadgity*. *Arya Mission Gita*, w językach hindi i bengalskim, dotarła do tysięcy domostw.

Zgodnie z odwiecznym zwyczajem Lahiri Mahaśaja dawał zazwyczaj ludziom olej *nim*** jako lekarstwo na różne choroby. Gdy guru zlecał któremuś z uczniów przedestylowanie oleju, ów z łatwością wywiązywał się z zadania. Jeśli jednak próbował tego kto inny, napotykał na dziwne trudności. Stwierdzał na przykład, że leczniczy olej prawie całkowicie wyparował po destylacji. Najwidoczniej niezbędnym składnikiem było błogosławieństwo mistrza.

Na stronie 347 przedstawiony jest fragment listu Lahiriego Mahaśaji do ucznia, napisany jego ręką i z jego podpisem pismem bengalskim. Zawiera on werset sanskrycki, który wielki mistrz przetłumaczył następująco: „Kto wszedł w taki stan spokoju, że nie mruga powiekami, osiągnął *sambhabi mudrę*****". Podpisane [*po lewej na dole*]: Śri Śjama Ćaran Dewa Szarman.

Podobnie jak wielu innych świętych nauczycieli, Lahiri Mahaśaja sam nie pisał ksiąg, lecz tylko nauczał, przekazując własną interpretację pism świętych. Mój przyjaciel, nieżyjący już Śri Ananda Mohan Lahiri, wnuk mistrza, napisał:

„*Bhagawadgita* i inne części eposu *Mahabharaty* zawierają kilka zagadnień węzłowych (*wjas-kuta*). Jeśli nie będziemy się nad nimi zastanawiać, nie odnajdziemy w *Mahahbharacie* niczego poza

---

* Hinduskie traktaty medyczne noszą nazwę *Ajurweda*. Lekarze wedyjscy używali delikatnych narzędzi chirurgicznych, stosowali chirurgię plastyczną, wiedzieli, jak przeciwdziałać skutkom zatruć gazami, dokonywali cesarskich cięć i operacji mózgu, umieli spotęgować działanie leków. Hipokrates (V w. p.n.e.) zapożyczył dużą część swej wiedzy medycznej ze źródeł indyjskich.

** *Nim*: inaczej drzewo margosa, rosnące na wschodzie Indii. Wartość lecznicza tego drzewa znana jest już na Zachodzie, gdzie gorzkiej kory *nim* używa się jako środka wzmacniającego, a olej wyciskany z pestek i owoców służy jako lek przeciw trądowi i innym chorobom.

*** *Mudra sambhabi* polega na skupieniu wzroku na miejscu między brwiami. Gdy jogin osiągnie określony poziom spokoju umysłu, oczy przestają mrugać, a on sam pozostaje zatopiony w wewnętrznym świecie.

Mudra („symbol") zwykle oznacza rytualny układ palców i dłoni. Wiele mudr przynosi spokój, ponieważ oddziałują one na określone nerwy. Starożytne pisma dokładnie sklasyfikowały *nadi* (72 000 połączeń nerwowych w ciele człowieka) oraz ich związek z umysłem. Mudry stosowane w praktykach religijnych i w jodze opierają się zatem na podstawach naukowych. Skomplikowany język *mudr*, czyli gestów, odnajdujemy także w ikonografii i rytualnych tańcach indyjskich.

mitycznymi opowieściami, dziwnymi i często źle rozumianymi. Jeśli tych zagadnień nie wyjaśnimy, utracimy naukę, którą Indie przechowywały z nadludzką cierpliwością, a zdobytą po tysiącleciach eksperymentalnych poszukiwań*.

Lahiri Mahaśaja objaśnił alegorie, wydobywając na jaw naukę religii, która tak przemyślnie ukryta została w zagadkach i obrazowych przenośniach pism świętych. Formuły kultu wedyjskiego przestały być niezrozumiałą żonglerką słowną. Mistrz wykazał, że mają podstawy naukowe.

Wiemy, że człowiek jest zwykle bezradny wobec porywów złych namiętności, jednak tracą one moc i znika motywacja, by im ulegać, gdy dzięki praktykowaniu *krija-jogi* zaświta mu świadomość wyższego i trwałego szczęścia. Wtedy niższe namiętności zastępuje błogość. Bez tego maksymy moralne, polegające głównie na zakazach, pozostaną dla nas bezużyteczne.

Źródłem wszystkich zjawisk jest Nieskończony, Ocean Mocy. Skwapliwość, z jaką działamy w świecie, zabija w nas uczucie czci i zadziwienia duchową rzeczywistością. Nie potrafimy zrozumieć Wielkiego Życia, skrytego pod wszystkimi nazwami i postaciami, ponieważ współczesna nauka umożliwia nam posługiwanie się siłami przyrody. To spoufalenie zrodziło w nas pogardę dla jej najgłębszych tajemnic. Nasz stosunek do przyrody jest czysto praktyczny. Prowokujemy ją, że tak powiem, by odkryć, jak ją najlepiej wyzyskać dla własnych celów. Korzystamy z jej energii, których Źródło pozostaje jednak dla nas nieznane. Nauka traktuje przyrodę jak arogancki pan sługę; lub, filozoficznie rzecz biorąc, jak oskarżonego na miejscu dla świadków: zarzucamy ją krzyżowym ogniem pytań, kwestionujemy odpowiedzi, a potem dokładnie ważymy zeznania na wadze ludzkiego rozumienia, na której nie da się zważyć jej ukrytych wartości.

Tymczasem, gdy jaźń człowieka pozostaje w jedności z wyższą

---

* „Niedawno na stanowiskach archeologicznych w dolinie Indusu wykopano pewną liczbę pieczęci, datowanych na trzecie tysiąclecie p.n.e. Przedstawione są na nich postacie siedzące w pozycjach medytacyjnych, stosowanych obecnie w jodze. Można z tego wnosić, że już wtedy znano podstawy jogi. Nie bez słuszności możemy wnioskować, że systematyczną introspekcję, opartą na poznanych metodach, praktykuje się w Indiach od pięciu tysięcy lat". – Fragment z artykułu prof. W. Normana Browna z *Bulletin of the American Council of Learned Societies*, Washington, D.C.

Hinduskie pisma święte zaświadczają jednak, że nauka jogi znana jest w Indiach od niezliczonych tysiącleci.

Chrystusowe życie Lahiriego Mahaśaji

PAŃCANON BHATTAĆARJA,
uczeń Lahiriego Mahaśaji

potęgą, przyroda automatycznie posłuszna jest jego woli, bez wysiłku z jego strony. Materialista, nie potrafiący tego pojąć, uważa taką władzę nad przyrodą za „cudowną".

Przykład życia Lahiriego Mahaśaji pokazuje, jak mylny jest pogląd, że joga to jakaś tajemnicza praktyka. Dzięki *krija-jodze* każdy człowiek może odnaleźć właściwy stosunek do przyrody, poczuć cześć dla wszystkich zjawisk,* czy to mistycznych, czy powszednich, niezależnie

---

* „Człowiek, który nie potrafi się dziwić, który nie czuje się stale zadziwiony [i pełen czci], choćby był prezesem niezliczonych towarzystw naukowych i nosił [...] w głowie streszczenia

od rzeczowych wyjaśnień nauk przyrodniczych. Musimy pamiętać, że to, co było dla nas niewytłumaczalne tysiąc lat temu, już takie nie jest, a obecne tajemnice mogą stać się zrozumiałe za kilka lat.

Nauka *krija-jogi* jest wieczna i równie prawdziwa jak matematyka. Praw, którymi się rządzi, nie sposób obalić, podobnie jak nie można obalić prostych reguł dodawania i odejmowania. Choćbyśmy spalili wszystkie matematyczne książki, ludzie o logicznych umysłach stale odkrywać będą matematyczne prawdy. Podobnie, gdyby zniszczyć wszystkie święte księgi o jodze, jej fundamentalne prawa będą odkrywane wciąż na nowo, ilekroć się pojawi mędrzec o czystym sercu oddanym Bogu i, dzięki temu, równie czystej wiedzy".

Tak jak Babadźi należy do największych awatarów, czyli jest *Mahawatarem*, a Śri Jukteśwar – *Dźńanawatrem*, czyli Inkarnacją Mądrości, podobnie Lahiriego Mahaśaję można słusznie nazwać *Jogawatarem*, Inkarnacją Jogi*. Zarówno pod względem jakościowym, jak i ilościowym podniósł on poziom duchowy społeczeństwa. Dzięki mocy mistrza najbliżsi jego uczniowie osiągnęli wielkość Chrystusową, a prawda dotarła do szerokich mas. Dlatego należy uznać, że Lahiri Mahaśaja należy do zbawicieli ludzkości.

Jego wyjątkowość jako proroka polega na tym, że podkreślając praktyczną wartość konkretnej metody, *kriji*, po raz pierwszy otworzył drogę do wolności wszystkim ludziom. Oprócz cudów dokonywanych we własnym życiu *Jogawatar* sprawił jeden największy: uprościł złożoność starożytnej jogi, tak że stała się jasna i dostępna dla każdego.

Nawiązując do cudów, Lahiri Mahaśaja często powtarzał: „O działaniu praw subtelnych, nie znanych szerokiemu ogółowi, nie powinno się mówić publicznie ani rozpowszechniać wiedzy na ten temat bez należytego rozeznania". Jeśli ja sam na stronicach tej książki pozornie zaprzeczam jego przestrogom, to dlatego, że mnie w tym wewnętrznie wspierał. Niemniej jednak, opisując żywoty Babadźiego, Lahiriego Mahaśaji i Śri Jukteśwara, uznałem za stosowne pominąć niektóre cudowne opowieści. Nie mógłbym ich włączyć do książki, nie dodając

---

wyników wszystkich badań laboratoryjnych i obserwacji, jest tylko parą okularów, za którymi nie ma oczu". – Carlyle, *Sartor Resarius*

* Śri Jukteśwar mówił o swym *celi*, Paramahansie Joganandzie, że jest inkarnacją boskiej miłości. Po odejściu Paramahansy z tego świata jego główny uczeń i następca duchowy, Radźaryszi Dźanakananada (J. J. Lynn) oficjalnie nadał mu tytuł *Premawatara* – „Inkarnacji Miłości" (*przyp. wydawcy amerykańskiego*).

Chrystusowe życie Lahiriego Mahaśaji

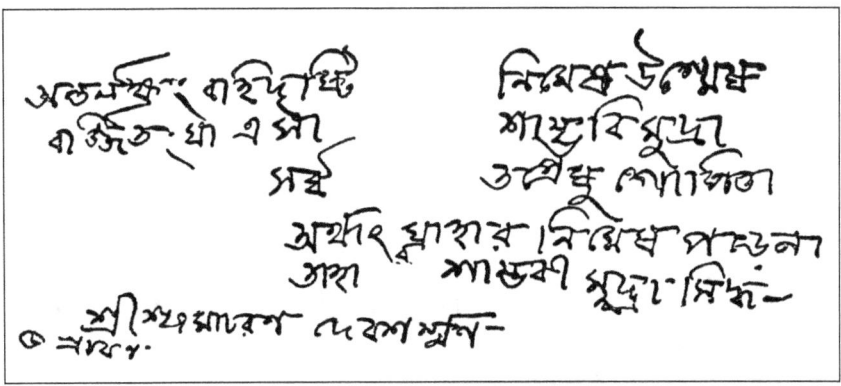

jednocześnie całego tomu zawiłej filozofii.

Jako jogin-głowa rodziny, Lahiri Mahaśaja przyniósł praktyczne przesłanie, odpowiadające potrzebom współczesnego świata. Doskonałe warunki ekonomiczne starożytnych Indii, sprzyjające praktykowaniu religii, już nie istnieją. Dlatego wielki guru nie popierał dawnego ideału jogina jako wędrownego ascety z miseczką żebraczą. Podkreślał raczej korzyści, jakie jogin odnosi, zarabiając na życie i będąc niezależnym od społeczeństwa, żyjącego w trudnych warunkach. Zalecał praktykowanie jogi w odosobnieniu własnego domu. Rady te Lahiri Mahaśaja wspierał własnym przykładem, który dodawał ducha. Był uosobieniem jogina w najnowszym stylu. Jego życie, tak jak je zaplanował Babadźi, miało być wzorem dla joginów na całym świecie.

Zrodziła się nowa nadzieja dla nowych ludzi! „Jedność z Bogiem – głosił Jogawatar – można osiągnąć własnym wysiłkiem i nie zależy ona od doktryn teologicznych ani arbitralnej woli jakiegoś Kosmicznego Dyktatora".

Dzięki praktykowaniu *kriji*, ludzie niezdolni uwierzyć w boskość jakiegokolwiek człowieka, w całej pełni dostrzegą ją wreszcie w sobie.

Rozdział 36

Zainteresowanie Babadżiego Zachodem

— Mistrzu, czy spotkałeś kiedyś Babadżiego?

Była spokojna, letnia noc w Serampore. Wielkie gwiazdy tropików świeciły nad naszymi głowami. Siedziałem obok Śri Jukteśwara na balkonie pustelni.

– Tak. – Mistrz uśmiechnął się w odpowiedzi na to bezpośrednie pytanie. Jego oczy rozbłysły wyrazem czci. – Trzy razy doznałem błogosławieństwa widzenia nieśmiertelnego guru. Nasze pierwsze spotkanie miało miejsce w Allahabadzie podczas *Kumbhameli*.

Od niepamiętnych czasów odbywają się w Indiach festyny religijne pod nazwą *Kumbhamela*. Dzięki nim ludzie nie zapominają o celach duchowych. Co dwanaście lat pobożni Hindusi przybywają na nie milionami, by spotkać tysiące sadhu, joginów, swamich i wszelkiego rodzaju ascetów. Wielu przybyszy to pustelnicy, którzy zwykle nigdy nie opuszczają swoich odosobnionych kryjówek. Zjawiają się tylko na to święto* i udzielają błogosławieństwa ludziom świeckim.

– W czasie gdy spotkałem Babadżiego, nie byłem jeszcze swamim – kontynuował Śri Jukteśwar. – Ale otrzymałem już od Lahiriego Mahaśaji inicjację w *krija-jogę*. To on zachęcił mnie do uczestnictwa w *meli*, która odbywała się w styczniu 1894 roku w Allahabadzie. Było to moje pierwsze zetknięcie z *Kumbhą*. Czułem się nieco oszołomiony zgiełkiem i napierającym tłumem. Rozglądałem się wokół

---
* *Zob.* s. 423, przypis.

w poszukiwaniu oświeconej twarzy jakiegoś mistrza, ale nikogo takiego nie dostrzegłem. Mijając most nad Gangesem, zauważyłem znajomego, stojącego w pobliżu z miseczką żebraczą.

Ach, to święto to tylko chaos i wrzawa żebraków – pomyślałem rozczarowany. – Być może, zachodni uczeni, cierpliwie poszerzający wiedzę na użytek ludzkości, bardziej się podobają Bogu niż ci próżniacy, którzy wyznają religię, ale myślą tylko o jałmużnie.

Te bardzo krytyczne refleksje na tematy społeczne przerwał głos wysokiego *sannjasina*, który zatrzymał się przede mną.

– Proszę pana – powiedział – woła pana święty.

– Kto to taki?

– Niech sam się pan przekona.

Poszedłszy z wahaniem za tą lakoniczną radą, znalazłem się wkrótce obok drzewa, którego gałęzie osłaniały guru wraz z miłą grupą uczniów. Mistrz – niezwykła, jasna postać o błyszczących oczach – powstał, gdy się zbliżyłem, i objął mnie.

– Witaj, swamidźi – powiedział przyjaźnie.

– Panie – odparłem z naciskiem – nie jestem swamim.

– Ten, którego Bóg każe mi obdarzyć tytułem swamiego, nigdy go nie odrzuca. – Święty powiedział to bardzo prosto, lecz w jego słowach brzmiało głębokie poczucie prawdy. Natychmiast ogarnęła mnie fala duchowego błogosławieństwa. Uśmiechając się na myśl, że nagle podniesiony zostałem do rangi mnicha starożytnego zakonu*, pochyliłem się do stóp tej najwyraźniej wielkiej i anielskiej istoty w ludzkiej postaci, która obdarzyła mnie takim zaszczytem.

Babadźi – gdyż jak się później dowiedziałem, był to rzeczywiście on – wskazał mi miejsce obok siebie pod drzewem. Był silny i młody i wyglądał jak Lahiri Mahaśaja. Wtedy podobieństwo to mnie nie uderzyło, chociaż już nieraz słyszałem, jak bardzo obaj mistrzowie są do siebie podobni. Babadźi posiada moc zapobiegania pojawianiu się określonych myśli w umyśle człowieka. Widocznie wielki guru chciał, abym w jego obecności czuł się zupełnie naturalnie i nie był zbyt przejęty wiedzą o tym, kim jest.

– Co myślisz o *Kumbhameli*?

– Czułem się bardzo rozczarowany – powiedziałem, lecz dodałem

---

* Śri Jukteśwar został później formalnie inicjowany do Zakonu Swamich przez *Mahanta* (głowę klasztoru) w Buddh Gaja w Biharze.

pospiesznie: – Aż do chwili gdy spotkałem pana. Święci i to hałaśliwe zamieszanie jakoś do siebie nie pasują.

– Dziecko – rzekł mistrz, chociaż najwyraźniej byłem prawie dwa razy starszy niż on – na podstawie wad wielu ludzi, nie sądź o całości. Wszystko na ziemi ma mieszany charakter, jak piasek pomieszany z cukrem. Bądź jak mądra mrówka, która chwyta tylko cukier, nie tykając piasku. Chociaż wielu obecnych tu sadhu wędruje jeszcze w ułudzie, niemniej jednak *melę* pobłogosławiło swą obecnością kilku ludzi, którzy urzeczywistnili Boga w sobie.

Wobec faktu, że sam spotkałem tu tego najwyższego mistrza, szybko przyznałem mu rację.

– Proszę pana – mówiłem dalej – myślałem o zachodnich uczonych, którzy przewyższają inteligencją wielu zebranych tu ludzi. Mieszkają w dalekiej Europie czy Ameryce, wyznają różne religie i nie wiedzą o prawdziwej wartości takiej *meli* jak ta. Ludzie ci mogliby odnieść wiele korzyści ze spotkań z mistrzami indyjskimi. Ale wielu ludzi Zachodu, pomimo wysokich osiągnięć intelektualnych, głęboko ugrzęzło w materializmie. Inni, znani w dziedzinach nauki i filozofii, nie dostrzegają podstawowej jedności religii. Ich wierzenia tworzą nieprzekraczalne bariery, które grożą oddzieleniem ich od nas na zawsze!

– Zauważyłem, że interesujesz się zarówno Zachodem, jak i Wschodem – Babadźi uśmiechnął się z aprobatą. – Czułem ból twego serca, otwartego szeroko dla wszystkich ludzi. Dlatego właśnie cię tu wezwałem. Wschód i Zachód muszą zbudować złotą drogę środka, łączącą działanie i duchowość. Indie muszą się wiele nauczyć od Zachodu w zakresie rozwoju materialnego. W zamian Indie mogą nauczać uniwersalnych metod, dzięki którym Zachód zdoła oprzeć swe wierzenia religijne na niewzruszonym fundamencie nauki jogi. Ty, swamidźi, masz pewną rolę do odegrania w nadchodzącej harmonijnej wymianie między Wschodem a Zachodem. Za kilka lat przyślę ci ucznia, którego będziesz ćwiczył w jodze, aby potem rozpowszechniał ją na Zachodzie. Wielkimi falami dochodzą do mnie wibracje wielu dusz, które szukają duchowego życia. W Ameryce i w Europie widzę potencjalnych świętych, oczekujących przebudzenia.

W tym momencie opowiadania Śri Jukteśwar zajrzał mi głęboko w oczy.

– Mój synu – rzekł, uśmiechając się w świetle księżyca – ty jesteś uczniem, którego przed laty obiecał mi przysłać Babadźi.

Z radością dowiedziałem się, że to Babadźi skierował moje kroki do Śri Jukteśwara, ale trudno mi było wyobrazić sobie siebie na Zachodzie, z dala od umiłowanego guru i spokoju pustelni.

– Babadźi mówił potem o *Bhagawadgicie* – kontynuował opowieść Śri Jukteśwar. – Ku memu zdziwieniu dał mi poznać kilkoma słowami pochwały, iż wie, że napisałem komentarze do kilku rozdziałów *Gity*.

– Na moją prośbę, swamidźi, czy nie podjąłbyś się innego zadania? – rzekł wielki mistrz. – Czy nie napisałbyś niewielkiej książki na temat zgodności nauk pism świętych chrześcijaństwa i hinduizmu? Tę zasadniczą zgodność zaciemniają obecnie podziały religijne. Wykaż, posługując się równoległymi cytatami, że natchnieni synowie Boży głosili te same prawdy.

– Maharadź* – odpowiedziałem niepewnie – cóż za polecenie! Czy potrafię je wykonać?

Babadźi cicho się roześmiał.

– Mój synu, dlaczego wątpisz? – odparł uspokajająco. – Zaprawdę, czyim dziełem jest to wszystko i kto jest Sprawcą wszelkiego działania? Cokolwiek Pan kazał mi powiedzieć, musi się zmaterializować jako prawda.

Uznałem, że błogosławieństwo świętego upoważnia mnie do napisania książki i się zgodziłem. Czując, że nadeszła chwila rozstania, niechętnie podniosłem się z siedzenia z liści.

– Czy znasz Lahiriego? – zapytał mistrz – To wielka dusza, nieprawdaż? Powiedz mu o naszym spotkaniu.– Potem poprosił mnie o przekazanie pewnej wiadomości Lahiriemu Mahaśaji. Skłoniłem się pokornie na pożegnanie, a święty uśmiechnął się życzliwie.

– Gdy skończysz pisać książkę, odwiedzę cię – obiecał. – Żegnam cię teraz.

Nazajutrz pojechałem pociągiem z Allahabadu do Benaresu. Poszedłem do domu guru i opowiedziałem mu o spotkaniu cudownego świętego na *Kumbhameli*.

– Och, nie poznałeś go? – W oczach Lahiriego Mahaśaji igrał śmiech. – Widzę, że nie mogłeś, bo ci w tym przeszkodził. To mój niezrównany guru, niebiański Babadźi!

– Babadźi! – wykrzyknąłem przejęty czcią. – Jogin-Chrystus Babadźi! Niewidzialno-widzialny zbawiciel Babadźi! Ach, gdybym mógł po prostu cofnąć czas i jeszcze raz znaleźć się w jego obecności, by okazać mu oddanie u jego lotosowych stóp!

---

* „Wielki Król" – tytuł wyrażający szacunek

– Nic się nie stało – odparł Lahiri Mahaśaja pocieszająco. – Przyrzekł przecież, że odwiedzi cię ponownie.

– Gurudewa, boski mistrz poprosił mnie o przekazanie ci wiadomości. „Powiedz Lahiriemu – rzekł – że zapas sił nagromadzony na to życie kończy się, prawie się wyczerpał".

Gdy wypowiedziałem te zagadkowe słowa, Lahiri Mahaśaja zadrżał, jakby poraził go prąd błyskawicy. Momentalnie cała jego postać zamarła, wokół zapanowała cisza. Uśmiech zniknął z twarzy: stała się niebywale surowa. Siedział jak drewniany posąg, posępny i nieruchomy, a jego ciało straciło koloryt. Poczułem się przerażony i oszołomiony. Nigdy dotąd nie widziałem, by ta radosna dusza okazywała tak śmiertelną powagę. Pozostali uczniowie też przyglądali się z lękiem.

Trzy godziny upłynęły w zupełnym milczeniu. Później Lahiri Mahaśaja powrócił do swego naturalnego, pogodnego sposobu bycia i ciepło rozmawiał z każdym z uczniów. Wszyscy odetchnęli z ulgą.

Z reakcji mistrza zrozumiałem, że wiadomość od Babadźiego była dla niego wyraźnym sygnałem, iż niebawem opuści ciało. Niesamowita cisza dowodziła, że guru natychmiast zapanował nad całą swą istotą, przeciął ostatnie nici przywiązania do świata fizycznego i schronił się w nieśmiertelnym Duchu, z którym się utożsamiał. Na swój sposób Babadźi powiedział mu: „Zawsze będę z tobą".

Babadźi i Lahiri Mahaśaja byli wszechwiedzący i aby się z sobą porozumieć, nie potrzebowali mnie ani żadnego innego pośrednika. Niemniej jednak Wielkie Istoty często zniżają się do odgrywania ról w ludzkim dramacie. Od czasu do czasu przekazują swe proroctwa zwyczajnie przez posłańców, aby spełnienie się ich słów mogło natchnąć większą wiarą szeroki krąg ludzi, którzy się później o tym dowiadują.

Wkrótce udałem się z Benaresu do Serampore i zabrałem się do pracy nad pismami świętymi, którą zlecił mi Babadźi – kontynuował Śri Jukteśwar. – Gdy tylko ją zacząłem, udało mi się ułożyć wiersz poświęcony nieśmiertelnemu guru. Melodyjne strofy spływały z pióra bez trudu, chociaż nigdy przedtem nie próbowałem tworzyć poezji w sanskrycie.

W ciszy nocy pracowałem nad porównywaniem Biblii i pism świętych *Sanatan Dharmy**. Cytując słowa błogosławionego Pana Jezusa,

---

* Dosłownie: „wieczna religia", nazwa obejmująca całość nauk wedyjskich. Od czasów, gdy Grecy pod wodzą Aleksandra Wielkiego najechali na północno-zachodnie Indie, *Sanatan Dharmę* zaczęto nazywać hinduizmem, gdyż zwali oni ludzi mieszkających nad rzeką Indus

wykazywałem, że jego nauki są w istocie tym samym co objawienia Wed. Dzięki łasce mego *paramguru** ukończyłem książkę, *The Holy Science* (Święta nauka)**, w krótkim czasie.

Tego ranka gdy zakończyłem swoje zmagania literackie, poszedłem na Raj Ghat wykąpać się w Gangesie. Nikogo tam nie było. Przez chwilę stałem w ciszy, ciesząc się słońcem i spokojem. Po kąpieli w lśniących wodach wyruszyłem do domu. Jedynym dźwiękiem mącącym wszechogarniającą ciszę był szelest mojej mokrej szaty przy każdym kroku. Gdy mijałem wielkie drzewo banianu rosnące przy brzegu, poczułem silny impuls, by się obejrzeć. W cieniu banianu, otoczony kilkoma uczniami, siedział wielki Babadźi!

– Witaj, swamidźi! – zabrzmiał piękny głos mistrza, upewniając mnie, że to nie sen. – Widzę, że pomyślnie ukończyłeś książkę. Tak jak ci obiecałem, zjawiam się, by ci podziękować.

Z mocno bijącym sercem rzuciłem się na ziemię do jego stóp.

– Paramgurudźi – rzekłem błagalnie – czy ty i uczniowie nie zechcielibyście zaszczycić swoją obecnością mego domu? Znajduje się w pobliżu.

Najwyższy guru z uśmiechem odmówił.

– Nie, dziecko – rzekł – Należymy do ludzi, którzy lubią cień drzew. To miejsce jest całkiem wygodne.

– Zatem proszę cię, Mistrzu, poczekaj chwilę – spojrzałem na niego prosząco. – Zaraz wrócę ze smakołykami***.

Jednak gdy po chwili wróciłem z półmiskiem przysmaków, pod wspaniałym banianem nie było już niebiańskiej grupy. Przeszukałem

---

Indusami lub Hindusami. Ściśle mówiąc, słowo „hindus" oznacza tylko wyznawcę *Sanatan Dharmy*, czyli hinduizmu. Niekiedy stosuje się nazwę „Indus", która określa zarówno hindusów, jak muzułmanów i innych mieszkańców Indii.

Starożytną nazwą Indii jest *Ariawarta*, dosłownie „siedziba Ariów". Sanskrycki rdzeń wyrazu *aria* oznacza „godny, święty, szlachetny". Później etnologowie zaczęli błędnie używać terminu „aryjski" dla określenia cech fizycznych, a nie duchowych. Skłoniło to wielkiego orientalistę Maxa Müllera do cierpkiego stwierdzenia: „Dla mnie etnolog, który mówi o rasie aryjskiej, aryjskiej krwi, aryjskich oczach lub włosach, jest równie wielkim grzesznikiem jak lingwista mówiący o długogłowym słowniku albo krótkogłowej gramatyce".

* *Paramguru* to guru guru. Zatem Babadźi, guru Lahiriego Mahaśaji, był *paramguru* Śri Jukteśwara.

Mahawatar Babadźi jest najwyższym guru w indyjskiej linii mistrzów, którzy przyjmują odpowiedzialność za rozwój duchowy wszystkich członków SRF-YSS wiernie praktykujących *krija-jogę*.

** Obecnie wydana przez Self-Realization Fellowship, Los Angeles, Kalifornia.

*** W Indiach nieoferowanie poczęstunku guru uważa się za brak szacunku.

całą okolicę *ghatu*, ale w głębi serca wiedziałem, że już odlecieli na skrzydłach eteru.

Poczułem się głęboko urażony. Nawet jeśli się ponownie spotkamy, nie zechcę z nim rozmawiać – zapewniałem sam siebie. – To nieładnie, że tak nagle mnie opuścił. – Był to naturalnie gniew miłości i nic poza tym.

Kilka miesięcy później odwiedziłem w Benaresie Lahiriego Mahaśaję. Gdy wszedłem do saloniku, guru spytał z uśmiechem:

– Czy spotkałeś Babadżiego na progu tego pokoju?

– Jak to? Nie – odpowiedziałem zaskoczony.

– Chodź tu. – Lahiri Mahaśaja delikatnie dotknął mojego czoła. Natychmiast spostrzegłem obok drzwi postać Babadżiego, rozkwitającą jak wspaniały lotos. Chowałem jeszcze w sercu dawną urazę i nie pokłoniłem się przed nim.

Boski guru przyglądał mi się niezgłębionym wzrokiem. Lahiri Mahaśaja spojrzał na mnie zdumiony.

– Jesteś na mnie zły.

– Panie, jak mogę nie być? – odparłem. – Zjawiłeś się znikąd ze swą zaczarowaną świtą i zniknąłeś donikąd.

– Powiedziałem ci, że cię odwiedzę, ale nie mówiłem, jak długo pozostanę. – Babadźi cicho się roześmiał. – Byłeś bardzo podniecony. Zapewniam cię, że wicher twojego niepokoju omal nie rozniósł mnie w eterze.

To niepochlebne dla mnie wyjaśnienie momentalnie mnie zadowoliło. Ukląkłem u jego stóp. Najwyższy guru poklepał mnie przyjaźnie po ramieniu.

– Dziecko – rzekł – musisz więcej medytować. Twój wzrok nie jest jeszcze doskonały: nie widziałeś mnie, skrytego w świetle słonecznym. – Z tymi słowami, brzmiącymi jak niebiański flet, Babadźi zniknął w promiennej jasności.

Była to jedna z ostatnich wizyt u mojego guru w Benaresie – kończył opowiadanie Śri Jukteśwar. – Tak jak zapowiedział Babadźi na *Kumbhameli*, życie Lahiriego Mahaśaji w roli głowy rodziny zbliżało się do końca. W lecie 1895 roku na jego krzepkim ciele, na plecach, pojawił się mały wrzód. Guru nie zgodził się go usunąć. Na własnym ciele spalał złą karmę któregoś z uczniów. W końcu kilku z nich zaczęło bardzo nalegać, by poddał się zabiegowi. Mistrz odpowiedział zagadkowo:

– Ciało musi znaleźć powód do odejścia. Dobrze, zgodzę się na wszystko, czego chcecie.

Niedługo później niezrównany guru opuścił ciało w Benaresie. Nie muszę już go szukać w małym saloniku. W każdym dniu życia czuję błogosławieństwo jego wszechobecnej opieki – zakończył opowieść Śri Jukteśwar.

Wiele lat później z ust swamiego Keśabanandy*, zaawansowanego ucznia Lahiriego Mahaśaji, który był obecny przy jego odejściu, poznałem towarzyszące temu niezwykłe szczegóły.

– Kilka dni przed opuszczeniem ciała – opowiadał swami Keśabananda – guru zmaterializował się przede mną, gdy siedziałem w swej pustelni w Hardwarze.

– Przyjedź natychmiast do Benaresu. – Wypowiedziawszy te słowa, Lahiri Mahaśaja znikł.

Natychmiast wsiadłem w pociąg. W domu guru zastałem wielu uczniów. Tego dnia** mistrz długo objaśniał *Gitę*. Potem zwrócił się do nas po prostu:

– Idę do domu.

Wybuchnęliśmy bolesnym, niepowstrzymanym łkaniem.

– Nie smućcie się, powstanę znowu. – Po tych słowach Lahiri Mahaśaja podniósł się, trzykrotnie obrócił się dokoła, zwrócił się twarzą na północ, usiadł w pozycji lotosowej i dostojnie wszedł w *mahasamadhi****.

Piękne ciało Lahiriego Mahaśaji, tak drogie wielbicielom, zostało spalone, przy zachowaniu uroczystych obrzędów przysługujących człowiekowi świeckiemu, na ghacie Manikarnika nad świętym Gangesem – opowiadał dalej Keśabananda. – Następnego dnia o dziesiątej rano, gdy jeszcze byłem w Benaresie, mój pokój wypełnił się wielkim światłem. I oto stanęła przede mną postać Lahiriego Mahaśaji w ciele z krwi i kości! Wyglądał zupełnie tak samo jak przedtem, tyle że wydawał się młodszy i bardziej promienny. Boski guru przemówił do mnie:

– Keśabanando – powiedział – to ja. Z atomów uwolnionych podczas kremacji mego ciała zbudowałem sobie nowe, trochę inne. Wypełniłem swe zadanie na tym świecie. Ale nie opuszczam ziemi całkowicie. Spędzę jeszcze trochę czasu z Babadźim w Himalajach i w kosmosie.

---

* Moje odwiedziny w aśramie Keśabanandy opisane są na ss. 428-431.

** Lahiri Mahasaja opuścił ciało 26 września 1895 r. Kilka dni później skończyłby 67 lat.

***Trzykrotne obrócenie ciała, a potem zwrot twarzą na północ to część obrzędu wedyjskiego, który stosują mistrzowie znający z góry porę swego odejścia. Ostatnia medytacja, podczas której mistrz stapia się z Kosmicznym *Aum*, nazywa się *maha*, czyli wielkie *samadhi*.

Pobłogosławiwszy mnie kilkoma słowami, nieśmiertelny mistrz zniknął. Cudowne natchnienie wypełniło mi serce. Czułem się podniesiony na duchu, tak samo jak uczniowie Chrystusa i Kabira*, gdy oglądali swoich guru żywych, choć już po śmierci fizycznej.

Wracając do swej ustronnej pustelni w Hardwarze, zabrałem z sobą część świętych prochów guru. Wiem, że wyrwał się on z klatki przestrzeni i czasu. Wszechobecny ptak wyleciał na wolność. A jednak serce moje znajduje pociechę w oddawaniu czci jego świętym szczątkom – zakończył opowiadanie swami Keśabananda.

Innym uczniem, który dostąpił błogosławieństwa widoku zmartwychwstałego guru, był świątobliwy Pańćanon Bhattaćarja, założyciel Arya Mission Institution w Kalkucie**. Odwiedziłem Pańćanona u niego w domu w Kalkucie i z przyjemnością wysłuchałem jego opowiadania o wielu latach spędzonych z mistrzem. Na zakończenie opowiedział mi o najcudowniejszym wydarzeniu ze swego życia.

– Tutaj w Kalkucie – powiedział Pańćanon – o dziesiątej rano następnego dnia po kremacji ciała, Lahiri Mahaśaja zjawił się przede mną żywy i otoczony chwałą.

Także swami Pranabananda, „święty o dwóch ciałach", podzielił się ze mną szczegółami niezwykłego przeżycia. Opowiedział mi o tym podczas odwiedzin w szkole w Rańći.

---

* Kabir był wielkim świętym z XVI wieku. Do jego licznych wyznawców należeli zarówno hindusi, jak i muzułmanie. Gdy zmarł, uczniowie spierali się o sposób przeprowadzenia obrzędów pogrzebowych. Oburzony tym mistrz powstał na chwilę ze swego ostatecznego snu i nakazał im: „Niech połowa moich szczątków zostanie pochowana zgodnie z obrządkiem muzułmańskim, a druga połowa spalona zgodnie z rytuałem hinduskim". Potem zniknął. Gdy uczniowie podnieśli całun okrywający jego ciało, nie znaleźli nic oprócz pięknie ułożonych kwiatów. Połowę tych kwiatów muzułmanie posłusznie pochowali w kaplicy w Magharze, którą do dziś dnia otaczają czcią. Drugą połowę spalono w Benaresie zgodnie z obyczajem hinduskim. W miejscu spalenia kwiatów wybudowano świątynię *Kabir Ćeura*, która przyciąga ogromną liczbę pielgrzymów.

Jeszcze w czasach młodości Kabira zgłosiło się do niego dwóch uczniów, którzy pragnęli szczegółowego, intelektualnego przewodnictwa na ścieżce mistycznej. Mistrz odpowiedział im prostymi słowami:

„Ścieżka oznacza odległość.
Jeśli On jest blisko, nie trzeba wam ścieżki.
Doprawdy, śmiech mnie ogarnia,
Gdy słyszę, że ryba w wodzie odczuwa pragnienie!".

** *Zob.* s. 342. Pańćanon ufundował świątynię Śiwy w 17-akrowym ogrodzie w Deogharze w Biharze. Znajduje się w niej kapliczka poświęcona Lahiriemu Mahaśaji z obrazem olejnym przedstawiającym mistrza (*przyp. wydawcy amerykańskiego*).

– Kilka dni przed tym, jak Lahiri Mahaśaja opuścił ciało, otrzymałem od niego list z prośbą, bym natychmiast przyjechał do Benaresu. Coś mnie zatrzymało i nie mogłem wyjechać od razu. W trakcie przygotowań do podróży, około dziesiątej rano, nagle z ogromną radością ujrzałem w pokoju jaśniejącą postać guru.

– Nie musisz spieszyć do Benaresu – powiedział Lahiri Mahaśaja z uśmiechem. – Już mnie tam nie znajdziesz.

Gdy dotarło do mnie znaczenie tych słów, wybuchnąłem rozpaczliwym płaczem. Sądziłem, że widzę go tylko w wizji.

Mistrz podszedł do mnie i rzekł pocieszająco:

– No, dotknij mojego ciała. Jestem żywy jak zawsze. Nie rozpaczaj, czyż nie jestem z tobą na wieczność?

Z ust tych trzech wielkich uczniów padły słowa cudownej prawdy. O godzinie dziesiątej rano, nazajutrz po spaleniu zwłok Lahiriego Mahaśaji nad świętym Gangesem, zmartwychwstały mistrz, w prawdziwym, lecz przemienionym ciele, ukazał się trzem uczniom, każdemu w innym mieście.

„A kiedy już to, co zniszczalne, przyodzieje się w niezniszczalność, a to, co śmiertelne, przyodzieje się w nieśmiertelność, wtedy sprawdzą się słowa, które zostały napisane: *Zwycięstwo pochłonęło śmierć. Gdzież jest, o śmierci, twoje zwycięstwo? Gdzież jest, o śmierci, twój oścień?*" *

---

* 1 Kor 15, 54-55. „Dlaczego uważacie za nieprawdopodobne, że Bóg wskrzesza umarłych?" (Dz 26, 8)

Rozdział 37

Jadę do Ameryki

Ameryka! Ci ludzie to z pewnością Amerykanie! – pomyślałem, gdy przed wewnętrznym wzrokiem przesuwała mi się panorama twarzy ludzi Zachodu*.

Pogrążony w medytacji, siedziałem ukryty za zakurzonymi pudłami w magazynie szkoły w Ranći**. W ciągu owych lat pracy z młodzieżą trudno było znaleźć jakiś cichy kąt.

Wizja trwała: ogromna liczba ludzi, wpatrzonych we mnie z uwagą, przesuwała się jak aktorzy na scenie świadomości.

Drzwi magazynu się otworzyły. Jeden z chłopców jak zwykle odkrył moją kryjówkę.

– Chodź tu, Bimal – zawołałem wesoło. – Mam dla ciebie nowinę. Pan wzywa mnie do Ameryki!

– Do Ameryki? – chłopiec powtórzył te słowa takim tonem, jakbym powiedział „na księżyc".

– Tak. Jadę odkrywać Amerykę, tak jak Kolumb. On myślał, że dotarł do Indii. Z pewnością jest jakiś związek karmiczny między obu krajami!

Bimal pośpiesznie wybiegł. Niebawem, dzięki owemu dodatkowi nadzwyczajnemu na dwóch nogach, cała szkoła poznała moje plany. Wezwałem grono oszołomionych nauczycieli i przekazałem szkołę w ich ręce.

– Wiem, że zawsze będą wam przyświecać ideały wychowawcze

---

* Wiele z tych twarzy ujrzałem później na Zachodzie i natychmiast je rozpoznałem.

** W 1995 r., dla uczczenia 75 rocznicy przyjazdu Paramahansy Joganandy do Ameryki, w miejscu dawnego magazynu szkoły w Ranći, gdzie Paramahansadźi miał tę wizję, otwarto i poświęcono piękny Smriti Mandir [świątynię pamięci] (*przyp. wydawcy amerykańskiego*).

Jadę do Ameryki

jogi, wskazane przez Lahiriego Mahaśaję – powiedziałem. – Będę często pisał. Jeśli Bóg da, pewnego dnia powrócę.

Łzy stały mi w oczach, gdy po raz ostatni spoglądałem na małych chłopców i zalane słońcem pola Ranći. Wiedziałem, że w moim życiu zakończyła się określona epoka. Odtąd będę mieszkał w dalekich krajach. Kilka godzin po mojej wizji wyjechałem do Kalkuty. Następnego dnia otrzymałem zaproszenie, bym jako delegat Indii wziął udział w Międzynarodowym Kongresie Liberałów Religijnych w Ameryce. Kongres miał się odbyć tego roku w Bostonie pod auspicjami American Unitarian Association (Amerykańskiego Stowarzyszenia Unitarian).

Mając zamęt w głowie, pojechałem do Serampore do Śri Jukteśwara.

– Gurudźi, właśnie mnie zaproszono, bym przemówił na kongresie religii w Ameryce. Czy mam pojechać?

– Wszystkie drzwi stoją przed tobą otworem – odpowiedział Mistrz po prostu. – Teraz albo nigdy.

– Ależ, panie – rzekłem przerażony – cóż ja wiem o przemawianiu publicznym? Rzadko przemawiałem, a już nigdy po angielsku.

– Po angielsku czy nie, Zachód usłyszy twój wykład o jodze.

Roześmiałem się.

– Tak, kochany Gurudźi, ale nie wydaje mi się, by Amerykanie nauczyli się bengalskiego. Proszę, pobłogosław mnie przed tym „biegiem przez płotki" w posługiwaniu się angielskim*.

Kiedy wyjawiłem swe plany ojcu, był głęboko wstrząśnięty. Ameryka wydawała mu się niewiarygodnie daleka. Bał się, że może już nigdy mnie nie zobaczy.

– Jak możesz jechać? – spytał poważnie. – Kto cię sfinansuje? – Jako że do tej pory, troszcząc się o mnie z miłością, pokrywał wydatki na moje wykształcenie i utrzymanie, niewątpliwie spodziewał się, że ten problem uniemożliwi mi całe przedsięwzięcie.

– Pan na pewno mnie sfinansuje. – Powiedziawszy to, przypomniałem sobie, jak dawno temu odpowiedziałem podobnie memu bratu Anancie w Agrze. Otwarcie dodałem: – Ojcze, a może Bóg cię natchnie, abyś to ty mi pomógł!

– Nie, nigdy! – Spojrzał na mnie żałośnie.

A jednak następnego dnia ojciec wręczył mi czek na dużą sumę. Byłem zdumiony.

---

* Ze Śri Jukteśwarem rozmawialiśmy zwykle w języku bengalskim.

Autobiografia jogina

– Daję ci te pieniądze – rzekł – nie jako ojciec, lecz jako wierny uczeń Lahiriego Mahaśaji. Jedź więc do tego dalekiego zachodniego kraju i szerz tam ponadwyznaniową naukę *krija-jogi*.

Ogromnie wzruszyła mnie bezinteresowność ojca, która tak szybko pozwoliła mu odsunąć na bok osobiste pragnienia. W nocy słusznie zrozumiał, że do tej podróży do obcego kraju nie skłania mnie żaden przyziemny motyw.

– Może się już nie spotkamy w tym życiu. – Ojciec, który miał wówczas sześćdziesiąt siedem lat, powiedział to ze smutkiem.

Intuicyjne przekonanie kazało mi odpowiedzieć:

– Pan na pewno zrządzi, że nasze drogi jeszcze się zejdą.

Przygotowując się do opuszczenia Mistrza i rodzinnej ziemi, by wyruszyć ku nieznanym brzegom Ameryki, odczuwałem niemały lęk. Słyszałem wiele opowieści o „materialistycznym Zachodzie", bardzo się różniącym od Indii, które od wieków spowija aura świętych. Nauczyciel ze Wschodu, pomyślałem, który się poważy oddychać atmosferą Zachodu, musi być gotów na próbę większą od himalajskich mrozów.

Pewnego razu, wczesnym rankiem zacząłem się modlić z niezłomnym postanowieniem, że choćbym nawet miał umrzeć, nie ustanę w modlitwie, dopóki nie usłyszę głosu Boga. Pragnąłem Jego błogosławieństwa i zapewnienia, że się nie zagubię we mgle współczesnego utylitaryzmu. W sercu zdecydowany byłem na wyjazd do Ameryki, lecz jeszcze mocniej pragnąłem pokrzepienia, jakie by mi przyniosło pozwolenie Boga.

Modliłem się nieustannie, tłumiąc płacz. Odpowiedź nie nadchodziła. W południe cierpienie sięgnęło szczytu. Byłem tak udręczony, że kręciło mi się w głowie. Miałem wrażenie, że gdybym choć jeszcze raz zawołał, wewnętrzna nawałnica, narastając, rozsadziłaby mi głowę. W tym momencie ktoś zapukał do drzwi mego domu przy ulicy Garpar. Otworzyłem je i ujrzałem młodego człowieka w skromnej szacie wyrzeczenia. Wszedł do środka.

To na pewno Babadźi! – pomyślałem oszołomiony, gdyż człowiek przede mną miał rysy twarzy młodszego Lahiriego Mahaśaji. Odpowiedział na moją myśl:

– Tak, jestem Babadźi – przemówił melodyjnym głosem w języku hindi. – Nasz Ojciec niebieski wysłuchał twojej modlitwy. Nakazuje mi powiedzieć ci: Posłuchaj polecenia swego guru i jedź do Ameryki. Nie lękaj się, będziesz pod opieką.

Po chwili ciszy, aż wibrującej mocą, Babadźi mówił dalej:

Jadę do Ameryki

– Jesteś tym, którego wybrałem, aby szerzył przesłanie *krija-jogi* na Zachodzie. Dawno temu spotkałem twojego guru Jukteśwara na *Kumbhameli*. Powiedziałem mu wtedy, że przyślę mu ciebie na naukę.

Oniemiałem, jego obecność przejęła mnie nabożną czcią. Byłem głęboko wzruszony, że z jego własnych ust usłyszałem, iż to on doprowadził mnie do Śri Jukteśwara. Padłem na ziemię przed nieśmiertelnym guru. Łaskawie podniósł mnie z podłogi. Powiedział mi wiele rzeczy o moim życiu, udzielił osobistych wskazówek i wyjawił kilka tajemnych przepowiedni.

– *Krija-joga*, naukowa metoda urzeczywistniania Boga – rzekł na koniec uroczyście – ostatecznie rozprzestrzeni się we wszystkich krajach i dzięki temu, iż umożliwia osobiste postrzeganie transcendentnego, Nieskończonego Ojca, pomoże narodom żyć w harmonii.

Mistrz przeszył mnie spojrzeniem pełnym mocy i majestatu, które mnie zelektryzowało, dając przebłysk jego kosmicznej świadomości.

„Gdyby tysiące słońc nagle wraz zajaśniało na niebie,
To blask ich mógłby się równać z blaskiem tej wielkiej istoty!"*

Po chwili Babadźi ruszył ku drzwiom.

– Nie próbuj iść za mną – rzekł. – Nie zdołasz tego uczynić.

– Proszę cię, Babadźi, nie odchodź! – powtarzałem w kółko. – Zabierz mnie z sobą!

Odparł:

– Nie teraz. Innym razem.

Bardzo przejęty, nie zważałem na jego ostrzeżenie. Usiłowałem pójść za nim, ale poczułem, że stopy mocno przywarły mi do podłogi. Babadźi rzucił mi od drzwi ostatnie serdeczne spojrzenie. Wpatrywałem się w niego tęsknie. Podniósł dłoń w błogosławieństwie i odszedł.

Po kilku minutach mogłem już oderwać stopy. Usiadłem i pogrążyłem się w głębokiej medytacji, nieustannie dziękując Bogu nie tylko za odpowiedź na modlitwę, ale także za błogosławieństwo spotkania z Babadźim. Czułem, że dotyk tego wiekowego, choć wiecznie młodego mistrza, uświęcił całe moje ciało. Od dawna trawiło mnie palące pragnienie, by go ujrzeć.

Nigdy dotąd nikomu nie opowiedziałem o tym spotkaniu z Babadźim. Uważając je za najświętsze z przeżyć, skrywałem je głęboko w sercu. Jednak przyszło mi na myśl, że jeśli napiszę, iż go widziałem na własne oczy, czytelnicy tej autobiografii łatwiej uwierzą, że Babadźi

---

* *Bhagawadgita* XI, 12, *op. cit.*

PARAMAHANSA JOGANANDA
Zdjęcie do paszportu zrobione w 1920 r. w Kalkucie

Jadę do Ameryki

Delegaci na Międzynarodowy Kongres Liberałów Religijnych w Bostonie, Massachusetts, w 1920 r., na którym Joganandadźi wygłosił swe pierwsze przemówienie w Ameryce. Od lewej: wiel. T. R. Williams, prof. S. Ushigasaki, wiel. Jabez T. Sunderland, Śri Jogananda i wiel. C. W. Wendte.

naprawdę istnieje i, choć przebywa w odosobnieniu, interesuje się światem. Pomogłem pewnemu malarzowi namalować portret tego jogina--Chrystusa ze współczesnych Indii. Został on zamieszczony w niniejszej książce.

Wieczór przed wyjazdem do Stanów Zjednoczonych spędziłem w świętej obecności Śri Jukteśwara.

– Zapomnij, że się urodziłeś wśród Hindusów, ale też nie przejmuj wszystkich obyczajów Amerykanów. Bierz to, co najlepsze, od obu narodów – rzekł Mistrz ze spokojem mądrości. – Bądź prawdziwym sobą, dzieckiem Boga. Szukaj i przyswajaj sobie najpiękniejsze zalety wszystkich swych braci różnych ras na całej ziemi.

Potem pobłogosławił mnie:

– Każdy, kto szuka Boga i z wiarą przyjdzie do ciebie, otrzyma pomoc. Gdy na niego spojrzysz, prąd duchowy emanujący ci z oczu przeniknie mu do mózgu i odmieni jego materialistyczne nastawienie, czyniąc go bardziej świadomym Boga. – Po chwili dodał: – Los dał ci

Joganandadźi w kabinie parowca w drodze na Alaskę podczas tournee z wykładami po całym kontynencie, 1924 r.

dar przyciągania oddanych dusz. Dokądkolwiek się udasz, choćby na pustynię, znajdziesz przyjaciół.

Oba te błogosławieństwa Śri Jukteśwara w pełni się ziściły. Przybyłem do Ameryki sam, nie miałem w tym kraju ani jednej znajomej duszy, a znalazłem tysiące ludzi gotowych przyjąć ponadczasowe nauki duchowe.

Opuściłem Indie w sierpniu 1920 roku statkiem pasażerskim „The City of Sparta", pierwszym, jaki płynął do Ameryki po zakończeniu pierwszej wojny światowej. Zdołałem zakupić bilet, dopiero gdy w cudowny niemal sposób przezwyciężyłem liczne biurokratyczne trudności związane z uzyskaniem paszportu.

Podczas dwumiesięcznej podróży jeden z pasażerów dowiedział

W CIĄGU 32 LAT SPĘDZONYCH NA ZACHODZIE WIELKI GURU INICJOWAŁ W JOGĘ PONAD 100 000 UCZNIÓW Joganandadżi, ze sceny, prowadzi zajęcia w Denver, Kolorado, 1924 r. Pod względem liczby słuchaczy zajęcia z jogi, które prowadził w setkach miast, były największe na świecie. Dzięki swym książkom i lekcjom do studiowania w domu, a także założeniu ośrodków klasztornych, które przygotowują nauczycieli, Paramahansa Jogananda zapewnił kontynuację misji, powierzonej mu przez Mahawatara Babadżiego.

PARAMAHANSA JOGANANDA W SALI FILHARMONII W LOS ANGELES

„Los Angeles Times" z 28.01.1925 podaje: „Sala Filharmonii przedstawia niezwykły widok. Na godzinę przed rozpoczęciem reklamowanego wykładu tysiące ludzi zmuszonych było odejść z kwitkiem. Sala, mieszcząca 3000 miejsc, wypełniona jest po brzegi. Tłumy te przyciągnął swami Jogananda, Hindus, który nawiedził Stany Zjednoczone, by wnieść Boga w chrześcijańskie społeczeństwo, głosząc podstawowe prawdy nauki chrześcijańskiej".

Jadę do Ameryki

W 1925 r. z pomocą szczodrych uczniów Śri Jogananda nabył posiadłość Mt. Washington Estates. Jeszcze przed zakończeniem transakcji odbyła się tu pierwsza uroczystość: obrzęd Wielkanocny o świcie. Wkrótce posiadłość stała się światową siedzibą główną założonej przez niego organizacji.

się, że jestem delegatem Indii na kongres w Bostonie.

– Swami Joganando – powiedział, wymawiając moje imię z nieco dziwnym akcentem, który, jak się potem przekonałem, był charakterystyczny dla Amerykanów – czy byłby pan łaskaw wygłosić dla nas, pasażerów, pogadankę wieczorem w następny czwartek? Sądzę, że wszyscy skorzystalibyśmy z wykładu na temat: „Jak się zmagać z życiem".

Niestety w środę stwierdziłem, że muszę się zmagać z trudnościami we własnym życiu. Rozpaczliwie usiłowałem nadać myślom formę wykładu w języku angielskim. W końcu zrezygnowałem z wszelkich przygotowań. Moje myśli, jak dziki źrebak na widok siodła, odmawiały jakiejkolwiek współpracy z regułami angielskiej gramatyki. Niemniej jednak, w pełni ufając zapewnieniu Mistrza, w czwartek pojawiłem się przed publicznością, która oczekiwała mnie w salonie. Ale ustom zabrakło elokwencji: bez słowa stałem przed zebranymi. Po dziesięciu minutach milczenia – próbie wytrzymałości dla obu stron – publiczność zrozumiała moje położenie i zaczęła się śmiać.

W tym momencie sytuacja wcale nie była dla mnie zabawna. Oburzony, posłałem Mistrzowi cichą modlitwę.

Paramahansa Jogananda składa kwiaty w krypcie Jerzego
Waszyngtona, Mt Vernon w Wirginii, 22 luty 1927 r.

– Potrafisz! Mów! – natychmiast zabrzmiał mi w głowie jego głos.
Momentalnie moje myśli sprzymierzyły się z językiem angielskim. Czterdzieści pięć minut później publiczność nadal słuchała z uwagą. Po tym przemówieniu dostałem kilka zaproszeń na wykłady dla różnych zrzeszeń w Ameryce.

Potem nie mogłem sobie przypomnieć ani słowa z tego, co wówczas mówiłem. Dyskretnie wypytując, dowiedziałem się od pasażerów: „Wygłosił pan natchniony wykład w poprawnej angielszczyźnie, językiem, który poruszył serca". Uradowany tak miłymi słowami, pokornie podziękowałem guru za pomoc, udzieloną w samą porę. Jeszcze raz się przekonałem, że zawsze jest ze mną i nie liczą się żadne bariery czasu ani przestrzeni.

Jadę do Ameryki

PARAMAHANSA JOGANANDA W BIAŁYM DOMU

Paramahansa Jogananda i John Balfour wychodzą z Białego Domu po wizycie u prezydenta Calvina Coolidge'a, który wygląda przez okno.
„The Washington Herald" z 25.01.1927 r. podaje: „Mr Coolidge powitał swamiego Joganandę [...] z wielką przyjemnością. Powiedział mu, że bardzo dużo o nim czytał. Był to pierwszy w historii Indii przypadek, kiedy hinduski swami został oficjalnie przyjęty przez amerykańskiego prezydenta".

W trakcie dalszej podróży przez ocean od czasu do czasu chwytał mnie nagły lęk na myśl o ciężkiej próbie, jaka mnie czeka, gdy przyjdzie mi przemawiać po angielsku na kongresie w Bostonie.

– Panie – modliłem się – proszę Cię, Ty bądź mi jedynym natchnieniem!

W końcu września „The City of Sparta" zawinęła do portu w Bostonie. Dnia 6 października 1920 roku wygłosiłem na kongresie pierwszą mowę w Ameryce. Została dobrze przyjęta. Odetchnąłem z ulgą. W opublikowanym sprawozdaniu z kongresu* wielkoduszny sekretarz Amerykańskiego Stowarzyszenia Unitarian napisał o moim wystąpieniu:

„Swami Jogananda, delegat Aśramu Brahmaćarja w Rańći, pozdrowił Kongres w imieniu swojego Stowarzyszenia. Płynną angielszczyzną

---

* *New Pilgrimages of the Spirit* (Nowe pielgrzymki Ducha), Boston, Beacon Press, 1921.

i z niezachwianym przekonaniem wygłosił odczyt o charakterze filozoficznym: „Naukowy aspekt religii". Został on wydrukowany w postaci broszury w celu szerszego rozpowszechnienia. Religia, utrzymywał swami, jest uniwersalna i jedyna. Wprawdzie nie możemy upowszechniać określonych obyczajów i wierzeń, ale możemy propagować prawdy wspólne wszelkim religiom i wzywać wszystkich, by się nimi kierowali".

Hojny czek ojca umożliwił mi pozostanie w Ameryce po zakończeniu kongresu. Trzy szczęśliwe lata spędziłem w skromnych warunkach w Bostonie. Dawałem wykłady, prowadziłem zajęcia w grupach i stworzyłem tom poezji *Songs of the Soul* (Pieśni Duszy), do którego napisał przedmowę dr Frederick B. Robinson, dyrektor College of the City of New York (College'u Miasta Nowego Jorku)*.

W lecie 1924 roku rozpocząłem tournée po całym kontynencie. Przemawiałem do tysięcy ludzi w wielu głównych miastach. Potem wyruszyłem z Seattle na wakacje na pięknej Alasce.

Dzięki wielkoduszności moich uczniów w końcu 1925 roku założyłem główną amerykańską siedzibę na Mount Washington w Los Angeles. Budynek przypomina ten, jaki przed laty widziałem w swej wizji w Kaszmirze. Jak najszybciej posłałem Śri Jukteśwarowi zdjęcia obrazujące działalność w dalekiej Ameryce.

W odpowiedzi przysłał mi kartkę w języku bengalskim, której treść podaję tutaj w przekładzie:

11 sierpnia 1926

Dziecię mego serca, o Joganando!

Nie potrafię wyrazić w słowach, jaka radość opromienia mi życie, gdy oglądam zdjęcia twojej szkoły i uczniów! Nie posiadam się ze szczęścia na widok uczniów jogi z wielu różnych miast. Słysząc o tym, jak uczysz śpiewanych afirmacji, modlitw uzdrawiających oraz korzystania z uzdrawiających wibracji, cóż mogę uczynić, jak tylko podziękować ci z całego serca! Patrząc na bramę, drogę wijącą się na wzgórze i piękny krajobraz u stóp Mount Washington, pragnę to wszystko zobaczyć na własne oczy.

Tutaj wszystko w porządku. Dzięki łasce Bożej, obyś zawsze był szczęśliwy.

ŚRI JUKTEŚWAR GIRI

Lata mijały szybko. Wykładałem w każdym zakątku mojego nowego kraju. Przemawiałem w setkach klubów, college'ów, kościołów i do

---

* Książkę wydało Self-Realization Fellowship. W 1939 r. dr Robinson wraz z żoną odwiedzili Indie i jako goście honorowi uczestniczyli w spotkaniu członków Jogoda Satsanga.

Jego Ekscelencja Emilio Portes Gil, Prezydent Meksyku, w gościnie u Śri Joganandy podczas jego pobytu w mieście Meksyk, 1929 r.

Paramahansadźi medytuje w łodzi na Jeziorze Xochimilco w Meksyku, 1929 r.

Autobiografia jogina

wszelkich grup wyznaniowych. W latach 1920 – 1930 w moich zajęciach z jogi uczestniczyło dziesiątki tysięcy Amerykanów. Im wszystkim zadedykowałem nowy zbiór modlitw i pieśni duszy *Whispers From Eternity* (Szepty Wieczności)*. Przedmowę do niego napisała Amelita Galli-Curci.

Czasami, zwykle na początku miesiąca, gdy napływały rachunki związane z działalnością ośrodka Self-Realization Fellowship na Mount Washington, myślałem z tęsknotą o prostym i spokojnym stylu życia w Indiach. Codziennie jednak dostrzegałem, że Wschód i Zachód coraz lepiej się rozumieją, a wtedy dusza moja się radowała.

Ojciec narodu amerykańskiego, George Washington, który świadom był, iż Bóg go prowadzi, wypowiedział w *Farewell Address* (Mowie pożegnalnej) następujące słowa, które stały się natchnieniem dla Ameryki:

„Rzeczą godną wolnego, oświeconego i w niedalekiej przyszłości wielkiego narodu będzie dać ludzkości wielkoduszny i zupełnie nowy przykład ludu, który zawsze się kieruje najwyższą sprawiedliwością i życzliwością. Któż może wątpić, że z biegiem czasu i wydarzeń owoce takiego postępowania hojnie wynagrodzą nam utratę wszelkich tymczasowych korzyści, jakie poświęcimy w imię tych wartości? Czyż to możliwe, aby Opatrzność nie wiązała trwałego szczęścia narodu z jego cnotami?"

Hymn do Ameryki

Ciebie przyszłą,
W Twych liczniejszych, rozumniejszych córach i synach – Ciebie w Twych olbrzymach moralnych i duchowych; Twoje południe, północ, zachód, wschód,
Twoje bogactwo moralne i cywilizację (wobec nich próżne są Twe najszczytniejsze osiągnięcia materialne),
Ciebie w Twych wszystkich darach, godną wszelkiej czci – Ciebie, nie zamkniętą w jednej tylko księdze, zbawicielu,
Niezliczonych zbawicieli skrytych w Tobie, równych każdemu i jak każdy boskich...
To wszystko! – nieuchronne tego nadejście w Tobie teraz głoszę**.

Walt Whitman
(ze zbioru *Thou Mother with Thy Equal Brood*)

---

* Wydany przez Self-Realization Fellowship.
** Przeł. Janusz Bader.

Rozdział 38

Luther Burbank – święty pośród róż

— Tajemnicą wyhodowania uszlachetnionej rośliny jest, oprócz wiedzy naukowej, miłość. – Te mądre słowa wypowiedział Luther Burbank, gdy przechadzaliśmy się po jego ogrodzie w Santa Rosa, w Kalifornii. Zatrzymaliśmy się obok grządki z jadalnymi kaktusami.

– Prowadząc doświadczenia w celu wyhodowania kaktusa bez kolców – kontynuował – często mówiłem do roślin, aby stworzyć wibracje miłości. „Nie macie się czego bać – powtarzałem im. – Nie potrzebujecie kolców. Ja was ochronię". Stopniowo powstała nowa odmiana tej użytecznej pustynnej rośliny, odmiana pozbawiona kolców.

Ten cud mnie oczarował.

– Drogi panie Luther, czy mógłby mi pan dać kilka liści tego kaktusa? Posadzę go w ogrodzie na Mount Washington.

Robotnik, który stał obok, chciał od razu odłamać kilka liści, ale Burbank go powstrzymał.

– Sam je zerwę dla swamiego. – Wręczył mi trzy liście, które później zasadziłem. Cieszyłem się, obserwując jak wyrastały na olbrzymie okazy.

Ten wspaniały ogrodnik powiedział mi, że jego pierwszym godnym uwagi osiągnięciem było wyhodowanie wielkiego kartofla, obecnie zwanego jego imieniem. Z wytrwałością geniusza pracował nad setkami krzyżówek. Obdarzył świat nowymi odmianami pomidorów, kukurydzy, dyń, wiśni, śliw, nektarynek, jagód, maków, lilii, róż.

Nastawiłem aparat fotograficzny, by zrobić zdjęcie słynnego drzewa orzecha włoskiego, do którego zaprowadził mnie Luther.

Drzewo to jest dowodem na to, jak ogromnie można przyspieszyć naturalny rozwój rośliny.

– W ciągu zaledwie szesnastu lat – powiedział Luther – to drzewo osiągnęło taki poziom owocowania, jaki w sposób naturalny uzyskałoby w czasie dwa razy dłuższym.

Betty, adoptowana córeczka pana Burbanka, przybiegła do ogrodu, baraszkując z psem.

– To moja ludzka roślinka. – Luther pomachał do niej przyjaźnie. – Postrzegam teraz ludzkość jako jedną ogromną roślinę, która do pełnego rozwoju potrzebuje tylko miłości, naturalnego błogosławieństwa wolnej przestrzeni oraz inteligentnego krzyżowania i selekcji. W ciągu swego życia obserwowałem tak cudowny postęp w ewolucji roślin, że z optymizmem oczekuję narodzin zdrowego, szczęśliwego świata, gdy tylko jego dzieci nauczą się zasad prostego i rozumnego życia. Musimy powrócić do natury i jej Stworzyciela.

– Spodobałaby się panu moja szkoła w Ranći, gdzie dzieci uczą się na powietrzu, w atmosferze radości i prostoty.

Tymi słowami poruszyłem czułą strunę, temat bardzo bliski sercu pana Burbanka: wychowanie dzieci. Zasypał mnie pytaniami, a jego głębokie, pogodne oczy błyszczały zainteresowaniem.

– Swamidźi – powiedział w końcu – szkoły takie jak pańska są jedyną nadzieją przyszłego tysiąclecia. Buntuję się przeciwko systemom edukacyjnym naszych czasów, które wychowują w oderwaniu od przyrody i tłumią wszelką indywidualność. Z całego serca i duszy popieram pana ideały wychowawcze.

Na pożegnanie szlachetny uczony podpisał i podarował mi niewielką książkę*.

– Oto moja książka *The Training of the Human Plant* (Kształtowanie rośliny ludzkiej)** – powiedział. – Potrzebujemy nowych metod kształcenia, odważnych eksperymentów. Nieraz właśnie dzięki najśmielszym

---

* Pan Burbank dał mi także swoje zdjęcie z autografem. Cenię je sobie jak skarb, podobnie jak niegdyś hinduski kupiec cenił portret Lincolna. Ów Hindus, który przebywał w Ameryce podczas wojny secesyjnej, żywił taki podziw dla Lincolna, że nie chciał powrócić do Indii, dopóki nie otrzymał portretu tego wielkiego wyzwoliciela. Tak długo siedział na progu Białego Domu i nie chciał odejść, aż zdumiony tym Prezydent zgodził się sportretować. Portret jest dziełem Daniela Huntingtona, słynnego malarza nowojorskiego. Gdy został ukończony, Hindus triumfalnie zabrał go do Kalkuty.

** Nowy Jork, Century Co., 1922.

Luther Burbank – święty pośród róż

doświadczeniom udawało mi się wyhodować najlepsze owoce i kwiaty. Także kształcenie dzieci wymaga więcej odważnych innowacji.

Jeszcze tego samego dnia wieczorem przeczytałem z żywym zainteresowaniem jego książeczkę. Wspaniała wizja przyszłości rodzaju ludzkiego podyktowała mu takie słowa:

„Najtrudniej jest zmienić roślinę o utrwalonych nawykach, to na tym świecie najbardziej uparta ze wszystkich istot żywych. [...] Pamiętajmy, że roślina ta zachowała swą indywidualność przez wieki. Być może, dałoby się odnaleźć jej odcisk w skałach istniejących od eonów i stwierdzić, że w ciągu tak ogromnie długiego czasu prawie się nie zmieniła. Czy nie można przypuścić, że odtwarzając się przez wszystkie te wieki, roślina wykształciła, że się tak wyrażę, wprost niezłomną wolę? Istnieją doprawdy rośliny, jak niektóre gatunki palm, tak odporne, że żadna ludzka moc nie potrafiła ich dotąd zmienić. Wola ludzka jest słaba w porównaniu z wolą rośliny. Spójrzmy jednak, jak łatwo jest przełamać tak długotrwały upór, zaszczepiając roślinie nowe życie, dokonując, drogą krzyżówki, wielkiej i całkowitej przemiany. A gdy już nastąpi ten przełom, cierpliwą pielęgnacją i selekcją utrwalić zmianę w kolejnych jej generacjach. Rozwinie się nowa roślina, która już nigdy nie powróci do dawnej postaci. Jej uporczywa wola zostaje w końcu przełamana.

Gdy mamy do czynienia z czymś tak wrażliwym i podatnym jak natura dziecka, problem staje się o wiele łatwiejszy".

Ten wieki Amerykanin wręcz magnetycznie mnie przyciągał, toteż odwiedzałem go wielokrotnie. Pewnego ranka zjawiłem się u niego równocześnie z listonoszem, który położył w jego gabinecie około tysiąca listów. Pisali do niego hodowcy roślin ze wszystkich stron świata.

– Swamidźi, twoje przybycie to dla mnie doskonały pretekst, by wyjść do ogrodu – powiedział wesoło. Otworzył wielką szufladę biurka, w której były setki prospektów turystycznych. – Proszę spojrzeć, jak odbywam podróże. Przykuty do miejsca z powodu swych roślin i korespondencji, zaspokajam pragnienie zwiedzania obcych krajów, oglądając od czasu do czasu te zdjęcia.

Mój samochód stał przed bramą. Zabrałem Luthera na przejażdżkę ulicami miasteczka. Mijaliśmy ogrody pełne jaskrawych odmian wyhodowanych przez niego róż: Santa Rosa, Peachblow i Burbanka.

Podczas jednej z wcześniejszych wizyt inicjowałem wielkiego uczonego w *krija-jogę*.

Autobiografia jogina

– Ćwiczę gorliwie, swamidźi – rzekł cicho. Zadał mi potem wiele przemyślanych pytań dotyczących różnych aspektów jogi, po czym zauważył: – Wchód rzeczywiście posiada ogromne zasoby wiedzy, którą Zachód ledwie zaczął poznawać*.

Bliskie obcowanie z naturą, która zdradziła mu wiele ze swych zazdrośnie strzeżonych sekretów, zrodziło w nim bezbrzeżną cześć dla spraw ducha.

– Niekiedy czuję, że Nieskończona Moc jest bardzo blisko – zwierzył mi się nieśmiało. Jego wrażliwa, pięknie rzeźbiona twarz rozjaśniła się pod wpływem wspomnień. – W takich chwilach potrafiłem uzdrawiać chorych w swoim otoczeniu, a także wiele roślin.

Wspomniał o swojej matce, szczerej chrześcijance.

– Po śmierci wiele razy ukazywała mi się w wizjach. Rozmawiała ze mną.

Niechętnie zawróciliśmy w stronę domu i czekających tam na niego tysięcy listów.

– Luther – powiedziałem – w następnym miesiącu rozpoczynam wydawanie czasopisma, którego celem będzie przedstawianie prawd Wschodu i Zachodu. Proszę, pomóż mi wybrać dobry tytuł.

Jakiś czas dyskutowaliśmy na ten temat, aż w końcu zgodziliśmy się na nazwę „East-West" (Wschód-Zachód)**. Gdy znaleźliśmy się ponownie w gabinecie pana Burbanka, dał mi napisany przez siebie artykuł pod tytułem „Nauka i cywilizacja".

– Zamieszczę go w pierwszym numerze „East-West" – powiedziałem z wdzięcznością.

Gdy nasza przyjaźń się pogłębiła, nazwałem Burbanka swoim amerykańskim świętym. Określałem go słowami: „Oto człowiek, w którym nie ma podstępu"***. Miał ogromne serce, które od dawna znało pokorę, cierpliwość i poświęcenie. Jego mały dom wśród róż odznaczał się

---

* Dr Julian Huxley, słynny biolog angielski i dyrektor UNESCO, oświadczył niedawno, że uczeni zachodni powinni „uczyć się wschodnich technik" wchodzenia w trans i opanowywania oddechu. „*Co się wtedy dzieje? Jak* to jest możliwe?" – zapytywał. Dnia 21.08.1948 r. agencja *Associated Press* doniosła r. z Londynu: „Dr. Huxley powiedział członkom nowo powstałej World Federation for Mental Health (Światowej Federacji Ochrony Zdrowia Psychicznego), że powinni poznać mistyczne tradycje Wschodu. Gdyby bowiem mogli zbadać je naukowo – twierdził – «to uważam, że w waszej dziedzinie dokonanoby wielkiego kroku naprzód»".

** W 1948 r. tytuł czasopisma zmieniono na „Self-Realization".

***J 1, 47

Luther Burbank – święty pośród róż

LUTHER BURBANK I PARAMAHANSA JOGANANDA,
Santa Rosa w Kalifornii, 1924 r.

surową prostotą. Luther znał bezwartościowość luksusów i radość zadowalania się niewielkim. Skromność, z jaką przyjmował swoją sławę uczonego, przywodziła mi na myśl drzewa, które nisko się pochylają pod ciężarem dojrzewających owoców. Tylko nieurodzajne drzewo wznosi głowę wysoko z pustą chełpliwością.

W roku 1926, gdy byłem w Nowym Jorku, mój drogi przyjaciel zmarł. Ze łzami w oczach myślałem: Ach, chętnie przeszedłbym całą drogę stąd do Santa Rosa, żeby choć raz jeszcze go ujrzeć! Zamknąłem się w pokoju z dala od gości i sekretarzy, i najbliższą dobę spędziłem w samotności.

Nazajutrz przed dużym portretem Luthera przeprowadziłem rytuał wedyjski ku jego pamięci. Grupa moich amerykańskich uczniów, odzianych w hinduskie ceremonialne szaty, śpiewała starożytne hymny, podczas gdy ja składałem ofiarę z kwiatów, wody i ognia – symboli żywiołów, z których zbudowane jest ciało fizyczne, i ich powrotu do Nieskończonego Źródła.

Chociaż ciało Burbanka spoczywa w Santa Rosa pod libańskim cedrem, który dawno temu zasadził w swoim ogrodzie, dla mnie dusza jego obecna jest w każdym kwiecie kwitnącym przy drodze. Uniesiony na jakiś czas w przestworza ducha przyrody, czyż to nie Luther szepce w jej wiatrach lub się przechadza o świcie?

Jego nazwisko przeszło obecnie do potocznego języka. Słownik Webstera zawiera czasownik przechodni *(to) burbank* w znaczeniu: „Krzyżować lub szczepić (roślinę). Stąd, przenośnie, udoskonalać (coś: proces lub instytucję), wybierając cechy dobre i odrzucając złe bądź dodając dobre".

– Kochany Burbanku – wykrzyknąłem po przeczytaniu tej definicji – już samo twoje nazwisko stało się synonimem dobra!

LUTHER BURBANK
SANTA ROSA, CALIFORNIA
USA

22 grudnia 1924

Przestudiowałem system ćwiczeń *Yogoda* swamiego Joganandy i uważam, że znakomicie służą one rozwojowi człowieka, harmonizując fizyczną, psychiczną i duchową stronę jego natury. Celem swamiego jest ustanowienie na całym świecie szkół życia, w których edukacja nie będzie się ograniczać tylko do rozwoju intelektualnego, lecz obejmie także kształcenie ciała, woli i uczuć.

System *Yogoda* prostymi i naukowymi metodami koncentracji i medytacji prowadzi do rozwoju fizycznego, umysłowego i duchowego, co pomoże rozwiązać większość złożonych problemów życia i umożliwi zapanowanie pokoju i dobrej woli na ziemi. Idea właściwego wychowania, którą głosi swami, jest bardzo rozsądna, nie oderwana od życia i pozbawiona wszelkiego mistycyzmu. W przeciwnym razie bym jej nie pochwalał.

Cieszę się, iż mam okazję całym sercem poprzeć apel swamiego, by na całym świecie zakładać szkoły sztuki życia, które, jeśli powstaną, mogą bardziej przybliżyć tysiąclecie pokoju niż inne znane mi instytucje.

Luther Burbank

Rozdział 39

Katolicka stygmatyczka Teresa Neumann

— Wracaj do Indii. Czekam na ciebie cierpliwie od piętnastu lat. Wkrótce opuszczę ciało i popłynę do Siedziby Blasku. Joganando, przyjeżdżaj! – rozbrzmiał nagle w moim wewnętrznym uchu głos Śri Jukteświara, gdy siedziałem w medytacji w ośrodku na Mount Washington. W mgnieniu oka przebywszy dziesięć tysięcy mil, jego wezwanie jak błysk gromu przeniknęło całą moją istotę.

Piętnaście lat! Tak, uświadomiłem sobie, jest rok 1935. Spędziłem piętnaście lat, szerząc nauki guru w Ameryce. Teraz wzywa mnie do powrotu.

Wkrótce potem opowiedziałem o tym przeżyciu memu drogiemu przyjacielowi, Jamesowi J. Lynnowi. Codziennie praktykując *krija-jogę*, poczynił on tak wielkie postępy w rozwoju duchowym, że często nazywałem go „świętym Lynnem". Z radością widzę, że on i kilku innych ludzi Zachodu wypełnili przepowiednię Babadżiego, iż dzięki odwiecznej ścieżce jogi Zachód także zrodzi ludzi, którzy osiągną prawdziwe samourzeczywistnienie.

James Lynn szlachetnie ofiarował się pokryć koszty mojej podróży. Rozwiązało to problem finansowy, zacząłem się więc przygotowywać do wyjazdu. Zamierzałem popłynąć najpierw do Europy, a potem do Indii. W marcu 1935 roku zgodnie z prawem Stanu Kalifornia zarejestrowałem Self-Realization Fellowship jako stowarzyszenie nie będące sektą, niedochodowe i mające działać bezterminowo. Przekazałem towarzystwu Self-Realization Fellowship wszelką swoją własność, w tym prawa do wydawania wszystkich moich pism. Jak większość podobnych instytucji religijnych i edukacyjnych, Towarzystwo utrzymuje się z darowizn i dotacji członków i innych osób.

– Wrócę – powiedziałem uczniom. – Nigdy nie zapomnę Ameryki.

Na bankiecie pożegnalnym, który wydali dla mnie najdrożsi przyjaciele z Los Angeles, długo wpatrywałem się w ich twarze i myślałem z wdzięcznością: Panie, temu, kto pamięta, że Ty jesteś Jedynym Dawcą wszystkiego, nigdy nie zabraknie słodyczy ludzkiej przyjaźni.

Wypłynąłem z Nowego Jorku 9 czerwca 1935 roku na statku „Europa". Towarzyszyło mi dwoje uczniów: mój sekretarz, C. Richard Wright, oraz starsza pani z Cincinnati, Ettie Bletch. Na oceanie z radością korzystaliśmy z dni spokoju, które stanowiły kontrast z minionymi tygodniami pełnymi pośpiechu. Ale okres wakacji był krótki. Szybkość współczesnych statków ma też pewne ujemne strony!

Jak każda grupa ciekawych turystów, pierwszy dzień na lądzie spędziliśmy zwiedzając Londyn – ogromne, bardzo stare miasto. Następnego dnia poproszono mnie o wygłoszenie wykładu na wielkim spotkaniu w Caxton Hall. Londyńskiej publiczności przedstawił mnie sir Francis Younghusband.

Nasza trójka spędziła też miły dzień jako goście sir Harry'ego Laudera w jego posiadłości w Szkocji. Kilka dni później przeprawiliśmy się przez Kanał La Manche na kontynent, pragnąłem bowiem odbyć pielgrzymkę do Bawarii. Czułem, że to moja jedyna szansa poznania wielkiej mistyczki katolickiej, Teresy Neumann z Konnersreuth.

Dawno temu czytałem zdumiewający artykuł o Teresie. Zawierał następujące informacje:

1. Teresa, urodzona w Wielki Piątek 1898 roku, w wieku lat dwudziestu uległa wypadkowi. Straciła wzrok i została sparaliżowana.

2. W 1923 roku w sposób cudowny odzyskała wzrok dzięki modlitwom do św. Teresy z Lisieux, „Małego Kwiatuszka". Później natychmiast ustąpił paraliż.

3. Od 1923 roku Teresa zupełnie przestała jeść i pić. Jej jedynym codziennym pożywieniem był komunijny opłatek.

4. W 1926 roku na głowie, piersiach, rękach i stopach pojawiły się u niej stygmaty, czyli święte rany Chrystusa. Odtąd co tydzień w każdy piątek* Teresa przechodzi mękę Chrystusa, we własnym ciele

---

* Po wojnie Teresa nie przeżywała już męki Chrystusa w każdy piątek, lecz tylko podczas

odczuwając wszystkie Jego cierpienia.

5. Znając tylko niemiecki, jakim mówią prości wieśniacy, podczas piątkowych transów Teresa wypowiada zdania w języku, który uczeni zidentyfikowali jako starożytny aramejski. W określonych momentach swych wizji mówi także po hebrajsku i grecku.

6. Za zezwoleniem władz kościelnych Teresę parokrotnie poddano ścisłej obserwacji naukowej. Dr Fritz Gerlick, wydawca protestanckiej gazety niemieckiej, przyjechał do Konnersreuth, aby „zdemaskować katolicką oszustkę", lecz zamiast tego, pełen czci, napisał jej biografię.

Jak zawsze, czy to na Wschodzie, czy na Zachodzie, pragnąłem poznawać świętych. Cieszyłem się, gdy 16 lipca nasza grupka przybyła do niezwykłej wsi Konnersreuth. Bawarscy chłopi okazali żywe zainteresowanie fordem, który przywieźliśmy z Ameryki, i dziwnym towarzystwem, jakie tworzyliśmy: młody Amerykanin, starsza pani i Hindus o oliwkowej cerze, o długich włosach zatkniętych za kołnierz marynarki.

Mały dom Teresy, czysty i schludny, z geraniami kwitnącymi przy prymitywnej studni, był, niestety, zamknięty. Sąsiedzi, a nawet wiejski listonosz, którego minęliśmy, nie potrafili udzielić nam informacji. Zaczął padać deszcz. Moi towarzysze zaproponowali, żebyśmy odjechali.

– Nie – odrzekłem z uporem – zostanę tutaj, aż znajdę jakiś ślad, który doprowadzi mnie do Teresy.

Dwie godziny później nadal siedzieliśmy w samochodzie, chroniąc się przed smętnym deszczem.

– Panie – poskarżyłem się z westchnieniem – dlaczego mnie tutaj przyprowadziłeś, skoro jej tu nie ma?

Właśnie wtedy zatrzymał się koło nas człowiek, który mówił po angielsku, i uprzejmie zaoferował nam pomoc.

– Nie wiem na pewno, gdzie jest teraz Teresa – powiedział – ale często jeździ do domu profesora Franza Wutza, który uczy języków obcych na Uniwersytecie w Eichstatt, około osiemdziesiąt mil stąd.

Następnego ranka pojechaliśmy do cichego miasta Eichstatt. Profesor Wutz serdecznie powitał nas w swym domu.

– Tak, Teresa jest tutaj.

---

niektórych świąt. O jej życiu opowiadają książki: Friedrich Ritter von Lama, *Therese Neumann: A Stigmatist od Our Day* i *Further Chronicles of Therese Neumann*, obie wydane przez Bruce Pub. Co,. Milwaukee, Wisconsin, USA; A.P. Schimberg, *The Story of Therese Neumann*, Milwaukee 1947; Johannes Steiner, Alba House, Staten Island, N. Y.

Katolicka stygmatyczka Teresa Neumann

Zawiadomił ją o naszym przybyciu. Wkrótce zjawił się posłaniec z jej odpowiedzią.

– Chociaż biskup prosił mnie, bym bez jego pozwolenia z nikim się nie spotykała, przyjmę człowieka Bożego z Indii.

Głęboko wzruszony tymi słowami poszedłem za panem Wutzem na piętro do salonu. Teresa weszła natychmiast, promieniując aurą spokoju i radości. Ubrana była w czarną suknię, a na głowie nosiła nieskazitelnie białą chustkę. Miała wówczas trzydzieści siedem lat, ale wyglądała znacznie młodziej. Odznaczała się prawdziwie dziecięcą świeżością i czarem. Zdrowa, zgrabna, o rumianych policzkach i wesoła – oto była święta, która nie je!

Teresa powitała mnie bardzo delikatnym uściskiem ręki. Uśmiechnęliśmy się do siebie w cichym porozumieniu, wiedząc, że oboje jesteśmy miłośnikami Boga.

Profesor Wutz uprzejmie zaproponował, że posłuży nam za tłumacza. Gdy usiedliśmy, spostrzegłem, że Teresa przygląda mi się z naiwną ciekawością. Najwidoczniej w Bawarii Hindus był rzadkością.

– Czy pani w ogóle nie jada? – Pragnąłem usłyszeć odpowiedź z jej własnych ust.

– Niczego z wyjątkiem hostii codziennie o szóstej rano.

– Jakiej wielkości jest hostia?

– Cienka jak papier, wielkości monety. – Dodała: – Przyjmuję ją jako sakrament. Jeśli nie jest konsekrowana, nie potrafię jej przełknąć.

– Ale przecież nie mogła się pani żywić tylko tym przez dwanaście lat?

– Karmię się światłem Boga.

Jakże prosta była to odpowiedź, jak bardzo Einsteinowska!

– Widzę, iż wie pani o tym, że energia płynie do ciała z eteru, słońca i powietrza.

Uśmiech przemknął jej po twarzy.

– Tak się cieszę, słysząc, że pan rozumie, w jaki sposób żyję.

– Pani święte życie jest codziennym potwierdzeniem prawdy, którą wypowiedział Chrystus: „Nie samym chlebem żyje człowiek, lecz każdym słowem, które pochodzi z ust Bożych"*.

---

* Mt 4, 4. Ciało człowieka nie odżywia się tylko pokarmem materialnym (chlebem), lecz także wibracyjną energią kosmiczną (Słowem, czyli *Aum*). Niewidzialna energia wpływa do ciała ludzkiego przez „bramę" rdzenia przedłużonego (*medulla oblongata*). Ten szósty ośrodek mieści się z tyłu szyi, nad pozostałymi pięcioma ćakrami (ćakra: sanskrycka nazwa oznaczająca „koło", czyli ośrodek promieniującej siły życiowej). Rdzeń przedłużony to główne

Teresę ucieszyło moje objaśnienie.

– To prawda. Jestem obecnie na ziemi między innymi po to, by pokazać ludziom, że można żyć, żywiąc się niewidzialnym światłem Boga, a nie tylko zwykłym pokarmem.

– Czy może pani nauczyć innych, jak żyć bez jedzenia?

Wydawało się, że to pytanie trochę nią wstrząsnęło.

– Nie mogę tego zrobić. Bóg sobie tego nie życzy.

Gdy mój wzrok padł na jej silne, smukłe dłonie, Teresa pokazała mi kwadratowe, świeżo zagojone rany na grzbiecie każdej z nich. Wskazała też na mniejsze, świeżo zagojone ranki w kształcie półksiężyca. Każda rana przechodziła na wskroś przez dłoń. Na ten widok wyraźnie przypomniały mi się półkoliście zaostrzone, wielkie żelazne gwoździe o kwadratowym przekroju, nadal używane na Wschodzie, których na Zachodzie nigdy jednak nie widziałem.

Święta opowiedziała mi trochę o swoich cotygodniowych transach: „Jako bezsilny widz obserwuję całą mękę Chrystusa". Co tydzień, od północy w czwartek do godziny pierwszej po południu w piątek, rany otwierają jej się i krwawią. Traci 10 funtów ze swych zwykłych 121 funtów wagi. Współczująca miłość, która ją trawi, przyczynia jej wielkich cierpień, jednak z radością oczekuje wizji swego Pana.

Zrozumiałem od razu, iż jest zamiarem Boga, by jej niezwykłe życie utwierdziło wszystkich chrześcijan w przekonaniu o historycznej autentyczności życia Jezusa i Jego ukrzyżowaniu, tak jak to opisuje Nowy Testament. Ma ono także we wstrząsający sposób ukazać wiecznie żywy związek między Mistrzem z Galilei a Jego wiernymi wyznawcami.

Pan Wutz opowiedział mi nieco o tym, co przeżył w obecności świętej.

– Często wybieramy się w kilka osób, razem z Teresą, na parodniowe wycieczki po Niemczech. Widać wtedy, jak wielka jest między nami różnica: my spożywamy trzy posiłki dziennie, a Teresa nie je nic. Pozostaje świeża jak róża i nie odczuwa, tak jak my, zmęczenia podróżą.

---

wejście, przez które wpływa kosmiczna siła życiowa (*Aum*). Łączy się on bezpośrednio z ośrodkiem Świadomości Chrystusowej (*kutastha*) mieszczącym się w „trzecim oku" między brwiami, siedzibą woli. Następnie energia kosmiczna gromadzi się w siódmym ośrodku, w mózgu; siódmy ośrodek jest zbiornikiem nieskończonych możliwości (Wedy nazywają go „tysiącpłatkowym lotosem światła"). Mówiąc o „Słowie", „Amen" lub „Duchu Świętym", autorzy Biblii mają na myśli *Aum*, niewidzialną boską siłę duchową, która podtrzymuje wszelkie stworzenie. „Czyż nie wiecie, że ciało wasze jest świątynią Ducha Świętego, który w was jest, a którego macie od Boga, i że już nie należycie do samych siebie?" (1 Kor 6, 19)

Katolicka stygmatyczka Teresa Neumann

TERESA NEUMANN, C. RICHARD WRIGHT, ŚRI JOGANANDA
Eichstatt, Bawaria, 17.07.1935 r.

Gdy zaczynamy być głodni i szukamy przydrożnej gospody, ona tylko śmieje się wesoło.

Profesor Wutz podał nam także kilka interesujących szczegółów na temat fizjologii świętej.

– Ponieważ Teresa nie je, żołądek jej się skurczył. Nie oddaje moczu ani kału, ale jej gruczoły potowe działają. Skórę ma zawsze miękką i jędrną.

Żegnając się z Teresą, wyraziłem pragnienie, by być obecnym podczas jej transu.

– Dobrze, proszę przyjechać do Konnersreuth w najbliższy piątek – odpowiedziała łaskawie. – Biskup udzieli wam pozwolenia. Bardzo się cieszę, że odszukaliście mnie w Eichstatt.

Teresa kilka razy uścisnęła mi delikatnie rękę i odprowadziła naszą grupkę do bramy. Pan Wright włączył samochodowe radio. Święta przyglądała się radiu z entuzjazmem, aż się śmiała. Dokoła nas zebrał się tak duży tłum młodzieniaszków, że Teresa wycofała się do domu. Zobaczyliśmy ją w oknie, skąd spoglądała na nas jak dziecko, po czym pomachała nam ręką na pożegnanie.

Następnego dnia z rozmowy z dwoma braćmi Teresy, bardzo uprzejmymi i miłymi, dowiedzieliśmy się, że święta sypia tylko jedną lub dwie godziny w nocy. Pomimo wielu ran prowadzi czynny tryb życia i jest pełna energii. Kocha ptaki, opiekuje się rybkami w akwarium i często pracuje w ogródku. Dostaje bardzo dużo listów. Katolicy piszą do niej, prosząc o modlitwę i błogosławieństwo uzdrowienia. Za jej wstawiennictwem wielu ludzi zostało uleczonych z poważnych chorób.

Brat Teresy, Ferdynand, mający około dwudziestu trzech lat, wyjaśnił, że dzięki modlitwie otrzymuje ona moc przeniesienia dolegliwości innych osób na własne ciało. Święta przestała jeść od czasu, gdy modliła się o to, aby mogła przejąć na siebie chorobę gardła pewnego młodzieńca ze swojej parafii, który właśnie przygotowywał się do święceń zakonnych.

W czwartek po południu, ja i moi towarzysze pojechaliśmy do domu biskupa. Z niejakim zdziwieniem przyglądał się on moim długim lokom. Chętnie napisał konieczne zezwolenie, za które nie pobrał opłaty. Zarządzenie Kościoła ma na celu po prostu ochronę Teresy przed tłumem odwiedzających, którzy w poprzednich latach przyjeżdżali w piątki tysiącami.

W piątek około wpół do dziesiątej rano przyjechaliśmy do Konnersreuth. Zauważyłem, że część dachu domku Teresy jest oszklona, by zapewnić jej dużo światła. Ucieszyliśmy się widząc, że tym razem drzwi nie są już zamknięte, lecz gościnnie, szeroko otwarte. Stanęliśmy w kolejce liczącej około dwudziestu osób, posiadających zezwolenia. Wielu przybyło z bardzo daleka, aby zobaczyć mistyczny trans.

Pierwszy egzamin Teresa zdała w domu profesora: poznała intuicyjnie, że pragnę się z nią spotkać z powodów duchowych, a nie dla zaspokojenia przelotnej ciekawości.

Druga próba polegała na tym, że teraz, tuż zanim udałem się na górę do niej do pokoju, w transie jogicznym połączyłem się z nią telepatycznie i „telewizyjnie", w wizji. Dopiero wtedy wszedłem do pokoju, wypełnionego gośćmi. Teresa, w białej szacie, leżała na łóżku. Wraz z panem Wrightem, który szedł tuż za mną, zatrzymaliśmy się zaraz za progiem, przejęci grozą niezwykłego widoku, doprawdy przerażającego.

Spod powiek Teresy strużką szeroką na cal nieprzerwanie spływała krew. Wzrok, skierowany w górę, skupiła na oku duchowym pośrodku czoła. Ręcznik owinięty wokół głowy przesiąknięty był krwią stygmatycznych ran powstałych od korony cierniowej. Na białej szacie, nad

Katolicka stygmatyczka Teresa Neumann

sercem Teresy, widniała plama krwi, która wytrysnęła jej z rany w boku, z miejsca, w jakim przed wiekami ciało Chrystusa doznało ostatniej zniewagi od włóczni żołnierza.

Teresa wyciągała ręce w macierzyńskim, błagalnym geście. Na jej twarzy malowały się zarazem udręka i uduchowienie. Wydawała się sie szczuplejsza i w subtelny sposób odmieniona wewnętrznie i zewnętrznie pod wieloma względami. Drżącymi wargami szeptała słowa w obcym języku do osób, które widziała wewnętrznym wzrokiem.

Połączony z nią duchowo, zacząłem widzieć to samo, co ona. Patrzyła na Jezusa dźwigającego krzyż wśród szyderczych okrzyków tłumu*. Nagle podniosła głowę, przerażona: Pan upadł pod okrutnym ciężarem. Wizja znikła. Wyczerpana dojmującym współczuciem, Teresa ciężko opadła na poduszkę.

W tej chwili usłyszałem za sobą głośny, głuchy odgłos. Odwróciwszy na moment głowę, ujrzałem dwóch mężczyzn wynoszących osobę, która zasłabła. Ale ponieważ dopiero wychodziłem z głębokiego stanu nadświadomości, nie poznałem od razu, kto to był. Ponownie skupiłem wzrok na twarzy Teresy, śmiertelnie bladej pod strużkami krwi, lecz już spokojnej, promieniejącej czystością i świętością. Później obejrzałem się i zobaczyłem, że pan Wright stoi, przyciskając dłoń do policzka, z którego cieknie krew.

– Dick – spytałem z niepokojem – czy to ty upadłeś?

– Tak, zrobiło mi się słabo na ten straszny widok.

– Wobec tego – rzekłem pocieszająco – jesteś dzielny, skoro wróciłeś i dalej patrzysz.

Przypomniawszy sobie o kolejce cierpliwie czekających pielgrzymów, pan Wright i ja w milczeniu pożegnaliśmy Teresę i opuściliśmy dom, wypełniony atmosferą jej świętej obecności**.

---

* W godzinach poprzedzających nasze przybycie Teresa miała już wiele wizji z ostatnich dni życia Chrystusa. Jej trans rozpoczyna się zwykle widzeniem zdarzeń następujących po Ostatniej Wieczerzy. Wizje kończą się wraz ze śmiercią Jezusa na krzyżu lub niekiedy wraz ze złożeniem Jego ciała do grobu.

** Dnia 26.03.1948 r. Międzynarodowa Agencja Informacyjna doniosła z Niemiec: „W Wielki Piątek u niemieckiej wieśniaczki pojawiły się krwawe plamy na głowie, dłoniach i ramionach, w miejscach, gdzie krwawiło ciało Chrystusa z ran od gwoździ, którymi przybity był do krzyża, i kolców korony cierniowej. Tysiące Niemców i Amerykanów z czcią w milczeniu przechodziło rzędem obok łóżka, na którym leżała w swym domu Teresa Neumann".

Wielka stygmatyczka zmarła w Konnersreuth 18.09.1962 r. (*przyp. wydawcy amerykańskiego*).

Następnego dnia nasza grupka udała się na południe. Cieszyliśmy się, że nie jesteśmy zależni od pociągów, lecz, podróżując fordem, możemy zatrzymać się wszędzie, gdzie nam przyjdzie ochota. Radowaliśmy się każdą minutą podróży przez Niemcy, Holandię, Francję i Alpy szwajcarskie. We Włoszech pojechaliśmy specjalnie do Asyżu, aby uczcić apostoła pokory, św. Franciszka. Nasza podróż po Europie zakończyła się w Grecji, gdzie oglądaliśmy ateńskie świątynie oraz więzienie, w którym szlachetny Sokrates* wypił truciznę. Artyzm, z jakim starożytni Grecy wyrażali swoje fantazje w alabastrze, jest doprawdy godny podziwu.

Przez zalane słońcem Morze Śródziemne przepłynęliśmy statkiem do Palestyny. Wędrując dzień za dniem po Ziemi Świętej, coraz bardziej przekonywałam się o wartości pielgrzymowania. Wrażliwe serce czuje, że duch Chrystusa przenika wszystko w Palestynie. Wraz z Nim chodziłem z czcią po Betlejem, Getsemani, Kalwarii i świętej Górze Oliwnej, nad rzeką Jordan i Jeziorem Galilejskim.

Zwiedziliśmy żłóbek w miejscu Bożego narodzenia, warsztat ciesielski Józefa, grób Łazarza, dom Marty i Marii, Wieczernik. Starożytność odsłaniała się przede mną: scena po scenie oglądałem boski dramat odegrany niegdyś przez Chrystusa dla potomnych.

Potem pojechaliśmy do Egiptu, kraju starożytnych piramid i nowoczesnych miast, takich jak Kair. Następnie popłynęliśmy statkiem przez wąskie Morze Czerwone i ogromne Morze Arabskie, aż wreszcie ukazały się brzegi Indii.

---

* Teolog Euzebiusz z Cezarei opowiada o ciekawym spotkaniu Sokratesa z hinduskim mędrcem. Pisze on: „Muzyk Arystoksenes podaje następującą historię o Hindusach: Jeden z tych mężczyzn spotkał w Atenach Sokratesa i zapytał, co jest przedmiotem jego filozofii. Poznanie człowieka – odparł Sokrates. Na to Hindus wybuchnął śmiechem. Jak można poznać człowieka – rzekł – jeśli się nie zna Boga?"

Ideałem greckim, znajdującym odzwierciedlenie w filozofii zachodniej, było: „Człowieku, poznaj siebie". Hindus powiedziałby: „Człowieku, poznaj swoją Jaźń". W oczach Hindusa słynne powiedzenie Kartezjusza: „Myślę, więc jestem", jest filozoficznie nieuzasadnione. Rozumem nie można poznać ostatecznej istoty człowieka. Umysł ludzki, tak jak i zjawiskowy świat będący przedmiotem jego poznania, podlega ciągłym zmianom i nie może dotrzeć do prawd ostatecznych. Satysfakcja intelektualna nie jest najwyższym celem. Tylko człowiek poszukujący Boga jest prawdziwym miłośnikiem prawdy niezmiennej (*widja*). Wszystko inne jest *awidją*, wiedzą względną.

Rozdział 40

Wracam do Indii

Z wdzięcznością odetchnąłem błogosławionym powietrzem Indii. Nasz statek „Radźputana" przybił do ogromnego portu w Bombaju 22 sierpnia 1935 roku. Już pierwszy dzień na lądzie stanowił przedsmak pracowitego roku, jaki mnie czekał. W porcie zebrali się przyjaciele, którzy powitali nas girlandami. Wkrótce przez nasz apartament w hotelu Tadź Mahal przewinął się tłum dziennikarzy i fotografów.

Wcześniej nie znałem Bombaju. Stwierdziłem, że to nowoczesne, dynamicznie rozwijające się miasto. Wprowadzono w nim wiele innowacji z Zachodu. Wzdłuż szerokich bulwarów stoją rzędy palm. Wspaniałe gmachy publiczne konkurują ze starożytnymi świątyniami. Mieliśmy jednak bardzo mało czasu na zwiedzanie. Niecierpliwie pragnąłem ujrzeć mojego ukochanego guru i inne drogie mi osoby. Nadawszy forda na bagaż, nasza grupka udała się pociągiem na wschód, do Kalkuty*.

Na dworcu Howrah w Kalkucie oczekiwał nas tak ogromny tłum, że przez chwilę nie mogliśmy wysiąść z pociągu. Na czele komitetu powitalnego stali młody maharadża Kaśimbazaru i mój brat Biszmu. Nie spodziewałem się tak gorącego i wspaniałego powitania.

Poprzedzani sznurem samochodów i motocykli, wśród radosnych dźwięków bębenków i konch, panna Bletch, pan Wright i ja, okryci od stóp do głów girlandami, jechaliśmy powoli do domu mojego ojca.

Ojciec, już postarzały, uścisnął mnie tak, jak gdybym powrócił z krainy zmarłych. Długo patrzyliśmy na siebie, oniemiali z radości.

---

* Przerwaliśmy podróż w Prowincjach Centralnych, w połowie drogi przez kontynent, aby spotkać się z Mahatmą Gandhim w Wardha. Te dni opisane są w rozdz. 44.

ŚRI JUKTEŚWAR I JOGANANDADŹI W KALKUCIE w 1935 roku

„Skromne, niespektakularne zachowanie mojego guru sprawiało, że tylko nieliczni ze współczesnych rozpoznawali w nim nadczłowieka – napisał Śri Jogananda. – Chociaż, jak wszyscy ludzie, Śri Jukteśwar urodził się jako śmiertelnik, osiągnął jedność z Władcą Czasu i Przestrzeni. Nie istniały dla niego nieprzekraczalne bariery. Nic nie utrudniało mu połączenia pierwiastka ludzkiego z boskim. Później zrozumiałem, że w istocie nie ma takich barier, istnieją one tylko dla ludzi, którzy nie podejmują śmiałych poszukiwań duchowych".

Otoczyli mnie bracia i siostry, wujowie, stryjowie, ciotki, kuzyni, uczniowie i przyjaciele z dawnych lat. Niczyje oczy nie pozostały suche. Choć odłożona teraz do archiwów pamięci, ta pełna miłości scena ponownego spotkania wciąż pozostaje żywa, na zawsze wyryta w moim sercu. Jeśli zaś chodzi o moje spotkanie ze Śri Jukteświarem, brak mi słów, by je opisać. Niech wystarczy następujący opis mojego sekretarza:

„Dziś, pełen najwyższych oczekiwań, zawiozłem czcigodnego Joganandę z Kalkuty do Serampore – napisał Richard Wright w swoim dzienniku podróży. – Minęliśmy wiele ciekawych sklepików, a także ulubioną jadłodajnię Joganandy z czasów, gdy był w college'u, i w końcu wjechaliśmy w wąską, ciasno zabudowaną uliczkę. Nagły zakręt w lewo i oto przed nami ukazał się jednopiętrowy, ceglany budynek pustelni, z balkonem w hiszpańskim stylu okalającym piętro. Odniosłem wrażenie wielkiego, wszechprzenikającego spokoju.

Z głęboką pokorą wszedłem za Śri Joganandą na wewnętrzny dziedziniec pustelni. Serca biły nam mocno, gdy wspinaliśmy się po starych cementowych schodach, po których bez wątpienia chodziły tysiące ludzi poszukujących prawdy. Z każdym krokiem w górę rosło nasze napięcie. U szczytu schodów pojawił się cicho wielki mistrz, swami Śri Jukteświardźi. Stał w szlachetnej postawie mędrca.

Serce wezbrało mi głębokim uczuciem, gdy poczułem błogosławieństwo jego wzniosłej obecności. Joganandadźi upadł na kolana i z pochyloną głową wyraził wdzięczność swej duszy i pozdrowił mistrza, dotykając jego stóp ręką, a potem, w pokornym pokłonie – czołem. Łzy przesłoniły mi oczy. Następnie Joganandadźi powstał, a Śri Jukteświardźi objął go i mocno przycisnął do piersi.

Z początku nie padły żadne słowa. Potężne uczucie wyrażało się w niemym języku dusz. Jakże błyszczały ich oczy, jakąż płonęły radością! Delikatne wibracje wypłynęły falą na dziedziniec, gdzie nawet słońce właśnie wyjrzało zza chmur, by dodać chwały temu spotkaniu.

Uklęknąwszy przed mistrzem, okazałem swą miłość i wdzięczność, dotykając jego stóp, stwardniałych ze starości, i przyjąłem jego błogosławieństwo. Potem wstałem i spojrzałem w piękne, głębokie oczy, promieniejące samowiedzą i radością.

Weszliśmy do saloniku. Było tam wyjście na długi balkon, który widziałem z ulicy. Mistrz usiadł na materacu, leżącym na cementowej podłodze, i oparł się o podniszczony tapczan. Joganandadźi i ja usiedliśmy u stóp guru na słomianej macie, wspierając się o pomarańczowe poduszki.

Bez wielkiego powodzenia usiłowałem zrozumieć treść rozmowy dwóch swamich, którą toczyli w języku bengalskim. (Jak stwierdziłem, nie posługują się angielskim, gdy są razem, chociaż Swamidźi Maharadź, jak nazywają tu wielkiego guru, zna ten język i często go używa.) Ale czułem świętość Wielkiego Guru, promieniującą z jego ciepłego, serdecznego uśmiechu i błyszczących oczu. W rozmowie, to wesołej, to poważnej, łatwo było zauważyć pewność, z jaką się wypowiadał – cechę mędrca, który wie, że wie, ponieważ poznał Boga. Wielka mądrość, siła woli i zdecydowanie Śri Jukteśwara widoczne są na każdym kroku.

Ubrany był w proste *dhoti* i koszulę, które, niegdyś koloru ochry, spłowiały i zrobiły się bladopomarańczowe. Od czasu do czasu z szacunkiem mu się przyglądając, zauważyłem, że jest postawny, atletycznej budowy, zahartowany przez próby i ofiary wyrzeczenia. Wygląda majestatycznie. Porusza się dostojnym krokiem, wyprostowany. Śmieje się jowialnie i donośnie. Śmiech wydobywa się z głębi piersi i przetacza po ciele, aż się całe trzęsie i drży.

Surowa twarz uderza siłą, ma się wrażenie, że emanuje boską mocą. Włosy, rozdzielone pośrodku, na skroniach zupełnie białe, a dalej przetykane nitkami srebra, złota i czerni, opadają w lokach na ramiona. Broda i wąsy są skąpe albo przerzedzone, co wydaje się podkreślać rysy twarzy. Wysokie, strome czoło jak gdyby szuka nieba. Ciemne oczy otoczone są delikatną, sinawą obwódką. Nos ma dość duży i nieładny i w wolnych chwilach bawi się nim jak dziecko, wyginając go i miętosząc palcami. Gdy odpoczywa, usta zachowują surowy wyraz, jednak jakoś subtelnie złagodzony czułością.

Rozglądając się dokoła, zauważyłem, że pokój jest dość zniszczony, co wskazywało, że właściciel nie przywiązuje wagi do wygód materialnych. Na białych ścianach widać było niebieskawe zacieki. W końcu długiego pokoju wisiał portret Lahiriego Mahaśaji, z czcią przyozdobiony girlandą. Było tam również stare zdjęcie Joganandy, stojącego w grupie delegatów na Kongres Religii, zrobione w chwili jego przybycia do Bostonu.

Zauważyłem dziwne pomieszanie nowoczesności i staroświeckości. Ogromny, rżnięty w szkle kandelabr na świece pokrywała pajęczyna. Najwyraźniej od dawna nie był używany. Ale na ścianie wisiał jaskrawy kalendarz, wskazujący aktualną datę. Cały pokój tchnął ciszą i spokojem.

Za balkonem dostrzegłem palmy kokosowe, wznoszące się nad pustelnią, jakby ją chciały ochronić.

Wracam do Indii

Balkon na piętrze pustelni Śri Jukteśwara w Serampore, służący za jadalnię, 1935 r. Śri Jogananda *(w środku)* siedzi obok swego guru *(który stoi po prawej)*.

Wystarczy, że mistrz klaśnie w dłonie, a jeszcze zanim skończy, pojawia się jakiś mały uczeń, by mu usłużyć. Jeden z nich to szczupły chłopiec imieniem Pratfulla*, o długich czarnych włosach, błyszczących czarnych oczach i niebiańskim uśmiechu. Gdy się uśmiecha, twarz jego przypomina wschodzące niebo o zmierzchu: oczy lśnią jak gwiazdy, a usta wyglądają jak sierp księżyca.

Radość swamiego Śri Jukteśwara z powrotu Joganandy, jego „owocu" (a wydaje się on także bardzo zainteresowany mną, „owocem owocu"), jest najwyraźniej ogromna. Jednakże w jego naturze przeważa chłodna mądrość, co powstrzymuje go od wylewnego okazywania uczuć.

---

* Pratfulla był niegdyś obecny przy spotkaniu Mistrza z kobrą (*zob.* s. 119)..

PARAMAHANSA JOGANANDA

Zdjęcie zrobiono 13.12.1935 r. w Damodarze w Indiach, kiedy Jogananda odwiedzał pobliską miejscowość Dihika, w której w 1917 r. prowadził szkołę dla chłopców. Tutaj medytuje przy wejściu do walącej się wieży, która niegdyś była jego ulubionym miejscem odosobnienia.

Joganandadźi obdarował mistrza kilkoma podarkami, jak to jest w zwyczaju, gdy uczeń powraca do guru. Później zasiedliśmy do prostego, ale smacznego posiłku, składającego się z jarzyn i ryżu. Śri Jukteświar był zadowolony, że stosuję się do niektórych hinduskich obyczajów, na przykład jedzenia palcami.

Przez kilka godzin wymienialiśmy ciepłe uśmiechy i radosne spojrzenia, a bengalskie zwroty fruwały mi nad głową. Wreszcie pochyliliśmy się do stóp guru, pożegnaliśmy się hinduskim pozdrowieniem *pranam** i odjechaliśmy do Kalkuty, unosząc z sobą trwałe wspomnienie

---

* Dosłownie „pełne pozdrowienie", od sanskryckiego czasownika *nam* – pozdrawiać lub pochylić się w ukłonie; przedrostek *pra* oznacza „całkowicie". *Pranamem* pozdrawia się głównie mnichów i osoby bardzo szanowane.

Procesja nauczycieli i uczniów szkoły w Ranći w rocznicę założenia szkoły, marzec 1938 r.

Uczniowie szkoły Yogoda Satsanga Society dla chłopców, Ranći, 1970 r. Zgodnie z ideałami Joganandy wiele lekcji odbywa się na wolnym powietrzu. Chłopcy nauczani są jogi, przedmiotów ogólnych i zawodowych.

Śri Jogananda *(pośrodku)* i jego sekretarz C. R. Wright *(siedzi po prawej)* w Rańći, 17.07.1936 r. Wokół nauczyciele i uczennice założonej przez Śri Joganandę School for Aborigine Girls (Szkoły dla Tubylczych Dziewcząt).

Śri Jogananda z nauczycielami i uczniami szkoły Yogoda Satsanga Society, Rańći, 1936. Szkoła, założona przez Joganandę, przeniosła się na to miejsce z Dihika w Bengalu w 1918 r. dzięki patronatowi Maharadźy Kaśimbazaru.

tego świętego spotkania. Chociaż opisuję tu głównie swoje zewnętrzne wrażenia, to jednak stale byłem świadomy duchowej chwały mistrza. Czułem jego moc i na zawsze zachowam to uczucie jako duchowe błogosławieństwo".

Z Ameryki, Europy i Palestyny przywiozłem wiele prezentów dla Śri Jukteśwara. Przyjął je z uśmiechem, lecz bez słowa. Dla siebie samego nabyłem w Niemczech parasol służący jednocześnie za laskę. W Indiach postanowiłem ofiarować tę laskę-parasol Mistrzowi.

– Ten dar doprawdy sobie cenię! – Czyniąc ten dość niezwykły komentarz, guru spojrzał na mnie z przyjaznym zrozumieniem. Ze wszystkich prezentów wybrał właśnie laskę do pokazywania gościom.

– Mistrzu, pozwól, proszę, że kupię ci nowy dywan do salonu.

Zauważyłem, że tygrysia skóra, na której siadywał Śri Jukteśwar, leży na podartym dywanie.

– Dobrze, jeśli masz ochotę. – W głosie guru nie wyczułem entuzjazmu. – Spójrz, ta tygrysia mata jest ładna i czysta. Jestem władcą w swym małym królestwie. Poza nim leży ogromny świat, zainteresowany tylko sprawami zewnętrznymi.

Słysząc te słowa, poczułem, że lata się cofnęły: znowu jestem młodym uczniem, oczyszczanym w ogniu codziennych przygan!

Gdy tylko zdołałem się wyrwać z Serampore i Kalkuty, wyruszyliśmy z panem Wrightem do Ranći. Cóż tam było za powitanie, jakaż wzruszająca owacja! Łzy stały mi w oczach, gdy ściskałem ofiarnych nauczycieli, którzy przez piętnaście lat mojej nieobecności dzierżyli sztandar szkoły. Rozjaśnione twarze i szczęśliwe uśmiechy uczniów, zarówno tych mieszkających w szkole, jak i dochodzących, potwierdzały aż nadto, jak wartościowe okazały się dla nich staranne nauczanie i ćwiczenia jogi

Niestety jednak, szkoła w Ranći znajdowała się w bardzo trudnej sytuacji finansowej. Stary maharadźa, pan Manindra Ćandra Nandi, którego pałac Kaśimbazarski przekształcony był w główny budynek szkoły i który poczynił na rzecz szkoły liczne, iście książęce darowizny, już nie żył. Wiele dobrych zasad szkoły było teraz poważnie zagrożonych z powodu braku wsparcia społecznego.

Jednak nie na darmo spędziłem wiele lat w Ameryce. Nauczyłem się tam trochę praktycznej mądrości, zwłaszcza tego, jak w obliczu trudności zachować nieustraszoność ducha. Pozostałem w Ranći przez tydzień, zmagając się z najbardziej palącymi problemami. Następnie w Kalkucie odbyłem szereg poważnych rozmów z wybitnymi politykami i ludźmi zajmującymi się edukacją, w tym długą rozmowę z młodym maharadżą Kaśimbazaru, zaapelowałem też o finanse do mojego ojca – i oto chwiejne podstawy szkoły w Ranći zaczęły się umacniać. W samą porę napłynęło wiele darowizn, w tym czek na ogromną sumę od moich uczniów z Ameryki.

Kilka miesięcy po moim przybyciu do Indii, ku mej radości, szkoła została prawnie zarejestrowana. Spełniło się marzenie mojego życia o stałym dopływie środków na utrzymanie placówki edukacyjnej, prowadzącej też naukę jogi. Wizja ta kierowała mną od skromnych początków w 1917 roku, gdy uczyłem tylko siedmiu chłopców.

Szkoła, *Yogoda Satsanga Brahmaćarja Widjalaja*, prowadzi zajęcia na wolnym powietrzu w zakresie przedmiotów szkoły podstawowej i średniej. Uczniowie, mieszkający w internacie i dochodzący, otrzymują także jakiś rodzaj kształcenia zawodowego.

Chłopcy sami załatwiają większość spraw uczniowskich za pośrednictwem samorządów. Bardzo wcześnie w swej karierze wychowawcy odkryłem, że uczniowie, którzy uwielbiają płatać figle i wywodzić w pole nauczyciela, chętnie akceptują reguły dyscypliny ustanowione przez kolegów. Sam nigdy nie byłem wzorowym uczniem, toteż łatwo mi przychodziło traktować z sympatią chłopięce psoty i problemy.

Szkoła zachęca do uprawiania sportów i gier. Boiska rozbrzmiewają odgłosami gry w hokeja na trawie i piłkę nożną*. Uczniowie z Ranći często zdobywają puchary na zawodach. Chłopców naucza się metody *yogoda*, która polega na odnawianiu siły mięśni mocą woli: myślą kieruje się energię życiową do dowolnej części ciała. Uczą się także *asan* (pozycji jogi) oraz gry z mieczem i *lathi* (kijem). Przeszkoleni w udzielaniu pierwszej pomocy, uczniowie z Ranći niosą nieocenione usługi swej prowincji w tragicznych okresach powodzi albo głodu. Chłopcy uprawiają też w ogrodzie warzywa na własny użytek.

Widjalaja prowadzi nauczanie podstawowe w języku hindi dla plemion Kol, Santal i Munda, rdzennych mieszkańców prowincji. W pobliskich wioskach prowadzi się także lekcje dla dziewcząt.

Wyjątkową cechą szkoły w Ranći jest to, że udziela się w niej inicjacji w *krija-jogę*. Chłopcy codziennie odbywają ćwiczenia duchowe, śpiewają wersety z *Gity*. Słowem i przykładem nauczani są cnót

---

* Angielski futbol, który w Ameryce nazywa się *soccer*.

YOGODA MATH W DAKSZINEŚWARZE W INDIACH

Siedziba główna Yogoda Satsanga Society of India, organizacji założonej przez Paramahansę Joganandę w 1939 r., nad rzeką Ganges, w pobliżu Kalkuty

prostoty, ofiarności, honoru i prawdomówności. Wskazuje się im, że zło prowadzi do nieszczęścia, dobre jest natomiast takie postępowanie, które przynosi prawdziwe szczęście. Zło można porównać do zatrutego miodu, który kusi, lecz kryje w sobie śmierć.

Techniki koncentracyjne, służące opanowaniu niepokoju ciała i umysłu, przynoszą zadziwiające skutki. W Ranći nie dziwi widok sympatycznej małej osoby, w wieku dziewięciu lub dziesięciu lat, siedzącej przez godzinę lub dłużej w niezmiennej pozycji, ze wzrokiem skierowanym ku duchowemu oku.

W sadzie stoi świątynia Śiwy z posągiem błogosławionego mistrza

Śri Jogananda na przejażdżce łodzią po rzece Jamunie w świętym mieście Mathura, miejscu narodzin i dzieciństwa Bhagawana Kryszny, 1935 r. *(Od środka na prawo)* córka Ananty Lal Ghosza (starszego brata Śri Joganandy), Sananda Lal Ghosz (młodszy brat Śri Joganandy), C. Richard Wright.

Lahiriego Mahaśaji. W ogrodzie, w cieniu drzew mangowych, odbywają się codzienne modlitwy i lekcje.

Na terenie szkoły znajduje się Yogoda Satsanga Sewaśram („Dom Służby"), który oferuje bezpłatną pomoc medyczną, w tym chirurgiczną, tysiącom indyjskich biedaków.

Ranći leży 2000 stóp (około 600 metrów) nad poziomem morza. Klimat jest tu łagodny i równy. Posiadłość licząca dwadzieścia pięć akrów (około dziesięciu hektarów), położona nad wielkim stawem, w którym można się kąpać, ma na swoim terenie jeden z najładniejszych w Indiach sadów: pięć tysięcy drzew owocowych mango, guawa, lići, palm daktylowych i chlebowców.

Jest tu biblioteka, w której znajduje się wiele czasopism i około tysiąca książek w językach angielskim i bengalskim, darów pochodzących z Zachodu i Wschodu. Biblioteka posiada zbiór pism świętych z całego świata. W muzeum znajdują się dobrze sklasyfikowane zbiory: kamienie szlachetne oraz eksponaty archeologiczne, geologiczne i antropologiczne – w głównej mierze trofea moich wędrówek po przebogatej ziemi naszego Pana*.

Otworzono filialne szkoły średnie, funkcjonujące na tych samych zasadach, co ośrodek w Ranći. Szkoły te obecnie bardzo dobrze prosperują. Są to *Yogoda Satsanga Widjapith*, szkoła dla chłopców w Lakhanpurze, w Bengalu Zachodnim, oraz szkoła średnia przy aśramie w Edźmalićak w Midnapore, w Bengalu**.

W roku 1939 w Dakszineświarze otwarto i poświęcono nowy okazały aśram, *Yogoda Math*, usytuowany tuż nad Gangesem. Znajduje się on ledwie kilka mil na północ od Kalkuty i stanowi oazę spokoju dla mieszkańców miasta.

Math w Dakszineświarze jest siedzibą centralnego zarządu Yogoda Satsanga Society. Podlegają mu szkoły, ośrodki i aśramy Towarzystwa w całych Indiach. Yogoda Satsanga Society podlega prawnie międzynarodowemu zarządowi Self-Realization Fellowship w Los Angeles

---

* Podobne muzeum, posiadające zbiór eksponatów, które zgromadził Paramahansa Jogananda, znajduje się też na Zachodzie, w Lake Shrine, posiadłości Self-Realization Fellowship w Pacific Palisades w Kalifornii (*przyp. wydawcy amerykańskiego*).

** Szkoła ta rozgałęziła się: powstało wiele instytucji wychowawczych Yogoda Satsanga Society, i dla chłopców, i dla dziewcząt, które obecnie działają w wielu miejscowościach w Indiach. Ich program obejmuje nauczanie na poziomie podstawowym, średnim i college'u.

Autobiografia jogina

w Kalifornii. W ramach swej działalności Yogoda Satsanga* wydaje kwartalnik „Yogoda Magazine" i co dwa tygodnie rozsyła broszurki z naukami dla uczniów w różnych częściach Indii. Są to praktyczne lekcje, podające szczegółowo, jak stosować techniki energetyzujące, koncentracyjne i medytacyjne, zalecane przez Self-Realization Fellowship. Wierne ich praktykowanie stanowi niezbędną podstawę do otrzymania bardziej zaawansowanych nauk *krija-jogi*.

Działalność edukacyjna, duchowa i humanitarna Yogoda Satsanga Society wymaga poświęcenia i ofiarnej pracy wielu nauczycieli i pracowników. Nie wymieniam tu ich nazwisk, ponieważ są tak liczni. Niemniej jednak, każdy z nich jest światłem mojego serca.

Pan Wright zaprzyjaźnił się z wieloma chłopcami w Ranći. Ubrany w proste *dhoti*, mieszkał przez jakiś czas razem z nimi. Mój sekretarz ma dar słowa i gdziekolwiek się znalazł, czy to w Bombaju, Ranći, Kalkucie, czy Serampore, wyciągał dziennik podróży i opisywał swoje wrażenia. Pewnego wieczoru zapytałem go:

– Dick, co w Indiach uderza cię najbardziej?

– Pokój – odparł z zastanowieniem. – Narody Indii spowija atmosfera pokoju.

---

* Słowo „yogoda" pochodzi od rzeczownika *joga* – zjednoczenie, harmonia, równowaga, oraz *da* – to, co przekazuje. „Satsanga" składa się z *sat* – prawda, i *sanga* – stowarzyszenie.

Słowo „yogoda" utworzył Paramahansa Jogananda w 1916 r., gdy odkrył zasady ładowania ciała ludzkiego energią kosmiczną (*zob.* s. 259).

Śri Jukteśwar nazwał swoją organizację aśramową Satsangą (Stowarzyszeniem Prawdy). Paramahansadźi, jako jego uczeń pragnął, naturalnie, zachować tę nazwę.

Yogoda Satsanga Society of India (Indyjskie Towarzystwo Yogoda Satsanga) jest instytucją niedochodową, założoną na czas nieokreślony. Pod tą nazwą Joganandadźi zarejestrował swą działalność i ośrodki w Indiach. Organizacją sprawnie kieruje zarząd z siedzibą w Yogoda Math w Dakszineświarze, w Bengalu Zachodnim. Obecnie działa w Indiach wiele ośrodków medytacyjnych YSS.

Na Zachodzie Joganandadźi zarejestrował swą organizację pod nazwą Self-Realization Fellowship, będącą odpowiednikiem nazwy indyjskiej. Śri Mrinalini Mata jest obecną przewodniczącą zarówno Yogoda Satsanga Society of India, jak i Self-Realization Fellowship. (*Przyp. wydawcy amerykańskiego*)

Rozdział 41

Idylla na południu Indii

— Dick, jesteś pierwszym człowiekiem z Zachodu, który wszedł do tej świątyni. Wielu innych na próżno próbowało to uczynić.

Pan Wright zdawał się zaskoczony tymi słowami. Widać było jednak, że sprawiły mu przyjemność. Wyszliśmy właśnie z pięknej świątyni Ćamundi, położnej na wzgórzach wznoszących się nad miastem Majsur w południowych Indiach. Pokłoniliśmy się tam przed złotymi i srebrnymi ołtarzami Bogini Ćamundi, patronki rodziny panującej Majsuru.

– Na pamiątkę tego wyjątkowego zaszczytu – powiedział pan Wright, starannie chowając kilka poświęconych płatków róży – zachowam na zawsze te płatki, pokropione przez kapłana wodą różaną.

Mój towarzysz i ja* spędziliśmy listopad 1935 roku jako goście Stanu Majsur. Do odwiedzenia tego oświeconego i postępowego księstwa zaprosił nas następca maharadży**, JW Juwaradźa, Śri Kanthirawa Narasimharadźa Wadijar.

W ciągu minionych dwóch tygodni przemawiałem do tysięcy obywateli i studentów Majsuru w ratuszu miasta, w Maharaja's College, na Wydziale Medycyny miejscowego uniwersytetu, a następnie na trzech wielkich spotkaniach w Bangalurze: w państwowej szkole średniej, w szkole pomaturalnej i w ratuszu Ćetti, gdzie się zebrało trzy tysiące ludzi.

Nie wiem, czy słuchacze uwierzyli we wspaniały obraz Ameryki, jaki im przedstawiłem, ale największe brawa otrzymywałem, gdy

---

* Panna Bletch została w Kalkucie u mojej rodziny.
** Maharadżą tym był Śri Kryszna Radźendra Wadijar IV.

mówiłem o wzajemnych korzyściach, jakie mogą płynąć z wymiany najlepszych osiągnięć Wschodu i Zachodu.

Pan Wright i ja odpoczywaliśmy teraz spokojnie w tropikalnym klimacie Majsuru. W dzienniku podróży Dick zawarł następujący opis swoich wrażeń:

„Przeżyliśmy wiele chwil zachwytu, patrząc w niemal zupełnym samozapomnieniu na ciągle zmieniające się obrazy, malowane na firmamencie ręką Boga, gdyż tylko Jego pędzel potrafi wydobyć kolory tak wibrujące świeżością życia. Ta żywość kolorów zatraca się, gdy człowiek usiłuje naśladować ją farbami, ponieważ Pan ucieka się do prostszego i skuteczniejszego środka: nie używa oleju ani pigmentów, lecz tylko promieni światła. Rzuca plamę światła, a ona się czerwieni. Wraz z następnym ruchem pędzla barwa przechodzi stopniowo w pomarańczowo-złotą. Potem nagłym pchnięciem Pan przebija chmury smugą purpury. Z rozdartych chmur, niby krew z rany, spiralą lub frędzlą spływa czerwień. I tak nieustannie, wieczorem i rano, zabawia się Pan grą barw, zawsze zmienną, zawsze nową, świeżą, niepowtarzalną. Barwne wzory nigdy nie są takie same. Piękna świtów i zmierzchów w Indiach nie da się z niczym porównać. Często niebo wygląda tak, jak gdyby Bóg zebrał wszystkie barwy ze swej palety i jednym potężnym ruchem rozrzucił je po niebie.

Muszę tu jeszcze opowiedzieć o wspaniałej wycieczce, jaką odbyliśmy o zmierzchu do ogromnej zapory wodnej Krysznaradźa Sagar*, znajdującej się o dwanaście mil od Majsuru. Joganandadźi i ja wsiedliśmy do niewielkiego autobusu. Jechał z nami chłopiec, który w razie potrzeby miał uruchamiać silnik korbą. Wyruszyliśmy gładką, zakurzoną drogą, właśnie gdy słońce chowało się za horyzont, spłaszczone jak przejrzały pomidor.

Droga prowadziła obok wszechobecnych czworokątów pól ryżowych, przez zagajnik cienistych banianów, między rzędami wyniosłych palm kokosowych; prawie wszędzie roślinność była tak gęsta jak w dżungli. W końcu, zbliżając się do grzbietu wzgórza, ujrzeliśmy ogromne sztuczne jezioro, w którym odbijały się gwiazdy oraz wiechcie palm i inne drzewa. Nad jeziorem wznosiły się tarasy pięknych ogrodów. Na szczycie zapory błyszczały światła lamp.

---

* Zaporę wybudowano w 1930 r. Znajduje się w pobliżu miasta Majsur, które słynie z produkcji jedwabiu, mydła i olejku sandałowego.

Poniżej ujrzeliśmy olśniewającą grę barwnych promieni w fontannach, które wyglądały jak gejzery połyskliwego tuszu – cudowne kaskady, niebieskie, czerwone, zielone i żółte. Woda tryskała z trąb majestatycznych, kamiennych słoni. Przypomniały mi się oświetlone fontanny, przygotowane w 1933 roku na Targi Światowe w Chicago. W tym starożytnym kraju pól ryżowych i prostych ludzi, zapora wyróżnia się nowoczesnością. Hindusi witają nas wszędzie tak serdecznie, iż obawiam się, że zabranie stąd umiłowanego Joganandy z powrotem do Ameryki będzie ponad moje siły.

Spotkał mnie inny rzadki przywilej – po raz pierwszy jechałem na słoniu. Wczoraj Juwaradża zaprosił nas do swego letniego pałacu, na przejażdżkę na jednym ze słoni, wyjątkowo wielkim. Wspiąłem się po przeznaczonej do tego celu drabinie na *howdah*, czyli coś w rodzaju siedzenia wyłożonego jedwabnymi poduszkami, przypominającego kozioł powozu. Potem nastąpiło kołysanie, podrzucanie, nagłe zjeżdżanie w dół i zapadanie się jak w przepaść. Zbyt byłem przejęty, żeby się martwić czy krzyczeć, trzymałem się tylko siedzenia, walcząc o życie!".

Południe Indii, kraina bogata w zabytki historyczne i archeologiczne, posiada zdecydowany, choć trudny do określenia czar. Na północ od Majsuru, na malowniczym płaskowyżu przeciętym potężną rzeką Godawari, leży kraina Hajdarabadu. Są tam wielkie, żyzne równiny, urocze Nilgiri, czyli Góry Błękitne, a także obszary pokryte nagimi, skalnymi wzgórzami wapiennymi i granitowymi.

Historia tej ziemi jest długa i barwna. Trzy tysiące lat temu rządzili tu królowie z dynastii Andhra, potem inne hinduskie dynastie – do roku 1294, kiedy kraj przeszedł w ręce władców muzułmańskich.

W Hajdarabadzie, w Ellorze i Adżancie, w wykutych w skałach grotach, znajdują się starożytne posągi i malowidła, najsłynniejsze w całych Indiach. Ich widok zapiera dech w piersiach. W olbrzymiej, monolitycznej świątyni Kailasa w Ellorze stoją posągi bogów, ludzi i zwierząt o przepięknych proporcjach, jak u Michała Anioła. W Adżancie można podziwiać pięć katedr i dwadzieścia pięć klasztorów, wykutych w skale i podtrzymywanych przez ogromne, pokryte freskami filary, na których malarze i rzeźbiarze uwiecznili swój geniusz.

Miasto Hajdarabad szczyci się Uniwersytetem Osmańskim i okazałym meczetem Mekka Masdźid, w którym zbiera się na modlitwę dziesięć tysięcy muzułmanów.

Stan Majsur, położony około trzech tysięcy stóp n.p.m., obfituje w gęste, tropikalne lasy, w których żyją dzikie słonie, bawoły, niedźwiedzie, pantery i tygrysy. Dwa główne miasta, Bangalur i Majsur, są czyste i pełne uroku, jest w nich wiele parków i ogrodów publicznych.

Architektura i rzeźba hinduska osiągnęły tu największą doskonałość pod patronatem hinduskich królów w okresie od XI do XV wieku. Świątynia w Belurze, arcydzieło XI wieku, ukończona za panowania króla Wisznuwardhany, nie ma sobie równych na całym świecie, jeśli chodzi o subtelność detali i bogactwo ornamentyki.

W północnym Majsurze odnaleziono ryte w kamieniu edykty. Pochodzą z III wieku p.n.e. i upamiętniają swego twórcę, wielkiego króla Aśokę*. W skład jego ogromnego imperium wchodziły Indie, Afganistan i Beludżystan. „Kazania w kamieniu" Aśoki, zapisane w różnych dialektach, świadczą o powszechnej w jego czasach umiejętności czytania i pisania. Edykt XIII potępia wojny: „Za prawdziwy podbój można uznać jedynie podbój przez religię". W edykcie X Aśoka oświadcza, że prawdziwa chwała króla wyraża się w postępie moralnym, jaki pomaga osiągnąć swemu ludowi. Edykt XI mówi o tym, że prawdziwym darem są nie dobra materialne, lecz Dobro – szerzenie prawdy. W Edykcie VI umiłowany władca zaprasza poddanych, by „o każdej porze dnia i nocy" omawiali z nim sprawy publiczne. Dodaje, iż on sam, wywiązując się należycie z królewskich obowiązków, uwalnia się od długu, jaki ma wobec rodaków".

Aśoka był wnukiem potężnego Ćandragupty Maurji. Władca ten zniszczył garnizony pozostawione w Indiach przez Aleksandra Wielkiego, a w roku 305 p.n.e. pokonał armię macedońską, która pod dowództwem Seleukosa najechała na kraj. Następnie przyjął na swym dworze w Pataliputrze** greckiego posła Megastenesa, który pozostawił

---

* Cesarz Aśoka wzniósł w różnych rejonach Indii 84 000 buddyjskich stup. Przetrwało czternaście edyktów na skałach i dziesięć kamiennych kolumn, z których każda jest arcydziełem inżynierii, architektury i rzeźby. Aśoka nakazał budowę zbiorników wodnych, tam i śluz irygacyjnych, dróg obsadzonych drzewami i gospód przydrożnych, zapewniających podróżnym odpoczynek. Dzięki niemu powstały ogrody botaniczne, w których hodowano rośliny lecznicze. Zakładał też szpitale dla ludzi i zwierząt.

** Miasto Pataliputra (współczesna Patma) ma fascynującą historię. W VI wieku p.n.e. odwiedził to miejsce, wówczas jeszcze mało znaczący fort, Pan Budda. Wypowiedział On proroctwo: „Dokądkolwiek będą się udawać Ariowie, dokądkolwiek będą podróżować kupcy, przejeżdżać będą przez Pataliputrę, która stanie się dla nich głównym miastem, ośrodkiem wymiany wszelkiego rodzaju dóbr" (*Mahaparinirbana Sutra*). Dwa wieki później Pataliputra stała się stolicą ogromnego imperium Ćandragupty Maurji. Jego wnuk Aśoka przyczynił się do jeszcze większego rozkwitu i świetności metropolii (*zob.* s. xxviii).

Idylla na południu Indii

opis Indii, wówczas szczęśliwych i kwitnących.

W roku 298 p.n.e. zwycięski Ćandragupta przekazał rządy nad Indiami synowi. Sam udał się na południe Indii, gdzie spędził ostatnie dwanaście lat życia jako ubogi asceta, dążąc do samourzeczywistnienia. Mieszkał w jaskini w Śrawanabelagoli, obecnie świętym miejscu Majsuru. Rejon ten szczyci się także największym na świecie posągiem monolitycznym, wykutym w 983 roku w ogromnym głazie przez dźinistów ku czci mędrca Gomateśwary.

Istnieją także szczegółowe i bardzo ciekawe opisy historyków greckich i innych, którzy towarzyszyli Aleksandrowi w wyprawie do Indii bądź przybyli tam w ślad za nim. Relacje Arriana, Diodorosa, Plutarcha i geografa Strabona, przetłumaczone przez J. W. M'Crindle'a, rzucają światło na starożytne Indie*. Warto zauważyć, że w trakcie swego nieudanego najazdu Aleksander wykazywał godne podziwu zainteresowanie filozofią hinduską, jogą i świętymi, których od czasu do czasu spotykał i których towarzystwa gorliwie poszukiwał. Wkrótce po przybyciu do Takszili w północnych Indiach, grecki wódz posłał Onesikritosa, ucznia greckiej szkoły filozoficznej Diogenesa, po Dandamisa, wielkiego *sannjasina* z tego miasta.

– Bądź pozdrowiony, o nauczycielu braminów! – rzekł Onesikritos, odnalazłszy Dandamisa w leśnym zaciszu. – Syn potężnego boga Zeusa, Aleksander, który jest Najwyższym Panem wszystkich ludzi, zaprasza cię do siebie. Jeśli się zgodzisz, obsypie cię wielkimi darami, ale jeśli mu odmówisz, zetnie ci głowę!

Jogin spokojnie potraktował to zaproszenie, które raczej wykluczało odmowę: „nawet nie podniósł głowy ze swego posłania z liści".

– Ja również jestem synem Zeusa, skoro Aleksander nim jest – odparł. – Nie chcę niczego od Aleksandra, gdyż zadowala mnie to, co mam. On zaś, jak widzę, wędruje ze swymi ludźmi przez morza i lądy bez żadnego pożytku i wcale nie zbliża się do końca wędrówki. Idź i powiedz Aleksandrowi, że Bóg, Najwyższy Król, nie jest sprawcą zuchwałego zła, lecz Stwórcą światła, pokoju, życia, wody, ciała ludzkiego i dusz. Gdy śmierć wyzwala ludzi, On przyjmuje ich wszystkich, wtedy bowiem nie podlegają już w ogóle chorobie zła. Takiemu tylko Bogu składam hołd, który nienawidzi rzezi i wojen. Aleksander nie jest Bogiem, ponieważ

---

* Relacje te zawarte są w sześciotomowym dziele *Ancient India* (Starożytne Indie), wydanym w Kalkucie w 1879 r. Ponowne wydanie ukazało się w 1927 r.

Autobiografia jogina

musi zaznać śmierci – ciągnął mędrzec ze spokojną wzgardą. – Jak ktoś taki jak on może być panem świata, skoro nie zasiadł jeszcze na tronie w wewnętrznym królestwie Wszechducha? Jak dotąd, nie zstąpił on za życia do Hadesu, nie zna też biegu słońca nad ogromnym obszarem ziemi, a narody na jej krańcach nawet nie słyszały jego imienia!

Po tych słowach nagany, z pewnością najostrzejszych ze wszystkich, jakie dotarły dotąd do uszu „Pana Świata", mędrzec dodał ironicznie:

– Jeśli wielkość zdobytych ziem nie zaspokaja pragnień Aleksandra, niech przekroczy rzekę Ganges. Tam znajdzie kraj zdolny wyżywić wszystkich jego ludzi*. Dary, które Aleksander przyrzeka, są dla mnie bezużyteczne. Tym, co cenię, co ma dla mnie prawdziwą wartość, są drzewa, które udzielają mi schronienia, kwitnące rośliny, które codziennie służą mi za pokarm, i woda, którą zaspokajam pragnienie. Rzeczy, gromadzone przez ludzi z troską i niepokojem, zazwyczaj przynoszą im zgubę i przyprawiają o smutek i strapienia, będące udziałem wszystkich nieoświeconych. Ja natomiast odpoczywam na liściach zebranych w lesie i zapadam w spokojną drzemkę, ponieważ nie mam czego pilnować. Gdybym posiadał coś cennego, spędzałoby mi to sen z powiek. Ziemia zaopatruje mnie we wszystko, jak matka dziecko w mleko. Chodzę, gdzie mi się podoba, i nie mam żadnych trosk. Aleksander, choćby ściął mi głowę, nie potrafi zabić mej duszy. Tylko głowa, już niema, i ciało – niczym rozdarta szata – pozostaną na ziemi i do niej powrócą, bo z niej powstały. Ja zaś, stawszy się wolnym duchem, wzniosę się do Boga. To On zamknął nas wszystkich w ciałach i umieścił na ziemi, abyśmy udowodnili, czy będąc tutaj, na dole, potrafimy żyć zgodnie z Jego nakazami. A kiedy stąd odejdziemy i staniemy przed Jego obliczem, zażąda sprawozdania z naszego życia, gdyż jest Sędzią, który rozliczy nas z wyrządzonego zła. Jęki uciśnionych domagają się kary dla ciemięzcy. Niech więc Aleksander zachowa swe groźby dla tych, którzy pragną bogactwa i boją się śmierci. Nas bowiem nie zdoła przestraszyć: bramini nie kochają złota ani nie lękają się śmierci. Idź więc i powiedz Aleksandrowi: Dandamis nie potrzebuje niczego, co twoje, i dlatego do ciebie nie przyjdzie, a jeśli ty chcesz czegoś od Dandamisa, to przyjdź do niego.

---

* Ani Aleksander, ani żaden z dowódców jego wojsk, nigdy nie przekroczyli Gangesu. Spotkawszy się ze zdecydowanym oporem na północnym zachodzie, armia macedońska zbuntowała się i odmówiła dalszego marszu. Aleksander zmuszony był opuścić Indie i wyruszył na podbój Persji.

Idylla na południu Indii

Onesikritos przekazał odpowiedź Aleksandrowi. Ten wysłuchał jej bardzo uważnie i „poczuł jeszcze większe pragnienie ujrzenia Dandamisa, który, choć stary i nagi, był jedynym człowiekiem, w którym on, zwycięzca wielu narodów, znalazł przeciwnika godniejszego od siebie".
Aleksander zaprosił do Takszili kilku braminów-ascetów, słynących z umiejętności udzielania mądrych, zwięzłych odpowiedzi na pytania filozoficzne. Plutarch cytuje taką słowną potyczkę, w której Aleksander sam zadawał pytania:
– Czy więcej jest ludzi żywych, czy umarłych?
– Żywych, bo umarłych nie ma.
– Gdzie żyje więcej zwierząt, w morzu czy na lądzie?
– Na lądzie, gdyż morze stanowi tylko jego część.
– Które zwierzę jest najsprytniejsze?
– To, którego człowiek jeszcze nie poznał. (Człowiek boi się nieznanego.)
– Co było najpierw, dzień czy noc?
– Dzień był pierwszy o jeden dzień. – Odpowiedź ta wywołała zdziwienie Aleksandra, wobec czego bramin dodał: – Niemożliwe pytania wymagają niemożliwych odpowiedzi.
– Jak najlepiej pozyskać sobie miłość ludzi?
– Człowiek będzie kochany, jeśli mimo posiadania wielkiej władzy nie wzbudza lęku.
– Jak człowiek może stać się bogiem?*
– Czyniąc to, co dla człowieka jest niemożliwe.
– Co jest silniejsze, życie czy śmierć?
– Życie, ponieważ znosi tak wiele zła.
Aleksander zdołał zabrać ze sobą z Indii prawdziwego jogina jako swego nauczyciela. Był to Kaljana (swami Sphines), którego Grecy zwali Kalanosem. Mędrzec towarzyszył Aleksandrowi w wyprawie do Persji. Pewnego dnia, który mędrzec zapowiedział z góry, w Suzie w Persji, Kalanos porzucił swe stare ciało, wchodząc na stos pogrzebowy na oczach całej macedońskiej armii. Historycy odnotowali zdumienie żołnierzy, którzy widzieli, że jogin nie boi się bólu ani śmierci. W ogóle się nie poruszył, gdy pochłaniały go płomienie. Przed wejściem na stos Kalanos uścisnął drogich mu przyjaciół, lecz nie pożegnał się z Aleksandrem.

---
* Z tego pytania możemy wnosić, że „Syn Zeusa" miał niekiedy wątpliwości, czy już osiągnął doskonałość.

Powiedział mu tylko: „Spotkamy się później w Babilonie".

Aleksander opuścił Persję, a rok później zmarł w Babilonie. Hinduski guru dawał mu tymi proroczymi słowami do zrozumienia, że będzie przy nim po śmierci, tak jak był przy nim za życia.

Historycy greccy pozostawili wiele żywych i bardzo ciekawych opisów społeczeństwa hinduskiego. Arrian podaje, że prawo hinduskie chroni lud i „stanowi, że nikt, pod żadnym warunkiem, nie może być niewolnikiem. Każdy człowiek, sam ciesząc się wolnością, ma szanować wolność innych, którzy mają do niej równe prawo"*.

„Hindusi – opowiada inny tekst – nie znają lichwy ani pożyczek. Wyrządzać lub cierpieć krzywdę byłoby wbrew przyjętym obyczajom, nie spisują więc kontraktów ani nie wymagają zastawów". Czytamy też, że stosowano proste i naturalne środki lecznicze. „Leczenie polega bardziej na stosowaniu diety niż lekarstw. Najbardziej ceni się maści i plastry. Wszystkie inne środki uważane są za szkodliwe w wielkiej mierze". Udział w wojnach był zastrzeżony tylko dla *kszatrijów*, czyli kasty wojowników. „Wróg, natknąwszy się na wieśniaka przy pracy na ziemi, nie czyni mu krzywdy. Uważa się bowiem, że ludzie z tej kasty przynoszą korzyść całemu społeczeństwu i chroni się ich przed wszelką szkodą. Ziemi nigdy się nie plądruje, przynosi [bowiem] obfite plony, zaopatrując mieszkańców we wszystko, czego im potrzeba do przyjemnego życia".

Wszechobecne świątynie Majsuru stale przypominają nam o wielu wielkich świętych południowych Indii. Jeden taki mistrz, Thajumanawar, pozostawił wiersz, który stanowi dla nas wyzwanie:

> Możesz panować nad oszalałym słoniem,
> Zamknąć paszczę niedźwiedziowi lub tygrysowi,
> Jeździć na lwie i bawić się z kobrą,
> Alchemią zarabiać na życie,
> Przemierzać świat nierozpoznany,
> Z bogów uczynić wasali, zachować wieczną młodość,
> Możesz chodzić po wodzie i mieszkać w ogniu,
> Lepiej jednak i trudniej jest opanować umysł.

---

* Wszyscy obserwatorzy greccy odnotowali brak niewolnictwa w Indiach, czym zupełnie się różniły od społeczeństwa helleńskiego.
  Prof. Benoy Kumar Sarkar w *Creative India*, Lahore 1937, s. 714, wyczerpująco przedstawia dawne i współczesne osiągnięcia Indii w ekonomii, naukach politycznych, literaturze, sztuce i filozofii społecznej oraz odmienność wartości wyznawanych w tym kraju.
  Innym godnym polecenia dziełem jest: S. V. Venkateswara, *Indian Culture Through the Ages*, New York, Longmans, Green @ Co.

Idylla na południu Indii

W pięknym i urodzajnym stanie Trawankore na samym południu Indii, gdzie komunikacja odbywa się rzekami i kanałami, maharadźa co roku ponawia dziedziczne zobowiązanie pokuty za grzech, którym w odległej przeszłości były wojny i wcielenie siłą kilku drobnych państewek do Trawankore. Każdego roku przez pięćdziesiąt sześć dni maharadźa trzy razy dziennie udaje się do świątyni, aby słuchać hymnów i recytacji wedyjskich. Ceremonia pokutna kończy się *lakszadipamem*, czyli zapaleniem w świątyni stu tysięcy świateł.

W Okręgu Madraskim, na południowo-wschodnim wybrzeżu Indii, leży na równinie rozległe miasto Madras, opasane morzem, oraz Kańćipuram, Złote Miasto, była stolica królów z dynastii Pallawów, którzy panowali w pierwszych wiekach n.e. Obecnie w okręgu tym wielką popularnością cieszą się idee Mahatmy Gandhiego o niestosowaniu przemocy. Wszędzie widzi się tu białe czapki Gandhiego. Na południu Mahatma dokonał wielu ważnych reform dotyczących udostępnienia świątyń ludziom z kasty niedotykalnych oraz innych reform systemu kastowego.

Początkowo system kastowy, który ustanowił wielki prawodawca Manu, był godny podziwu. Manu widział jasno, że naturalna ewolucja doprowadziła do podziału ludzi na cztery wielkie klasy: tych, którzy zdolni są do służenia społeczeństwu głównie pracą fizyczną (*śudrowie*); tych, którzy służą swą pomysłowością i umiejętnościami, zajmując się uprawą roli, handlem i interesami (*wajśjowie*); tych, którzy mają talenty administracyjne, potrafią przewodzić i bronić – władców i wojowników (*kszatrijowie*), i ludzi o naturze kontemplacyjnej, natchnionych duchowo i potrafiących budzić natchnienie u innych (*bramini*). „Ani urodzenie, ani sakramenty, ani wykształcenie, ani przodkowie nie mogą decydować, czy człowiek jest podwójnie urodzony (tzn. czy jest braminem) – głosi *Mahabharata*. – Decydować mogą o tym tylko charakter i postępowanie"*. Manu uczył okazywania szacunku członkom

---

* „Przynależność do jednej z czterech kast zależała początkowo nie od urodzenia człowieka, lecz od jego wrodzonych zdolności, które warunkowały rodzaj i cel życia, jaki sobie obierał – pisze Tara Mata w artykule w „East-West" ze stycznia 1935 r. – Celem tym mogły być: 1) *kama*, pożądanie, aktywność zmysłów (etap *śudry*), 2) *artha*, zysk, spełnianie, ale zarazem opanowywanie pragnień (etap *wajśji*), 3) *dharma*, samodyscyplina, życie odpowiedzialne i właściwe działanie (etap *kszatriji*), 4) *moksza*, wyzwolenie, życie duchowe i nauczanie religii (etap *bramina*). Cztery kasty służą społeczeństwu 1) ciałem, 2) umysłem, 3) siłą woli i 4) duchem.

Te cztery etapy mają swoje odpowiedniki w wiecznych *gunach*, czyli właściwościach przyrody, którymi są *tamas*, *radźas* i *sattwa*:: bezwład, aktywność i rozwój lub inaczej masa,

Autobiografia jogina

społeczeństwa zależnie od ich mądrości, cnót, wieku, pokrewieństwa i, na końcu, bogactwa. W Indiach wedyjskich pogardzano bogactwami, jeśli gromadzone były chciwie i nie przeznaczano ich na cele dobroczynne. Skąpi bogacze zajmowali w społeczeństwie niską pozycję.

W ciągu stuleci system kastowy skostniał i przynależność do kast stała się dziedziczna. Spowodowało to i powoduje bardzo wiele zła. Od 1947 roku, gdy Indie uzyskały niepodległość, następuje powolny, ale stały postęp w kierunku przywrócenia pierwotnego systemu kast, opartego na naturalnych predyspozycjach człowieka, a nie na urodzeniu. Każdy naród ma własną, określoną karmę, która przynosi mu cierpienia. Musi się z nią godnie uporać. Indie, kraj ludzi o niezniszczalnym duchu i wszechstronnych uzdolnieniach, na pewno potrafią sprostać zadaniu przebudowy systemu kastowego.

Południowe Indie okazały się tak zachwycające, że pan Wright i ja bardzo chcieliśmy przedłużyć naszą idyllę. Lecz nieubłagany czas nie udzielił nam tej łaski. Wkrótce miałem wygłosić mowę na końcowej sesji Indyjskiego Kongresu Filozoficznego w Uniwersytecie w Kalkucie. Pod koniec pobytu w Majsurze miałem przyjemność rozmawiać z przewodniczącym Indyjskiej Akademii Nauk, sir C. W. Ramanem. Ten znakomity fizyk hinduski otrzymał w 1930 roku Nagrodę Nobla za ważne odkrycie dotyczące dyfuzji światła, znane obecnie jako zjawisko Ramana każdemu (miejmy nadzieję!) uczniowi.

Pożegnawszy się niechętnie z tłumem madraskich studentów i przyjaciół, pan Wright i ja wyruszyliśmy na północ. Po drodze

---

energia i inteligencja/świadomość. W czterech naturalnych kastach zaznaczają się *guny*: 1) *tamas* (niewiedza), 2) *tamas-radźas* (mieszanina niewiedzy i działania), 3) *radźas-sattwa* (mieszanina słusznego działania i oświecenia), 4) *sattwa* (oświecenie). Zatem sama natura określa przynależność człowieka do kasty, zależnie od tego, jaka *guna* czy mieszanka *gun* w nim przeważa. Oczywiście w każdym człowieku występują trzy *guny*, choć w różnej proporcji. Guru potrafi właściwie określić kastę człowieka, czyli stopień jego rozwoju ewolucyjnego.

W pewnym stopniu wszystkie rasy i narody przestrzegają w praktyce, jeśli nie w teorii, podziału kastowego. Tam gdzie występuje wielka swoboda obyczajów, a zwłaszcza wtedy, gdy zawierane są małżeństwa między członkami skrajnych kast, naród wyrodnieje i wymiera. *Purana Samhita* porównuje potomstwo takich związków do bezpłodnych mieszańców, podobnych do mułów, które nie są zdolne do rozmnażania. Sztucznie powstałe gatunki po jakimś czasie wymierają. Historia dostarcza w obfitości przykładów wielkich narodów, które już nie posiadają żyjących przedstawicieli. Głębocy myśliciele indyjscy uważają, że system kastowy zapobiega rozpuście. Dzięki niemu zachowana została czystość rasy i naród bezpiecznie przetrwał tysiąclecia zmiennych kolei losu, podczas gdy inne rasy i narody odeszły w zapomnienie.

Idylla na południu Indii

zatrzymaliśmy się przy niewielkiej świątyni poświęconej Sadaśiwie Brahmanowi*, osiemnastowiecznemu świętemu, którego życie obfitowało w cuda. Większa świątynia Sadaśiwy w Nerur, wzniesiona przez radźę Pudukkottaj, jest miejscem pielgrzymek i świadkiem wielu cudownych uzdrowień. Kolejni władcy Pudukkottaj uznają za święte nauki religijne, jakie Sadaśiwa spisał w 1750 roku dla panującego księcia. Wśród wieśniaków w południowych Indiach do tej pory krąży wiele niezwykłych opowieści o Sadaśiwie, kochanym i w pełni oświeconym mistrzu. Pewnego razu widziano, jak Sadaśiwę, zatopionego w *samadhi* na brzegu rzeki Kaweri, porwała nagła powódź. Kilka tygodni później znaleziono go głęboko pogrzebanego pod warstwą mułu w pobliżu Kodumudi w Okręgu Koimbatore. Gdy łopaty wieśniaków uderzyły o jego ciało, święty powstał i szybko odszedł.

Sadaśiwa został *munim* (świętym zachowującym milczenie), gdy jego guru zbeształ go za pokonanie w dyspucie filozoficznej starego uczonego w *wedancie*.

– Kiedy ty, młodzieniec, nauczysz się trzymać język za zębami? – spytał guru.

– Z twoim błogosławieństwem już od tej chwili.

Guru Sadaśiwy był swami Śri Paramaśiwendra Saraswati, autor dzieła *Daharawidja Prakasika*, a także głębokiego komentarza do *Uttaragity*. Pewni ludzie, urażeni zachowaniem Sadaśiwy, którego często widywano, jak w upojeniu Bogiem tańczy na ulicach nieprzyzwoicie nagi, udali się ze skargą do jego uczonego guru.

– Mistrzu – oświadczyli – Sadaśiwa zachowuje się jak szaleniec.

Paramaśiwendra tylko wesoło się uśmiechnął.

– Ach! – wykrzyknął – gdyby tylko inni opętani byli podobnym szaleństwem!

W życiu Sadaśiwy wiele było zdarzeń świadczących o cudownej interwencji Boskiej Ręki. Na tym świecie dużo jest pozornej niesprawiedliwości, ale ludzie oddani Bogu mogą zaświadczyć o niezliczonych przypadkach, gdy Jego sprawiedliwość natychmiast jej przeciwdziałała. Pewnej nocy Sadaśiwa, pogrążony w *samadhi*, przystanął w pobliżu

---
* Pełny jego tytuł brzmiał: swami Śri Sadaśiwendra Saraswati. Tym tytułem podpisywał swoje książki (komentarze do *Brahmasutr*, a także *Jogasutr* Patańdźalego). Współcześni filozofowie indyjscy darzą go wielkim uznaniem.

Śankaraćarja ze Śringeri Math, Jego Świątobliwość Śri Sacćidananda Śiwabhinawa Narasimha Bharati napisał natchnioną odę na cześć Sadaśiwy.

Autobiografia jogina

Ramana Maharyszi i Paramahansa Jogananda w aśramie Śri Ramany na stoku góry Arunaćala (zob. s. 415).

spichlerza bogatego gospodarza. Trzej służący, którzy pilnowali spichlerza przed złodziejami, zamierzyli się na Sadaśiwę kijami. Lecz oto ich ręce zastygły w bezruchu! Cała trójka, z uniesionymi rękami, stała nieruchomo jak posągi aż do świtu, kiedy Sadaśiwa odszedł.

Kiedy indziej zdarzyło się, że pewien zarządca nadzorujący pracę robotników, którzy dźwigali wysuszone krowie łajno na opał, w grubiański sposób zapędził Sadaśiwę do tej pracy. Milczący święty pokornie zaniósł ładunek na wyznaczone miejsce i umieścił go na szczycie wielkiego stosu. Cała sterta momentalnie buchnęła płomieniami!

Sadaśiwa, podobnie jak swami Trajlanga, nie nosił odzieży. Pewnego ranka nagi jogin, nieobecny myślami, wszedł do namiotu muzułmańskiego wodza. Dwie kobiety krzyknęły w przestrachu. Wojownik

Idylla na południu Indii

zadał Sadaśiwie okrutny cios mieczem, odcinając mu rękę przy ramieniu. Mistrz odszedł, nie zwróciwszy na to uwagi. Opanowany grozą i wyrzutami sumienia, muzułmanin podniósł odciętą rękę z ziemi i dogonił Sadaśiwę. Jogin spokojnie przyłożył ją do krwawiącego kikuta. Wówczas wojownik pokornie poprosił go o naukę duchową. Sadaśiwa napisał palcem na piasku: „Nie czyń tego, co chcesz, a wówczas będziesz mógł czynić to, co ci się podoba".

Muzułmanin wszedł w stan czystej świadomości i pojął, że paradoksalna rada świętego ma go doprowadzić do wolności duszy dzięki opanowaniu ego. Tych kilka słów wywarło na niego tak wielki wpływ, że został szanowanym uczniem Sadaśiwy i zmienił swój dotychczasowy styl życia.

Kiedyś w obecności Sadaśiwy dzieci wiejskie wyraziły pragnienie zobaczenia święta religijnego w odległej o sto pięćdziesiąt mil Madurze. Jogin gestami dał im do zrozumienia, by dotknęły jego ciała. I oto natychmiast cała grupka została przeniesiona do Madury! Uszczęśliwione dzieci chodziły wśród tysięcy pielgrzymów. Po kilku godzinach jogin sprowadził swych małych podopiecznych z powrotem do domu tą samą prostą metodą. Zdumieni rodzice wysłuchali żywych opowieści o procesji z wizerunkami bóstw. Zauważyli także, że dzieci miały w rękach torebki ze słodyczami z Madury.

Pewien sceptyczny młodzieniec szydził ze świętego i całej tej historii. Przy okazji następnego święta religijnego, które odbywało się w Śrirangam, zwrócił się do Sadaśiwy:

– Mistrzu – powiedział szyderczo – może przeniósłbyś mnie na święto do Śrirangam, tak jak tamte dzieci do Madury?

Sadaśiwa zgodził się i chłopiec natychmiast znalazł się w tłumie w dalekim mieście. Niestety, gdy chciał wrócić, na próżno wzywał świętego. Bardzo zmęczony, dotarł do domu starą i prozaiczną metodą pieszej lokomocji.

Zanim wyjechaliśmy z południowych Indii, odbyliśmy z panem Wrightem pielgrzymkę do świętej góry Arunaćala w pobliżu Tiruwannamalaj, by spotkać się ze Śri Ramaną Maharyszim. Mędrzec powitał nas ciepło w swoim aśramie i wskazał na stos czasopism „East-West", leżący obok. Podczas kilku godzin, które spędziliśmy z nim i jego uczniami, przeważnie pogrążony był w milczeniu, a jego łagodna twarz promieniała boską miłością i mądrością.

Pragnąc pomóc cierpiącej ludzkości odzyskać zapomniany stan doskonałości, Śri Ramana naucza, że człowiek powinien nieustannie

Swami Śri Jukteśwar i Paramahansa Jogananda uczestniczą w procesji religijnej w Kalkucie, 1935 r. Dwa wersety sanskryckie na fladze głoszą: *(powyżej)* „Idźcie śladami ludzi wielkich"; *(poniżej, słowa swamiego Śankary)* „Nawet chwila spędzona w towarzystwie osoby ucieleśniającej boskość może nas zbawić i odkupić".

pytać siebie: „Kim jestem?" To doprawdy Wielkie Pytanie. Bezwzględnie odrzucając wszystkie inne myśli, uczeń pogrąża się coraz głębiej w prawdziwej Jaźni. Przestają się pojawiać chaotyczne myśli, które odciągają uwagę. Oświecony ryszi z południowych Indii napisał:

> Dwoistości i troistości zaiste się na czymś opierają,
> Zawsze wyłaniają się ze swej podstawy;
> Gdy jej szukamy, rozpadają się i giną.
> Ona jest Prawdą. Kto ją poznał, tym nic nie zachwieje.

Rozdział 42

Ostatnie dni z guru

– Gurudźi, cieszę się, że zastaję cię samego. – Przybyłem właśnie do pustelni w Serampore, dźwigając pachnące brzemię owoców i róż. Śri Jukteśwar spojrzał na mnie łagodnie.

– O co chcesz zapytać? – Mistrz rozglądał się po pokoju, jak gdyby chciał gdzieś uciec.

– Gurudźi, przyszedłem do ciebie jako młody chłopak, jeszcze uczeń szkoły średniej. Teraz jestem dorosłym mężczyzną, mam nawet kilka siwych włosów. Chociaż od pierwszej chwili aż do teraz darzyłeś mnie cichą miłością, to czy pamiętasz, że tylko jeden jedyny raz, w dniu naszego pierwszego spotkania, powiedziałeś: kocham cię? – Spojrzałem na guru błagalnie.

Mistrz spuścił wzrok.

– Joganando, czy w chłodnej mowie muszę wyrażać gorące uczucia, najlepiej strzeżone w sercu bez słów?

– Gurudźi, wiem, że mnie kochasz, ale moje uszy śmiertelnika aż do bólu pragną usłyszeć, jak to mówisz.

– Niech będzie, jak sobie życzysz. Gdy byłem jeszcze żonaty, często marzyłem o synu, którego nauczałbym jogi. Kiedy ty pojawiłeś się w mym życiu, poczułem się szczęśliwy, bo w tobie znalazłem syna. – Dwie jasne łzy stanęły w oczach Śri Jukteśwara. – Joganando, kocham cię wieczną miłością!

– Twoja odpowiedź uchyla mi nieba! – Słysząc słowa guru, poczułem, że spada mi z serca wielki ciężar i obraca się w nicość. Często zastanawiałem się nad milczeniem Mistrza. Wiedziałem, że nie jest skłonny do wzruszeń i zachowuje rezerwę, a jednak niekiedy obawiałem się, że

Święto Przesilenia Zimowego, ostatnie, jakie obchodził Śri Jukteśwar, grudzień 1935 r. Autor siedzi obok wielkiego guru (*pośrodku*) przy stole, na dziedzińcu aśramu w Serampore. W pustelni tej Paramahansa Jogananda przez dziesięć lat uczył się i praktykował pod kierunkiem Śri Jukteśwara.

Śri Jogananda (*pośrodku, w ciemnej szacie*) z uczniami *krija-jogi* z klasy, w której wykładał naukę Yogoda (samourzeczywistnienia), przed domem swego ojca w Kalkucie, 1935 r. Klasa była bardzo liczna, toteż zajęcia odbywały się na boisku obok domu, należącym do młodszego brata Śri Joganandy, słynnego kulturysty Bisznu Ghosza.

Ostatnie dni z guru

nie w pełni spełniałem jego oczekiwania. Miał dziwną naturę, której nie sposób było poznać do końca: głęboką i spokojną, niepojętą dla świata, którego wartości już dawno przestały się dla niego liczyć.

Kilka dni później, gdy przemawiałem przed wielką publicznością w Albert Hall w Kalkucie, Śri Jukteśwar zgodził się usiąść obok mnie na podium wraz z maharadżą Santoszu i burmistrzem Kalkuty. Chociaż Mistrz nic mi nie powiedział, podczas przemówienia spoglądałem na niego od czasu do czasu i zdawało mi się, że jest zadowolony.

Później przemawiałem do absolwentów college'u w Serampore. Gdy patrzyłem na dawnych kolegów, a oni na swego Szalonego Mnicha, nie skrywaliśmy łez radości. Podszedł mnie powitać mój złotousty profesor filozofii, dr Ghoszal. Czas-alchemik sprawił, że wszystkie nasze byłe nieporozumienia poszły w niepamięć.

W końcu grudnia obchodzono w seramporskiej pustelni święto przesilenia zimowego. Jak zawsze, z daleka i bliska przybyli do aśramu uczniowie Śri Jukteśwara. Miałem w pamięci nabożne *sankirtany*, pieśni solo wykonywane przez śpiewaka Krysto-da o słodkim jak nektar głosie, ucztę, do której posługiwali młodzi uczniowie, i wzruszającą mowę Mistrza pod gwiazdami na zatłoczonym dziedzińcu. Wspomnienia, wspomnienia! Radosne uroczystości dawno minionych lat! Na ten wieczór, jednakże, Śri Jukteśwar zaplanował coś jeszcze.

– Joganando, proszę cię, przemów do zebranych po angielsku. – Oczy Mistrza zabłysły, gdy wypowiadał tę podwójnie niezwykłą prośbę. Czy myślał o moich męczarniach na statku przed wygłoszeniem pierwszego przemówienia w języku angielskim? Opowiedziałem o tym słuchaczom, moim braciom-uczniom, i zakończyłem, żarliwie składając hołd guru.

– Jego opieka – powiedziałem – niezawodnie mi towarzyszyła, nie tylko na parowcu, ale każdego dnia przez całe piętnaście lat pobytu w ogromnym i gościnnym kraju, Ameryce.

Po odejściu gości Śri Jukteśwar zaprosił mnie do tej samej sypialni, w której niegdyś (tylko raz, po podobnych uroczystościach) pozwolił mi spać na swym łóżku. Teraz guru siedział na nim w milczeniu, a uczniowie otaczali go półkolem u stóp.

– Joganando, czy wracasz teraz do Kalkuty? Proszę cię, przyjedź tu jutro. Pragnę omówić z tobą kilka spraw.

Następnego popołudnia, wypowiadając kilka prostych słów błogosławieństwa, Śri Jukteśwar nadał mi wyższy tytuł zakonny: *Paramahansa*.*

– Formalnie zastępuje on teraz twój poprzedni tytuł swamiego – rzekł, gdy przed nim ukląkłem. W głębi ducha uśmiechnąłem się na myśl, jaki kłopot sprawi zachodnim uczniom wymawianie słowa *Paramahansadźi***.

– Wypełniłem już swoje zadanie na ziemi. Teraz ty musisz je kontynuować. – Mistrz powiedział to cicho, a jego oczy były spokojne i łagodne. Serce zadrżało mi ze strachu.

– Proszę, poślij kogoś do Puri, by objął kierownictwo nad aśramem – mówił dalej Śri Jukteśwar. – Pozostawiam wszystko w twoich rękach. Potrafisz bezpiecznie doprowadzić do boskich brzegów łódź swego życia, a także życia organizacji.

Ze łzami w oczach obejmowałem stopy guru. Mistrz powstał i pobłogosławił mnie z miłością.

Następnego dnia wezwałem z Ranći swamiego Sebanandę, jednego z braci-uczniów, i posłałem go do Puri, by objął zarząd aśramu. Później guru omówił ze mną kwestie prawne dotyczące zabezpieczenia swego mienia. Pragnął zapobiec możliwości procesu ze strony krewnych po swej śmierci. Życzył sobie, by jego dwie pustelnie i pozostała własność zostały przekazane wyłącznie na cele dobroczynne.

– Ostatnio poczyniliśmy przygotowania do wyjazdu Mistrza do Kidderpore, ale Mistrz nie pojechał – powiedział mi pewnego popołudnia brat-uczeń, Amulaja Babu. Złe przeczucie ścisnęło mi serce chłodem. W odpowiedzi na moje naleganie Śri Jukteśwar odparł tylko:

– Już nigdy nie pojadę do Kidderpore. – Przez chwilę Mistrz drżał jak przerażone dziecko.

(Patańdźali napisał: „Przywiązanie do cielesnego mieszkania, płynące z jego natury***, występuje w niewielkim stopniu nawet u wielkich świętych". W niektórych swych wykładach o śmierci guru zazwyczaj

---

* Dosłownie: *parama* – najwyższy, *hansa* – łabędź. Mity przedstawiają białego łabędzia jako pojazd Brahmy, Stwórcy. Święty *hansa*, posiadający moc oddzielania czystego mleka z mieszaniny mleka i wody, jest symbolem duchowej mądrości.

Ahan-sa lub *'han-sa* (wymawiane jak angielskie: *hong-sau*) oznacza dosłownie „Jestem Nim". Te sanskryckie sylaby o potężnej mocy są związane wibracyjnie z wdechem i wydechem. W ten sposób każdym swym oddechem człowiek nieświadomie potwierdza prawdę swego bytu: Jestem Nim!

** Zwykle unikali oni tej trudności, zwracając się do mnie: *sir*.

***Tzn. z zapomnianej przeszłości, z minionych doświadczeń śmierci. Fragment ten występuje w *Jogasutrach II:9* Patańdźalego.

Ostatnie dni z guru

dodawał: „Podobnie ptak, długo więziony w klatce, waha się opuścić znane sobie miejsce, gdy drzwiczki stoją przed nim otworem").
– Gurudźi – błagałem go, łkając – nie mów tak! Nigdy nie mów do mnie w ten sposób!
Twarz Śri Jukteśwara rozluźniła się w spokojnym uśmiechu. Chociaż zbliżały się jego osiemdziesiąte pierwsze urodziny, wyglądał zdrowo i krzepko.

Kąpiąc się dzień za dniem w ciepłym blasku miłości guru, miłości bez słów, lecz dogłębnie odczuwanej, nie dopuszczałem do świadomości żadnych wzmianek, którymi dawał mi do zrozumienia, że wkrótce odejdzie.

– Gurudźi, w tym miesiącu w Allahabadzie odbędzie się *Kumbhamela*. – Pokazałem Mistrzowi datę *meli* w bengalskim almanachu*.
– Czy naprawdę pragniesz tam pojechać?

Nie wyczuwając, że Śri Jukteśwar bardzo nie chciałby, abym go teraz opuszczał, mówiłem dalej:

– Kiedyś podczas *Kumbhameli* w Allahabadzie dostąpiłeś błogosławieństwa spotkania z Babadźim. Może tym razem i ja będę miał szczęście go ujrzeć.

– Nie sądzę, byś go tam spotkał. – Powiedziawszy to, guru zapadł w milczenie, nie chcąc mnie odwodzić od moich planów.

Gdy następnego dnia z małą grupą osób wyruszałem do Allahabadu, Mistrz z całym spokojem pobłogosławił mnie tak jak zwykle. Być może, nie zwracałem uwagi na szczególne zachowanie Śri Jukteśwara, ponieważ Pan pragnął oszczędzić mi sytuacji, w której zmuszony byłbym bezsilnie patrzeć na odejście guru. W moim życiu zawsze tak się zdarzało, że gdy odchodziły najukochańsze osoby, Bóg miłosiernie sprawiał, że znajdowałem się od nich daleko**.

---

* Już starożytna *Mahabharata* wspomina o religijnych *melach*. Chiński podróżnik Hieuen Tsiang zostawił nam opis wielkiej *Kumbhameli*, która miała miejsce w 644 r. n.e. w Allahabadzie. *Kumbhamela* odbywa się kolejno co trzy lata w Hardwarze, Allahabadzie, Nasik i Udźdźain, po czym cykl zaczyna się od nowa w Hardwarze. Ponadto, w szóstym roku po *Kumbhameli*, w każdym mieście odbywa się *Kumbha Ardha* (mniejsza, „połówkowa" mela). W ten sposób *Kumbha* i *Ardha Kumbha* mają miejsce co trzy lata w różnych miastach.

Hieuen Tsiang opowiada nam, jak podczas *Kumbhameli* Harsza, król północnych Indii, rozdał mnichom i pielgrzymom całą zawartość skarbca królewskiego, bogactwa gromadzone w ciągu pięciu lat. Odjeżdżając do Chin, Hieuen Tsiang odmówił przyjęcia darów pożegnalnych króla, klejnotów i złota. Zamiast tego zabrał z sobą 657 manuskryptów religijnych, rozumiejąc, że mają znacznie większą wartość.

** Nie byłem przy śmierci matki, starszego brata Ananty, najstarszej siostry Romy, Mistrza,

Autobiografia jogina

Dotarliśmy na *Kumbhamelę* 23 stycznia 1936 roku. Widok falującego tłumu prawie dwóch milionów ludzi zrobił na nas ogromne, a nawet przytłaczające wrażenie.. Szczególny geniusz Hindusów polega na wrodzonej czci dla wartości duchowych oraz dla mnichów i *sadhu*, którzy porzucili więzi ze światem, by szukać boskiej przystani. Cechuje to nawet najskromniejszego wieśniaka. Zdarzają się, oczywiście, oszuści i hipokryci, w Indiach jednak czci się wszystkich tak samo ze względu na tych nielicznych, którzy obdarzają cały kraj prawdziwie boskim błogosławieństwem. Ludzie z Zachodu, oglądający to ogromne widowisko, mieli wyjątkową okazję, by poczuć tętno życia tego kraju, duchową żarliwość, której Indie zawdzięczają swą niezniszczalną żywotność pomimo ciosów czasu.

Pierwszego dnia tylko się wszystkiemu przyglądaliśmy. Tysiące pielgrzymów zanurzało się w świętym Gangesie, by się obmyć z grzechów. Kapłani bramińscy odprawiali uroczyste obrzędy, ludzie kładli ofiary przy zakurzonych stopach *sannjasinów*. Patrzyliśmy na słonie, kroczące szeregiem, konie pod rzędami i powolne radźputańskie wielbłądy. Widzieliśmy też niezwykłą paradę nagich *sadhu*, wymachujących berłami ze złota i srebra i chorągiewkami z jedwabnego aksamitu.

Pustelnicy, odziani tylko w przepaski biodrowe, siedzieli spokojnie małymi grupkami. Ciała mieli posmarowane popiołem, chroniącym od upału i chłodu, a na czołach kropkę z sandałowej pasty, zaznaczającą trzecie oko. Na święto przybyły tysiące swamich z wygolonymi głowami, w szatach koloru ochry, trzymających w rękach bambusowe laski i miseczki żebracze. Gdy przechodzili bądź prowadzili filozoficzne dyskusje z uczniami, ich twarze promieniały spokojem wyrzeczeńców.

Tu i tam pod drzewami, wokół ogromnych stosów płonących kłód, siedzieli malowniczy *sadhu**, z włosami splecionymi w warkocze, ułożonymi w zwoje na szczycie głowy. Niektórzy mieli brody długości kilku stóp, podwinięte i związane w węzeł. Medytowali spokojnie bądź wyciągali ręce, błogosławiąc przechodzący tłum: żebraków, maharadźów na słoniach, kobiety w wielobarwnych sari, z bransoletkami podzwaniającymi na rękach i stopach, fakirów z wychudłymi rękami,

---

ojca i kilku bliskich uczniów. Ojciec zmarł w Kalkucie w 1942 r., w wieku 81 lat.

* Setki tysięcy hinduskich *sadhu* podlegają komitetowi siedmiu przywódców duchowych, reprezentujących siedem wielkich odgałęzień. Obecnym *mahamandaleśwarem*, czyli przewodniczącym, jest Dźojendra Puri. Ten świątobliwy człowiek jest niezwykle powściągliwy w słowach. Często ogranicza się do trzech: Prawda, Miłość i Praca. Wystarczająca rozmowa!

Ostatnie dni z guru

Swami Krysznananda na *Kumbhameli* w Allahabadzie
w 1936 r. U jego stóp oswojona lwica, która nie jada mięsa
i wypowiada *Aum* głębokim, przyjemnym pomrukiem
(zob. s. 426).

trzymanymi groteskowo w górze, *brahmaćarjów* niosących podpórki do medytacji i skromnych mędrców, których powaga skrywała wewnętrzną szczęśliwość. Poprzez wrzawę dobiegał z wysoka nieustanny głos dzwonów wzywających do świątyni.

Drugiego dnia *meli* wchodziliśmy do różnych aśramów i tymczasowo wzniesionych szałasów, by oddać cześć świętym osobistościom pozdrowieniem *pranam*. Otrzymaliśmy błogosławieństwo zwierzchnika odgałęzienia *Giri* Zakonu Swamich, szczupłego, ascetycznego mnicha o ognistych, roześmianych oczach. Następnie odwiedziliśmy pustelnię należącą do guru, który od dziewięciu lat przestrzegał ślubu milczenia i ściśle owocowej diety. W sali aśramu siedział na podium niewidomy sadhu, Pradźnia Ćakszu*, posiadający głęboką znajomość *śastr* i bardzo szanowany przez wszystkie sekty.

Wygłosiłem tam krótki wykład w języku hindi na temat *wedanty*, po czym nasza grupa opuściła cichą pustelnię, aby pozdrowić znajdującego się w pobliżu swamiego Krysznanandę, przystojnego mnicha o rumianych policzkach i imponujących barach. Obok niego spoczywała oswojona lwica. Ulegając duchowemu czarowi mnicha – pewien bowiem jestem, że nie sile fizycznej, emanującej z jego potężnej postaci – zwierzę to, wyrosłe w dżungli, odmawia jedzenia mięsa, wybierając ryż z mlekiem. Swami nauczył płową lwicę wydawania dźwięku *Aum* głębokim, przyjemnym pomrukiem. Kot-wielbiciel!

Nasze następne spotkanie, rozmowę z uczonym młodym *sadhu*, z polotem opisuje pan Wright w swym barwnym dzienniku podróży:

„Przejechaliśmy fordem przez Ganges po skrzypiącym moście pontonowym. Stan wody w rzece był wyjątkowo niski. Pełznąc jak wąż wśród tłumu i po wąskich, krętych uliczkach, minęliśmy miejsce na brzegu rzeki, w którym, jak powiedział mi Joganandadźi, spotkali się Babadźi i Śri Jukteświardźi. Wysiadłszy niebawem z samochodu, przeszliśmy kawałek drogi wśród gęstego dymu ognisk palonych przez sadhu. Brnąc w piasku, dotarliśmy do maleńkich, bardzo skromnych chatek zbudowanych ze słomy i mułu. Zatrzymaliśmy się przed jedną z tych niepozornych, tymczasowych siedzib, nie mających drzwi, lecz tylko niewielki otwór wejściowy. Mieszkał w niej Kara Patri, młody wędrowny sadhu, słynący z niezwykłej inteligencji. Siedział w środku ze skrzyżowanymi nogami na garstce żółtawej słomy, okryty tylko kawałkiem materiału w kolorze ochry, zarzuconym na ramiona. Była to, nawiasem mówiąc, jedyna rzecz, jaką posiadał.

Gdy na czworakach wczołgaliśmy się do chatki i pokłoniliśmy się do stóp tej oświeconej duszy, na twarzy świętego, prawdziwie boskiej, wykwitł uśmiech. Lampa naftowa przy wejściu dziwnie zamigotała, rzucając tańczące cienie na słomiane ściany. Twarz *sadhu* promieniała, lśniły zwłaszcza oczy i wspaniałe zęby. Chociaż nie rozumiałem hindi, którym się posługiwał, sposób, w jaki się wyrażał, mówił sam za siebie. Kara Patri pełen był entuzjazmu, miłości i jaśniał duchową chwałą. Nikt nie mógłby wątpić o jego wielkości.

---

* Jest to tytuł, który dosłownie oznacza: „ten, kto widzi świadomością" (nie wzrokiem fizycznym).

Ostatnie dni z guru

Wyobraźmy sobie szczęśliwe życie człowieka nie przywiązanego do doczesnego świata, człowieka, który się nie troszczy o ubiór ani pożywienie, nie żebrze, jada gotowane posiłki tylko co drugi dzień i nie nosi miseczki żebraczej; nie ma kłopotów finansowych, bo nie dotyka pieniędzy, nie gromadzi rzeczy, zawsze pokładając ufność w Bogu. Nie martwi się o środki transportu, nie korzysta z pojazdów, lecz tylko chodzi brzegami świętych rzek. Nie pozostaje w jednym miejscu dłużej niż tydzień, aby uniknąć przywiązania.

Jakaż skromna dusza! A przecież to człowiek niezwykle uczony w Wedach, posiadający stopień magistra nauk humanistycznych i tytuł *Śastri* (uczonego w pismach świętych), uzyskane na Uniwersytecie w Benaresie. Gdy siedziałem u jego stóp, przenikało mnie podniosłe uczucie. Spotkanie to wydawało się odpowiedzią na moje pragnienie ujrzenia prawdziwych, starożytnych Indii, ponieważ młody sadhu jest prawdziwym przedstawicielem tego kraju duchowych olbrzymów".

Zapytałem Kara Patri o jego życie wędrowca.

– Czy ma pan jakiś dodatkowy ubiór na zimę?

– Nie, ten mi wystarcza.

– Czy nosi pan z sobą jakieś książki?

– Nie, ludzi, którzy pragną mnie słuchać, uczę z pamięci.

– Co jeszcze pan robi?

– Wędruję brzegiem Gangesu.

Gdy usłyszałem te słowa, zatęskniłem mocno za prostotą takiego życia. Przypomniałem sobie Amerykę i wszystkie obowiązki, którymi byłem obarczony. Nie, Joganando – pomyślałem ze smutkiem – w tym życiu nie jest ci pisane wędrowanie nad Gangesem.

Sadhu podzielił się ze mną kilkoma prawdami duchowymi, które poznał. Zadałem mu wtedy dość bezpośrednie pytanie:

– Czy osiągnął pan to poznanie, czytając pisma święte, czy też płynie ono z wewnętrznego doświadczenia?

– W połowie z pism świętych – odpowiedział mi otwarcie z uśmiechem – a w połowie z doświadczenia.

Jakiś czas siedzieliśmy zatopieni w szczęściu medytacji. Potem opuściliśmy świętego sadhu.

– To król siedzący na złotym tronie ze słomy – powiedziałem do pana Wrighta.

Tego wieczoru spożyliśmy kolację pod gwiazdami na terenie, gdzie odbywała się *mela*. Jedliśmy z liści spiętych patyczkami. W Indiach zmywanie naczyń ogranicza się do minimum!

Jeszcze dwa dni spędziliśmy, uczestnicząc w fascynującym święcie, a potem pojechaliśmy na północny zachód, wzdłuż brzegów Jamuny, do Agry. Jeszcze raz oglądałem Tadź Mahal. Przypomniałem sobie Dźitendrę, jak stał obok mnie, pełen czci dla tego cudu zaklętego w marmurze. Potem pojechaliśmy do Bryndabanu, do aśramu swamiego Keśabanandy.

Pragnąłem odszukać swamiego Keśabanandę w związku z niniejszą książką. Stale miałem w pamięci prośbę Śri Jukteśwara, by opisać życie Lahiriego Mahaśaji. Podczas pobytu w Indiach korzystałem z każdej sposobności, by dotrzeć do bezpośrednich uczniów oraz krewnych Jogawatara. Z rozmów z nimi sporządzałem tomy notatek, sprawdzałem fakty i daty, zbierałem fotografie, stare listy i dokumenty. Moja teczka z materiałami o Lahirim Mahaśaji zaczęła pęcznieć. Z przerażeniem zdałem sobie sprawę, że czeka mnie ciężka praca pisarska. Modliłem się, abym potrafił sprostać roli biografa wielkiego guru. Kilku jego uczniów obawiało się, że słowo pisane może pomniejszyć postać mistrza lub nie oddać prawdy o nim we właściwy sposób.

– Niepodobna zimnymi słowami opisać życia boskiej inkarnacji – powiedział mi kiedyś Pańcanon Bhattaćarja.

Inni bliscy uczniowie także woleli zachować postać Jogawatara, swego nieśmiertelnego nauczyciela, w głębi serca. Pomimo to, pamiętając o przepowiedni Lahiriego Mahaśaji, że kiedyś napiszę jego biografię, nie szczędziłem wysiłków, by zebrać i potwierdzić fakty z jego życia.

W Bryndabanie swami Keśabananda powitał nas ciepło w swej pustelni Katajani Pith, mieszczącej się w imponującym, ceglanym budynku z masywnymi czarnymi filarami, otoczonym pięknym ogrodem. Poprosił nas od razu do salonu, ozdobionego powiększonym zdjęciem Lahiriego Mahaśaji. Swami zbliżał się do dziewięćdziesiątki, lecz jego muskularna postać promieniowała siłą i zdrowiem. Z długimi włosami i śnieżnobiałą brodą wyglądał jak prawdziwy patriarcha. Oczy błyszczały mu radością. Powiedziałem mu, że chciałbym wspomnieć o nim w swej książce o mistrzach indyjskich.

– Czy nie zechciałby pan opowiedzieć mi o swym wcześniejszym życiu? – Uśmiechnąłem się prosząco. Wielcy jogini często bywają małomówni.

Keśabananda wykonał gest pełen pokory.

– Mało w nim było znaczących wydarzeń. Praktycznie całe życie spędziłem w ustronnych himalajskich jaskiniach, wędrując pieszo od jednej do drugiej. Przez jakiś czas miałem mały aśram niedaleko Hardwaru, otoczony wysokimi drzewami. Było to spokojne miejsce, rzadko odwiedzane przez podróżnych z powodu wszechobecnych kobr. – Keśabananda zachichotał. – Później wylew Gangesu zmył i pustelnię, i kobry. Uczniowie pomogli mi wtedy zbudować aśram tutaj, w Bryndabanie.

Ktoś z naszego grona zapytał swamiego, jak się bronił przed himalajskimi tygrysami.

Keśabananda potrząsnął głową.

– Na tych wysokościach, przepojonych duchowością, dzikie zwierzęta rzadko wchodzą w drogę joginom. Kiedyś w dżungli spotkałem się oko w oko z tygrysem. Krzyknąłem głośno i zwierzę zastygło jak skamieniałe. – Swami uśmiechnął się, przypominając sobie to wydarzenie*.
– Od czasu do czasu opuszczałem miejsce swego odosobnienia, aby odwiedzić mojego guru w Benaresie. Zwykł on był żartować sobie ze mnie z powodu moich nieustannych wędrówek po pustkowiach Himalajów.

– Masz na stopach ślady żądzy wędrowania – powiedział mi pewnego razu. – Cieszę się, że święte Himalaje są dla ciebie dostatecznie ogromne.

– Wielokrotnie – kontynuował Keśabananda – zarówno przed, jak i po swoim odejściu, Lahiri Mahaśaja pojawiał się przede mną w ciele. Dla niego żaden himalajski szczyt nie jest niedostępny!

Dwie godziny później swami zaprosił nas do jadalni mieszczącej się na tarasie. Westchnąłem cicho, przerażony. Kolejny piętnastodaniowy obiad! Niecałe pół roku hinduskiej gościnności, a przybrałem na wadze pięćdziesiąt funtów! Uważano by jednak za szczyt nieokrzesania, gdybym na niezliczonych bankietach urządzanych na moją cześć odmówił zjedzenia któregoś z pieczołowicie przygotowanych dań. W Indiach (niestety nigdzie indziej!) swami o zaokrąglonych kształtach przedstawia miły widok.

Po obiedzie usiedliśmy z Keśabanandą w odosobnionym kąciku.

– Spodziewałem się pańskiego przybycia – rzekł. – Mam dla pana wiadomość.

---

* Wydaje się, że tygrysa można przechytrzyć na wiele sposobów. Pewien podróżnik australijski, Francis Birtles, opowiada, iż przekonał się, że indyjskie dżungle są „urozmaicone, piękne i bezpieczne". Jego czarodziejskim amuletem był papier pokryty lepem na muchy. „Co noc rozkładałem wokół obozowiska arkusze takiego papieru i nigdy nie byłem niepokojony – wyjaśnia. – Przyczyna leży w psychice tygrysa. Jest to zwierzę o wielkim poczuciu godności. Okrąża obozowisko, poszukując zdobyczy, i prowokuje człowieka, dopóki się nie natknie na papier. Wtedy umyka. Żaden dumny tygrys nie ośmieli się stawić czoła człowiekowi, po tym jak przysiadł na lepkim papierze".

Swami Keśabananda *(stoi po lewej)*, dziewięćdziesięcioletni uczeń Lahiriego Mahaśaji, Joganandadżi i C. Richard Wright, sekretarz Śri Joganandy, w aśramie Keśabanandy, Bryndaban, 1936 r.

Zdziwiłem się. Nikt nie wiedział, że zamierzałem go odwiedzić.

– Wędrując w zeszłym roku po północnych Himalajach w pobliżu Badrinarajanu – mówił dalej swami – zgubiłem drogę. Znalazłem schronienie w obszernej jaskini. Była pusta, ale we wgłębieniu skalnej podłogi tlił się ogień. Zastanawiając się, kim jest mieszkaniec tego ustronnego miejsca, usiadłem przy ogniu i wpatrywałem się w wejście do jaskini, oświetlone słońcem.

– Keśabanando, miło mi cię tu widzieć. – Słowa te zabrzmiały gdzieś za moimi plecami. Zaskoczony, obejrzałem się i ze zdumieniem ujrzałem Babadżiego! Wielki guru zmaterializował się w głębi jaskini. Nie posiadając się z radości, że po wielu latach znowu go widzę, rzuciłem się na ziemię do jego świętych stóp.

– Wezwałem cię tutaj – wyjaśnił Babadżi. – To dlatego zgubiłeś drogę i trafiłeś do tej jaskini, którą chwilowo zamieszkuję. Minęło wiele czasu od naszego ostatniego spotkania. Cieszę się, że mogę cię ponownie powitać.

Nieśmiertelny mistrz udzielił mi w kilku słowach błogosławieństwa duchowej pomocy, a potem dodał:

– Dam ci wiadomość dla Joganandy. Odwiedzi cię on po powrocie do Indii. Będzie bardzo zajęty wieloma sprawami dotyczącymi jego guru oraz spotkaniami z żyjącymi jeszcze uczniami Lahiriego. Powiedz mu zatem, że tym razem się z nim nie zobaczę, choć wiem, jak gorąco tego pragnie. Spotkam się z nim przy innej okazji.

Obietnica Babadżiego, przekazana ustami Keśabanandy, głęboko mnie wzruszyła i pocieszyła. Zniknęło uczucie zawodu, jakie skrywałem w sercu. Już nie czułem żalu, że Babadżi – tak jak to zresztą przepowiedział Śri Jukteśwar – nie pojawił się na *Kumbhameli*.

Spędziliśmy noc jako goście w aśramie, a następnego dnia po południu wyruszyliśmy do Kalkuty. Jadąc przez most na Jamunie, podziwialiśmy wspaniały widok Bryndabanu o zachodzie, gdy słońce rozpłomieniło niebiosa. Poniżej w spokojnych wodach rzeki odbijało się istne palenisko Wulkana.

Brzegi Jamuny uświęcają legendy o dzieciństwie i młodości Śri Kryszny. To tutaj z niewinną słodyczą oddawał się on boskim *lilom* (zabawom) z *gopi* (pasterkami), dając przykład najwyższej miłości, jaka zawsze istnieje między Boską Inkarnacją i jej wielbicielami. Wielu zachodnich komentatorów błędnie interpretowało życie Pana Kryszny. Alegorie pism świętych bywają często niezrozumiałe dla ludzi, którzy pojmują je dosłownie. Ilustruje to zabawna gafa pewnego tłumacza. Przytrafiła mu się ona w tłumaczeniu wiersza natchnionego średniowiecznego świętego, szewca Rawidasa, który w prostych terminach swego fachu opiewał duchową chwałę ukrytą w każdym człowieku:

„Pod ogromnym sklepieniem błękitu
Żyje boskość przyobleczona w skórę".

Człowiek z zażenowaniem odwraca głowę, by ukryć uśmiech, czytając przyziemną interpretację tego wiersza, podaną przez zachodniego tłumacza:

„Następnie zbudował on chatkę, umieścił w niej posążek zrobiony ze skóry i zaczął oddawać mu cześć".

Autobiografia jogina

KAPLICA NAGROBNA ŚRI JUKTEŚWARA
w ogrodzie aśramu w Puri (zob. s 434)

Rawidas był uczniem tego samego guru, co wielki Kabir. Jedną z wybitnych uczennic Rawidasa była Rani Ćitoru. Kiedyś zaprosiła ona wielu braminów na ucztę ku czci swego nauczyciela, oni jednak odmówili jedzenia wspólnie z szewcem z niższej kasty. Gdy dumnie usiedli w należytej odległości, aby spożywać swój nieskalany posiłek, u boku każdego z nich pojawiła się postać Rawidasa. Ta zbiorowa wizja zapoczątkowała w Ćitorze wielkie odrodzenie duchowe.

Po kilku dniach dotarliśmy do Kalkuty. Bardzo pragnąłem spotkać się ze Śri Jukteśwarem, toteż poczułem zawód, dowiedziawszy się, że wyjechał z Serampore i jest teraz w Puri, leżącym około trzysta mil na południe.

Ostatnie dni z guru

Ósmego marca Atul Ćandra Roj Ćaudhari, jeden z uczniów Mistrza w Kalkucie, otrzymał telegram od brata-ucznia: „Przyjeżdżaj natychmiast do aśramu w Puri". Wiadomość ta dotarła do moich uszu. Rozumiejąc, co to może oznaczać, padłem zrozpaczony na kolana i błagałem Boga, by oszczędził życie guru. Gdy miałem już wyjść z domu ojca na dworzec, usłyszałem wewnętrzny Boży głos:

– Nie jedź dziś wieczorem do Puri. Twoja modlitwa nie może być wysłuchana.

– Panie – rzekłem przejęty rozpaczą – nie życzysz sobie wchodzić ze mną w spór w Puri, gdyż Twoim zamiarem jest odmówić moim nieustannym modlitwom o życie Mistrza. Czy musi on odejść, bo przeznaczyłeś go do wyższych zadań?

Posłuszny wewnętrznemu nakazowi, nie wyjechałem tego wieczoru do Puri. Udałem się na dworzec następnego wieczoru. Po drodze, o godzinie dziewiętnastej, czarna astralna chmura nagle pokryła niebo*. Później, gdy pociąg pędził już do Puri, Śri Jukteśwar ukazał mi się w wizji. Siedział z bardzo poważnym wyrazem twarzy, a po obu jego bokach lśniły światła.

– Czy już po wszystkim? – Podniosłem ręce błagalnym gestem.

Guru skinął głową, a potem powoli zniknął.

Gdy następnego dnia rano stałem na peronie w Puri, wbrew wszystkiemu ciągle jeszcze mając nadzieję, podszedł do mnie nieznajomy mężczyzna.

– Czy już pan wie, że pański Mistrz odszedł? – Oddalił się, nie powiedziawszy ani słowa więcej. Nigdy nie dowiedziałem się, kto to był, ani skąd wiedział, gdzie mnie znajdzie.

Jak ogłuszony, oparłem się o mur przy peronie. Uświadomiłem sobie, że guru na wiele sposobów stara się przekazać mi tę straszną wiadomość. Moja dusza, kipiąca buntem, przypominała wulkan. Zanim dotarłem do pustelni w Puri, byłem bliski załamania. Wewnętrzny głos czule powtarzał: „Opanuj się. Spokojnie".

W aśramie wszedłem do pokoju, w którym znajdowało się ciało Mistrza. W pozycji lotosu, zupełnie jak żywe – obraz zdrowia i urody. Na krótko przed odejściem guru miał niewysoką gorączkę, ale w przeddzień wstąpienia do Nieskończonego czuł się zupełnie zdrowy. Wpatrywałem się w ukochaną postać i nie mogłem pojąć, iż uszło z niej

---

* Śri Jukteśwar opuścił ciało o tej godzinie 9 marca 1936 r.

Autobiografia jogina

życie. Skóra była gładka i miękka, a na twarzy malował się błogi spokój. Mistrz świadomie opuścił ciało w godzinie mistycznego wezwania.
– Lew Bengalu odszedł! – krzyknąłem w oszołomieniu.
Dziesiątego marca poprowadziłem uroczysty obrzęd pogrzebowy. Zgodnie z odwiecznym rytuałem swamich, Śri Jukteśwar został pochowany w ogrodzie aśramu w Puri*. Później, w dniu święta równonocy wiosennej, z daleka i z bliska przybyli uczniowie, aby uczcić pamięć guru. Główny dziennik Kalkuty, „Amrita Bazar Patrika", zamieścił jego zdjęcie i następujący arykuł:

„Dwudziestego pierwszego marca w Puri odbyła się ceremonia pośmiertna *Bhandara* ku czci Śrimat Swamiego Śri Jukteśwara Giri Maharadźa, zmarłego w wieku 81 lat. Na obrzędy przyjechało wielu jego uczniów.

Swami Maharadź, jeden z największych znawców *Bhagawadgity*, był wielkim uczniem Jogiradźa Śri Śjamy Ćarana Lahiriego Mahaśaji z Benaresu. Założył w Indiach kilka ośrodków Jogoda Satsanga (Self-Realization Fellowship). Był źródłem wielkiego natchnienia dla ruchu jogi, której uczy na Zachodzie jego najbliższy uczeń, swami Jogananda. Prorocze zdolności czcigodnego Śri Jukteśwara i jego głęboka mądrość duchowa zainspirowały swamiego Joganandę do podróży za ocean i szerzenia w Ameryce przesłania indyjskich mistrzów.

Komentarze Śri Jukteśwara do *Bhagawadgity* i innych pism świętych świadczą o tym, jak dogłębnie znał filozofię, zarówno wschodnią, jak i zachodnią, oraz otwierają oczy na jedność Wschodu i Zachodu. Wierząc w jedność wszystkich wyznań, Śri Jukteśwar Maharadź, przy współudziale przywódców różnych sekt i religii, założył *Sadhu Sabha* (Towarzystwo Świętych). Celem Towarzystwa jest wniesienie do religii ducha naukowego poznania. Przed odejściem Śri Jukteśwar mianował swamiego Joganandę na stanowisko swego następcy jako przewodniczącego *Sadhu Sabha*.

Śmierć tego wielkiego człowieka jest wielką stratą dla Indii. Oby wszyscy, którzy mieli szczęście przebywać blisko niego, zachowali w sobie prawdziwego ducha kultury Indii i *sadhany*, których był ucieleśnieniem".

Powróciłem do Kalkuty. Nie czułem się jeszcze na siłach, by jechać do pustelni w Serampore, tak pełnej świętych wspomnień. Wezwałem do siebie Prafullę, młodego ucznia Śri Jukteśwara, i poczyniłem starania, by go przyjęto do szkoły w Rańći.

---

* Hinduskie zwyczaje pogrzebowe wymagają spalenia zwłok osób świeckich. Ciała swamich i mnichów, także tych z innych zakonów, nie są palone, lecz grzebane. (Czasami czyni się wyjątki). Uważa się, że ciała mnichów uległy symbolicznemu spaleniu w ogniu mądrości w chwili złożenia przez nich ślubów zakonnych.

– Tego ranka, gdy wyjechaliście na *melę* do Allahabadu – powiedział mi Pratfulla – Mistrz opadł ciężko na tapczan. „Jogananda wyjechał! – krzyknął – Nie ma Joganandy! – Po czym dodał zagadkowo: – Będę musiał mu to powiedzieć w jakiś inny sposób". – Potem siedział w milczeniu przez kilka godzin.

Dni wypełniały mi wykłady, seminaria, wywiady i spotkania ze starymi przyjaciółmi. Pod wymuszonym uśmiechem i pośród nieustannej działalności, czarny strumień smutnych rozmyślań mącił rzekę wewnętrznego szczęścia, która przez tak wiele lat płynęła pod powierzchnią wszystkich moich doznań.

Dokąd odszedł ten boski mędrzec? – wołałem w milczeniu z głębi udręczonej duszy.

Nie było odpowiedzi.

To bardzo dobrze, że Mistrz ostatecznie zjednoczył się z Kosmicznym Umiłowanym – zapewniał mnie umysł. – Jaśnieje teraz wiecznie w królestwie nieśmiertelności.

Już nigdy go nie zobaczysz w dawnym seramporskim domu – płakało moje serce. – Nie będziesz mógł przyprowadzać do niego przyjaciół ani go z dumą przedstawiać: Patrzcie, oto *Dźńanawatar* Indii!

Pan Wright poczynił przygotowania do naszego wyjazdu na Zachód. Mieliśmy wypłynąć z Bombaju na początku czerwca. Dwa ostatnie tygodnie maja wypełniły nam bankiety pożegnalne i przemówienia w Kalkucie, po czym pani Bletch, pan Wright i ja pojechaliśmy fordem do Bombaju. Po przybyciu tam okazało się, że musimy zrezygnować z podróży, ponieważ nie udało się znaleźć na statku miejsca na samochód. Tymczasem miał on nam być jeszcze potrzebny w Europie.

– Nie szkodzi – powiedziałem ponuro do pana Wrighta. – Chcę jeszcze raz pojechać do Puri. – A w myślach dodałem: – Niech moje łzy raz jeszcze obmyją grób ukochanego guru.

Rozdział 43

Zmartwychwstanie Śri Jukteśwara

Pan Kryszna! Postać awatara, pełna chwały, ukazała się w olśniewającym blasku, gdy siedziałem w pokoju Hotelu Regent w Bombaju. Niewypowiedzianie piękna wizja, jaśniejąc ponad dachem wysokiego budynku po drugiej stronie ulicy, rozbłysła mi nagle przed oczyma, gdy wyglądałem z otwartego okna na drugim piętrze.

Boska postać skinęła na mnie, uśmiechając się i skłaniając głowę na powitanie. Nie potrafiłem jednak dokładnie zrozumieć, co Pan Kryszna chciał mi przekazać. Pobłogosławiwszy mnie, oddalił się. Cudownie podniesiony na duchu, czułem, że wizja zapowiada jakieś duchowe objawienie.

Na razie odłożyłem podróż na Zachód. Przed wyjazdem do Bengalu miałem jeszcze wygłosić kilka przemówień w Bombaju.

Gdy 19 czerwca 1936 roku, o godzinie trzeciej po południu, tydzień po wizji Śri Kryszny, siedziałem na hotelowym łóżku, nagle wyrwało mnie z medytacji błogie światło. Przed moimi otwartymi i zdumionymi oczami cały pokój przemienił się w jakiś nieziemski świat, a światło słoneczne rozbłysło niebiańską wspaniałością.

I oto ujrzałem Śri Jukteśwara w ciele z krwi i kości! Porwał mnie zachwyt.

– Mój synu! – powiedział Mistrz czule, z anielskim, czarownym uśmiechem.

Po raz pierwszy w życiu nie ukląkłem na powitanie u jego stóp, lecz natychmiast się rzuciłem, by chciwie porwać go w ramiona. Cudowna chwila! Wobec szczęścia zalewającego mnie potężną falą przestała się liczyć udręka minionych miesięcy.

– Mistrzu mój, umiłowany mego serca, dlaczego mnie opuściłeś? – mówiłem bezładnie w nadmiarze radości. – Dlaczego pozwoliłeś mi pojechać na *Kumbhamelę*? Jakże gorzkie czyniłem sobie wyrzuty, że cię zostawiłem!

– Nie chciałem ci zakłócać radosnych nadziei, jakie wiązałeś z odwiedzeniem miejsca, w którym po raz pierwszy spotkałem Babadźiego. Opuściłem cię na krótko. Czyż nie jestem znowu z tobą?

– Ale czy to naprawdę ty, Mistrzu, ten sam Lew Boży? Czy twoje ciało jest takie samo jak to, które pogrzebałem pod nieczułym piaskiem w Puri?

– Tak, moje dziecko, to ja, ten sam. Mam ciało z krwi i kości. Chociaż ja postrzegam je jako eteryczne, dla twego wzroku jest fizyczne. Z atomów kosmicznych stworzyłem sobie całkowicie nowe ciało, dokładnie takie samo, jak tamto fizyczne ciało z kosmicznego snu, które złożyłeś w Puri w piasku ze snu, w tym świecie ze snu. Naprawdę zmartwychwstałem – tylko że nie na Ziemi, lecz na planecie astralnej. Jej mieszkańcy bardziej odpowiadają moim wysokim wymaganiom niż ludzie na Ziemi. Pewnego dnia ty i twoi rozwinięci duchowo, ukochani przyjaciele przybędziecie tam i będziemy razem.

– Nieśmiertelny guru, opowiedz mi więcej!

Mistrz roześmiał się wesoło.

– Proszę cię, kochany – rzekł – czy nie zechciałbyś nieco rozluźnić uścisku?

– Tylko trochę! – Obejmowałem go chwytem ośmiornicy. Czułem ten sam co dawniej charakterystyczny zapach, delikatny, przyjemny i naturalny. Dotąd przenika mnie dreszcz na wspomnienie dotyku jego boskiego ciała. Wrażenie to nadal odczuwam po wewnętrznej stronie rąk i w dłoniach, ilekroć przypomnę sobie te wspaniałe godziny.

– Podobnie jak zsyła się na Ziemię proroków, by pomagali ludziom odpracowywać fizyczną karmę, tak i mnie Bóg skierował na planetę astralną, abym na niej służył jako wybawiciel – wyjaśniał Śri Jukteśwar. – Nazywa się ona Hiranjaloka, czyli Oświecona Planeta Astralna. Pomagam tam zaawansowanym w rozwoju istotom pozbywać się karmy astralnej. W ten sposób mogą się wyzwolić z konieczności powtórnych narodzin w tamtejszym świecie. Mieszkańcy Hiranjaloki są wysoko rozwinięci duchowo. Dzięki medytacji wszyscy oni, w swojej ostatniej

Autobiografia jogina

ziemskiej inkarnacji, uzyskali zdolność świadomego opuszczania fizycznego ciała w chwili śmierci. Na Hiranjalokę nie może się dostać nikt, kto na Ziemi nie dostąpił *nirbikalpa samadhi** – stanu wyższego od *sabikalpa samadhi*. Mieszkańcy Hiranjaloki przeszli już przez zwykłe sfery astralne, dokąd po śmierci muszą się udać prawie wszystkie istoty ziemskie. Przebywając tam, zniszczyli wiele nasion karmicznych, związanych z przeszłymi czynami w światach astralnych. Tylko ludzie wysoko rozwinięci potrafią skutecznie dokonać takiego dzieła odkupienia w owych sferach**. Potem, by ostatecznie uwolnić dusze od resztek karmy astralnej, aspiranci ci – zgodnie z prawem kosmicznym – zostali przyciągnięci do wyższego świata: Hiranjaloki, czyli astralnego słońca lub nieba. Tam się rodzą ponownie w nowych ciałach astralnych i tam ja przebywam, aby im pomagać. Na Hiranjaloce znajdują się także istoty niemal doskonałe, które przybyły z wyższego świata przyczynowego.

Mój umysł tak wspaniale się teraz zestroił z umysłem guru, że przekazywał mi on swoje myśli-obrazy częściowo w słowach, a częściowo telepatycznie. Dzięki temu odbierałem je szybko, w postaci skondensowanych pojęć.

– Czytałeś w pismach świętych – kontynuował Mistrz – że Bóg przyodział duszę człowieka w trzy ciała: pojęciowe lub inaczej przyczynowe, subtelne astralne, będące siedzibą umysłu i emocji, oraz gęste fizyczne. Na Ziemi człowiek wyposażony jest w zmysły fizyczne. Istota astralna dysponuje świadomością, uczuciami i ciałem zbudowanym z żywotronów***. Istota w ciele przyczynowym przebywa w szczęśliwym

---

* Zob. s. 250. W *sabikalpa samadhi* praktykujący urzeczywistnia jedność z Duchem, nie może jednak utrzymać tego stanu świadomości kosmicznej po wyjściu z transu, w którym pozostaje nieruchomy. Dzięki nieprzerwanej medytacji osiąga wyższy stan *nirbikalpa samadhi*, w którym może swobodnie poruszać się w świecie, ani na chwilę nie przestając postrzegać Boga.

W *nirbikalpa samadhi* jogin unicestwia ostatnie pozostałości materialnej, czyli ziemskiej karmy. Niemniej jednak, może mieć jeszcze do odrobienia pewną ilość karmy astralnej i przyczynowej. Dlatego musi się rodzić ponownie w świecie astralnym, a następnie przyczynowym. Są to sfery o bardzo wysokich wibracjach.

** Dzieje się tak dlatego, że większość ludzi, zauroczona pięknem światów astralnych, nie widzi potrzeby usilnej pracy duchowej.

*** Śri Jukteśwar użył słowa *prana*. Przetłumaczyłem je [na język angielski] jako „lifetrons" (po polsku „żywotrony" – *dop. tłum.*). Hinduskie pisma święte wspominają nie tylko o *anu*, atomie, i *paramanu*, „nadatomie", subtelniejszych energiach, lecz także o *pranie* – twórczej sile żywotronowej. Atomy czy elektrony to siły ślepe, natomiast *prana* jest z natury inteligentna. Na przykład, żywotrony *prany* w plemnikach i jajach kierują rozwojem embrionu zgodnie z planem karmicznym.

Zmartwychwstanie Śri Jukteśwara

świecie idei. Ja pracuję z tymi istotami astralnymi, które przygotowują się do wstąpienia w świat przyczynowy.

– Ukochany Mistrzu, proszę cię, opowiedz mi coś więcej o kosmosie astralnym. – Chociaż na prośbę Śri Jukteśwara lekko rozluźniłem uścisk, nadal go obejmowałem. Tuliłem swój skarb nad skarby, mojego guru, który przechytrzył śmierć, aby do mnie dotrzeć!

– Jest wiele planet astralnych, na których roi się od astralnych istot – rozpoczął Mistrz. – Aby podróżować z jednej planety na drugą, mieszkańcy używają astralnych pojazdów w postaci mas światła, które poruszają się szybciej niż elektryczność i energie radioaktywne.

Wszechświat astralny, który tworzą różne subtelne wibracje światła i kolorów, jest setki razy większy niż kosmos fizyczny. Cały świat fizycznego stworzenia wisi jak mały kosz z gęstej materii pod ogromnym, świetlistym balonem sfery astralnej. Podobnie jak wiele fizycznych słońc i gwiazd przemierza przestrzeń, tak też istnieją niezliczone astralne układy słoneczne i gwiezdne. Planety mają astralne słońca i księżyce, piękniejsze od fizycznych. Astralne ciała niebieskie przypominają zorze polarne, przy czym zorza słoneczna jest bardziej olśniewająca od księżycowej, która świeci łagodnym blaskiem. Dzień i noc trwają tam dłużej niż na Ziemi.

Wszechświat astralny jest niezwykle piękny, czysty i jasny. Panuje w nim ład. Nie ma tam martwych planet ani nieurodzajnych pustkowi. Nie ma też ziemskich plag – chwastów, bakterii, owadów, węży. Inaczej niż na ziemi, gdzie są różne klimaty i pory roku, na planetach astralnych panuje stała temperatura wiecznej wiosny, a od czasu do czasu pada świetlisty, biały śnieg i deszcz różnobarwnych świateł. Na planetach tych jest wielka obfitość opalizujących jezior, lśniących mórz i tęczowych rzek.

Zwykły wszechświat astralny – ale nie subtelniejsze niebo astralne Hiranjaloki – zamieszkują miliony istot, które niedawno lub nieco dawniej przybyły z Ziemi, a także niezliczona rzesza wróżek, syren, ryb, zwierząt, chochlików, gnomów, półbogów i duchów. Przebywają one na różnych planetach, zależnie od swych uwarunkowań karmicznych. Istnieją różne sfery zamieszkania, czyli obszary o określonym zakresie wibracji, przeznaczone dla dobrych i złych duchów. Duchy dobre mogą się swobodnie przemieszczać, natomiast złe uwięzione są w ograniczonych strefach. Podobnie jak ludzie żyją na powierzchni ziemi, robaki w glebie, ryby w wodzie, a ptaki w powietrzu, tak istotom astralnym o różnym stopniu rozwoju przydzielone są odpowiednie „mieszkania".

Upadłe anioły ciemności, wypędzone z innych światów, toczą z sobą potyczki i wojny, używając bomb żywotronowych, czyli mentalnych, mantrycznych* promieni wibracyjnych. Owi banici zamieszkują mroczne obszary niższego wszechświata astralnego, odpracowując złą karmę.

W ogromnych przestrzeniach ponad ciemnością astralnego więzienia wszystko jest świetliste i piękne. Wszechświat astralny z natury pozostaje w większej niż ziemia harmonii z wolą Boga i Jego doskonałym planem. Każdy przedmiot astralny powstaje przede wszystkim z woli Boga, a tylko częściowo z woli mieszkańców astralu. Istoty astralne potrafią wzmóc czy uwydatnić piękno i czar kształtów już stworzonych przez Pana. Dał On swym astralnym dzieciom swobodę i przywilej udoskonalania świata wedle woli. Na Ziemi przemiana ciała stałego w płyn czy inną postać, zachodzi w naturalnych procesach chemicznych, natomiast astralne ciała stałe dają się momentalnie zmienić w astralne płyny, gazy lub energię samym tylko aktem woli mieszkańców tego świata.

Ziemię pokrywa gęsty mrok z powodu wojen i wzajemnego mordowania się na lądzie, w morzu i w powietrzu – mówił dalej guru – zaś w światach astralnych panuje szczęśliwa harmonia i równość. Istoty astralne mogą dowolnie materializować bądź dematerializować swoje ciała. Kwiaty, ryby lub zwierzęta potrafią, na jakiś czas, przemienić się w astralnych ludzi. Wszystkie istoty astralne swobodnie przybierają wszelką postać i łatwo się z sobą porozumiewają. W tym względzie nie ogranicza ich żadne określone prawo natury. Można, na przykład, poprosić jakiekolwiek drzewo astralne, by wydało mango lub inny pożądany owoc, kwiat, a nawet jakiś inny przedmiot, a ono spełni tę prośbę. W świecie astralnym istnieją pewne ograniczenia karmiczne, ale nie dotyczą one przybierania różnych kształtów. Wszystko wibruje twórczym światłem.

Nikt nie rodzi się z kobiety. Istoty astralne materializują potomstwo aktem kosmicznej woli, nadając mu astralnie skondensowane kształty według określonego wzoru. Istota, która niedawno opuściła ciało fizyczne, przybywa do swej rodziny astralnej na zaproszenie, przyciągana podobnymi skłonnościami psychicznymi i duchowymi.

---

* Przymiotnik utworzony od słowa *mantra*, oznaczającego śpiewane dźwięki-zalążki. Pociski mantryczne wystrzeliwane są z broni, jaką jest skoncentrowany umysł. *Purany* (starożytne *śastry*, czyli traktaty) opisują owe mantryczne wojny między *dewami* a *asurami* (bogami a demonami). Niegdyś pewien *asura* usiłował zabić *dewę* potężnym śpiewem. Jednak wskutek błędnej wymowy mentalny pocisk powrócił do niego jak bumerang i go zabił.

Na ciało astralne nie mają wpływu chłód ani gorąco, ani inne warunki naturalne. Składa się ono z astralnego mózgu, czyli tysiącpłatkowego lotosu światła, i sześciu przebudzonych ośrodków *suszumny*, czyli astralnej osi mózgowo-rdzeniowej. Serce wciąga energię kosmiczną, a także światło z astralnego mózgu i pompuje je do astralnych nerwów i komórek ciała, zbudowanych z żywotronów. Istoty astralne potrafią dokonywać zmian w swych ciałach, operując siłą żywotronową i oddziałując na nie świętymi wibracjami mantrycznymi.

W większości przypadków ciało astralne jest dokładnym odpowiednikiem ostatniego ciała fizycznego. Człowiek astralny zachowuje ten sam wygląd, jaki miał w młodości w czasie ostatniego pobytu na Ziemi. Niekiedy ktoś, tak jak ja, decyduje się zachować swój starczy wygląd. – Mistrz, emanujący samą kwintesencją młodości, roześmiał się wesoło.

– Inaczej niż to ma miejsce w trójwymiarowej przestrzeni świata fizycznego, który daje się poznać tylko za pośrednictwem pięciu zmysłów, sfery astralne widoczne są dla wszechobejmującego szóstego zmysłu: intuicji – kontynuował Śri Jukteśwar. – Wszystkie istoty astralne widzą, słyszą, wąchają, smakują i dotykają, posługując się jedynie czuciem intuicyjnym. Mają troje oczu, z których dwoje jest częściowo zamknięte. Trzecie i zarazem główne oko, umieszczone pionowo na czole, jest otwarte. Mają też wszystkie zewnętrzne narządy zmysłowe – uszy, oczy, język, nos i skórę – lecz używają szóstego zmysłu, intuicji, aby doznawać wrażeń zmysłowych każdą częścią ciała. Mogą widzieć uchem, nosem albo skórą. Potrafią słyszeć oczyma lub językiem, odczuwać smak uszami lub skórą, i temu podobne*.

Fizyczne ciało człowieka narażone jest na niezliczone niebezpieczeństwa, łatwo je zranić lub okaleczyć. Eteryczne ciało astralne także może czasem zostać zranione bądź potłuczone, lecz można je natychmiast uleczyć samą wolą.

– Gurudewo, czy każdy człowiek astralny jest piękny?

– Istoty w świecie astralnym wiedzą, że piękno jest cechą ducha, a nie kształtów zewnętrznych – odparł Śri Jukteśwar. – Dlatego przywiązują małe znaczenie do urody rysów twarzy. Mogą jednak wedle upodobania przybierać nowe, barwne ciała z materii astralnej.

---

* Przykładów takich zdolności nie brak nawet na ziemi, jak w przypadku Heleny Keller i innych rzadko spotykanych osób.

Podobnie jak ludzie na Ziemi wkładają nowy strój na uroczyste okazje, tak i istoty astralne niekiedy przywdziewają specjalnie zaprojektowane ciała.

Gdy dzięki postępom duchowym któraś z istot wyzwala się ze świata astralnego i jest gotowa wstąpić do nieba, jakim jest świat przyczynowy, na wyższych planetach astralnych, takich jak Hiranjaloka, odbywają się radosne uroczystości. Przy takich okazjach Niewidzialny Ojciec Niebieski i święci, którzy są w Nim zatopieni, materializują się w dowolnie wybranych przez siebie ciałach i biorą udział w astralnym święcie. Aby sprawić radość swemu wielbicielowi, Pan przybiera postać najbardziej mu drogą. Wielbiciel kroczący ścieżką miłości i oddania postrzega Boga jako Boską Matkę. Dla Jezusa najbardziej pociągający był ojcowski aspekt Nieskończonego. Indywidualność, którą Stwórca obdarzył każde ze swych stworzeń, stawia teraz boskiej wszechmocy wszelkie wymagania, możliwe i niemożliwe! – Guru i ja roześmieliśmy się wesoło.

– Przyjaciele z innych żywotów z łatwością rozpoznają się w świecie astralnym – mówił dalej Śri Jukteśwar głosem pięknym jak muzyka fletu. – Ciesząc się nieśmiertelną przyjaźnią, przekonują się, że miłość jest niezniszczalna, chociaż tak często się w to wątpi w chwilach smutnych, pozornych rozstań w ziemskim życiu.

Istoty astralne przenikają intuicją zasłonę dzielącą ich świat od ziemskiego i obserwują działania ludzi, człowiek jednak nie widzi świata astralnego, chyba że ma już trochę rozwinięty szósty zmysł. Tysiące mieszkańców Ziemi widywało w chwilowych przebłyskach istoty astralne lub astralny świat[*].

Podczas długiej astralnej doby rozwinięte duchowo istoty na Hiranjaloce prawie wcale nie śpią, lecz zatopione w ekstazie, pomagają rozwiązywać złożone problemy związane z zarządzaniem kosmosem i odkupieniem synów marnotrawnych, dusz uwikłanych w sprawy ziemskie. Jeśli już zdarza im się spać, mają od czasu do czasu wizje astralne podobne do snu. Zwykle jednak zatopione są w najwyższej szczęśliwości świadomego stanu *nirbikalpa*.

---

[*] Na Ziemi dzieci o czystych umysłach potrafią niekiedy dostrzec pełne wdzięku ciała astralne wróżek. Używając narkotyków lub napojów alkoholowych, czego zabraniają wszystkie pisma święte, człowiek może tak rozstroić świadomość, że postrzega ohydne postacie w astralnych piekłach.

Mieszkańcy wszystkich światów astralnych wciąż jeszcze odczuwają cierpienia psychiczne. Wrażliwe umysły wyższych istot na planetach podobnych do Hiranjaloki reagują ostrym bólem na błędy w postępowaniu bądź postrzeganiu prawdy. Te rozwinięte istoty starają się zharmonizować każdy czyn i myśl z doskonałym prawem duchowym.

Mieszkańcy astralu porozumiewają się między sobą wyłącznie za pomocą telepatii i „telewizji" astralnej. Nie ma tam zamieszania i nieporozumień, jakie muszą znosić mieszkańcy Ziemi z powodu niedoskonałości słowa pisanego bądź mówionego. Tak jak w ciągach obrazów świetlnych na ekranie kinowym ludzie wydają się poruszać i działać, chociaż w rzeczywistości nie oddychają – podobnie istoty astralne poruszają się i działają jak inteligentnie kierowane i uporządkowane obrazy świetlne i nie muszą oddychać, aby żyć. Człowiek potrzebuje do życia ciał stałych, płynów, gazów i energii, natomiast istoty astralne żywią się głównie światłem kosmicznym.

– Mistrzu mój, czy istoty astralne coś jedzą? – Chłonąłem jego zdumiewające objaśnienia całym sobą – umysłem, sercem, duszą. Nadświadome postrzeżenia prawdy są zawsze rzeczywiste i niezmienne, podczas gdy przelotne doświadczenia i wrażenia zmysłowe są tylko tymczasowo, czyli względnie prawdziwe, i wkrótce przestają żyć w pamięci. Słowa guru wryły mi się tak głęboko w duszę, że w każdej chwili, wszedłszy w stan nadświadomy, mogę ożywić to boskie przeżycie.

– W świecie astralnym rosną obficie świetliste, utkane z promieni warzywa – odpowiedział guru.– Mieszkańcy spożywają warzywa i piją nektar, płynący ze wspaniałych fontann światła i z astralnych strumieni i rzek. Podobnie jak na Ziemi można wychwycić z eteru niewidzialne obrazy ludzi i ukazać je na ekranie telewizora, po czym znów rozpływają się one w przestrzeni, tak mieszkańcy astralnej planety mogą aktem woli zmaterializować unoszące się w eterze, a stworzone przez Boga, niewidzialne astralne wzorce warzyw i innych roślin. W ten sposób materializują najbardziej szalone fantazje, jak całe ogrody pachnących kwiatów, które potem wracają do stanu eterycznej niewidzialności. Mieszkańcy niebiańskich planet, takich jak Hiranjaloka, prawie wcale nie muszą jeść. W świecie przyczynowym istnieje jednak jeszcze wyższy stopień nieuwarunkowanego bytu dusz niemal całkowicie wyzwolonych – jedzą one wyłącznie mannę szczęśliwości.

Istota astralna, wyzwolona z życia ziemskiego, spotyka bardzo wielu krewnych – ojców, matki, żony i przyjaciół ze swych licznych żywotów na Ziemi*, w miarę jak pojawiają się oni w różnych sferach astralnego świata. Dlatego trudno jej zrozumieć, kogo ma jakoś szczególnie kochać. Wówczas uczy się darzyć wszystkich boską, jednakową miłością, jako dzieci i zindywidualizowane przejawienia Boga. Chociaż wygląd kochanej osoby mógł się zmienić, mniej więcej odpowiednio do nowych zalet, jakie rozwinęła w sobie w ostatnim życiu, istota astralna dzięki nieomylnej intuicji rozpoznaje wszystkich, którzy byli jej niegdyś bliscy w innych sferach bytu, i wita ich w nowym astralnym domu. Jako że w stworzeniu każdy atom obdarzony jest niezniszczalną indywidualnością**, przyjaciela w astralu można rozpoznać bez względu na to, jaki przywdzieje kostium, podobnie jak na Ziemi poznamy aktora, jeśli mu się dokładnie przyjrzymy.

W świecie astralnym żyje się znacznie dłużej niż na Ziemi. Przeciętny czas życia normalnie rozwiniętych istot astralnych to pięćset do tysiąca lat ziemskich. Ale tak jak niektóre sekwoje potrafią przeżyć większość drzew o całe tysiąclecia, albo tak jak pewni joginowie żyją po kilkaset lat, podczas gdy większość ludzi umiera przed sześćdziesiątką, podobnie i w astralu są istoty, które żyją znacznie dłużej, niż tam wynosi zwykły okres życia. Przybysze pozostają w świecie astralnym dłużej lub krócej, zależnie od ciężaru karmy fizycznej, która po określonym czasie ściąga ich z powrotem na Ziemię.

Istoty astralne nie zmagają się boleśnie ze śmiercią w chwili opuszczania świetlistego ciała. Mimo to wiele z nich odczuwa lekkie zdenerwowanie na myśl o porzuceniu go nawet na rzecz subtelniejszego ciała przyczynowego. W świecie astralnym nie ma przymusu śmierci, chorób i starości. Te trzy plagi są przekleństwem Ziemi, gdzie człowiek pozwala, by świadomość niemal całkowicie się utożsamiała z kruchym ciałem fizycznym, które stale wymaga powietrza, pożywienia i snu, aby w ogóle istnieć.

Śmierci fizycznej towarzyszy ustanie oddechu i rozpad komórek ciała. Śmierć astralna polega na rozproszeniu się żywotronów, owych

---

* Kiedyś zapytano Pana Buddę, dlaczego człowiek powinien kochać wszystkich ludzi jednakowo. „Ponieważ – odpowiedział wielki nauczyciel – w ciągu bardzo licznych i różnorakich żywotów każdemu człowiekowi była kiedyś bliska każda inna istota".

** Osiem pierwiastków, z których składa się wszelkie przejawione życie, od atomu po człowieka, to: ziemia, woda, ogień, powietrze, eter, umysł czerpiący dane z postrzeżeń zmysłów (*manas*), inteligencja / rozum (*buddhi*) i indywidualność czyli ego (*ahamkara*). (*Por. Bhagawadgita* VII, 4.)

przejawionych jednostek energii, składających się na życie istot astralnych. W chwili śmierci fizycznej człowiek traci świadomość gęstego ciała i staje się świadomy ciała subtelnego w świecie astralnym. We właściwym czasie doświadczywszy śmierci astralnej, istota przechodzi od świadomości astralnych narodzin i zgonu do świadomości narodzin i śmierci w świecie fizycznym. Te powtarzające się cykle astralnego i ziemskiego życia są nieuniknionym przeznaczeniem istot nieoświeconych. Opisy nieba i piekła z pism świętych budzą niekiedy u ludzi skryte w najgłębszej podświadomości wspomnienia długiego łańcucha doświadczeń w pogodnym świecie astralnym i pełnym rozczarowań świecie ziemskim.

– Ukochany Mistrzu – poprosiłem – czy zechciałbyś bardziej szczegółowo wyjaśnić różnicę między odradzaniem się na Ziemi a w sferach astralnej i przyczynowej?

– Człowiek jako indywidualna dusza jest zasadniczo istotą o ciele przyczynowym – odparł guru. – Ciało to jest matrycą trzydziestu pięciu *idei*, potrzebnych Bogu jako podstawowe czyli przyczynowe siły myślowe do stworzenia subtelnego ciała astralnego oraz gęstego ciała fizycznego. Ciało astralne składa się z dziewiętnastu pierwiastków, a fizyczne z szesnastu.

Dziewiętnaście pierwiastków ciała astralnego dzieli się na mentalne, emocjonalne i żywotronowe. Są to: inteligencja, ego, uczucie, umysł (świadomość zmysłowa), pięć narządów poznania, czyli subtelnych odpowiedników zmysłów wzroku, słuchu, węchu, smaku i dotyku, pięć narządów działania, czyli mentalnych odpowiedników zdolności rozmnażania się, wydalania, mowy, chodzenia i czynności manualnych, oraz pięć narzędzi siły życiowej, odpowiedzialnych za krystalizację, przyswajanie, wydalanie, metabolizm i krążenie. Subtelne ciało astralne, złożone z tych dziewiętnastu pierwiastków, żyje nadal po śmierci ciała fizycznego, które zbudowane jest z szesnastu grubych pierwiastków chemicznych.

Bóg pomyślał w Sobie rozmaite idee i osnuł wokół nich swe sny. Tak zrodziła się Pani Kosmicznego Marzenia, przystrojona nieskończonym bogactwem ozdób względności.

W trzydziestu pięciu kategoriach myślowych ciała przyczynowego Bóg zawarł całą złożoność wzorców dziewiętnastu pierwiastków ciała astralnego i szesnastu pierwiastków ciała fizycznego człowieka. Zagęszczając wibracje, najpierw subtelne, a następnie grube, stworzył ludzkie ciało astralne, a w końcu fizyczne. W wyniku działania prawa względności Pierwotna Prostota stała się oszałamiająco zróżnicowana. Dlatego kosmos przyczynowy i ciało przyczynowe różnią się od astralnych. Podobnie kosmos fizyczny i ciało fizyczne odmienne są od innych form stworzenia.

Ciało fizyczne zbudowane jest ze zobiektywizowanych, zestalonych marzeń Stwórcy. Na Ziemi istnieją pary przeciwieństw: choroba i zdrowie, ból i przyjemność, strata i zysk. Trójwymiarowa materia stawia ludziom opór i ogranicza. Gdy choroba lub inne przyczyny poważnie nadwerężą ludzkie pragnienie życia, przychodzi śmierć. Wówczas człowiek przejściowo porzuca ciężki płaszcz ciała. Dusza jednak nadal pozostaje w ciałach astralnym i przyczynowym*. Siłą zespalającą trzy ciała jest pragnienie. To moc niespełnionych pragnień jest powodem niewoli człowieka.

W świecie fizycznym pragnienia mają źródło w ludzkim ego i przyjemnościach zmysłowych. Przymus lub pokusa tych doznań są potężniejsze niż siła pragnień płynących z przywiązań astralnych lub postrzeżeń w świecie przyczynowym.

Pragnienia astralne skupiają się dokoła przyjemności o charakterze wibracyjnym. Istoty astralne czerpią radość z eterycznej muzyki sfer i zachwycają się widokiem wszelkich stworzeń jako niewyczerpaną grą światła. Mogą również wąchać, smakować i dotykać światła. Spełniają więc swoje pragnienia dzięki zdolności materializacji przedmiotów i przeżyć w postaci świetlnych kształtów, czyli skondensowanych myśli i marzeń.

Pragnienia w świecie przyczynowym spełniają się w samym akcie postrzegania. Istoty w ciele przyczynowym, niemal zupełnie wolne, widzą cały wszechświat jako urzeczywistnione idee-marzenia Boga. Potrafią zmaterializować wszystko samą myślą. Dlatego uważają, że przyjemności fizyczne i rozkosze astralne są wulgarne i tłumią subtelną wrażliwość duszy. Istoty te uwalniają się od pragnień, natychmiast je materializując**. Spowite jedynie delikatną osłonką ciała przyczynowego, mogą, tak jak Bóg, powoływać do istnienia wszechświaty. Jako że wszelkie stworzenie uczynione jest z kosmicznej tkaniny-marzenia,

---

* Termin „ciało" oznacza wszelkie okrycie duszy, czy to gęste, czy subtelne. Trzy ciała to klatki Rajskiego Ptaka.

** W ten sposób Babadźi pomógł Lahiriemu Mahaśaji uwolnić się od podświadomego, pochodzącego z jakiegoś dawnego życia pragnienia podziwiania pięknego pałacu. (*Zob.* rozdz. 34.)

dusza odziana w leciutką materię świata przyczynowego ma ogromną moc twórczą.

Dusza jest z natury niewidzialna i można ją postrzec tylko dzięki obecności ciała lub ciał. Już sam fakt istnienia ciała świadczy o niespełnionych pragnieniach*.

Dopóki dusza człowieka pozostaje zamknięta w jednym, dwóch lub trzech naczyniach cielesnych, szczelnie zatkanych korkami niewiedzy i pragnień, nie może się zlać z oceanem Ducha. Gdy śmierć niby młotem rozbije grube fizyczne naczynie, pozostałe dwa – astralne i przyczynowe – nadal uniemożliwiają duszy świadome złączenie się z Wszechżyciem. Jednak dzięki mądrości człowiek ostatecznie uwalnia się od pragnień, a wówczas i te dwa naczynia przestają istnieć. Malusieńka dusza wyłania się, nareszcie wolna, i staje się jednością z Niezmierzoną Przestrzenią – zakończył Śri Jukteśwar.

Poprosiłem boskiego guru, by rzucił nieco więcej światła na tajemniczy świat przyczynowy.

– Świat przyczynowy jest nieopisanie subtelny – odparł. – Aby go zrozumieć, trzeba by posiadać tak potężną zdolność koncentracji, by po zamknięciu oczu potrafić sobie wyobrazić cały bezmiar wszechświatów astralnego i fizycznego – ów świetlisty balon z koszem z gęstej materii – jako istniejący tylko w postaci idei. Gdyby dzięki tak nadludzkiej koncentracji udało się komuś przeistoczyć czy sprowadzić oba te wszechświaty, w całej ich złożoności, do samych tylko idei, dotarłby do świata przyczynowego i stanąłby na granicy stapiania się umysłu i materii. Stamtąd postrzega się wszystkie stworzone rzeczy – ciała stałe, płyny, gazy, elektryczność, energię, wszelkie istoty, bogów, ludzi, zwierzęta, rośliny, bakterie – jako formy świadomości. Podobnie człowiek, zamknąwszy oczy, wie, że istnieje, chociaż nie widzi swego ciała i ma w umyśle tylko jego ideę.

Wszystko to, co człowiek może uczynić w wyobraźni, istota ze świata przyczynowego potrafi zdziałać w rzeczywistości. Potężna inteligencja i wyobraźnia pozwala człowiekowi sięgnąć, tylko myślami, sfer najbardziej odległych, skoczyć z planety na planetę, rzucić się

---

* „On im odpowiedział: Gdzie jest padlina, tam zgromadzą się i sępy". (Łk 17, 37) Wszędzie tam, gdzie dusza zamknięta jest w ciele fizycznym, astralnym bądź przyczynowym, tam zgromadzą się również sępy pragnień – żerujące na słabościach ludzkich zmysłów bądź na przywiązaniach w świecie astralnym i przyczynowym – i trzymać będą duszę w więzieniu.

w bezdenną otchłań wieczności, wzbić się jak rakieta w niebo usiane galaktykami czy rozbłysnąć jak reflektor na Drodze Mlecznej w gwiezdnych przestworzach. Jednakże istoty w świecie przyczynowym mają znacznie większe możliwości: bez trudu i momentalnie potrafią nadać swym myślom byt obiektywny. Nie ma tam materii fizycznej ani astralnej, która stawiłaby opór, ani żadnych ograniczeń karmicznych.

Istoty świata przyczynowego wiedzą, że pierwotnym budulcem wszechświata fizycznego nie są elektrony, a wszechświat astralny nie jest w istocie zbudowany z żywotronów, lecz oba stworzone są z myśli Boga, którą *maja* rozbija, szatkuje na te drobiny; to *maja*, rządzona prawem względności, najwyraźniej oddziela stworzenie od Stwórcy.

Dusze w świecie przyczynowym rozpoznają się nawzajem jako zindywidualizowane cząstki radosnego Ducha. Jedynymi otaczającymi je przedmiotami są ich myśli-rzeczy. Wiedzą one, że różnica między ich ciałami a myślami jest tylko natury pojęciowej. Zamknąwszy oczy, człowiek może sobie wyobrazić oślepiające białe światło bądź niebieskawą mgiełkę, natomiast istoty świata przyczynowego potrafią samą tylko myślą widzieć, słyszeć, wąchać, smakować i dotykać. Tworzą lub niweczą wszystko potęgą kosmicznego umysłu.

W tym świecie tak śmierć, jak i ponowne narodziny dokonują się w myśli. Dusze odziane w ciała przyczynowe żywią się tylko ambrozją wiecznie nowej wiedzy. Piją ją ze źródeł pokoju, wędrują po bezdrożnej krainie postrzeżeń, unoszą się na bezbrzeżnym oceanie szczęśliwości. Wyobraźmy sobie, jak ich jasne ciała myślowe mkną pośród trylionów planet stworzonych przez Ducha, mijają nowe bańki wszechświatów, gwiazdy mądrości, widmowe marzenia-mgławice o całym spektrum barw w łonie Nieskończoności.

Wiele istot pozostaje w świecie przyczynowym przez tysiące lat. Jednak zatapiając się w coraz głębszej ekstazie, dusza ostatecznie się wyzwala, porzuca małe ciało przyczynowe i przywdziewa ogrom całego świata przyczynowego. Wszelkie oddzielne wiry idei, poszczególne fale mocy, miłości, woli, radości, pokoju, intuicji, ciszy, samoopanowania i koncentracji rozpływają się w wieczyście radosnym Morzu Szczęśliwości. Dusza nie musi już doświadczać błogostanu jako odrębna fala świadomości, lecz stapia się z Jedynym Kosmicznym Oceanem, ze wszystkimi jego falami – w wiecznym śmiechu, pulsowaniu i dreszczu radości.

Po wydobyciu się z kokonów trzech ciał, dusza na zawsze uwalnia się od prawa względności i staje się niewysłowionym Wiecznie

Istniejącym*. Oto motyl Wszechobecności, ze skrzydłami zdobnymi w gwiazdy, księżyce i słońca! Dusza, zlawszy się z Duchem, przebywa sama w obszarach światła-nieświatła, ciemności-nieciemności, myśli-niemyśli, upojona radością, zatopiona w ekstazie boskiego marzenia, śniąc sny-wszechświaty.

– Dusza wolna! – wykrzyknąłem pełen czci.

– Gdy dusza wreszcie się wydobędzie z trzech złudnych osłon cielesnych – kontynuował Mistrz – jednoczy się z Nieskończonym, nie tracąc indywidualności. Chrystus osiągnął tę ostateczną wolność, zanim się jeszcze urodził jako Jezus. W trzech okresach swej przeszłości, które w Jego ziemskim życiu symbolizują trzy dni, gdy umarł i zmartwychwstał, uzyskał moc pełnego powstania w Duchu.

By wydobyć się z ciał, człowiek nierozwinięty musi przejść niezliczone wcielenia ziemskie, astralne i przyczynowe. Mistrz, który osiągnął ostateczną wolność, może powrócić na Ziemię jako prorok, by tam prowadzić ludzi z powrotem ku Bogu, bądź – tak jak ja – wybrać pobyt w świecie astralnym. Tam zbawiciel przejmuje na siebie nieco karmy** jego mieszkańców, w ten sposób pomagając im zakończyć cykl reinkarnacji w astralu i na stałe wstąpić w sfery przyczynowe. Dusza wyzwolona może też wejść do świata przyczynowego i pomagać istotom skrócić pobyt w ciałach przyczynowych, a tym samym osiągnąć Wolność Absolutną.

– O Zmartwychwstały, chciałbym się dowiedzieć więcej o karmie, która każe duszom wracać do trzech światów. – Pomyślałem, że mógłbym słuchać wszechwiedzącego Mistrza w nieskończoność. Za jego ziemskiego życia nigdy nie zdołałem przyswoić sobie naraz tak wiele mądrości. Teraz po raz pierwszy uzyskiwałem jasny wgląd w tajemnicze obszary na szachownicy życia i śmierci.

– Zanim człowiek będzie mógł nieprzerwanie pozostawać w światach astralnych, musi się całkowicie uwolnić od karmy fizycznej, czyli pragnień – wyjaśniał guru głosem przejmującym mnie dreszczem szczęścia.

---

* „Zwycięzcę uczynię filarem w świątyni Boga mojego i już nie wyjdzie na zewnątrz (tj. nie będzie się wcielał na nowo) [...]. Zwycięzcy dam zasiąść ze Mną na moim tronie, jak i ja zwyciężyłem i zasiadłem z mym Ojcem na Jego tronie" (Ap 3,12; 3,21) .

** Śri Jukteśwar ma tu na myśli to, że podobnie jak w swej ziemskiej inkarnacji przejmował niekiedy choroby uczniów, by ująć im nieco karmy, tak i w świecie astralnym jego misja jako wybawiciela umożliwia mu przejęcie pewnej ilości karmy astralnej mieszkańców Hiranjaloki. W ten sposób przyspiesza ich przejście do wyższego świata przyczynowego.

– Sfery astralne zamieszkują dwie grupy istot. Te, które jeszcze mają do odrobienia ziemską karmę i, by spłacić długi, muszą ponownie przywdziewać gęste ciało fizyczne, można nazwać – po śmierci tego ciała – tylko chwilowymi gośćmi w świecie astralnym, a nie jego stałymi mieszkańcami.

Owi goście, nie spławiwszy karmy ziemskiej, po śmierci astralnej nie mogą się przedostać do wyższego przyczynowego świata kosmicznych idei, lecz zmuszeni są podróżować tam i z powrotem między światem fizycznym a astralnym. Zyskują na przemian świadomość ciała fizycznego, składającego się z szesnastu pierwiastków gęstych, i ciała astralnego o dziewiętnastu pierwiastkach subtelnych. Jednakże nierozwinięta istota ziemska po każdorazowej utracie ciała fizycznego przeważnie pozostaje w głębokim odrętwieniu snu śmierci i prawie nie dostrzega piękna sfery astralnej. Odpocząwszy tam, człowiek taki powraca do świata gęstej materii, by dalej się uczyć. Dzięki wielokrotnym podróżom stopniowo przyzwyczaja się też do światów utkanych z subtelnej materii astralnej.

Natomiast zwykli, stali mieszkańcy sfer astralnych to istoty, które na zawsze pozbyły się wszelkich ziemskich tęsknot. Nie muszą już powracać do świata niskich wibracji Ziemi. Pozostała im do spłacenia tylko karma astralna i przyczynowa. Po śmierci astralnej przechodzą do niepomiernie subtelniejszego świata przyczynowego. Spędziwszy tam pewien czas, określony prawem kosmicznym, te rozwinięte istoty powracają na Hiranjalokę lub na podobną, niebiańską planetę, gdzie rodzą się w nowym ciele astralnym, by odpracować zaległą karmę astralną.

– Mój synu – mówił dalej Śri Jukteśwar – teraz z pewnością lepiej rozumiesz, że z woli Bożej zmartwychwstałem przede wszystkim po to, by wybawiać dusze, które się reinkarnują w astralu, gdy wracają tam ze sfery przyczynowej, a nie z Ziemi. Te z Ziemi, jeśli mają jeszcze resztki karmy fizycznej, nie mogą się wznieść na oświecone planety astralne, takie jak Hiranjaloka.

Podobnie jak większość ludzi przybyłych z Ziemi nie nauczyła się, dzięki nabytej w medytacji umiejętności jasnowidzenia, cenić wyższych radości i zalet życia w astralu i dlatego po śmierci pragnie powrócić do ograniczonych, niedoskonałych przyjemności ziemskich, tak i wiele istot astralnych po naturalnym rozpadzie ciała nie potrafi wyobrazić sobie niezwykle subtelnego stanu duchowego szczęścia w świecie przyczynowym, lecz rozpamiętując w myślach bardziej trywialne i powierzchowne radości świata astralnego, pragnie się znaleźć z powrotem w owym astralnym raju. Istoty te muszą spłacić ciężką karmę astralną, zanim po śmierci będą mogły na trwałe pozostać w przyczynowym świecie idei, oddzielonym od Stwórcy tak nikłą osłonką.

Dopiero gdy istota nie pragnie już doznań w miłym dla oka wszechświecie astralnym i nic jej nie kusi, by tam powrócić, pozostaje w świecie przyczynowym. Zniweczywszy tu całą karmę przyczynową, czyli nasiona przeszłych pragnień, uwięziona dusza zrzuca ostatnie z trzech ciał niewiedzy: wynurza się z otoczki ciała przyczynowego i łączy się z Wieczystym. Czy teraz rozumiesz? – Mistrz uśmiechnął się czarująco.

– Tak, dzięki twej łasce. Brak mi słów, by wyrazić wdzięczność i radość.

Nigdy żadna pieśń ani opowieść nie dała mi tyle wiedzy, tyle natchnienia. Chociaż święte pisma hinduskie wspominają o światach przyczynowym i astralnym oraz o trzech ciałach człowieka, to jakże blade i odległe od rzeczywistości są te opisy w porównaniu z żywą prawdą przeżyć mojego zmartwychwstałego Mistrza! Dla niego doprawdy nie istniała ani jedna „kraina nieodsłonięta, z której rubieży żaden wędrowiec nie powraca"*.

– Trzy ciała człowieka, wzajemnie się przenikając, na rozmaite sposoby przejawiają się w jego troistej naturze – kontynuował mój wielki guru. – Na Ziemi człowiek w stanie jawy jest ich mniej lub bardziej świadomy. Nastawiony na odczuwanie zmysłami smaku, węchu, dotyku, słuchu bądź wzroku, posługuje się głównie ciałem fizycznym. Używając wyobraźni lub woli, działa zwykle w ciele astralnym. Natomiast ciało przyczynowe uaktywnia się, gdy człowiek myśli, bada siebie w procesie introspekcji bądź się zatapia w głębokiej medytacji. Kosmiczne, genialne myśli przychodzą do tych, którzy systematycznie utrzymują łączność z ciałem przyczynowym. Tak rozumując, można z grubsza podzielić ludzi na działających głównie w sferze materii, energii lub intelektu.

Przez mniej więcej szesnaście godzin dziennie człowiek utożsamia się z ciałem fizycznym. Potem śpi. Gdy śni, przebywa w ciele astralnym, bez trudu stwarzając każdy przedmiot, podobnie jak istoty w astralu. W śnie głębokim, pozbawionym marzeń sennych, człowiek na kilka godzin przenosi świadomość, czyli poczucie „ja", do ciała przyczynowego.

---

* W. Szekspir, *Hamlet*, Wrocław-Warszawa-Kraków 1963, s. 337. *Przeł.* W. Chwalewik.

Taki sen regeneruje siły. Śniący człowiek łączy się ze swym ciałem astralnym, a nie przyczynowym, i dlatego taki sen nie jest w pełni krzepiący.

Słuchałem niezwykłego wykładu, przyglądając się Śri Jukteśwarowi z miłością.

– Anielski Guru – rzekłem – twoje ciało wygląda dokładnie tak samo jak wówczas, gdy je opłakiwałem w aśramie w Puri.

– O tak, to nowe ciało jest doskonałą kopią starego, materializuję je i dematerializuję, ilekroć zechcę, znacznie częściej, niż to robiłem za życia na Ziemi. Szybko je dematerializując, podróżuję teraz „ekspresem" świetlnym z planety na planetę, a nawet błyskawicznie się przenoszę ze świata astralnego do przyczynowego albo fizycznego. – Boski guru się uśmiechnął. – Chociaż ostatnio poruszasz się tak szybko, nietrudno mi było odszukać cię w Bombaju!

– O Mistrzu, tak bardzo cierpiałem z powodu twojej śmierci!

– Ach, w jakim sensie umarłem? Czy nie ma tu jakiejś sprzeczności? – Oczy Śri Jukteśwara błyszczały miłością i rozbawieniem. – Na Ziemi tylko śnisz; na tej Ziemi widziałeś moje ciało-sen – mówił dalej guru. – Później pogrzebałeś ten senny majak. Teraz moje subtelniejsze ciało, na które patrzysz i nadal ściskasz za mocno, zmartwychwstało na innej planecie śnionej przez Boga. Kiedyś to subtelniejsze ciało-sen i subtelniejsza planeta-sen również się rozpadną: one też nie są wieczne. Wszystkie wyśnione bańki światów muszą wreszcie prysnąć, gdy nastąpi ostateczne przebudzenie. Odróżniaj, mój synu Joganando, sny od Rzeczywistości.

Ta idea zmartwychwstania, znana z filozofii wedanty*, olśniła mnie swą cudownością. Poczułem wstyd, że opłakiwałem Mistrza, spoglądając na jego martwe ciało w Puri. Pojąłem wreszcie, że mój guru zawsze był w pełni przebudzony w Bogu i wiedział, iż jego życie i śmierć na Ziemi, a także obecne zmartwychwstanie to tylko boskie idee przejawiające się w kosmicznym śnie względności.

– Wyjawiłem ci teraz, Joganando, prawdę o moim życiu, śmierci i zmartwychwstaniu. Nie płacz za mną. Raczej rozgłaszaj wszędzie historię mojego zmartwychwstania i przejścia z Ziemi wyśnionej przez Boga na inną planetę-sen, zamieszkałą przez dusze w szacie astralnej.

---

* Życie i śmierć to tylko względne przejawienia myśli. Wedanta naucza, że Bóg jest jedyną Rzeczywistością. Wszelkie stworzenie czy oddzielne byty to *maja*, czyli ułuda. Ta monistyczna filozofia znalazła najwyższy wyraz w komentarzach Śankary do upaniszad.

Zmartwychwstanie Śri Jukteśwara

Natchniesz nową nadzieją serca ludzi tego świata, którzy, pogrążeni we śnie, cierpią niedolę i lęk przed śmiercią.

– Tak, Mistrzu! – Pomyślałem, jak chętnie podzielę się z innymi radością z jego zmartwychwstania!

– Na Ziemi stawiałem wysokie wymagania, nieodpowiednie dla natury większości ludzi. Często ganiłem cię surowiej, niż powinienem. Wyszedłeś z próby zwycięsko: twoja miłość przeświecała przez chmury wszystkich upomnień. – Dodał czule: – Przyszedłem dzisiaj również po to, aby ci powiedzieć: Nigdy więcej nie spojrzę na ciebie krytycznym okiem. Nigdy więcej nie będę cię karcił.

Jakże bardzo brakowało mi nagan mojego wielkiego guru! Każda z nich przed czymś mnie ochroniła: spełniała rolę opiekuńczego anioła stróża.

– Najdroższy Mistrzu! Łajaj mnie milion razy, zrób to i teraz!

– Już nigdy cię nie upomnę. – Boski głos guru był poważny, ale za tą powagą krył się śmiech. – Ty i ja będziemy się uśmiechać do siebie, dopóki nasze ciała w *maji*-śnie Boga będą się wydawać odrębne. W końcu, stopieni w jedno, rozpłyniemy się w Kosmicznym Umiłowanym: nasze uśmiechy będą Jego uśmiechem, nasza pieśń radości będzie wibrować przez całą wieczność i docierać do dusz zestrojonych z Bogiem.

Śri Jukteśwar wyjaśnił mi jeszcze parę spraw, których nie mogę tu wyjawić. W ciągu dwóch godzin, które spędził ze mną w pokoju hotelowym w Bombaju, odpowiedział mi na każde pytanie. Już zaszła na świecie część wydarzeń, które przepowiedział owego czerwcowego dnia 1936 roku.

– Teraz odchodzę, mój umiłowany! – Przy tych słowach poczułem, jak Mistrz rozpływa się w moich ramionach.

– Moje dziecko – zabrzmiał jego głos, wibrując w przestworzu mej duszy – ilekroć przekroczysz wrota *nirbikalpa samadhi* i mnie wezwiesz, przybędę do ciebie w ciele z krwi i kości, tak samo jak dzisiaj.

Pożegnawszy mnie tą niebiańską obietnicą, Śri Jukteśwar zniknął mi z oczu. Głos brzmiał nadal, tocząc się jak grzmot w chmurach:

– Powiedz wszystkim! Ktokolwiek, dostąpiwszy stanu *nirbikalpa*, pozna, że Ziemia jest snem Boga, może przybyć na subtelniejszą, ze snu stworzoną planetę Hiranjalokę i tam mnie odnajdzie, zmartwychwstałego w ciele dokładnie takim samym jak ziemskie. Joganando, powiedz to wszystkim!

Zniknął smutek rozstania. Żal i ból z powodu śmierci Mistrza, które tak długo pozbawiały mnie spokoju, teraz pierzchły z palącym wstydem. Zalało mnie szczęście, tryskając jak fontanna z niezliczonych, nowo otwartych porów duszy. Od dawien dawna nieużywane i zatkane, oczyściły się w potężnym przypływie ekstazy. Przed okiem wewnętrznym jak na filmie, przesunęły mi się obrazy z poprzednich wcieleń. Dobra i zła karma przeszłości rozpuściły się w kosmicznym świetle, którym mnie otoczyła boska obecność Mistrza.

W niniejszym rozdziale mojej biografii uczyniłem zadość życzeniu guru, rozpowszechniając dobrą nowinę, choćby nawet miała ona zaszokować dzisiejsze zobojętniałe pokolenie. Człowiek dobrze zna upodlenie, rzadko obca jest mu rozpacz, ale są to wynaturzenia, a nie jego prawdziwy los. W dniu, w którym tego zechce, znajdzie się na ścieżce ku wolności. Zbyt długo ulegał przygniatającemu pesymizmowi nauczycieli, którzy mu wmawiali: „prochem jesteś", nie zważając na potęgę nieśmiertelnej duszy.

Nie byłem jedyną osobą, która miała szczęście oglądać Zmartwychwstałego Guru.

Jedną z uczennic Śri Jukteśwara była pewna staruszka, nazywana czule Ma (Matką), która mieszkała w pobliżu pustelni w Puri. Podczas porannych spacerów Mistrz często przystawał i gawędził z nią u progu jej domu. Wieczorem 16 marca 1936 roku Ma przyszła do aśramu i poprosiła o widzenie z guru.

– Przecież Mistrz zmarł tydzień temu! – powiedział jej zarządzający teraz pustelnią swami Sebananda, spoglądając na nią ze smutkiem.

– To niemożliwe! – sprzeciwiła się z uśmiechem.

– Ależ tak – odparł swami i opowiedział szczegółowo o pogrzebie. – Proszę pójść ze mną, zaprowadzę panią do jego grobu w ogrodzie.

Ma przecząco potrząsnęła głową.

– Na cóż mu grób! Dziś rano o dziesiątej jak zwykle minął drzwi mego domu. Rozmawiałam z nim kilka minut w jasnym świetle słońca. „Przyjdź wieczorem do aśramu" – powiedział. Przyszłam więc. Co za błogosławieństwo spłynęło na mą starą, siwą głowę! Nieśmiertelny guru chciał, żebym się dowiedziała, w jak przemienionym ciele odwiedził mnie dziś rano!

Sebananda, zdumiony, ukląkł przed nią.

– Ma – rzekł – jakiż ciężar smutku zdjęłaś z mego serca! On zmartwychwstał!

Rozdział 44

Z Mahatmą Gandhim w Wardha

— Witamy w Wardha – zwrócił się do nas serdecznie Mahadew Desaj, sekretarz Mahatmy Gandhiego. Przybyliśmy tam pewnego sierpniowego ranka we trójkę: pan Wright, panna Bletch i ja. Obdarowano nas wieńcami z *khaddaru* (bawełny przędzonej domowym sposobem). Właśnie wysiedliśmy na stacji w Wardha, szczęśliwi, że opuszczamy zakurzony i nagrzany pociąg. Nasze bagaże ułożono na wozie ciągnionym przez woły, my zaś wsiedliśmy do otwartego samochodu razem z panem Desajcm i jego towarzyszami, Babasahebem Deśmukhem i doktorem Pingale. Po krótkiej jeździe po błotnistych wiejskich drogach przybyliśmy do Maganwadi, aśramu indyjskiego świętego i polityka.

Pan Desaj zaprowadził nas od razu do gabinetu, gdzie ze skrzyżowanymi nogami siedział Mahatma Gandhi. W jednej ręce trzymał pióro, a w drugiej kartkę papieru. Jego twarz rozświetlał szeroki, ujmujący uśmiech.

„Witajcie!", napisał w języku hindi. Był to poniedziałek, dzień jego milczenia. Chociaż spotkaliśmy się po raz pierwszy, patrzyliśmy na siebie z ogromną sympatią, cali rozpromienieni. W 1925 roku Mahatma Gandhi zaszczycił odwiedzinami szkołę w Rańci i w księdze gości łaskawie wpisał słowa uznania.

Drobniutki, ważący raptem ze sto funtów święty aż promieniował zdrowiem fizycznym, umysłowym i duchowym. W łagodnych, brązowych oczach błyszczały inteligencja, szczerość i mądrość. Dorównując bystrością umysłu innym mężom stanu, wychodził zwycięsko z tysiąca bitew

Autobiografia jogina

w sprawach prawnych, społecznych i politycznych. Żaden inny przywódca polityczny nie zapisał się w sercach narodu tak trwale jak Gandhi. Kochają go miliony niepiśmiennych Hindusów. Wyrazem ich spontanicznego hołdu jest nadanie mu słynnego tytułu Mahatma – Wielka Dusza*. To właśnie z myślą o nich Gandhi ogranicza swój ubiór do przepaski biodrowej, w której się go powszechnie przedstawia. Jest ona symbolem jedności z uciskanymi masami biedaków, których nie stać na nic więcej.

Gdy wychodziliśmy z gabinetu, skąd pan Desaj miał nas zaprowadzić do domu gościnnego, Mahatma Gandhi, z charakterystyczną dla siebie uprzejmością, podał mi pośpiesznie napisaną notatkę: „Mieszkańcy aśramu są całkowicie do waszej dyspozycji. Proszę ich wzywać, gdy będzie wam czegoś potrzeba".

Nasz przewodnik powiódł nas przez sady i kwitnące pola do budynku z dachem krytym dachówką, z okratowanymi oknami. Na podwórku znajdowała się studnia o średnicy około ośmiu metrów, z której, jak powiedział pan Desaj, czerpano wodę do pojenia zwierząt domowych. W pobliżu stało cementowe, obrotowe koło do młócki ryżu. Okazało się, że każda z przydzielonych nam malutkich sypialni wyposażona była jedynie w niezbędne minimum: łóżko, ręcznie plecione ze sznura. W pobielonej kuchni w jednym kącie znajdował się kran, w drugim palenisko. Do naszych uszu docierały proste, arkadyjskie dźwięki: krakanie wron, szczebiot wróbli, porykiwanie bydła i stuk dłut, którymi obrabiano kamienie.

Spostrzegłszy dziennik podróży pana Wrighta, pan Desaj otworzył go i wpisał na jednej ze stron listę ślubowań *satjagrahy***, składanych przez wszystkich szczerych zwolenników (*satjagrahinów*) Mahatmy:

„Niekrzywdzenie, trwanie w prawdzie, niepopełnianie kradzieży, celibat, niegromadzenie dóbr materialnych, praca fizyczna, opanowanie łakomstwa, nieustraszoność, jednaki szacunek dla wszystkich religii, *swadesi* (używanie wyrobów krajowych), nieuznawanie „niedotykalności"***. Ślubuje się przestrzegać tych jedenastu zasad w duchu pokory".

(Następnego dnia sam Gandhi podpisał te słowa, podając datę – 27 sierpnia 1935 roku).

---

* Jego pełne rodowe nazwisko to Mohandas Karamćand Gandhi. On sam nie nazywa siebie Mahatmą.
** W dosłownym przekładzie z sanskrytu *satjagraha* oznacza „trzymanie się prawdy". Jest to zarazem nazwa słynnego ruchu niestosowania przemocy, kierowanego przez Gandhiego.
***Odrzucenie przekonania, że można się pokalać przez kontakt z kimś lub czymś nieczystym, np. z człowiekiem z kasty niedotykalnych (*przyp. tłum.*).

Z Mahatmą Gandhim w Wardha

Dwie godziny po przybyciu do aśramu moi towarzysze i ja zostaliśmy zaproszeni na lunch. Mahatma już siedział pod arkadami werandy, znajdującej się naprzeciw jego gabinetu, po drugiej stronie dziedzińca. Na ziemi siedziało dwudziestu pięciu bosych *satjagrahinów*. Przed nimi stały mosiężne kubki i talerze. Po wspólnej chóralnej modlitwie, z wielkich, mosiężnych kotłów nałożono potrawy: *ćapati* (praśne placki pszenne) pokropione *ghi*, *talsari* (duszone, siekane jarzyny) i dżem cytrynowy.

Mahatma jadł *ćapati*, gotowane buraki, surowe jarzyny i pomarańcze. Miał też na talerzu sporą ilość pasty z bardzo gorzkich liści *nim*, znanego środka oczyszczającego krew. Położył mi na talerz łyżeczkę tej pasty. Popiłem ją wodą, przypominając sobie, jak w dzieciństwie matka zmuszała mnie do przełykania tego paskudztwa. Gandhi, jednakże, jadł pastę kęs za kęsem, bez śladu odrazy.

To drobne zdarzenie pokazało mi, że Mahatma potrafi oddzielić umysł od zmysłów aktem woli. Przypomniałem sobie głośną operację

LUNCH W AŚRAMIE MAHATMY GANDHIEGO W WARDHA

Jogananda czyta notatkę, jaką właśnie napisał Gandhi *(po prawej)*. (Był poniedziałek, dzień, w który Mahatma przestrzegał milczenia). Następnego dnia, 27.07.1935 r., Śri Jogananda inicjował Gandhiego w *krija-jogę* na jego własną prośbę.

Autobiografia jogina

usunięcia wyrostka robaczkowego, której go poddano kilka lat wcześniej. Święty nie zgodził się na znieczulenie i przez cały czas trwania operacji wesoło rozmawiał ze swymi uczniami, a jego spokojny uśmiech świadczył, że nie czuje bólu.

Po południu miałem okazję porozmawiać ze znaną uczennicą Gandhiego, córką angielskiego admirała, panną Madeleine Slade, zwaną obecnie Mirą Behn*. Jej wyrazista, spokojna twarz płonęła entuzjazmem, gdy w bezbłędnym hindi opowiadała mi o swej codziennej działalności.

– Praca edukacyjna na wsi sprawia nam zadowolenie! Codziennie o piątej rano nasza grupa udaje się do zamieszkałych w pobliżu wieśniaków, aby uczyć ich podstawowych zasad higieny. Kładziemy nacisk na czyszczenie ustępów i krytych strzechą lepianek. Niepiśmiennych wieśniaków nie sposób uczyć inaczej, jak tylko przykładem! – roześmiała się wesoło.

Patrzyłem z podziwem na tę wysoko urodzoną Angielkę, która z prawdziwie chrześcijańską pokorą wykonywała pracę sprzątacza, zwykle zlecaną wyłącznie „niedotykalnym".

– Przyjechałam do Indii w 1925 roku – powiedziała. – Będąc w tym kraju mam uczucie, że „wróciłam do domu". Teraz już nigdy nie chciałabym powrócić do dawnego życia i dawnych zainteresowań.

Przez chwilę rozmawialiśmy o Ameryce.

– Z przyjemnością i podziwem obserwuję – rzekła – że wielu Amerykanów, którzy odwiedzają Indie, głęboko interesuje się sprawami duchowymi.

Ręce Miry Behn zaśmigały przy *ćarce* (kołowrotku)**. Dzięki staraniom Mahatmy *ćarki* są teraz na wsi indyjskiej w powszechnym użyciu. Gandhi, zachęcając do odrodzenia pracy chałupniczej, opiera

---

* Opublikowała ona listy Mahatmy, swojego guru, z opisem zaleconych jej ćwiczeń samodyscypliny (*Gandhi's Letters to a Disciple*, Harper & Bros., New York 1950).
  W swej późniejszej książce (*The Spirit's Pilgrimage*, Coward-McCann, New York 1960) panna Slade wymienia wiele osób, które odwiedziły Gandhiego w Wardha. Pisze: „Po tak długim czasie nie pamiętam wielu z nich, ale dwie stoją mi wyraźnie przed oczyma: Halide Edib Hanum, słynna pisarka turecka, i swami Jogananda, założyciel Self-Realization Fellowship w Ameryce" (*przyp. wydawcy amerykańskiego*).

** Panna Slade przypomina mi inną wybitną kobietę z Zachodu, pannę Margaret Woodrow Wilson, najstarszą córkę wielkiego prezydenta Ameryki. Poznałem ją w Nowym Jorku. Żywo interesowała się Indiami. Później wyjechała do Pondicherry, gdzie spędziła pięć ostatnich lat życia, radośnie podążając ścieżką duchową u stóp oświeconego mistrza, Śri Aurobindo Ghosza.

się na słusznych przesłankach ekonomicznych i kulturowych. Nie zaleca bynajmniej fanatycznego odrzucania wszystkiego co nowoczesne i postępowe. Maszyny, pociągi, samochody, telegraf odegrały ważną rolę w jego wielkim życiu. Pięćdziesiąt lat w służbie społeczeństwu, częściowo spędzonych w więzieniu, zawsze w codziennym zmaganiu się z konkretami i trudnymi realiami świata polityki, tylko umocniło jego równowagę, otwartość umysłu, zdrowy rozsądek i pełne humoru spojrzenie na osobliwości ludzkiej komedii.

O szóstej wieczorem nasza trójka gościła na kolacji u pana Babasaheba Deśmukha. O siódmej wróciliśmy do aśramu na modlitwę. Wspięliśmy się na dach, gdzie trzydziestu *satjagrahinów* otaczało półkolem Gandhiego. On sam siedział na słomianej macie. Przed nim leżał bardzo stary zegarek kieszonkowy. Zachodzące słońce rzucało ostatnie blaski na palmy i drzewa banianowe. Noc rozpoczęła swą pieśń, zacykały świerszcze. Atmosfera przepojona była niebywałym spokojem. Porwał mnie zachwyt.

Śpiewaliśmy uroczyste pieśni. Prowadził je pan Desaj, grupa powtarzała chórem. Potem nastąpiło czytanie *Gity*. Mahatma skinął na mnie, abym odmówił końcową modlitwę. Iście boska jedność myśli i dążenia! Na zawsze pozostało mi wspomnienie medytacji na dachu w Wardha pod pierwszymi gwiazdami.

Punktualnie o ósmej Gandhi przerwał ciszę. Herkulesowa praca jego życia wymaga ścisłego przestrzegania rozkładu zajęć.

– Witam cię, swamidźi! – Tym razem Mahatma już się nie posłużył pisemną notatką. Właśnie zeszliśmy z dachu do jego gabinetu, wyposażonego tylko w kwadratowe maty (nie było krzeseł) i niskie biurko, na którym leżały książki, papiery i kilka zwykłych (nie wiecznych) piór. W kącie tykał niepozorny zegar. Pomieszczenie wypełniała aura pokoju i pełnego miłości oddania. Gandhi obdarzył mnie swym ujmującym, przepastnym, bo prawie bezzębnym uśmiechem.

– Przed laty – wyjaśnił – zacząłem przestrzegać milczenia przez jeden dzień w tygodniu, by mieć czas na załatwienie korespondencji. Teraz jednak te dwadzieścia cztery godziny stały się niezbędną potrzebą duchową. Regularne praktykowanie milczenia nie jest męką, lecz błogosławieństwem.

Przytaknąłem mu z całego serca*. Mahatma wypytywał mnie

---

* W Ameryce przez lata przestrzegałem okresów milczenia ku utrapieniu gości i sekretarzy.

o Amerykę i Europę. Omawialiśmy sytuację w Indiach i na świecie.

– Mahadew – rzekł Gandhi, gdy do pokoju wszedł pan Desaj – proszę załatwić na jutro wieczór salę w ratuszu. Swamidźi będzie mówił o jodze.

Gdy żegnałem się z Mahatmą, życząc mu dobrej nocy, troskliwie wręczył mi buteleczkę z olejkiem cytronelowym.

– Moskity w Wardha, swamidźi, nic nie wiedzą o ahimsie* – powiedział ze śmiechem.

Nazajutrz wcześnie rano zjedliśmy we trójkę śniadanie, składające się z kaszy pszennej z melasą i mleka. O wpół do jedenastej zaproszono nas na werandę aśramu na lunch z Gandhim i *satjagrahinami*. Dzisiaj menu obejmowało brązowy ryż, nowy zestaw jarzyn i ziarna kardamonu.

W południe spacerowałem po terenie aśramu. Przeszedłem się ku pastwisku, na którym spokojnie pasło się kilka krów. Ochrona krów jest pasją Gandhiego.

– Krowa oznacza dla mnie cały świat istot niższych od człowieka, objęcie współczuciem stworzeń spoza naszego własnego gatunku – wyjaśnił Mahatma. – Zaleca się, by człowiek, wielbiąc krowę, poznał swą tożsamość ze wszystkim, co żyje. Jest dla mnie oczywiste, dlaczego starożytni ryszi wybrali krowę za przedmiot apoteozy. Krowa była w Indiach najlepszym symbolem, była zawsze dawczynią obfitości. Nie tylko dawała mleko, ale także umożliwiała uprawę roli. Krowa jest poematem współczucia: w tym szlachetnym zwierzęciu widać współczucie. Jest drugą matką dla milionów ludzi. Opieka nad krową oznacza opiekę nad całym niemym stworzeniem Boga. Wołanie niższych gatunków stworzeń jest tym potężniejsze, że jest wołaniem bez słów**.

Ortodoksyjnego wyznawcę hinduizmu obowiązują codzienne obrzędy. Jeden z nich to *bhuta jadźńa*, ofiarowanie pokarmu królestwu zwierząt. Obrzęd ten symbolizuje świadomość zobowiązań, jakie człowiek ma wobec mniej rozwiniętych istot, które instynktownie

---

* Niekrzywdzenie, niestosowanie przemocy – kamień węgielny wiary Gandhiego. Pozostawał on pod wielkim wpływem dźinistów, którzy uważają *ahimsę* za cnotę, z której rodzą się wszystkie inne. Dźinizm, sekta hinduizmu, rozprzestrzenił się szeroko w VI w. p.n.e. dzięki Mahawirze, który żył współcześnie z Buddą. Niechże Mahawira („wielki bohater") spojrzy poprzez stulecia na swego bohaterskiego syna, Gandhiego!

** Gandhi pisał pięknie na tysiące tematów. Tak napisał o modlitwie: „Przypomina nam ona, że bez pomocy Boga jesteśmy bezradni. Wszelki trud jest jałowy bez modlitwy, bez jasnego rozpoznania, że najusilniejsze ludzkie starania spełzną na niczym, jeśli nie mają boskiego błogosławieństwa. Modlitwa to wezwanie do pokory. To wezwanie do oczyszczania się, do poszukiwań wewnętrznych.

utożsamiają się z ciałem (złudzenie to dotyczy również człowieka), pozbawionych jednak wyzwalającego rozumu, właściwego ludzkości.

Bhuta jadźnia pogłębia u człowieka gotowość niesienia pomocy słabszym, podobnie jak on sam z kolei doznaje pociechy i nieskończonej troskliwości ze strony wyższych, niewidzialnych istot. Człowiek ma również obowiązek odnawiania darów przyrody, tak rozrzutnej na ziemi, w morzu i niebie. Dzięki codziennym *jadźniom* (obrzędom), w których w milczeniu okazuje się miłość, można przekroczyć ewolucyjną barierę, jaką jest w przyrodzie niemożność porozumiewania się między zwierzętami, człowiekiem i aniołami astralnymi.

Dwie inne codzienne *jadźnie* to *pitri* i *nri*. *Pitri jadźña* to składanie ofiar przodkom: symbol tego, że człowiek uznaje swój dług wobec przeszłych pokoleń, których zasób mądrości oświeca współczesną ludzkość. *Nri jadźña* jest ofiarowaniem pożywienia ludziom obcym lub ubogim: symbolem obecnej odpowiedzialności człowieka, jego obowiązków wobec współczesnych.

Wczesnym popołudniem spełniłem ofiarę *nri*, odwiedzając znajdujący się w sąsiedztwie aśram Gandhiego dla dziewczynek. W dziesięciominutowej przejażdżce towarzyszył mi pan Wright. Drobne, młode twarzyczki wznosiły się jak kwiaty na długich łodyżkach barwnych *sari*. Pod koniec krótkiej pogadanki, którą wygłaszałem pod gołym niebem w języku hindi*, nagle lunęło jak z cebra. Śmiejąc się, pan Wright i ja szybko wskoczyliśmy do samochodu i popędziliśmy z powrotem do Maganwadi pośród strug zacinającego srebra. Cóż za tropikalna intensywność ulewy, jakież bryzgi!

Gdy ponownie wszedłem do domu dla gości, jeszcze raz uderzyła mnie surowa prostota wnętrza i wszędzie widoczne oznaki wyrzeczenia. Gandhi złożył ślub nieposiadania majątku na początku swego życia małżeńskiego. Wyrzekłszy się szerokiej praktyki prawniczej, która przynosiła mu roczny dochód ponad dwudziestu tysięcy dolarów, Mahatma rozdał cały majątek biednym.

Śri Jukteśwar zwykł był łagodnie żartować z powszechnie źle pojmowanego wyrzeczenia.

---

* Hindi, język indoaryjski, wywodzi się głównie z sanskrytu. Jest to główny język rodzimy w północnych Indiach.

Głównym dialektem zachodniego hindi jest hindustani, zapisywany zarówno alfabetem *dewanagari* (sanskryckim), jak i arabskim. Jego dialektem jest urdu, którym mówią muzułmanie i hindusi północnych Indii.

„Żebrak nie może wyrzekać się bogactwa – powiadał Mistrz. – Jeśli człowiek rozpacza: mój interes zbankrutował, żona mnie opuściła, wyrzeknę się wszystkiego i wstąpię do klasztoru, to jakich dóbr doczesnych chce się wyrzec? To nie on wyrzekł się bogactwa i miłości, to one się go wyrzekły!"

Tymczasem święci tacy jak Gandhi nie tylko poczynili namacalne, materialne ofiary, lecz także, co o wiele trudniejsze, wyrzekli się egoistycznych motywów i prywatnych celów, włączając się swym najgłębszym jestestwem w strumień całej ludzkości.

Wspaniała żona Gandhiego, Kasturbaj, nie sprzeciwiała się, gdy nie przekazał on części majątku na użytek jej i dzieci. Zaślubieni we wczesnej młodości, Gandhi i jego żona złożyli ślub czystości po urodzeniu się czterech synów*. Cicha bohaterka pełnego napięć dramatu, jakim było ich wspólne życie, Kasturbaj szła z mężem do więzienia, dzieliła z nim trzytygodniowe posty i nie kończące się obowiązki. Oddała Gandhiemu hołd w następujących słowach:

„Dziękuję ci, że miałam przywilej towarzyszenia i pomagania ci przez całe życie. Dziękuję ci za najdoskonalsze małżeństwo na świecie, oparte na *brahmaćarji* (samoopanowaniu), a nie na współżyciu seksualnym. Dziękuję ci, że w pracy swego życia na rzecz Indii uważałeś mnie za równą sobie. Dziękuję ci, że nie byłeś jednym z tych mężów, którzy znudziwszy się żoną i dziećmi jak mały chłopiec dziecinnymi zabawkami, marnują czas na hazard, wyścigi, kobiety, wino i śpiew. Jakże jestem ci wdzięczna, że nie byłeś jednym z tych mężów, którzy trawią czas na bogaceniu się kosztem pracy innych ludzi!

Jakże jestem ci wdzięczna, że przedłożyłeś Boga i kraj nad łapówki, że miałeś odwagę przekonań oraz całkowitą i bezwarunkową wiarę w Boga! Jakże dziękuję za męża, który Boga i kraj postawił ponad mnie!

---

* Gandhi z niebywałą szczerością opisał swe życie w *The Story of My Experiences with Truth* (Czego doświadczyłem, dążąc do Prawdy), Ahmedabad, Navajivan Press, 1927-28, 2 tomy. Streszczenie tej autobiografii znajduje się w *Mahatma Gandhi, His Own Story* (Mahatma Gandhi sam o sobie) w opracowaniu C. F. Andrewsa, ze wstępem Johna Haynesa Holmesa (New York, Macmillan Co., 1930).

Wiele autobiografii, obfitujących w słynne nazwiska i barwne wydarzenia, niemal zupełnie nie porusza zagadnień dotyczących samoanalizy czy rozwoju wewnętrznego. Każdą z tych książek odkłada się z pewnym rozczarowaniem i chciało by się powiedzieć: „Oto człowiek, który poznał wiele wybitnych osób, ale nigdy nie poznał siebie". Nie sposób tak zareagować na autobiografię Gandhiego. Obnaża on swe wady i słabości z bezosobowym umiłowaniem prawdy, rzadko spotykanym w kronikach któregokolwiek wieku.

Z Mahatmą Gandhim w Wardha

Jestem ci wdzięczna za wyrozumiałość dla mnie i wad mej młodości, kiedy narzekałam i buntowałam się przeciw zmianie, którą wprowadziłeś w nasze życie – od obfitości do skromności.

Jako dziecko mieszkałam w domu twoich rodziców. Twoja matka była wspaniałą i dobrą kobietą. Ćwiczyła mnie i uczyła, jak być dzielną, odważną żoną i jak zachować miłość i szacunek swego syna, mojego przyszłego męża. Gdy po latach stałeś się najukochańszym przywódcą Indii, nie miałam żadnej z obaw, jakie dręczą żonę, gdy mąż osiąga szczyt kariery. Może ona zostać odsunięta na bok, jak to się często dzieje w innych krajach. Wiedziałam, że śmierć zastanie nas nadal mężem i żoną".

Przez całe lata Kasturbaj pełniła obowiązki skarbnika funduszy publicznych, które ubóstwiany Mahatma potrafił zbierać milionami. W domach hinduskich krąży wiele zabawnych historyjek o tym, jak się denerwują mężowie, gdy ich żony zakładają biżuterię przed wyjściem na zebranie z Gandhim. Magiczny język Mahatmy, gdy prosi o datki dla ubogich, zaklina złote bransoletki i diamentowe naszyjniki tak, iż prosto z rąk i szyj bogatych kobiet trafiają do kosza na dary!

Pewnego dnia skarbniczka publiczna, Kasturabaj, nie zdołała się rozliczyć z czterech rupii. Gandhi, jak należało, opublikował wyniki rewizji ksiąg, w którym nieubłaganie wytknął żonie ów niedobór.

Często opowiadałem tę historię na zajęciach z amerykańskimi uczniami. Pewnego wieczoru jedna z kobiet na sali wybuchnęła oburzeniem.

– Mahatma, czy nie Mahatma – krzyknęła – ale gdyby to był mój mąż, podbiłabym mu oko za taką zbyteczną publiczną obrazę!

Wymieniwszy z uczniami kilka dobrodusznych żartów na temat amerykańskich i hinduskich żon, przystąpiłem do szerszego wyjaśnienia.

– Pani Gandhi uważa Mahatmę nie za swego męża, lecz guru, który ma prawo ją ganić za nawet najdrobniejsze błędy – wyjaśniłem. – Jakiś czas po tym publicznym upomnieniu Kasturbaj, skazano Gandhiego na więzienie z powodów politycznych. Gdy spokojnie żegnał się z żoną, upadła mu do stóp.

„Mistrzu – rzekła pokornie – jeśli cię kiedykolwiek uraziłam, proszę cię, wybacz mi!"

Owego popołudnia w Wardha, o godzinie trzeciej, udałem się, zgodnie z wcześniejszą umową, do gabinetu świętego, który z własnej żony potrafił uczynić niezłomnego ucznia – rzadki cud! Gandhi spojrzał na mnie ze swym niezapomnianym uśmiechem.

– Mahatmadźi – powiedziałem, gdy tylko usiadłem obok niego na twardej macie – czy mógłby mi pan podać swoją definicję *ahimsy*?

– Unikanie wyrządzania krzywdy wszelkiemu żywemu stworzeniu w myśli lub czynie.

– Piękny ideał! Jednak ludzie będą zawsze pytać: czy nie wolno mi zabić kobry w obronie dziecka albo w samoobronie?

– Nie mógłbym zabić kobry, nie łamiąc jednocześnie dwóch moich ślubów: nieustraszoności i niezabijania. Raczej starałbym się uspokoić węża wibracjami miłości. Nie mogę obniżać własnych kryteriów zależnie od okoliczności. – Z czarującą szczerością dodał: – Muszę wyznać, że nie mógłbym spokojnie prowadzić tej rozmowy, gdyby naprzeciw mnie znajdowała się kobra!

Zauważyłem kilka zachodnich książek, dopiero co wydanych, które leżały na biurku.

– Tak. Dieta jest ważna w ruchu *satjagrahy*, podobnie jak wszędzie – rzekł z uśmiechem. – Zalecam *satjagrahinom* całkowitą wstrzemięźliwość, dlatego stale szukam najlepszej diety dla ludzi w celibacie. Człowiek musi opanować podniebienie, zanim będzie mógł przezwyciężyć instynkt rozmnażania. Dieta na pograniczu głodzenia się lub niezrównoważona nie jest rozwiązaniem. Po przezwyciężeniu wewnętrznego łakomstwa *satjagrahin* powinien stale przestrzegać racjonalnej diety wegetariańskiej ze wszystkimi niezbędnymi witaminami, minerałami, kaloriami i tak dalej. Dzięki wewnętrznej mądrości, jak i wiedzy o odżywianiu się nabytej w świecie, *satjagrahin* z łatwością potrafi przemienić energię seksualną w życiową, odżywiającą całe ciało.

Wymieniliśmy się z Mahatmą wiedzą na temat dobrych substytutów mięsa.

– Doskonałe jest awokado – powiedziałem. – W pobliżu mojego ośrodka w Kalifornii rośnie wiele gajów awokado.

Na twarzy Gandhiego pojawiło się żywe zainteresowanie.

– Ciekawe, czy awokado rosłoby w Wardha? *Satjagrahini* ucieszyłyby się z nowego rodzaju pożywienia.

– Obiecuję, że prześlę trochę sadzonek awokado z Los Angeles do Wardha. – Dodałem: – Jaja zawierają dużo białka. Czy *satjagrahinom* wolno je jeść?

– Tak, o ile nie są zapłodnione. – Mahatma uśmiechnął się, coś sobie przypominając. – Przez lata nie aprobowałem jedzenia jaj, sam ich nie jadam nawet teraz. Kiedyś jedna z moich synowych była umierająca z niedożywienia. Lekarz nalegał, by jadła jaja. Nie chciałem się zgodzić i prosiłem go, by zalecił jej jakąś ich namiastkę. „Gandhidźi – powiedział lekarz – niezapłodnione jaja nie zawierają zarodków życia. Spożywanie ich nie jest zabijaniem". Wtedy chętnie pozwoliłem synowej jeść jajka i wkrótce powróciła do zdrowia.

Poprzedniego wieczoru Gandhi wyraził życzenie otrzymania inicjacji w *krija-jogę* Lahiriego Mahaśaji. Wzruszyła mnie jego otwartość umysłu i dociekliwość ducha. W swym poszukiwaniu Boga Mahatma jest jak dziecko, ma ową czystą chłonność, którą Jezus chwalił u dzieci: „...do takich bowiem należy Królestwo Boże"*.

Nadeszła godzina obiecanej inicjacji. Do pokoju weszło kilku *satjagrahinów*: pan Desaj, doktor Pingale i paru innych, którzy pragnęli poznać technikę *kriji*.

Najpierw nauczyłem tę małą grupę fizycznych ćwiczeń *yogoda*. Wyobrażamy sobie, że ciało podzielone jest na dwadzieścia części. Wolą kierujemy energię kolejno do każdej z nich. Niebawem każdy wibrował przede mną niby ludzki motor. Łatwo było obserwować, jak faluje dwadzieścia części ciała Gandhiego, przez cały niemal czas całkowicie odsłoniętego! Chociaż jest on bardzo chudy, nie sprawia nieprzyjemnego wrażenia. Skórę ma gładką, niepomarszczoną**.

Później inicjowałem obecnych w wyzwalającą technikę *krija-jogi*.

Mahatma z czcią studiował wszystkie religie świata. Trzy główne źródła przekonań Gandhiego dotyczących niestosowania przemocy to pisma święte dźinistów, Nowy Testament i pisma Tołstoja*** na tematy społeczne. Sformułował on swoje credo w następujący sposób:

„Wierzę, że Biblia, Koran i Zend-Awesta**** są równie natchnione przez Boga jak Wedy. Wierzę w instytucję guru, jednak w obecnej epoce miliony ludzi muszą radzić sobie bez guru, ponieważ niezwykle rzadko można znaleźć mędrca łączącego w sobie doskonałą czystość i doskonałą wiedzę. Nie trzeba jednak rozpaczać, że nigdy nie poznamy

---

* Łk 18, 16
** Gandhi stosował liczne, krótkie i długie posty. Cieszył się wyjątkowo dobrym zdrowiem. Jego książki: *Diet and Diet Reform* (Dieta i jej reforma), *Nature Cure* (Leczenie naturalne) i *Key to Health* (Klucz do zdrowia) można zakupić w Navajivan Publishing House, Ahmedabad, Indie.
*** Gandhi również dogłębnie studiował poglądy trzech innych pisarzy zachodnich na tematy społeczne: Thoreau, Ruskina i Mazziniego.
**** Pismo święte dane Persji około 1000 r. p.n.e. przez Zaratustrę.

prawdy swej religii, gdyż podstawowe zasady hinduizmu, tak jak każdej wielkiej religii, są niezmienne i łatwo zrozumiałe.

Jak każdy Hindus wierzę w jedynego Boga, w odradzanie się i zbawienie. [...] Nie potrafię lepiej opisać uczucia, którym darzę hinduizm, jak porównując je do uczucia do mojej żony. Wzrusza mnie ona jak żadna inna kobieta na świecie. Nie znaczy to, że nie ma wad. Śmiem powiedzieć, że ma ich więcej, niż dostrzegam. Ale mamy poczucie nierozerwalnej więzi. To samo czuję do hinduizmu z wszystkimi jego wadami i ograniczeniami. Nic nie sprawia mi większej rozkoszy niż muzyka strof *Gity* czy *Ramajana* Tulsidasa. Gdy zdawało mi się, że wydaję ostatnie tchnienie, *Gita* była mi pocieszeniem.

Hinduizm nie jest religią wykluczającą wszystkie inne. Jest w nim miejsce na oddawanie czci wszystkim prorokom świata*. Nie jest też religią misyjną w zwykłym znaczeniu tego słowa. Bez wątpienia wchłonął do swej owczarni wiele plemion, był to jednak proces o charakterze ewolucyjnym, niezauważalnym. Hinduizm uczy, że każdy człowiek powinien czcić Boga zgodnie z własną wiarą lub *dharmą***, i dlatego żyje w pokoju ze wszystkimi religiami".

Tak napisał Gandhi o Chrystusie: „Jestem pewny, że gdyby żył teraz pośród ludzi, pobłogosławiłby życie wielu, którzy może nigdy nawet nie słyszeli Jego imienia [...] zgodnie z tym, co zostało napisane: «Nie każdy, który mi mówi: Panie, Panie!, wejdzie do królestwa niebieskiego, lecz ten, kto spełnia wolę Mego Ojca»***. Lekcją własnego życia Jezus ukazał ludzkości wspaniały i jedyny cel, do którego wszyscy powinniśmy dążyć. Wierzę, iż należy On nie tylko do chrześcijaństwa, lecz do całego świata, do wszystkich krajów i narodów".

Ostatniego wieczoru w Wardha wygłosiłem pogadankę na spotkaniu, zorganizowanym przez pana Desaja w ratuszu. Sala była wypełniona aż po parapety okien. Około czterystu osób przyszło posłuchać

---

* Hinduizm wyróżnia się spośród innych religii świata tym, że nie wywodzi się od jednego wielkiego założyciela, lecz z bezosobowych pism wedyjskich. To pozwala mu przyjmować na swe łono i oddawać cześć prorokom wszystkich czasów i krajów. Pisma wedyjskie określają nie tylko pobożne praktyki, lecz i wszystkie ważne zwyczaje społeczne, starając się zharmonizować każdą czynność człowieka z boskim prawem.

** Pojemne znaczeniowo słowo sanskryckie oznaczające prawo; życie zgodne z prawem, czyli dyktatami wewnętrznej prawości; obowiązek wynikający z okoliczności, w których człowiek akurat się znajduje. Pisma święte definiują *dharmę* jako „naturalne, powszechne prawa, których przestrzeganie pozwala człowiekowi uchronić się przed zniknczemnieniem i cierpieniem".

*** Mt 7, 21

Z Mahatmą Gandhim w Wardha

o jodze. Najpierw mówiłem w hindi, a potem po angielsku. Nasza mała grupa wróciła do aśramu w porę, by jeszcze na dobranoc spojrzeć na Gandhiego, pogrążonego w spokoju i korespondencji.

Gdy wstałem o piątej rano, trwała jeszcze noc. Życie wiejskie już się budziło: przy bramie aśramu pojawił się wóz zaprzężony w wołu, a potem wieśniak z ogromnym, niebezpiecznie chwiejącym się ciężarem na głowie. Po śniadaniu nasza trójka odszukała Gandhiego, by złożyć mu pożegnalne *pranamy*. Święty wstaje o czwartej na poranną modlitwę.

– Mahatmadźi, żegnaj! – Ukląkłem, by dotknąć jego stóp. – Indie są bezpieczne pod twoją opieką.

Minęły lata od czasu tej sielanki w Wardha. Ziemię, oceany i niebiosa pokrył mrok wojny światowej. Jako jedyny wśród wielkich przywódców, Gandhi proponował praktyczną alternatywę dla walki zbrojnej, opartą na niestosowaniu przemocy. By naprawić krzywdy i usunąć niesprawiedliwość, Mahatma stosował pokojowe sposoby, które raz po raz okazywały się skuteczne. Doktrynę swą ujmuje w tych słowach:

„Przekonałem się, że pośród zniszczenia życie trwa nadal. Dlatego musi istnieć jakieś prawo wyższe niż prawo zniszczenia. Tylko pod rządami takiego prawa możliwe jest istnienie dobrze zorganizowanego społeczeństwa i życie warte życia.

Skoro takie jest prawo życia, trzeba je stosować w codziennej egzystencji. Wszędzie tam, gdzie trwają wojny, gdzie spotykamy się z przeciwnikiem, zwyciężajmy miłością. Przekonałem się, że niezawodne prawo miłości przynosiło mi w życiu skuteczne rozwiązania, zaś prawo zniszczenia nigdy się nie sprawdziło.

W Indiach mieliśmy naoczny dowód działania tego prawa na największą możliwie skalę. Nie twierdzę, że idea niestosowania przemocy wniknęła w serca 360 milionów mieszkańców kraju, jestem jednak pewien, że w niewiarygodnie krótkim czasie wniknęła w nie głębiej niż jakakolwiek inna doktryna.

Przyswojenie sobie postawy niestosowania przemocy wymaga usilnej praktyki. Wymaga zdyscyplinowanego życia, na wzór żołnierza. Doskonałą postawę osiąga się tylko wtedy, gdy umysł, ciało i mowa są dobrze skoordynowane. Uda się nam rozwiązać każdy problem, jeśli będziemy zdecydowani uczynić prawo prawdy i niekrzywdzenia prawem życia".

Ponury bieg wydarzeń politycznych świata nieubłaganie dowodzi prawdy, że naród pozbawiony wizji duchowej ginie. Nauka, jeśli już nie sama religia, obudziła w ludzkości mroczne poczucie niepewności, a nawet

Autobiografia jogina

nierzeczywistości rzeczy materialnych. Dokąd, doprawdy, może się teraz udać człowiek, jeśli nie do swego Źródła i Początku, do Ducha w sobie?

Badając historię, można zasadnie stwierdzić, że problemów człowieka nigdy nie udało się rozwiązać brutalną siłą. Pierwsza wojna światowa stworzyła straszliwą karmę, która niczym pęczniejąca kula śnieżna stoczyła się na świat w postaci drugiej wojny światowej i zmroziła ziemię. Tylko ciepło ludzkiego braterstwa zdoła stopić obecną, gigantyczną kulę krwawej karmy. W przeciwnym razie może ona runąć na ludzkość, przynosząc trzecią wojnę światową. Bezbożna trójca dwudziestego wieku! Rozwiązywanie sporów zgodnie z prawem dżungli, a nie przy pomocy rozumu, z powrotem zamieni ziemię w dżunglę. Skoro nie chcemy być braćmi w życiu, będziemy braćmi w gwałtownej śmierci. Nie dla takiej przecież niegodziwości Bóg z miłością pozwolił człowiekowi odkryć energię atomową!

Wojna i zbrodnia nigdy nie popłacają. Miliardy dolarów, które poszły z dymem wojennej pożogi, wystarczyłyby na stworzenie nowego świata, niemal wolnego od chorób i całkowicie wolnego od ubóstwa. W miejsce ziemi strachu, chaosu, głodu, zarazy, istnego *danse macabre*, powstałaby jedna, wielka kraina pokoju, dobrobytu i coraz większej wiedzy.

Głos Gandhiego, wzywający do niestosowania przemocy, apeluje do najszlachetniejszej części ludzkiego sumienia. Niechaj narody nie sprzymierzają się już więcej ze śmiercią, lecz z życiem, niechaj sprzymierzają się nie ze zniszczeniem, lecz z budowaniem, nie z nienawiścią, lecz z twórczym cudem miłości.

„Należy przebaczać każdą krzywdę – mówi *Mahabharata*. – Powiedziano, że kontynuacja gatunku ludzkiego możliwa jest dzięki umiejętności przebaczania. Przebaczanie jest świętością. Wszechświat trwa dzięki przebaczaniu. Przebaczenie jest mocą możnych, przebaczenie jest ofiarą, przebaczenie jest spokojem umysłu. Zdolność przebaczenia i łagodność to cechy człowieka, który poddał się panowaniu Jaźni. Są to cnoty wieczyste".

Niestosowanie przemocy w sposób naturalny wyrasta z prawa przebaczenia i miłości. „Jeśli w sprawiedliwej walce zachodzi konieczność utraty życia – głosi Gandhi – trzeba być przygotowanym, tak jak Jezus, do przelania własnej krwi, a nie cudzej. Z czasem mniej będzie rozlewu krwi na świecie".

Przyjdzie czas, że będzie się opiewać w eposach indyjskich *satjagrahinów*, którzy nienawiści przeciwstawili się miłością, a przemocy – powstrzymaniem się od przemocy, którzy woleli dać się bezlitośnie zabić,

Z Mahatmą Gandhim w Wardha

niż nosić broń. Skutkiem tego były i takie historyczne wydarzenia, że przeciwnicy rzucali karabiny i uciekali – zawstydzeni, wstrząśnięci do głębi widokiem ludzi, którzy wyżej cenili życie cudze niż własne.

„W razie potrzeby wolałbym czekać wieki – powiada Gandhi – niż zgodzić się, by mój kraj osiągnął wolność krwawymi metodami". Biblia przestrzega nas: „Wszyscy, którzy za miecz chwytają, od miecza giną"*. Mahatma napisał:

> „Nazywam siebie nacjonalistą, ale mój nacjonalizm jest obszerny jak wszechświat. Obejmuje wszystkie narody ziemi**. Obejmuje dobrobyt całego świata. Nie chcę, by moje Indie wzniosły się z popiołów innych narodów. Nie chcę, by Indie wykorzystywały choć jedną ludzką istotę. Chcę, by Indie były silne, po to by mogły udzielić tej siły innym narodom. Obecnie nie postępuje tak żaden naród w Europie: nie przekazują one sobie nawzajem siły.
>
> Prezydent Wilson sformułował czternaście pięknych punktów, ale zarazem powiedział: «Jeśli jednak, mimo wszystko, nasze wysiłki zawarcia pokoju zawiodą, to mamy siły zbrojne, do których możemy się odwołać». Pragnę odwrócić to stanowisko i powiadam: «Nasze siły zbrojne już zawiodły. Poszukajmy teraz czegoś nowego: spróbujmy siły miłości i Boga, który jest prawdą». Zdobywszy taką siłę, nie będziemy potrzebowali żadnej innej".

Mahatma wyszkolił tysiące prawdziwych *satjagrahinów* (ludzi, którzy złożyli jedenaście surowych ślubów, wymienionych na początku tego rozdziału). Oni z kolei szerzą jego posłanie. Cierpliwie naucza naród indyjski, prowadząc go do zrozumienia duchowych, a ostatecznie i materialnych korzyści, jakie płyną z niestosowania przemocy. Zbroi go w oręż, który nie rani: niewspółdziałanie z niesprawiedliwością i prędzej gotowość do znoszenia zniewag, więzienia, a nawet śmierci, niż uciekanie się do broni. Dzięki niezliczonym przykładom bohaterskiego męczeństwa *satjagrahinów* zdobył dla ojczyzny sympatię świata. Wszystkim tym Gandhi w sposób dramatyczny pokazał, jak praktyczna jest zasada niestosowania przemocy, jak poważna jest jej siła w rozwiązywaniu sporów bez wojny.

Metodami pokojowymi Gandhi uzyskał dla swego kraju więcej

---

* Mt 26, 52. Jest to jeden spośród licznych fragmentów Biblii niewątpliwie wskazujących na istnienie reinkarnacji (*zob.* s.179, przypis). Wiele zawiłości życiowych da się wyjaśnić tylko dzięki rozumieniu karmicznego prawa sprawiedliwości.

** „Niechaj człowiek się nie szczyci, że kocha swój kraj, Niechaj raczej się szczyci, że kocha swój rodzaj" – *przysłowie perskie*.

Autobiografia jogina

> PISMO RĘCZNE GANDHIEGO. ZAPIS W JĘZYKU HINDI
>
> [tekst w języku hindi]
>
> Mahatma Gandhi odwiedził Yogoda Satsanga Brahmaćarja Widjalaja, szkołę średnią w Ranći, w Indiach, prowadzącą naukę jogi. Łaskawie wpisał do księgi gości słowa: „Instytucja ta wywarła na mnie głębokie wrażenie. Żywię wielką nadzieję, że szkoła przyczyni się także do stosowania kołowrotków".
>
> 17 września, 1925 [*podpisane*] Mohandas Gandhi

ustępstw politycznych niż jakikolwiek przywódca innego kraju z pomocą kul. Metody wykorzeniania wszelkiej niesprawiedliwości i zła bez uciekania się do przemocy stosowano ze zdumiewająco dobrym skutkiem nie tylko na arenie politycznej, lecz także w delikatnej i złożonej sferze indyjskich reform społecznych. Gandhi i jego zwolennicy położyli kres wielu zadawnionym waśniom między wyznawcami hinduizmu a muzułmanami. Setki tysięcy muzułmanów uważają Mahatmę za swego przywódcę. Niedotykalni znaleźli w nim nieustraszonego i zwycięskiego orędownika swojej sprawy. „Jeśli czekają mnie ponowne narodziny – napisał Gandhi – pragnę się urodzić jako parias pośród pariasów, gdyż dzięki temu będę mógł im skuteczniej służyć".

Mahatma jest doprawdy „Wielką Duszą". Rozpoznały to najpierw miliony niewykształconych ludzi i to oni obdarzyli go tym tytułem. Łagodny ten prorok czczony jest we własnym kraju. Skromny wieśniak potrafił sprostać wielkim wyzwaniom, jakie stawia Gandhi. Mahatma z całego serca wierzy we wrodzoną szlachetność człowieka. Nie rozczarowały go nieuniknione niepowodzenia. „Nawet jeśli przeciwnik dwadzieścia razy oszuka – pisze Gandhi – *satjagrahin* gotów jest mu zaufać po raz dwudziesty pierwszy, gdyż bezwzględna ufność w naturę człowieka stanowi samą istotę jego wiary"*.

– Mahatmadźi, jest pan człowiekiem wyjątkowym. Nie może pan oczekiwać, że ludzie będą postępować podobnie jak pan – zauważył kiedyś pewien krytyk.

– To dziwne, jak się łudzimy, wyobrażając sobie, że możemy poprawić kondycję ciała, ale że niemożliwe jest odwołać się do ukrytych sił duszy – odpowiedział Gandhi. – Staram się wykazać, że nawet jeśli rozporządzam którąś z tych sił, to nadal jestem równie słabym śmiertelnikiem jak każdy z nas i nigdy nie wyróżniałem się niczym nadzwyczajnym ani i teraz się nie wyróżniam. Jestem prostym człowiekiem, który popełnia błędy tak jak wszyscy moi współbracia. Wiem jednak, że mam dość pokory, by przyznać się do błędu i się wycofać. Przyznaję, że mam niewzruszoną wiarę w Boga i Jego dobroć oraz niespożytą namiętność dla prawdy i miłości. Czyż jednak prawda i miłość nie kryją się w każdym człowieku? – Po chwili dodał: – Skoro potrafimy dokonywać odkryć i wynalazków w świecie zjawisk materialnych, to czyż musimy ogłaszać bankructwo w sferze ducha? Czy nie można pomnożyć wyjątków, by uczynić z nich regułę? Czy człowiek zawsze musi być najpierw zwierzęciem, a dopiero potem człowiekiem, o ile w ogóle osiągnie człowieczeństwo?**

Amerykanie zapewne z dumą pamiętają udany eksperyment Williama Penna, który w siedemnastym wieku założył kolonię w Pensylwanii, funkcjonującą na zasadach niestosowania przemocy. Nie było tam „żadnych fortów, żołnierzy, policji ani broni". Pośród rzezi

---

* „Wtedy Piotr podszedł do Niego i zapytał: «Panie, ile razy mam przebaczyć, jeśli mój brat wykroczy przeciwko mnie? Czy aż siedem razy?». Jezus mu odrzekł: «Nie mówię ci, że aż siedem razy, lecz aż siedemdziesiąt siedem razy»". (Mt 18, 21-22). Modliłem się głęboko o zrozumienie tej bezkompromisowej nauki. „Panie – protestowałem – czy jest to możliwe?" Zalała mnie powódź światła i zrozumiałem z pokorą, gdy Głos Boży wreszcie odpowiedział: „Ileż razy, człowieku, codziennie przebaczam każdemu z was?".

** Roger W. Babson zapytał kiedyś wielkiego inżyniera elektryka, Charlesa P. Steinmetza: „Jaka sfera badań rozwinie się najbardziej w ciągu następnych pięćdziesięciu lat?" „Sądzę, że największe odkrycia dokonane zostaną w sferze duchowej – odpowiedział Steinmetz.
– Tam kryje się siła, która, jak jasno uczy nas historia, jest największą potęgą w rozwoju człowieka. My jednak tylko się nią bawiliśmy i nigdy poważnie jej nie badaliśmy, tak jak sił fizycznych. Pewnego dnia ludzie się nauczą, że rzeczy materialne nie przynoszą szczęścia i nie czynią ich twórczymi i potężnymi. Wtedy naukowcy świata poświęcą się w swych laboratoriach badaniom Boga, działania modlitwy i sił duchowych – dziedzinom jak dotąd prawie nietkniętym. Gdy ten dzień nadejdzie, świat w jednym pokoleniu dokona większego postępu niż w poprzednich czterech.

i dzikich pogranicznych wojen, jakie toczyli z sobą nowi osadnicy i czerwonoskórzy Indianie, tylko pennsylwańscy kwakrzy przetrwali nie niepokojeni. „Innych mordowano i wyrzynano w pień, lecz oni byli bezpieczni. Nie zaczepiono ani jednej kwakierskiej kobiety, nie zabito ani jednego kwakierskiego dziecka, ani jeden kwakier nie był torturowany". Gdy kwakrów zmuszono w końcu do oddania rządów państwa, „wybuchła wojna i kilku Pennsylwańczyków zginęło. Ale zabito tylko trzech kwakrów, trzech, którzy tak dalece sprzeciwili się swej wierze, że podnieśli broń w obronie".

„Odwołanie się do siły w pierwszej wojnie światowej nie przyniosło spokoju – wskazywał Franklin D. Roosevelt. – Zwycięstwo i klęska są równie jałowe. Świat powinien był się nauczyć tej lekcji".

„Im więcej broni zadającej gwałt, tym więcej nieszczęścia dla ludzkości – nauczał Lao-Tsy. – Triumf gwałtu kończy się żałobą".

„Walczę o sprawę tak wielką jak pokój świata – oświadczył Gandhi. – Jeśli indyjski ruch narodowowyzwoleńczy, oparty na zasadzie nie uznającej przemocy *satjagrahy*, doprowadzi do celu, to nada to nowe znaczenie patriotyzmowi i, powiem to z całą pokorą, samemu życiu".

Zanim Zachód odrzuci program Gandhiego jako mrzonkę niepraktycznego marzyciela, niechaj najpierw zastanowi się nad definicją *satjagrahy*, podaną przez Mistrza z Galilei: „Słyszeliście, że powiedziano: *Oko za oko i ząb za ząb!* A ja wam powiadam: Nie stawiajcie oporu złemu [odpowiadając złem]: lecz jeśli cię kto uderzy w prawy policzek, nadstaw mu i drugi!"*

Epoka Gandhiego przypadła, ze wspaniałą precyzją zegara kosmicznego, na wiek już spustoszony i obrócony w zgliszcza przez dwie wojny światowe. Życie Mahatmy jest jak granitowa ściana, na której Bóg wyrył napis: przestrogę przed dalszym rozlewem bratniej krwi.

---

* Mt 5, 38-39

MAHATMIE GANDHIEMU – IN MEMORIAM

„Był prawdziwie ojcem narodu, tymczasem zabił go szaleniec. Miliony ludzi pogrążone są w żałobie, gdyż zgasło światło. [...] Światło, które świeciło nad tym krajem, nie było zwykłym światłem. Przez tysiąc lat będzie je widać w tym kraju i świat je ujrzy". Słowa te wypowiedział premier Indii, Dźawaharlal Nehru, wkrótce potem, jak Mahatma Gandhi został zamordowany w New Delhi 30 stycznia 1948 roku.

Pięć miesięcy wcześniej Indie pokojowo zdobyły niepodległość. Dzieło 78-letniego Gandhiego dokonało się. Wiedział on, że jego godzina jest bliska. „Abha, przynieś mi wszystkie ważne papiery – poprosił swą wnuczkę rano w dniu tragedii. – Muszę odpowiedzieć dzisiaj. Jutra może już nie być". Także w swych licznych pismach Gandhi napomykał o czekającym go ostatecznym losie.

Osuwając się powoli na ziemię, z trzema kulami w słabym i wychudzonym od postów ciele, umierający Mahatma podniósł dłonie w tradycyjnym hinduskim geście pozdrowienia, w milczeniu wyrażając przebaczenie. Prosty artysta na każdym kroku swego życia, Gandhi okazał się najwyższym artystą w chwili śmierci. Na ten ostatni gest miłości złożyły się wszystkie ofiary jego bezinteresownego życia.

„Przyszłe pokolenia – napisał Albert Einstein, oddając hołd Mahatmie – chyba nie uwierzą, że ktoś taki w ciele z krwi i kości stąpał po ziemi". Depesza z Watykanu głosiła: „Morderstwo wywołało tu głęboki smutek. Pogrążeni jesteśmy w żałobie po Gandhim jako apostole chrześcijańskich cnót".

Żywoty wszystkich wielkich ludzi, którzy przychodzą na ziemię, by spełnić jakąś szczególną misję, pełne są symbolicznego znaczenia. Dramatyczna śmierć Gandhiego za sprawę jedności Indii przyciągnęła ku jego posłannictwu uwagę świata, na wszystkich kontynentach targanego niezgodą. O tym posłannictwie wyraził się Gandhi w proroczych słowach: „Idea niestosowania przemocy narodziła się między ludźmi i pozostanie żywa. Niestosowanie przemocy to zwiastun pokoju na świecie".

Rozdział 45

Ucieleśniona szczęśliwość – Ananda Moji Ma z Bengalu

— Wuju – rzekła moja siostrzenica, Amijo Bose, spoglądając na mnie poważnie – proszę cię, nie wyjeżdżaj z Indii, dopóki się nie spotkasz z Nirmalą Dewi. To kobieta wielkiej świętości. Znana jest szeroko i daleko pod imieniem Ananda Moji Ma (Matka Przepojona Radością).

– Naturalnie. Bardzo pragnę zobaczyć tę świętą kobietę – odparłem. – Czytałem, że osiągnęła wysoki stopień urzeczywistnienia Boga. Przed laty ukazał się o niej mały artykuł w „East-West".

– Ja już ją poznałam – mówiła dalej Amijo. – Niedawno odwiedziła nasze miasteczko Dźamszedpur. Na prośbę jednego z uczniów Ananda Moji Ma weszła do domu umierającego mężczyzny. Stanęła przy jego łóżku i dotknęła ręką jego czoła. Ustało agonalne rzężenie, choroba natychmiast znikła. Ku swemu zdumieniu i radości człowiek ten poczuł się zdrowy.

Kilka dni później usłyszałem, że Szczęśliwa Matka zatrzymała się u pewnego ucznia w Bhowanipurze, dzielnicy Kalkuty. Pan Wright i ja natychmiast wyruszyliśmy do niej z domu mego ojca w Kalkucie. Gdy dojeżdżaliśmy fordem na miejsce, ujrzeliśmy na ulicy niezwykłą scenę.

Ananda Moji Ma stała w otwartym samochodzie, błogosławiąc tłum około setki uczniów. Najwidoczniej był to moment jej odjazdu. Pan Wright zaparkował forda w pewnej odległości i poszliśmy dalej pieszo w stronę zgromadzonych. Święta spojrzała w naszym kierunku, wysiadła z auta i podeszła do nas.

– Ojcze, przybyłeś! – Z tymi gorącymi słowy (w języku bengalskim) objęła mnie za szyję i położyła mi głowę na ramieniu. Pan

Wright, któremu dopiero co powiedziałem, że nie znam świętej, był zachwycony tą nadzwyczaj ciepłą formą powitania. Oczy setki uczniów także spoglądały z niejakim zdziwieniem na tę czułą scenę.

Spostrzegłem natychmiast, że święta jest w stanie głębokiego *samadhi*. Niepomna, że ma postać kobiety, wiedziała, że jest niezmienną duszą. Z tego poziomu radośnie witała drugiego wielbiciela Boga. Poprowadziła mnie za rękę do samochodu.

– Anando Moji Ma, opóźniam twoją podróż! – wzbraniałem się.

– Ojcze, w tym życiu* spotykam cię po raz pierwszy po długich wiekach! – odparła. – Proszę cię, nie odchodź jeszcze.

Usiedliśmy obok siebie na tylnych siedzeniach samochodu. Niebawem Pełna Szczęśliwości Matka znieruchomiała – weszła w stan ekstazy. Jej piękne oczy spojrzały w niebo i, wpółotwarte, zastygły, oglądając wewnętrzne Elizjum, dalekie i zarazem bliskie. Uczniowie cicho śpiewali: „Zwycięstwo Boskiej Matce"!

W Indiach zetknąłem się z wieloma ludźmi, którzy urzeczywistnili Boga, ale nigdy dotąd nie spotkałem kobiety tak wielkiej świętości. Jej łagodna twarz jaśniała nieopisaną radością. To tej radości zawdzięcza ona swe imię Pełnej Szczęśliwości Matki. Długie, czarne pukle włosów opadały luźno na plecy. Głowę miała odkrytą. Czerwona kropka z pasty sandałowej na czole symbolizowała duchowe oko, stale u niej otwarte. Drobna twarz, drobne dłonie, drobne stopy – przeciwieństwo jej duchowej wielkości!

Podczas gdy Ananda Moji Ma pogrążona była w transie, zadałem kilka pytań stojącej obok uczennicy.

– Pełna Szczęśliwości Matka dużo podróżuje po Indiach, w wielu częściach kraju ma setki uczniów – powiedziała *ćela*. Jej odważne działania doprowadziły do wielu pożądanych reform społecznych. Choć jest braminką, nie uznaje podziałów kastowych. Zawsze podróżuje z nią kilkoro z nas, dbając o jej wygodę. Musimy jej matkować, gdyż nie zwraca uwagi na ciało. Gdyby nie podawano jej jedzenia, nie jadłaby ani by o nie nie poprosiła. Nawet gdy stawia się przed nią posiłek, nie tyka go. Nie chcąc dopuścić, by zniknęła z tego świata, my, uczniowie, karmimy ją własnymi rękoma. Często przez kilka dni pozostaje w boskim transie, prawie nie oddychając i nie mrugając oczyma. Jednym

---
* Ananda Moji Ma urodziła się w 1896 r. we wsi Kheora w Okręgu Tripura we wschodnim Bengalu.

Spotkanie Anandy Moji Ma, jej męża Bholanatha i Paramahansy Joganandy w Kalkucie

z głównych uczniów jest jej mąż, Bholanath. Wiele lat temu, wkrótce po zawarciu małżeństwa, uczynił ślub milczenia.

Ćela wskazała na barczystego mężczyznę o delikatnych rysach twarzy, z długimi włosami i siwą brodą. Stał spokojnie pośród zebranych, z rękoma złożonymi w pełnej szacunku postawie ucznia.

Umocniona zanurzeniem się w Nieskończonym, Ananda Moji Ma powróciła znowu do świadomości świata fizycznego.

– Ojcze, proszę cię, powiedz mi, gdzie mieszkasz – zapytała czystym i melodyjnym głosem.

– Obecnie w Kalkucie albo w Rańći. Niedługo jednak będę wracał do Ameryki.

– Do Ameryki?

– Tak. Hinduska święta spotkałaby się tam ze szczerym uznaniem u ludzi poszukujących duchowego życia. Czy zechciałabyś pojechać?

– Jeśli ojciec może mnie zabrać, pojadę.

Odpowiedź ta wywołała popłoch wśród stojących w pobliżu uczniów.

– Przynajmniej dwadzieścioro z nas zawsze podróżuje z Pełną Szczęśliwości Matką – zdecydowanie powiedział jeden z nich. – Nie moglibyśmy bez niej żyć. Dokądkolwiek jedzie, musimy jechać i my.

Z żalem porzuciłem swój plan jako niepraktyczny. Przedsięwzięcie spontanicznie by się rozrosło!

– Proszę przynajmniej przyjechać razem z uczniami do Rańći – powiedziałem, żegnając się ze świętą. – Tobie, boskiemu dziecku, sprawi radość przebywanie z maluchami w mojej szkole.

– Kiedykolwiek ojciec mnie zaprosi, chętnie przyjadę.

Niedługo potem odświętnie przystroiliśmy szkołę w oczekiwaniu na obiecaną wizytę. Chłopcy niecierpliwie czekali na każde święto – nie było wtedy lekcji, lecz długie godziny muzyki, a na zakończenie uczta!

– Zwycięstwo! Ananda Moji Ma, *ki dźaj*! – Śpiew ten, powtarzany przez rozentuzjazmowane młode gardła, powitał świętą i jej świtę u bram szkoły. Deszcz nagietków, dźwięk cymbałów, bicie w *mridangi*, mocny głos konch! Matka przechadzała się z uśmiechem po zalanym słońcem terenie *Widjalaji*, cały czas niosąc w sercu swój przenośny raj!

– Pięknie tutaj – rzekła łaskawie Ananda Moji Ma, gdy wprowadziłem ją do głównego budynku. Usiadła obok mnie, na jej twarzy malował się dziecięcy uśmiech. Sprawiała, iż ludzie czuli, że jest ich najbliższym przyjacielem, a jednak stale otaczała ją atmosfera dystansu – paradoksalne odosobnienie wszechobecności.

– Proszę opowiedzieć mi coś o swoim życiu.

– Wie o nim ojciec wszystko, po cóż powtarzać? – Najwyraźniej czuła, że fakty z historii jednego krótkiego wcielenia nie zasługują na uwagę.

Roześmiałem się i uprzejmie powtórzyłem prośbę.

– Ojcze, tak mało jest do opowiadania. – Przepraszająco rozłożyła kształtne dłonie. – Moja świadomość nigdy się nie łączyła z tym przemijającym ciałem. Zanim przyszłam*, ojcze, na tę ziemię, byłam „Tym". Gdy wyrosłam na kobietę, nadal byłam „Tym". Kiedy rodzina, w której się urodziłam, aranżowała małżeństwo tego ciała, byłam „Tym". I siedząc teraz przy tobie, ojcze, jestem „Tym". Zawsze, choćby taniec stworzenia zmieniał się wokół mnie w przestrzeni wieczności, będę „Tym".

Ananda Moji Ma zapadła w głęboką medytację. Jej ciało stało się nieruchome jak posąg. Uleciała do swego królestwa, które stale ją przyzywało. Ciemne jeziora jej oczu wyglądały jak pozbawione życia, szklane. Oczy świętych często przybierają taki wyraz, gdy wycofują świadomość z ciała. Ciało przypomina wtedy bryłę bezdusznej gliny. Siedzieliśmy razem przez godzinę w ekstatycznym transie. Święta powróciła do tego świata z lekkim, wesołym uśmiechem.

– Anando Moji Ma – zaproponowałem – chodźmy teraz do ogrodu. Pan Wright zrobi kilka zdjęć.

– Oczywiście, ojcze. Twoja wola jest moją wolą. – Podczas pozowania do wielu fotografii jej wspaniałe oczy niezmiennie zachowywały boski blask.

Pora na ucztę! Ananda Moji Ma usiadła na złożonym kocu, a obok usiadł jeden z uczniów, by ją nakarmić. Jak niemowlę święta posłusznie przełykała pożywienie, które uczeń podawał jej do ust. Było jasne, że Pełna Szczęśliwości Matka nie czuje żadnej różnicy między potrawami z curry a słodyczami!

Gdy zbliżał się zmierzch, święta, zasypywana deszczem różanych płatków, odjechała wraz ze swą świtą, błogosławiąc chłopców uniesionymi dłońmi. Ich twarze płonęły miłością, którą z łatwością wzbudziła.

---

* Ananda Moji Ma nie mówi o sobie „ja". Pełna pokory, używa omówień, takich jak: „to ciało", „ta dziewczynka" lub „twoja córka". Nie nazywa także nikogo swoim „uczniem". Z bezosobową mądrością obdarza jednakowo wszystkich ludzi boską miłością Kosmicznej Matki.

Ucieleśniona szczęśliwość – Ananda Moji Ma z Bengalu

Paramahansa Jogananda z grupą przyjaciół przed mauzoleum Tadź Mahal, „marzeniem zaklętym w marmurze", w Agrze, 1936 r.

„Pierwsze [przykazanie] jest: Będziesz miłował Pana, Boga swego całym swoim sercem, całą swoją duszą, całym swoim umysłem i całą swoją mocą" – głosił Chrystus*.

Odrzuciwszy wszystkie niższe przywiązania, Ananda Moji Ma pozostaje wierna jedynie Panu. Nie z pomocą skomplikowanych dociekań, jak to czynią uczeni lubiący dzielić włos na czworo, lecz dzięki prostej logice wiary, ta święta podobna dziecku rozwiązała jedyny problem ludzkiego życia: problem ustanowienia jedności z Bogiem.

Zajęty tysiącem spraw, człowiek zapomniał o tej prostej prawdzie. Odrzucając miłość do jedynego Stwórcy, brak wiary stara się pokryć skrupulatnym przestrzeganiem zewnętrznych form miłosierdzia. Te humanitarne gesty mają swą wartość, gdyż na chwilę przestaje się myśleć tylko o sobie. Nie uwalniają one jednak od naczelnego obowiązku w życiu, o którym mówił Jezus w pierwszym przykazaniu. Człowiek winien jest Bogu miłość już od pierwszego tchnienia, którym go

---

* Mk 12, 30.

obdarowuje jedyny Dobroczyńca – i to go uwzniośla*.

Kilka miesięcy po wizycie Anandy Moji Ma w szkole w Rańci miałem okazję jeszcze raz ją zobaczyć. Stała wraz z grupą uczniów na peronie w Serampore, czekając na pociąg.

– Ojcze, udaję się w Himalaje – powiedziała. – Dobrzy ludzie zbudowali dla nas pustelnię w Dehradun.

Gdy wsiadała do pociągu, rozmyślałem z podziwem o tym, że czy to w tłumie, w pociągu, ucztując, czy siedząc w milczeniu, Ananda Moji Ma nigdy nie traci z oczu Boga.

Ciągle słyszę w sobie jej głos, echo niezmiernej słodyczy: „Oto teraz i zawsze zjednoczona z Wieczystym, jestem niezmiennie Tym".

---

* „Wielu ludzi odczuwa potrzebę tworzenia nowego, lepszego świata. Zamiast jednak rozmyślać nad takimi sprawami, powinniście skoncentrować się na Tym. Dzięki kontemplacji Tego istnieje nadzieja na doskonały pokój. Człowiek ma obowiązek poszukiwania Boga, czyli Prawdy". – *Ananda Moji Ma*

Rozdział 46

Jogini, która nie je

— Panie, dokąd dziś jedziemy? – Richard Wright, prowadząc forda, oderwał na chwilę oczy od drogi i spojrzał na mnie pytająco. Rzadko wiedział wcześniej, którą część Bengalu będzie zwiedzał.

– Jeśli Bóg da – odpowiedziałem poważnie – poznamy dziś świętą kobietę, która jest ósmym cudem świata. Żywi się samym powietrzem!

– Następny taki cud po Teresie Neumann – zażartował pan Wright, ale roześmiał się ochoczo i nawet przyspieszył. Nowy, niezwykły materiał do jego dziennika podróży! Czegoś takiego nie opisze przeciętny turysta!

Dopiero co wyjechaliśmy ze szkoły w Ranći. Wstaliśmy przed wschodem słońca. Wybrało się z nami trzech bengalskich przyjaciół. Upajaliśmy się ożywczym powietrzem, naturalnym winem poranka. Nasz kierowca ostrożnie prowadził samochód, przeciskając się przez tłum wieśniaków i dwukołowych wozów, ciągnionych przez woły zaprzężone w jarzmo. Te powolne, garbate stworzenia skłonne były się spierać o pierwszeństwo drogi z każdym natrętem, który wciskał klakson.

– Panie, chętnie dowiedziałbym się czegoś więcej o tej poszczącej świętej.

– Nazywa się Giri Bala – poinformowałem współtowarzyszy. – Po raz pierwszy usłyszałem o niej przed laty od pewnego uczonego człowieka, Sthity Lala Nandiego. Przychodził często do nas do domu przy ulicy Garpar jako nauczyciel mojego brata Bisznu.

– Znam dobrze Giri Balę – powiedział Sthiti Babu. – Stosuje ona pewną technikę jogi, która pozwala jej żyć bez jedzenia. Mieszkałem blisko niej w Nawabgandź koło Ićapuru* Starałem się bardzo uważnie ją obserwować i nigdy nie zauważyłem, by coś piła lub jadła. W końcu moja ciekawość tak wzrosła, że zwróciłem się do maharadźy Burdwanu** z prośbą, by zbadał sprawę. Maharadźa, zdumiony opowieścią, zaprosił świętą do swego pałacu. Zgodziła się poddać próbie i przez dwa miesiące mieszkała zamknięta w wydzielonej, niewielkiej części domu. Później jeszcze dwukrotnie wracała do pałacu, raz na dwadzieścia i drugi raz na piętnaście dni. Sam maharadźa powiedział mi, że te trzykrotne, surowe badania przekonały go ponad wszelką wątpliwość, że święta nic nie je.

– Mam w pamięci tę opowieść Sthiti Babu od ponad dwudziestu pięciu lat – zakończyłem opowiadanie. – Będąc w Ameryce, niekiedy zastanawiałem się, czy rzeka czasu nie pochłonie tej jogini***, zanim uda mi się ją poznać. Teraz musi już być bardzo stara. Nie wiem nawet, czy żyje i gdzie przebywa. Ale za kilka godzin dojedziemy do Purulii, gdzie mieszka jej brat.

Przed wpół do dziesiątej rozmawialiśmy już z Lambodarem Dejem, bratem świętej, prawnikiem z Purulli.

– Tak, siostra żyje. Czasami mieszka u mnie, obecnie jednak przebywa w naszym domu rodzinnym w Biur. – Lambodar Babu spojrzał powątpiewająco na forda. – Obawiam się, swamidźi, że żaden samochód nie dotarł dotąd tak daleko w głąb kraju, do wsi tak odległych jak Biur. Chyba najlepiej będzie, jeśli pogodzicie się z myślą o trzęsieniu się na zaprzężonym w woły wozie.

W tym momencie nasze grono jednogłośnie przysięgło wierność chlubie Detroit.

– Ford pochodzi z Ameryki – powiedziałem prawnikowi. – Wstyd byłoby pozbawić go okazji do zapoznania się z samym sercem Bengalu!

– Niech zatem Ganeś**** ma was w opiece! – odparł Lambodar Babu ze śmiechem. Uprzejmie dodał: – Jestem pewien, że jeśli uda się wam tam dojechać, Giri Bala z przyjemnością się z wami spotka. Zbliża się do siedemdziesiątki, lecz nadal cieszy się doskonałym zdrowiem.

---

* W północnym Bengalu.
** Jego Wysokość Bidźaj Ćand Mahtab, obecnie już nieżyjący. Jego rodzina bez wątpienia posiada zapisy trzech dochodzeń w sprawie Giri Bali.
*** Kobieta uprawiająca jogę.
**** „Usuwający Przeszkody", bóg pomyślności.

– Proszę, niech mi pan powie, czy to rzeczywiście prawda, że ona nic nie je? – Popatrzyłem mu prosto w oczy, zdradliwe okna umysłu.
– To prawda. – Jego spojrzenie było otwarte i uczciwe. – Przez ponad pięćdziesiąt lat nie widziałem, by zjadła choć kęs. Mniej by mnie zdziwił nagły koniec świata niż widok pożywiającej się siostry!

Roześmieliśmy się wszyscy na myśl o tym, jak kosmicznie nieprawdopodobne byłyby oba te zdarzenia.

– Giri Bala nigdy nie pragnęła ćwiczyć jogi w odosobnieniu – mówił dalej Lambodar Babu. – Całe życie spędziła w otoczeniu rodziny i przyjaciół. Wszyscy przyzwyczaili się do jej dziwnej właściwości. Każdy z nich osłupiałby ze zdumienia, gdyby nagle postanowiła coś zjeść! Naturalnie siostra żyje na uboczu, jak przystało hinduskiej wdowie, ale w naszym małym kręgu w Perulli i w Biur wszyscy wiemy, że jest doprawdy wyjątkową kobietą.

Szczerość brata była oczywista. Podziękowawszy mu serdecznie, wyruszyliśmy do Biur. Zatrzymaliśmy się jeszcze przy ulicznym stoisku, by zjeść curry i *lući*. Przyciągnęło to uwagę gromady urwisów, którzy stłoczyli się wokół i przyglądali się, jak pan Wright je palcami na prosty hinduski sposób[*]. Zdrowy apetyt kazał nam się pokrzepić przed czekającym nas popołudniem. Teraz jeszcze tego nie wiedzieliśmy, ale miało się ono okazać bardzo pracowite.

Jechaliśmy na wschód w głąb Burdwanu, rejonu Bengalu, najpierw między spieczonymi słońcem polami ryżowymi, potem drogami obrzeżonymi gęstą roślinnością. Z drzew o ogromnych, parasolowatych gałęziach płynęły ku nam głosy szpaków i słowików o prążkowanych gardłach. Od czasu do czasu przejeżdżał wóz zaprzężony w woły, skrzypiąc osiami i drewnianymi kołami okutymi żelazem. Jakiż kontrast stanowiły te odgłosy z szumem opon samochodowych na arystokratycznym asfalcie dróg miejskich!

– Dick, stój! – Mój nagły okrzyk sprawił, że ford zatrzymał się z gwałtownym wstrząsem. – Ten mangowiec aż się ugina pod ciężarem owoców. Najwyraźniej zaprasza nas do uczty!

Jak dzieci rzuciliśmy się w piątkę ku drzewu. Ziemia zasłana była owocami. Mangowiec łaskawie je zrzucał, w miarę jak dojrzewały.

---

[*] Śri Jukteśwar mawiał: „Pan dał nam owoce dobrej ziemi. Lubimy patrzeć na pożywienie, wąchać je i kosztować. Hindus lubi je także dotykać!" Nie mamy też nic przeciwko „słyszeniu" go, pod warunkiem że nikt nie towarzyszy nam przy posiłku!

– Zbyt wiele owoców mango rodzi się tylko po to, by leżeć niezauważenie – parafrazowałem – a ich słodycz marnuje się w kamienistej ziemi.

– Czegoś takiego, swamidźi, nie ma w Ameryce, co? – powiedział ze śmiechem Sajleś Mazumdar, jeden z moich bengalskich uczniów.

– Nie ma – przyznałem, ukontentowany i najedzony do syta. – Jakże mi brakowało tego owocu na Zachodzie! Dla Hindusa niebo bez mango jest nie do pomyślenia!

Podniosłem kamień i strąciłem okazały owoc z najwyższej gałęzi.

– Dick – zapytałem pomiędzy dwoma kęsami, przełykając ambrozję, gorącą od tropikalnego słońca – czy mamy w samochodzie aparat fotograficzny i kamerę?

– Tak, swamidźi, w bagażniku.

– Jeśli Giri Bala okaże się prawdziwą świętą, chciałbym napisać o niej na Zachodzie. Hinduska jogini o tak niezwykłych mocach nie może żyć i umrzeć nieznana, jak większość tych owoców mango.

Pół godziny później wciąż jeszcze spacerowałem w leśnej ciszy.

– Swamidźi – zauważył pan Wright – musimy dotrzeć na miejsce i spotkać się z Giri Balą przed zachodem słońca, by mieć dość światła do zrobienia zdjęć. – Szeroko się uśmiechając, dodał: – Ludzie na Zachodzie to sceptycy. Nie możemy oczekiwać, że uwierzą w istnienie tej kobiety, nie widząc jej fotografii!

Bezspornie miał rację. Oparłem się pokusie i wsiadłem do samochodu.

– Masz słuszność, Dick – westchnąłem, gdy ruszyliśmy. – Składam mangowy raj na ołtarzu zachodniego realizmu. Musimy mieć fotografie!

Droga stawała się coraz gorsza: zmarszczki kolein, czyraki stwardniałej gliny – smutne oznaki starczego wieku. Od czasu do czasu wysiadaliśmy i pchaliśmy forda, co ułatwiało panu Wrighowi wykonywanie manewrów.

– Lambodar Babu miał rację – przyznał Sajleś. – To nie samochód nas niesie, raczej my go niesiemy.

Nudę wsiadania i wysiadania z auta od czasu do czasu urozmaicał widok jakiejś wsi. Każda wioska oczarowywała niezwykłą prostotą.

„Droga wiła się przez zagajniki palmowe, pośród bardzo starych, nie naruszonych przez czas wiosek, gnieżdżących się w leśnym cieniu – zanotował pan Wright w dzienniku podróży pod datą 5 maja 1936 roku. – Te skupiska pokrytych strzechami lepianek, z drzwiami ozdobionymi

Jogini, która nie je

jednym z imion Boga, są doprawdy zachwycające. Małe, nagie dzieci przerywają beztroskie zabawy, by się przyglądać bądź uciekać w popłochu od naszego wielkiego, czarnego pojazdu, który, choć nie ciągną go woły, pędzi przez wieś. Kobiety tylko zerkają z ukrycia, natomiast mężczyźni, leniwie odpoczywający pod drzewami, kryją ciekawość pod nonszalanckimi spojrzeniami. W pewnej wiosce wszyscy mieszkańcy wesoło się pluskali w zbiorniku wodnym. (Kąpią się w ubraniu, a potem przebierają się, owijając suchą szatę wokół ciała i zsuwając mokrą). Kobiety niosły do domów wodę w ogromnych, mosiężnych dzbanach.

Droga dała się nam dobrze we znaki, jechaliśmy przez górki i dołki, rzucało nami i trzęsło, wjeżdżaliśmy w płytkie strumienie, objechaliśmy nie ukończoną groblę, przecinaliśmy wyschnięte, piaszczyste łożyska rzeczne. Wreszcie, około piątej po południu, znaleźliśmy się blisko celu podróży, Biur. Ta niewielka wieś w głębi okręgu Bankura, skryta pod osłoną gęstego listowia, jest, jak nam powiedziano, niedostępna w porze deszczowej. Strumienie zmieniają się wtedy w rwące potoki, a drogi, jak węże, plują jadem błota.

Grupa wieśniaków wracała do domu z modlitwy w świątyni, stojącej samotnie na polu. Poprosiliśmy ich o przewodnika. Natychmiast obległo nas z tuzin skąpo odzianych wyrostków. Wdrapywali się na samochód, ofiarowując się nas zaprowadzić do Giri Bali.

Droga prowadziła do zagajnika palm daktylowych, które osłaniały skupisko lepianek. Zanim tam dotarliśmy, ford podskoczył, zawisł na chwilę pod niebezpiecznym kątem i opadł. Jechaliśmy wąskim szlakiem, omijając drzewa i okrążając zbiorniki wodne, podskakując na wybojach, wpadając w dziury i głębokie koleiny. Samochód najpierw utknął w kępie krzaków, potem na pagórku, w stercie grud ziemi, które trzeba było usunąć. Poruszaliśmy się powoli i ostrożnie. Nagle przejazd zagrodził nam stos wyrwanych krzewów, leżących na środku drogi dla wozów. Zmuszeni je ominąć, zjechaliśmy po stromej pochyłości do suchego zbiornika. By wyjechać na górę, musieliśmy użyć siekiery i łopat. Raz po raz wydawało się, że droga jest nie do przebycia, ale przecież nie mogliśmy przerwać pielgrzymki! Usłużni chłopcy poprzynosili łopaty i usuwali przeszkody (błogosławieństwo Ganeśa!), a tłum dzieciaków i rodziców gapił się na nas.

Samochód poruszał się powoli, grzęznąc w koleinach odwiecznej drogi. Kobiety patrzyły na nas szeroko otwartymi oczyma z drzwi chat, mężczyźni wlekli się obok i za autem, dzieci zbiegały się zewsząd, powiększając orszak. Był to chyba pierwszy samochód, jaki pokonywał tę drogę; wóz zaprzężony w woły jest tu z pewnością wszechwładny! Cóż za sensację wywołaliśmy – oto grupa wieziona przez Amerykanina wdziera się do wiejskiej twierdzy w prychającym samochodzie, naruszając jej odwieczne odosobnienie i świętość!

Zatrzymaliśmy się przy wąskiej uliczce, o jakieś sto stóp od rodzinnego domu Giri Bali. Po trudach długiej, męczącej podróży, ukoronowanej wyboistym finiszem, ogarnęła nas żywa radość. Podeszliśmy do dużego, piętrowego budynku. Z cegły, otynkowany, dominował nad otaczającymi go chatami z gliny. Dom był w trakcie naprawy, pokrywało go charakterystyczne dla tropików, bambusowe rusztowanie.

W nastroju gorączkowego oczekiwania, kryjąc radość, stanęliśmy przed otwartymi drzwiami domu świętej, która dzięki błogosławieństwu Pana nie odczuwa głodu. Ciągle gapili się na nas wieśniacy, młodzi i starzy, nadzy i ubrani. Kobiety, choć zaciekawione, trzymały się trochę na uboczu, ale mężczyźni i chłopcy bez żenady deptali nam po piętach. Wszyscy z rozdziawionymi ustami przyglądali się niezwykłemu widowisku.

W drzwiach ukazała się niewysoka postać – Giri Bala! Spowijała ją szata z matowego, złotawego jedwabiu, krajowego wyrobu. W typowo hinduski sposób święta zbliżyła się nieśmiało i z wahaniem, spoglądając na nas spod górnego rąbka szaty. W cieniu nakrycia głowy oczy jej błyszczały jak żarzące się węgle. Oczarowała nas jej życzliwa twarz, twarz osoby spełnionej w Bogu, wolna od śladów ziemskich przywiązań.

Giri Bala pokornie podeszła do nas i w milczeniu pozwoliła zrobić sobie kilka zdjęć. Nakręciliśmy także film*. Cierpliwie i nieśmiało spełniała nasze życzenia co do pozy i oświetlenia. I tak, na wielu zdjęciach utrwaliliśmy dla potomności postać jedynej kobiety na świecie, która od przeszło pięćdziesięciu lat żyje bez jedzenia i picia. (Teresa Neumann pości od 1923 roku). Gdy tak stała przed nami, niemal całkowicie zakryta luźno spływającą szatą, postać jej tchnęła niezwykłą macierzyńskością. Widać było tylko twarz z opuszczonymi oczyma, drobne dłonie i drobne stopy. Twarz była wyjątkowo spokojna, czysta, niewinna – pełne, dziecięce, drżące wargi, typowo kobiecy, wąski nos, błyszczące oczy i uśmiech pełen zadumy".

---

* Pan Wright nakręcił również film ze Śri Jukteśwarem. Było to w Serampore podczas święta zimowego przesilenia, ostatniego za życia Mistrza.

Jogini, która nie je

Pan Wright, podobnie jak ja, był pod wielkim wrażeniem Giri Bali. Otulało ją uduchowienie, tak jak jej delikatnie połyskująca szata. Powitała mnie *pranamem*, zwyczajowym pokłonem, jakim człowiek świecki pozdrawia mnicha. Jej prosty urok i spokojny uśmiech powitały nas piękniej niż krasomówcze mowy. Zapomnieliśmy o trudnej podróży po pełnych kurzu drogach.

Drobniutka święta usiadła ze skrzyżowanymi nogami na werandzie. Chociaż czas wyrył na niej swe znamię, nie wyglądała jak wyniszczona staruszka, oliwkowa cera była czysta i zdrowa.

– Matko – przemówiłem po bengalsku – ponad dwadzieścia pięć lat marzyłem o tej pielgrzymce. Usłyszałem o twym świętym życiu od Sthiti Lala Nandiego Babu.

Giri Bala potakująco skinęła głową.

– Tak, to mój dobry sąsiad z Nawabgandź.

– W ciągu tych lat przeprawiałem się przez oceany, ale nigdy nie poniechałem zamiaru, by cię kiedyś odwiedzić. O wzniosłym dramacie, który tu tak niepostrzeżenie odgrywasz, powinno się głosić światu, bo dawno zapomniał o wewnętrznym, boskim pokarmie.

Święta podniosła na chwilę oczy, uśmiechając się ze spokojnym zainteresowaniem.

– Baba (czcigodny Ojciec) wie najlepiej – odrzekła pokornie.

Ucieszyłem się, żc nic poczuła się urażona. Nigdy nie wiadomo, jak jogin czy jogini zareaguje na myśl o rozgłosie. Z reguły go unikają, pragnąc w ciszy zagłębiać się w duchowe poszukiwania. Nie ujawniają się, dopóki nie poczują, że mają na to wewnętrzne przyzwolenie. Dzieje się to wtedy, gdy przychodzi właściwa pora, by pracować dla dobra ludzi poszukujących Boga.

– Matko – mówiłem dalej – wybacz mi, że cię zasypię wieloma pytaniami. Bądź uprzejma odpowiedzieć tylko na te, na które zechcesz. Zrozumiem twoje milczenie.

Rozłożyła dłonie łaskawym gestem.

– Rada odpowiem, o ile tylko osoba tak mało znacząca jak ja potrafi zadowalająco odpowiedzieć.

– O nie, wcale nie mało znacząca! – szczerze się sprzeciwiłem. – Jesteś wielką duszą.

– Jestem tylko skromną służebnicą wszystkich. – Dodała ku memu zdumieniu: – Bardzo lubię gotować i karmić ludzi.

Dziwne zajęcie, pomyślałem, dla osoby, która nie jada!

– Powiedz mi, Matko, niech to usłyszę z twoich własnych ust: czy żyjesz bez pożywienia?
– Tak, to prawda. – Na chwilę zamilkła. Okazało się, że zmagała się w pamięci z liczbami. – Odkąd miałam dwanaście lat i cztery miesiące aż do teraz – a obecnie mam sześćdziesiąt osiem – a więc przez ponad pięćdziesiąt sześć lat nie jadłam ani nie piłam.
– Czy nigdy cię nie kusi, aby coś zjeść?
– Gdybym odczuwała łaknienie, musiałabym jeść. – Prosto, a zarazem po królewsku wyraziła tę oczywistą prawdę, aż nazbyt dobrze znaną całemu światu, który się kręci wokół trzech posiłków dziennie.
– Ale przecież coś jesz! – W moim tonie była nuta sprzeciwu.
– Naturalnie! – Uśmiechnęła się, szybko zrozumiawszy, co mam na myśli.
– Czerpiesz pożywienie z subtelniejszych energii powietrza i światła słonecznego* oraz z siły kosmicznej, która wpływa do ciała przez *medulla oblongata* [rdzeń przedłużony] i je naładowuje.
– Baba to wie – zgodziła się z właściwą sobie łagodnością i spokojem.
– Proszę cię, Matko, opowiedz mi o swoim życiu. Głęboko zainteresuje ono całe Indie, a nawet naszych braci i siostry za oceanem.
Giri Bala przełamała swą powściągliwość i stała się bardziej rozmowna.

---

* „To, co jemy, jest promieniowaniem. Nasz pokarm to nic innego jak kwanty energii" – powiedział dr George W. Crile z Cleveland na spotkaniu lekarzy w dniu 17 maja 1933 r. w Memphis. Oto relacja prasowa z jego przemówienia: „Źródłem tego niezwykle ważnego promieniowania, które wyzwala prądy elektryczne w obwodzie elektrycznym ciała – systemie nerwowym – jest pożywienie naładowane energią słoneczną. Atomy, powiada dr Crile, to układy słoneczne. Są one nośnikami promieniowania słonecznego i przypominają mocno zwinięte sprężyny. Przyjmujemy te niezliczone dawki energii w postaci pożywienia. Znalazłszy się w ciele, te naładowane nośniki, atomy, rozładowują się w protoplazmie, dostarczając nowej energii chemicznej, nowych prądów elektrycznych. «Ciało zbudowane jest z takich atomów – powiedział dr Crile. – One stanowią mięśnie, mózg i organy zmysłowe, takie jak oczy i uszy»".

Pewnego dnia naukowcy odkryją, w jaki sposób człowiek może żywić się bezpośrednio energią słoneczną. „Jedyną znaną w przyrodzie substancją, która potrafi działać jak «pułapka na światło słoneczne», jest chlorofil – pisze William L. Laurence w „The New York Times". – «Chwyta» on energię światła słonecznego i magazynuje ją w roślinie. Bez tego nie istniałoby życie. Uzyskujemy niezbędną do życia energię z energii słonecznej zmagazynowanej w pożywieniu roślinnym lub w ciałach zwierząt, które żywią się roślinami. Energia, którą otrzymujemy z węgla albo ropy, to także energia słoneczna, przed milionami lat uwięziona w roślinach przez chlorofil. Żyjemy dzięki słońcu za pośrednictwem chlorofilu".

Jogini, która nie je

GIRI BALA, ŚWIĘTA, KTÓRA NIE JE
Stosuje ona pewną technikę jogi, z pomocą której naładowuje ciało energią kosmiczną z eteru, słońca i powietrza. „Nigdy nie chorowałam – mówiła święta. – Bardzo mało sypiam, bo sen i jawa to dla mnie to samo".

– Niech tak będzie. – Głos miała niski i silny. – Urodziłam się w tych leśnych stronach. Moje dzieciństwo nie odznaczało się niczym szczególnym, poza tym że miałam nienasycony apetyt. Zostałam zaręczona w wieku około dziewięciu lat.

– Dziecko – często przestrzegała mnie matka – staraj się opanować łakomstwo. Gdy przyjdzie czas, kiedy zamieszkasz pośród obcych, w rodzinie męża, cóż oni sobie o tobie pomyślą, jeśli będziesz spędzała całe dni tylko na jedzeniu?

Nieszczęście, które przewidywała, nadeszło. Miałam dopiero

489

dwanaście lat, gdy weszłam do rodziny męża i zamieszkałam w Nawabgandź. Teściowa zawstydzała mnie rano, w południe i wieczorem, wypominając mi obżarstwo. Lecz jej łajania okazały się w istocie błogosławieństwem, gdyż rozbudziły we mnie uśpione skłonności duchowe. Pewnego ranka kpiła ze mnie wyjątkowo bezlitośnie.

– Wkrótce ci udowodnię, matko – rzekłam, dotknięta do żywego – że nie tknę już jedzenia do końca życia!

Teściowa roześmiała się szyderczo.

– Akurat! – powiedziała. – Jak potrafisz żyć bez jedzenia, skoro nie umiesz żyć bez przejedzenia?

Na to nic nie mogłam odpowiedzieć! Jednak w moim sercu zrodziło się żelazne postanowienie. W odosobnionym miejscu zwróciłam się o pomoc do Ojca niebieskiego.

– Ojcze – modliłam się nieprzerwanie – Proszę Cię, ześlij mi guru, który potrafi nauczyć mnie żyć Twoim światłem, a nie pożywieniem.

Ogarnęła mnie ekstaza. W tym błogostanie, jak zaklęta, udałam się na *ghat* Nawabgandź nad Gangesem. Po drodze spotkałam kapłana, który miał pieczę nad rodziną męża.

– Czcigodny panie – zwróciłam się do niego z ufnością – powiedz mi łaskawie, jak żyć bez jedzenia.

Kapłan wpatrzył się we mnie bez słowa. Po chwili przemówił pocieszająco:

– Dziecko, przyjdź dziś wieczorem do świątyni. Przeprowadzę dla ciebie specjalny obrzęd wedyjski.

Nie takiej ogólnikowej odpowiedzi szukałam. Poszłam dalej w stronę *ghatu*. Poranne słońce prześwietlało wodę. Oczyściłam się w Gangesie, jak gdybym spodziewała się świętego wtajemniczenia. Gdy odchodziłam od brzegu rzeki, owinięta mokrą szatą, w pełnym blasku dnia zmaterializował się przede mną mój mistrz!

– Drogie dziecko – rzekł głosem pełnym miłości i współczucia – jestem guru, posłanym tu przez Boga, aby spełnić twoją gorącą modlitwę. Jej niezwykłość głęboko wzruszyła Pana! Od dzisiaj będziesz żyła światłem astralnym, atomy twego ciała będą czerpały pokarm z nieskończonego strumienia.

Giri Bala zapadła w milczenie. Wziąłem od pana Wrighta ołówek i bloczek i, dla jego informacji, streściłem mu jej słowa po angielsku.

Święta podjęła opowiadanie łagodnym, ledwie słyszalnym głosem.

– Na *ghacie* nie było nikogo, ale mimo to guru otoczył nas aurą

Jogini, która nie je

ochronnego światła, po to by później nie przeszkodził nam żaden przypadkowy kąpielowicz. Guru wtajemniczył mnie w pewną technikę *kria*, dzięki której ciało uniezależnia się od materialnego pożywienia ludzi śmiertelnych. Polega ona na śpiewaniu określonej *mantry** i wykonywaniu ćwiczenia oddechowego. Ćwiczenie jest bardzo trudne, przeciętny człowiek nie potrafi go wykonać. Technika ta nie wymaga żadnych leków, nie ma w niej żadnej magii, niczego poza *kria*.

Na wzór reporterów amerykańskich gazet, od których mimowolnie nauczyłem się metod postępowania, wypytałem Giri Balę o wiele spraw; uznałem, że zaciekawią one ludzi. Stopniowo wyjawiła mi wiele szczegółów:

– Nie mam dzieci, dawno temu zostałam wdową. Bardzo mało sypiam, bo sen i czuwanie to dla mnie to samo. Medytuję w nocy, gdyż w dzień wypełniam obowiązki domowe. Prawie nie odczuwam zmian pór roku. Nigdy nie chorowałam, nie miałam żadnych dolegliwości. Jeśli się przypadkiem skaleczę, odczuwam tylko lekki ból. Nie mam żadnych wydzielin z ciała. Panuję nad biciem serca i oddechem. W wizjach często widuję swojego guru i inne wielkie dusze.

– Matko – poprosiłem – a może nauczyłabyś innych, jak żyć bez jedzenia?

Odpowiedź Giri Bali szybko pogrzebała moje ambitne nadzieje na uratowanie milionów głodujących ludzi na świecie.

– Nie. – Potrząsnęła głową. – Mój guru surowo mi nakazał, bym nikomu nie wyjawiała tej tajemnicy. Nie chce się on wtrącać w boski dramat stworzenia. Rolnicy nie byliby mi wdzięczni, gdybym nauczyła ludzi żyć bez jedzenia! Soczyste owoce leżałyby bezużytecznie na ziemi. Nędza, głód i choroba są, jak się wydaje, biczami karmy. To one ostatecznie zmuszają nas do szukania prawdziwego sensu życia.

– Matko – rzekłem powoli – po cóż więc wyróżniona zostałaś zdolnością życia bez jedzenia?

– By udowodnić, że człowiek jest Duchem. – Twarz jej zajaśniała mądrością. – By pokazać, że rozwijając się duchowo, człowiek

---

* Potężny, wibracyjny śpiew. W sanskrycie *mantra* oznacza dosłownie „narzędzie myśli". Webster's New International Dictionary, wyd. II (Nowy międzynarodowy słownik Webstera) podaje następującą definicję mantry: „idealne, niesłyszalne dźwięki, reprezentujące pewien określony aspekt stworzenia. Mantra zwokalizowana w postaci sylab składa się na słownictwo kosmiczne". Nieskończona potęga dźwięku wywodzi się z *Aum*, „Słowa", czyli twórczego warkotu Kosmicznego Motoru.

stopniowo może nauczyć się żywić Wieczystym Światłem, a nie zwykłym pożywieniem*.

Święta zatopiła się w głębokiej medytacji. Skierowała spojrzenie w głąb siebie, łagodne głębie jej oczu straciły wyraz. Lekko westchnęła – było to preludium do ekstatycznego transu bez oddechu. Na jakiś czas wymknęła się do świata bez pytań, do nieba wewnętrznej radości.

Zapadła tropikalna ciemność. Światło małej lampki naftowej drżało kapryśnie nad głowami wieśniaków siedzących milcząco w półmroku. Tańczące robaczki świętojańskie i światełka lampek oliwnych z odległych chat tworzyły jasne, feeryczne wzory na aksamicie nocy. Nadeszła bolesna godzina rozstania. Czekała nas powolna, męcząca droga powrotna.

– Giri Balo – powiedziałem, gdy święta otworzyła oczy – proszę cię, daj mi coś na pamiątkę: może skrawek któregoś ze swych *sari*?

Po chwili święta przyniosła kawałek benareskiego jedwabiu. Podając mi go, nagle padła przede mną na ziemię.

– Matko – rzekłem ze czcią – pozwól, że to raczej ja dotknę twoich błogosławionych stóp!

---

* Zdolność życia bez jedzenia, jaką uzyskała Giri Bala, to jedna z mocy jogicznych, wspomnianych przez Patańdźalego w *Jogasutrach*, III, 31. Stosuje ona ćwiczenie oddechowe, które oddziałuje na *ćakrę wiśudhha*, piąty ośrodek energii subtelnych, znajdujący się w kręgosłupie naprzeciw gardła. *Ćakra wiśuddha* rządzi piątym żywiołem, czyli *akaśą* lub eterem, wypełniającą przestrzeń wewnątrz atomów tworzących komórki ciała. Koncentracja umysłu na tej *ćakrze* („kole") umożliwia praktykującemu żywienie się energią eteryczną.

Teresa Neumann, która również nie odżywia się zwykłym pożywieniem, nie stosuje jednak żadnych naukowych technik jogicznych. Wyjaśnienie tego zjawiska kryje się w złożoności osobistej karmy. Obie, Teresa Neumann i Giri Bala, mają za sobą wiele żywotów poświęconych Bogu, ale u każdej z nich inaczej się to uzewnętrznia. Spośród chrześcijańskich świętych, którzy żyli bez jedzenia (byli oni zarazem stygmatykami), można wymienić św. Lidwinę z Schiedam, błogosławioną Elżbietę z Rent, św. Katarzynę ze Sieny, Dominikę Lazzari, błogosławioną Angelę z Foligno i żyjącą w XIX w. Luizę Lateau. Św. Mikołaj z Flüe (brat Klaus, zakonnik z XV w., którego namiętna modlitwa o jedność uratowała Konfederację Szwajcarską) nie jadł przez 20 lat.

Rozdział 47

Wracam na Zachód

— Udzielałem wielu lekcji jogi w Indiach i Ameryce, muszę jednak wyznać, iż jako Hindus cieszę się niezmiernie, że mogę prowadzić zajęcia w Anglii.

Moi londyńscy słuchacze roześmiali się z uznaniem. Żadne konflikty polityczne nie zaburzały nam spokoju jogi.

Indie były teraz dla mnie świętym wspomnieniem. Jest wrzesień 1936 roku, jestem w Anglii, by spełnić obietnicę, którą dałem szesnaście miesięcy wcześniej, że ponownie będę wykładać w Londynie.

Anglia także chętnie przyjmuje ponadczasowe posłanie jogi. Wokół domu, w którym mieszkam, Grosvenor House, roi się od reporterów i kamerzystów kroniki filmowej. Dwudziestego dziewiątego września The British National Council of the World Fellowship of Faiths (Brytyjska Rada Narodowa Światowego Zrzeszenia Wyznań) zorganizowała spotkanie w Kościele Kongregacjonalistów w Whitefield, gdzie przemawiałem na ważki temat: „Jak wiara w braterstwo może uratować cywilizację". O godzinie ósmej wieczorem prowadziłem wykłady w Caxton Hall. Ściągały na nie takie tłumy, że przez dwa wieczory słuchacze, którzy się nie pomieścili, czekali w sali Windsor House na ponowny wykład o dziewiątej trzydzieści. W ciągu następnych tygodni na zajęcia jogi zgłosiło się tylu uczestników, że pan Wright zmuszony był je przenieść do innej sali.

Angielska wytrwałość znalazła godny podziwu wyraz we wspólnej pracy duchowej. Po moim wyjeździe londyńscy uczniowie jogi zorganizowali się, zakładając Ośrodek Self-Realization Fellowship, gdzie spotykali się na cotygodniowe medytacje przez wszystkie gorzkie lata wojny.

Niezapomniane tygodnie w Anglii! We dnie zwiedzaliśmy Londyn i jego piękne okolice. Razem z panem Wrightem wyjeżdżaliśmy wiernym fordem na wycieczki, by obejrzeć miejsca urodzenia i groby wielkich poetów i bohaterów brytyjskiej historii.

W końcu października nasza trójka wyruszyła do Ameryki. Wypłynęliśmy z Southampton na statku „Bremen". Wkrótce ze wzruszeniem ściskającym gardło spoglądaliśmy na majestatyczną Statuę Wolności w porcie Nowego Jorku.

Ford, choć nieco sfatygowany po zmaganiach na starożytnej ziemi Indii, nadal sprawował się dobrze. Powiózł nas teraz przez cały kontynent do Kalifornii. I oto w końcu 1936 roku oczom naszym ukazał się ośrodek na Mount Washington!

W ośrodku w Los Angeles świętuje się Boże Narodzenie. Dwudziestego czwartego grudnia odbywa się ośmiogodzinna grupowa medytacja (duchowe Boże Narodzenie)*, a następnego dnia bankiet (towarzyskie Boże Narodzenie). W tym roku w uroczystościach brało udział więcej osób niż zwykle: wielu przyjaciół i uczniów przybyło z odległych miast, aby powitać troje podróżników, którzy powrócili do domu z dalekich krajów.

Świąteczną ucztę urozmaicały przysmaki, które przywieźliśmy na tę radosną okazję z miejsc oddalonych o piętnaście tysięcy mil. Były to grzyby *gućći* z Kaszmiru, *rosagulla* i miąższ mango w puszkach, ciasteczka *papar* oraz olejek zapachowy z indyjskiego kwiatu *keora*, który dodaliśmy do lodów. Wieczorem zebraliśmy się wokół wielkiej, błyszczącej choinki w pobliżu kominka, w którym trzeszczały polana aromatycznego cyprysu.

Pora rozdawania podarków! Prezenty z dalekich zakątków świata: Palestyny, Egiptu, Indii, Anglii, Francji, Włoch. Jakże cierpliwie na każdej stacji granicznej pan Wright liczył walizy, pilnując, aby czyjaś złodziejska ręka nie przywłaszczyła sobie skarbów przeznaczonych

---

* Od 1950 r. ta całodzienna medytacja odbywa się 23 grudnia. Na całym świecie członkowie Self-Realization Fellowship świętują Boże Narodzenie tak samo, poświęcając jeden dzień na głęboką medytację i modlitwę w domach, w ośrodkach i świątyniach SRF. Ten sposób świętowania ustanowił Paramahansa Jogananda. Wiele osób zaświadczyło, że dzięki temu otrzymali wielką duchową pomoc i błogosławieństwo.

Paramahansadźi założył także w Ośrodku na Mt Washington Prayer Council (Koło Modlitewne) – zalążek Self-Realization Fellowship Worldwide Prayer Circle (Ogólnoświatowego Koła Modlitwy). Codziennie wspomaga się tam modlitwą wszystkich, którzy poproszą o pomoc w rozwiązaniu swoich konkretnych problemów (*przyp. wydawcy amerykańskiego*).

Wracam na Zachód

dla ukochanych w Ameryce! Plakietki ze świętego drzewa oliwnego z Ziemi Świętej, delikatne koronki i hafty z Belgii i Holandii, perskie dywany, pięknie tkane szale kaszmirskie, tace z drzewa sandałowego o trwałym zapachu z Majsuru, kamienie Śiwy, zwane „okiem byka", z Prowincji Centralnych, indyjskie monety z czasów dawno minionych dynastii, wysadzane klejnotami wazony i kielichy, miniatury, gobeliny, świątynne kadzidła i olejki zapachowe, drukowane tkaniny bawełniane krajowego wyrobu, lakierowane puzderka, majsurskie rzeźby z kości słoniowej, perskie pantofle z fantazyjnymi, długimi noskami, osobliwe, stare, iluminowane manuskrypty, aksamity, brokaty, czapeczki Gandhiego, garnuszki, kafelki, wyroby z mosiądzu, dywaniki modlitewne – zdobycze z trzech kontynentów!

Jedna po drugiej wyciągałem kolorowo opakowane paczki z ogromnego stosu pod choinką.

– Siostra Gjanamata! – Wręczyłem długie pudło świątobliwej kobiecie, Amerykance o przemiłej twarzy i głębokim urzeczywistnieniu, która podczas mojej nieobecności zarządzała ośrodkiem na Mount Washington. Z bibułek wyłoniło się *sari* ze złocistego, benareskiego jedwabiu.

– Dziękuję ci, panie! Przed moimi oczyma staje cały przepych Indii!

– Pan Dickinson! – Paczka ta zawierała podarek, który kupiłem na bazarze w Kalkucie. To się spodoba panu Dickinsonowi, pomyślałem wówczas. Pan E. E. Dickinson, ukochany uczeń, obecny był podczas każdych Świąt Bożego Narodzenia od czasu założenia ośrodka w 1925 roku. Teraz, w jedenaste już Święta, stał przede mną, rozwiązując wstążki na podłużnej paczuszce.

– Srebrny pucharek! – Starając się opanować wzruszenie, wpatrywał się w prezent, wysoki pucharek. Usiadł trochę dalej, najwyraźniej oszołomiony. Zanim podjąłem na nowo rolę świętego Mikołaja, ciepło się do niego uśmiechnąłem.

Wieczór, pełen radosnych okrzyków, zakończył się modlitwą do Dawcy Wszystkich Darów. Potem śpiewaliśmy kolędy.

Nieco później gawędziłem z panem Dickinsonem.

– Panie – rzekł – pozwól, proszę, że teraz podziękuję ci za srebrny pucharek. W świąteczny wieczór nie zdołałem wykrztusić ani słowa.

– Przywiozłem go specjalnie dla pana.

– Czekałem na niego czterdzieści trzy lata. To długa historia, którą dotąd trzymałem w tajemnicy. – Pan Dickinson spojrzał na mnie nieśmiało. – Początek był dramatyczny: topiłem się. Mój starszy brat dla zabawy pchnął mnie do głębokiego stawu. Było to w małym mieście w Nebrasce, miałem wtedy tylko pięć lat. Zanim drugi raz zanurzyłem się pod wodę, pojawiło się olśniewające, wielobarwne światło. Wypełniło całą przestrzeń. W środku ujrzałem postać mężczyzny o spokojnych oczach i uśmiechu dodającym otuchy. Zanurzyłem się po raz trzeci, gdy jeden z kolegów brata przygiął wysoką, wiotką wierzbę tak nisko, że, zdesperowany, zdołałem się uchwycić jej gałęzi. Chłopcy wyciągnęli mnie na brzeg i udzielili pierwszej pomocy.

Dwanaście lat później, jako siedemnastoletni młodzieniec, pojechałem z matką do Chicago. Był wrzesień 1893 roku, w mieście zebrał się właśnie wielki Światowy Parlament Religii. Szedłem z matką główną ulicą, gdy znów ujrzałem potężny błysk światła. O kilka kroków od nas szedł spacerowym krokiem ten sam mężczyzna, którego przed laty widziałem w wizji. Zbliżył się do budynku, w którym mieściło się wielkie audytorium, i zniknął w drzwiach.

– Matko – zawołałem – to ten sam człowiek, który mi się ukazał, gdy tonąłem!

Weszliśmy szybko do budynku. Mężczyzna ten siedział na podium. Niebawem dowiedzieliśmy się, że to swami Wiwekananda z Indii*. Wygłosił porywające przemówienie. Gdy skończył, podszedłem do niego. Uśmiechnął się do mnie łaskawie, jak gdybyśmy byli starymi przyjaciółmi. Byłem tak młody, że nie umiałem wyrazić swych uczuć, ale w sercu żywiłem nadzieję, że zaproponuje mi, iż będzie moim nauczycielem. Odczytał tę myśl.

– Nie, synu, nie jestem twoim guru. – Pięknymi, przenikliwymi oczyma Wiwekananda zajrzał głęboko w moje oczy. – Twój nauczyciel zjawi się później. Podaruje ci srebrny pucharek. – Po chwili dodał z uśmiechem: – Otrzymasz od niego więcej błogosławieństw, niż potrafiłbyś znieść w tej chwili.

Po kilku dniach wyjechałem z Chicago i nigdy już nie zobaczyłem wielkiego Wiwekanandy. Ale każde jego słowo na zawsze zapisało mi się w najgłębszej świadomości. Mijały lata, lecz nie zjawiał się żaden nauczyciel. Pewnego wieczoru w 1925 roku modliłem się gorąco, by Pan zesłał mi guru. W nocy obudziły mnie dźwięki cichej melodii. Przed oczyma ukazały mi się niebiańskie istoty, grające na fletach i innych

---

* Główny uczeń mistrza Ramakryszny Paramahansy, świętego na miarę Chrystusa.

instrumentach. Powietrze wypełniła przepiękna muzyka. Po chwili aniołowie powoli zniknęli. Następnego dnia wieczorem uczestniczyłem po raz pierwszy w jednym z twoich, panie, wykładów tu w Los Angeles, i wiedziałem już, że moja modlitwa została wysłuchana.

Uśmiechnęliśmy się do siebie w milczeniu.

– Panie, już od jedenastu lat jestem twoim uczniem *krija-jogi* – mówił dalej pan Dickinson. – Czasami nie wiedziałem, co myśleć o srebrnym pucharku. Niemalże zdołałem przekonać siebie, że słowa Wiwekanandy miały znaczenie tylko metaforyczne. Gdy jednak w świąteczny wieczór wręczyłeś mi małe pudełko spod choinki, po raz trzeci ujrzałem ten sam oślepiający błysk światła. A po chwili wpatrywałem się w dar mojego guru, przepowiedziany przez Wiwekanandę przed czterdziestu trzema laty* – srebrny pucharek!

---

* Pan Dickinson spotkał swamiego Wiwekanandę we wrześniu 1893 r. Był to rok, w którym 5 stycznia urodził się Paramahansa Jogananda. Wiwekananda był najwyraźniej świadom, że Jogananda ponownie jest w inkarnacji i że pojedzie do Ameryki nauczać filozofii indyjskiej.

W 1965 r. pan Dickinson, w wieku 89 lat wciąż w dobrym zdrowiu i czynny, na uroczystości w siedzibie głównej Self-Realization Fellowship w Los Angeles otrzymał tytuł Jogaćarji (nauczyciela jogi).

Pan Dickinson często długo medytował z czcigodnym Paramahansą, nie opuścił też ani jednej z praktyk *krija-jogi*, które odbywają się trzy razy dziennie.

Dwa lata przed śmiercią (30 czerwca 1967 r.) Jogaćarja Dickinson wygłosił pogadankę dla mnichów w Self-Realization Fellowship. Opowiedział o pewnym interesującym szczególe; zapomniał o nim wspomnieć w rozmowie z czcigodnym Paramahansą. Powiedział: „Gdy w Chicago wszedłem na podium, by porozmawiać ze swamim Wiwekanandą, jeszcze zanim zdążyłem go powitać, rzekł: „Młody człowieku, wolałbym, abyś nie zbliżał się do wody!" (*przyp. wydawcy amerykańskiego*).

Rozdział 48

W Encinitas w Kalifornii

— Niespodzianka, panie! – Gdy byłeś za granicą, wybudowaliśmy w Encinitas tę oto pustelnię: to dar powitalny! – Pan Lynn, siostra Gjanamata, Durga Ma i kilku innych uczniów, śmiejąc się, przeprowadzili mnie przez bramę i powiedli ocienioną drzewami dróżką.

Ujrzałem budynek wznoszący się niby wielki, biały transatlantyk na tle niebieskiego morza. Najpierw oniemiałem, potem co chwila wykrzykując „Ach!" i „Och"!, następnie wyrażając radość i wdzięczność ubogimi, ludzkimi słowami, zwiedzałem aśram: szesnaście niezwykle przestronnych, uroczo urządzonych pokoi.

Wspaniała główna sala ma olbrzymie okna aż do sufitu, z widokiem na ołtarz traw, oceanu i nieba – istną symfonię szmaragdu, opalu i szafiru! Na gzymsie ogromnego kominka stoją obrazy Chrystusa, Babadźiego, Lahiriego Mahaśaji i Śri Jukteśwara. Czułem, że obdarzają oni błogosławieństwami ten spokojny aśram na zachodnim brzegu Ameryki.

Bezpośrednio pod tą salą, wbudowane w samą skarpę, wprost na przestwór nieba i oceanu wychodzą dwie jaskinie medytacyjne. Na terenie znajdują się zakątki, w których można się opalać, żwirowane alejki, prowadzące do zacisznych altanek, ogrody różane, zagajnik eukaliptusów i sad owocowy.

„Niechaj przyjdą tu dobre, bohaterskie dusze świętych i niechaj nas wesprą, obdarzając nas błogosławieństwem uzdrawiających cnót, darami, które są ogromne jak ziemia i sięgają niebios!", brzmi „Modlitwa o zamieszkanie" z Zend Awesty. Tablica z tymi słowami wisi na drzwiach pustelni.

Wielką posiadłość w Encinitas podarował Self-Realization Fellowship pan James J. Lynn, wierny *krija-jogin* od chwili swej inicjacji w styczniu 1932 roku. Pan Lynn to wielki przemysłowiec amerykański o ogromnej liczbie obowiązków (jest dyrektorem wielkich przedsiębiorstw naftowych i prezesem największego na świecie towarzystwa

Paramahansa Jogananda i James J. Lynn, który później otrzymał zakonne imię Śri Radźaryszi Dźanakananda (zob. fot. na s. 207). Guru i uczeń medytują w międzynarodowej siedzibie SRF-YSS w Los Angeles w 1933 roku. „Niektórzy twierdzą, że ludzie Zachodu nie potrafią medytować. To nieprawda – powiedział Jogananadaźi. – Nie widziałem, by oć chwili inicjacji w *krija-jogę* pan Lynn choć przez chwilę nie pozostawał w wewnętrznej łączności z Bogiem".

Paramahansadźi i Faye Wright (Śri Daja Mata), w pustelni SRF w Encinitas, 1939 r. Niedługo po jej wstąpieniu do aśramu SRF w 1931 r. Guru powiedział jej: „Jesteś moim skarbem. Gdy się pojawiłaś, wiedziałem, że przyciągniesz na tę ścieżkę wielu prawdziwych miłośników Boga". Kiedyś z miłością zauważył: „Moja Faye! Jakże wiele uczyni dobrego!... Wiem, że mogę działać za jej pośrednictwem, ponieważ jest tak otwarta".

ubezpieczeniowego), a mimo to codziennie znajduje czas na długą i głęboką medytację *krija-jogi*. Prowadząc harmonijne życie, osiągnął w *samadhi* łaskę niewzruszonego spokoju.

Gdy byłem w Indiach i Europie (od czerwca 1935 roku do października 1936 roku), pan Lynn* uknuł przyjacielski spisek z moimi kalifornijskimi korespondentami: umówili się, że w listach ani słowem nie wspomną o budowie aśramu w Encinitas. Jakże byłem zdumiony i uradowany!

W czasie pierwszych lat pobytu w Ameryce przeczesywałem wybrzeża Kalifornii w poszukiwaniu niewielkiego terenu na aśram nad brzegiem morza. Ilekroć znajdowałem odpowiednie, niezmiennie pojawiała się jakaś przeszkoda. Patrząc teraz na zalaną słońcem posiadłość w Encinitas, zrozumiałem z pokorą, że oto spełniła się dawna przepowiednia Śri Jukteśwara o „pustelni nad oceanem"**.

Kilka miesięcy później, w Wielkanoc 1937 roku, odprawiłem na trawniku nowego aśramu pierwszy z wielu obrzędów wielkanocnych o wschodzie słońca. Jak starożytni trzej królowie, kilkuset uczniów z nabożną czcią wpatrywało się w codzienny cud – rytuał przebudzenia słońca na wschodnim niebie. Na zachodzie Ocean Spokojny uroczyście głosił chwałę hukiem fal. W dali unosiła się maleńka, biała żaglówka; mewa przecinała niebo samotnym lotem. „Chrystusie, zmartwychwstałeś!" Nie tylko ze wschodem wiosennego słońca, lecz i w wiecznym świtaniu Ducha.

Szybko mijały szczęśliwe miesiące. Otoczony doskonałym pięknem Encinitas, zakończyłem od dawna planowane dzieło: *Cosmic Chants* (Pieśni Kosmosu). Przetłumaczyłem na angielski wiele indyjskich pieśni i zapisałem je w zachodniej notacji muzycznej. W śpiewniku znalazły się utwory: „Nie ma narodzin, nie ma śmierci" Śankary, sanskrycki „Hymn do Brahmy", „Któż jest w mej świątyni?" R. Tagorego oraz kilka moich własnych kompozycji: „Zawsze będę Twój", „Tam gdzie nie sięgają marzenia", „Wzywa Cię moja dusza", „Pójdź, posłuchaj pieśni mej duszy" i „W świątyni milczenia"***.

---

* Po odejściu Paramahansadźiego pan Lynn (Radźaryszi Dźanakananda) został prezesem Self-Realization Fellowship i Yogoda Satsanga Society of India. O swoim guru pan Lynn wyraził się: „Jakimż niebem jest towarzystwo święte! Ze wszystkiego, co mi się przydarzyło w życiu, największym skarbem są błogosławieństwa, którymi obdarzył mnie Paramahansadźi". Pan Lynn wszedł w *mahasamadhi* w 1955 r. (*przyp. wydawcy amerykańskiego*).

** Zob. s. 123.

*** Wydane przez Self-Realization Fellowship. Sporządzono nagrania kilku pieśni ze zbioru „Pieśni Kosmiczne" w wykonaniu Paramahansy Joganandy. Można je nabyć w Self-Realization Fellowship (*przyp. wydawcy amerykańskiego*).

Widok z powietrza na położoną nad Pacyfikiem pustelnię Self-Realization Fellowship w Encinitas w Kalifornii. Na obszernym terenie znajdują się pomieszczenia mieszkalne i dom praktyk, w pobliżu – świątynia SRF.

Autobiografia jogina

Paramahansa Jogananda na terenie pustelni SRF w Encinitas, 1940 r. Z urwiska roztacza się widok na Pacyfik.

W przedmowie do śpiewnika opowiedziałem, jak niezwykłym przeżyciem była dla mnie reakcja ludzi Zachodu na wschodnie pieśni religijne. Miałem okazję się o tym przekonać podczas mojego wykładu 18 kwietnia 1926 roku w Carnegie Hall w Nowym Jorku.

W przeddzień wykładu zwierzyłem się jednemu z moich amerykańskich uczniów, panu Alvinowi Hunsickerowi:

– Zamierzam poprosić publiczność, by zaśpiewała starożytną hinduską pieśń: „Boże przepiękny"*.

---

* Jest to pieśń Guru Nanaka. Oto słowa:
  Boże przepiękny, Boże przepiękny,
  Chylę głowę do Twych stóp!
  Boże przepiękny, Boże przepiękny,
  W lesie jesteś zielony;
  W górach jesteś wysoki;
  W rzece jesteś niespokojny;
  W oceanie poważny jesteś.
  Boże przepiękny, Boże przepiękny,
  Chylę głowę do Twych stóp!
  Boże przepiękny, Boże przepiękny,
  Jesteś pomocą dla uczynnych;
  Kochającym miłością jesteś;
  Cierpiącemu pocieszeniem jesteś;
  Dla jogina błogością jesteś.
  Boże przepiękny, Boże przepiękny,

Pan Hunsicker sprzeciwił się, twierdząc, że wschodnie pieśni są dla Amerykanów mało zrozumiałe.

– Muzyka to język uniwersalny. W tej wzniosłej pieśni Amerykanie z pewnością odczują aspiracje duszy.

Następnego wieczoru tony pieśni „Boże przepiękny", przesycone miłością do Boga, rozbrzmiewały przez ponad godzinę, wznosząc się z trzech tysięcy gardeł. Kochani nowojorczycy – wcale nie byli zblazowani! Ich serca wzleciały w prostym peanie radości. Tego wieczoru wśród wielbicieli z miłością śpiewających błogosławione imię Pana miały miejsce cudowne uzdrowienia.

W 1941 roku odwiedziłem Ośrodek Self-Realization Fellowship w Bostonie. Kierownik ośrodka, dr M. W. Lewis, umieścił mnie w przepięknie urządzonym apartamencie.

– Panie – powiedział pan Lewis z uśmiechem – w pierwszych latach pobytu w Ameryce mieszkałeś w tym mieście w jednym pokoju bez łazienki. Chciałem, byś wiedział, że Boston może się pochwalić także luksusowymi apartamentami!

Szybko mijały szczęśliwe, pracowite lata w Kalifornii. W 1937 roku w Encinitas założona została Kolonia Self-Realization Fellowship*. Liczne zajęcia w kolonii zapewniają uczniom wielostronne kształcenie, zgodnie z idałami Self-Realization Fellowship. Hoduje się tu również owoce i jarzyny na użytek mieszkańców Encinitas i pozostałych ośrodków w Los Angeles.

„On z jednego [człowieka] wyprowadził rodzaj ludzki"**. „Braterstwo ludzi świata" to wielkie słowa, człowiek musi jednak objąć życzliwością wszystkich i uznać się za obywatela świata. Kto naprawdę zrozumie, że „to moja Ameryka, moje Indie, moje Filipiny, moja Europa, moja Afryka" i tak dalej, temu nie zabraknie przestrzeni do użytecznego i szczęśliwego życia.

Chociaż cieleśnie Śri Jukteśwar nigdy nie przebywał poza Indiami, to jednak znał prawdę o braterstwie: „Moją ojczyzną jest świat".

Chylę głowę do Twych stóp!
Boże przepiękny, Boże przepiękny!

* Obecnie jest to kwitnący ośrodek aśramowy, w którego skład wchodzą pierwotne budynki głównej pustelni, aśramy dla mnichów i mniszek, kuchnia i jadalnia. Jest to przyjemne miejsce odosobnienia dla członków i przyjaciół. Od szosy, biegnącej wzdłuż jednej strony rozległej posiadłości, widać rząd białych kolumn, zwieńczonych pozłacanymi lotosami. W sztuce hinduskiej lotos jest symbolem ośrodka Świadomości Kosmicznej (*sahasrary*) – „tysiącpłatkowego lotosu światła", który znajduje się w mózgu.

** Dz 17-26

Rozdział 49

Lata 1940–1951

„Poznaliśmy doprawdy wartość medytacji i wiemy, że nic nie zdoła nam zakłócić wewnętrznego spokoju. W ciągu ostatnich tygodni podczas spotkań słyszeliśmy syreny alarmów przeciwlotniczych i wybuchy bomb o opóźnionym zapłonie, lecz mimo to uczniowie nadal się spotykają i radośnie przeżywają piękne praktyki".

Ten list, świadectwo odwagi, napisany przez kierownika londyńskiego Ośrodka Self-Realization Fellowship, był jednym z wielu, jakie otrzymywałem z dewastowanej wojną Anglii i innych krajów Europy, zanim Ameryka przystąpiła do drugiej wojny światowej.

Dr L. Cranmer-Byng, znany wydawca serii książek „The Wisdom of the East" (Mądrość Wschodu) w Londynie, napisał do mnie w 1942 roku:

„Przeczytawszy *East-West**, zrozumiałem, że choć się wydaje, iż jesteśmy daleko od siebie, jakbyśmy żyli w dwóch różnych światach, to piękno, ład, cisza i pokój docierają do mnie z Los Angeles, wpływając jak statek obładowany błogosławieństwami i pociechą Świętego Graala do portu oblężonego miasta.

Jak w marzeniu sennym widzę wasz gaj palmowy i świątynię w Encinitas z widokiem na bezmiar oceanu i gór. Przede wszystkim jednak widzę wspólnotę ludzi o duchowych dążeniach – społeczność zespoloną w jedności, pochłoniętą twórczą pracą i znajdującą wciąż nowe siły w kontemplacji. [...] Pozdrowienia dla całego Towarzystwa od zwykłego żołnierza, piszącego na strażnicy w oczekiwaniu świtu".

---

* Czasopismo to nosi obecnie tytuł „Self-Realization".

PARAMAHANSA JOGANANDA
Zdjęcie zrobione 20. 08.1950 r. na uroczystości otwarcia Lake Shrine, ośrodka Self-Realization Fellowship w Pacific Palisades w Kalifornii.

LAKE SHRINE, OŚRODEK SELF-REALIZATION FELLOWSHIP I POMNIK POKOJU ŚWIATOWEGO KU CZCI MAHATMY GANDHIEGO

W dniu 20 sierpnia 1950 r. Paramahansa Jogananda dokonał uroczystego otwarcia Lake Shrine, dziesięcioakrowej posiadłości w Pacific Palisades w Los Angeles, w Kalifornii. W 1949 r., nadzorując prace budowlane i ogrodnicze, Paramahansadźi przebywał czasami w łodzi mieszkalnej, widocznej na fotografii po lewej. Na fotografii po prawej, między środkowymi kolumnami, widać rzeźbiony sarkofag, w którym mieści się część prochów Mahatmy Gandhiego. Po drugiej stronie jeziora znajduje się Windmill Chapel, kaplica w młynie, widoczna na fotografii po lewej. Co tydzień w Lake Shrine odbywają się obrzędy, medytacje i lekcje Self-Realization Fellowship, otwarte dla wszystkich.

Lata 1940–1951

Self-Realization Fellowship zbudowało w Hollywood w Kalifornii Church of All Religions (Kościół Wszystkich Religii). Został on poświęcony w 1942 roku. Rok później drugi taki kościół powstał w San Diego w Kalifornii, a w 1947 roku – trzeci, w Long Beach w Kalifornii*.

W roku 1949 Self-Realization Fellowship otrzymało w darze jedną z najpiękniejszych posiadłości na świecie, tonącą w kwiatach „krainę cudów" w Pacific Palisades, dzielnicy Los Angeles. Dziesięcioakrowa posesja tworzy naturalny amfiteatr otoczony zielonymi wzgórzami. Jej nazwa: Lake Shrine (Świątynia nad jeziorem), pochodzi od wielkiego jeziora, błękitnego klejnotu w diademie gór. W oryginalnym holenderskim wiatraku, znajdującym się na terenie posiadłości, mieści się zaciszna kaplica. Z wielkiego koła młyńskiego woda spływa do położonego niżej ogrodu, szemrząc perliście, jak muzyka. Miejsce zdobią dwa marmurowe, chińskie posągi – Pana Buddy i Kuan In (uosobienie Boskiej Matki czczone w Chinach). Na wzgórzu nad wodospadem stoi naturalnej wielkości posąg Chrystusa o pogodnej twarzy i w luźno spływającej szacie, w nocy nadzwyczaj pięknie iluminowany.

W roku 1950 w Lake Shrine odsłonięto Pomnik Pokoju Światowego ku czci Mahatmy Gandhiego. Był to rok trzydziestej rocznicy** istnienia Self-Realization Fellowship w Ameryce. Sprowadzono z Indii część popiołów Mahatmy. Zostały umieszczone w kamiennym sarkofagu, liczącym tysiąc lat.

W 1951 roku założono w Hollywood ośrodek Self-Realization Fellowship pod nazwą „India Center"***. W uroczystościach jego otwarcia wzięli udział panowie Goodwin J. Knight, wicegubernator stanu Kalifornia, i M. R. Ahudźa, konsul generalny Indii. W ośrodku znajduje się Sala Indyjska, audytorium na dwieście pięćdziesiąt osób.

Ludzie, którzy po raz pierwszy przychodzą do różnych ośrodków Towarzystwa, zazwyczaj pragną się dowiedzieć czegoś więcej o jodze.

---

* Kaplica w Long Beach stała się za mała, toteż od roku 1967 wierni korzystają z przestronnej Świątyni Self-Realization Fellowship w Fullerton w Kalifornii (*przyp. wydawcy amerykańskiego*).

** Podczas świętowania tej rocznicy 27 sierpnia 1950 r. odprawiłem w Los Angeles święty obrzęd, w trakcie którego udzieliłem inicjacji w *krija-jogę* 500 uczniom.

*** „Ośrodek Indyjski", wraz z przyległą doń świątynią, stał się zalążkiem wielkiego Ośrodka Aśramowego, prowadzonego przez wielbicieli, którzy poświęcili się służbie ludzkości i urzeczywistnieniu we własnym życiu ideałów Paramahansy Joganandy (*przyp. wydawcy amerykańskiego*).

Goodwin J. Knight, wicegubernator Kalifornii *(w środku)* ze Śri Joganandą i A. B. Rose na uroczystości otwarcia Ośrodka Indyjskiego Self-Realization Fellowship, który sąsiaduje ze Świątynią SRF, pokazaną na zdjęciu poniżej. Hollywood, Kalifornia, 08.08.1951 r.

Światynia Self-Realization Fellowship (Kościół Wszystkich Religii), Hollywood

Często słyszę pytanie: „Czy to prawda, jak twierdzą niektóre organizacje, że nie można skutecznie nauczyć się jogi z książek, lecz że powinno się ją poznawać jedynie pod kierunkiem nauczyciela, który jest przy uczniu?"

W epoce atomu powinno się nauczać jogi takimi metodami, jak na przykład korespondencyjne *Lekcje Self-Realization Fellowship**, gdyż inaczej ta nauka, niosąca człowiekowi wyzwolenie, znowu dostępna będzie tylko nielicznym wybrańcom. Byłoby doprawdy bezcennym dobrodziejstwem, gdyby każdy uczeń mógł mieć u boku guru o doskonałej, boskiej mądrości. Świat jednak składa się z wielu „grzeszników" i niewielu świętych! Jakże więc rzesze ludzi miałyby korzystać z pomocy jogi inaczej, niż studiując w domu nauki spisane przez prawdziwych joginów?

Alternatywą byłoby zignorować „przeciętnego człowieka" i pozostawić go bez wiedzy o jodze. Nie leży to w planie Boga dla nowej epoki. Babadźi obiecał chronić i prowadzić wszystkich szczerych *krija-joginów* na ścieżce do Celu**. Potrzeba setek tysięcy, a nie tylko dziesiątków adeptów *krija-jogi*, aby mógł się urzeczywistnić świat pokoju i obfitości, w jakim będzie żyć człowiek, gdy wytrwale nad sobą pracując, odzyska swój status syna Boskiego Ojca.

Założenie na Zachodzie organizacji Self-Realization Fellowship, „ula pełnego duchowego miodu", było moim obowiązkiem, zleconym mi przez Śri Jukteśwara i Mahawatara Babadźiego. Wypełnienie tego świętego zadania nie było pozbawione trudności.

– Powiedz mi prawdę, Paramahansadźi, czy było warto? – To lakoniczne pytanie zadał mi pewnego wieczoru dr Lloyd Kennell, kierownik świątyni w San Diego. Zrozumiałem, co miał na myśli: Czy jesteś szczęśliwy w Ameryce? Co sądzisz o kłamstwach ludzi, którzy, wprowadzeni w błąd, starają się zapobiec rozpowszechnianiu jogi? Co powiesz

---

* Ten zestaw lekcji do indywidualnej nauki w domu jest do nabycia za pośrednictwem międzynarodowego zarządu Self-Realization Fellowship, organizacji założonej przez Paramahansę Joganandę w celu rozpowszechniania *krija-jogi*, nauki medytacji i duchowego życia (*zob*. s. 528). (*Przyp. wydawcy amerykańskiego*)

** Także Paramahansa Jogananda powiedział uczniom na Wschodzie i Zachodzie, że po odejściu z tego życia nadal będzie czuwać nad postępem duchowym wszystkich *krijabanów* (uczniów praktykujących według *Lekcji Self-Realization Fellowship*, którzy otrzymali inicjację w *krija-jogę*. (*Zob*. s. 329, przypis). Od chwili *mahasamadhi* Paramahansy Joganandy prawdziwość tej pięknej obietnicy potwierdziło listownie wielu *krija-joginów*, którzy świadomie odczuli jego wszechobecną opiekę (*przyp. wydawcy amerykańskiego*).

o rozczarowaniach, o zawiedzionych boleśnie sercach, o kierownikach ośrodków, którzy nie potrafili kierować, o uczniach, których nie udało się nauczyć?

— Błogosławiony człowiek, którego Pan poddaje próbom! — odparłem. — Pamiętał On, by od czasu do czasu nakładać na mnie brzemię. — Pomyślałem zaraz o wszystkich ludziach wiernych, o miłości, oddaniu i zrozumieniu, które rozświetlają serce Ameryki. — Powoli i z naciskiem powiedziałem: — Moja odpowiedź brzmi: tak, po tysiąckroć tak! *Było* warto, a nawet przerosło to moje marzenie: widzę, jak Zachód i Wschód zbliżają się do siebie, tworząc jedyną prawdziwie trwałą więź — więź duchową.

Wielcy mistrzowie indyjscy, którzy okazywali i okazują żywe zainteresowanie Zachodem, dobrze rozumieją sytuację współczesnego świata. Wiedzą, że dopóki wszystkie narody nie przyswoją sobie wzajemnie cnót Wschodu i Zachodu, sytuacja ta się nie poprawi. Obie półkule potrzebują od siebie nawzajem tego, co mają najlepszego.

Podróżując po świecie, ze smutkiem oglądałem wiele cierpienia*: na Wschodzie przede wszystkim w sferze materialnej, na Zachodzie — w sferach psychicznej i duchowej. Wszystkie narody odczuwają bolesne skutki braku równowagi we współczesnych cywilizacjach. Indie i wiele innych krajów Wschodu mogą odnieść wielkie korzyści, współzawodnicząc z narodami zachodnimi, takimi jak Amerykanie, w umiejętnościach praktycznych, w dążeniu do osiągnięć materialnych. Narody Zachodu, z drugiej strony, potrzebują głębszego zrozumienia duchowej podstawy życia, a zwłaszcza naukowych technik, które stworzyły starożytne Indie w celu świadomej komunii człowieka z Bogiem.

---

* Jak morze burzliwe huczą wokół słowa:
„Czy ziemia twa aż tak jest zniszczona,
Rozbita w drzazgi?
Patrz, wszystko od ciebie ucieka,
Bo ty ode Mnie uciekasz!
Wszystko co ci zabrałem,
Nie dla twej szkody wziąłem,
Lecz po to, byś w Moich szukał ramionach.
Wszystko co twa dziecinna pomyłka
Uważa za stracone, czeka na cię w domu.
Powstań, weź dłoń Mą i chodź!"
— Francis Thompson, *The Hound of Heaven* (Pies gończy niebios).
[Przekład anonimowy — *przyp. tłum.*]

Lata 1940–1951

Ideał cywilizacji wszechstronnie rozwiniętej nie jest chimerą. Przez tysiąclecia Indie były krajem zarówno duchowego światła, jak i powszechnego dobrobytu. W długiej historii Indii bieda panująca przez ostatnie dwieście lat to tylko przemijająca faza karmiczna. Przez całe stulecia „bogactwa Indii" były na świecie przysłowiowe*. Obfitość, tak materialna, jak i duchowa, wpisana jest w *rytę*, naturalny porządek wszechrzeczy, kosmiczne prawo sprawiedliwości. W Bogu ani w Jego zjawiskowej bogini, bujnej Przyrodzie, nie ma skąpstwa.

Hinduskie pisma święte podają, że człowiek przyciągany jest na tę Ziemię, by się uczyć, by w każdym kolejnym życiu coraz lepiej poznawać niezliczone sposoby, w jakie może wyrażać się Duch w materialnych warunkach i jak może nad nimi panować. Wschód i Zachód uczą się tej wielkiej prawdy różnymi drogami i powinny chętnie się dzielić swymi odkryciami. Ponad wszelką wątpliwość podoba się Panu, kiedy

---

* Z zapisów historycznych wynika, że aż do XVIII w. Indie były najbogatszym krajem świata. Nawiasem mówiąc, nic w literaturze ani tradycji hinduskiej nie uzasadnia współczesnej teorii historyków zachodnich, że wcześni Ariowie „najechali" na Indie z jakiejś innej części Azji bądź Europy. Nie bez powodu uczeni nie potrafią ustalić miejsca, z którego Ariowie mieliby jakoby wyruszyć. Świadectwo Wed wskazuje, że od niepamiętnych czasów ojczyzną Hindusów są Indie. Przedstawił je Abinas Ćandra Das w niezwykłej i bardzo poczytnej książce *Rig-Vedic India*, wydanej w 1921 r. przez Uniwersytet w Kalkucie. Profesor Das twierdzi, że ludy emigrujące z Indii zasiedliły różne części Europy i Azji, przynosząc tam aryjski język i folklor. Język litewski, na przykład, jest pod wieloma względami bardzo podobny do sanskrytu. Filozof Kant, który w ogóle nie słyszał o sanskrycie, był zdumiony naukową budową języka litewskiego. „Jest on – wyraził się – kluczem do wszystkich tajemnic, nie tylko filologicznych, lecz także historycznych".

O bogactwach Indii wspomina Biblia, mówiąc (2 Krn 9, 21, 10), że okręty z Tarsziszu przywoziły królowi Salomonowi „złoto i srebro, kość słoniową oraz małpy i pawie", a także „drewno sandałowe i drogocenne kamienie" z Ofiru (Sopara na wybrzeżu bombajskim). Szczegółowy obraz dobrobytu Indii pozostawił nam Megasthenes, poseł grecki (IV w. p.n.e.). Pliniusz (I w. n.e.) opowiada, że Rzymianie co roku wydawali pięćdziesiąt milionów sestercji (5 mln dol.) na towary importowane z Indii, które były wtedy ogromną potęgą morską.

Podróżnicy chińscy żywo opisywali bogatą cywilizację hinduską, powszechną edukację i doskonały rząd. Chiński kapłan Fa-Hsien (V w.) pisze, że ludzie w Indiach byli szczęśliwi, uczciwi i dobrze im się powodziło. *Zob.* Samuel Beal, *Buddhist Records of the Western World* (Dla Chińczyków Indie były krajem zachodnim!), Trubner, London; i Thomas Watters, *On Yuan Chwang's Travels to India, A.D.629-45*, Royal Asiatic Society.

Kolumb, płynąc w XV w. do Nowego Świata, szukał w istocie krótszego szlaku handlowego do Indii. Od wieków Europa pożądała towarów z Indii – jedwabi, delikatnych tkanin (tak cienkich, że zasłużyły sobie na określenia „utkanych z powietrza" i „niewidzialnej mgiełki"), drukowanych tkanin bawełnianych, brokatów, haftów, dywanów, wyrobów nożowniczych, zbroi, kości słoniowej i wyrobów z kości słoniowej, perfum, kadzideł, wyrobów garncarskich, drzewa sandałowego, leków i maści, indygo, ryżu, przypraw, koralu, złota, srebra, pereł, rubinów, szmaragdów i diamentów.

Autobiografia jogina

jego ziemskie dzieci walczą o zbudowanie cywilizacji ogólnoświatowej, wolnej od ubóstwa, chorób i niewiedzy duszy. Podstawową przyczyną wszelkich postaci cierpienia jest niepamięć człowieka o własnej boskości (co wynika z niewłaściwego używania wolnej woli*).
Grzechy przypisywane antropomorficznej abstrakcji zwanej „społeczeństwem" można, co będzie bardziej realistyczne, złożyć na

---

Kupcy portugalscy i włoscy odnotowali, jak ogromny podziw wzbudził w nich bajeczny przepych w całym imperium Widźajanagaru (1336-1565). Arabski poseł Razzak opisał stolicę imperium tak: „Ani oko nie widziało, ani ucho nie słyszało o żadnym innym mieście na ziemi, które dorównywałoby jej chwałą".

W XVI w. po raz pierwszy w swej długiej historii całe Indie dostały się pod rządy nie-Hindusów. W 1524 r. turecki zdobywca Babur najechał na kraj i zapoczątkował dynastię królów muzułmańskich. Osiedliwszy się na starożytnej ziemi, nowi władcy nie rabowali jej skarbów. Niemniej jednak, osłabione wewnętrznymi waśniami, bogate Indie w XVII w. padły łupem kilku narodów europejskich; ostatecznie rządy objęła Anglia. Indie uzyskały niepodległość drogą pokojową 15 sierpnia 1947 r.

Jak bardzo wielu Hindusów ja też mam pewną historię, którą teraz można już opowiedzieć. Podczas pierwszej wojny światowej zjawiła się u mnie grupa młodych ludzi, których znałem z college'u, nakłaniając mnie do poprowadzenia ruchu rewolucyjnego. Odmówiłem, mówiąc: „Zabijanie naszych angielskich braci nie może przynieść Indiom nic dobrego. Zdobędą one wolność nie dzięki kulom, lecz dzięki sile duchowej". Ostrzegłem następnie kolegów, że wyładowane bronią niemieckie okręty, na które liczyli, zostaną przechwycone przez Brytyjczyków w Diamond Harbour w Bengalu. Oni jednak przeprowadzili swoje plany, które, dokładnie tak jak przewidziałem, nie powiodły się. Kolegów zwolniono z więzienia po kilku latach. Porzuciwszy wiarę w przemoc, paru z nich przyłączyło się do ruchu politycznego Gandhiego. Ostatecznie ujrzeli oni zwycięstwo Indii w „wojnie" wygranej metodami pokojowymi.

Zasadniczą przyczyną smutnego podziału kraju na Indie i Pakistan oraz krótkiego, przejściowego okresu krwawych wydarzeń, jakie miały miejsce w kilku częściach kraju, były czynniki ekonomiczne, a nie fanatyzm religijny (powód drugorzędny, często błędnie przedstawiany jako główny). Rzesze hindusów i muzułmanów od wieków żyją obok siebie w przyjaźni. Ogromna liczba ludzi obu wyznań stała się uczniami „bezwyznaniowego" mistrza Kabira (1450 – 1518). Po dziś dzień ma on miliony zwolenników (*Kabir-panthi*). Pod muzułmańskimi rządami Akbara Wielkiego w całych Indiach panowała wielka swoboda wyznaniowa. Również obecnie pośród 95% prostych ludzi nie istnieją poważne spory religijne. Prawdziwe Indie, Indie, które potrafiły zrozumieć Mahatmę Gandhiego i za nim pójść, to nie wielkie, niespokojne miasta, lecz 700 000 cichych wsi, w których od niepamiętnych czasów stosuje się prostą i sprawiedliwą formę samorządu *pańczajatów* (lokalnych rad). Problemy, z jakimi obecnie borykają się nowo wyzwolone Indie, z pewnością zostaną rozwiązane przez wielkich ludzi, których w Indiach nigdy nie brakowało.

* Swobodnie służymy,
Bo swobodnie kochamy, gdyż naszą wolą
Kochać lub nie; tym stoimy bądź upadamy.
A niektórzy przez brak posłuchu upadli
Z niebios w najgłębsze piekło. Cóż za upadek!
Z najwyższego szczęścia w najwyższą niedolę!

– Milton, *Raj utracony*. (Przekład anonimowy – *przyp. tłum.*)

progu domu każdego człowieka*. Utopia musi się narodzić w sercach jednostek, zanim zakwitnie cnotami obywatelskimi, gdyż to przemiana wewnętrzna w naturalny sposób prowadzi do przemian zewnętrznych. Człowiek, który przemienił sam siebie, przemieni tysiące innych ludzi. Pisma święte świata, które przeszły próbę czasu, zgodnie inspirują człowieka na drodze wzwyż. Przeżywałem jeden z najszczęśliwszych okresów w życiu, gdy dyktowałem dla „Self-Realization Magazine" komentarze do części Nowego Testamentu. Żarliwie błagałem Chrystusa, by pomógł mi dotrzeć do prawdziwego znaczenia swych słów. Na przestrzeni dwudziestu wieków wiele z nich rozumiano opacznie.

Pewnego wieczoru, gdy siedziałem zatopiony w cichej modlitwie, mój pokój w Encinitas wypełnił się opalowo-błękitnym światłem. Ujrzałem promienną postać błogosławionego Pana Jezusa. Wyglądał jak młodzieniec, mniej więcej dwudziestopięcioletni, z niewielką brodą i wąsami; długie, czarne włosy, rozdzielone pośrodku, otaczała aureola skrzącego się złota.

Jego oczy miały cudowną głębię wieczności. Gdy w nie patrzyłem, bez końca się zmieniały. Każda zmiana ich boskiego wyrazu dawała mi intuicyjne zrozumienie mądrości, którą przekazywały. We wspaniałym spojrzeniu czułem potęgę, która podtrzymuje miliardy światów. Przy jego ustach pojawił się Święty Graal; spłynął do mych warg, a potem powrócił do Jezusa. Po kilku chwilach Jezus wypowiedział piękne słowa, tak osobistej natury, że zachowam je w sercu.

W latach 1950 i 1951 spędzałem dużo czasu w cichej samotni w pobliżu pustyni Mohave w Kalifornii. Przetłumaczyłem tam *Bhagawadgitę* i napisałem do niej szczegółowy komentarz**, prezentujący różne ścieżki jogi.

---

* Plan boskiej *lili*, czyli „żartobliwej zabawy", dzięki której powstały zjawiskowe światy, opiera się na *współudziale* stworzenia i Stwórcy. Jedynym darem, jaki człowiek może ofiarować Bogu, jest miłość. Ona wystarczy, by Bóg hojnie obsypał nas wszelkimi darami. „ [...] wy – i to cały naród – ustawicznie Mnie oszukujecie! Przynieście całą dziesięcinę do spichlerza, aby był zapas w moim domu, a wtedy możecie Mnie doświadczać w tym – mówi Pan Zastępów – czy wam nie otworzę zaworów niebieskich i nie zleję na was błogosławieństwa w przeobfitej mierze" (Ml 3, 9-10).

** *God Talks with Arjuna: The Bhagavad Gita – Royal Science of God-Realization* (Bóg rozmawia z Ardżuną: Bhagawadgita – Królewska nauka o urzeczywistnieniu Boga). Książkę wydało Self-Realization Fellowship. *Bhagawadgita* jest najukochańszym pismem świętym Indii. Zawiera rozmowę między Panem Kryszną (symbolizującym Ducha) a jego uczniem Ardżuną (symbolizującym duszę idealnego wyznawcy): nauki duchowe, ponadczasowe i stosujące się do wszystkich poszukujących prawdy. Głównym przesłaniem *Gity* jest, że człowiek może osiągnąć wyzwolenie dzięki miłości do Boga, mądrości i właściwemu działaniu w duchu nieprzywiązywania się.

Paramahansa Jogananda w pustelni SRF w Encinitas w Kalifornii, lipiec 1950 r.

Dwukrotnie* wyraźnie nawiązując do techniki jogicznej (jedynej wymienionej w *Bhagawadgicie*, a zarazem tej samej, którą Babadźi nazwał po prostu *krija-jogą*), to największe pismo święte Indii daje nam w ten sposób nauki praktyczne, nie tylko moralne. W oceanie naszego świata-snu oddech jest specyficzną nawałnicą ułudy, która sprawia, że postrzegamy, czyli mamy świadomość oddzielnych fal – postaci ludzi i wszystkich innych przedmiotów materialnych. Wiedząc, że sama wiedza filozoficzna i etyczna nie wystarcza do obudzenia człowieka z bolesnego snu, w którym wierzy, że jest odrębnym bytem, Pan Kryszna wskazał na świętą naukę, dzięki której jogin może opanować ciało i, gdy zechce, przemienić je w czystą energię. To, że ten jogiczny wyczyn jest możliwy, jest teoretycznie do przyjęcia dla współczesnych uczonych, pionierów atomowego wieku. Udowodniono, że wszelką materię można przemienić w energię.

Hinduskie pisma święte wychwalają naukę jogi, ponieważ może ją uprawiać cała ludzkość. Prawdą jest, że niekiedy tajemnicę oddechu odkrywano bez znajomości formalnych technik jogi, tak jak zdarzało się to niehinduskim mistykom, posiadającym transcendentną zdolność oddania się Panu. Rzeczywiście widywano takich świętych, chrześcijańskich, muzułmańskich i innych, w stanie transu bez oddechu i ruchu (*sabikalpa samadhi***), bez czego żaden człowiek nie może przejść pierwszych stopni postrzegania Boga. (Gdy jednak święty osiągnie *nirbikalpa*, czyli najwyższe *samadhi*, wówczas nieodwołalnie utwierdzony jest w Panu – niezależnie od tego, czy oddycha, czy nie, ani też czy pozostaje w bezruchu, czy działa).

Brat Wawrzyniec, siedemnastowieczny mistyk chrześcijański, opowiada, że doświadczył pierwszego błysku urzeczywistnienia Boga, gdy przyglądał się drzewu. Prawie każdy człowiek widział drzewo, jednak mało kto ujrzał dzięki temu Stwórcę drzewa. Większość ludzi jest całkowicie niezdolna do wzbudzenia w sobie tej nieodpartej mocy miłosnego oddania, którą w naturalny sposób posiadają tylko nieliczni *ekantini*, święci „szczerego serca", spotykani na wszystkich ścieżkach religijnych, czy to Wschodu, czy Zachodu. A jednak,

---

* *Bhagawadgita* IV, 29 i V, 27-28.
** Zob. rozdział 26. Spośród mistyków chrześcijańskich, których widziano w *sabikalpa samadhi*, można wymienić św. Teresę z Avili, której ciało stawało się wtedy tak nieruchome, że zdumione zakonnice z jej klasztoru nie potrafiły zmienić jego pozycji ani przywrócić świętej do świadomości świata zewnętrznego.

zwykły człowiek* nie jest przez to pozbawiony możliwości komunii z Bogiem. By dusza jego przypomniała sobie, kim jest, wystarczy, że będzie stosował technikę *krija-jogi*, codziennie przestrzegał wskazań moralnych i że potrafi szczerze wykrzyknąć: „Panie, bardzo pragnę Cię poznać!"

Uniwersalność jogi polega zatem na tym, że zbliżamy się do Boga bardziej dzięki codziennemu stosowaniu metody naukowej niż płomiennemu oddaniu, jakie przeciętnemu człowiekowi trudno byłoby w sobie wzbudzić.

Niektórzy wielcy nauczyciele dźinijscy zwani są *tirthakarami*, czyli „odkrywcami brodów", ponieważ odnajdują przejścia, którymi zaślepiona ludzkość może się przeprawiać przez burzliwe morza *samsary* (czyli wydostać się z karmicznego koła narodzin i śmierci). *Samsara* (dosłownie „płynięcie" z potokiem zjawisk) skłania człowieka do działania po linii najmniejszego oporu. „Jeżeli więc ktoś zamierzałby być przyjacielem świata, staje się nieprzyjacielem Boga"**. By stać się przyjacielem Boga, człowiek musi pokonać „diabły", czyli zło własnej karmy – skutki przeszłych czynów, które go stale zmuszają do bezwolnej zgody na trwanie w *maji*. Znajomość żelaznego prawa karmy pobudza każdego szczerze poszukującego prawdy do szukania drogi ostatecznej ucieczki z jego więzów. Ponieważ niewola karmiczna istot ludzkich zakorzeniona jest w pragnieniach umysłu zamroczonego *mają*, jogin zajmuje się opanowywaniem umysłu***. Znikają kolejne zasłony karmicznej niewiedzy i człowiek w końcu ogląda siebie w swej prawdziwej istocie.

Tajemnica życia i śmierci, której rozwiązanie jest jedynym celem pobytu człowieka na ziemi, nierozdzielnie związana jest z oddechem.

---

* „Zwykły człowiek" musi kiedyś rozpocząć podróż duchową. „Tysiącmilowa podróż zaczyna się od jednego kroku", zauważył Lao-Tsy. *Por.* Pan Budda: „Niechaj żaden człowiek nie lekceważy dobra, mówiąc sobie w sercu: Do mnie ono nie przyjdzie. Pojedyncze krople, spadając, wypełniają garnek; mądry człowiek napełnia się dobrem, nawet jeśli je zbiera po odrobinie".

** Jk 4, 4

***Jak płomień w miejscu bezwietrznym nie chwieje się, tak wygląda Umysł jogina, co jogę uprawia opanowany. Gdzie uspokaja się umysł, wstrzymany ćwiczeniem jogi, Gdzie sobą Siebie ogląda i w Sobie samym się cieszy, Gdzie szczęście nieporównane, chwytane czystym rozumem, Ponadzmysłowe poznaje, w czym będąc nie gubi Prawdy, Co osiągnąwszy nie myśli, by mogła być większa zdobycz, W czym trwając nawet największym cierpieniem się nie załamie – To rozłączenie z cierpieniem jogą się zwie, niech wie o tym!

– *Bhagawadgita* VI, 19-23, *op.cit.*

Lata 1940–1951

Ambasador Indii w Stanach Zjednoczonych, Binaj Randźan Sen, ze Śri Joganandą w międzynarodowej siedzibie Self-Realization Fellowship w Los Angeles, 04.03.1952 r. – na trzy dni przed odejściem wielkiego jogina.

W mowie wygłoszonej na pogrzebie w dniu 11 marca Ambasador Sen powiedział: „Gdybyśmy obecnie mieli takiego człowieka jak Paramahansa Jogananda w Organizacji Narodów Zjednoczonych, świat prawdopodobnie byłby lepszym miejscem. Z tego, co mi wiadomo, nikt nie uczynił więcej, nie dał z siebie więcej dla zbliżenia narodów Indii i Ameryki".

Życie bez oddechu to nieśmiertelność. Poznawszy tę prawdę, starożytni ryszi Indii uchwycili się jedynego klucza, jakim jest oddech, i stworzyli ścisłą, racjonalną naukę o nieoddychaniu.

Nawet gdyby Indie nie miały żadnego innego daru dla świata, już sama *krija-joga* byłaby podarunkiem królewskim.

W Biblii są ustępy świadczące o tym, że prorocy hebrajscy dobrze wiedzieli, iż Bóg uczynił z oddechu subtelne ogniwo między ciałem a duszą. W *Księdze Rodzaju* jest napisane: „Wtedy to Pan Bóg ulepił człowieka z prochu ziemi i tchnął w jego nozdrza tchnienie życia, wskutek czego stał się człowiek istotą żywą"*. Ciało ludzkie składa się ze związków chemicznych i pierwiastków metali, które znajdują się także w „prochu ziemi". Nie przejawiałoby żadnej aktywności, nie miałoby energii ani by się nie poruszało, gdyby dusza nie przekazywała mu prądów życiowych. Dusza czyni to – w przypadku ludzi nieoświeconych – za pośrednictwem oddechu (energii gazowej). Prądy życia, działające w ludzkim ciele w postaci pięciorakiej prany, czyli subtelnych energii życiowych, są przejawem *Aum*, wibracji wszechobecnej duszy.

Odbicie życia z duszy-źródła, pozorna rzeczywistość życia jaśniejącego w komórkach ciała, jest jedyną przyczyną przywiązania człowieka do ciała. To oczywiste, że nie składałby on tak troskliwie hołdu samej tylko bryle gliny. Człowiek błędnie utożsamia się z ciałem fizycznym, ponieważ prądy życia płynące z duszy przekazywane są wraz z oddechem do ciała z tak wielką mocą, że bierze on skutek za przyczynę i bałwochwalczo wyobraża sobie, że ciało posiada własne życie.

W stanie jawy człowiek jest świadomy ciała i oddechu. Stan snu, gdy uaktywnia się podświadomość, wiąże się z tymczasowym oddzieleniem się umysłu od ciała fizycznego i oddechu. Przebywanie w stanie nadświadomości oznacza wolność od złudzenia, że „istnienie" zależy od ciała i oddechu**. Bóg żyje nie oddychając. Dusza, uczyniona na Jego podobieństwo, staje się po raz pierwszy świadoma siebie dopiero wtedy, gdy człowiek zapada w stan bez oddechu.

Kiedy ogniwo oddechu między duszą a ciałem zostaje zerwane przez ewolucyjną karmę, następuje nagłe przejście zwane „śmiercią". Komórki ciała fizycznego powracają do swego naturalnego stanu niemocy. *Krija-jogin* potrafi jednak zerwać ogniwo oddechu aktem woli; oddech ustaje dzięki mądrości nauki, a nie wskutek brutalnej interwencji karmicznej, z konieczności. We własnym, autentycznym doświadczeniu jogin już zyskał świadomość bezcielesności swej istoty i nie potrzebuje,

---

* Rdz 2, 7
** „Nie zdołasz należycie cieszyć się światem, dopóki samo morze nie popłynie w twoich żyłach, dopóki nie przyodzieją cię niebiosa i nie ukoronują gwiazdy, i nie ujrzysz, żeś jedynym dziedzicem całego świata, a nawet więcej, gdyż na świecie są ludzie, z których każdy jest wyłącznym dziedzicem tak samo jak ty; dopóki nie będziesz śpiewał, rozkoszował się i radował w Bogu, tak jak skąpiec cieszy się złotem, a król berłem [...] dopóki drogi Boże na przestrzeni wieków nie będą ci tak dobrze znane jak to, że chodzisz i jesz; dopóki blisko się nie zapoznasz z owym mglistym nic, z którego został stworzony ten świat".

– Thomas Traherne, *Centuries of Meditations* (Wieki medytacji)

by dopiero śmierć dała mu w nieco przykry sposób poznać, że człowiek nie postępuje zbyt mądrze, pokładając ufność w ciele fizycznym.

Życie po życiu, każdy człowiek zbliża się (idąc we własnym tempie i często zbaczając z drogi) do celu, jakim jest jego własna apoteoza. Śmierć, nie przerywając tego postępu, po prostu umożliwia mu pobyt w bardziej przyjaznym środowisku astralnego świata, w którym się oczyszcza. „Niech się nie trwoży serce wasze. [...] W domu Ojca mego jest mieszkań wiele"*. Jest doprawdy nieprawdopodobne, by urządzając ten świat, Bóg wyczerpał swą pomysłowość i że w przyszłym świecie nie zaoferuje nam nic ciekawszego niż brzdąkanie w harfy.

Śmierć nie wymazuje istnienia ani nie jest ostateczną ucieczką z życia, ale nie jest też bramą do nieśmiertelności. Kto zagubił swą Jaźń w ziemskich radościach, nie odzyska jej pośród zwiewnych uroków świata astralnego. Będzie tam tylko gromadził subtelniejsze postrzeżenia i wrażliwsze doznania piękna i dobra, które stanowią jedno. To na kowadle materialnej ziemi, w ciągłych zmaganiach, musi człowiek wykuwać niezniszczalne złoto swej tożsamości z Duchem. Niosąc w dłoni ten z trudem zdobyty skarb, jedyny dar, jaki przyjmuje chciwa śmierć, człowiek osiąga wreszcie ostateczne wyzwolenie z kręgu wcieleń fizycznych.

Przez kilka lat prowadziłem w Encinitas i w Los Angeles zajęcia na temat *Jogasutr* Patańdźalego i innych głębokich dzieł filozofii hinduskiej.

„Dlaczego Bóg w ogóle połączył duszę i ciało? – zapytał mnie pewnego wieczoru jeden z uczniów. – Jaki miał cel, wprawiając w ruch ewolucyjny dramat stworzenia?" Takie pytania stawiała niezliczona liczba ludzi. Filozofowie na próżno się starali zadowalająco na nie odpowiedzieć.

Śri Jukteśwar mawiał z uśmiechem: „Zostaw sobie kilka tajemnic na później, gdy znajdziesz się w Wieczności. Jakże ograniczony rozum człowieka może pojąć niepojęte zamiary Nie-stworzonego Absolutu?**

---
* J 14,1-2
** „Bo myśli moje nie są myślami waszymi ani wasze drogi moimi drogami – wyrocznia Pana. Bo jak niebiosa górują nad ziemią, tak drogi moje – nad waszymi drogami i myśli moje – nad myślami waszymi" (Iz 55, 8-9). Dante zaświadcza w *Boskiej Komedii*:

„Jam w owym niebie był, co promienieje
najwyższym blaskiem, i widziałem rzeczy,
których powtórzyć tu nie mam nadziei;
bowiem duch tak się pogłębia człowieczy,
gdy się przybliży do swych pragnień celu,

PARAMAHANSA JOGANANDA – „OSTATNI UŚMIECH"

Zdjęcie zrobione na godzinę przed mahasamadhi (ostatnim świadomym wyjściem z ciała jogina) na bankiecie na cześć Binaja R. Sena, ambasadora Indii, 07.03.1952 roku w Los Angeles w Kalifornii.

Fotograf uchwycił pełen miłości uśmiech. Wydaje się, że Mistrz błogosławi na pożegnanie każdego z milionów swych przyjaciół i uczniów. Oczy już spoglądają w Wieczność, a jednak pełne są ludzkiego ciepła i współczucia.

Śmierć nie miała władzy nad ciałem tego niezrównanego miłośnika Boga; zachowało się w nienaruszonym stanie. (Zob. s. 525).

Ludzka zdolność rozumowania, spętana funkcjonowaniem prawa przyczyny i skutku w świecie zjawisk, zawodzi, gdy staje się wobec zagadki Boga, który nie ma początku ani przyczyny. Rozum ludzki nie potrafi zgłębić tajników stworzenia, niemniej jednak oddanemu wielbicielowi sam Bóg odsłoni w końcu każdą tajemnicę".

Kto szczerze pragnie mądrości, pokornie zadowoli się tym, by na początek opanować kilka prostych zasad Bożego planu, i nie będzie przedwcześnie wymagał dokładnego, matematycznego opisu życia na miarę teorii Einsteina.

„Boga nikt nigdy nie widział (żaden śmiertelnik w okowach czasu, uwikłany we względne wartości *maji**, nie potrafi poznać Nieskończonego), *Ten Jednorodzony Bóg, który jest w łonie Ojca* (odbita Świadomość Chrystusowa lub rzutowana na zewnątrz Doskonała Inteligencja, która kieruje wszystkimi zjawiskami za pomocy wibracji *Aum*, wyłoniła się z „łona", czyli z głębi Nie-stworzonego Boga, by wyrazić wielorakość Jedności), *[o Nim] pouczył* (i nadała Mu formę, czyli przejawiła Go)"**.

„Zaprawdę, zaprawdę, powiadam wam: Syn nie mógłby niczego czynić sam od siebie, gdyby nie widział Ojca czyniącego. Albowiem to samo, co On czyni, podobnie i Syn czyni"***.

Troistą naturę Boga, gdy przejawia się On w światach zjawiskowych, symbolizują w hinduskich pismach świętych Brahma-Stwórca, Wisznu-Podtrzymujący i Śiwa-Niszczyciel i Odnowiciel. Ich trojakie działanie nieustannie widoczne jest w całym wibracyjnym stworzeniu. Ponieważ zrozumienie Absolutu przekracza ludzkie możliwości pojmowania, pobożny hindus czci Go w majestatycznych ucieleśnieniach Trójcy****.

      że pamięć potem się już nie uwsteczy.
     Lecz com zachował z innych skarbów wielu,
     którem w najświętszej zaczerpnął krainie,
     to pragnę w świętym opiewać weselu".
     (Przekład anonimowy – *przyp. tłum.*)

* Dobowy cykl ziemski, przechodzenie od światła do ciemności i odwrotnie, stale przypomina człowiekowi, że stworzony świat uwikłany jest w *maję*, czyli w przeciwieństwa. (Dlatego okresy przejściowe między dniem a nocą, świt i zmierzch, kiedy światło i ciemność są w równowadze, uważa się za korzystne dla medytacji). Zerwawszy zasłonę *maji*, która utkana jest z przeciwieństw, jogin postrzega transcendentną Jedność.

** J 1, 18

*** J 5, 19

**** Mowa tu o innej koncepcji niż koncepcja trójjedynej Rzeczywistości, wg której *Sat*, *Tat*,

Kosmiczny twórczo-zachowawczo-niszczący aspekt Boga nie stanowi jednak Jego ostatecznej czy nawet istotnej natury (gdyż stwarzanie wszechświatów to tylko Jego *lila*, twórcza zabawa)*. Najgłębszej istoty Boga nie da się uchwycić, nawet jeśli się pojmie wszystkie tajemnice Trójcy, ponieważ Jego zewnętrzna natura, przejawiająca się uporządkowanym przepływem atomów, tylko Go wyraża, ale nie odsłania. Ostateczna natura Pana poznana zostaje dopiero wtedy, gdy „Syn wstępuje do Ojca"**. Człowiek wyzwolony przekracza granicę światów wibracyjnych i wstępuje w Niewibrujące Źródło.

Pytani o ostateczne tajemnice, wszyscy wielcy prorocy zachowywali milczenie. Gdy Piłat zapytał: „Cóż to jest prawda?" ***, Chrystus nie odpowiedział. Wielkie, zadawane na pokaz pytania intelektualistów takich jak Piłat rzadko wynikają z żarliwej dociekliwości ducha. Ludzie tacy przemawiają raczej z pustą arogancją, która pozwala im uważać brak przekonania do wartości duchowych **** za oznakę „otwartości umysłu".

„Ja się na to narodziłem i na to przyszedłem na świat, aby dać świadectwo prawdzie. Każdy, kto jest z prawdy, słucha mojego głosu"*****. W tych słowach Chrystus zawarł całe tomy. Dziecko Boga „daje świadectwo" *swoim życiem*. Ucieleśnia prawdę; dodatkowe jej wykładanie jest zupełnie zbyteczne.

Prawda nie jest teorią ani spekulatywnym systemem filozoficznym, nie poznaje się jej intelektem. Prawda ściśle odpowiada rzeczywistości.

Aum to odpowiednio: Ojciec, Syn i Duch Święty. Tutaj Brahma-Wisznu-Śiwa reprezentuje trojakie przejawienie Boga w aspekcie *Tat* czyli Syna, immanentną w stworzeniu Świadomość Chrystusową. Śakti, energie lub „małżonki" osób Trójcy, symbolizują *Aum*, czyli Ducha Świętego, jedyną siłę sprawczą, która podtrzymuje kosmos dzięki wibracji. (*Zob.* s. 152, przypis, i s. 202, przypis).

* „O Panie [...] Ty stworzyłeś wszystko i dla Twej uciechy istnieje i zostało stworzone" (Ap 4,11 – przekład z *The Bible, Authorised Version*, Londyn 1963).

** J 14, 12

*** J 18, 38

**** „Kochaj cnotę, tylko ona wolna,
Ona cię nauczy wysoko się wspinać,
Wyżej aniżeli muzyka sfer sięga;
Gdyby bowiem cnota słabą była,
Samo niebo by się do niej schyliło".
– Milton, *Comus* (Przekład anonimowy – *przyp. tłum.*)

***** J 18, 37

Dla człowieka prawda jest niezachwianą wiedzą, dogłębnym poznaniem swej prawdziwej natury, Jaźni jako duszy. Jezus każdym czynem i słowem swego życia dawał dowód, że zna *prawdę* swej istoty – swe źródło w Bogu. Utożsamiwszy się całkowicie z wszechobecną Świadomością Chrystusową, mógł twierdzić z niepodważalną pewnością: „Każdy, kto jest z prawdy, słucha mojego głosu".

Także Budda odmawiał wyjaśniania ostatecznych prawd metafizycznych, sucho nauczając, że człowiek najlepiej wykorzysta swój krótki pobyt na ziemi, jeśli będzie się doskonalił moralnie. Chiński mistyk Lao-Tsy słusznie nauczał: „Ten, kto wie, nie mówi; ten, kto mówi, nie wie". O ostatecznych tajemnicach Boga nie da się dyskutować. Odcyfrowanie Jego tajemnego szyfru jest sztuką, której człowiek nie może nauczyć człowieka, tu tylko Pan jest nauczycielem.

„Uciszcie się i poznajcie, żem Ja Bóg"*. Pan nie pyszni się swoją wszechobecnością i pozwala się usłyszeć tylko w chwilach niezmąconej ciszy. Dla duszy wielbiciela, zestrojonej z Bogiem, Pierwotny Dźwięk, rozbrzmiewający w całym wszechświecie jako twórcza wibracja *Aum*, natychmiast przekłada się na zrozumiałe słowa.

Boski cel stworzenia, na tyle, na ile potrafi go pojąć ludzki rozum, wyłożony jest w Wedach. Ryszi nauczali, że każdy człowiek stworzony został przez Boga jako dusza, która w swoisty, niepowtarzalny sposób ma przejawić jakąś szczególną cechę Nieskończonego, zanim ponownie stanie się tożsama z Absolutem. Wszyscy ludzie, wyposażeni w jakąś cząstkę Boskiej Indywidualności, są jednako drodzy Bogu.

Mądrość zgromadzona przez Indie, najstarszego brata pośród narodów, jest dziedzictwem całej ludzkości. Prawda Wed, jak wszelka prawda, należy do Pana, a nie do Indii. Ryszi, których umysły były jak czyste naczynia gotowe napełnić się najgłębszą boską wiedzą Wed, byli członkami rasy ludzkiej, urodzonymi na tej, a nie na innej Ziemi, aby służyć całej ludzkości. W królestwie prawdy, gdzie jedynym wymogiem jest duchowa zdolność do jej przyjęcia, różnice rasowe czy narodowe są bez znaczenia.

Bóg jest miłością. Jego plan wobec stworzenia może wynikać tylko z miłości. Czyż ta prosta myśl nie przynosi ludzkiemu sercu większej pociechy niż uczone rozważania? Każdy święty, który dotarł do jądra

---

* Ps 46, 11 – przekład z *The Bible, Authorised Version*, Londyn 1963. Celem nauki jogi jest uzyskanie koniecznej ciszy wewnętrznej, gdyż tylko w niej można naprawdę „poznać Boga".

Rzeczywistości, zaświadcza, że boski, kosmiczny plan istnieje i że jest on piękny i radosny.

Bóg objawił swoje zamiary prorokowi Izajaszowi w tych słowach:

„Tak słowo (twórcze *Aum*), które wychodzi z ust moich, nie wraca do Mnie bezowocne, zanim wpierw nie dokona tego, co chciałem, i nie spełni pomyślnie swego posłannictwa. O tak, z weselem wyjdźcie i w pokoju was przyprowadzą. Góry i pagórki przed wami podniosą radosne okrzyki, a wszystkie drzewa polne klaskać będą w dłonie" (Iz 55, 11-12).

„O tak, z weselem wyjdźcie i w pokoju was przyprowadzą". Ludzie pełnego stresów dwudziestego wieku z tęsknotą słuchają tej cudownej obietnicy. Całą zawartą w niej prawdę może urzeczywistnić każdy miłośnik Boga, dzielnie dążący do odzyskania swojego boskiego dziedzictwa.

I na Wschodzie, i na Zachodzie, błogosławiona nauka *krija-jogi* dopiero zaczęła odgrywać swoją rolę. Oby każdy człowiek dowiedział się, że istnieje konkretna, naukowa technika prowadząca do urzeczywistnienia Jaźni i przezwyciężenia wszelkiej ludzkiej niedoli!

Przesyłając wibracje miłości tysiącom *krija-joginów*, rozrzuconych jak lśniące klejnoty po całej ziemi, często z wdzięcznością myślę: „Panie, dałeś swemu mnichowi wielką rodzinę!"

PARAMAHANSA JOGANANDA: JOGIN W ŻYCIU I ŚMIERCI

Paramahansa Jogananda wszedł w *mahasamadhi* (stan, w którym jogin w pełni świadomości ostatecznie opuszcza ciało) w dniu 7 marca 1952 roku w Los Angeles w Kalifornii. Odszedł po wygłoszeniu przemówienia na bankiecie wydanym na cześć Jego Ekscelencji Binaja R. Sena, ambasadora Indii.

Ten wielki nauczyciel świata dowiódł wartości jogi (naukowych metod urzeczywistniania Boga) nie tylko swym życiem, ale i śmiercią. Kilka tygodni po odejściu jego niezmieniona twarz nadal jaśniała boskim blaskiem i nie nosiła żadnych oznak rozkładu.

Harry T. Rowe, dyrektor Kostnicy przy Cmentarzu Forest Lawn Memorial Park w Los Angeles (gdzie czasowo umieszczono ciało wielkiego mistrza), przysłał Self-Realization Fellowship potwierdzony notarialnie list, którego fragmenty cytujemy:

„Brak jakichkolwiek widocznych oznak rozkładu ciała Paramahansy Joganandy stanowi najbardziej niezwykły przypadek w naszej praktyce. [...] Nawet dwadzieścia dni po śmierci nie zaobserwowano żadnych śladów rozkładu.[...] Na skórze nie dostrzeżono żadnych zmian grzybiczych, a w tkankach oznak wysychania. Zachowanie się ciała w tak doskonałym stanie jest, o ile nam wiadomo z kartoteki kostnicy, czymś zupełnie niespotykanym. [...] W chwili przyjęcia zwłok personel kostnicy spodziewał się, że przez szklane wieko trumny dostrzeże zwykłe oznaki postępującego rozkładu. Nasze zdumienie rosło, w miarę jak dni mijały i nadal nie widać było najmniejszych zmian. Ciało Joganandy najwyraźniej pozostawało w fenomenalny sposób nienaruszone.[...]

„Nie pojawił się też przykry zapach towarzyszący rozkładowi. [...] Wygląd zewnętrzny Joganandy w dniu 27 marca, tuż zanim założono na trumnę brązową pokrywę, był taki sam jak 7 marca. W dniu 27 marca wyglądał on równie świeżo jak w wieczór swojej śmierci i nie było absolutnie podstaw do stwierdzenia, że jego ciało choć w najmniejszym stopniu uległo rozkładowi. Dlatego oświadczamy raz jeszcze, że przypadek Paramahansy Joganandy jest wyjątkowy w naszej praktyce".

W roku 1977, w dwudziestą piątą rocznicę *mahasamadhi* Paramahansy Joganandy, rząd Indii wydał na jego cześć upamiętniający znaczek. Obok znaczka znajdował się krótki opis, którego fragment podajemy:

„Paramahansa Jogananda w pełni ucieleśnił w życiu ideały miłości do Boga i służby ludzkości.[...] Chociaż spędził większość życia poza Indiami, zajmuje należne mu miejsce pośród naszych świętych. Dzieło jego stale się rozrasta i jaśnieje coraz potężniejszym blaskiem, przyciągając ludzi z całego świata na ścieżkę duchowej pielgrzymki".

DODATKOWE INFORMACJE O NAUKACH PARAMAHANSY JOGANANDY O KRIJA-JODZE

Self-Realization Fellowship ofiaruje wszelką pomoc wszystkim osobom na całym świecie, poszukującym informacji. W celu uzyskania informacji odnośnie corocznej serii publicznych wykładów i lekcji, medytacji i modlitw w naszych inspirujących świątyniach i ośrodkach na całym świecie, harmonogramu rekolekcji i innych działań, zapraszamy do odwiedzenia naszej strony internetowej lub naszej międzynarodowej siedziby

www.yogananda-srf.org

Self-Realization Fellowship
3880 San Rafael Avenue
Los Angeles, CA 90065
(323) 225-2471

LEKCJE SELF-REALIZATION FELLOWSHIP

Osobiste porady i wskazówki od Paramahansy Joganandy dotyczące nauki medytacji jogi i zasad życia duchowego

Jeśli czujesz, że przyciągają cię duchowe prawdy opisane w *Autobiografii jogina*, zapraszamy do zapisania się na *Lekcje Self-Realization Fellowship*.

Paramahansa Jogananda zapoczątkował serię lekcji przeznaczonych do studiowania w domu dla tych, którzy szczerze szukają możliwości nauki i praktyki starożytnych technik medytacji jogi zaprezentowanych w tej książce, łącznie z nauką *krija-jogi*. Lekcje te udzielają praktycznych wskazówek dla uzyskania zrównoważonego fizycznego, psychicznego i duchowego stanu.

Lekcji Self-Realization Fellowship są dostępne za nominalną opłatą (która pokrywa koszt druku i przesyłki). Indywidualnych wskazówek dotyczących ćwiczeń praktycznych udzielają uczniom mnisi i mniszki Self-Realization Fellowship.

W celu uzyskania dalszych informacji...

Dalsze informacje o *Lekcjach Self-Realization Fellowship* zamieszczone są w darmowej broszurze *Undreamed-of Possibilities* (dostępnej w języku angielskim, hiszpańskim i niemieckim). Aby otrzymać kopię tej broszury oraz formularz aplikacji prosimy odwiedzić naszą stronę internetową lub skontaktować się z naszą międzynarodową siedzibą.

KSIĄŻKI PARAMAHANSY JOGANANDY W JĘZYKU POLSKIM

Do nabycia w księgarniach lub bezpośrednio od wydawcy
Self-Realization Fellowship
www.yogananda-srf.org

Autobiografia jogina

KSIĄŻKI PARAMAHANSY JOGANANDY W JĘZYKU ANGIELSKIM

Do nabycia w księgarniach lub bezpośrednio od wydawcy
Self-Realization Fellowship
3880 San Rafael Avenue • Los Angeles, California 90065-3219
Tel (323) 225-2471 • Fax (323) 225-5088
www.yogananda-srf.org

Autobiography of a Yogi

The Second Coming of Christ: *The Resurrection of the Christ Within You*
Odkrywczy komentarz do oryginalnych nauk Jezusa.

God Talks with Arjuna; *The Bhagavad Gita*
Nowy przekład wraz z komentarzem.

Man's Eternal Quest
Wybór odczytów i pogadanek Paramahansy Joganandy. Tom I

The Divine Romance
Wybór odczytów, pogadanek i esejów Paramahansy Joganandy. Tom II

Journey to Self-realization
Wybór odczytów i pogadanek Paramahansy Joganandy. Tom III

Wine of the Mystic: *The Rubaiyat of Omar Khayyam — A Spiritual Interpretation*
Natchniony komentarz, który wydobywa na jaw mistyczną naukę komunii z Bogiem, skrytą w zagadkowych obrazach poetyckich *Rubajatów*.

Where There Is Light: *Insight and Inspiration for Meeting Life's Challenges*

Whispers from Eternity
Zbiór modlitw i opisy przeżyć duchowych, jakich Paramahansa Jogananda doznał w głębokiej medytacji.

The Science of Religion

The Yoga of the Bhagavad Gita: *An Introduction to India's Universal Science of God-Realization*

The Yoga of Jesus: *Understanding the Hidden Teachings of the Gospels*

In the Sanctuary of the Soul: *A Guide to Effective Prayer*

Inner Peace: *How to Be Calmly Active and Actively Calm*

To Be Victorious in Life

Why God Permits Evil and How to Rise Above It

Living Fearlessly: *Bringing Out Your Inner Soul Strength*

How You Can Talk With God

Metaphysical Meditations
Zbiór ponad trzystu medytacji, modlitw i afirmacji.

Scientific Healing Affirmations
Paramahansa Jogananda gruntownie wyjaśnia naukę afirmacji.

Sayings of Paramahansa Yogananda
Zbiór powiedzeń i mądrych wskazówek Paramahansy Joganandy. Są to odpowiedzi, jakich szczerze i z miłością udzielił tym, którzy przyszli do niego po radę.

Songs of the Soul
Mistyczne poezje Paramahansy Joganandy.

The Law of Success
Wyjaśnia dynamiczne zasady rządzące osiąganiem celów w życiu.

Cosmic Chants
Śpiewnik zawierający słowa i nuty 60 pieśni religijnych, ze wstępem, w którym Autor wyjaśnia, jak śpiew duchowy może doprowadzić do komunii z Bogiem.

NAGRANIA AUDIO PARAMAHANSY JOGANANDY

- Beholding the One in All
- The Great Light of God
- Songs of My Heart
- To Make Heaven on Earth
- Removing All Sorrow and Suffering
- Follow the Path of Christ, Krishna, and the Masters
- Awake in the Cosmic Dream
- Be a Smile Millionaire
- One Life Versus Reincarnation
- In the Glory of the Spirit
- Self-Realization: The Inner and the Outer Path

POZOSTAŁE PUBLIKACJE SELF-REALIZATION FELLOWSHIP

Kompletny katalog opisujący wszystkie publikacje oraz nagrania audio i wideo wydany przez Self-Realization Fellowship jest dostępny na żądanie.

The Holy Science – autor Swami Śri Jukteśwar

Only Love: Living the Spiritual Life in a Changing World – autor Śri Daja Mata

Finding the Joy Within You: *Personal Counsel for God-Centered Living* – autor Śri Daja Mata

God Alone: *The Life and Letters of a Saint* – autor Śri Gjanamata

"Mejda": The Family and the Early Life of Paramahansa Yogananda – autor Sananda Lal Ghosh

Self-Realization (kwartalnik założony przez Paramahansę Joganandę w 1925 r.)

LINIA GURU

Mahawatar Babadźi jest Najwyższym Guru w linii indyjskich mistrzów, którzy przyjęli odpowiedzialność za duchową pomyślność wszystkich członków Self-Realization Fellowship i Yogoda Satsanga Society of India, wiernie praktykujących *krija-jogę*. „Pozostanę w ziemskim wcieleniu – obiecał Babadźi – dopóki nie przeminie obecny cykl świata". (*Zob.* rozdziały 33 i 37).

W roku 1920 Mahawatar Babadźi powiedział Paramahansie Joganandzie: „Jesteś tym, którego wybrałem, aby szerzył przesłanie *krija-jogi* na Zachodzie. *Krija-joga*, naukowa metoda urzeczywistniania Boga, ostatecznie rozprzestrzeni się we wszystkich krajach i dzięki temu, iż umożliwia osobiste postrzeganie transcendentnego, Nieskończonego Ojca, pomoże narodom żyć w harmonii".

Mahawatar oznacza „Wielką Inkarnację" lub „Inkarnację Boga", *Jogawatar* – „Inkarnację Jogi", *Dźńanawatar* – „Inkarnację Mądrości".

Premawatar to „Inkarnacja Miłości". Taki tytuł nadał Paramahansie Joganandzie w 1953 roku jego wielki uczeń, Radźaryszi Dźanakananda (James J. Lynn). (*Zob.* s. 353, przypis).

CELE I IDEAŁY SELF-REALIZATION FELLOWSHIP

*Według Paramahansy Joganandy, założyciela
i Śri Mrinalini Maty, Przewodniczącej*

Szerzenie pośród narodów wiedzy o istnieniu określonych, naukowych technik, prowadzących do bezpośredniego, osobistego doświadczania Boga.

Nauczanie, że celem życia człowieka jest ewolucyjna przemiana ograniczonej, śmiertelnej świadomości ludzkiej w Świadomość Boską. Przemiany tej człowiek dokonuje własnym wysiłkiem. Dlatego należy budować na całym świecie świątynie Self-Realization Fellowship, w których człowiek będzie obcował z Bogiem, oraz zachęcać do zakładania prywatnych świątyń Boga w domach i sercach ludzkich.

Ukazywanie całkowitej zgodności i podstawowej jedności nauk pierwotnego chrześcijaństwa, które głosił Jezus Chrystus, i oryginalnej jogi, nauczanej przez Bhagawana Krysznę. Pokazywanie, że zawarta w nich prawda jest wspólną, naukową podstawą wszystkich prawdziwych religii.

Wskazywanie jednej drogi do Boga, do której ostatecznie prowadzą wszystkie ścieżki prawdziwych religii: drogi codziennej, pełnej oddania medytacji o Bogu, opartej na naukowych podstawach.

Wyzwolenie człowieka z trojakiego cierpienia: chorób ciała, zaburzeń równowagi psychicznej i niewiedzy duchowej.

Zachęcanie do „prostego życia i wzniosłego myślenia". Szerzenie wśród narodów ducha braterstwa poprzez nauczanie o wiecznej podstawie jedności: pokrewieństwie w Bogu.

Ukazywanie władzy umysłu nad ciałem, duszy nad umysłem.

Przezwyciężanie zła dobrem, smutku radością, okrucieństwa dobrocią, niewiedzy mądrością.

Zjednoczenie nauki i religii dzięki zrozumieniu jedności ich podstawowych zasad.

Propagowanie kulturowego i duchowego zrozumienia między Wschodem a Zachodem i wymiany najlepszych, specyficznych dla nich wartości.

Służenie ludzkości jako własnej większej Jaźni.

www.ingramcontent.com/pod-product-compliance
Lightning Source LLC
Chambersburg PA
CBHW071933220426
43662CB00009B/902